2025年版

完全攻略！

介護福祉士 過去問題集 ＋模試

著 秋草学園福祉教育専門学校
介護福祉士テキスト作成委員会

ナツメ社

本書の特長

徹底した過去問演習とオリジナル模擬問題で
介護福祉士試験に合格する実力が身につく！

7つの特長

特長その1

介護福祉士試験の**過去4年間の全問題**（第33回～第36回）を掲載！

特長その2

出題科目・出題テーマごとにまとめてあり、苦手科目や不得意分野を集中的・効果的に学習できる！

特長その3

本書付属の**赤シート**を活用することで、重要な語句・内容を暗記しながら学習できる！

特長その4

すべての選択肢に**ポイント解説**を掲載しているうえ、重要な用語を赤文字でピックアップ！

特長その5

通常の解説に加え、「**＋α**」解説で必要かつ発展的な知識が身につく！

特長その6

ビジュアルを使った「**合格のための要点整理**」で知識が視覚的にも印象づけられる！

特長その7

第37回試験 模擬問題を掲載！第31回と第32回を組み合わせた「本番形式」の問題で腕試しできる！

CONTENTS もくじ

2025年版　完全攻略！　介護福祉士 過去問題集＋模試

序　章　　最新回（第36回）にチャレンジ！

第1章　　人間と社会

項目別出題傾向とポイント ……… **144**

本書は過去問題という"これまで実際に出題された問題"をベースにしており、より本番を想定した学習を行うことができます。さらに本書は大きくわけて、次の❶～❸で構成されています。限られた時間の中で合格点を得るために、効率のよい学習に役立ててください。

 最新回（第36回）の過去問題にチャレンジしよう

> 今の実力を
> チェックし、
> 弱点を把握！

序章（14～143ページ）では、最新回（第36回）の試験問題が問題番号順に掲載されています。下記の（1）（2）を参考に、現在の実力チェックに使ってください。

（1）問題1から問題125まで解く

実際の国家試験と同じように、午前（問題1～63）100分、午後（問題64～125）120分にわけて、時間をはかって解いてもよいですし、1日数問ずつコツコツ進めてもよいでしょう。

（2）解き終えたら採点する

すべての問題を解き終えて採点し、合計点を出したら、実際の合格ラインの点数に対し、どれくらい取れたか確認しましょう。さらに下表に、科目ごとに何問正解できたか記入しておきましょう。

間違えた問題や不安のある問題については、各問題のすぐ下にある解説を読み、正しい理解を深めてください。

●過去5回の試験結果

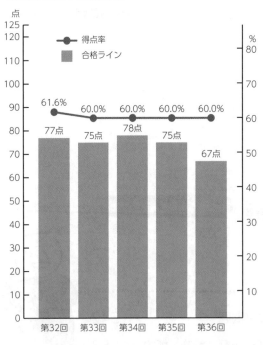

●第36回の科目別正解数

項目	正解数
人間と社会	
1 人間の尊厳と自立	/ 2
2 人間関係とコミュニケーション	/ 4
3 社会の理解	/12
こころとからだのしくみ	
4 こころとからだのしくみ	/12
5 発達と老化の理解	/ 8
6 認知症の理解	/10
7 障害の理解	/10
医療的ケア	
8 医療的ケア	/ 5
介護	
9 介護の基本	/10
10 コミュニケーション技術	/ 6
11 生活支援技術	/26
12 介護過程	/ 8
総合問題	
13 総合問題	/12

十分学習できている科目や苦手な科目が一目でわかります！

② 科目別に過去問題を解いて理解を深めよう

第1章～第5章（144～541ページ）では、第33回～第35回の過去3回分の試験問題が科目順に掲載されています。下記の（1）（2）を参考に、自身の学習時間や学習度合いに応じて、効率よく学習を進めましょう。

（1）十分な学習時間がある場合、全体的にまだまだ学習が足りていない場合は、すべての問題を解いていきましょう。

（2）特定の科目が苦手な場合、その科目の問題を重点的に解いていきましょう。たとえば、左ページの表から「コミュニケーション技術」が苦手だとわかったら、369～390ページの問題を1問ずつ解いていきます。
　　満点を取る必要はありません。「あと何点取れば合格ラインに届くぞ」と目標をイメージして、確実に正解できる問題を増やしていくことが大切です。

すでに合格ライン以上の点数が取れている人も、油断せずに学習を進めてね！

③ 第37回 模擬試験問題で総仕上げ

本番前、最後の腕試し！

　巻末（542～582ページ）では、第31回・第32回を中心に、実際の試験問題を組み合わせて作成した模擬試験問題を用意しています。国家試験の本番前に、最後の腕試しとして解いてみましょう。

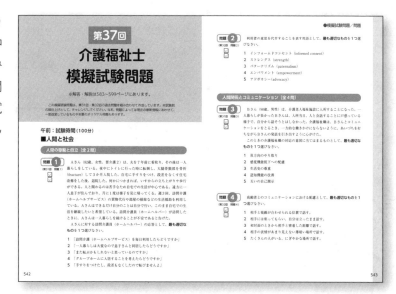

本書の見方

本書は介護福祉士国家試験の、試験対策用の過去問題集です。短期間で効率よく勉強するためにさまざまな工夫をしていますので、事前に確認しておいてください。

出題テーマと出題頻度
- 各問題には出題テーマの見出しをつけ、出題頻度を★の数であらわしている。
- ★の数が多いほど出題頻度が高い（★～★★★★）。

解答と解説
- 問題ごとにその選択肢が適切な（もしくは正しい）内容なら○、不適切な（もしくは誤った）内容なら✕を表示。
- すべての選択肢に解説をつけているので、間違えた問題やわからなかった問題の正しい知識を身につけることができる。
- 赤シートを使用し、○✕を隠すことで、安心して問題に取り組める。
- 重要なキーワードを赤い文字にしてあるので、赤シートを使用することで効率よく暗記できる。

問題 9 人間関係における役割葛藤の例として、**適切なもの**を1つ選びなさい。

1 就労継続支援B型の利用者が、生活支援員の期待に応えようとして作業態度をまねる。

2 家族介護者が、仕事と介護の両立への期待に応えられるかどうか悩む。

3 通所介護（デイサービス）の利用者が、レクリエーションを楽しんでいる利用者の役を演じる。

4 就労移行支援の利用者が、採用面接の模擬訓練中にふざけて冗談を言ってしまう。

5 高齢者が、家事を行う家族に代わり、孫の遊び相手の役割を担う。

◉対人関係とコミュニケーション・対人関係とストレス　出題頻度★★★　[第33回 問題3より出題]

解答と解説

✕ 1 役割関与。自分や組織にかかわる役割の遂行（すいこう）に努力し、携わることです。

○ 2 役割葛藤。役割の期待に対し、葛藤することです。家族介護者は、仕事の役割と家庭での介護という2つの役割の間で葛藤をしています。

✕ 3 役割演技。場面と登場人物が設定された中で、その人物の役割を演じることです。

✕ 4 役割距離。役割と距離感を持つこと。期待された役割を演じない、という態度です。

✕ 5 役割遂行。単純に、その役割を遂行することです。

正解2

合格のための要点整理
出題テーマに関する重要なポイントをビジュアルを中心にまとめた要点整理。試験の合格に役立つ確実な知識や情報を身につけられる。

合格のための要点整理　◉役割

役割とは、社会生活において、その人の地位や職務に応じて期待され、遂行しているはたらきや役目のこと。人は誰でも、生きていれば、生きる役割を持っている。

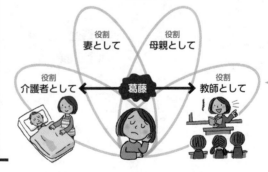

役割　妻として

役割　母親として

役割　介護者として

葛藤

役割　教師として

仕事（教師）の役割と家庭（介護者）の役割の両立ができていない。そのことから葛藤が生まれる

154

僕たちのセリフも
試験対策に
有効な情報です

問題 10 Bさん（80歳、男性）は、訪問介護（ホームヘルプサービス）を利用しながら自宅で一人暮らしをしている。最近、自宅で転倒してから、一人で生活をしていくことに不安を持つこともある。訪問介護員（ホームヘルパー）がBさんに、「お一人での生活は大丈夫ですか。何か困っていることはありませんか」と尋ねたところ、Bさんは、「大丈夫」と不安そうな表情で答えた。

　Bさんが伝えようとしたメッセージに関する次の記述のうち、**最も適切なもの**を１つ選びなさい。

1　言語メッセージと同じ内容を非言語メッセージで強調している。
2　言語で伝えた内容を非言語メッセージで補強している。
3　言語の代わりに非言語だけを用いてメッセージを伝えている。
4　言語メッセージと矛盾する内容を非言語メッセージで伝えている。
5　非言語メッセージを用いて言語の流れを調整している。

●コミュニケーション技法の基礎・言語と非言語　出題頻度★★★★　　［第33回 問題４より出題］

解答と解説

✕ 1　伝えていることは、同じ内容ではありません。言語的メッセージでは「大丈夫」と伝えていますが、非言語メッセージでは不安そうな表情であることから、不安や心配を伝えています。

✕ 2　伝えていることは同じ内容ではなく、また補強もしていません。補強とは、弱いところ、足りないところを補うことです。補強するのであれば、安心している表情や自信のある表情をする必要があります。

✕ 3　非言語だけではありません。「大丈夫」と不安そうな表情で答えているので、言語的メッセージでも伝えています。

◯ 4　矛盾する内容を伝えています。言語的メッセージでは「大丈夫」と伝えていますが、非言語メッセージでは不安そうな表情であることから、不安や心配を伝えています。

✕ 5　言葉の流れを調整していません。言語的メッセージでは「大丈夫」と伝えていますが、その流れであるならば、非言語メッセージでも、「大丈夫」という言葉と同じようなメッセージを伝える必要があります。

正解 4

＋α　言語メッセージと非言語メッセージは、必ずしも一致するわけではない。そのことから、介護福祉職は利用者の非言語メッセージを受信することが必要。

＋α
得点アップにつながる解説を入れているので、必要な知識や発展的な情報が身につく。

155

1. 試験日

年に一度、筆記試験が１月下旬の日曜日に、実技試験が３月上旬の日曜日に実施されます。

〈第37回試験〉筆記試験：令和７年１月下旬

実技試験：令和７年３月上旬

※実技試験は、「福祉系高校卒ルート」「経済連携協定（EPA）ルート」での受験を選択した場合のみ実施され、「実務経験ルート」「養成施設ルート」での受験を選択した場合には免除されます。

2. 受験資格（第36回試験の場合）

〈養成施設ルート〉

①介護福祉士養成施設（２年以上）を平成29年４月以降に卒業（修了）した人[1]

②介護福祉士養成施設（１年以上）を平成29年４月以降に卒業（修了）した人[1]

〈実務経験ルート〉

①３年以上（従業期間３年以上、従事日数540日以上）介護等の業務に従事した人[2]で、実務者研修を修了した人[3]

②３年以上（従業期間３年以上、従事日数540日以上）介護等の業務に従事した人[2]で、介護職員基礎研修と喀痰吸引等研修（第１号研修または第２号研修）を修了した人[3]

〈福祉系高校卒ルート〉

①福祉系高校に平成21年度以降に入学して、新カリキュラムを履修して卒業した人[1]

②特例高校（高校：平成21〜25年度、28〜30年度／専攻科：平成21〜25年度、28〜31年度）に入学して、卒業した翌日後に９か月以上（従業期間９か月以上、従事日数135日以上）介護等の業務に従事した人[2]

③福祉系高校に平成20年度以前に入学して、旧カリキュラムを履修して卒業した人

〈経済連携協定（EPA）ルート〉

①経済連携協定（EPA）であって、３年以上（従業期間３年以上、従事日数540日以上）介護等の業務に従事した人[4]

※１：令和６年３月31日までに卒業する見込みの人を含む。
※２：令和６年３月31日までに従事する見込みの人を含む。
※３：令和６年３月31日までに修了する見込みの人を含む。
※４：介護等の業務については、令和６年３月31日までに従事する見込みの人を含む。

3. 受験申込書の提出期間

受験を希望する人は、あらかじめ受験の申し込みに必要な書類『受験の手引』を取り寄せる必要があります。『受験の手引』は１人につき１部のみ。公益財団法人社会福祉振興・試験センターのホームページから、または郵便はがきで請求して、取り寄せることができます。

〈第37回試験の受験申込書提出期間〉

令和６年８月上旬から９月上旬まで

4. 試験地（第36回試験の場合）

筆記試験：全国35試験地

北海道、青森県、岩手県、宮城県、秋田県、福島県、群馬県、埼玉県、千葉県、東京都、神奈川県、新潟県、石川県、長野県、岐阜県、静岡県、愛知県、京都府、大阪府、兵庫県、和歌山県、鳥取県、島根県、岡山県、広島県、香川県、愛媛県、高知県、福岡県、長崎県、熊本県、大分県、宮崎県、鹿児島県、沖縄県

実技試験：全国2試験地

東京都、大阪府

5. 試験内容と合格基準（第36回試験の場合）

問題の出題数：筆記試験125問（下記の13科目11科目群）

①人間の尊厳と自立、②人間関係とコミュニケーション、③社会の理解、④介護の基本、⑤コミュニケーション技術、⑥生活支援技術、⑦介護過程、⑧こころとからだのしくみ、⑨発達と老化の理解、⑩認知症の理解、⑪障害の理解、⑫医療的ケア、⑬総合問題

試験時間：筆記試験220分（午前100分、午後120分）

出題形式：五肢択一のマークシート方式

配点：筆記試験は1問1点の125点満点、実技試験は100点満点

合格基準：①筆記試験は総得点の60％程度を基準として、問題の難易度で補正した点数以上の得点の人（第36回試験の合格基準点は、筆記試験は67点）

②上記①を満たした人のうち、11科目群すべてにおいて得点があった人

6. 受験手数料（第36回試験の場合）

18,380円

　『受験の手引』の中には、受験手数料の払込用紙が同封されているので、ゆうちょ銀行（郵便局）またはその他の金融機関の窓口で払い込みます（ATM・ネットバンキングは不可）。

7. 合格発表（第36回試験の場合）

　合格者の受験番号、合格基準点、および筆記試験正答が試験センターのホームページに掲載されます。

〈第36回試験〉令和6年3月25日

合格
目指して
がんばり
ましょう！

午前

【領域】人間と社会

- 人間の尊厳と自立
- 人間関係とコミュニケーション
- 社会の理解

午前中に介護を取り巻く社会や基礎的な知識を問い、午後に実践にかかわる問題という構成です。

午前中に63問、午後に62問ですが、試験時間は午前100分、午後120分です。時間配分に気をつけましょう。

午後

【領域】介護

- 介護の基本
- コミュニケーション技術
- 生活支援技術
- 介護過程
- 総合問題

【領域】こころとからだのしくみ

- こころとからだのしくみ
- 発達と老化の理解
- 認知症の理解
- 障害の理解

具体的な疾患について、特徴や症状をしっかりと学習して、実践的な知識につなげましょう。

関連づけて学習！

【領域】医療的ケア

POINT1 　最新情報を確認する！

法令や制度は、社会情報の変化に合わせて改正されます。最新の事柄が出題される傾向にあるため、テレビやウェブなども活用し、情報を押さえておきましょう。制度に関するものは、行政の窓口にあるパンフレットなどの広報資料がわかりやすく、手に入れやすいです。

POINT2 　重点項目をチェック！

「地域共生社会」「介護過程の実践的展開」「チームマネジメント」など、比較的新しい項目は出題されやすいことが予想されます。

POINT3 　基礎をしっかりと！

国家試験で出題されるのは、実践へとつながる基礎的で幅広い知識です。繰り返し学習し、知識を確実にしておきましょう。過去の出題頻度も参考にして、学習を進めましょう。

私たちを取り巻く制度・法律の最近の動向

□認知症基本法　　正式名称：共生社会の実現を推進するための認知症基本法　2023年6月成立／2024年1月1日施行

■目的

認知症の**予防**等を推進しながら、認知症の人が尊厳を保持しつつ社会の一員として尊重される社会（**共生社会**）の実現を図る。

■主な内容

（1）認知症を定義

アルツハイマー病その他の神経変性疾患、脳血管疾患その他の疾患により、日常生活に支障が生じる程度にまで認知機能が低下した状態として、**政令**で定める状態。

（2）9月21日（世界アルツハイマーデー）を認知症の日とする。9月は認知症月間。

（3）認知症施策推進基本計画等の策定

①国による認知症施策推進基本計画の策定を義務化。

②都道府県・市町村（当別区を含む）による地域福祉支援計画・介護保険事業支援計画等との調和をとって、**認知症施策推進計画の策定を努力義務**とする。

※①②とも、**当事者・家族等**からの意見聴取を行い、策定する。

（4）6つの基本理念

①本人の意向尊重

②国民の理解による**共生社会**の実現

③**社会活動参加の機会確保**

④切れ目ない保険医療サービス・福祉サービスの提供

⑤本人・家族等への支援

⑥予防・リハビリテーション等の**研究開発推進**

⑦関連分野の**総合的**な取り組み

□経過措置が終了する令和3年度介護報酬改定事項

対象サービス	名称	概要
全サービス	感染症対策の強化	予防とまん延防止の訓練、対策検討委員会の**定期的**開催。結果の周知、指針の整備。
	業務継続に向けた取り組みの強化	感染症や非常災害時の業務継続計画（BCP）の策定。周知およびシミュレーション（訓練）の実施。必要に応じた計画の見直し。
	認知症介護基礎研修受講の義務づけ	介護に直接かかわる職員のうち、**無資格者**に対して、認知症介護の基礎的研修を受講させる。
	高齢者虐待防止の推進	虐待の発生、再発を防止するための検討委員会の定期的開催。結果の周知、指針の整備。研修の定期的な実施。**担当者**の配置。
施設系サービス	口腔衛生管理の強化	口腔ケアの管理体制を整備し、状態に応じた口腔衛生の管理を計画的に行う。**年2回**以上の歯科医師等からの助言、指導を実施。
	栄養ケア・マネジメントの充実	入所者の栄養状態の維持および改善を図り、**自立**した日常生活へとつながる、状態に応じた栄養管理を計画的に行う。
訪問リハビリテーション	事業所医師が診察しない場合の減算	事業所の医師がリハビリテーション計画の作成にかかる診療を行った場合、一定の要件を満たせば、別の医療機関の医師の指示のもとでリハビリテーションの提供可能。※**一部項目が猶予期間3年延長**。

介護療養型医療施設の廃止についても令和6年3月末で、6年の経過措置を終えました。

最新回（第36回）に
チャレンジ！

●最新である第36回の問題です。実際の国家試験と同じように、午前（問題1～問題63）、午後（問題64～125）に分けて、午前100分、午後120分で時間をはかって解いてもよいですし、1日数問ずつコツコツ進めてもよいでしょう。

●すべての問題を解き終えたら合計点を計算し、合格ラインに対し、どれくらい取れたか確認しましょう。間違えた問題や不安のある問題については、各問題のすぐ下にある解説を読んで、正しい理解を深めましょう。

現在の実力チェック、苦手科目の確認に使いましょう！

1 人間の尊厳と自立

問題 1 Ａさん（76歳、女性、要支援１）は、一人暮らしである。週１回介護予防通所リハビリテーションを利用しながら、近所の友人たちとの麻雀（まーじゃん）を楽しみに生活している。最近、膝に痛みを感じ、変形性膝関節症（knee osteoarthritis）と診断された。同時期に友人が入院し、楽しみにしていた麻雀（まーじゃん）ができなくなった。Ａさんは徐々に今後の生活に不安を感じるようになった。ある日、「自宅で暮らし続けたいけど、心配なの…」と介護福祉職に話した。

Ａさんに対する介護福祉職の対応として、**最も適切なものを１つ選びなさい**。

1 要介護認定の申請を勧める。

2 友人のお見舞いを勧める。

3 膝の精密検査を勧める。

4 別の趣味活動の希望を聞く。

5 生活に対する思いを聞く。

●人間の尊厳と利用者主体　出題頻度★★★★

解答と解説

✕ **1** Ａさんは、心身状態の変化やサービスに関する不安を話してはいません。そのため、要介護認定の申請を勧めるのは適切ではありません。

✕ **2** Ａさんは、友人のお見舞いに行きたいとは話していません。そのため、友人のお見舞いを勧めるのは適切ではありません。

✕ **3** Ａさんは、膝の精密検査をしたいとは話していません。そのため、膝の精密検査を勧めるのは適切でありません。

✕ **4** Ａさんは、趣味活動について話してはいません。現在、趣味活動ができなくなっていることから、趣味活動の希望を聞くことも必要ですが、もっとも適切なこととはいえません。

〇 **5** Ａさんは現在、膝に疼痛（とうつう）があり、友人が入院したことで楽しみの麻雀ができないことから、望む生活ができていないと感じています。そのことから、Ａさんは「自宅で暮らし続けたいけど、心配なの…」と介護福祉職に話したと考えられます。そのことから、介護福祉職はＡさんの望む生活を実現するために「生活に対する思いを聞く」ことがもっとも適切です。

正解5

利用者主体とは、利用者本人が自己選択・自己決定することです。そのために介護福祉職は、利用者が自己選択・自己決定ができる環境を整える役割を担います。環境を整えるために、利用者が望む生活を把握していることが必要です。

問題　2　次の記述のうち、介護を必要とする人の自立についての考え方として、**最も適切なもの**を１つ選びなさい。

1　自立は、他者の支援を受けないことである。

2　精神的自立は、生活の目標をもち、自らが主体となって物事を進めていくことである。

3　社会的自立は、社会的な役割から離れて自由になることである。

4　身体的自立は、介護者の身体的負担を軽減することである。

5　経済的自立は、経済活動や社会活動に参加せずに、生活を営むことである。

●自立の概念　出題頻度★★★★

解答と解説

✕ 1　介護を必要とする人の自立とは、他者からの支援を受けながらも自己選択、自己決定に基づいて主体的な生活ができることです。

○ 2　精神的自立とは、自分の人生や生活に目標を持ち、自分の意思で物事を判断し、自分の責任で行動できることです。

✕ 3　社会的自立とは、社会の中で自分の役割を果たし、社会とかかわりながら社会参加することです。

✕ 4　身体的自立とは、生活をするために必要となる身体的動作を自分で行うこができることです。

✕ 5　経済的自立とは、経済活動や社会活動に参加し、収入を得たり、金銭を計画的にコントロールしたりすることです。

正解 2

合格のための要点整理

●自立の考え方と４つの自立

自立とは、一般的には他者から支配や援助をされずに、生活ができるようになること。ただし、介護を必要とする人の自立とは、他者からの支援を受けながらも自己選択、自己決定に基づいて主体的な生活をおくれることをいう。

身体的自立
基本的な身体動作を、自分でできる状態。

経済的自立
経済活動や社会活動に参加し、収入を得て、金銭を計画的にコントロールすること。

社会的自立
社会の中で自分の役割を果たしながら、社会参加すること。

精神的自立
自分の人生や生活に目標を持ち、自分の意思で物事を判断し、自分の責任で行動できること。

2 人間関係とコミュニケーション

問題　3　U介護老人福祉施設では、利用者の介護計画を担当の介護福祉職が作成している。このため、利用者の個別の介護目標を、介護福祉職のチーム全員で共有することが課題になっている。

この課題を解決するための取り組みとして、**最も適切なもの**を1つ選びなさい。

1　管理職がチーム全体に注意喚起して、集団規範を形成する。

2　現場経験の長い介護福祉職の意見を優先して、同調行動を促す。

3　チームメンバーの懇談会を実施して、内集団バイアスを強化する。

4　チームメンバー間の集団圧力を利用して、多数派の意見に統一する。

5　担当以外のチームメンバーもカンファレンス（conference）に参加して、集団凝集性を高める。

◉人間関係と心理・グループダイナミクス　出題頻度★★

解答と解説

✕ 1　集団規範とは、集団内で共有される判断の枠組みや行動様式のことです。一定の基準や価値観を共有し、規範を形成することを指します。このことから、課題解決するための取り組みとしては適切ではありません。

✕ 2　同調行動とは、集団において周囲の意見や行動に合わせて、自分も同じように行動をすることです。このことから、課題解決するための取り組みとしては適切ではありません。

✕ 3　内集団バイアスとは、自分が所属する集団（内集団）のメンバーに対して肯定的に評価したり、好意的な態度を示したりすることです。自分の所属しない集団（外集団）の人よりも、内集団の人をより高く評価したり優遇したりします。このことから、課題解決するための取り組みとしては不適切です。

✕ 4　集団圧力とは、集団内で少数意見を持つ人に対し、周囲の大多数の人と同じような考えや行動を取るよう、暗黙のうちに強制することです。課題解決するための取り組みとしては不適切です。

◯ 5　集団凝集性とは、集団のメンバーを集団にそのままとどまらせようとする心理的な力のことです。集団凝集性の高い組織は、メンバー同士の信頼関係が築かれており、結束力があることから、目標達成率が高くなります。このことから、課題解決するための取り組みとしてもっとも適切です。

正解5

　集団は個人の思考や行動に影響を与え、個人は集団の思考や行動に影響を与えます。グループダイナミクスは、目的を持った集団の個人それぞれのモチベーションを高めたり、集団としての目標を達成させたりする効果があります。

問題　4　Ｂさん（90歳、女性、要介護3）は、介護老人福祉施設に入所している。入浴日に、担当の介護福祉職が居室を訪問し、「Ｂさん、今日はお風呂の日です。時間は午後3時からです」と伝えた。しかし、Ｂさんは言っていることがわからなかったようで、「はい、何ですか」と困った様子で言った。

　このときの、介護福祉職の準言語を活用した対応として、**最も適切なもの**を1つ選びなさい。

1　強い口調で伝えた。

2　抑揚をつけずに伝えた。

3　大きな声でゆっくり伝えた。

4　急かすように伝えた。

5　早口で伝えた。

●コミュニケーション技法の基礎・非言語的コミュニケーション　出題頻度★★★

【解答と解説】

✕1　高齢者とのコミュニケーションでは、優しい口調で伝えます。

✕2　高齢者とのコミュニケーションでは、抑揚をつけて伝えます。

○3　高齢者とのコミュニケーションでは、大きな声でゆっくり伝えます。

✕4　高齢者とのコミュニケーションでは、相手のペースに合わせながら伝えます。

✕5　高齢者とのコミュニケーションでは、ゆっくり、はっきりした口調で伝えます。

正解3

合格のための要点整理　●準言語

準言語とは、話す際の声の大小や強弱、抑揚、音の高さ、速度など、言語情報を補う音声面の要素のこと。

声の大小	大きな声で話す。
声の強弱	大切な単語は、少し大きな声で話す。
抑揚	抑揚をつけて話す。
音の高さ	あまり高くない声で話す。
速度	ゆっくりと話す。
口調	優しい口調で伝える。
ペース	相手のペースに合わせて話す。

問題 5 Ｖ介護老人福祉施設では、感染症が流行したために、緊急的な介護体制で事業を継続することになった。さらに労務管理を担当する職員からは、介護福祉職の精神的健康を守ることを目的とした組織的なマネジメントに取り組む必要性について提案があった。

次の記述のうち、このマネジメントに該当するものとして、**最も適切なもの**を１つ選びなさい。

1　感染防止対策を強化する。

2　多職種チームでの連携を強化する。

3　利用者のストレスをコントロールする。

4　介護福祉職の燃え尽き症候群（バーンアウト（burnout））を防止する。

5　利用者家族の面会方法を見直す。

●介護サービスの特性・介護実践とマネジメント　出題頻度★★

解答と解説

✕ **1**　感染防止対策の強化は感染対策委員会などが中心となり、職員全員が取り組むことです。労務管理としてのマネジメントではありません。

✕ **2**　多職種チームでの連携の強化は必要ですが、労務管理としてのマネジメントではありません。感染対策委員会は施設長、事務長、医師、看護師、介護士、管理栄養士など、各施設の状況に合わせた職種から構成されます。

✕ **3**　利用者のストレスを軽減したり、精神的健康を守ったりするのは介護職員などの専門職が行うケアマネジメントであり、労務管理としてのマネジメントではありません。

○ **4**　介護福祉職の燃え尽き症候群を防止とは、職員に対して実施することです。そのことから、労務管理の目的のひとつである職員の精神的健康を守るためのマネジメントです。

✕ **5**　利用者家族の面会方法の見直しは、感染対策委員会などの会議などで検討し、対応することです。労務管理としてのマネジメントではありません。

正解 4

合格のための要点整理

●労務管理

労務管理とは、勤怠や福利厚生など従業員の労働に関する事柄を管理すること。その他、健康やハラスメントなどへの対策も行う。また、新型コロナウイルス感染症の流行を受け、感染症対応のための労務管理も重要になっている。

通常の労務管理	
・雇用契約書の作成	・就業規則の作成や改定
・労使協定の作成	・勤怠管理
・給与計算	・福利厚生
・社会保険の手続き	・安全衛生管理
・職場環境	・業務改善　　　　　　　など

感染症対応のための労務管理
・職員の健康管理
・職員が罹患したときに療養できる人的環境の整備
など

問題　6　次のうち、介護老人福祉施設における全体の指揮命令系統を把握するために必要なものとして、**最も適切なもの**を１つ選びなさい。

1　組織図

2　勤務表

3　経営理念

4　施設の歴史

5　資格保有者数

●**組織と運営管理・組織の構造と管理**　出題頻度★★

解答と解説

○1　組織図とは、組織の内部構造を図式化し、客観的に可視化できるようにしたものです。組織の指揮命令系統を明確にするためにあります。

✕2　勤務表とは、職員の就労状況や勤務体制などを把握し、給与計算の根拠となるものです。

✕3　経営理念とは、施設が何のために活動をするのかや、施設が向かうべき方向性を明確にするための存在意義をまとめた言葉です。

✕4　施設の歴史（沿革）とは、その施設の歴史的な発展や変遷に関する情報をまとめたものです。沿革はその施設の成り立ちを伝え、施設への興味や信頼性を高める重要な要素となります。

✕5　資格保有者数とは、資格を持っている人数です。資格を持っている人がいることは、その施設における介護の質の向上につながります。

正解1

合格のための要点整理　●**組織図**

組織図とは、企業の組織体制や構造をわかりやすく図としてまとめたもの。

組織
・施設の各部署の関連性が可視化により理解度が増し、各部署の連携が強化される。
・権限が明確になり、指揮命令系統を把握できる。

個々の職員
・職員自身が自分の役割を理解できる。
・職員自身が行っている業務と他の部署との関連性を把握できる。
・職員が今後どのような業務を経験するか、キャリアパスを考えるきっかけになる。

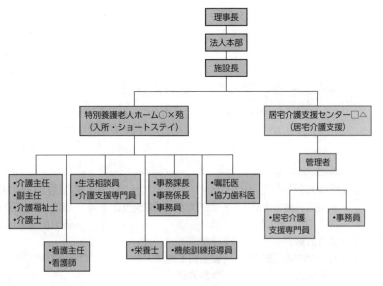

問題 7 次のうち、セルフヘルプグループ（self-help group）の活動に該当するものとして、**最も適切なもの**を1つ選びなさい。

1 断酒会
2 施設の社会貢献活動
3 子ども食堂の運営
4 傾聴ボランティア
5 地域の町内会

●**社会・組織** 出題頻度★★★

解答と解説

○ 1 同じ問題を持つ当事者が自発的に集まり、問題をわかち合って理解し、問題を乗り越えるために支え合うことが目的のグループをセルフヘルプグループといいます。断酒会は、アルコール依存を乗り越えるための、セルフヘルプグループ（自助グループ）です。

✕ 2 施設の社会貢献活動は施設が主となって行う活動であり、セルフヘルプグループによる活動ではありません。

✕ 3 子ども食堂は、子どもが一人でも行くことのできる無料もしくは低額の食堂です。ボランティアや特定非営利活動法人（NPO）が運営することが多い、民間発の自主的・自発的な取り組みです。

✕ 4 傾聴ボランティアは、相手の話を聴くボランティアのことです。話を聴くことで、相手の心が軽くなったり、気持ちが整理できたりと、情緒面での効果があります。

✕ 5 町内会は、その地域に住む住民で組織された団体で、地域自治活動の組織です。

正解 1

合格のための要点整理 ●セルフヘルプグループ

病気や障害のある人など、同じ状況にある人びとが相互に援助し合うために組織し、運営するグループ。自立性と継続性を持つ。

セルフヘルプグループの利点

・安心感があり、参加しやすい
・情報を得たり、互いに学び合えたりする
・グループの中で、役割を得やすい
・参加が生活のリズムとなる
・社会参加の機会となる　など

当事者のみでなく、その家族で構成されるグループもあります

　特定非営利活動法人（NPO法人）に関する次の記述のうち、**最も適切**なものを１つ選びなさい。

1　社会福祉法に基づいて設置される。

2　市町村が認証する。

3　保健、医療又は福祉の増進を図る活動が最も多い。

4　収益活動は禁じられている。

5　宗教活動を主たる目的とする団体もある。

●**社会・組織**　出題頻度★★★

解答と解説

✕ 1　特定非営利活動促進法に基づき、設置されます。

✕ 2　主たる事務所が所在する都道府県知事もしくは政令指定都市の市長の認証を受けます。

◯ 3　特定非営利活動は20種類規定されていますが、もっとも多いのは保健医療または福祉の増進を図る活動です。

✕ 4　収益事業もできますが、税法上の収益事業に該当する場合は他の会社同様に課税されます。

✕ 5　特定非営利活動促進法に、その行う活動が宗教の教義を広め、儀式行事を行い、および信者を教化育成することを主たる目的とするものであってはならないと定められています。

正解 3

合格のための要点整理　●**特定非営利活動の種類**

1	保健、医療または福祉の増進を図る活動	11	国際協力の活動
2	社会教育の推進を図る活動	12	男女共同参画社会の形成の促進を図る活動
3	まちづくりの推進を図る活動	13	子どもの健全育成を図る活動
4	観光の振興を図る活動	14	情報化社会の発展を図る活動
5	農山漁村または中山間地域の振興を図る活動	15	科学技術の振興を図る活動
6	学術、文化、芸術またはスポーツの振興を図る活動	16	経済活動の活性化を図る活動
7	環境の保全を図る活動	17	職業能力の開発または雇用機会の拡充を支援する活動
8	災害救援活動	18	消費者の保護を図る活動
9	地域安全活動	19	前各号に掲げる活動を行う団体の運営または活動に関する連絡、助言または援助の活動
10	人権の擁護または平和の推進を図る活動	20	前各号に掲げる活動に準ずる活動として都道府県または指定都市の条例で定める活動

問題 9 地域福祉において、19世紀後半に始まった、貧困地域に住み込んで実態調査を行いながら住民への教育や生活上の援助を行ったものとして、**最も適切なものを１つ**選びなさい。

1　世界保健機関（WHO）

2　福祉事務所

3　地域包括支援センター

4　生活協同組合

5　セツルメント

●地域福祉の発展　出題頻度★★★

解答と解説

× 1　世界保健機関（WHO）は1948年に設立された国連の機関のひとつで、保健について指示を与え、調整する機関です。

× 2　福祉事務所は社会福祉法第14条に規定されている福祉の相談窓口で、福祉六法に定める事柄についての事務を司る社会福祉行政機関です。都道府県および市（特別区を含む）には設置義務があり、町村は任意での設置です。

× 3　地域包括支援センターは介護保険法に規定された、地域に住む高齢者の介護・暮らしに関する総合相談に応じる機関です。市町村に設置され、保健師や社会福祉士、主任介護支援専門員といった専門職が配置されています。

× 4　生活協同組合は市民が集まり、生活レベルの向上を目的とした各種事業を行う協同組合です。消費生活協同組合法に基づき、設立されています。生協やコープと呼ばれています。

○ 5　セツルメントはソーシャル・セツルメントのことであり、隣保館などと訳されることがあります。社会教化事業を行う地域の拠点で、労働者や貧困者との人格的接触を通じて援助を行い、自力による生活の向上、社会的活動への参加を支援します。

正解 5

合格のための要点整理

●セツルメント（セツルメント運動）

セツルメントとは、日本語で「隣保館」などと訳される。元の意味は「移住」。

●1880年代のイギリスにおいて、学校教育者や学生、教会関係者など中流階級の人たちが、都市の貧困地域（スラム）に移り住み、とりわけ貧困に苦しむ労働者階級の人びとに直接触れ、生活をともにすることによって、生活状態を改善する運動としてはじまった。

●日本でも大正時代にはすでに存在し、活動していた。

セツルメント運動の代表的な団体

・日本キリスト教青年同盟（YMCA）

・聖路加国際病院

問題　10　社会福祉基礎構造改革に関する次の記述のうち、**適切なものを１つ**選びなさい。

1　社会福祉法が社会福祉事業法に改正された。

2　利用契約制度から措置制度に変更された。

3　サービス提供事業者は、社会福祉法人に限定された。

4　障害福祉分野での制度改正は見送られた。

5　判断能力が不十分な者に対する地域福祉権利擁護事業が創設された。

●**日本の社会保障制度の発展**　出題頻度★★★

【解答と解説】

✕ 1　社会福祉基礎構造改革により、社会福祉事業法の名称が社会福祉法に改正されました。

✕ 2　いわゆる行政処分である措置制度から、当事者自身が選択する利用契約制度へと変更されました。

✕ 3　社会福祉法人に限らず、民間も一定の基準を満たせばサービス提供事業者になれるようになりました。

✕ 4　障害福祉分野でも身体障害福祉法、知的障害者福祉法および児童福祉法について一部改正が行われました。

◯ 5　地域福祉権利擁護事業は、判断能力の不十分な者が地域において自立した生活が送れるよう、利用者との契約に基づき、福祉サービスの利用援助等を行うことにより、その者の権利擁護に資することを目的としています。2007（平成19）年から、日常生活自立支援事業に名称変更しています。

正解5

合格のための要点整理　●**社会福祉基礎構造改革**

少子高齢化や核家族化の進展といった社会の変化や、障害者の自立および社会参加の高まりなど、社会福祉に対するニーズの拡大と多様化への対応を目的に、それまでの社会福祉に関する共通基盤を大幅に見直すため、2000（平成12）年より行われた一連の改革。

―― 改革の７つの柱 ――

・サービス利用者と提供者の対等な関係の確立
・利用者の多様なニーズに対する、地域での総合的な支援
・利用者の幅広い需要に応える多様な主体の参入
・信頼と納得を得ることができる質と効率性の向上
・情報公開などによる事業運営の透明性の確保
・公平かつ公正な費用負担
・住民の積極的かつ主体的な参加による、地域に根ざした個性のある福祉文化の創造

多くの福祉サービスが「措置」から「契約」へと移行しました。また、「地域福祉の推進」が示され、「地域福祉」がはじめて法律上の用語となりました

問題 11 Cさん（77歳、男性）は、60歳で公務員を定年退職し、年金生活をしている。持病や障害はなく、退職後も趣味のゴルフを楽しみながら健康に過ごしている。ある日、Cさんはゴルフ中にけがをして医療機関を受診した。

このとき、Cさんに適用される公的医療制度として、**正しいものを1つ選び**なさい。

1 国民健康保険
2 後期高齢者医療制度
3 共済組合保険
4 育成医療
5 更生医療

● **保健医療に関する制度** 出題頻度★★★

解答と解説

✕ 1 国民健康保険制度は、会社の保険制度に入っている人（その被扶養者を含む）や生活保護を受けている人を除き、74歳以下の人すべてが加入する医療保健制度です。Cさんは77歳ですので、被保険者とはなりません。

○ 2 後期高齢者医療制度は、75歳以上の人すべてが加入する医療保険制度です。77歳のCさんは後期高齢医療制度の被保険者です。

✕ 3 共済組合保険は社会保険制度の一環として、相互救済によって組合員とその家族の生活の安定と福祉の向上に寄与するための制度です。公務員や私立学校の職員が対象となります。

✕ 4 育成医療は障害児を対象に、その身体障害を除去、軽減する手術等の治療に対して、必要な自立支援医療費の支給を行うものです。

✕ 5 更生医療は18歳以上の障害者に対して、その障害を除いたり苦痛を軽減したりする医療行為を受ける医療費の一部を助成するものです。

正解2

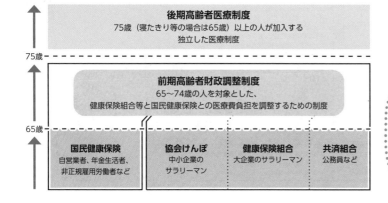

合格のための要点整理 ● **日本の医療保険制度**

| 後期高齢者医療制度 |
| 75歳（寝たきり等の場合は65歳）以上の人が加入する独立した医療制度 |

75歳

| 前期高齢者財政調整制度 |
| 65～74歳の人を対象とした、健康保険組合等と国民健康保険との医療費負担を調整するための制度 |

65歳

| 国民健康保険 | 協会けんぽ | 健康保険組合 | 共済組合 |
| 自営業者、年金生活者、非正規雇用労働者など | 中小企業のサラリーマン | 大企業のサラリーマン | 公務員など |

後期高齢者医療制度は、深刻な医療費の増加を背景に、75歳以上の高齢者だけを対象として独立させ、医療給付を集中管理する目的で施行されました

> **問題 12** 次のうち、介護保険法に基づき、都道府県・指定都市・中核市が指定（許可）、監督を行うサービスとして、**正しいもの**を**1つ**選びなさい。
>
> 1 地域密着型介護サービス
> 2 居宅介護支援
> 3 施設サービス
> 4 夜間対応型訪問介護
> 5 介護予防支援

●**介護保険制度** 出題頻度★★★★

解答と解説

✕ 1 地域密着型介護サービスと地域密着型介護予防サービスは、市町村が指定・監督を行うサービスです。

✕ 2 居宅介護支援は、市町村が指定・監督を行うサービスです。

○ 3 施設サービス（介護老人福祉施設、介護老人保健施設、介護医療院）は、都道府県・指定都市、中核市が指定・監督を行います。

✕ 4 夜間対応型訪問介護は地域密着型介護サービスのひとつですので、市町村が指定・監督を行います。

✕ 5 介護予防支援は居宅介護支援と同様に、市町村が指定・監督を行うサービスです。

正解3

合格のための要点整理 ●**介護保険制度の介護サービスの種類**

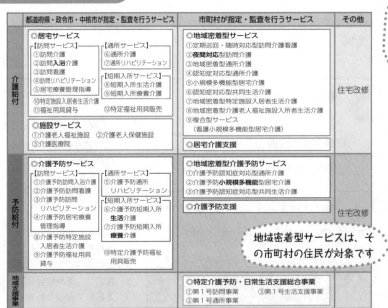

> より地域に根ざし、地域の実情で運営するサービスを市町村が指定・監査しています

> 地域密着型サービスは、その市町村の住民が対象です

資料：「公的介護保険制度の現状と今後の役割」厚生労働省資料（一部改変）

問題 13 「障害者差別解消法」に関する次の記述のうち、**適切なもの**を１つ選びなさい。

1 法の対象者は、身体障害者手帳を交付された者に限定されている。
2 合理的配慮は、実施するときの負担の大小に関係なく提供する。
3 個人による差別行為への罰則規定がある。
4 雇用分野での、障害を理由とした使用者による虐待の禁止が目的である。
5 障害者基本法の基本的な理念を具体的に実施するために制定された。

（注）「障害者差別解決法」とは、「障害を理由とする差別の解消の推進に関する法律」のことである。

●個人の権利を守る制度　出題頻度★★★★

解答と解説

✕ 1 障害者手帳を保持しているかどうかにかかわらず、障害や社会の障壁（制度や建物など）によって、日常生活や社会生活に制限を受けているすべての人を対象にしています。

✕ 2 合理的配慮とは、障害者が他の者と平等にすべての人権および基本的自由を享有し、または行使することを確保するための必要かつ適当な変更と定義されています。負担の大小ではありません。

✕ 3 行政機関や民間事業者（令和6年4月1日より）には合理的配慮の義務があり、違反した場合は1年以下の懲役、または50万円以下の罰金という罰則がありますが、個人に対する罰則はありません。

✕ 4 虐待の防止については、障害者虐待防止法があります。

◯ 5 すべての国民が相互に個性を尊重し、共生する社会を実現するという障害者基本法の理念に資することを目的としています。

正解5

合格のための要点整理　**●障害者差別解消法**

2016（平成28）年にスタートした「障害者差別解消法（障害を理由とする差別の解消の推進に関する法律）」は、「共生社会の実現」を目指している。

この法律が求めているもの

□障害を理由とした、障害者に対する不当な「差別的取り扱い」の禁止

□障害者の特性に応じた、適切な範囲での対応（合理的配慮の提供）

対象となる「障害者」は?
障害者や社会的バリアによって、日常生活や社会生活に制限を受けている人すべて。

対象となる「事業者」は?
同じサービスなどを繰り返し継続する意思を持って行う人たち。会社、店舗、ボランティアグループなど。

●合理的配慮とは
社会の中にあるバリアを取り除くための対応を必要としていると意思表示があった場合、対応する側の負担が重すぎない範囲で適切に対応すること。

※内閣府パンフレット『「合理的配慮」を知っていますか?』より。

問題 14 「障害者総合支援法」に規定された移動に関する支援の説明として、最も適切なものを1つ選びなさい。

1 移動支援については、介護給付費が支給される。

2 行動援護は、周囲の状況把握ができない視覚障害者が利用する。

3 同行援護は、危険を回避できない知的障害者が利用する。

4 重度訪問介護は、重度障害者の外出支援も行う。

5 共同生活援助（グループホーム）は、地域で生活する障害者の外出支援を行う。

(注)「障害者総合支援法」とは、「障害者の日常生活及び社会生活を総合的に支援するための法律」のことである。

●障害者総合支援制度　出題頻度★★★★

解答と解説

✕ 1 移動支援は外出時に移動の支援が必要な人に対し、社会生活上不可欠な外出および社会参加のための外出に関する移動の支援を行うものです。地域生活支援事業の市町村必須事業です。

✕ 2 行動援護は障害支援区分が区分3以上の知的障害または精神障害のため、行動上著しい困難がある人に対する支援です。

✕ 3 同行援護は視覚障害により、移動に著しい困難がある人に対する外出時の支援です。

◯ 4 重度訪問介護は障害支援区分4以上の重度の肢体不自由者、重度の知的障害者、精神障害者に対する支援です。居宅での介護等の他、外出時の介護も行うことが可能です。また、区分6以上の人に対する入院中の意思疎通支援も可能です。

✕ 5 共同生活援助（グループホーム）はおもに夜間、共同生活をおくる住居で入浴、排泄、食事の介護や相談、その他日常生活の援助を行います。

正解 4

合格のための要点整理　●移動に関する支援

障害者総合支援法では、障害の特性や移動目的に合わせて、移動時に関する支援がいくつか用意されている。

■介護給付によるサービス

重度訪問介護	内容	居宅において入浴・排泄・食事等の介護、家事や生活等に関する相談、外出時における移動中の介護を総合的に行う。
	対象	障害支援区分4以上の重度の肢体不自由、知的障害、精神障害により、行動上著しい困難のある人。
行動援護	内容	自己判断力が制限されている人の外出時における移動の介助、排泄・食事など危険を回避するための支援を行う。
	対象	障害者区分3以上の知的障害および精神障害により、行動上著しい困難のある人。
同行援護	内容	移動に著しい困難のある人に、危険を回避するために必要な支援や外出の支援を行う。
	対象	視覚障害のある人。

■地域生活支援事業におけるサービス

移動支援事業	内容	社会生活上必要不可欠な外出および余暇活動など、社会参加のための移動の支援を行う。市町村必須事業。
	対象	外出時の移動支援が必要な人。

問題 15 Ｄさん（80歳、男性、要介護２）は、認知症（dementia）がある。訪問介護（ホームヘルプサービス）を利用しながら一人暮らしをしている。

ある日、訪問介護員（ホームヘルパー）がＤさんの自宅を訪問すると、近所に住むＤさんの長女から、「父が、高額な投資信託の電話勧誘を受けて、契約しようかどうか悩んでいるようで心配だ」と相談された。

訪問介護員（ホームヘルパー）が長女に助言する相談先として、**最も適切なもの**を１つ選びなさい。

1 公正取引委員会
2 都道府県障害者権利擁護センター
3 運営適正化委員会
4 消費生活センター
5 市町村保健センター

◉個人の権利を守る制度　出題頻度★★★★

解答と解説

× 1 公正取引委員会は、独占禁止法を運用するために設置された行政機関です。事例の相談先にはあてはまりません。

× 2 都道府県障害者権利擁護センターは、養護者や障害者を雇用する使用者による障害者虐待に関する相談や通報、届け出を受けるための機関です。事例は虐待ケースではありません。

× 3 運営適正化委員会は福祉サービス利用者の苦情などを適切に解決し、利用者の権利を擁護するために、全国の都道府県社会福祉協議会に設置されています。事例は福祉サービスに関するものではありません。

○ 4 消費生活センターでは、消費生活に関するさまざまな相談や苦情を受けつけています。高額な投資信託の電話勧誘について悩んでいるＤさんの長女の相談先として適切です。

× 5 市町村保健センターは、地域保健に関する事業を地域住民に対して行うための施設です。事例の相談先にはあてはまりません。

正解 4

合格のための要点整理　◉**消費生活センター**

消費者ホットライン
局番なし188

・消費者安全法により、都道府県に設置が義務づけられている。
・2019年４月１日現在、全国で858か所。市町村により、消費生活センターがない場合は役場に消費生活相談窓口を設置。
・おもな業務内容は消費者被害の相談、暮らしに役立つ情報提供、消費者の自主的な活動の援助、消費者教育の推進。
・相談自体は無料。資格あるいはそれに準じた専門知識・技術を持つ相談員が対応する。

問題 16 災害時の福祉避難所に関する次の記述のうち、**適切なもの**を 1 つ選びなさい。

1 介護老人福祉施設の入所者は、原則として福祉避難所の対象外である。

2 介護保険法に基づいて指定される避難所である。

3 医療的ケアを必要とする者は対象にならない。

4 訪問介護員（ホームヘルパー）が、災害対策基本法に基づいて派遣される。

5 同行援護のヘルパーが、災害救助法に基づいて派遣される。

●地域生活を支援する制度　出題頻度★★

【解答と解説】

○ 1 福祉避難所は、一般の避難所では生活することが困難な人（要配慮者）が、避難所での生活において特別な配慮が受けられるなど、安心して生活できる態勢が整えられた避難所です。介護老人福祉施設などもともと配慮がされている施設は、指定福祉避難所となるため、入所している人は原則対象外となります。

✕ 2 災害対策基本法施行令が根拠法令となります。

✕ 3 医療的ケアが必要で、要配慮者となる場合は対象となります。

✕ 4 派遣先で提供対象となるサービスの根拠となる法令に基づいて派遣されます。

✕ 5 同行援護を行うためのヘルパーは、障害者総合支援制度に基づく派遣となります。

正解 1

【合格のための要点整理】　●福祉避難所
2021（令和3）年に、ガイドラインが一部改正されている。

福祉避難所の確保・運営ガイドラインの改正（令和3年）

　福祉避難所の指定促進と、受け入れ対象者を事前調整して人的・物的体制の整備を図ることで、災害時の直接の避難等を促進し、要配慮者の支援を強化する目的で改正が行われました。

□指定福祉避難所の指定および受け入れ対象者の公示
・指定福祉避難所と指定一般避難所を分けて指定し、公示する。
・受け入れ対象者を特定し、要配慮者やその**家族**のみが避難する施設であることが公示できる制度を創設。

□指定福祉避難所への直接避難の促進
・地区防災計画や個別避難計画等の作成を通じて、要配慮者の意向や地域の実情を踏まえ、事前に受け入れ対象者の調整を行う。日ごろから利用している施設への**直接避難**を促進。

□避難所の感染症・熱中症・衛生環境対策
・保健・医療関係者の助言を得ながら、感染症や熱中症対策についての避難所の計画、検討を行う。
・衛生環境対策として必要な物資の備蓄を行う。

□緊急防災・減災事業債を活用した指定福祉避難所の機能強化
・社会福祉法人等の**福祉施設**等に対する自治体の補助金における、全国的に緊急に実施する必要が高く、即効性のある防災・減災のための**地方単独事業**である緊急防災・減災事業債の活用も可能に。

問題 **17** 「感染症法」に基づいて、結核（tuberculosis）を発症した在宅の高齢者に、医療費の公費負担の申請業務や家庭訪問指導などを行う機関として、**適切なもの**を１つ選びなさい。

1 基幹相談支援センター
2 地域活動支援センター
3 保健所
4 老人福祉センター
5 医療保護施設

（注）「感染症法」とは、「感染症の予防及び感染症の患者に対する医療に関する法律」のことである。

●保険医療に関する制度 出題頻度★★★★

解答と解説

✕ 1 基幹相談支援センターは障害者総合支援法によって規定された、障害者の地域における相談支援の総合的窓口です。

✕ 2 地域活動支援センターは地域で生活している身体・精神・知的障害を持つ人に、創作活動や交流の機会を提供する施設です。障害者自立支援法で規定されました。

○ 3 保健所は設問の内容の他にも、難病や精神保健に関する相談、薬事・食品衛生・環境衛生に関する監視指導など専門性の高い業務を担っています。

✕ 4 老人福祉センターは地域の老人に対して、各種相談や健康増進、教養向上およびレクリエーションのための便宜を総合的に供与する施設です。老人福祉法に基づき設置されます。

✕ 5 医療保護施設は医療を必要とする要保護者に対し、医療の給付を行います。生活保護法に基づく、保護施設のひとつです。

正解 3

合格のための要点整理 ●**結核医療費の助成**

結核の患者に対して、**外来医療費**や**入院医療費**を助成する制度。保健所が申請窓口になり、申請が決定すれば外来は総医療費の5%、入院費は無料から上限２万円までの自己負担となる。

■**助成決定までの流れ**

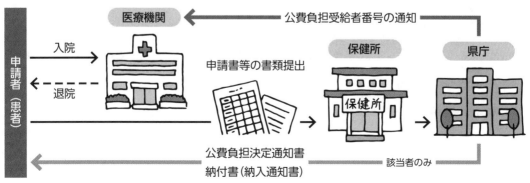

問題 18 Eさん（55歳、女性、障害の有無は不明）は、ひきこもりの状態にあり、就労していない。父親の年金で父親とアパートで暮らしていたが、父親が亡くなり、一人暮らしになった。遠方に住む弟は、姉が家賃を滞納していて、生活に困っているようだと、家主から連絡を受けた。

心配した弟が相談する機関として、**最も適切なもの**を**1つ**選びなさい。

1　地域包括支援センター

2　福祉事務所

3　精神保健福祉センター

4　公共職業安定所（ハローワーク）

5　年金事務所

●貧困と生活困窮に関する制度　出題頻度★★

解答と解説

✕ 1　地域包括支援センターは、地域の高齢者とその家族等の総合相談窓口です。55歳のEさんの相談もできますが、その場合は解決のための適切な相談先を助言してもらえるにとどまります。

○ 2　Eさんの場合、生活困窮から生活保護となる可能性が高いため、福祉事務所に相談するのがもっとも適切であるといえます。

✕ 3　精神保健福祉センターは精神障害に関する相談先なので、適切な相談先ではありません。

✕ 4　Eさんはひきこもりであり、仕事を探しているわけではないので、公共職業安定所（ハローワーク）は相談先とはなりません。

✕ 5　Eさんは現在、父親の年金がなくなり、家賃を滞納し、生活に困っているのではないかという状態ですので、年金事務所は相談先とはなりません。

正解2

合格のための要点整理　●**福祉事務所とは**

社会福祉法第14条に規定されている「福祉に関する事務所」のこと。福祉六法に定める援護・育成・更生に関する事務を司る。

■福祉六法と役所の担当課（埼玉県所沢市役所の場合）

①生活保護法（生活福祉課）
おもに生活困窮への対応を行う。生活保護の申請の受付、福祉資金の貸付等。

②児童福祉法・③母子並びに父子及び寡婦福祉法（保育幼稚園課・こども相談センター・こども支援課・こども政策課）
こども福祉課では療育手帳の発行などの相談、こども支援課では一人親家庭等の助成等の事務を行う。

④老人福祉法（高齢者支援課）
高齢者に対する支援やいきがい推進、地域包括支援センターの運営管理等を行う。

⑤身体障害者福祉法・⑥知的障害者福祉法（障害福祉課）
身体・知的障害者や難病患者などの支援、障害福祉手当の事務を行う。

問題　**19**　次のうち、マズロー（Maslow,A.H.）の欲求階層説で成長欲求に相当するものとして、**正しいもの**を**1つ**選びなさい。

1　承認欲求

2　安全欲求

3　自己実現欲求

4　生理的欲求

5　所属・愛情欲求

●**こころのしくみの理解**　出題頻度★★★

解答と解説

✕ 1　承認欲求とは、他者から認められて自尊心を満足させたいという欲求です。自己尊重の欲求ともいわれます。社会的欲求であり、欠乏欲求です。

✕ 2　安全欲求とは、危険を回避して安全でいたいという欲求です。基本的欲求のひとつで、欠乏欲求です。

○ 3　自己実現の欲求とは、自分の持つ潜在能力を発揮し、理想とする自分になりたいという欲求です。社会的欲求であり、成長欲求です。

✕ 4　生理的欲求とは、食事、睡眠、休息など生物としての本能に根ざした欲求です。マズローの欲求階層説では、もっとも底辺に位置する基本的欲求で、欠乏欲求です。

✕ 5　所属・愛情の欲求は、他者や集団から愛情を受け、望ましい関係でいたいという欲求です。社会的欲求ともいわれ、欠乏欲求です。

正解 3

合格のための要点整理　●**マズローの欲求階層5**

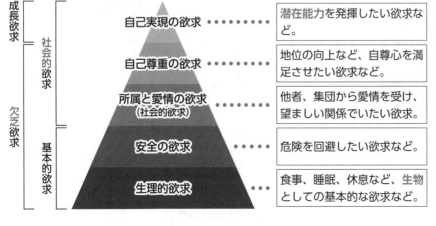

成長欲求		自己実現の欲求	潜在能力を発揮したい欲求など。
欠乏欲求	社会的欲求	自己尊重の欲求	地位の向上など、自尊心を満足させたい欲求など。
		所属と愛情の欲求（社会的欲求）	他者、集団から愛情を受け、望ましい関係でいたい欲求。
	基本的欲求	安全の欲求	危険を回避したい欲求など。
		生理的欲求	食事、睡眠、休息など、生物としての基本的な欲求など。

自己尊重の欲求は「承認欲求」とも表現されます

問題 20 次のうち、交感神経の作用に該当するものとして、正しいものを1つ選びなさい。

1 血管収縮

2 心拍数減少

3 気道収縮

4 消化促進

5 瞳孔収縮

●**からだのしくみの理解**　出題頻度★★★★

【解答と解説】

〇 1 交感神経は、からだの機能を活発に働かせるように作用します。血管を収縮させ、血圧を上昇させます。

✕ 2 交感神経の作用で、心拍数は上昇します。

✕ 3 気道は拡張し、呼吸が浅く、早くなります。

✕ 4 胃液の分泌は制御され、腸での消化は抑制されます。

✕ 5 瞳孔は散大します。興奮して目を見開いた状態のイメージです。

正解1

【合格のための要点整理】　●**交感神経のはたらき**

交感神経と副交感神経は対ではたらき、どちらかが優位の場合、もう一方のはたらきは抑制される。交感神経は「戦いの神経」といわれ、からだが活動しやすいようにはたらく。

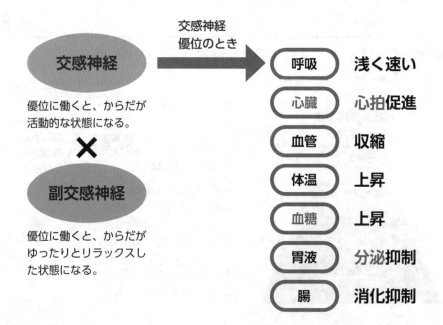

交感神経 優位のとき	
呼吸	浅く速い
心臓	心拍促進
血管	収縮
体温	上昇
血糖	上昇
胃液	分泌抑制
腸	消化抑制

交感神経
優位に働くと、からだが活動的な状態になる。

✕

副交感神経
優位に働くと、からだがゆったりとリラックスした状態になる。

問題 21 Ｆさん（82歳、女性）は、健康診断で骨粗鬆症（osteoporosis）と診断され、内服治療が開始された。杖歩行で時々ふらつくが、ゆっくりと自立歩行することができる。昼間は自室にこもり、ベッドで横になっていることが多い。リハビリテーションとして週3日歩行訓練を行い、食事は普通食を毎食8割以上摂取している。

Ｆさんの骨粗鬆症（osteoporosis）の進行を予防するための支援として、**最も適切なもの**を1つ選びなさい。

1 リハビリテーションを週1日に変更する。

2 繊維質の多い食事を勧める。

3 日光浴を日課に取り入れる。

4 車いすでの移動に変更する。

5 ビタミンＡ（vitamin A）の摂取を勧める。

◉**からだのしくみの理解** 出題頻度★★★

【解答と解説】

✕ 1 骨粗鬆症の予防には、適度な運動が必要です。リハビリテーションを週3日から1日に変更することで、ベッド上で横になっていることが増え、活動性がさらに低下することが予想されます。

✕ 2 繊維質の多い食事は、便秘の予防や改善には効果がありますが、骨粗鬆症の進行の予防には効果がありません。

◯ 3 日光浴をすることで、骨を強くするのに必要なビタミンＤが体内で生成されます。

✕ 4 骨を強くするには、重力に対して垂直方向の刺激が有効です。車いすでの移動に変更すると、骨への刺激が弱くなります。

✕ 5 ビタミンＡのおもなはたらきは、皮膚や目といった粘膜を健康に保ったり、抵抗力を強めたりすることです。

正解 3

【合格のための要点整理】

◉**骨をつくるしくみ**

骨量（骨に含まれるカルシウムの量）は20代にピークに達し、その後低下していく。特に女性は50歳前後で急速に低下する。骨の強化とは、骨量の低下をくい止めることで、適度な運動とカルシウムの摂取が必要である。ビタミンＤは、カルシウムの吸収を高める作用がある。食品での摂取と、日光浴による皮膚内でのプロビタミンＤの生成が重要となる。

■**ビタミンＤ生成のおもな過程**

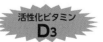

食品からも摂取

プロビタミン D	プロビタミン D₃	活性化ビタミン D₃
皮膚中にある物質が、紫外線によりプロビタミンＤとなる。	プロビタミンＤは、時間をかけてプロビタミンＤ₃になる。	プロビタミンＤ₃は血液中を通り、肝臓、腎臓と2段階の反応で、カルシウムの吸収を高める活性化ビタミンＤ₃となる。

問題 22 中耳にある耳小骨として、**正しいものを1つ選びなさい。**

1 ツチ骨
2 蝶形骨
3 前頭骨
4 頬骨
5 上顎骨

●**からだのしくみの理解** 出題頻度★★★★

解答と解説

○ 1 耳小骨は、ツチ骨・キヌタ骨・アブミ骨という3つの小さな骨で構成されています。耳小骨には、外耳から届いた音を増幅し、内耳へと伝える役目があります。

✕ 2 蝶形骨は頭蓋底の中央部、鼻腔の後方に位置する骨です。蝶のような形をしているため、このように呼ばれます。

✕ 3 前頭骨は、頭蓋の前下部に位置する骨です。前頭骨の大部分を占める部分です。

✕ 4 頬骨はいわゆる「ほほぼね」といわれる、顔面骨を構成する骨のひとつです。

✕ 5 上顎骨はいわゆる「うわあご」から鼻腔、眼窩にかけて、顔面の中央部にある左右一対の大きな骨です。

正解 1

合格のための要点整理 ●**耳の構造**

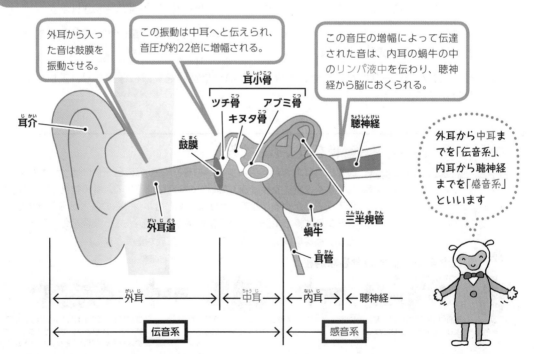

外耳から入った音は鼓膜を振動させる。

この振動は中耳へと伝えられ、音圧が約22倍に増幅される。

この音圧の増幅によって伝達された音は、内耳の蝸牛の中のリンパ液中を伝わり、聴神経から脳におくられる。

耳小骨
ツチ骨 アブミ骨 キヌタ骨
聴神経
耳介
鼓膜
外耳道
蝸牛
三半規管
耳管

外耳から中耳までを「伝音系」、内耳から聴神経までを「感音系」といいます

外耳 中耳 内耳 聴神経

伝音系 感音系

36

問題 23 成人の爪に関する次の記述のうち、**正しいものを1つ**選びなさい。

1 主成分はタンパク質である。

2 1日に1mm程度伸びる。

3 爪の外表面には爪床がある。

4 正常な爪は全体が白色である。

5 爪半月は角質化が進んでいる。

◉**身じたくに関連したこころとからだのしくみ** 出題頻度★★★★

【**解答と解説**】

◯ 1 爪の主成分は、タンパク質の一種であるケラチンです。皮膚細胞の一部が細胞分裂し、硬く変化したものです。

✕ 2 爪の伸びる速さには個人差がありますが、手の爪は1か月で3〜4mm、足の爪は1か月で1〜2mm伸びるといわれています。

✕ 3 爪床（そうしょう）は、爪の下にある皮下組織の一部です。毛細血管が通っていて、爪の形成と維持に必要な栄養や水分を補給する役割があります。

✕ 4 正常な爪は爪床の毛細血管が透けて、全体的に薄いピンク色をしています。

✕ 5 爪半月は、爪の根元に見える白い部分のことです。まだ、できたばかりの爪で、角質化しているわけではありません。

正解 1

【**合格のための要点整理**】 ◉**爪の観察時の重要ポイントと変化への対応**

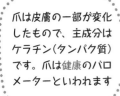

爪は皮膚の一部が変化したもので、主成分はケラチン（タンパク質）です。爪は健康のバロメーターといわれます

観察の重要ポイント

☐ 爪の色に変化はないか

☐ 爪の形に異常はないか

☐ 周囲の皮膚に異常はないか

変化と原因

・スプーン形（さじ状爪）
　➡ビタミン欠乏症、鉄欠乏性貧血など

・横溝が入る
　➡糖尿病、尿毒症など

・全体に白くなる
　➡低栄養、貧血、肝障害

・白濁する、肥厚する、崩れ落ちる
　➡爪白癬（つめはくせん）

介護職が爪切りをできるのは、
・爪そのものに異常がなく、周囲の皮膚にも炎症や化膿といった異常がない場合
・疾病や異常により専門的な爪の管理の必要がない場合
に限ります

問題 24 食物が入り誤嚥が生じる部位として、**適切なもの**を 1 つ選びなさい。

1 扁桃

2 食道

3 耳管

4 気管

5 咽頭

●**食事に関連したこころとからだのしくみ**　出題頻度★★★★

解答と解説

✕ **1** 扁桃は、咽頭の粘膜にあります。リンパ節の集合体で、ウイルスや細菌が体内へ侵入するのを防ぐはたらきをしています。

✕ **2** 食道は、文字どおり食べものの通り道です。咽頭と胃をつないでいます。蠕動運動により、食べ物を胃へとおくっています。

✕ **3** 耳管は、耳と鼻をつないでいる管です。耳管の役割は、耳の気圧を調節することです。

〇 **4** 気管とは、喉頭から気管支までの管のことです。空気を肺へと届ける役割をしています。食べ物が気管に入ることを、誤嚥といいます。

✕ **5** 咽頭は鼻の奥から食道までの、食べ物や空気が通過するところです。

正解 4

合格のための要点整理　●**加齢に伴う嚥下機能の低下**

摂食・嚥下に関する器官が加齢によって器質的変化・機能的変化を生じることにより、高齢になるほど誤嚥のリスクは高くなる。

■**嚥下機能低下の原因**

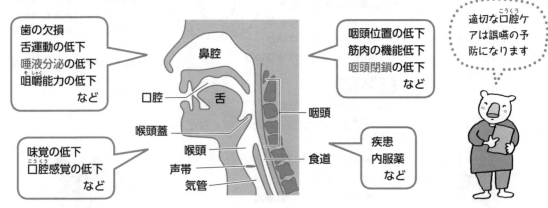

歯の欠損
舌運動の低下
唾液分泌の低下
咀嚼能力の低下
　　　　など

味覚の低下
口腔感覚の低下
　　　　など

鼻腔

口腔　舌

喉頭蓋

喉頭
声帯
気管

咽頭

食道

咽頭位置の低下
筋肉の機能低下
咽頭閉鎖の低下
　　　　など

疾患
内服薬
　　など

適切な口腔ケアは誤嚥の予防になります

問題 **25** Gさん（79歳、男性）は、介護老人保健施設に入所している。Gさんは普段から食べ物をかきこむように食べる様子がみられ、最近はむせることが多くなった。義歯は使用していない。食事は普通食を摂取している。ある日の昼食時、唐揚げを口の中に入れたあと、喉をつかむようなしぐさをし、苦しそうな表情になった。

Gさんに起きていることとして、**最も適切なもの**を**1つ**選びなさい。

1　心筋梗塞（myocardial infarction）
2　蕁麻疹（urticaria）
3　誤嚥性肺炎（aspiration pneumonia）
4　食中毒（foodborne disease）
5　窒息（choking）

◉機能の低下・障害が食事に及ぼす影響　出題頻度★★★

【解答と解説】

✕ 1　心筋梗塞は、突然の強い胸の痛みや圧迫感を特徴としています。冷や汗を伴うことが多く、吐き気や嘔吐がある場合もあります。Gさんの症状とは一致しません。

✕ 2　蕁麻疹は、皮膚の一部に少しふくらんだ発疹があらわれる病気です。食べ物やストレスで発症する場合もありますが、原因の特定できない特発性が多いのも特徴です。ほとんどの場合、数時間で消失します。Gさんの症状とは一致しません。

✕ 3　誤嚥性肺炎とは、食べ物が肺へと取り込まれることにより生じる肺炎です。嚥下機能が低下する高齢者に多い肺炎です。咳や発熱の他、倦怠感があるなどが症状です。Gさんの症状とは一致しません。

✕ 4　食中毒は有害物資や細菌、ウイルスなどが含まれた食べ物を取り込むことにより起きます。下痢、嘔吐・嘔気、発熱などが代表的な症状です。Gさんの症状とは一致しません。

◯ 5　窒息は異物により、息が詰まった状態です。呼吸ができなくなり、からだや生命に重大な危険を及ぼします。Gさんの喉をつかむようなしぐさは、チョークサインといわれ、窒息時に無意識に取るしぐさです。最近はむせることが多くなったものの食事は普通食のため、誤嚥から窒息が起きたことが推測されます。

正解5

【合格のための要点整理】

◉窒息の症状

嚥下機能の低下、食習慣、食事時の姿勢などが影響し、気道に食べ物や異物が詰まって呼吸ができなくなること。生命にかかわる重大なトラブルだが、窒息時は声もでなくなるので、自分では助けを呼ぶことができない場合も少なくない。

■窒息時に観察される症状

・声がでないまま、突然もがき苦しんでいる。
・激しく呼吸しようとするが、空気の出入りがない、もしくは少ない。
・顔、首、手などが青黒くなる（チアノーゼ）。
・気道から異常な音がする。
・意識が次第になくなる。
・チョークサイン。

チョークサインは万国共通の窒息のサインです

問題 26 Hさん（60歳、男性）は、身長170cm、体重120kgである。Hさんは浴槽で入浴しているときに毎回、「お風呂につかると、からだが軽く感じて楽になります」と話す。胸が苦しいなど、ほかの訴えはない。

　Hさんが話している内容に関連する入浴の作用として、**最も適切なものを1つ選びなさい**。

1　静水圧作用
2　温熱作用
3　清潔作用
4　浮力作用
5　代謝作用

◉入浴・清潔保持に関するこころとからだのしくみ　出題頻度★★★

解答と解説

✕ 1　静水圧作用とは、入浴によりからだに水圧がかかることをいいます。全身への穏やかなマッサージ効果のことです。末端に滞っていた体液や血液が循環され、むくみの解消にもつながります。

✕ 2　温熱作用とは、からだが温まることによって血管が拡張し、血液の流れがよくなり、体内の老廃物や疲労物質の除去などができ、疲れが軽減する作用です。

✕ 3　清潔作用とは、からだの汚れを取り、清潔にする作用です。入浴のひとつの目的といえます。

◯ 4　湯の中では浮力がはたらくため、からだが軽くなるような感覚が生じます。実際に、膝などの関節への負担も軽減します。

✕ 5　代謝作用とは、からだの代謝が促進される作用です。温熱作用などで、血流がよくなることで起こります。

正解4

合格のための要点整理　◉**入浴の効果**

入浴には、からだを清潔にするだけでなく、心身にさまざまな効果がある。一方、入浴はからだへの負担もあり、リスクにつながる場合もある。

■入浴の4大効果

❶　静水圧・浮力効果
湯に入ると、からだに水圧や浮力がかかる。血液やリンパの流れがよくなり、内臓機能が向上する。浮力により関節への負担が減る。筋肉がリラックスする。

❷　リラックス効果
ホッとする時間が自律神経の乱れを整え、疲れを取る。

❸　皮膚洗浄効果
タオルなどでからだを洗うことで、汚れを取り去る以外にも、皮膚の活性化が図れる。

❹　温熱効果
からだが温まる血行促進の効果があり、筋肉の緊張もほぐれる。

問題 27 男性に比べて女性に尿路感染症（urinary tract infection）が起こりやすい要因として、**最も適切なもの**を1つ選びなさい。

1 子宮の圧迫がある。

2 尿道が短く直線的である。

3 腹部の筋力が弱い。

4 女性ホルモンの作用がある。

5 尿道括約筋が弛緩している。

●**機能の低下・障害が排泄に及ぼす影響**　出題頻度★★★

解答と解説

✕ **1** 尿路感染症とは、尿道口から入った細菌が体内で繁殖する感染症です。男性より女性に多いのが特徴ですが、子宮の圧迫は原因になりません。

○ **2** 男性に比べて女性は尿道口から膀胱までの尿道が短く、直線的であるため、男性よりも細菌が体内に入りやすくなります。

✕ **3** 腹部の筋力の弱さは、尿道口から体内に細菌が入りやすい理由になりません。

✕ **4** 女性ホルモンの作用は、尿路感染症が男性より女性に多い理由にはなりません。

✕ **5** 尿道括約筋が弛緩すると、尿が膀胱から尿道へ出やすい状態になります。細菌が尿道口から尿道を通って、体内に入りやすい理由にはなりません。

正解 2

合格のための要点整理　●**泌尿器系のおもな病気**

❶ 尿路感染症

- 尿路から細菌が侵入し、膀胱炎、腎盂腎炎、尿道炎などを起こす。
- 前立腺肥大、腹圧性尿失禁など、基礎疾患がある人はリスクが高い。
- 急性膀胱炎は排尿痛、頻尿、尿混濁などの症状がでる。
- 急性腎盂腎炎は濃尿、発熱、排尿痛、嘔吐などの症状がでる。
- 長時間のおむつ使用者は注意が必要。

❷ ネフローゼ症候群

- 腎不全によるたんぱく尿により、低たんぱくが引き起こされる。
- 肝臓疾患、糖尿病性腎症、全身エリテマトーデスなどが基礎疾患。
- 高齢者の場合は慢性腎炎によるものが大半を占める。
- まぶたや下肢の浮腫、低たんぱく血症、脂質異常、体重増加などが症状。

❸ 前立腺肥大症

- 加齢に伴う前立腺の肥大により尿道が圧迫され、さまざまな障害が起こる。
- 50歳以上の男性に多い。
- 排尿困難、頻尿、残尿感などが症状。

❹ 前立腺がん

- 前立腺にできる悪性腫瘍。
- 原因は不明だが加齢、遺伝、食事などとも関連がある。
- 初期には無症状。排泄困難が出現したときは進行している場合が多い。

問題 28 次のうち、眠りが浅くなる原因として、**最も適切なもの**を1つ選びなさい。

1 抗不安薬
2 就寝前の飲酒
3 抗アレルギー薬
4 抗うつ薬
5 足浴

●休息・睡眠に関連したこころとからだのしくみ　出題頻度★★★★

【解答と解説】

✕ 1 抗不安薬は抗不安作用や筋弛緩作用に加えて、眠気を引き起こしますので、眠りが深くなります。

◯ 2 寝る前の飲酒は一時的には眠気を誘うものの、利尿作用によりトイレに行く回数が増えたり、アルコール代謝の産物であるアセトアルデヒドが血圧や脈拍などに影響したりして、安眠を妨げます。

✕ 3 抗アレルギー薬の代表的なものは、抗ヒスタミン薬です。抗ヒスタミン薬はヒスタミン受容体に結合して覚醒作用・興奮作用を弱め、眠気や集中力低下を引き起こし、眠りを深くします。

✕ 4 うつ病の不安や緊張などの症状を抑える抗うつ薬には、副作用として眠気があらわれることが少なくありません。

✕ 5 足浴をすることで全身の血流がよくなり、副交感神経が優位にはたらきます。それにより、リラックス効果や睡眠促進効果を得ることができます。

正解2

合格のための要点整理　●眠りが浅くなる原因

眠りが浅く睡眠の質がよくないときは飲食物や生活習慣、薬剤、その他の刺激物など、さまざまな原因が考えられる。

カフェイン
カフェインを多く含むコーヒー、紅茶、エナジードリンクなどを飲むのは就寝4時間以上前までにする。

悩み事
悩み事など気になることがあると、興奮してなかなか寝つけず、眠りが浅くなる。

ブルーライト
LEDの光はメラトニンの分泌を妨げ、体内時計を狂わせる。就寝前は、スマートフォンやPCの画面を見つめないようにしたほうがよい。

ニコチン
ニコチンには刺激作用があるので、夜間の喫煙は控えたほうが睡眠にはよい。

昼寝
適度な昼寝は別として、午後の遅い時間の昼寝や長い時間の昼寝は、睡眠に悪影響を及ぼす場合がある。

アルコール
一時的には眠りを誘うが、夜に目が覚めやすくなる。就寝前の飲酒は避ける。

問題 29 概日リズム睡眠障害（circadian rhythm sleep disorder）に関する次の記述のうち、**最も適切なもの**を１つ選びなさい。

1 早朝に目が覚める。

2 睡眠中に下肢が勝手にピクピクと動いてしまう。

3 睡眠中に呼吸が止まる。

4 睡眠中に突然大声を出したりからだを動かしたりする。

5 夕方に強い眠気を感じて就寝し、深夜に覚醒してしまう。

◉**機能の低下・障害が休息・睡眠に及ぼす影響** 出題頻度★★★★

解答と解説

✕ **1** 早朝に目が覚めるのは睡眠障害のうち、早朝覚醒といいます。早朝に覚醒してしまい、それ以降は眠れなくなる症状です。

✕ **2** 周期性四肢運動障害の症状です。周期的に下肢の動きが生じ、結果的に睡眠が浅くなります。

✕ **3** 睡眠時無呼吸症候群の症状です。脳が酸素不足になり、その結果、昼間に突然の眠気に襲われます。

✕ **4** 睡眠時随伴症の症状です。夜驚症、レム睡眠行動障害、寝言など、いわゆる寝ぼけにあたります。結果として、眠りが浅くなります。

◯ **5** 概日リズム睡眠障害は体内時計に狂いが生じ、眠りのリズムが乱れることです。望ましい時間帯に寝たり、起きたりすることができなくなります。

正解 5

合格のための要点整理 ◉**代表的な睡眠障害**

睡眠はどれだけの時間眠るかよりも、どれだけ質のよい睡眠を取るかが大切といわれている。ここでは、代表的な睡眠障害を押さえておこう。

レストレスレッグス症候群
夕方から深夜にかけて、下肢を中心として「むずむずする」「痛がゆい」などと感じる。なかなか眠りにつけない、睡眠が浅いなど。

概日リズム睡眠障害
昼夜のサイクルと体内時計のリズムとが合わず、自ら望む時間帯で睡眠が取れないため、活動が困難になる。昼夜逆転など。

睡眠時無呼吸症候群
睡眠中に低呼吸・無呼吸が繰り返し起こる。良質な眠りが取れず、日中に突然、眠気を感じるなど。

周期性四肢運動障害
睡眠中に下肢がピクピクとなるような動きが周期的に繰り返される。眠りが浅くなり、良質な睡眠が取れない。

問題 30 鎮痛薬としてモルヒネを使用している利用者に、医療職と連携した介護を実践するときに留意すべき観察点として、**最も適切なもの**を1つ選びなさい。

1 不眠

2 下痢

3 脈拍

4 呼吸

5 体温

●終末期における医療との連携　出題頻度★★★

解答と解説

✕ 1 モルヒネの服用により、日中に強い眠気を感じたり、ウトウトと傾眠状態になったりすることはありますが、不眠にはなりません。

✕ 2 モルヒネの服用は便を硬くし、便秘気味になります。そのため、便通を整える薬もあわせて処方されることが多いです。

✕ 3 モルヒネを服用しても、脈への影響はなく、観察点とはなりません。

◯ 4 モルヒネの服用により、呼吸が浅く、弱く感じられるようになるので、注意深く観察する必要があります。

✕ 5 モルヒネの服用で、体温に大きな変化がでることはありません。

正解4

合格のための要点整理　●モルヒネ服用時の観察ポイント

モルヒネは、アヘンから生成される麻薬性鎮痛薬。**依存性が高い**ため、日本では麻薬に指定されている。がん患者等の疼痛軽減のために処方されるが、厳格な管理が必須である。服薬後にさまざまな副作用もあるため、注意深い観察が必要となる。

観察すべき項目（症状）

❶ 便が硬くなる、便秘をする。

❷ 強い眠気を感じ、日中にウトウトする。

❸ 胃がムカムカする、吐き気がする。

❹ 呼吸が弱く、浅くなる。

❺ 普段と比べ、排尿に時間がかかる。

❻ 強い不安やイライラを感じる。

5 発達と老化の理解

問題 **31** スキャモン（Scammon, R.E.）の発達曲線に関する次の記述のうち、**適切なもの**を **1つ**選びなさい。

1 神経系の組織は、4歳ごろから急速に発達する。

2 筋骨格系の組織は、4歳ごろから急速に発達する。

3 生殖器系の組織は、12歳ごろから急速に発達する。

4 循環器系の組織は、20歳ごろから急速に発達する。

5 リンパ系の組織は、20歳ごろから急速に発達する。

◉**人間の成長と発達の基礎的知識** 出題頻度★★★★

解答と解説

✕ 1 神経系（型）は出生直後から急速に発達し、6歳までに成人の90％まで達します。

✕ 2 筋骨格系（型）は乳幼児期までに急速に発達したあと、緩やかに発達しますが、12歳ごろから再度、急速に発達します。

◯ 3 生殖器系（型）は出生後12歳ごろまでは、非常にゆるやかに発達しますが、14歳ごろ（いわゆる思春期）より急速に発達し、性ホルモンの分泌も増加します。

✕ 4 循環器系（型）は、筋骨格系と同様の発達を示します。

✕ 5 リンパ系（型）は出生後より急速に発達し、12〜13歳ごろには成人のレベルを超えますが、思春期から成人と同じレベルに戻っていきます。

正解3

合格のための要点整理 ◉**スキャモンの発達曲線**

子どもの器官の発達や機能の発達の特徴について、4つの分類で示したもの。発育曲線や成長曲線ともいわれる。

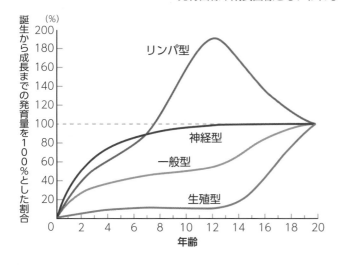

●**一般型**
身長・体重や胸腹部臓器の成長・発達。

●**神経型**
一度獲得するとなかなか消えることのない、いわゆる神経回路の成長・発達。

●**リンパ型**
扁桃やリンパ節といった、免疫力を向上させる組織の成長・発達。

●**生殖型**
女児の子宮・卵巣、男子の陰茎・睾丸などの成長・発達。

問題 32 幼稚園児のJさん（6歳、男性）には、広汎性発達障害（pervasive developmental disorder）がある。砂場で砂だんごを作り、きれいに並べることが好きで、毎日、一人で砂だんごを作り続けている。

　ある日、園児が帰宅した後に、担任が台風に備えて砂場に青いシートをかけておいた。翌朝、登園したJさんが、いつものように砂場に行くと、青いシートがかかっていた。Jさんはパニックになり、その場で泣き続け、なかなか落ち着くことができなかった。

　担任は、Jさんにどのように対応すればよかったのか、**最も適切なものを1つ**選びなさい。

1　前日に、「あしたは、台風が来るよ」と伝える。

2　前日に、「あしたは、台風が来るので砂場は使えないよ」と伝える。

3　前日に、「あしたは、おだんご屋さんは閉店です」と伝える。

4　その場で、「今日は、砂場は使えないよ」と伝える。

5　その場で、「今日は、おだんご屋さんは閉店です」と伝える。

● **発達段階別にみた特徴的な疾患や障害　出題頻度★★★**

解答と解説

✕ 1　広範性発達障害であるJさんは、コミュニケーションが苦手であると推察できます。「あしたは、台風が来るよ」という言葉は理解できても、それがなぜ砂場に青いシートがかかっていることにつながるのかが理解できない可能性が高いです。

◯ 2　「砂場は使えない」ということを、理由も明確にして伝えることで、Jさんの理解を促すことになります。

✕ 3　「おだんご屋さんは、閉店です」というだけでは、砂場でおだんごづくりをするのが好きなJさんには、砂場が使えない理由に結びつけて理解することができません。

✕ 4　砂場が使えない理由をできれば事前に、簡潔にわかりやすく伝える必要があります。

✕ 5　砂場に青いシートがかかっている理由が、台風に備えて砂場が使えないようにしているためであるということを、事前にはっきりとした理由を添えて、わかりやすく伝える必要があります。

正解 2

　広範性発達障害は、①対人関係の困難さ、②あることに対してこだわりが強い、③コミュニケーションが苦手といった3つの障害特性があり、生活上の広汎な領域に障害があらわれている発達障害の総称です。自閉症スペクトラム障害と同義に使われます。

問題 33 生理的老化に関する次の記述のうち、**最も適切なもの**を1つ選びなさい。

1　環境によって起こる現象である。

2　訓練によって回復できる現象である。

3　個体の生命活動に有利にはたらく現象である。

4　人間固有の現象である。

5　遺伝的にプログラムされた現象である。

●**老年期の基礎的理解**　出題頻度★★★★

解答と解説

✕ 1　生理的老化の進行などに環境は影響しますが、環境が生理的老化そのものを起こすわけでありません。

✕ 2　訓練により一時的に回復したり、老化のスピードを遅くしたりすることは可能ですが、生理的老化そのものを回復することはできません。

✕ 3　生命活動に有利にはたらくことはありません。一度獲得した機能を減衰させ、生命活動に悪い影響をおよぼすものです。

✕ 4　人間に限らず、他の動物や植物にも成長→老化という生命サイクルがあります。

◯ 5　生理的老化のあらわれる年齢や進行の早さには、ストレスなども影響するといわれます。しかし基本的には、遺伝的にプログラムされており、生物なら必ずみられる現象です。

正解 5

合格のための要点整理　●**老化によるおもなからだの変化**

口
唾液分泌量の低下。飲み込む力が弱くなる。味覚が低下する。

呼吸器
肺活量が低下し、息切れしやすくなる。

泌尿器
膀胱が萎縮し、トイレが近くなる。
尿道括約筋が低下し、失禁することがある。

耳
高音域が聞こえづらくなる。耳が遠くなる。

循環器
動脈硬化が起こりやすくなる。心臓が弱くなり、動悸が起こりやすくなる。

皮膚
皮膚が薄くなる。弾力が低下する。皮膚が乾燥しやすくなる。皮膚感覚が鈍くなる。

骨・関節
骨量が減り、骨折しやすくなる。関節の動きが悪くなる。

老化による変化は、すべての人に同じようにあらわれるのではなく、個人差があるものです

47

問題 34 エイジズム（ageism）に関する次の記述のうち、**最も適切なもの**を1つ選びなさい。

1 高齢を理由にして、偏見をもったり差別したりすることである。

2 高齢になっても生産的な活動を行うことである。

3 高齢になることを嫌悪する心理のことである。

4 加齢に抵抗して、健康的に生きようとすることである。

5 加齢を受容して、活動的に生きようとすることである。

●**老年期の基礎的理解**　出題頻度★★★★

解答と解説

○ 1 エイジズムは年齢による偏見や差別のことであり、もともとは全年代をさしますが、特に高齢期に対して用いられる概念です。

✕ 2 高齢になっても自立して生産的、創造的な活動を行うべきという考え方をプロダクティブ・エイジングといいます。

✕ 3 年を重ねる不安や否定的な心理は、老年期にうまく対応していない不適応型の性格分類であり、エイジズムをあらわすものではありません。

✕ 4 エイジズムをあらわす内容ではなく、ライチャードの高齢者の性格分類でいう防衛型（装甲型）の説明です。

✕ 5 ライチャードによる高齢者の性格分類における円熟型にあたります。高齢期に適応している型のひとつです。

正解 1

合格のための要点整理

●**エイジズムとは**

年齢による偏見と差別、特に高齢者に対するものをいう。性差別（セクシズム）、人種差別（レイシズム）と並ぶ、主要な差別問題といわれている。1969年に、アメリカのロバート・バトラーがこの言葉を用いて、「年を取っているという理由で、高齢者たちを組織的にひとつの型にはめ、差別すること」と説明している。

「高齢者は若者より仕事が遅い」という思い込み

「老いぼれ」「いい年をして」「年寄りは頑固者」といったエイジズム的言葉

採用時の年齢制限など、高齢世代に不利な制度

年をとったからと、家事などの役割を取り上げる

問題 35 Kさん（80歳、男性）は、40歳ごろから職場の健康診査で高血圧と高コレステロール血症（hypercholesterolemia）を指摘されていた。最近、階段を上がるときに胸の痛みを感じていたが、しばらく休むと軽快していた。喉の違和感や嚥下痛（えんげつう）はない。今朝、朝食後から冷や汗を伴う激しい胸痛が起こり、30分しても軽快しないので、救急車を呼んだ。

　Kさんに考えられる状況として、**最も適切なもの**を1つ選びなさい。

1　喘息（ぜんそく）（bronchial asthma）

2　肺炎（pneumonia）

3　脳梗塞（cerebral infarction）

4　心筋梗塞（myocardial infarction）

5　逆流性食道炎（reflux esophagitis）

●高齢者に多い症状・疾患の特徴と生活上の留意点　出題頻度★★★★

解答と解説

✕ 1　喘息のおもな症状は、呼吸困難を伴う咳です。また、朝方に咳がでて目が覚める、就寝後に咳や息苦しさで目が覚めるといった特徴もあります。

✕ 2　肺炎のおもな症状は発熱、咳、息苦しさ、痰がでるなどです。胸痛を伴うこともありますが、事例のように冷や汗を伴う胸痛にはあてはまりません。

✕ 3　脳梗塞では、症状の重さはさまざまですが、片方の手足のしびれや麻痺、ろれつが回らない、言葉がうまくでてこない、めまいがする、意識障害など、さまざまな症状が突然あらわれるのが特徴です。

○ 4　冷や汗を伴う激しい胸痛という症状は心筋梗塞と一致します。他にも胸の圧迫感、嘔気、嘔吐、肩や首、腕に痛みがでる場合もあります。これらの症状が30分間以上続くのが特徴です。

✕ 5　逆流性食道炎のおもな症状は、胸焼け、酸っぱいものがせり上がってくる、食後の胸やみぞおちのあたりの痛みなどがあげられます。

正解4

合格のための要点整理

●循環器系のおもな疾患4

❶ 心筋梗塞

症状　突然の胸の痛み、呼吸困難、左肩の鈍痛、意識障害など。

原因・特徴　心臓の冠状動脈の血流が止まり、心筋の一部が壊死を起こす。胸の痛みが15〜30分間続いた場合は注意が必要。

❷ 心不全

症状　チアノーゼ、呼吸不全など。

原因・特徴　心臓のポンプ機能の低下。心臓の左右のどちらの機能が低下したかで、症状の違いがでる。左心不全は頻脈や夜間の呼吸困難など。右心不全は顔面や下肢・足背のむくみ、食欲不振、嘔吐など。

❸ 狭心症

症状　5分間程度の胸の痛みや胸部圧迫感。

原因・特徴　動脈硬化などで冠動脈の内部が狭くなり起こる。運動時に起こるものを運動時狭心症、夜間や安静時に起こるものを安静時狭心症という。

❹ 心房細動

症状　動悸、息切れ、疲れやすい、頻脈など。

原因・特徴　高血圧の合併症が多い。一種の老化現象であり高齢者に多い。

> **問題 36** 次のうち、健康寿命の説明として、**適切なもの**を１つ選びなさい。
>
> 1 ０歳児の平均余命
>
> 2 65歳時の平均余命
>
> 3 65歳時の平均余命から介護期間を差し引いたもの
>
> 4 介護状態に至らずに死亡する人の平均寿命
>
> 5 健康上の問題で日常生活が制限されることなく生活できる期間

● **高齢者と健康**　出題頻度★★★

解答と解説

✕ 1　０歳児の平均余命とは、いわゆる平均寿命と呼ばれるものであり、健康寿命ではありません。「令和４年簡易生命表」によると、男性81.05歳、女性87.09歳となっています。

✕ 2　平均余命はある年齢の人があと何年生きることできるかという推計値で、各年齢で推計されています。「令和４年簡易生命表」では、65歳の平均余命は男性19.44年、女性24.30年です。

✕ 3　健康寿命の定義ではありません。「令和３年度生命保険に関する全国実態調査」によれば、平均介護期間は５年１か月とされています。

✕ 4　健康寿命の定義ではありません。介護が必要な人の割合は、要介護認定でみれば、65〜69歳では2.8％です。しかし80〜84歳では25.8％、85歳以上では59.8％と、加齢により急速に高まることが「令和３年高齢社会白書」に示されています。

○ 5　健康寿命の定義と一致します。健康寿命は、2019（令和元）年で男性が72.68歳、女性が75.38歳です。平均寿命と健康寿命の差が介護を含め、生活に何らかの支援が必要な期間となります。

正解 5

合格のための要点整理

● **健康寿命**

健康寿命とは、「健康上の問題で日常生活が制限されることなく生活できる期間」のこと。つまり、平均寿命と健康寿命の差が「日常生活に何らかの制限が生じている期間」となる。平均寿命と健康寿命はともに延伸しており、少しずつ差が縮んでいる。

■**健康寿命と平均寿命の推移**

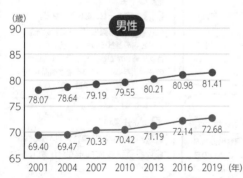

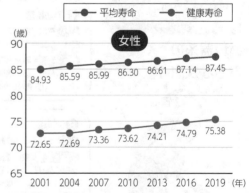

厚生労働省「令和２年版 厚生労働白書−令和時代の社会保障と働き方を考える−」より作成

問題 37 次のうち、前立腺肥大症（prostatic hypertrophy）に関する記述として、**最も適切なもの**を１つ選びなさい。

1 抗利尿ホルモンが関与している。

2 症状が進むと無尿になる。

3 初期には頻尿が出現する。

4 進行すると透析の対象になる。

5 骨盤底筋訓練で回復が期待できる。

●**高齢者に多い症状・疾患の特徴と生活上の留意点**　出題頻度★★★★

解答と解説

✕ 1 前立腺肥大症の原因は加齢によって前立腺が肥大し、尿道を圧迫することです。抗利尿ホルモンとは腎臓から排出される水分量を減少させ、尿を少なくするホルモンです。

✕ 2 無尿とは、何らかの原因で尿がつくられなくなることです。前立腺肥大では、尿の排出に問題が生じ、症状が進行すると尿がまったくでてこない尿閉という状態になります。

◯ 3 トイレに行く回数が増える、短時間でトイレに行きたくなるなど、頻尿が起こります。また、尿の勢いが弱くなるなども初期症状のひとつです。

✕ 4 透析（透析療法）とは、腎臓の機能が低下した場合に、人工的にその機能を置き換える治療法です。前立腺肥大症は腎臓の機能障害ではないので、透析の必要はありません。

✕ 5 骨盤底筋とは、骨盤の底部を覆うようにある筋肉群のことです。この骨盤底筋の衰えは、女性に多い腹圧性尿失禁の原因となります。骨盤底筋をトレーニングすることで、改善が期待できます。

正解 3

合格のための要点整理

●**前立腺肥大症**

前立腺は男性だけにある器官で、個人差はあるものの、加齢とともに大きくなる。大きくなった前立腺が尿道を圧迫し、排尿に障害がでるのが前立腺肥大症。

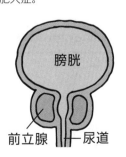

前立腺　尿道

■**前立腺肥大症の進行と症状**

❶ **膀胱刺激期**
肥大した前立腺が尿道や膀胱を刺激する
・トイレに行く回数が増える。
・尿の勢いが弱くなる 。

❷ **残尿発生期**
尿道が圧迫され、細くなる。膀胱に尿が残った状態（残尿）。
・トイレに行ってから尿がでるまで、時間がかかる。
・尿の切れが悪くなる。

❸ **慢性閉塞期**
症状が進行し、尿がでなくなる。
・トイレに行く回数が非常に多い。
・1回のトイレに数分かかる。

問題 38 次のうち、高齢期に多い筋骨格系の疾患に関する記述として、**適切**なものを1つ選びなさい。

1 骨粗鬆症（osteoporosis）は男性に多い。

2 変形性膝関節症（knee osteoarthritis）ではX脚に変形する。

3 関節リウマチ（rheumatoid arthritis）は軟骨の老化によって起こる

4 腰部脊柱管狭窄症（lumbar spinal canal stenosis）では下肢のしびれがみられる。

5 サルコペニア（sarcopenia）は骨量の低下が特徴である。

●高齢者に多い症状・疾患の特徴と生活上の留意点　出題頻度★★★★

解答と解説

✕ 1 骨粗鬆症とは、骨密度（骨の強度）が低下し、骨折しやすくなった状態をいいます。特に女性に多く、全体の80％ともいわれています。女性ホルモンの一種であるエストロゲンの減少が関連しています。

✕ 2 変形性膝関節症は膝の軟骨がすり減り、膝に強い痛みが生じる高齢の女性に多い疾患です。上肢が外側に曲がってしまい、膝から下が内側に曲がった状態（いわゆる○脚）になります。

✕ 3 関節リウマチの原因は、自分を守るはずの免疫機能が何らかの異常により、自分の関節に対してはたらき、炎症や痛みを引き起こすことです。

◯ 4 脊柱管狭窄症の原因は、おもに加齢による脊柱の変形やまわりの靱帯が厚くなることで、脊柱管が狭くなって神経を圧迫することです。それにより、下肢に痛みやしびれを感じるようになります。

✕ 5 サルコペニアとは、筋肉量が減少し、筋力や身体機能が低下している状態をさす言葉です。歩行などの生活行為に支障がでて、介護が必要になる危険性が高くなります。

正解4

合格のための要点整理　●骨・運動器系のおもな疾患5

❶ 骨粗鬆症
症状 骨密度が低下し、骨の強度が低下する。
原因・特徴 閉経後の女性がかかりやすい。転倒時などの骨折の原因となる。

❷ 変形性関節症
症状 関節の痛み、変形、動かしづらさ。
原因・特徴 閉経後の女性に多い。肥満、○脚の人はなりやすい。高齢者では膝関節、股関節に多い。

❸ 関節リウマチ
症状 関節の腫れ、痛み、変形、拘縮など。
原因・特徴 30～50歳代の女性に多い自己免疫異常。肩を上げる、物をつかむ、正座をするなどの生活動作に支障がでる。スワンネック変形などの指関節の変形が起こる。

❹ 筋強直性ジストロフィー
症状 筋硬直、筋萎縮、多臓器障害など。
原因・特徴 遺伝子の疾患。発生する時期により「先天型」「幼年型」「成人型」「老年型」に分類。

❺ 脊柱管狭窄症
症状 腰や下肢のしびれなど。
原因・特徴 椎間板の変形で、背骨を通る神経が圧迫されて起こる。介護保険特定疾病。間欠跛行。間欠跛行とは、歩行を続けていると、足や腰に痛みやしびれが生じること。前かがみになって休むと、また歩けるようになる。

問題 39 高齢者の自動車運転免許に関する次の記述のうち、**正しいものを1つ選びなさい。**

1　75歳から免許更新時の認知機能検査が義務づけられている。

2　80歳から免許更新時の運転技能検査が義務づけられている。

3　軽度認知障害（mild cognitive impairment）と診断された人は運転免許取消しになる。

4　認知症（dementia）の人はサポートカー限定免許であれば運転が可能である。

5　認知症（dementia）による運転免許取消しの後、運転経歴証明書が交付される。

(注)「サポートカー限定免許」とは、道路交通法第91条の2の規定に基づく条件が付された免許のことである。

◉認知症に関する行政の方針と施策　出題頻度★★★

解答と解説

○ **1**　高齢者の運転免許更新では、70～74歳の人には高齢者講習が、75歳以上の人には加えて認知症機能検査が義務づけられています。

✕ **2**　75歳以上で、過去3年以内に一定の違反歴のある人は、運転技能検査を受けてから、認知症機能検査を受けます。

✕ **3**　軽度認知障害と診断されたことで、ただちに運転免許取り消しとなることはありません。

✕ **4**　運転に不安を感じている人が、運転免許の自主返納だけではなく、安全運転支援装置のついた車に限定し、運転を継続することを目的とした制度です。年齢の制限はありません。

✕ **5**　運転経歴証明書は、運転免許を取り消されてから5年以内、または運転免許が失効してから5年以内の人が申請することで取得できます。運転免許証と同様に、身分証明として使用できます。

正解1

合格のための要点整理　　◉**高齢者の運転免許証更新に関する制度**

2022（令和4）年5月より、高齢者の運転免許更新時にそれまでの認知機能検査、高齢者講習に加え、運転技能検査が制度化された。

運転技能検査

75歳以上で、過去3年間に信号無視等、一定の違反がある人が対象。不合格の場合、免許の更新ができない。

認知機能検査

75歳以上での高齢者で、運転技能検査の対象外、もしくは検査に通った人。認知症の恐れなしという、医師の診断書を提出すれば免除。

高齢者講習は、70～74歳の人も必ず受講します

問題 40 認知症（dementia）の行動・心理症状（BPSD）であるアパシー（apathy）に関する次の記述のうち、**適切なもの**を１つ選びなさい。

1　感情の起伏がみられない。

2　将来に希望がもてない。

3　気持ちが落ち込む。

4　理想どおりにいかず悩む。

5　自分を責める。

●認知症のさまざまな症状　出題頻度★★★★

解答と解説

○ 1　アパシーとは、通常なら感情の刺激となるであろう、自分や周囲の事柄に興味や関心がなくなり、感情をあらわさなくなることです。

× 2　アパシーをあらわす症状ではありません。将来に希望が持てないということは、原因はさまざまですが、自分の将来に興味や関心があるということです。

× 3　アパシーは、周囲からは気持ちが落ち込み、抑うつ状態にあるように見えますが、脳の前頭前野の障害で起こるものです。気分が落ち込んでいるわけではありません。

× 4　アパシーをあらわす症状ではありません。アパシーでは、悩むような感情の起伏自体がなくなります。

× 5　アパシーをあらわす症状ではありません。アパシーでは、自分に対する興味や関心もなくなります。

正解 1

合格のための要点整理　　●アパシー

アパシーは、脳の機能障害のひとつ。障害される部位により、あわられる症状に違いがあるが、共通するのは無気力、無関心という点。

アパシーの症状の多くが抑うつの症状と一致するために間違えられやすいが、アパシーは自分への興味・関心もなくなるので、本人は苦痛や深刻さを感じていない。

アパシーの症状

- 無関心
- 自発性低下
- 感情の平坦化
- 社会性の低下
- 病識の欠如

- 無気力
- 疲労感
- 興味消失
- 活動性の低下

抑うつとも
共通している症状

問題 41 認知症(dementia)の人にみられる、せん妄に関する次の記述のうち、最も適切なものを1つ選びなさい。

1　ゆっくりと発症する。

2　意識は清明である。

3　注意機能は保たれる。

4　体調の変化が誘因になる。

5　日中に多くみられる。

◉認知症と間違えられやすい症状・疾患　出題頻度★★★

【解答と解説】

✕1　せん妄は、突然で急激に症状があらわれます。

✕2　意識の混乱を起こしている状態で、落ち着きがなくなる、幻覚がある、話のつじつまが合わなくなる、興奮する、見当識障害があらわれるなどの症状が生じます。

✕3　意識が混乱しているため、物事に注意し、選択することができなくなります。

◯4　感染や発熱など、いわゆる体調の変化が誘因となります。原因を取り除き、体調を回復させることで、せん妄は軽減します。

✕5　日中にも出現しますが、夜間に出現する場合が多く、これを夜間せん妄といいます。

正解4

【合格のための要点整理】

◉せん妄とうつ病

認知症の症状を考えた場合、間違えられやすい症状であるせん妄とうつ病についても学んでおく必要がある。特にせん妄の低活動型はうつ病に間違われやすいので、注意が必要。

■せん妄

過活動型	低活動型
症状	症状
・興奮 ・幻覚 ・妄想 ・不眠　など	・無表情 ・無気力 ・傾眠 　　　　　など

混合型
過活動型と低活動型の両方の症状が混在する。

	低活動型せん妄	うつ病
原因	身体疾患や薬物	心理的要因
経過	急性	ゆるやか
日内変動	夜間に悪化	午前中に悪い
感情	困惑など	抑うつなど
認知機能	障害されている	正常なことが多い

問題 42 レビー小体型認知症（dementia with Lewy bodies）にみられる歩行障害として、**最も適切なもの**を1つ選びなさい。

1　しばらく歩くと足に痛みを感じて、休みながら歩く。

2　最初の一歩が踏み出しにくく、小刻みに歩く。

3　動きがぎこちなく、酔っぱらったように歩く。

4　下肢は伸展し、つま先を引きずるように歩く。

5　歩くごとに骨盤が傾き、腰を左右に振って歩く。

◉**認知症の原因疾患と症状**　出題頻度★★★★

解答と解説

✕ **1**　脊柱管狭窄症にみられる特徴的な症状である間欠跛行です。

◯ **2**　レビー小体型認知症の症状として、歩行能力やバランス機能が低下するパーキンソン症状があります。最初の一歩が踏み出しにくく、前傾姿勢で歩幅を小刻みにして歩くため、カーペットなどの少しの段差でもつまずき、転倒することがあります。

✕ **3**　酩酊歩行といわれ、小脳性運動失調にみられる歩行です。

✕ **4**　片側錐体路障害でみられる痙性歩行です。錐体路は、大脳皮質の中枢から派生する運動線維を脊髄と脳幹に運ぶ経路で、からだや顔の筋肉を随意的に制御する役割を担っています。

✕ **5**　筋ジストロフィーや多発性筋炎でみられるあひる歩行です。

正解 2

合格のための要点整理

◉**レビー小体型認知症とパーキン病**

レビー小体型認知症とパーキンソン病は、兄弟のような疾患。どちらも、脳内にレビー小体といわれる特殊なタンパク質が蓄積されることで発症する。レビー小体型認知症はおもに大脳と中脳にレビー小体があらわれ、認知症と運動症状が出現するもの。一方、パーキンソン病はおもに中脳にレビー小体があらわれるので、運動症状がメインとなり、やがて認知症を発症する。

4つのパーキンソン症状

無動
症状が乏しく、動作が緩慢になる。

姿勢反射障害
バランス感覚が悪く、転倒しやすい。

安静時振戦
じっとしているときに、手足が勝手に震える。

筋固縮
筋肉がこわばる。歩行時に最初の一歩がでない。歩幅が小さくなる。

問題 43 次の記述のうち、若年性認知症（dementia with early onset）の特徴として、**最も適切なもの**を１つ選びなさい。

1 高齢の認知症（dementia）に比べて、症状の進行速度は緩やかなことが多い。
2 男性よりも女性の発症者が多い。
3 50歳代よりも30歳代の有病率が高い。
4 特定健康診査で発見されることが多い。
5 高齢の認知症（dementia）に比べて、就労支援が必要になることが多い。

● **若年性認知症**　　出題頻度★★★

解答と解説

✕ 1 認知症の進行自体に差はありませんが、高齢者に比べて体力や筋力はあるので、できることも多いといわれています。

✕ 2 高齢者では、女性に多いとされる認知症ですが、若年者認知症は6対4で男性が多いとされています。

✕ 3 年齢を重ねるにつれて有病率は高くなり、60～64歳がもっとも高く、次いで50歳代、40歳代となります。

✕ 4 特定健康診査とは、メタボリックシンドロームに着目してこれらの病気のリスクの有無を検査し、生活習慣を改善してゆくための保健指導を受けることを目的としたものです。若年性認知症の発見に結びつくことは少ないです。

◯ 5 発症時期が、経済的に家計を支える時期であることが多く、就労が可能な場合の支援も必要性が高くなります。

正解 5

合格のための要点整理　● **若年性認知症の状況**

若年性認知症では、高齢者の認知症と比べて置かれているライフステージや家庭内での役割、介護者の状況などに違いがあるため、支援にも違いがある。

■ **若年性認知症の原因疾患の内訳**

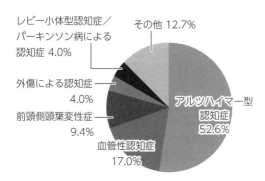

レビー小体型認知症／パーキンソン病による認知症 4.0%
その他 12.7%
外傷による認知症 4.0%
前頭側頭葉変性症 9.4%
血管性認知症 17.0%
アルツハイマー型認知症 52.6%

「若年性認知症ガイドブック～相談を受ける人が知っておきたいこと～」（認知症介護・研究研修大府センター、令和２年３月）より作成

■ **若年性認知症の家族状況**

❶ 経済的負担が大きい
家計を支えている世代が発症するため。

❷ 主介護者が配偶者に集中
子どもがまだ若いため、配偶者に介護が集中する。

❸ 複数介護となる場合がある
当事者の親世代も、要介護者になるリスクが高い。

❹ 介護者が高齢の親になる場合がある
配偶者などがいない場合、高齢の親が介護せざるを得ない。

❺ 家庭内での問題が多い
夫婦間の問題、子どもに対する親としての役割の喪失など、家庭内で大きな問題となる。

『若年性認知症ハンドブック』（認知症介護研究・研修センター）より作成

問題 44 Ｌさん（78歳、女性、要介護１）は、３年前にアルツハイマー型認知症（dementia of the Alzheimer's type）と診断された。訪問介護（ホームヘルプサービス）を利用し、夫の介護を受けながら二人で暮らしている。ある日、訪問介護員（ホームヘルパー）が訪問すると夫から、「用事で外出しようとすると『外で女性に会っている』と言って興奮することが増えて困っている」と相談を受けた。

Ｌさんの症状に該当するものとして、**最も適切なもの**を１つ選びなさい。

1 誤認
2 観念失行
3 嫉妬妄想
4 視覚失認
5 幻視

●**認知症の原因疾患と症状**　出題頻度★★★★

解答と解説

✕ **1** 誤認とは、ある物を別のものと間違えることです。代表的誤認として、ある人を他の人と認識してしまう人物誤認症状があげられます。

✕ **2** 観念失行とは、物の名称や用途はわかっているが、慣れているはずの物の使用や一連の動作が正しく行えないことです。

◯ **3** 嫉妬妄想は、配偶者が他の誰かと浮気をしていると信じる妄想のことです。自分は見捨てられたのではという不安や孤独感が原因といわれています。

✕ **4** 視覚失認とは、視力の低下や視覚の異常はないのに、目の前の物が何かわからなくなる症状のことです。

✕ **5** 幻視とは、幻覚のひとつで、ない物がはっきりと鮮明に見える症状です。レビー小体型認知症の特徴的な症状です。

正解 3

合格のための要点整理　●**アルツハイマー型認知症における妄想**

妄想とは、事実でないことを現実のこととして信じ込むこと。アルツハイマー型認知症の場合は、日常生活がままならないことへの不安、周囲になじめない孤独感により引き起こされるといわれている。

■**起こりやすい妄想**

物盗られ妄想	対人妄想	被害妄想	嫉妬妄想	見捨てられ妄想
大切な物を盗まれたと信じ込む。	特定の人が勝手に家に入ってくるなど、対人関係に関する妄想。	周囲の人が自分を悪くいっていると思い込む。	配偶者が浮気をしていると信じ込む。	家族や周囲から見捨てられて、自分は必要のない存在だと思い込む。

問題 **45** 認知機能障害による生活への影響に関する記述として、**最も適切な**ものを1つ選びなさい。

1　遂行機能障害により、自宅がわからない。

2　記憶障害により、出された食事を食べない。

3　相貌失認により、目の前の家族がわからない。

4　視空間認知障害により、今日の日付がわからない。

5　病識低下により、うつ状態になりやすい。

●認知症のさまざまな症状　出題頻度★★★★

解答と解説

✕ 1　遂行機能障害は、たとえば料理の手順が途中でわからなくなり、先へすすめないなど、物事を順序どおりに行えなくなる障害です。

✕ 2　記憶障害は、言葉どおり記憶が障害されることです。食事をとらないのは、食事として認識できていないなど、他の原因が考えられます。

○ 3　相貌失認とは、人の顔が覚えられない、思い出せないという症状です。

✕ 4　視空間認知障害は目で見た情報のうち、物の位置や向きを認識する能力が障害された状態です。道具の操作や図形描写がうまくいかない、地図の見方がわからない、自宅に戻れないなどの症状がでます。

✕ 5　病識低下は、自分がどんな病気かの認識ができない状態のことです。たとえば、明らかに下肢に麻痺があるのに、「異常はないので普通に歩ける」といったりします。

正解 3

合格のための要点整理

●認知機能障害

認知機能とは、大脳で行われる知的な機能のすべてを指す言葉。具体的には、記憶力や思考力、理解力、判断力など。これらの機能の一部もしくは複数あるいは全部が障害されることを認知機能障害という。認知症の中核症状は、認知機能障害が基礎となってあらわれる。

■認知機能の低下と中核症状

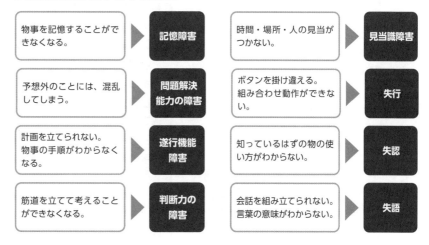

物事を記憶することができなくなる。	記憶障害
予想外のことには、混乱してしまう。	問題解決能力の障害
計画を立てられない。物事の手順がわからなくなる。	遂行機能障害
筋道を立てて考えることができなくなる。	判断力の障害

時間・場所・人の見当がつかない。	見当識障害
ボタンを掛け違える。組み合わせ動作ができない。	失行
知っているはずの物の使い方がわからない。	失認
会話を組み立てられない。言葉の意味がわからない。	失語

問題 46 バリデーション（validation）に基づく、認知症（dementia）の人の動きや感情に合わせるコミュニケーション技法として、**正しいものを1つ選び**なさい。

1 センタリング（centering）
2 リフレージング（rephrasing）
3 レミニシング（reminiscing）
4 ミラーリング（mirroring）
5 カリブレーション（calibration）

●**認知症の予防・治療**　出題頻度★★★

解答と解説

✕ 1 センタリングとは、精神集中のことです。相手に集中することで、心から寄り添う準備をします。

✕ 2 リフレージングは、相手の言葉を反復することです。相手が話した言葉の中で、重要と思われる語句を反復し、相手に安心してもらいます。

✕ 3 レミニシングは、思い出話をすることです。相手の過去のことについて質問します。

○ 4 ミラーリングとは、相手と同じ動作や表情、姿勢をこちらもすることで、感情をわかち合うことです。正解です。

○ 5 カリブレーションは、共感することです。相手の感情を観察し、表情や姿勢、感情を一致させていきます。こちらも正解です。

正解 4、5

合格のための要点整理

●**バリデーション**

バリデーションは、認知症の人とのコミュニケーション技法のひとつ。認知症の人の言葉や行動を意味のあることととらえ、認めて受け入れることです。

右はバリデーションの14の技法から、一部を抜粋したものです

• **センタリング**
相手に精神を集中する。
• **オープンクエスチョン**
5W1Hを意識した、自由度の高い質問をする。
• **リフレージング**
相手と同じことを繰り返す。
• **レミニシング**
過去のことを質問し、思い出話をする。
• **ミラーリング**
相手の表情や動きに合わせる。
• **タッチング**
手や肩など、相手の心地よい場所に触れる。
• **音楽を使う**
好きな音楽をいっしょに聴く、歌う。

問題 47 Mさん（80歳、女性、要介護1）は、アルツハイマー型認知症（dementia of the Alzheimer's type）であり、3日前に認知症対応型共同生活介護（認知症高齢者グループホーム）に入居した。主治医から向精神薬が処方されている。居室では穏やかに過ごしていた。夕食後、表情が険しくなり、「こんなところにはいられません。私は家に帰ります」と大声を上げ、ほかの利用者にも、「あなたも一緒に帰りましょう」と声をかけて皆が落ち着かなくなることがあった。

Mさんの介護を検討するときに優先することとして、**最も適切なもの**を1つ選びなさい。

1 Mさんが訴えている内容
2 Mさんの日中の過ごし方
3 ほかの利用者が落ち着かなくなったこと
4 対応に困ったこと
5 薬が効かなかったこと

●**認知症ケアの実際** 出題頻度★★★★

解答と解説

○ 1 Mさんの夕方の様子や訴えている内容に着目して、その原因にアプローチすることが最適です。

✕ 2 認知症の人の生活に着目するのは重要なことですが、Mさんの現在の行動や訴えは夕食後に出現しています。居室では穏やかに過ごしていることから、日中の過ごし方よりも、現在のMさんの訴えに着目することが適切です。

✕ 3 Mさんの行動や訴えの原因・理由がわかり、そのうえで介護ができれば、他の人への影響も少なくなることが予想できます。

✕ 4 介護する側の対応に困ったことを優先しても、Mさんの現在の言動や訴えが改善されるわけではありません。

✕ 5 向精神薬の服用の結果について、主治医と連携することは大切ですが、Mさんの介護をどう考えるかという側面で検討するためには、なぜ現在のMさんの言動や訴えが出現するかというアプローチが必要です。

正解1

合格のための要点整理

●**認知症ケアの理念と認知症の人の介護**

認知症の人それぞれの現在の状況をアセスメントし、介護を検討していく中でパーソン・センタード・ケアという認知ケアの理念に立ち返ることが大切。介護者が思いを寄せるべきは、認知症の人本人。

・パーソン・センタード・ケアでは、認知症の人が"その人らしい状態"で日々を過ごせるように支援する。
・"その人らしさ"は一人ひとり違いがあり、そのときどきの気分によっても変わるものである。
・その人の健康状態、性格や人生歴、人間関係、それらすべてを踏まえ、その人が今どのような状態や気分なのか、何を感じているのかを常に理解し、支えることが大切になる。
・パーソン・センタード・ケアでは、一人ひとりの心理的ニーズに合わせた援助が求められる。

問題 48 Aさん（80歳、男性、要介護1）は、認知症（dementia）で、妻の介護を受けながら二人で暮らしている。「夫は昼夜逆転がある。在宅介護を続けたいが、私が体調を崩し数日間の入院が必要になった」と言う妻に提案する、Aさんへの介護サービスとして、**最も適切なもの**を1つ選びなさい。

1 認知症対応型通所介護（認知症対応型デイサービス）
2 短期入所生活介護（ショートステイ）
3 認知症対応型共同生活介護（認知症高齢者グループホーム）
4 特定施設入居者生活介護
5 介護老人福祉施設

●家族への支援　出題頻度★★★

解答と解説

✕ **1** 認知症対応型通所介護は地域密着型サービスのひとつです。認知症の人を対象としたサービスですが、通いのサービスなので、自身の入院により数日間家を空けてしまうという妻の不安を解消するサービスではありません。

○ **2** 短期入所生活介護は数日の間、事業所に宿泊して介護を受けるサービスです。妻が不在になる入院期間の利用サービスとして適切です。

✕ **3** 認知症対応型共同生活介護は、その事業所に入居して受ける共同生活をおくるためのサービスです。問題の事例は数日間の妻の不在を支援し、在宅介護を続けるためのサービスの提案なので適切ではありません。

✕ **4** 特定施設入所者生活介護は施設に入所して受けるサービスですので、妻のニーズに合っていません。

✕ **5** 介護老人福祉施設も、入所して受けるサービスです。また、原則として要介護3以上の人へのサービスですので、Aさんは対象となりません。

正解2

合格のための要点整理 | **●短期入所生活介護**

介護が必要な人が宿泊する施設で、食事、排泄、入浴など介護の他、必要な日常生活上の世話を提供する。介護保険の在宅サービスのひとつ。

■主な機能
・家族の介護負担を助ける場所。
・一時的な介護からの解放と休息（レスパイト）。
・定期的利用により、在宅介護を継続。
・将来の施設入所に備えての利用。

介護をしている人にとって
・介護疲れのリフレッシュができる。
・冠婚葬祭で不在時に要介護者を預けられる。
・出張、旅行、入院等で介護できないときに要介護者を預けられる。

介護をされている人にとって
・退院直後等で、一時的に利用できる。
・在宅での生活を継続しながらでも、利用できる（相互利用）。
・特養の入居待ちのときに利用できる。
・施設での生活に慣れたいときに利用できる。

問題 49 次のうち、ノーマライゼーション（normalization）の原理を盛り込んだ法律（いわゆる「1959年法」）を制定した最初の国として、**正しいもの**を1つ選びなさい。

1 デンマーク

2 イギリス

3 アメリカ

4 スウェーデン

5 ノルウェー

●障害者福祉の基本理念　出題頻度★★★★

解答と解説

○ 1 ノーマライゼーションはデンマークのバンク‐ミケルセンが提唱し、1659年の知的障害者福祉法の成立により、広く認知されるようになりました。

× 2 イギリスには、1959年法成立後の1960年代にノーマライゼーションが広く受け入れられていきます。

× 3 アメリカにも、1959年法成立後の1960年代にノーマライゼーションが広く受け入れられていきます。

× 4 スウェーデンにも、1959年法成立後の1960年代にノーマライゼーションが広く受け入れられていきます。

× 5 ノルウェーにも、1959年法成立後の1960年代にノーマライゼーションが広く受け入れられていきます。

正解1

合格のための要点整理　●ノーマライゼーション

ノーマライゼーションはデンマークのバンク‐ミケルセンが提唱し、1959年法に盛り込まれた。その後、スウェーデンのニィリエが8つの基本原理をまとめ、ヨーロッパ、アメリカへと広がっていく。

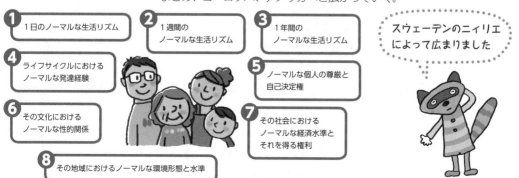

1 1日のノーマルな生活リズム

2 1週間のノーマルな生活リズム

3 1年間のノーマルな生活リズム

4 ライフサイクルにおけるノーマルな発達経験

5 ノーマルな個人の尊厳と自己決定権

6 その文化におけるノーマルな性的関係

7 その社会におけるノーマルな経済水準とそれを得る権利

8 その地域におけるノーマルな環境形態と水準

スウェーデンのニィリエによって広まりました

1　法務局

2　家庭裁判所

3　都道府県知事

4　市町村長

5　福祉事務所

●**障害者福祉の現状と施策**　出題頻度★★★★

解答と解説

✕ **1**　法務局は法務省の地方組織で、登記や戸籍、国籍、供託の民事行政事務、国の利害に関係のある訟務事務、国民の基本的人権を守る人権擁護事務などを行っています。成年後見人等を選任する機関ではありません。

◯ **2**　成年後見人等の選任は、家庭裁判所で行います。親族以外にも、法律や福祉の専門家、福祉関係の公益法人、その他の第三者などが選ばれる場合がありますし、複数人選任される場合もあります。

✕ **3**　都道府県知事は成年後見人等の選任機関ではなく、請求権もないため、申立てをすることもできません。

✕ **4**　市町村長は選任機関ではありませんが、配偶者や4親等内の親族がおらず、申立てができない場合、家庭裁判所に申立てをすることができます。

✕ **5**　福祉事務所は生活保護法や児童福祉法、母子及び父子並びに寡婦福祉法、老人福祉法、身体障害者福祉法及び知的障害者福祉法の福祉六法に定める援護、育成または更生の措置に関する事務を司る行政機関です。

正解2

合格のための要点整理　●**法定後見人等の選出**

本人の判断力が不十分な状態にある場合に、本人または配偶者、四親等内の親族、市町村長等の申立てによって、**家庭裁判所が適任と認める人を本人の支援者に選任する。**

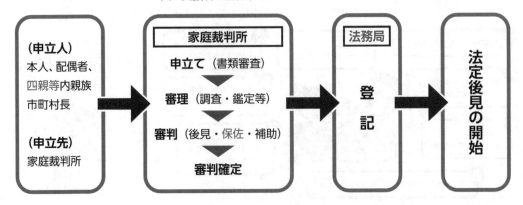

問題　51　次の記述のうち、障害を受容した心理的段階にみられる言動として、最も適切なものを1つ選びなさい。

1　障害があるという自覚がない。
2　周囲に不満をぶつける。
3　自分が悪いと悲観する。
4　価値観が転換し始める。
5　できることに目を向けて行動する。

●障害のある人の心理　出題頻度★★★★

解答と解説

× 1　障害があるという自覚がない、障害を否定する、回復すると期待するのは否認期（期待期）です。

× 2　周囲に不満をぶつけるのは、混乱期です。障害が回復しないと理解し、怒りがこみ上げる時期です。

× 3　選択肢2と同様に混乱期の内容です。怒りの矛先は自分にも向けられ、苦悩する時期です。

× 4　努力期の内容です。障害に対する価値観が転換しはじめ、適応への努力をする時期です。

○ 5　障害を受け入れ、自分にできることに目を向けて前向きに行動できるのが受容期です。

正解5

合格のための要点整理　●障害の受容過程（受容期）

① ショック期
　↓
② 期待期（否定期）
　↓
③ 混乱期
　↓
④ 努力期
　↓
⑤ 適応期（受容期）

⑤適応期（受容期）

障害のある人がリハビリ訓練を行ったり、苦悩を繰り返したりしていく中で、家族や周囲の支えや同じ障害のある人との交流などによって、自身の情緒が安定し、目標に向けて前向きに努力ができるようになる。

・自分の障害そのものを認め、積極的に受け入れ、障害のあるあるがままの自分を容認する段階。
・障害のある自分を克服した時期であり、自分のできることを理解し、新しい人生に向かって進みはじめた段階。
・人それぞれに大きな苦悩や怒り、絶望感、悲しみなどを経験し、たどりつく段階。

●**障害の理解**　出題頻度★★★★

解答と解説

✕ 1　振戦せん妄は、アルコールの離脱症状のひとつです。アルコール依存症者が飲酒を中断または減量した際に生じる自律神経症状や振戦、意識変容、幻覚などのことです。

○ 2　妄想は、統合失調症の急性期や再発生時にみられる代表的な陽性症状です。

✕ 3　強迫性障害とは、実際にはあるはずのない事柄や状況に対する不安にとらわれ、その不安を解消するために無意味で過剰と思われるような行動を繰り返す精神疾患です。10～20歳代の若い世代に多いのが特徴です。

✕ 4　抑うつ気分とは、憂鬱で気持ちが落ち込んでいる状態のことです。この状態が続くのがうつ状態です。

✕ 5　健忘とは、最近のことや昔のことをまったく思い出せない、一部がどうしても思い出せない状態のことです。健忘が著しく、日常生活にも影響するものを健忘症といいます。

正解 2

合格のための要点整理　●**統合失調症の進行と症状**

統合失調症のおもな症状として、陽性症状、陰性症状、認知機能障害、抑うつ、不安があげられる。陽性症状は急性期にみられ、陰性症状、認知機能障害は休息期、回復期にみられる。

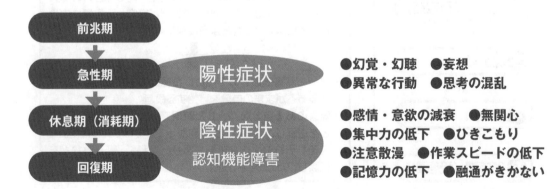

前兆期
↓
急性期　　陽性症状　　　●幻覚・幻聴　●妄想　●異常な行動　●思考の混乱

↓
休息期（消耗期）　　陰性症状　認知機能障害　　●感情・意欲の減衰　●無関心　●集中力の低下　●ひきこもり　●注意散漫　●作業スピードの低下　●記憶力の低下　●融通がきかない
↓
回復期

問題 **53** Ｂさん（60歳、男性）は、一人暮らしをしている。糖尿病性網膜症（diabetic retinopathy）による視覚障害（身体障害者手帳1級）があり、末梢神経障害の症状がでている。Ｂさんの日常生活において、介護福祉職が留意すべき点として、**最も適切なもの**を１つ選びなさい。

1 水晶体の白濁
2 口腔粘膜や外陰部の潰瘍
3 振戦や筋固縮
4 足先の傷や壊疽などの病変
5 感音性の難聴

●**障害の理解**　出題頻度★★★★

解答と解説

✕ 1 水晶体の白濁は、白内障の症状です。糖尿病性網膜症のＢさんに対する日常生活での留意点とはなりません。

✕ 2 口腔粘膜や外陰部の潰瘍は、ベーチェット病の特徴です。Ｂさんの疾患とは一致しません。

✕ 3 振戦や筋固縮は、パーキンソン症状といわれるものです。パーキンソン病やレビー小体型認知症などにみられます。Ｂさんの疾患とは一致しません。

○ 4 Ｂさんは糖尿病により傷が治りづらく、視覚障害と末梢神経障害のために足先の傷や壊疽などの病変に気づきづらいので、介護福祉職が留意し、観察すべき点です。

✕ 5 感音性の難聴は、音が明瞭に聞き取りづらく、歪んで聞こえる難聴です。内耳や聴神経が障害されることで起こります。Ｂさんの疾患とは一致しません。

正解 4

合格のための要点整理　●**糖尿病による足の異常**

糖尿病の合併症は糖尿病網膜症、糖尿病腎症、糖尿病神経症が有名。特に足は神経障害の他に動脈硬化などによる血流障害が起こりやすく、また細菌や真菌（みず虫）などの感染に対する抵抗力が低下するため、潰瘍などが発生しやすくなる。そのため、普段から注意が必要。

■**神経障害性潰瘍（全体の６割）**
・体重がかかる場所に発生しやすい。
・足の指、足底に発生しやすい。
・知覚低下で、重症でも痛みがない。
・湿っている。

■**血管障害による虚血性潰瘍（全体の１割）**
・足の先など末端にできやすい。
・乾燥している。
・痛みを感じる。

■■**混合型（全体の３割）**
・両方が同時に発生。

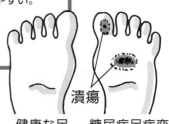

潰瘍

健康な足　　糖尿病足病変

問題　54　Cさん（55歳、男性）は、5年前に筋萎縮性側索硬化症（amyotrophic lateral sclerosis：ALS）と診断された。現在は症状が進行して、日常生活動作に介護が必要で、自宅では電動いすと特殊寝台を使用している。

　次の記述のうち、Cさんの現在の状態として、**最も適切なものを1つ選びな**さい。

1　誤嚥せずに食事することが可能である。

2　明瞭に話すことができる。

3　身体の痛みがわかる。

4　自力で痰を排出できる。

5　箸を上手に使える。

◉障害の理解　出題頻度★★★★

解答と解説

✕ 1　筋萎縮性側索硬化症では、食べ物を口に入れて飲み込むための筋肉も障害を受けるので、誤嚥する可能性が高くなります。

✕ 2　口腔や発声に必要な筋肉も障害されますので、発声が困難になり、話すことが難しくなります。

◯ 3　筋萎縮性側索硬化症では運動ニューロンが障害され、手足・のど・舌の筋肉や呼吸に必要な筋肉が萎縮していきます。一方、からだの感覚、視力や聴力、内臓機能などは保たれます。痛みも同様で、痛みへの対応は重要な支援課題です。

✕ 4　食物摂取や発声、呼吸が障害されていきますので、痰を排出することも困難になっていきます。

✕ 5　手指の筋力も弱くなり、動かすことが困難になるので、箸を上手に使うことはできなくなります。

正解3

合格のための要点整理　◉**筋萎縮性側索硬化症（ALS）の原因・特徴と症状**

筋萎縮性側索硬化症（ALS）は、運動ニューロンが変性・消失する神経変性疾患。原因は不明であり、難病である。発症から死亡までの平均期間は2〜5年ともいわれ、急速に進行するが、個人差も非常に大きく、正確なデータもない。発症率は人口10万人あたり1.1〜2.5人といわれている。

原因・特徴

・運動を司る神経の障害。

・感覚や眼球運動、意識、知能などは保たれる。

・50〜60歳代に多く、男性に多い。

症状

手足やのど、舌、呼吸に必要な筋肉がやせて、筋力が低下していく進行性の疾患。

問題 55 Ｄさん（36歳、女性、療育手帳所持）は、一人暮らしをしながら地域の作業所に通っている。身の回りのことはほとんど自分でできるが、お金の計算、特に計画的にお金を使うのが苦手だった。そこで、社会福祉協議会の生活支援員と一緒に銀行へ行って、１週間ごとにお金をおろして生活するようになった。小遣い帳に記録をするようにアドバイスを受けて、お金を計画的に使うことができるようになった。

次のうち、Ｄさんが活用した支援を実施する事業として、**最も適切なもの**を**１つ**選びなさい。

1　障害者相談支援事業

2　自立生活援助事業

3　日常生活自立支援事業

4　成年後見制度利用支援事業

5　日常生活用具給付等事業

●**生活上の課題と支援のあり方**　出題頻度★★★

解答と解説

✕ 1　障害者相談支援事業とは、障害者やその家族から相談を受けて、福祉サービス利用の手続きを行ったり、福祉サービスの情報を提供したり、助言を行ったりする事業です。事例のような金銭に関する支援はしません。

✕ 2　地域生活支援員が障害者（利用者）の居宅を定期的に訪問し、心身の状況や環境など、日常生活全般の状況について把握し、必要な情報提供や助言・相談、障害福祉サービス事業者や医療機関等との連絡調整を行う事業です。

○ 3　事例にあるとおり、日常的な金銭の出し入れや支払い、福祉サービスの利用契約の支援を行うのが、日常生活自立支援事業です。

✕ 4　成年後見制度利用支援事業は、成年後見制度の利用に要する費用について補助を受けなければ成年後見制度の利用が困難であると認められる場合に、申立てに要する経費や後見人等の報酬について助成する事業です。

✕ 5　日常生活用具給付等事業は、重度障害者等の日常生活をより円滑にするための用具を給付または貸与する事業です。

正解 3

+α　日常生活自立支援事業を利用するには、この事業を理解して契約できる判断力が必要です。判断力の低下にしたがい、成年後見制度と併用する場合もあります。

問題 56 次のうち、障害の特性に応じた休憩時間の調整など、柔軟に対応することで障害者の権利を確保する考え方を示すものとして、**最も適切なもの**を1つ選びなさい。

1 全人間的復権
2 合理的配慮
3 自立生活運動
4 意思決定支援
5 共同生活援助

●QOLを高める支援のための理解　出題頻度★★★★

解答と解説

✕ 1 全人間的復権はリハビリテーションの目的のひとつで、障害のある人が身体的・精神的・社会的・職業的・経済的に能力を発揮し、人間らしく生きる権利を取りもどすことをさしています。

◯ 2 合理的配慮とは、障害者差別禁止法に規定された個々の障害の特性に合わせた合理的な配慮のことです。2024（令和6）年4月1日より、従来は努力義務であった民間事業所にも義務化されました。

✕ 3 自立生活運動とは、障害者自身が自分の意思で必要なサービスを決定するという考えを基本とした、障害者が自立的な生活をおくるために必要な社会体制や意識の変革を求める社会運動のことです。1960年代のアメリカからはじまりました。

✕ 4 意思決定支援とは、本人の判断能力に課題のある場合でも、本人の価値観や選択に基づく意思決定を行うために、必要な情報を提供し、本人の意思や考えを引き出すなどの支援を行うことです。

✕ 5 共同生活援助は障害者福祉サービスのひとつで、グループホームで暮らす人に入浴や食事などの介護や生活相談、その他の日常生活上の支援を提供するサービスです。

正解 2

合格のための要点整理 ●**障害者差別解消法の改正（令和3年）**

障害者差別解消法では、障害を理由とする差別の解消措置として「差別的取扱いの禁止」と「合理的配慮の不提供の禁止」の2つが規定されている。この改正により従来、努力義務とされていた民間事業者への「合理的配慮の不提供の禁止」が義務化された。

・差別的取扱いの禁止
障害があることのみを理由に商品やサービスの提供を**制限**したり、条件をつけたり、拒否したりすることを禁止。

民間事業者	国・地方公共団体
従来より、**法的義務**	

・合理的配慮の不提供の禁止
障害者から配慮を求められた場合、過重な負担がない範囲で、**社会的障壁**を取り除く配慮をしなけらばならない。

民間事業者	国・地方公共団体
法的義務 従来は努力義務	**法的義務** 従来と変わらず

問題 **57** 「障害者総合支援法」において、障害福祉サービスを利用する人の意向のもとにサービス等利用計画案を作成する事業所に置かなければならない専門職として、**最も適切なもの**を１つ選びなさい。

1　介護支援専門員（ケアマネジャー）

2　社会福祉士

3　介護福祉士

4　民生委員

5　相談支援専門員

（注）「障害者総合支援法」とは、「障害者の日常生活及び社会生活を総合的に支援するための法律」のことである。

●**多職種連携と協働**　出題頻度★★★★

解答と解説

✕ 1　介護支援専門員は、介護保険法に規定された専門職です。在宅サービスでは、居宅介護支援事業所に所属し、居宅サービス計画の作成および相談、助言、その他必要な支援を行います。

✕ 2　社会福祉士は、相談援助の専門家です。地域包括支援センターでは必置の専門職です。

✕ 3　介護福祉士は介護の専門職として、自立に資する適切な介護や介護方法に関する助言を行います。

✕ 4　民生委員は民生委員法に基づき、厚生労働大臣から委嘱された非常勤の地方公務員です。地域の家庭を訪問するなどして、保健福祉に関する地域の情報収集や行政・制度との橋渡しをしています。

○ 5　相談支援専門員は問題文の内容にある他、地域生活への移行・定着に向けての支援、成年後見制度利用支援事業に関する支援、健康や将来、介護に関する相談など、総合的な相談支援を行っています。

正解5

合格のための要点整理　●**サービス等利用計画の作成**

サービス等利用計画を作成するのは、指定相談支援事業所の相談支援専門員。相談支援専門員はサービス利用後、一定期間ごとのモニタリングも行う。特定相談支援事業所には、最低１名以上の相談支援専門員を置くことが必要。

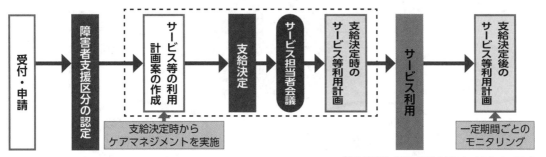

厚生労働省「計画相談支援のしくみ」より作成

問題 **58** 家族の介護力をアセスメントするときの視点に関する記述として、**最も適切なもの**を１つ選びなさい。

1 障害者個人のニーズを重視する。
2 家族のニーズを重視する。
3 家族構成員の主観の共通部分を重視する。
4 家族を構成する個人と家族全体の生活を見る。
5 支援者の視点や価値観を基準にする。

●**家族への支援** 出題頻度★★★

解答と解説

✕ 1 家族の介護力のアセスメントですから、障害者個人のニーズを重視するのは間違いです。

✕ 2 アセスメントしたいのは、家族のニーズそのものではなく、介護力です。

✕ 3 主観の共通部分ではなく、公平な視点で客観的に事実をアセスメントする必要があります。

◯ 4 家族の介護力のアセスメントでは、家族個々の生活状態や意向および家族全体としての生活状態を客観的に評価することが大切です。

✕ 5 支援者の視点は有力な情報となりますが、支援者の視点や価値観を基準とすると、本当の意味での家族の介護力はつかめなくなります。

正解 4

合格のための要点整理 ●**家族の介護力アセスメント**

介護力とは、「介護を必要とする人に適切な介護を提供できる能力」のこと。家族の場合なら、家族の人数や年齢、健康状態や経済状況などを一人ひとり、あるいは家族全体として評価する。

一人ひとりの
価値観や主観

一人ひとりの
介護が必要な人への思い

一人ひとりの
時間の余裕

家族の絆・関係性

一人ひとりの
役割

介護が必要な人の
家族への思い

家族の歴史、
思い出

一人ひとりの
健康状態

8 医療的ケア

問題 **59** 次の記述のうち、喀痰吸引等を実施する訪問介護事業所として登録するときに、事業所が行うべき事項として、**正しいもの**を1つ選びなさい。

1 登録研修機関になる。
2 医師が設置する安全委員会に参加する。
3 喀痰吸引等計画書の作成を看護師に依頼する。
4 介護支援専門員（ケアマネジャー）の文書による指示を受ける。
5 医療関係者との連携体制を確保する。

●**人間と社会**　出題頻度★★

解答と解説

✕ 1 喀痰吸引等を実施する事業者（特定行為事業者→下記「合格のための要点整理」を参照）の登録の基準に、登録研修機関になるという要件はありません。

✕ 2 安全委員会への参加も、要件にはありません。

✕ 3 喀痰吸引等計画書は医師の指示を踏まえて看護師が作成するものですが、特定行為事業者の登録の要件ではありません。

✕ 4 介護支援専門員から指示を受けることはありません。

○ 5 特定行為事業者として登録を受けるためには、医療関係者との連携に関する基準および安全適正に関する基準を満たす必要があります。

正解5

合格のための要点整理　●**医療的ケアを行う事業所**

事業者（事業所）が喀痰吸引等や経管栄養等を実施するためには、都道府県に対して喀痰吸引事業者として登録をする必要がある。登録が認められた事業者を特定行為事業者という。

喀痰吸引等の業務を行う事業者の登録基準

❶**医療関係者との連携に関する基準**
・医師の文書による指示、対象者の心身の状況に関する情報共有
・喀痰吸引等の実施内容に関する計画書・報告書の作成　など

❷**安全適正に関する基準**
・実地研修を修了していない介護福祉士に対し、医師・看護師等を講師とする実地研修の実施
・安全確保のための体制の確保（安全委員会等）、感染症予防措置
・秘密保持　など

問題　60　次のうち、呼吸器官の部位の説明に関する記述として、**正しいもの**を１つ選びなさい。

1　鼻腔（びくう）は、上葉・中葉・下葉に分かれている。

2　咽頭は、左右に分岐している。

3　喉頭は、食べ物の通り道である。

4　気管は、空気の通り道である。

5　肺は、腹腔内（ふくくうない）にある。

●喀痰吸引の基礎的知識　**出題頻度★★★★**

解答と解説

✕ 1　上葉・中葉・下葉に分かれているのは右肺です。左肺は心臓があるため、上葉と下葉に分かれています。

✕ 2　口から入った食べ物は、咽頭→食道→胃と移動します。また、空気は咽頭→喉頭→気管→肺と移動します。左右に分岐しているのは気管が肺に入るところで、わかれた先を気管支といいます。

✕ 3　喉頭は、空気の通り道です。食べ物が気管に入らないように蓋をするのが、喉頭蓋です。

○ 4　空気は気管を通って肺へと移動します。

✕ 5　肺があるのは、肋骨に囲まれた胸腔内です。

正解４

合格のための要点整理　●**呼吸器官の名称**

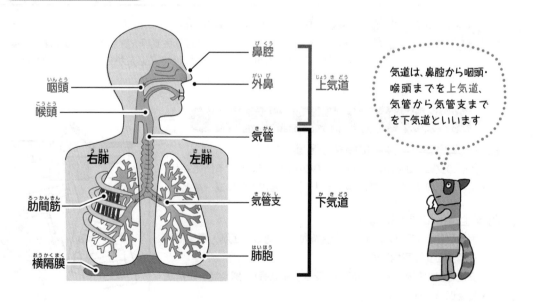

気道は、鼻腔から咽頭・喉頭までを上気道、気管から気管支までを下気道といいます

問題 61 次のうち、痰の吸引の準備に関する記述として、**最も適切なもの**を1つ選びなさい。

1 吸引器は、陰圧になることを確認する。
2 吸引びんは、滅菌したものを用意する。
3 吸引チューブのサイズは、痰の量に応じたものにする。
4 洗浄水は、決められた消毒薬を入れておく。
5 清浄綿は、次亜塩素酸ナトリウムに浸しておく。

●喀痰吸引の実施手順　出題頻度★★★★

解答と解説

○ 1 吸引器で陰圧をつくることで、喀痰等を吸引します。しっかりと確認すべきことです。

× 2 吸引びんは洗剤で洗浄し、流水でよく洗い流します。滅菌までする必要はありません。

× 3 吸引チューブのサイズは、本人の状態や器具に合わせて医師が指示します。

× 4 洗浄水は通常、水道水もしくは滅菌精製水を入れます。注ぎ足しはせず、決められた時間で交換します。

× 5 清浄綿はそのまま、もしくは消毒用エタノールに浸して使用します。

正解 1

合格のための要点整理

●喀痰吸引の物品・機材

喀痰吸引を行う場合は、物品や機材が正しく用意されているか、不備や不良はないかなどを確認する必要がある。

6 手袋もしくはセッシ： 吸引カテーテルを清潔に扱うため。

5 清浄綿： 吸引カテーテルの外側を拭くときに使用する。

1 吸引器： 分泌物を吸引するための器械。

吸引器は陰圧になることを確認しておきましょう

2 吸引カテーテル： 分泌物を吸引するためのチューブ。口腔内・鼻腔内用と、気管カニューレ用にわける。

3 保管容器： 吸引カテーテルを再利用する場合に保管する容器。

4 消毒液： 吸引カテーテルを再利用する場合に、浸漬法で保存するときに使用する。

問題 **62** 次のうち、経管栄養で起こるトラブルに関する記述として、**最も適切なもの**を1つ選びなさい。

1 チューブの誤挿入は、下痢を起こす可能性がある。

2 注入速度が速いときは、嘔吐を起こす可能性がある。

3 注入物の温度の調整不良は、脱水を起こす可能性がある。

4 注入物の濃度の間違いは、感染を起こす可能性がある。

5 注入中の姿勢の不良は、便秘を起こす可能性がある。

●**経管栄養の基礎的知識** 出題頻度★★★★

解答と解説

✕ 1 チューブの誤挿入については、誤って気管に挿入する場合が多く、むせ込み、嘔気や嘔吐、あるいは傷を残すことがあります。また、死亡事故につながった例もあります。

◯ 2 注入速度が速いと胃への刺激が大きくなり、嘔吐を起こすことがあります。

✕ 3 注入物の温度は、人肌が基本です。冷たいと腸管を刺激し、下痢を起こすことがあります。

✕ 4 注入物の濃度の違いにより、感染を起こすことはありません。しかし、注入速度が変わり、思わぬ異変につながる場合もあります。

✕ 5 姿勢の不良は、注入物の逆流につながる場合があります。

正解2

合格のための要点整理 ●**経管栄養のトラブルとその原因**

下痢
- □ 注入速度が速い
- □ 注入物の温度が低い
- □ 投与器具の汚染

腹部膨満・腹痛
- □ 注入速度が速い
- □ 胃の中の残量が多い

嘔気・嘔吐
- □ 注入速度が速い
- □ 鼻腔カテーテルが抜けている
- □ 注入中、注入後の体位が適切ではない

瘻孔からの漏れ
- □ 便秘
- □ 逆流防止弁の不具合
- □ 瘻孔の損傷

注入中、注入後にみられる代表的なトラブルです

問題 63 Eさん（75歳、女性）は、介護老人福祉施設に入所している。脳梗塞（cerebral infarction）の後遺症があり、介護福祉士が胃ろうによる経管栄養を行っている。

　ある日、半座位で栄養剤の注入を開始し、半分程度を順調に注入したところで、体調に変わりがないかを聞くと、「少しお腹が張ってきたような気がする」とEさんは答えた。意識レベルや顔色に変化はなく、腹痛や嘔気はない。

　次のうち、介護福祉士が看護職員に相談する前に行う対応として、**最も適切なものを1つ**選びなさい。

1 嘔吐していないので、そのまま様子をみる。
2 仰臥位（背臥位）にする。
3 腹部が圧迫されていないかを確認する。
4 注入速度を速める。
5 栄養剤の注入を終了する。

●経管栄養の基礎的知識　　出題頻度★★★★

解答と解説

✕ 1 Eさんは腹部に異変を感じていますので、嘔吐していないからそのまま様子をみるというのは、介護福祉士の判断すべきことではありません。

✕ 2 半座位から仰臥位にすることで、注入物の逆流が起こりやすくなるため、適切ではありません。

○ 3 姿勢や衣類など腹部の圧迫につながるものがないかを確認するのは、介護福祉士の範囲でも対応可能です。

✕ 4 注入速度は、医師が指示しています。早く注入を終わらせるため、注入速度を速めるという判断はできません。

✕ 5 意識レベルや顔色に変化はなく、腹痛や嘔気もないのであれば、ただちに注入を終了すべき危険性は低いといえます。

正解3

合格のための要点整理

●介護職員の経管栄養実施上の注意

介護職員は医療的行為において、異常の発見あるいは訴えがあった場合、原則としてすみやかに医療職に連絡・報告し、記録に残す。事例のように訴えがあいまいで異変が確認できない場合は、介護福祉職のかかわる範囲において、確認ののち報告する。

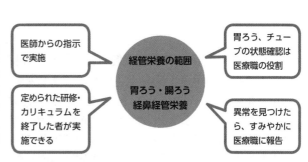

医師からの指示で実施

胃ろう、チューブの状態確認は医療職の役割

経管栄養の範囲
胃ろう・腸ろう
経鼻経管栄養

定められた研修・カリキュラムを終了した者が実施できる

異常を見つけたら、すみやかに医療職に報告

> **問題 64** 介護を取り巻く状況に関する次の記述のうち、**最も適切なもの**を1つ選びなさい。
>
> 1 ダブルケアとは、夫婦が助け合って子育てをすることである。
> 2 要介護・要支援の認定者数は、介護保険制度の導入時から年々減少している。
> 3 家族介護を支えていた家制度は、地域包括ケアシステムによって廃止された。
> 4 要介護・要支援の認定者のいる三世代世帯の構成割合は、介護保険制度の導入時から年々増加している。
> 5 家族が担っていた介護の役割は、家族機能の低下によって社会で代替する必要が生じた。

●介護を取り巻く状況・家族機能の変化　出題頻度★★★

解答と解説

✕ 1　ダブルケアとは、子育てと親や親族の介護が同時期に発生することです。

✕ 2　要介護・要支援の認定者数は、介護保険導入時から年々増加しています。

✕ 3　家制度とは、1898年に施行された明治民法に定められた家族制度です。戸主である家長が、そこに所属する家族全員を絶対的な権利を持って統率（支配）、扶養する義務があるというしくみでした。1947年に廃止されました。

✕ 4　要介護・要支援の認定者のいる三世代世帯の構成割合は、介護保険制度の導入時から年々減少しています。

◯ 5　家族機能のひとつには、福祉機能（病人や高齢者の世話をすることなど）があります。しかし、福祉機能は女性の社会進出や共稼ぎ家庭の増加、核家族化などといった社会の変化とともに、社会で代替する必要が生じました。

正解 5

合格のための要点整理

●家族機能

家族は社会や個人に対して、さまざまな働きをしている。その働きを機能という。

社会の変化
・少子高齢社会
・女性の社会進出
・世帯人数の減少
・核家族の増加　など

フリードマンの5つの家族機能（伝統的な家族機能）

❶性的機能　　　子どもを産むことによって、家族を増やす。
❷社会化機能　　子どもを育て、社会に適応できるように教育する。
❸経済機能　　　家族は生産と消費の単位として機能する。
❹情緒安定機能　安らぎの場や憩いの場として機能する。
❺福祉機能　　　病人や高齢者などの扶養や世話をする。

家族機能の低下により、家族機能を社会が代替する

問題 65 介護福祉士に関する次の記述のうち、**適切なもの**を１つ選びなさい。

1 傷病者に対する療養上の世話又は診療の補助を業とする。
2 喀痰吸引（かくたんきゅういん）を行うときは市町村の窓口に申請する。
3 業務独占の資格である。
4 資格を更新するために５年ごとに研修を受講する。
5 信用を傷つけるような行為は禁止されている。

●介護福祉士の役割・社会福祉士及び介護福祉士法　出題頻度★★★★

解答と解説

✕ 1　看護師は保健師助産師看護師法によって、傷病者に対する療養上の世話または診療の補助をすることと規定されています。

✕ 2　介護福祉士が入居者や利用者の喀痰吸引や経管栄養などの特定行為を行う場合は、登録研修機関において定められた研修を修了し、認定証の交付を受けることが義務づけられています。

✕ 3　介護福祉士は名称独占の資格です。業務独占の資格ではありません。

✕ 4　介護福祉士の資格に、登録後の更新手続きはありません。介護支援専門員は資格を更新するために、５年ごとに研修を受講する必要があります。

○ 5　介護福祉士は社会福祉士及び介護福祉士法の第45条信用失墜行為の禁止により、信用を傷つける行為は禁止されています。

正解5

合格のための要点整理　●社会福祉士及び介護福祉士法の要点

	義務など	違反した場合の罰則
❶ 秘密保持の義務（第46条）	正当な理由なく、業務上知り得た人の情報や秘密についてもらしてはならない。介護福祉士でなくなった後においても守らなければならない。	・1年以下の懲役または30万円以下の罰金。 ・登録の取り消し、または期間を定めて介護福祉士の名称の使用停止。
❷ 名称の使用制限（第48条第2項）	介護福祉士の資格は、名称独占の国家資格。介護福祉士でない者は、介護福祉士という名称を使用してはならないという名称の使用制限が設けられている。	・30万円以下の罰金。
❸ 信用失墜行為の禁止（第45条）	介護福祉士の信用を傷つけるような行為をしてはならない。	・登録の取り消し、または期間を定めて介護福祉士の名称の使用停止。
❹ 誠実義務（第44条の2）	利用者の尊厳を保持し、自立した日常生活が営めるよう、常に利用者の立場に立って誠実にその業務を行わなければならない。	2007（平成19）年に誠実義務、資質向上の義務が追加されました

その他　連携（第47条第2項）、資質向上（第47条の2）などがある。

問題 66 施設利用者の個人情報の保護に関する次の記述のうち、**最も適切な**ものを１つ選びなさい。

1 職員がすべての個人情報を自由に閲覧できるように、パスワードを共有する。

2 個人情報を記載した書類は、そのまま新聞紙と一緒に捨てる。

3 個人情報保護に関する研修会を定期的に開催し、意識の向上を図る。

4 職員への守秘義務の提示は、採用時ではなく退職時に書面で行う。

5 利用者の音声情報は、同意を得ずに使用できる。

●**専門職の倫理・職業倫理と法令遵守**　出題頻度★★★★

解答と解説

✕ 1 施設利用者の個人情報は各職員の業務内容に応じ、業務上必要な範囲の閲覧ができ、閲覧の必要がない職員は閲覧できないように管理します。

✕ 2 施設利用者の個人情報を記載した書類を処分するときは、焼却や溶解など復元不可能な状態にして廃棄します。

◯ 3 個人情報保護に関する研修会を開催することによって、職員が個人情報の取り扱いについて理解を深めることにつながります。

✕ 4 職員への守秘義務の提示は、採用時に書面で行います。

✕ 5 利用者の音声情報も個人情報のひとつです。個人情報を取り扱うときには、必ず本人の同意が必要です。

正解 3

合格のための要点整理　●**個人情報保護法**

2022年４月に個人情報保護法が改正され、事業者の責務の明確化、事業者の自主的取り組みなどが追加された。

個人情報を取り扱う事業者

従業員に個人データを取り扱わせる際は、その個人データの安全管理が図られるよう、その従業者に対して必要で適切な監督を行わなければならない（個人情報保護法第21条）。

個人情報データに対するアクセス管理（例）

・IDやパスワードなどによる認証システムの採用
・各職員の業務内容に応じて、業務上必要な範囲にのみアクセスできるようなシステムの採用
・個人情報データにアクセスする必要がない職員が、アクセスできないようなシステムの採用　など

個人情報保護における従業員への教育は重要とされている。ただし、具体的にどんな教育や監督を行うかは事業者の判断に任されている。

問題 67 個別性や多様性を踏まえた介護に関する次の記述のうち、**最も適切なもの**を１つ選びなさい。

1 その人らしさは、障害特性から判断する。

2 生活習慣は、生活してきた環境から理解する。

3 生活歴は、成人期以降の情報から収集する。

4 生活様式は、同居する家族と同一にする。

5 衣服は、施設の方針によって統一する。

●生活の個別性と多様性の理解　出題頻度★★

解答と解説

✕ 1 その人らしさとは、その人の性格や習慣、趣味、嗜好から理解します。

○ 2 生活習慣とは、一般的には「食事」「睡眠」「排泄」「清潔」「衣服の着脱」など、生活をおくるために身についている習慣のことです。利用者の生活習慣を尊重した介護を提供します。

✕ 3 生活歴とは、出生から現在までの過去の生活のことです。利用者の生活歴を尊重した介護を提供します。

✕ 4 生活様式とは、人生観や価値観、経済的な条件をもとに発揮している「生き方」のことです。ライフスタイルともいわれています。利用者の生活様式を尊重した介護を提供します。

✕ 5 個別性を踏まえた介護とは、利用者一人ひとりの個性やニーズに合わせることです。多様性を踏まえた介護とは、さまざまな価値観や考え方に合わせることです。介護においては、個別性や多様性を尊重することが重要です。このことから、衣服を施設の方針によって統一することは間違っています。

正解 2

合格のための要点整理　●個別性・多様性の理解からその人の望む生活へ

人間は社会環境、教育、体験、生活様式など多様な中で生活している。その中で形成される価値観や考え方も多様で、介護を必要とする人も同じ。介護福祉職は利用者の価値観や考え方を尊重し、個別性（その人らしさ）を理解して個別支援を実践する。

人の暮らし方は、人それぞれです。どの暮らし方が正しい、よいというものではありません。人によって、暮らし方は異なります

社会生活　価値観

私的生活

生活を積み上げる

文化

生活史

介護福祉職は、利用者の暮らし方（個別性・多様性）を尊重した生活を支援しましょう

問題 68 Ａさん（48歳、女性、要介護１）は、若年性認知症（dementia with early onset）で、夫、長女（高校１年生）と同居している。Ａさんは家族と過ごすことを希望し、小規模多機能型居宅介護で通いを中心に利用を始めた。Ａさんのことが心配な長女は、部活動を諦めて学校が終わるとすぐに帰宅していた。

ある日、夫が、「長女が、学校の先生たちにも相談しているが、今の状況をわかってくれる人がいないと涙を流すことがある」と介護福祉職に相談をした。

夫の話を聞いた介護福祉職の対応として、**最も適切なもの**を１つ選びなさい。

1 長女に、掃除や洗濯の方法を教える。
2 家族でもっと頑張るように、夫を励ます。
3 同じような体験をしている人と交流できる場について情報を提供する。
4 介護老人福祉施設への入所の申込みを勧める。
5 介護支援専門員（ケアマネジャー）に介護サービスの変更を提案する。

●家族介護者の理解と支援・家族介護者の現状と課題　出題頻度★★★

解答と解説

✕ 1 長女は掃除や洗濯の方法についての不安を述べていません。そのため、掃除や洗濯の方法を教えるのは適切とはいえません。

✕ 2 長女は自分の状況を理解して、共感してほしいと思っています。父親に頑張ってほしいとは述べていません。

〇 3 長女は自分の状況を理解して、共感してほしいと思っています。このことから、同じような体験をしている人と交流できる場の情報を提供することは適切です。参加することにより、長女は情報を交換し、体験を語り合い、気持ちが安定すると考えられます。

✕ 4 長女は母親と別れて暮らしたいとは述べていません。そのことから、介護老人保健施設の入所の申し込みを勧めるのは適切とはいえません。

✕ 5 長女は介護サービスについての不満などは述べていません。そのことから、介護支援専門員に介護サービスの変更を提案するのは適切とはいえません。

正解3

合格のための要点整理

●**セルフケアグループ**

セルフケアグループとは、同じ問題を抱える人たちが自発的に集まり、問題をわかち合い、理解し、問題を乗り越えるために支え合うのが目的。社会福祉の実践では、セルフケアグループの役割が重視されている。介護福祉職は家族支援において、セルフケアグループの紹介や形成を意識することが必要。

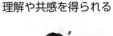
日常
理解されない、共感してもらえない

セルフケアグループに参加
理解や共感を得られる

安心した生活や意欲ある生活がおくれる

問題 69 Bさん（61歳、男性、要介護3）は、脳梗塞（cerebral infarction）による左片麻痺（ひだりかたまひ）がある。週2回訪問介護（ホームヘルプサービス）を利用し、妻（58歳）と二人暮らしである。自宅での入浴が好きで、妻の介助を受けながら、毎日入浴している。サービス提供責任者に、Bさんから、「浴槽から立ち上がるのがつらくなってきた。何かいい方法はないですか」と相談があった。

Bさんへのサービス提供責任者の対応として、**最も適切なもの**を1つ選びなさい。

1 Bさんがひとりで入浴できるように、自立生活援助の利用を勧める。

2 浴室を広くするために、居宅介護住宅改修費を利用した改築を勧める。

3 妻の入浴介助の負担が軽くなるように、行動援護の利用を勧める。

4 入浴補助用具で本人の力を生かせるように、特定福祉用具販売の利用を勧める。

5 Bさんが入浴を継続できるように、通所介護（デイサービス）の利用を勧める。

●介護を必要とする生活の場・介護保険サービスの活用　出題頻度★★

解答と解説

✕ 1 自立生活援助は、障害者総合支援法の制度です。障害者が一人暮らしをしている、またははじめるにあたり、定期的な巡回などを通じて助言や支援者との連絡調整を行い、暮らしの安心・安全を確保するための支援です。

✕ 2 居宅介護住宅改修費は、介護保険法の制度です。しかし、浴槽からの立ち上がりについては、住宅改修で対応できるものではないため、適切ではありません。

✕ 3 行動援護は、障害者総合支援法の制度です。知的障害、精神障害により行動することに困難があり、常に介護を必要とする障害者（児）を対象とした行動時や外出時の支援です。

○ 4 特定福祉用具販売は、介護保険法の制度です。浴槽からの立ち上がりの困難には、福祉用具の浴槽内いすや浴槽台の利用が適しています。貸与になじまないことから、特定福祉用具販売が適切です。

✕ 5 Bさんは自宅での入浴が好きで、毎日入浴をしています。自宅での入浴を希望しているのに、通所介護の入浴を勧めるのは適切とはいえません。自宅での入浴を継続できるように支援することが望ましいといえます。

正解 4

合格のための要点整理

●特定福祉販売

特定福祉用具販売とは、指定を受けた事業者（福祉用具販売）が、利用者が可能な限り自宅で自立した日常生活をおくることができるよう、入浴や排泄に用いる貸与になじまない福祉用具を販売するもの。支給限度基準額は年間10万円。

介護保険の適用となる特定福祉用具（6種類）	①腰掛便座　②自動排泄処理装置の交換可能部品　③入浴補助用具 ④簡易浴槽　⑤移動用リフトのつり具の部品　⑥排泄予測支援機器（2022年4月追加）

問題 70 社会奉仕の精神をもって、住民の立場に立って相談に応じ、必要な援助を行い、社会福祉の増進に努める者として、**適切なもの**を1つ選びなさい。

1　民生委員

2　生活相談員

3　訪問介護員（ホームヘルパー）

4　通所介護職員

5　介護支援専門員（ケアマネジャー）

●他の職種の役割と専門性の理解・その他の関連職　出題頻度★★★★

解答と解説

○ 1　民生委員は厚生労働大臣から委嘱され、それぞれの地域において、常に住民の立場に立って相談に応じ、必要な援助を行い、社会福祉の増進に努めます。児童委員を兼ねています。

× 2　生活相談員はおもに施設に入所している高齢者に対し、各種の相談や援助、また関係機関との連絡・調整を行います。

× 3　訪問介護職員は要介護認定を受けている高齢者や、障害支援区分の認定を受けている障害のある人の居宅を訪問して、身体介護や家事支援を行います。

× 4　通所介護職員は要介護認定を受けた人が日帰りで施設に通い、食事、入浴、排泄の介助、レクリエーション、機能訓練などを行います。

× 5　介護支援専門員は要介護認定を受けた人の相談や心身の状況に応じるとともに、サービスを受けられるようにケアプランの作成や、市町村・サービス事業者・施設等との連絡調整を行います。

正解 1

合格のための要点整理

●**民生委員**

民生委員とは、社会奉仕の精神をもって、常に**住民の立場**で相談に応じ、必要な援助を行い、**福祉事務所**など行政機関の業務に協力するなどして、社会福祉の増進に努める人たちのこと。

厚生労働大臣が委嘱

地区を担当住民の立場で相談に応じる

都道府県知事が推薦

児童委員も兼ねている

任期は3年間（再任も可能）

社会福祉の増進に努める

給与は支給されない

高齢者、障害者、児童、母子世帯など要援護者に必要な援助を行う

問題 71 3階建て介護老人福祉施設がある住宅地に、下記の図記号に関連した警戒レベル3が発令された。介護福祉職がとるべき行動として、**最も適切なもの**を1つ選びなさい。

1 玄関のドアを開けたままにする。

2 消火器で、初期消火する。

3 垂直避難誘導をする。

4 利用者家族に安否情報を連絡する。

5 転倒の危険性があるものを固定する。

●**事故防止、安全対策・防火、防災減災対策と訓練**　出題頻度★★★

解答と解説

✕ 1 地震が起きたときの対応です。閉じ込められないように非常脱出口を確保します。そのため、本問題の対応としては、適切ではありません。

✕ 2 火災が起きたときの対応です。消火器を用いた初期消火で、大規模な火災につながるのを防ぎます。そのため、本問題での対応としては、適切ではありません。

○ 3 洪水・内水氾濫をあらわす図記号なので、水害が起きたときの対応として、建物の高層階へ移動する（垂直避難）のが適切です。

✕ 4 災害時全般に通じる対応です。そのため、本問題での対応としては、適切ではありません。

✕ 5 地震が起きたときの対応です。揺れによって家具などの転倒や移動を防ぎます。そのため、本問題での対応としては、適切ではありません。

正解 3

合格のための要点整理

●**防災図記号**

防災図記号は、防災時の指示・注意・案内などの情報が一目でわかるようにしたもの。種類別にさまざまな意味があり、JIS規格によって標準化されている。

JISの図番号（例）	災害種別図	実際の看板掲示

避難場所
JISZ8210

津波避難場所
津波避難ビル
JISZ8210

避難所
JISZ8210

津波・高潮
（従来の図記号も活用
一般図記号も作成）

土石流

洪水・内水氾濫

大規模な火事

がけ崩れ・地滑り

地震
起きる災害（津波、大規模な火事などでカバー）

この場合、矢印方向の440m先に「がけ崩れ・地すべり」があった際の避難場所である「自治会館」という場所があるとわかる。

問題 72 次の記述のうち、介護における感染症対策として、**最も適切なもの**を１つ選びなさい。

1 手洗いは、液体石鹸よりも固形石鹸を使用する。

2 配膳時にくしゃみが出たときは、口元をおさえた手でそのまま行う。

3 嘔吐物の処理は、素手で行う。

4 排泄の介護は、利用者ごとに手袋を交換する。

5 うがい用のコップは、共用にする。

◉**感染対策・感染症対策** 出題頻度★★★★

解答と解説

✕ 1 感染症対策には、液体石鹸の使用が適切です。固形石鹸は、小さくなると泡立ちが悪くなります。また、固形石鹸は、表面には前に使用した人の影響が残ります。しかし、液体石鹸はボトルのため、前の使用者の影響を受けません。

✕ 2 その人が感染していた場合は、くしゃみといっしょにウイルスが放出されます。飛沫に触れた手は、汚染されているので手洗いをします。

✕ 3 その人が感染していた場合、嘔吐物には大量のウイルスが含まれています。処理には手袋などを使用します。

◯ 4 その人が感染していた場合は、排泄物には大量のウイルスが含まれています。同じ手袋を使用することはウイルスを持ち込むことになり、感染の拡大につながります。

✕ 5 食器などを介して感染するウイルスもあります。うがい用のコップは、個人持ちにすることが適切です。

正解 4

合格のための要点整理　◉**感染経路**

感染予防の対策は、①感染源の排除、②感染経路の遮断、③抵抗力の向上が重要。

● **接触感染（経口感染も含む）**
手指、食品、器具などを介して伝播する。頻度の高い伝播経路。
ノロウイルス、腸管出血性大腸菌、メチシリン耐性黄色ブドウ球菌（MRSA）、緑膿菌など

● **空気感染**
咳やくしゃみなど飛沫核として伝播する。空中に浮遊し、空気の流れにより飛散する。
結核菌、麻疹ウイルスなど

感染症の種類によって、予防方法は違います。それぞれの感染症の特徴や予防方法を覚えましょう

● **血液媒介感染**
病原体に汚染された血液や体液、分泌物が針刺し事故等により体内に入ることにより感染する。
B型肝炎ウイルス、C型肝炎ウイルス、ヒト免疫不全ウイルス（HIV）など

● **飛沫感染**
咳やくしゃみなど飛沫粒子により伝播する。空中を浮遊し続けることはない。
インフルエンザウイルス、マイコプラズマ肺炎など

抵抗力がないと、病原菌に負けて症状があらわれます。だから抵抗力が大事なのです

感染

問題 73　介護福祉士が行う服薬の介護に関する次の記述のうち、**最も適切な**ものを１つ選びなさい。

1　服薬時間は、食後に統一する。
2　服用できずに残った薬は、介護福祉士の判断で処分する。
3　多種類の薬を処方された場合は、介護福祉士が一包化する。
4　内服薬の用量は、利用者のその日の体調で決める。
5　副作用の知識をもって、服薬の介護を行う。

●薬剤の取り扱いの知識と連携・服薬管理の知識　出題頻度★★★

解答と解説

✕ 1　服薬時間は薬によって違います。服薬時間を確認して指示にしたがい、服薬します。

✕ 2　服薬できずに残った薬は、介護福祉士の判断で処分するのではなく、薬剤師に相談します。

✕ 3　多種類の薬を処方され、一包化されてない場合は、介護福祉士の判断で一包化するのではなく、薬剤師に相談します。

✕ 4　内服薬の用量は、医師が利用者の状態を診察して処方しています。服薬の用量を確認して指示にしたがい、服薬します。

○ 5　薬には、副作用があります。介護福祉士は副作用を理解して服薬の介護を行い、利用者の状態を観察します。利用者に変調があれば、薬剤師や医師に報告します。

正解5

合格のための要点整理　### ●服薬について

服薬とは、医師から処方された薬を適切な方法で体内に取り入れること。薬の管理全般を含む概念である。

服薬時間………	食前、食後、食間、頓服など決められた時間に服薬する 。
服薬量…………	自己判断で飲む量を増やしたり、減らしたりするのは避ける。
服薬方法………	飲み薬はコップ１杯の水で飲むのが原則。 必ず薬に合った正しい使い方をすることが大切。
服薬期間………	治ってきたから大丈夫と、自己判断で服用を中止しない。 指示があった期間は、服用を続けるのが基本。
飲み合わせ……	いっしょに飲んではいけない薬、食べ合わせがよくない食品を知る。 正しい服薬時間を知る。

■食事を中心とする服薬時間

10 コミュニケーション技術

問題 74 Ｃさん（85歳、女性、要介護３）は、介護老人保健施設に入所しており、軽度の難聴がある。数日前から、職員は感染症対策として日常的にマスクを着用して勤務することになった。

ある日、Ｄ介護福祉職がＣさんの居室を訪問すると、「孫が絵を描いて送ってくれたの」と笑いながら絵を見せてくれた。Ｄ介護福祉職はＣさんの言動に共感的理解を示すために、意図的に非言語コミュニケーションを用いて対応した。

このときのＤ介護福祉職のＣさんへの対応として、**最も適切なもの**を１つ選びなさい。

1　「よかったですね」と紙に書いて渡した。
2　目元を意識した笑顔を作り、大きくうなずいた。
3　「お孫さんの絵が届いて、うれしかったですね」と耳元で話した。
4　「私もうれしいです」と、ゆっくり話した。
5　「えがとてもじょうずです」と五十音表を用いて伝えた。

◉**コミュニケーションの実際**　出題頻度★★★★

解答と解説

✕ **1** 「よかったですね」という紙に書いた言葉で、共感的理解を示しています。しかし、言葉を使用していることから、言語コミュニケーションを用いたと考えられます。

○ **2** マスクをしているため、目元を意識して表情をつくり、うなずくことで、言葉を使わずに非言語コミュニケーションを用いて対応できています。そのため、適切と考えられます。

✕ **3** 軽度の難聴があるＣさんに対して耳元で話していることは間違いともいえませんが、感染症対策としては適切ではありません。また、言葉による言語コミュニケーションを使用しているため、適切ではありません。

✕ **4** 選択肢３と同様で、ゆっくり話すことは間違いではありません。ただし、言語コミュニケーションを使用しているので適切ではありません。

✕ **5** 五十音表を使用することは、言葉を用いているので言語コミュニケーションにあたります。そのため、適切ではありません。

正解 2

 非言語コミュニケーションとは、**言葉**や**文章**を使用しないコミュニケーションのこと。コミュニケーションの７割以上を占めている「非言語」を意識することが大切です。声の大きさや高低、速さ、抑揚などは言葉を使っていることから、「準言語」ともいわれます。

問題 75 利用者の家族と信頼関係の構築を目的としたコミュニケーションとして、**最も適切なもの**を１つ選びなさい。

1 家族に介護技術を教える。

2 家族に介護をしている当事者の会に参加することを提案する。

3 家族から介護の体験を共感的に聴く。

4 家族に介護を続ける強い気持ちがあるかを質問する。

5 家族に介護保険が使える範囲を説明する。

●家族とのコミュニケーションの目的　出題頻度★★★★

解答と解説

✕ 1 介護技術を伝えることが必要な場合もありますが、信頼関係を構築する目的としては適切ではありません。

✕ 2 当事者の会への参加は悩みや情報を共有する場合に有効ですが、信頼関係を構築するという目的としては最適とはいえません。

○ 3 家族の体験を受容し、共感的に理解しようとする姿勢は信頼関係の構築につながります。

✕ 4 介護を続ける強い気持ちがあるかを質問することは、家族を追い込んでしまうこともあり、適切ではありません。

✕ 5 制度の説明だけで信頼関係の構築をすることは難しいと考えられます。

正解3

合格のための要点整理

●ラポール

ラポールとは、フランス語で「架け橋」を意味する用語で、信頼関係を結ぶことを指す。介護福祉職は利用者や家族とラポールを形成することが必要である。

ラポール形成の３原理

❶肯定と尊重
相手を尊重し、肯定すること。

❷行動の類似性と同調
会話の中で、「自分とあなたは同類」とアピールすること。

❸ペーシングとリーディング
相手のペースに合わせながら、会話をリードすること。

問題 76 Eさん（70歳、女性）は、脳梗塞（cerebral infarction）の後遺症で言語に障害がある。発語はできるが、話したいことをうまく言葉に言い表せない。聴覚機能に問題はなく、日常会話で使用する単語はだいたい理解できるが、単語がつながる文章になるとうまく理解できない。ある日、Eさんに介護福祉職が、「お風呂は、今日ではなくあしたですよ」と伝えると、Eさんはしばらく黙って考え、理解できない様子だった。

このときEさんへの介護福祉職の対応として、**最も適切なものを1つ選びな**さい。

1　「何がわからないのか教えてください」と質問する。

2　「お風呂、あした」と短い言葉で伝える。

3　「今日、お風呂に入りたいのですね」と確かめる。

4　「あしたがお風呂の日で、今日は違いますよ」と言い換える。

5　「お・ふ・ろ・は・あ・し・た」と1音ずつ言葉を区切って伝える。

●聴覚・言語障害のある人とのコミュニケーション　出題頻度★★★★

【解答と解説】

✕ 1　話したいことをうまく言葉にできないEさんへの質問として、適切ではありません。

◯ 2　単語がつながると理解が難しくなるため、長い文章ではなく、短い単語で伝えることは適切な対応です。

✕ 3　最初の質問の内容を理解できていないので、かえって混乱を招いてしまうおそれがあり、適切ではありません。

✕ 4　質問の文章を言い換えてしまうと混乱を招いてしまう恐れがあり、適切ではありません。

✕ 5　1音ずつ区切って話をすると、単語としての理解が難しくなるため、適切ではありません。

正解 2

【合格のための要点整理】

●**言語障害**

言語障害には、失語症と構音障害がある。それぞれの特徴を踏まえてケアをすることが求められる。

失語症	構音障害
脳の言語中枢が障害され、言葉を使うことが難しい	脳の運動中枢の障害や構音器官の障害により、言葉を出すことが難しい

問題 **77** Ｆさん（70歳、女性）は、最近、抑うつ状態（depressive state）にあり、ベッドに寝ていることが多く、「もう死んでしまいたい」とつぶやいていた。

Ｆさんの発言に対する、介護福祉職の言葉かけとして、**最も適切なもの**を１つ選びなさい。

1 「落ちこんだらだめですよ」

2 「とてもつらいのですね」

3 「どうしてそんなに寝てばかりいるのですか」

4 「食堂へおしゃべりに行きましょう」

5 「元気を出して、頑張ってください」

●**精神障害のある人とのコミュニケーション**　出題頻度★★★

【解答と解説】

✕ 1　抑うつ状態のＦさんは落ち込みたいわけではなく、元気をだしたくてもだせない状態なので、言葉かけとして適切ではありません。

○ 2　Ｆさんの状況を受容し、共感しようとする言葉かけになっており、適切です。

✕ 3　Ｆさんの行動をとがめているような言葉かけは適切ではありません。

✕ 4　意欲をだすことが難しい状況のＦさんに対し、行動の提案をしてしまうことは、かえって負担に感じさせてしまうことになるため、適切ではありません。

✕ 5　抑うつ状態のＦさんに「頑張ってください」という励ましの言葉かけは適切ではありません。

正解 2

【合格のための要点整理】　●**抑うつ状態**

憂うつだったり、気分が落ち込んでいたりすることを抑うつ気分といい、それらが強くなり、思考や意欲が低下した状態を抑うつ状態と呼ぶ。

抑うつ状態の人には、ありのまま受け入れて、見守り、待つ姿勢が必要です。安易な励ましや行動を促す言動は、かえって相手を追い込んでしまうことがあるので、注意が必要です

抑うつ状態の人

息苦しい

不安

やる気がでない

気分が落ち込む

問題 78 Gさん（70歳、女性、要介護1）は、有料老人ホームに入居していて、網膜色素変性症（retinitis pigmentosa）による夜盲がある。ある日の夕方、Gさんがうす暗い廊下を歩いているのをH介護福祉職が発見し、「Hです。大丈夫ですか」と声をかけた。Gさんは、「びっくりした。見えにくくて、わからなかった…」と暗い表情で返事をした。

このときのGさんに対するH介護福祉職の受容的な対応として、**最も適切なもの**を1つ選びなさい。

1 「驚かせてしまいましたね。一緒に歩きましょうか」

2 「明るいところを歩きましょう。電気をつけたほうがいいですよ」

3 「見えにくくなってきたのですね。一緒に点字の練習を始めましょう」

4 「白杖があるかを確認しておきます。白杖を使うようにしましょう」

5 「暗い顔をしないでください。頑張りましょう」

◉視覚障害のある人とのコミュニケーション　出題頻度★★

【 解答 と 解説 】

○ 1　驚いているGさんに寄り添い、安全のための提案もしているため、適切な対応といえます。

✕ 2　網膜色素変性症のGさんには、突然明るくするとまぶしく感じることがあるため、適切ではありません。

✕ 3　見えにくくなって不安になっているGさんに突然、点字の話をするのは、より不安を強くさせてしまうため、適切ではありません。

✕ 4　突然、使ったこともない白杖の使用を促すことは適切ではありません。

✕ 5　不安になっているGさんの気持ちを受容することが必要であり、励ますことは適切ではありません。

正解 1

【 合格のための要点整理 】　◉網膜色素変性症

網膜色素変性症とは、眼の網膜に異常がみられる病変。暗いところで物が見えにくくなる夜盲や視野が狭くなる症状、視力の低下を引き起こす。

網膜色素変性症には、根本的な治療法がありません。進行を遅らせるために、青魚や緑黄色野菜を中心とした食生活がよいといわれています

拡大読書器

遮光眼鏡

白杖

いろいろな補助器具を使用して生活していくことも必要です

問題 79 事例検討の目的に関する次の記述のうち、**最も適切なもの**を1つ選びなさい。

1 家族に介護計画を説明し、同意を得る。

2 上司に利用者への対応の結果を報告し、了解を得る。

3 介護計画の検討をとおして、チームの交流を深める。

4 チームで事例の課題を共有し、解決策を見いだす。

5 各職種の日頃の悩みを共有する。

●**チームのコミュニケーションの目的**　出題頻度★★

解答と解説

✕ 1 介護計画を作成する際に、内容を説明して同意を得ることは必要ですが、事例検討を目的としたものではありません。

✕ 2 上司に支援内容の結果を報告することは必要ですが、事例検討を目的としたものではありません。

✕ 3 事例を検討することは、結果として交流を深めることもありますが、目的ではありません。

◯ 4 適切です。

✕ 5 利用者の事例検討はあくまでも課題解決等が目的であり、職員の悩み解決のためのものではありません。

正解 4

合格のための要点整理 ●**事例検討の目的**

事例の課題を共有し、解決する

職員の教育・研修の機会を設ける

利用者のその人らしい生活の実現を図る

福祉課題を発見し、地域のネットワークを構築する

問題 **80** 介護老人福祉施設における、レクリエーション活動に関する次の記述のうち、**最も適切なもの**を１つ選びなさい。

1 利用者全員が参加することを重視する。

2 毎回、異なるプログラムを企画する。

3 プログラムに買い物や調理も取り入れる。

4 利用者の過去の趣味を、プログラムに取り入れることは避ける。

5 地域のボランティアの参加は、遠慮してもらう。

● **生活支援と介護過程**　出題頻度★

解答と解説

✕ 1 それぞれの利用者に好き嫌いがあり、また自己決定を尊重することが必要です。全員参加を重視するのではなく、いろいろな形のレクリエーションを行うことが適切です。

✕ 2 レクリエーションの目的によっては、継続するのが適している内容のものもあります。必ず毎回内容の違うレクリエーションを行う必要はありません。

○ 3 買い物は日常生活を行ううえで必要度の高い動作であり、「動作を促すこと」につながります。調理は一連の細かい工程を行うことによって、認知症やフレイルの予防につながるともいわれていて、レクリエーションに取り入れることは適切です。

✕ 4 過去の生活歴や趣味をプログラムに取り入れることで、過去の記憶を呼び起こし、脳を刺激することにもつながります。このことから、避けることは適切ではありません。

✕ 5 社会資源として地域のボランティアに参加してもらうことで、活発なレクリエーションを行うことができます。また、他者との交流にもつながるため、可能であれば参加してもらうことが適切です。

正解 3

合格のための要点整理

● **レクリエーション**

目的を意識して、さまざまなレクリエーションに取り組むことが必要である。

レクリエーションの目的
- 身体機能の維持・向上
- 脳の活性化
- コミュニケーションの促進　など

問題 81 関節リウマチ（rheumatoid arthritis）で、関節の変形や痛みがある人への住まいに関する介護福祉職の助言として、**最も適切なもの**を１つ選びなさい。

1 手すりは、握らずに利用できる平手すりを勧める。

2 いすの座面の高さは、低いものを勧める。

3 ベッドよりも、床に布団を敷いて寝るように勧める。

4 部屋のドアは、開き戸を勧める。

5 ２階建ての家の場合、居室は２階にすることを勧める。

●対象者の状態・状況に応じた留意点　出題頻度★★★★

解答と解説

○ 1 関節リウマチのある人は手指の変形や痛み、こわばりがあるので、握らずに利用できる平手すりを勧める対応は適切です。

× 2 いすの座面位置が低いものから立ち上がるときには、膝関節に負担がかかるため、関節に痛みがある人に勧めるのは適切ではありません。

× 3 布団から起き上がることを勧めるのは、関節に痛みや変形がある人への対応として適切ではありません。起き上がりや立位を取りやすいベッドで寝るように勧めることが適切です。

× 4 開き戸は関節への負担が大きくなります。手首などの関節を使うことなく開閉ができ、負担軽減になる引き戸の使用が適切です。

× 5 階段昇降は関節に負担がかかるため、居室は１階にすることが適切です。

正解1

合格のための要点整理　●**関節リウマチの人の室内環境の整備**

関節リウマチのある人には、「つかむこと」や「関節の負担を軽減すること」を考えた工夫が必要になる。

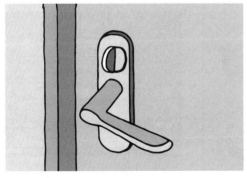

レバーハンドル
ドアノブをつかむことが難しくても、手のひらや指で操作できる。

平手すり
上の面が平らな形状の手すり。指の変形によって手すりを握れない人などは、手や肘を乗せるようにして使用できる。

問題 82 心身機能が低下した高齢者の住環境の改善に関する次の記述のうち、**最も適切なもの**を1つ選びなさい。

1 玄関から道路までは、コンクリートから砂利敷きにする。

2 扉の取っ手は、レバーハンドルから丸いドアノブにする。

3 階段の足が乗る板と板の先端部分は、反対色から同系色にする。

4 車いすを使用する居室の床は、畳から板製床材（フローリング）にする。

5 浴槽は、和洋折衷式から洋式にする。

●対象者の状態・状況に応じた留意点　出題頻度★★★★

解答と解説

✗ 1 砂利敷きの道は歩行する際に不安定になり、転倒する危険が高まるため、適切ではありません。

✗ 2 ドアノブは関節の麻痺、変形、痛みなどによってつかむことができない場合、使いにくくなるため、適切ではありません。

✗ 3 階段の足が乗る面（踏面）と先端部分（段鼻部）の色が同系色だと、段を認識しづらいため、転倒する危険が高まります。反対色やコントラストを大きくすることで、段を認識しやすくなります。

◯ 4 板製床材（フローリング）は硬く沈まないため、車いすをスムーズに使用することができます。

✗ 5 洋式の浴槽は幅が広く、浴槽内で姿勢を安定させることが難しいものです。溺水する危険が増してしまうため、適切ではありません。和洋折衷式が適切です。

正解 4

合格のための要点整理　●**住環境の改善**

浴槽の種類

和洋折衷式

和式

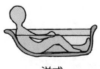
洋式

和式の浴槽は深いため、出入りがしくい一方、洋式の浴槽は浅いのが特徴です。姿勢を崩しやすい高齢者には、和洋折衷式が適しています

段鼻部にマーキングをして、段を認識しやすくしている。

問題 83 仰臥位（背臥位）から半座位（ファーラー位）にするとき、ギャッチベッドの背上げを行う前の介護に関する次の記述のうち、**最も適切なもの**を1つ選びなさい。

1 背部の圧抜きを行う。
2 臀部をベッド中央部の曲がる部分に合わせる。
3 ベッドの高さを最も低い高さにする。
4 利用者の足がフットボードに付くまで水平移動する。
5 利用者のからだをベッドに対して斜めにする。

●移動・移乗の介護の基本となる知識と技術　出題頻度★★

解答と解説

× 1 背部の圧抜きを行うのは、背上げをした後に圧が生じるため、適切ではありません。

○ 2 ベッド中央部（ベッドの曲がる位置）と股関節の軸を合わせることで、利用者に痛みや緊張を与えずに、背上げをすることができます。また、背上げをしたあとのからだとマットのズレも小さいため、適切です。

× 3 背上げをするときにベッドを低くすることは誤りではありませんが、高さは利用者の状況に応じて調整することが適切です。

× 4 フットボードに足がつくまで移動してしまうと、背上げをした際にベッド中央部が背部にきます。背上げをした際に窮屈な姿勢になるため、適切ではありません。

× 5 からだがベッドに対して斜めの姿勢で背上げをすると、ベッドから転落する危険があるので適切ではありません。

正解 2

合格のための要点整理　●**半座位（ファーラー位）の姿勢**

頭部に枕などを置き、首が後ろに反らないようにする。

足裏にクッションをつけ、足がずり下がらないようにする。

麻痺がある場合、枕やタオルなどを置いてからだが傾かないようにする。

ベッドの折れ目に膝を合わせる（もしくは膝下にクッションを置く）ことで、膝を軽く曲げた状態で保ち、ずり落ちないようにする。

腰はベッドの折れ目に合わせる。

背もたれは30～60度になるようにする。

> **問題 84** 回復期にある左片麻痺（ひだりかたまひ）の利用者が、ベッドで端座位から立位になるときの基本的な介護方法に関する次の記述のうち、**最も適切なものを1つ選び**なさい。
>
> 1　利用者の右側に立つ。
> 2　利用者に、ベッドに深く座るように促す。
> 3　利用者に、背すじを伸ばして真上に立ち上がるように促す。
> 4　利用者の左側に荷重がかかるように支える。
> 5　利用者の左の膝頭に手を当てて保持し、膝折れを防ぐ。

◉移動・移乗の介護の基本となる知識と技術　出題頻度★★★★

解答と解説

✕ **1**　立位の介護では、転倒する危険が高い患側に介護者が位置することが基本です。左片麻痺の利用者の場合、左側に立つことが原則になります。

✕ **2**　立位になるときは足を引く必要があるため、深く座るのではなく、浅く座るように促します。

✕ **3**　前傾姿勢を取って、支持基底面の中に重心を移さないと立ち上がることができないため、真上に立ち上がるように促すのは適切ではありません。

✕ **4**　左片麻痺のある利用者なので、左側に荷重がかかると転倒する危険があり、適切ではありません。

◯ **5**　患側の左膝が膝折れする危険があるので、手をあてて保持することは適切です。

正解5

合格のための要点整理　◉立位の介護方法

介護者は患側に位置し、膝を支持する。

足底が床についている。　　浅く座り、前傾姿勢になる。　　立ち上がる。

問題 85 標準型車いすを用いた移動の介護に関する次の記述のうち、**適切な**ものを１つ選びなさい。

1 急な上り坂は、すばやく進む。

2 急な下り坂は、前向きで進む。

3 踏切を渡るときは、駆動輪を上げて進む。

4 エレベーターに乗るときは、正面からまっすぐに進む。

5 段差を降りるときは、前輪から下りる。

●移動・移乗の介護の基本となる知識と技術　出題頻度★★★★

解答と解説

✕ 1 車いすの利用者は視線が低く、地面を近くに感じます。すばやく進むことは恐怖を与えてしまうことになるので、適切ではありません。

✕ 2 下り坂を前向きで進むと転倒や転落の危険があるため、後ろ向きで進みます。

✕ 3 踏切をわたるときは駆動輪ではなく、キャスタを上げてレールを越えて進みます。

○ 4 エレベーターの乗り降りの際は、キャスタが溝に挟まらないようにまっすぐに進むことが適切です。

✕ 5 段差を下りるときは後ろ向きになり、駆動輪から下ります。

正解 4

合格のための要点整理　●**車いすの介護**

車いすでの移動では、利用者に安全で不安を与えないための配慮が必要になる。

上り坂	下り坂	でこぼこ道

足を開いてしっかり脇を締め、ゆっくり進む。

進行方向の安全を確認して、後ろ向きでゆっくり進む。

ティッピングレバーを踏んで、キャスタを浮かせて進む。

> **問題 86** 医学的管理の必要がない高齢者の爪の手入れに関する次の記述のうち、**最も適切なもの**を 1 つ選びなさい。
>
> 1　爪は、入浴の前に切る。
> 2　爪の先の白い部分は、残らないように切る。
> 3　爪は、一度にまっすぐ横に切る。
> 4　爪の両端は、切らずに残す。
> 5　爪切り後は、やすりをかけて滑らかにする。

●身じたくの基本となる知識と技術　出題頻度★★★★

解答と解説

✕ 1　高齢者は爪が硬く乾燥しているため、爪切りをすると割れてしまうことがあります。爪は入浴後のやわらかくなった状態で切ることが適切です。

✕ 2　白い部分をまったく残さないと深爪になってしまうことがあるので、 1 mmくらい残して切ることが適切です。

✕ 3　一度に切ろうとすると爪が割れてしまうこともあるので、少しずつ切るようにします。

✕ 4　爪の先端をまっすぐに切って、両端に丸みを帯びたスクエアオフという切り方をするのが適切です。両端は切ってから、やすりをかけましょう。

○ 5　爪を切ってそのままにしておくと、自分の皮膚を傷つけてしまったり、着替えるときに引っかかってしまったりすることもあるため、やすりをかけて滑らかにすることが適切です。

正解5

合格のための要点整理　●爪切りのポイント

①割れやすいため、少しずつ切る。
②白い部分は 1 mmほど残す。
③やすりは端からかけていく。

爪の構造

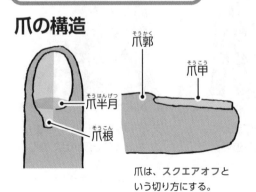

爪郭
爪甲
爪半月
爪根

爪は、スクエアオフという切り方にする。

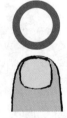

○ スクエアオフ
爪の先端をまっすぐに切った状態。

✕ 深爪

✕ バイアス切り
爪の先端を丸く切って、両端を深く切りすぎた状態。

問題 87 左片麻痺（ひだりかたまひ）の利用者が、端座位でズボンを着脱するときの介護に関する次の記述のうち、**最も適切なもの**を１つ選びなさい。

1　最初に、左側の腰を少し上げて脱ぐように促す。

2　右膝を高く上げて、脱ぐように促す。

3　左足を右の大腿（だいたい）の上にのせて、ズボンを通すように促す。

4　立ち上がる前に、ズボンを膝下まで上げるように促す。

5　介護福祉職は右側に立って、ズボンを上げるように促す。

●身じたくの基本となる知識と技術　出題頻度★★★★

解答と解説

✕ 1　着脱では、脱健着患が原則です。左片麻痺の利用者なので、右側の腰を少し上げて脱ぐように促すことが適切です。

✕ 2　膝を高く上げると後方にバランスを崩しやすくなって、後ろに倒れてしまう危険があるので適切ではありません。

◯ 3　患側の左足を右の大腿部に乗せてズボンを通すことは、左片麻痺の利用者にとっての端座位での適切な脱着方法です。

✕ 4　立ち上がったときにズボンを上げやすくするために、大腿部まで上げておくことが適切です。

✕ 5　左片麻痺の利用者であるため、転倒などをしやすい患側である左側に立つことが適切です。

正解 3

合格のための要点整理　●**片麻痺のある人のズボンの着脱**

片麻痺のある人の残存能力を活用することが必要である。

患側

患側の足を健側の膝の上に乗せて、ズボンに通す。(右片麻痺の場合)

患側の足を下ろして、健側の足にズボンを通す。

ズボンを大腿部まで上げておく。

ゆっくりと立位を取って、ズボンを腰まで上げて整える。

問題 88 次のうち、嚥下機能の低下している利用者に提供するおやつとして、最も適切なものを1つ選びなさい。

1 クッキー
2 カステラ
3 もなか
4 餅
5 プリン

●対象者の状態・状況に応じた食事の介護の留意点　出題頻度★★★★

解答と解説

✕ 1 口腔内で食塊としてまとまりにくく、嚥下しにくいため、適切ではありません。

✕ 2 唾液を吸って重いかたまりとなると窒息の危険もあるため、適切ではありません。

✕ 3 唾液が混ざると口腔内にくっついてしまい、嚥下しにくいため、適切ではありません。

✕ 4 窒息する危険が高いため、適切ではありません。

○ 5 プリンはやわらかく、噛む力が弱い人でも食べやすい物です。また、噛んだ後も形がまとまっていて食べやすい食品といえます。

正解5

合格のための要点整理　●嚥下障害のある利用者

嚥下機能に障害がある利用者の場合、嚥下のしやすい食材や食事形態を検討することが必要である。

嚥下しやすい食品
やわらかく口の中でまとまりやすい物や、とろみがついた物は、嚥下障害のある人でも飲み込みやすい。

例

ポタージュスープ　豆腐

プリン

ヨーグルト　とろろ芋

ゼリー

誤嚥しやすい食品
口腔内に**付着**する物、パサついているもの、噛みにくい物。また、味噌汁などの**水分**も気道に入りやすく、むせやすい。

例

もち

コンニャク

お茶や味噌汁

パン

のり

問題 89 介護老人福祉施設の介護福祉職が、管理栄養士と連携することが必要な利用者の状態として、**最も適切なもの**を１つ選びなさい。

1 利用者の食べ残しが目立つ。

2 経管栄養をしている利用者が嘔吐する。

3 利用者の食事中の姿勢が不安定である。

4 利用者の義歯がぐらついている。

5 利用者の摂食・嚥下の機能訓練が必要である。

●対象者の状態・状況に応じた食事の介護の留意点　出題頻度★★

解答と解説

○ 1 管理栄養士と連携することで、食べ残してしまう理由などの改善を図ることができます。

✕ 2 経管栄養をしている利用者が嘔吐した場合は、医師や看護師と連携することが必要です。

✕ 3 食事中の姿勢が不安定な場合は、理学療法士や作業療法士と連携することが必要です。

✕ 4 利用者の義歯がぐらついている場合は、歯科医師や歯科技工士と連携することが必要です。

✕ 5 接触・嚥下の機能訓練が必要な場合は、言語聴覚士と連携することが必要です。

正解1

合格のための要点整理　●**その他の専門職**

問題文に登場した以外にも、介護の現場ではさまざまな専門職がかかわっている。

保健師
療養上の世話や診療の補助を行う。地域包括支援センターや市町村・保健所などに勤務している。

義肢装具士
手や脚の役割を果たす「義肢」と身体をサポートする「装具」をつくり、利用者の身体に合わせた「適合」を行う。

視能訓練士
視野検査や眼圧検査、弱視訓練などを行い、目の健康にかかわる支援を行う。

問題 **90** 次の記述のうち、血液透析を受けている利用者への食事の介護として、**最も適切なもの**を1つ選びなさい。

1 塩分の多い食品をとるように勧める。

2 ゆでこぼした野菜をとるように勧める。

3 乳製品を多くとるように勧める。

4 水分を多くとるように勧める。

5 魚や肉を使った料理を多くとるように勧める。

●**対象者の状態・状況に応じた食事介護の留意点**　出題頻度★★★★

解答と解説

✕ 1 血液透析を受けている利用者に限らず、腎機能が低下している利用者は塩分制限が必要なので、適切ではありません。

○ 2 血液透析を受けている利用者は、腎機能の低下からカリウムの排出が減少し、高カリウム血症になることがあります。野菜に含まれているカリウムはゆでこぼしたり、水にさらしたりすることで減らせるので適切です。

✕ 3 血液透析を受けている利用者は、腎機能の低下からリンの排出が減少し、高リン血症になることがあります。カリウムやリンを多く含む乳製品を多くとることは、適切ではありません。

✕ 4 血液透析を受けている利用者は尿の排出がうまくいかず、体内に水分がたまってしまうため、適切ではありません。

✕ 5 たんぱく質をとりすぎると腎臓に負担をかけるため、魚や肉を使った料理を多くとることは適切ではありません。

正解2

合格のための要点整理　●**血液透析**

血液透析を受けている利用者には、食事の管理が必要となる。

食生活のポイント

・栄養状態をよくする。

・食塩のとりすぎに注意する。

・水分量のコントロールをする。

・カリウムやリンのとりすぎに注意する。

・たんぱく質のとりすぎに注意する。

問題 91 介護老人福祉施設の一般浴（個浴）で、右片麻痺（みぎかたまひ）の利用者が移乗台に座っている。その状態から安全に入浴をするための介護福祉職の助言として、**最も適切なもの**を１つ選びなさい。

1 「浴槽に入るときは、右足から入りましょう」
2 「湯につかるときは、左膝に手をついてゆっくり入りましょう」
3 「浴槽内では、足で浴槽の壁を押すようにして姿勢を安定させましょう」
4 「浴槽内では、後ろの壁に寄りかかり足を伸ばしましょう」
5 「浴槽から出るときは、真上方向に立ち上がりましょう」

●**対象者の状態・状況に応じた入浴の介護の留意点**　出題頻度★★★★

解答と解説

✕ 1 片麻痺のある利用者は健側から浴槽に入るため、適切ではありません。

✕ 2 湯につかるときは浴槽の縁や手すりなどにつかまって、ゆっくり入ることが適切です。

○ 3 浮力作用によって姿勢が不安定になるため、浴槽の壁を押すようにして姿勢を安定させることが適切です。

✕ 4 後ろの壁に寄りかかって脚を伸ばすと、姿勢が崩れて沈んでしまうこともあって危険なため、適切ではありません。

✕ 5 浴槽から出るときは、前方に重心を移動しながら立ち上がることが適切です。

正解 3

合格のための要点整理　●**浴槽への入り方**

❶移乗台に座り、浴槽の縁や手すりをつかむ。健側の足から入る。

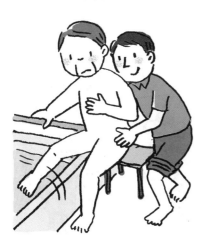

❷からだを支えながら、患側の足を入れる。

片麻痺の人は健側から浴槽に入り、出るときも健側から出ます

問題 92 次の記述のうち、椅座位で足浴を行う介護方法として、**最も適切な**ものを1つ選びなさい。

1 ズボンを脱いだ状態で行う。

2 湯温の確認は、介護福祉職より先に利用者にしてもらう。

3 足底は、足浴用容器の底面に付いていることを確認する。

4 足に付いた石鹸（せっけん）の泡は、洗い流さずに拭き取る。

5 足浴用容器から足を上げた後は、自然乾燥させる。

◉入浴・清潔保持の基本となる知識と技術　出題頻度★★★

解答と解説

✕ 1 露出を少なくするためにも、ズボンは脱ぐのではなく、膝上ぐらいまで上げておきます。

✕ 2 利用者のやけどを防ぐためにも、湯温は介護福祉職が必ず先に確認します。そのうえで、利用者にも確認してもらいます。

◯ 3 足底は足浴用容器の底面にしっかりとつけて、安定した姿勢で足浴の時間を過ごしてもらいます。

✕ 4 拭くだけでは石鹸分が残って、かゆみや発赤などが起こることがあるので、足についた石鹸はしっかりと洗い流します。

✕ 5 足はタオルでくるんで水分をしっかりと拭き取り、指の間も湿り気を残さないようにしないと、真菌が繁殖してしまうため、適切ではありません。

正解3

合格のための要点整理　◉足浴

足浴を行うときは、姿勢を安定させて、安全にリラックスしてもらう必要がある。

仰向け　　　　　　　　　座位

足浴は入浴に近い効果もあり、安眠の技法としても使われます

問題 **93** 身体機能が低下している高齢者が、ストレッチャータイプの特殊浴槽を利用するときの入浴介護の留意点として、**最も適切なものを1つ選びなさい。**

1 介護福祉職2名で、洗髪と洗身を同時に行う。

2 背部を洗うときは、側臥位にして行う。

3 浴槽に入るときは、両腕の上から固定ベルトを装着する。

4 浴槽では、首までつかるようにする。

5 浴槽につかる時間は、20分程度とする。

●対象者の状態・状況に応じた入浴の介護の留意点　出題頻度★

解答と解説

✕ 1 介護福祉職2名で介護をすることは、安全面においてよいと考えられます。しかし、洗髪と洗身を同時に行うことは、利用者の尊厳を侵害することでもあるため、適切ではありません。

○ 2 転落を防止するためにも、背部を洗うときは介護者側に向いてもらい、側臥位をとってもらいます。

✕ 3 両腕の上から固定ベルトを装着すると自由が利かないことから、利用者が不安な気持ちになることがあります。また、両腕の上から装着すると体幹をしっかりと固定できず転落の危険も出てくるため、適切ではありません。

✕ 4 首までつかってしまうと水の圧力も強くなり、心臓や肺に負担をかけてしまうので適切ではありません。

✕ 5 浴槽につかる時間は個人によって異なることもありますが、長すぎると疲労感が増してしまうので、5分〜10分程度がよいとされています。

正解 2

合格のための要点整理　●**ストレッチャー浴の入浴介護**

ストレッチャー浴は、ストレッチャーに寝た状態で入浴する方法。浴槽につかるタイプと、シャワータイプがある。

重度な障害があっても入浴ができる方法です

問題　94　Ｊさん（84歳、女性、要介護３）は、認知症（dementia）があり、夫（86歳、要支援１）と二人暮らしである。Ｊさんは尿意はあるが、夫の介護負担を軽減するため終日おむつを使用しており、尿路感染症（urinary tract infection）を繰り返していた。夫が体調不良になったので、Ｊさんは介護老人福祉施設に入所した。

　Ｊさんの尿路感染症（urinary tract infection）を予防する介護として、**最も適切なもの**を１つ選びなさい。

1　尿の性状を観察する。

2　体温の変化を観察する。

3　陰部洗浄の回数を検討する。

4　おむつを使わないで、トイレに誘導する。

5　膀胱留置カテーテルの使用を提案する。

●**対象者の状態・状況に応じた排泄の介護の留意点**　出題頻度★★

解答と解説

✕1　尿路感染を起こすと、病気の種類によっては尿の濁りや血尿などの症状がでることがあるので、観察自体は間違いではありません。しかし、予防する介護としては適切ではありません。

✕2　尿路感染によって発熱することはあります。しかし、体温の変化を観察しても尿路感染症の直接的な予防にはつながらないので、適切ではありません。

✕3　陰部洗浄を過度に行うと皮膚のバリア機構を壊したり、体液による自浄作用を失わせたりしてしまうので、かえって感染リスクを高めてしまうこともあります。

◯4　Ｊさんには尿意があり、夫の介護負担の軽減のためにおむつを着用していました。介護老人福祉施設に入所したのであれば、トイレ誘導を行い、失禁をさせないことが適切な介護といえます。

✕5　膀胱留置カテーテルの使用は医師の判断であり、介護福祉職が提案することではありません。また、かえって尿路感染症を引き起こしやすいので適切ではありません。

正解４

合格のための要点整理

●**尿路感染症**

尿路感染症とは、尿の通り道である尿路に細菌などが感染して起こる病気全般をいう。膀胱炎や尿道炎、腎盂腎炎などがある。

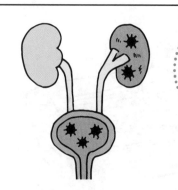

尿路感染症の予防には、
・水分をしっかりとって排尿を促す
・陰部を清潔にする
この２つが大切です

問題 95 夜間、自宅のトイレでの排泄が間に合わずに失敗してしまう高齢者への介護福祉職の助言として、**最も適切なもの**を 1 つ選びなさい。

1 水分摂取量を減らすように勧める。

2 終日、リハビリパンツを使用するように勧める。

3 睡眠薬を服用するように勧める。

4 泌尿器科を受診するように勧める。

5 夜間は、ポータブルトイレを使用するように勧める。

●**対象者の状態・状況に応じた排泄の介護の留意点**　出題頻度★★★★

【解答と解説】

✕ 1 　脱水や尿路感染症を引き起こしやすくなってしまうため、適切ではありません。

✕ 2 　利用者の尊厳を保持するためには、失禁ありきで考えるのではなく、失禁をさせないようにすることが必要です。

✕ 3 　排泄が失敗してしまうことへの助言になっていません。睡眠薬を服用することで、ベッドで失禁をしてしまう、夜間にふらつきによる転倒などが起こるなどの恐れがあり、適切ではありません。

✕ 4 　「トイレでの排泄が間に合わない」という情報だけで、介護福祉職が泌尿器科を受診するように勧めることは適切ではありません。

○ 5 　ポータブルトイレを使用することで排泄が間に合うようになり、また本人も安心できる可能性があり、適切です。

正解 5

【合格のための要点整理】　●**ポータブルトイレの介護**
ポータブルトイレの介護についても、よく理解しておこう。

健側

麻痺がある場合は、利用者のベッドの健側にトイレを置く。

プラスチック製

利点：軽量で持ち運びしやすい。
難点：安定性を欠くものがある。

木製いす型

利点：安定性はある。足を引けるため、立ち座りが楽。
難点：重量があり、持ち運びしにくい。

差し込み便器の使用方法

介護をしても座位が保持できない場合などに、ベッドなどで利用できる。

差し込み便器

膝を曲げる

ベッドをギャッジアップする

> **問題 96** 介護福祉職が行うことができる、市販のディスポーザブルグリセリン浣腸器を用いた排便の介護に関する次の記述のうち、**最も適切なもの**を1つ選びなさい。
>
> 1 浣腸液は、39℃～40℃に温める。
> 2 浣腸液を注入するときは、立位をとるように声をかける。
> 3 浣腸液は、すばやく注入する。
> 4 浣腸液を注入したら、すぐに排便するように声をかける。
> 5 排便がない場合は、新しい浣腸液を再注入する。

●対象者の状態・状況に応じた排泄の介護の留意点　出題頻度★★★

解答と解説

〇 **1** 直腸内の温度は37～38℃ほどです。便を排泄させるためには、この温度よりやや高めの40℃程度で浣腸を行うと、腸壁が適度に刺激されて蠕動運動が促進されるため、適切です。

✕ **2** 立位での浣腸は直腸前壁の角度が鋭角になり、チューブの先端があたりやすく、穿孔（穴があくこと）の危険があるため、適切ではありません。

✕ **3** すばやく注入すると排便反射が早く起こってしまうことあるので、適切ではありません。

✕ **4** すぐに排便するように声をかけると、薬液のみが排出されてしまうので、適切ではありません。

✕ **5** 新しい浣腸液を注入することもありますが、効果が見られない場合はまず医療職に報告をして指示を受けることが必要なので、適切ではありません。

正解 1

合格のための要点整理

●浣腸・座薬の挿入

市販のディスポーザブル浣腸器を用いたグリセリン浣腸や座薬の挿入は、医行為ではないと解釈されている。

立位による浣腸は直腸穿孔の危険があるので、原則として左側臥位で行いましょう

浣腸

薬液を完全に押し出したら、ボディを握ったまま引き出す。

ボディを握って薬液を出す。

ボディを握ったまま手をゆるめると、注入した薬液が容器に戻ることがあるので注意。

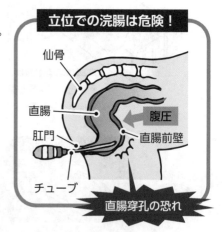

立位での浣腸は危険！

仙骨

直腸　　　　腹圧

肛門　　　直腸前壁

チューブ

直腸穿孔の恐れ

問題 97 訪問介護員（ホームヘルパー）が行う見守り的援助として、**最も適切なもの**を１つ選びなさい。

1 ゴミの分別ができるように声をかける。

2 利用者がテレビを見ている間に洗濯物を干す。

3 着られなくなった服を作り直す。

4 調理したものを盛り付け、食事を提供する。

5 冷蔵庫の中を整理し、賞味期限が切れた食品を捨てておく。

●家事支援の基本となる知識と技術　出題頻度★

解答と解説

〇 1 厚生労働省より、「自立生活支援のための見守り的援助」の具体例として、「ゴミの分別が分からない利用者と一緒に分別をしてゴミ出しのルールを理解してもらう又は思い出してもらうよう援助」とされており、適切です。

✕ 2 同じく具体例として、「洗濯物を一緒に干したりたたんだりすることにより自立支援を促すとともに、転倒予防等のための見守り・声かけを行う」とされており、適切ではありません。

✕ 3 同じく具体例として、「利用者と一緒に手助けや声かけ及び見守りしながら行う衣類の整理・被服の補修」とされており、適切ではありません。

✕ 4 同じく具体例として、「利用者と一緒に手助けや声かけ及び見守りしながら行う調理、配膳、後片付け(安全確認の声かけ、疲労の確認を含む)」とされており、適切ではありません。

✕ 5 同じく具体例として、「認知症の高齢者の方と一緒に冷蔵庫のなかの整理等を行うことにより、生活歴の喚起を促す」とされており、適切ではありません。

正解 1

合格のための要点整理　●**自立生活支援・重度化防止のための見守り的援助**
厚生労働省では、以下を含めて15項目の具体例を挙げている。

●ベッド上からポータブルトイレ等（いす）へ利用者が移乗する際に、転倒等の防止のために付き添い、必要に応じて介助を行う。

●介護福祉職による見守り・声かけを行うことにより、認知症等の高齢者がリハビリパンツやパッドをできるだけひとりで交換し、後始末ができるように支援する。

●利用者自身で適切な服薬ができるよう、服薬時において、直接介助は行わずに側で見守り、服薬を促す。

●介護福祉職が手助けや声かけ、見守りをしながら、利用者といっしょに掃除や整理整頓を行う（安全確認の声かけ、疲労の確認を含む）。

●ゴミの分別がわからない利用者といっしょに分別をして、ゴミ出しのルールを理解してもらったり、思い出してもらったりする援助を行う。

●介護福祉職が手助けや声かけ、見守りをしながら、利用者といっしょにベッドでのシーツ交換、布団カバーの交換等を行う。

●介護福祉職が手助けや声かけ、見守りをしながら、利用者といっしょに衣類の整理や被服の補修を行う。

問題 98 高齢者が靴下・靴を選ぶときの介護福祉職の対応として、**最も適切なもの**を1つ選びなさい。

1 靴下は、指つきのきついものを勧める。

2 靴下は、足底に滑り止めがあるものを勧める。

3 靴は、床面からつま先までの高さが小さいものを勧める。

4 靴は、踵のない脱ぎやすいものを勧める。

5 靴は、先端部に0.5～1cmの余裕があるものを勧める。

●対象者の状態・状況に応じた家事支援の留意点　出題頻度★★

【解答と解説】

✕ 1　指つきのきつい靴下の着用は下腿にうっ血や浮腫が起こりやすくなるため、適切ではありません。

✕ 2　転倒を予防する意味で滑り止めのある靴下の着用は、フローリングの床などで効果的な場合もあります。しかし、つま先が上がりにくい人や床面によっては、かえって足が前にでにくくなることもあるため、使用場面を選ぶ必要があります。

✕ 3　高齢者はつま先が下がる傾向にあり、段差などにつまずきやすくなります。靴のつま先が少し上向きになっているものの着用が適切です。

✕ 4　踵のない靴は脱げやすく、また歩きにくいため転倒にもつながり、適切ではありません。

◯ 5　靴の先端部は体重をかけたときと、歩行時の移動分などによる伸長を考えると0.5cm～1cm程度の余裕（捨て寸）があるものは適しています。

正解5

【合格のための要点整理】　●高齢者の靴下

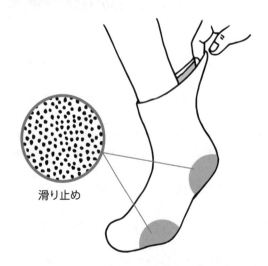

滑り止め

高齢者の靴下選びは

・伸縮性がある

・安全（つま先が上がる、滑り止めがあるなど）

・はき口にゴムがない

がポイント！

問題 99 Kさん（77歳、女性、要支援2）は、もの忘れが目立ちはじめ、訪問介護（ホームヘルプサービス）を利用しながら夫と二人で生活している。訪問時、Kさん夫婦から、「Kさんがテレビショッピングで購入した健康食品が毎月届いてしまい、高額の支払いが発生して困っている」と相談があった。

Kさん夫婦に対する訪問介護員（ホームヘルパー）の発言として、**最も適切なもの**を1つ選びなさい。

1 「健康食品は処分しましょう」

2 「クーリング・オフをしましょう」

3 「買い物は夫がするようにしましょう」

4 「契約内容を一緒に確認しましょう」

5 「テレビショッピングでの買い物はやめましょう」

●**対象者の状態・状況に応じた家事支援の留意点** 出題頻度★★★

解答と解説

✕ 1 健康食品が毎月届き、高額になっていることが問題なので、処分することで解決するわけではありません。

✕ 2 健康食品のような消耗品は、クーリング・オフができません。また、クーリング・オフをする前に契約内容を確認することが先なので、適切ではありません。

✕ 3 自立支援の視点から外れてしまうため、現時点ですぐに夫に買い物を任せることは適切ではありません。

○ 4 まず、現状と対応方法を検討するために契約内容を確認することが適切です。

✕ 5 尊厳や自立支援の視点から外れてしまうため、すぐに買い物をやめてもらうことは適切ではありません。

正解 4

合格のための要点整理 ●**クーリング・オフ制度とは**

消費者が結んだ契約について、冷静に考えて撤回や解除ができる制度のこと。消費者として商品を購入する際は、消費者基本法やクーリング・オフ制度によって守られている。消費者問題の相談窓口として、国民生活センターや消費生活センターがある。

❶自宅などへの訪問販売や電話勧誘販売、また事業者が自宅などを訪問し、強引に貴金属などを買い取る商法の場合。

❷連鎖販売やマルチ商法といわれるような、個人を販売員にして連鎖的に販売組織を拡大していく商法の場合。

問題 100 消化管ストーマを増設した利用者への睡眠の介護に関する記述として、**最も適切なもの**を１つ選びなさい。

1 寝る前にストーマから出血がある場合は、軟膏（なんこう）を塗布する。

2 寝る前に、パウチに便がたまっていたら捨てる。

3 寝る前に、ストーマ装具を新しいものに交換する。

4 便の漏れが心配な場合は、パウチの上からおむつを強く巻く。

5 睡眠を妨げないように、パウチの観察は控える。

●**対象者の状態・状況に応じた睡眠の介護の留意点**　出題頻度★★

解答と解説

✕1 出血がある場合は、介護福祉職が判断して軟膏を塗布するのではなく、医療職に報告することが必要です。

○2 便がたまっている場合、もれるかどうかなど不安になることから不眠につながることもあります。そのため、捨てることが適切です。

✕3 ストーマ装具の粘着が弱いなどの理由がなければ、特に新しい物に交換する必要はありません。

✕4 おむつを強く巻いてしまうと腹圧を過度にかけてしまったり、パウチを圧迫しすぎたりしてもれてしまうこともあるため、適切ではありません。

✕5 もれてしまうことなどもあるため、観察を控えることは適切ではありません。

正解 2

合格のための要点整理　●**ストーマ装具**

ストーマ装具の構造と取り扱いについて理解しておく。

ストーマ装具の交換（人工肛門）

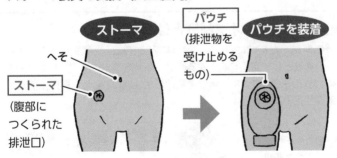

- パウチを装着して便を受け止める。
- 排泄物がパウチの1/3から1/2ほどたまったら処理する。

パウチの交換も介護福祉士の役割です

114

問題 **101** Ｌさん（79歳、男性、要介護２）は、介護老人保健施設に入所して
１か月が経過した。睡眠中に大きないびきをかいていることが多く、いびきの
音が途切れることもある。夜間に目を覚ましていたり、起床時にだるそうにし
ている様子もしばしば見られている。

　　介護福祉職がＬさんについて収集すべき情報として、**最も優先度の高いもの**
を１つ選びなさい。

1　枕の高さ

2　マットレスの硬さ

3　掛け布団の重さ

4　睡眠中の足の動き

5　睡眠中の呼吸状態

◉休息・睡眠の介護の視点　出題頻度★★★★

解答と解説

✕ 1　呼吸状態に関して、枕の高さを確認することは誤りではありません。ただ、大きないびき
といびきが途切れることもあることから、優先度として最も高いとはいえません。

✕ 2　からだの痛みや褥瘡などの状態があれば、マットレスの硬さも確認が必要ですが、Ｌさん
の場合は、そういったことがないので優先度としては高くありません。

✕ 3　掛け布団が重すぎると圧迫感があって眠りにくいという人もいますが、Ｌさんの状況では
情報として優先度は高くありません。

✕ 4　レストレッグス症候群によって足がむずむずしたり、わずらわしい感覚になったりして不
眠になることもあります。そのようなときは足の動きを観察することも必要ですが、Ｌさ
んにはそういった症状がみられないため、優先度として高くありません。

◯ 5　いびきをかいていることが多く、それが途切れることもあります。また、夜中に目を覚ま
していることから、睡眠時無呼吸症候群の恐れがあります。そのため、呼吸状態の観察と
情報収集を行うことが適切です。

正解5

合格のための要点整理　◉**睡眠時無呼吸症候群**

おもに睡眠中に空気の通り道である「上気道」が狭くなることによって、無
呼吸状態（10秒間以上呼吸が止まること）と大きないびきを繰り返す病気。

睡眠時無呼吸症候群の症状

昼間の症状	夜間の症状
 ・慢性的な眠気 ・頭痛やだるさが生じる ・集中力の低下	 ・大きないびき ・睡眠中の無呼吸 ・苦しさによる覚醒 ・トイレのための頻回の覚醒

問題 **102** Mさん（98歳、男性、要介護5）は、介護老人福祉施設に入所している。誤嚥性肺炎（aspiration pneumonia）で入退院を繰り返し、医師からは終末期が近い状態であるといわれている。

　介護福祉職が確認すべきこととして、**最も優先度の高いものを1つ選びなさい**。

1　主治医の今後の見通し
2　誤嚥性肺炎（aspiration pneumonia）の発症時の入院先
3　経口摂取に対する本人の意向
4　経口摂取に対する家族の意向
5　延命治療に対する家族の希望

●人生の最終段階を支えるための基本となる知識と技術　出題頻度★★★

解答と解説

✕　**1**　終末期が近い状態であるという主治医の見通しは立っているため、優先度として高くありません。

✕　**2**　誤嚥性肺炎で入退院を繰り返していることから、入院先も確認が取れていると考えられるため、優先度として高くありません。

○　**3**　誤嚥性肺炎の原因が、経口摂取にあることが想像できます。終末期が近い状態と判断されたときに、本人の意向を確認することが必要です。

✕　**4**　家族の意向を確認することも大切ですが、まずは本人の意向を確認することが必要です。

✕　**5**　延命治療についても確認することは必要ですが、家族よりもまず本人の意向を確認することが必要です。

正解3

合格のための要点整理　　**●終末期の意思確認**

終末期をどのように過ごすかは、その人の人生の集大成にかかわることになる。しっかりと利用者の意思を受け止めることが大切。

・意思確認は、年齢に関係なく必要である。
・家族の意思や意向も確認しておく。
・生活している中で、意思の変更があれば、変わったことも含めてその意思を尊重する。
・意思確認をした内容については、必ず書面にしてまとめておく。

終末期においては、利用者と家族の意思を尊重することが一番大切です

問題 103 デスカンファレンス（death conference）の目的に関する次の記述のうち、**最も適切なもの**を1つ選びなさい。

1 一般的な死の受容過程を学習する。

2 終末期を迎えている利用者の介護について検討する。

3 利用者の家族に対して、死が近づいたときの身体の変化を説明する。

4 亡くなった利用者の事例を振り返り、今後の介護に活用する。

5 終末期の介護に必要な死生観を統一する。

●デスカンファレンス 出題頻度★★★★

解答と解説

✗ 1 一般的な死の受容過程を学習することは必要ですが、デスカンファレンスではありません。

✗ 2 ACP（アドバンス・ケア・プランニング）をもとに、終末期の介護の検討は当然必要ですが、デスカンファレンスではありません。

✗ 3 からだの変化や現時点の細かい情報を家族に伝えることは必要ですが、デスカンファレンスではありません。

○ 4 デスカンファレンスの目的・効果として適切です。

✗ 5 デスカンファレンスは利用者が亡くなったあとに行う会議ですが、死生観を統一するようなものではありません。

正解 4

合格のための要点整理 ●**デスカンファレンスの効果**

大切な人を喪失した家族が持つ悲しみ、怒り、孤独感、罪の意識などのさまざまな感情を受け止めて、寄り添う支援をしていくことをこころがける。

ケアの質が向上する。

新人介護福祉職の教育につながる。

感情を吐き出させて、介護福祉職のグリーフケアになる。

問題　104 福祉用具を活用するときの基本的な考え方として、**最も適切なもの**を１つ選びなさい。

1　福祉用具が活用できれば、住宅改修は検討しない。

2　複数の福祉用具を使用するときは、状況に合わせた組合せを考える。

3　福祉用具の選択に迷うときは、社会福祉士に選択を依頼する。

4　家族介護者の負担軽減を最優先して選ぶ。

5　福祉用具の利用状況のモニタリング（monitoring）は不要である。

●**福祉用具活用の意義と目的**　出題頻度★★

解答と解説

✕1　福祉用具が活用できても、よりその人らしい生活を求めて住宅改修も必要であるなら検討する必要があります。

○2　複数の福祉用具を使用するときは、物的な環境や利用者の心身状況などを考えて組み合わせを考えることが適切です。

✕3　福祉用具の選定は福祉用具専門相談員や理学療法士、作業療法士らと相談することが適切です。

✕4　家族の負担軽減も必要ですが、まずは本人の負担軽減や自立支援、社会参加を目的として選ぶことが適切です。

✕5　利用者の自立支援、生活支援につながっているか、生活の質は向上しているかどうか、確認する意味でモニタリングをすることが必要です。

正解 2

合格のための要点整理　●**福祉用具貸与・販売の流れ**

福祉用具貸与事業者および特定福祉用具販売事業者は、利用者ごとに個別サービス計画（福祉用具サービス計画）を作成することとしている。

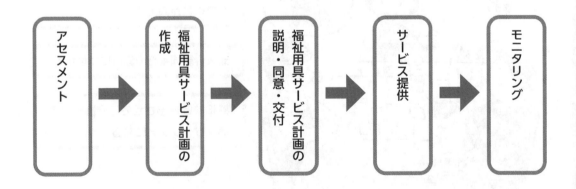

アセスメント　➡　福祉用具サービス計画の作成　➡　福祉用具サービス計画の説明・同意・交付　➡　サービス提供　➡　モニタリング

問題　**105**　以下の図のうち、握力の低下がある利用者が使用する杖(つえ)として、**最も適切なもの**を１つ選びなさい。

1
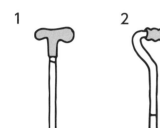

2

3

4

5

◉福祉用具活用の視点　出題頻度★★★★

解答と解説

✕ 1　T字杖は握らないといけないので、握力が低下している人には適切ではありません。

✕ 2　グリップが選択肢１と異なり、支柱部分を指で挟まずに握れる物ですが、やはり握力が低下している人には適切ではありません。

◯ 3　ロフストランドクラッチは前腕を通すカフとグリップの２か所で体重を支えるので、握力の弱い人や手首に力が入らない人に適しています。

✕ 4　多点杖は杖の支持基底面が大きいので、安定性があります。転倒する危険が高い人などに適しています。

✕ 5　ウォーカーケイン（サイドケイン）は杖の支持基底面が大きいので、安定性があります。転倒する危険が高い人などに適しています。

正解3

合格のための要点整理　◉**障害特性に応じた歩行を支援する福祉用具**

利用者の障害特性に応じて必要となる福祉用具を理解しておく。

ロフストランドクラッチ	プラットホームクラッチ	ウォーカーケイン	歩行器

握力の弱い人に適している。

手指や手関節への負担が小さい。

バランスを取るのが難しい人に適している。

足や腰への負担が小さい。

12 介護過程

問題 106 介護福祉職が、初回の面談で情報を収集するときの留意点として、**最も適切なもの**を1つ選びなさい。

1 用意した項目を次から次に質問する。

2 目的を意識しながら話を聴く。

3 ほかの利用者が同席する状況で質問する。

4 最初に経済状態に関する質問をする。

5 家族の要望を中心に話を聴く。

●介護過程を展開するプロセス・アセスメント　出題頻度★★★★

解答 と 解説

✕ **1** 初回の面談では、利用者の緊張や不安が高いため、利用者の話したいことを聴くことからはじめます。

〇 **2** 初回の面談では、利用者は自分の思っていることや不安なことなどを的確に伝えることが困難な場合が多いものです。介護福祉職は目的を意識しながら傾聴します。

✕ **3** 面談の内容には、私的な事柄や個人情報が多く含まれています。本人の希望がない限り、個人面談にします。

✕ **4** 初回の面談では、介護福祉士が自己紹介をして、守秘義務があることを説明します。そのうえで、伝えたいことなどがあるかを利用者に質問します。

✕ **5** 面談は利用者主体で行います。まずは主観的情報である本人の要望から聴きます。

正解 2

合格のための要点整理

●**初回面談**

初回面談では、自己紹介から始める。下記のポイントに配慮して行う。

利用者の抱える不安

・はじめてなので緊張する。

・自分の相談に乗ってもらえるだろうか。

・何から話してよいのか、よくわからない。

・相手のいうことを理解できるだろうか。

介護福祉職に求められること

・相談者の緊張を緩和させる。

・相談者の不安を解消する。

・相談者の話をよく聴く（傾聴面接）。

・相談者にわかりやすい言葉で話す。

こんにちは。
私はこの施設の介護主任の田中です。
この施設では、みなさんが安心して暮らせるように、
困ったときはいっしょに考えて解決できるように
お手伝いします。気軽にお話ししてください。
秘密を守りますから、安心してください

問題 107 介護過程の評価に関する次の記述のうち、**最も適切なもの**を1つ選びなさい。

1 生活状況が変化しても、介護計画で設定した日に評価する。

2 サービス担当者会議で評価する。

3 相談支援専門員が中心になって評価する。

4 利用者の満足度を踏まえて評価する。

5 介護計画の実施中に評価基準を設定する。

●介護過程を展開するプロセス・評価　出題頻度★★★★

解答と解説

✕ 1　利用者の生活状況に沿って、介護計画を立案します。生活状況が変化したときには、その時点で評価します。

✕ 2　介護計画の評価は、利用者と家族、介護サービスの提供にかかわった介護福祉職で行います。サービス担当者会議では、その評価を報告します。

✕ 3　介護計画の評価は、利用者と家族、介護サービス提供にかかわった介護福祉職で行います。評価について、相談支援専門員に報告します。

◯ 4　介護計画は利用者主体であり、利用者自身のものです。利用者の満足度は評価時に非常に重要な情報です。

✕ 5　介護計画の評価基準は、介護計画立案時に設定しておきます。

正解 4

合格のための要点整理

●評価の視点

①計画どおり実施できているか、②目標に対して利用者や関係している人たちの達成度・満足度はどの程度か、③援助内容・方法・頻度・機関は適切か、④新たな課題が生じていないか、⑤利用者に新たな可能性があるかを評価する。

長期目標：トイレに行けるようになる。

短期目標：ベッドからリビングまで安全に歩けるようになる。

計画	評価の視点	評価
食事をとるときに歩いていく。	→ 計画どおりに実施しているか。	→ 朝食時以外は実施できた。
朝・昼・夕食時にリビングまで歩いていく。	→ 目標に対してどの程度達成しているか。	朝食時以外は安定して歩行していた。
杖を使用する。介護者は右側で介助する。	→ 援助内容、援助方法は適切か。	歩行状態は安定している。本人は隣に人がいると安心して歩けるといっている。適切だった。
	新たな課題があるか。	→ 朝食時は起きたばかりなので、歩行が不安定になり、本人が「歩くのが怖い」といっている。朝の歩行は困難。
	利用者について新たな可能性や能力があるか。	→ リビングでテレビを見るときも歩行していく。

> **問題 108** 次の記述のうち、介護老人保健施設で多職種連携によるチームアプローチ（team approach）を実践するとき、介護福祉職が担う役割として、**最も適切なもの**を1つ選びなさい。
>
> 1　利用者の生活状況の変化に関する情報を提供する。
> 2　総合的な支援の方向性を決める。
> 3　サービス担当者会議を開催する。
> 4　必要な検査を指示する。
> 5　ほかの職種が担う貢献度を評価する。

◉**介護過程とチームアプローチ・多職種連携**　出題頻度★★★★

解答と解説

○ 1　介護福祉職は生活支援者という点で、利用者に近い職種です。そのため、利用者の生活状況の変化がよくわかります。そのことから、生活状況の変化をチームに報告する役割があります。

✕ 2　総合的な支援の方向性は、サービス担当者会議で決定します。

✕ 3　サービス担当者会議を開催するのは、介護支援専門員です。

✕ 4　必要な検査を指示するのは、医師です。

✕ 5　貢献度の評価とは、個人やチームを評価する際、その成果を目標達成度などの評価だけでなく、成果がチームに貢献した度合いを基準として評価することです。　この評価はチーム全体で行います。

正解 1

合格のための要点整理　◉**チームアプローチ（介護老人保健施設）の中での介護福祉職の役割**

それぞれの専門職の役割を理解し、チームアプローチを実践することが重要。介護老人保健施設では、医師をはじめさまざまな専門職がそれぞれの専門性を発揮し、チームを組んで利用者を支援する。介護福祉職は生活支援の専門職であり、利用者にとって一番身近な存在である。そのことから、利用者の心身状況の変化なども把握しやすい。

医師
入所している利用者らの健康管理を担い、診療や治療・処方の他、利用者の状態を把握したうえで、看護師やリハビリ専門職への指示などを行う。

看護師
利用者の健康管理から医療行為、生活支援、看取りなどを行う。

介護チーム

理学療法士
利用者が在宅生活で必要となる能力を獲得するためのリハビリを行う。利用者の能力を見極めて福祉用具の選定、住宅改修の助言、家族への介助指導なども行う。

介護福祉職
利用者の生活支援や日常生活の介助を行う。利用者の在宅復帰を意識したサービス提供が重視される。リハビリ専門職との連携やサポートも重要な役割。

次の事例を読んで、**問題109、問題110**について答えなさい。

〔事例〕

　Aさん（75歳、女性）は、一人暮らしで、身体機能に問題はない。70歳まで地域の子どもたちに大正琴を教えていた。認知症（dementia）の進行が疑われて、心配した友人が地域包括支援センターに相談した結果、Aさんは介護老人福祉施設に入所することになった。入所時のAさんの要介護度は3であった。

　入所後、短期目標を、「施設に慣れ、安心して生活する（3か月）」と設定し、計画は順調に進んでいた。Aさんは施設の大正琴クラブに自ら進んで参加し、演奏したり、ほかの利用者に大正琴を笑顔で教えたりしていた。ある日、クラブの終了後に、Aさんは部屋に戻らずに、エレベーターの前で立ち止まっていた。介護職員が声をかけると、Aさんが、「あの子たちが待っているの」と強い口調で言った。

問題109

　大正琴クラブが終わった後のAさんの行動を解釈するために必要な情報として、**最も優先すべきもの**を1つ選びなさい。

1　介護職員の声かけのタイミング
2　Aさんが演奏した時間
3　「あの子たちが待っているの」という発言
4　クラブに参加した利用者の人数
5　居室とエレベータの位置関係

問題110

　Aさんの状況から支援を見直すことになった。
　次の記述のうち、新たな支援の方向性として、**最も適切なもの**を1つ選びなさい。

1　介護職員との関係を改善する。
2　身体機能を改善する。
3　演奏できる自信を取り戻す。
4　エレベーターの前に座れる環境を整える。
5　大正琴を教える役割をもつ。

●**介護過程を展開するプロセス・アセスメント**　出題頻度★★★★

解答と解説

✕ 1　介護計画は順調に進んでいたことから、介護職員のタイミングはいつもと同じと考えられるため、Aさんの行動の解釈に必要な情報とは考えにくいです。

✕ 2　介護計画は順調に進んでいたことから、Aさんが演奏した時間はいつもと同じと考えられるため、Aさんの行動の解釈に必要な情報とは考えにくいです。

○ 3　Aさんは70歳まで、地域の子どもたちに大正琴を教えていました。現在入所している施設では、大正琴クラブに参加しています。エレベーターの前に立ち止まり、職員が声をかけると、「あの子たちが待っているの」と強い口調で言ったことは、過去の記憶と現在の場面とが混同し、記憶障害があらわれていると考えられます。このことから、Aさんの行動を解釈するためにもっとも優先すべき情報といえます。

✕ 4　介護計画は順調に進んでいたことから、クラブに参加した利用者の人数はいつもと同じと考えられるため、Aさんの行動の解釈に必要な情報とは考えにくいです。

✕ 5　介護計画は順調に進んでいたことから、教室とエレベーターの位置関係はいつもと同じと考えられるため、Aさんの行動の解釈に必要な情報とは考えにくいです。

正解 3

●**介護過程を展開するプロセス・評価**　出題頻度★★★★

解答と解説

✕ 1　介護職員との関係については、特に変化がないことから、介護職員との関係を改善することはもっとも適切とはいえません。

✕ 2　身体機能については、特に変化がないことから、身体機能を改善することはもっとも適切とはいえません。

✕ 3　大正琴クラブには自ら進んで参加して演奏したり、他の利用者に大正琴を笑顔で教えたりしていることから、演奏に自信がないわけではありません。

✕ 4　エレベーターの前に座りたいなどという希望は特にないことから、座れる環境を整えることはもっとも適切とはいえません。

○ 5　「あの子たちが待っているの」という発言は、過去の自分の役割と重なっています。役割を持つことが生活に意欲や豊かさを与えることから、大正琴を教える役割を持つことがもっとも適切です。

正解 5

+α　役割とは、社会生活において、その人の地位や職務に対して期待されている、あるいは遂行しているはたらきや役目のこと。役割を得ると、意見を発表する場などを持てなかった人が対案を出すようになるなど、積極性を発揮しやすくなります。当事者意識や責任感も高まります。また、利用者の昔の経験や思い出について語り合う回想法の実施は、「話を聞いてもらえる」「共感してもらえる」といった実感から安心や自信を取りもどすことから、認知症の進行をゆるやかにすることが期待されています。

次の事例を読んで、**問題111**、**問題112**について答えなさい。

〔事例〕

Bさん（50歳、男性、障害支援区分3）は、49歳のときに脳梗塞（cerebral infarction）を発症し、左片麻痺で高次脳機能障害（higher brain dysfunction）と診断された。以前は大工で、手先が器用だったと言っている。

現在は就労継続支援B型事業所に通っている。短期目標を、「右手を使い、作業を自分ひとりで行える（3か月）」と設定し、製品を箱に入れる単純作業を任されていた。ほかの利用者との人間関係も良好で、左片麻痺に合わせた作業台で、毎日の作業目標を達成していた。生活支援員には、「将来は手先を使う仕事に就きたい」と希望を話していた。

将来に向けて、生活支援員が新たに製品の組立て作業を提案すると、Bさんも喜んで受け入れた。初日に、「ひとりで頑張る」と始めたが、途中で何度も手が止まり、完成品に不備が見られた。生活支援員が声をかけると、「こんなの、できない」と大声を出した。

問題 111

生活支援員の声かけに対し、Bさんが大声を出した理由を解釈する視点として、**最も適切なもの**を1つ選びなさい。

1 ほかの利用者との人間関係
2 生活支援員に話した将来の希望
3 製品を箱に入れる毎日の作業量
4 製品の組立て作業の状況
5 左片麻痺に合わせた作業台

問題 112

Bさんに対するカンファレンス（conference）が開催され、短期目標を達成するための具体的な支援について見直すことになった。

次の記述のうち、見直した支援内容として、**最も適切なもの**を1つ選びなさい。

1 完成品の不備を出すことへの反省を促す。
2 左側に部品を置いて作業するように促す。
3 完成までの手順を理解しやすいように示す。
4 生活支援員が横に座り続けて作業内容を指示する。
5 製品を箱に入れる単純作業も同時に行うように調整する。

問題 111

● 介護過程を展開するプロセス・アセスメント　出題頻度★★★★

解答と解説

✗ **1** 他の利用者との人間関係は良好ということから、解釈する視点として適切ではありません。

✗ **2** 生活支援員に自分から将来の希望を話し、生活支援員が将来に向けての話をするとBさんも喜んで受け入れていたことから、解釈する視点としては適切ではありません。

✗ **3** 製品を箱に入れる単純作業は毎日の作業目標を達成しており、そこから将来の希望を話していたことから、解釈する視点として適切ではありません。

○ **4** 新しい製品の組み立て作業は「ひとりで頑張る」と始めたが、途中で何度も手が止まり、完成品に不備が見られ、「こんなの、できない」と大声を出したことから、製品の組み立て作業の状況が大声を出した理由と解釈することが適切です。

✗ **5** 左片麻痺に合わせた作業台については、身体状況に合わせたものであり、継続されていることから解釈する視点として適切ではありません。

正解 4

問題 112

● 介護過程とチームアプローチ・カンファレンス　出題頻度★★★★

解答と解説

✗ **1** 反省を促すのではなく、完成品の不備がでた理由についてのアセスメントが必要です。

✗ **2** 左片麻痺であることから、左側に部品を置くことは適切な対応ではありません。

○ **3** 高次脳機能障害であるため、製品の組み立て作業の手順を短時間で覚えることは困難です。完成までの手順を理解しやすいように示すことにより、短期目標の達成に近づきます。

✗ **4** 生活支援員が横に座り続けて作業内容を指示することは、Bさんの組み立て作業を「ひとりで頑張る」という気持ちを尊重していません。

✗ **5** 製品を箱に入れる単純作業の目標達成はできています。新しい作業に集中して覚えることが必要です。

正解 3

合格のための要点整理　●カンファレンスに報告すること

将来は先を使う作業に就きたい

短期目標：右手を使い、作業を自分ひとりで行える

ひとりで頑張る　こんなの、できない

作業内容	製品を箱に入れる単純作業はひとりで行うことができ、毎日の目標量を達成している	製品の組み立てでは、手が止まる。完成品に不備がある
作業環境	左片麻痺用作業台を使用している	
人間関係	他の利用者との人間関係は良好	

報告 → カンファレンス
・情報共有
・利用者主体
・利用者のためのよいケア

問題 113 事例研究を行うときに、遵守すべき倫理的配慮として、**適切なもの**を1つ選びなさい。

1 研究内容を説明して、事例対象者の同意を得る。

2 個人が特定できるように、氏名を記載する。

3 得られたデータは、研究終了後すぐに破棄する。

4 論文の一部であれば、引用元を明示せずに利用できる。

5 研究成果を得るために、事実を拡大解釈する。

●対象者の状態、状況に応じた介護過程の展開　出題頻度★★★★

解答と解説

○ 1 事例研究を行うときには、対象者に研究内容を説明し、同意を得ます。

× 2 事例研究を行うときには、個人が特定できないように氏名は記載しません。

× 3 事例研究で得られたデータは、定められた期間保存する必要があります。また、得られた情報が復元できない方法（焼却や薬剤による溶解、シュレッダーによる破砕、データ削除ソフトによる消去、ハードディスクなどの媒体の物理破壊など）で破棄します。

× 4 事例研究では、引用した文書については引用元を明示します。

× 5 事例研究では、事実を拡大解釈してはいけません。

正解 1

合格のための要点整理

●**事例研究**

事例研究とは、実際に起きた事例を個々に把握し、理解を深め、分析し、その背後にある傾向や原因などを究明する方法。下記の5つを学ぶことができる。

❶自己の実践の振り返りを行い、評価する方法。

❷過去や現状を多面的に理解し、利用者理解や自己理解を深め、今後のかかわりや支援に生かす方法。

❸事例研究の意義や目的、書き方に関する方法。

❹具体的な事実から、一般的・普遍的な知識や技術を見つける方法。

❺介護の一般的・普遍的な原則が実践にどのように反映されているかを分析する方法。

13 総合問題

（総合問題1） 次の事例を読んで、**問題114から問題116まで**について答えなさい。

〔事例〕

Cさん（59歳、男性）は、妻（55歳）と二人暮らしであり、専業農家である。Cさんはおとなしい性格であったが、最近怒りやすくなったと妻は感じていた。Cさんは毎日同じ時間に同じコースを散歩している。ある日、散歩コースの途中にあり、昔からよく行く八百屋から、「Cさんが代金を支払わずに商品を持っていった。今回で2回目になる。お金を支払いにきてもらえないか」と妻に連絡があった。妻がCさんに確認したところ、悪いことをした認識がなかった。心配になった妻がCさんと病院に行くと、前頭側頭型認知症（frontotemporal dementia）と診断を受けた。妻は今後同じようなことが起きないように、Cさんの行動を常に見守り、外出を制限したが、疲労がたまり、今後の生活に不安を感じた。そこで、地域包括支援センターに相談し、要介護認定の申請を行い、訪問介護（ホームヘルプサービス）を利用することになった。

読み解きPOINT

□ 前頭側頭型認知症

前頭側頭型認知症は症状が特徴的であるため、出題頻度の高い認知症となっている。認知症疾患では、アルツハイマー型認知症、レビー小体型認知症、脳血管性認知症に次いで多い認知症。

脱抑制・反社会的行動	**常同行動**	**人格の変化**	**感情鈍麻・感情荒廃**
ルールを無視する。自分の思うままの行動を取る。万引きなどをしても罪悪感がない。注意されると怒る。	同じ言葉や行動を何度も繰り返す。	以前に比べ、だらしなくなる。怒りやすくなる、など。	周囲への関心がなくなる。特に何もなくても、機嫌がよいときと不機嫌なときがある、など。

食行動の異常	**言葉の障害**	**非影響性の亢進**	
同じものばかり食べたがる。料理の味付けが変わる。食欲が旺盛になる、など。	言葉の意味がわからない。オウム返しになる、など。	見た物に影響されやすくなる。近くの人が立つと自分も立ち上がる、など。	初期の段階では、記憶、見当識、計算力は保たれているため、発見が遅れる傾向がある。

問題 114

Cさんが八百屋でとった行動から考えられる状態として、**最も適切なもの**を1つ選びなさい。

1　脱抑制
2　記憶障害
3　感情失禁
4　見当識障害
5　遂行機能障害

問題 115

Cさんの介護保険制度の利用に関する次の記述のうち、**適切なもの**を1つ選びなさい。

1　介護保険サービスの利用者負担割合は1割である。
2　介護保険料は特別徴収によって納付する。
3　要介護認定の結果が出る前に介護保険サービスを利用することはできない。
4　要介護認定の利用者負担割合は2割である。
5　介護保険サービスの費用はサービスの利用回数に関わらず定額である。

問題 116

その後、妻に外出を制限されたCさんは不穏となった。困った妻が訪問介護員（ホームヘルパー）に相談したところ、「八百屋に事情を話して事前にお金を渡して、Cさんが品物を持ち去ったときは、渡したお金から商品代金を支払うようにお願いしてはどうか」とアドバイスを受けた。
　訪問介護員（ホームヘルパー）が意図したCさんへの関わりをICF（International Classification of Functioning, Disability and Health：国際生活機能分類）に当てはめた記述として、**最も適切なもの**を1つ選びなさい。

1　個人因子への影響を意図して、健康状態にはたらきかける。
2　健康状態への影響を意図して、心身機能にはたらきかける。
3　活動への影響を意図して、身体構造にはたらきかける。
4　参加への影響を意図して、環境因子にはたらきかける。
5　環境因子への影響を意図して、個人因子にはたらきかける。

問題 114

●認知症の原因疾患と症状　出題頻度★★★★

解答と解説

○ 1　Cさんの八百屋での代金を払わず商品を持っていくという行動は、脱抑制です。本来ならいけない行為として理性がはたらき、行為に至らないものですが、それができなくなってしまうものです。

✕ 2　記憶障害とは、物事の全部もしくは一部が思い出せない、もしくは覚えることができなくなることです。

✕ 3　感情失禁とは、ささいなことで突然泣きだしたり、笑いだしたりするなど、感情の制御ができないことです。

✕ 4　見当識障害とは、人や場所、時間という見当識がわからなくなってしまうことです。

✕ 5　遂行機能障害とは、物事を手順通りに行ったり、計画したりができなくなることです。

正解 1

問題 115

●介護保険制度　出題頻度★★★★

解答と解説

○ 1　介護保険サービスは原則1割負担です。ただし、所得により2割もしくは3割負担の人もいます。

✕ 2　特別徴収とは、年金から天引きする保険料徴収のことです。59歳のCさんは2号被保険者ですので、医療保険料といっしょに引き落とされます。

✕ 3　介護保険は要介護認定の結果を待たずとも、申請したその日から利用が可能です。その場合、介護度を推測した暫定のものとなります。

✕ 4　介護保険サービスを利用するための介護認定には、他のサービスのような金銭の利用者負担は生じません。

✕ 5　介護予防のサービスや福祉用具貸与など月額のものもありますが、介護サービスは1回の単価に利用回数をかけた金額になります。

正解 1

　　介護保険の報酬単価は、定められた単位数×回数×**地域区分**で決定されます。**地域区分**とは、その地域ごとに定められた1単位あたりの額です。10円を基本として、地区により変動（増額）します。利用者負担は全体の額の1割から、**所得**によって2割、3割と段階があります。

問題 116

●介護福祉における自立支援　出題頻度★★★★

解答と解説

✕ 1　個人因子とは、本人の性格や価値観、ライフステージなどいわゆるその人の個性です。また、事前にお金をわたしておくという対応は、健康状態へのはたらきかけではありません。

✕ 2　事例はCさんの健康状態へのアプローチではなく、心身の機能へのはたらきかけでもありません。

✕ 3　活動とは、生活の中でしている活動、できる活動で、事例にはあてはまりません。また、事例は身体構造へのはたらきかけでもありません。

○ 4　散歩にでかけるというCさんの参加を継続するために、八百屋という環境に対して、たとえ品物を持ち去っても問題にならないようにはたらきかけています。

✕ 5　環境因子とは、Cさんを取り巻く、Cさん以外のものすべてです。八百屋は環境因子ですが、事例のはたらきかけ自体はCさん個人へのものではありません。

正解 4

合格のための要点整理　●ICF（国際機能分類）は相互作用

ICFモデルのそれぞれの項目を結ぶ矢印は、両矢印であらわされている。これは、それぞれの項目が互いに関連し合っている相互作用を示している。つまり、ある項目にはたらきかけることが、他の項目へも何らかの影響を与えるということ。

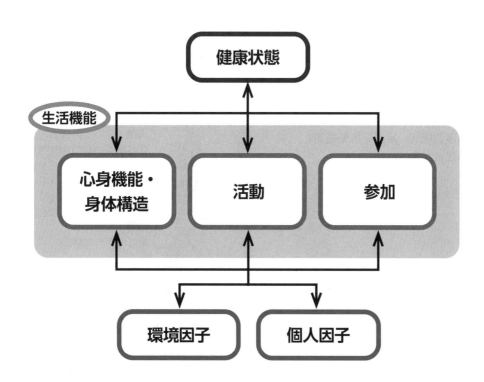

（総合問題2） 次の事例を読んで、**問題117から問題119まで**について答えなさい。

〔事例〕

　Dさん(70歳、男性)は、自宅で妻と二人暮らしで、年金収入で生活している。ある日、車を運転中に事故に遭い救急搬送された。医師からは、第4胸髄節まで機能が残存している脊髄損傷（spial cord injury）と説明を受けた。Dさんは、入院中に要介護3の認定を受けた。

　Dさんは、退院後は自宅で生活することを望んでいた。妻は一緒に暮らしたいと思うが、Dさんの身体状況を考えると不安を感じていた。介護支援専門員（ケアマネジャー）は、「退院後は、在宅復帰を目的に、一定の期間、リハビリテーション専門職がいる施設で生活してはどうか」とDさんに提案した。Dさんは妻と退院後の生活について話し合った結果、一定期間施設に入所して、その間に、自宅の住宅改修を行うことにして、介護支援専門員（ケアマネジャー）に居宅介護住宅改修費について相談した。

読み解き POINT

□ **脊髄損傷**

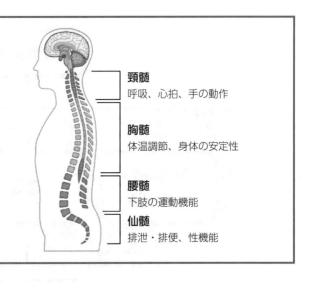

　事故等で脊髄に損傷を負った場合、損傷を受けたところより下に障害があらわれる。

　たとえば、胸髄が損傷を受けた場合、体温調節、身体の安定性、下肢の運動機能、排泄・排便機能などが障害を受ける。

頸髄
呼吸、心拍、手の動作

胸髄
体温調節、身体の安定性

腰髄
下肢の運動機能

仙髄
排泄・排便、性機能

□ **介護保険のリハビリサービス**

入所	◎**介護老人保健施設**	在宅復帰を目指し、一定の期間入所してリハビリを行う。
通所	◎**通所リハビリ（デイケア）**	事業所に通い、専門職によるリハビリを受ける。
訪問	◎**訪問リハビリ**	専門職が居宅を訪問しリハビリを行う。

問題 117

次のうち、Dさんが提案を受けた施設として、**最も適切なもの**を１つ選びなさい。

1　養護老人ホーム
2　軽費老人ホーム
3　介護老人福祉施設
4　介護老人保健施設
5　介護医療院

問題 118

次のうち、介護支援専門員（ケアマネジャー）がDさんに説明する居宅介護住宅改修費の支給限度基準額として、**適切なもの**を１つ選びなさい。

1　10万円
2　15万円
3　20万円
4　25万円
5　30万円

問題 119

　Dさんが施設入所してから３か月後、住宅改修を終えた自宅に戻ることになった。Dさんは自宅での生活を楽しみにしている。その一方で、不安も抱えていたため、担当の介護福祉士は、理学療法士と作業療法士に相談して、生活上の留意点を記載した冊子を作成して、Dさんに手渡した。

　次の記述のうち、冊子の内容として、**最も適切なもの**を１つ選びなさい。

1　食事では、スプーンを自助具で手に固定する。
2　移動には、リクライニング式車いすを使用する。
3　寝具は、エアーマットを使用する。
4　更衣は、ボタンエイドを使用する。
5　外出するときには、事前に多機能トイレの場所を確認する。

問題 117

●介護を必要とする人の生活の場とフォーマルな支援　出題頻度★★★

解答と解説

- ✕ 1　養護老人ホームとは、65歳以上で、環境上あるいは経済的理由で自力での生活が難しい人を受け入れる施設です。リハビリテーションのための施設ではありません。

- ✕ 2　軽費老人ホームとは、60歳以上で、住宅や家族事情などにより自宅で生活するのが難しいが、身の回りのことができる人が入居する施設です。

- ✕ 3　介護老人福祉施設とは、原則として要介護３以上人を対象に、常時の介護や生活上の支援を提供する入所施設です。在宅復帰のためのリハビリテーションを目的とした施設ではありません。

- ◯ 4　介護老人保健施設とは、介護を必要とする人の家庭への復帰を目指し、医学的管理のもと、看護や介護のみではなく、専門的なスタッフによるリハビリテーションが提供される施設です。

- ✕ 5　介護医療院とは、介護に加え、長期の療養が必要な人に対して、療養上の管理、看護、機能訓練、日常生活上の必要な支援を行う施設です。

正解 4

問題 118

●介護保険制度　出題頻度★★★★

解答と解説

- ✕ 1　適切ではありません。

- ✕ 2　適切ではありません。

- ◯ 3　住宅改修費の支給限度基準額は要支援、要介護の区分にかかわらず20万円です。原則、ひとりにつき生涯20万円までの支給限度基準額となっていますが、要介護状態区分が３段階以上重くなった場合（３段階リセット）や転居した場合は、再度20万円までの支給限度基準額が設定されます。

- ✕ 4　適切ではありません。

- ✕ 5　適切ではありません。

正解 3

問題119

●障害の理解　出題頻度★★★★

解答と解説

✕ 1　Dさんは車いすが必要な状態ですが、第4胸髄節までの機能は残存しているので、上肢はほぼ正常に動かすことができます。自助具を手に固定する必要まではありません。

✕ 2　上肢はほぼ正常なので、背もたれがあれば座位の保持も可能と思われます。リクライニング式車いすの使用までが必要とはなりません。

✕ 3　上肢を使い、体位を変換することが可能ですので、エアーマットの使用までが必要とはなりません。

✕ 4　上肢がほぼ正常に動くため、ボタンエイドを使用するまでにはなりません。

○ 5　移動には車いすが必要になるので、外出時に多機能トイレの場所を確認しておく必要があります。

正解5

合格のための要点整理

●介護保険の住宅改修費

介護保険制度では、ひとりの要介護者等に関し、20万円を限度に住宅の改修費を支給する。ただし、要介護度が3段階以上悪化した場合は、再び20万円まで利用できる。

❶手すりの取りつけ
❷段差の解消
❸床材の変更
❹引き戸への取り換え
❺洋式便器等への取り換え
❻転落防止柵の設置
❼その他、付帯する工事

これらの内容について、右の流れで進められる。

事前申請 ➡ 支給決定 ➡ 工事着工 ➡ 工事完了 ➡ 改修費申請

住宅改修の例

ドア横の壁に手すりの取りつけ

玄関から道路までに手すりの取りつけ

コンクリートスロープの設置

上がりかまちの手すりの取りつけ

式台の設置

廊下に手すりの取りつけ

玄関に手すりの取りつけ

（総合問題３） 次の事例を読んで、**問題120から問題122までについて答えなさい**。

〔事例〕

　Ｅさん（34歳、女性、障害支援区分３）は、特別支援学校の高等部を卒業後、週2回、生活介護を利用しながら自宅で生活している。Ｅさんはアテトーゼ型（athetosis）の脳性麻痺（cerebral palsy）で不随意運動があり、首を振る動作が見られる。

　食事は首の動きに合わせて、自助具を使って食べている。食事中は不随意運動が強く、食事が終わると、「首が痛い、しびれる」と言ってベッドに横になるときがある。

　また、お茶を飲むときは取っ手つきのコップで飲んでいるが、コップを口元に運ぶまでにお茶がこぼれるようになってきた。日頃から自分のことは自分でやりたいと考えていて、お茶が上手に飲めなくなってきたことを気にしている。

　Ｅさんは、生活介護事業所で油絵を描くことを楽しみにしている。以前から隣町の油絵教室に通い技術を高めたいと話していた。そこでＥさんは、「自宅から油絵教室に通うときの介助をお願いするにはどうしたらよいか」と介護福祉職に相談した。

読み解き **POINT**

☐ 脳性麻痺

　胎児期から生後４週までに、何らかの原因で脳が損傷を受け、その後、身体や手足が自由に動かせなくなること。脳障害の後遺症。損傷を受けた部位により、「痙直型」「アテトーゼ型」「失調型」、混在した「混合型」に分類される。

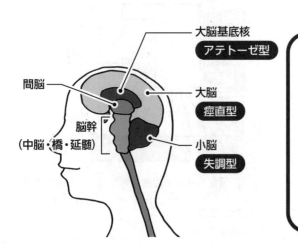

　アテトーゼ型は、現在ではジスキネティック型と呼ばれることが多い。ジスキネティック型はさらに、次の２種類に分類される。

[ジストニック型]
全身的に緊張が強く、動きが少なく、こわばった運動となりやすい。

[舞踏様アテトーゼ型]
全身的に緊張は低下しているが、踊るような不随意運動を認める。

問題 120

Eさんの食事の様子から、今後、引き起こされる可能性が高いと考えられる二次障害として、**最も適切なもの**を1つ選びなさい。

1 変形性股関節症（coxarthrosis）
2 廃用症候群（disuse syndrome）
3 起立性低血圧（orthostatic hypotension）
4 脊柱側弯症（scoliosis）
5 頚椎症性脊髄症（cervical spondylotic myelopathy）

問題 121

Eさんがお茶を飲むときの介護福祉職の対応として、**最も適切なもの**を1つ選びなさい。

1 吸い飲みに変更する。
2 ストローつきコップに変更する。
3 重いコップに変更する。
4 コップを両手で持つように伝える。
5 全介助を行う。

問題 122

介護福祉職は、Eさんが隣町の油絵教室に通うことができるようにサービスを提案したいと考えている。

次のうち、Eさんが利用するサービスとして、**最も適切なもの**を1つ選びなさい。

1 自立生活援助
2 療養介護
3 移動支援
4 自立訓練
5 同行援護

●障害の理解　出題頻度★★★★

解答と解説

✕ 1　変形股性関節症は、股関節の骨や関節軟骨に不具合が生じることで起こります。Ｅさんの食事の様子から、股関節に影響するような事柄は見受けられません。

✕ 2　廃用症候群は寝たきりなどで、活動性が低下することで起こるさまざまな心身の症状のことです。

✕ 3　起立性低血圧はいわゆる立ちくらみで、急に立ち上がった場合、血圧が低下してめまいなどを生じることです。原因は心臓のポンプ機能の低下や低血圧、糖尿病などの影響、自律神経の乱れなどです。Ｅさんの食事の状況が直接影響する可能性は、あまり高くはありません。

✕ 4　脊柱側弯症は、本来まっすぐな脊柱が曲がってしまうことです。先天性のものから、神経や筋肉に原因があるもの、原因不明のものとさまざまです。Ｄさんの食事の状況が、直接影響する可能性は高くはありません。

◯ 5　頚椎症性脊髄症は、頚椎部で脊髄が圧迫される疾患です。肩や上腕、前腕、手指などにしびれがでたり、手を使った細かい作業がうまくできなくなったりします。Ｅさんは常に首を振るという不随意運動があるため、頚髄部への負担が大きく、罹患するリスクが高い状態です。

正解 5

●福祉用具活用の視点　出題頻度★★★

解答と解説

✕ 1　水飲みは常に口にしっかりとあてて、口の部分で保持する必要があるため、首を振る不随意運動のあるＥさんには、適していません。

◯ 2　ストローは一度口にくわえれば、首が左右に振れても影響が少ないため、Ｅさんに適しています。

✕ 3　首の不随意運動もあり、現在は取っ手つきのコップを使用しているＥさんに重いコップの使用は適していません。

✕ 4　首の不随意運動があり、現在もお茶を口に運ぶときにお茶がこぼれてしまうことがあるＥさんの場合、両手でコップを持っても行為がスムーズになるわけではありません。

✕ 5　自分のことは自分でやりたいというＥさんに対して、ただちに全介助というのは不適切です。

正解 2

問題 122

●障害者総合支援制度　出題頻度★★★★

解答と解説

✕ **1** 自立生活援助とは、地域での独立生活をはじめた障害者に対して、生活上の困りごとを自分で解決できるように支援するサービスです。Eさんが油絵教室に通うためのサービスではありません。

✕ **2** 療養介護は、医療機関での医療的なケアに加え、常時の介護を提供するサービスです。

◯ **3** 移動支援は移動が困難な人に対し、ガイドヘルパーによって行われるサービスです。障害支援区分の制限はなく、対象となるのが社会生活を送るうえで欠かすことのできない外出と社会参加のための外出ですので、油絵教室に通うという文化的活動への参加も対象となります。

✕ **4** 自立訓練は、自立した日常生活を営むために必要な訓練および生活に関する相談および助言その他の必要な支援を提供するサービスです。

✕ **5** 同行援護は、視覚障害により移動が著しく困難な人の外出時に同行するサービスです。

正解 3

合格のための要点整理　●食事に関する自助具

バネつきの箸

バネの力で自然に開き、物をつかみやすい。握力が低下している人にも使いやすい。

柄が太く軽い
スプーン・フォーク

にぎりやすく、握力が低下している人でも使いやすい。

先が曲がっている
スプーン・フォーク

食べ物を口に運ぶ動作や、手首の動きに制限がある人に向いている。

ふたやストローが
ついたコップ

倒したり傾いたりしてもこぼれない。コップを安定して保持できない人に向いている。

取っ手が持ちやすい
かたちのコップ

握力が弱い人、手指の関節に制限がある人でも使いやすい。

フチにくぼみが
ある皿

片手でも食べ物をすくい上げやすい。

（総合問題4） 次の事例を読んで、**問題123から問題125まで**について答えなさい。

〔事例〕

　Fさん（20歳、男性）は、自閉症スペクトラム障害（autism spectrum disorder）と重度の知的障害があり、自宅で母親(50歳)、姉(25歳)と3人で暮らしている。

　Fさんは生活介護事業所を利用している。事業所では比較的落ち着いているが、自宅に帰ってくると母親に対してかみつきや頭突きをすることがあった。また、自分で頭をたたくなどの自傷行為もたびたび見られる。

　仕事をしている母親に代わり、小さい頃から食事や排泄の介護をしている姉は、これまでFさんの行動を止めることができていたが、最近ではからだが大きくなり力も強くなって、母親と協力しても止めることが難しくなっていた。

　家族で今後のことを考えた結果、Fさんは障害者支援施設に入所することになった。

読み解き POINT

□ **自閉症スペクトラム障害**

　自閉症スペクトラム障害者や自閉症にみられる対人関係・社会性の障害、パターン化した行動、強いこだわりなどを特徴とする発達障害の総称。スペクトラム＝「連続した」という意味。

	自閉症	高機能自閉症	アスペルガー症候群
コミュニケーションの困難さ	非常に困難	困難	少し困難がある
知的障害	ある	ない	ない
こだわり	強くある	ある	ある
言語の遅れ	ある	ある	ない

代表的な自閉症、高機能自閉症、アスペルガー症候群でも、細かい症状に差異があります

問題 123

　次のうち、Ｆさんが自宅に帰ってきたときの状態に該当するものとして、**最も適切なもの**を１つ選びなさい。

1　学習障害
2　注意欠陥多動性障害
3　高次脳機能障害
4　強度行動障害
5　気分障害

問題 124

　Ｆさんが入所してからも月１、２回は、姉が施設を訪ね、Ｆさんの世話をしている。
　ある日、担当の介護福祉職が姉に声をかけると、「小学生の頃から、学校が終わると友だちと遊ばずにまっすぐ家に帰り、母親に代わって、弟の世話をしてきた。今は、弟を見捨てたようで、申し訳ない」などと話す。
　介護福祉職の姉への対応として、**最も適切なもの**を１つ選びなさい。

1　「これからもＦさんのお世話をしっかり行ってください」
2　「Ｆさんは落ち着いていて、自傷他害行為があるようには見えませんね」
3　「お姉さんは、小さい頃からお母さんの代わりをしてきたのですね」
4　「訪問回数を減らしてはどうですか」
5　「施設入所を後悔しているのですね。もう一度在宅ケアを考えましょう」

問題 125

　Ｆさんが施設に入所して１年が経った。介護福祉職は、Ｆさん、母親、姉と共にこれまでの生活と支援を振り返り、当面、施設で安定した生活が送れるように検討した。
　次のうち、Ｆさんの支援を修正するときに利用するサービスとして、**正しいもの**を１つ選びなさい。

1　地域定着支援
2　計画相談支援
3　地域移行支援
4　基幹相談支援
5　基本相談支援

●障害の理解　出題頻度★★★★

解答と解説

✕ 1　学習障害とは、知的な発達の遅れは目立たないが、読み書きや計算など特定分野の学習が極端に苦手な発達障害のひとつです。

✕ 2　注意欠陥多動性障害とは、ひとつのことに注意していられない、じっとしていられず衝動的に行動してしまうなどが特徴の発達障害のひとつです。思春期ごろには、行動は消失していくのが一般的です。

✕ 3　高次脳機能障害とは、病気や外傷などで脳の一部が障害され、その部分が受け持っていた機能をはたせなくなる障害です。

○ 4　強度行動障害はまわりの人に嚙みつく、殴る、頭突きをするなど、暴力的な行動をする、こだわって気になるものがあると動くことができない、また周囲が止めてもその行動をやめられないなどの行動の障害です。Ｆさんの、母親に対して嚙みつきや頭突きをするという描写と一致します。

✕ 5　気分障害は気分が過度に落ち込んだり、高揚したりする状態が続き、日常生活に支障がでる感情の障害です。

正解 4

問題 124

●家族の支援　出題頻度★★★★

解答と解説

✕ 1　Ｆさんを施設に預けたことに対して、申し訳ないという感情を抱いている姉に対しての言葉として、入所に至った家族の背景等を無視した対応といえます。

✕ 2　Ｆさん自身の状態を伝え、安心させようという意図かもしれませんが、姉の抱く感情を受け止めていないため、「家でも世話ができるのでは」という間違った伝わり方をする恐れがあります。

○ 3　まずはこれまでの姉のＦさんに対する思いを受け止め、今までの苦労をねぎらう言葉かけとなっており、もっとも適したものといえます。

✕ 4　Ｆさんと距離を取り、気持ちを整理するとよいのではないかという趣旨かもしれませんが、姉の申し訳ないという思いを受け止めているとはいえません。

✕ 5　姉の「申し訳ない」という言葉は、「在宅でケアしたい」という希望にはただちにつながりません。今まで世話をしてかわいがってきたＦさんを施設に入れた罪悪感や寂しさを抱いているので、まずはその感情に寄り添うことが必要です。

正解 3

問題125

●障害者総合支援制度　出題頻度★★★★

解答と解説

✕ 1　地域定着支援は、すでに地域生活している人に、地域での生活が継続できるよう、24時間の連絡相談等のサポートを行うものです。施設での支援ではありません。

○ 2　計画相談支援では、障害福祉サービスの利用時に必要となる計画案を作成したり、作成した計画が利用者にとって適切であるかを振り返ったり、必要にあわせて再度作成したりする支援を行います。事例において正しいサービスといえます。

✕ 3　地域移行支援は、障害者支援施設等に入所している人や病院に入院している人が地域生活に移行する際の相談や支援等の援助を行うものです。

✕ 4　基幹相談支援は、地域の福祉に関する相談・支援の中核的役割を担う障害者基幹相談支援センターで行われる総合的相談支援です。

✕ 5　基本相談支援は、障害のある人やその家族の障害福祉に関するさまざまな相談に応じるサービスです。相談支援事業所で行われます。

正解 2

合格のための要点整理　　●強度行動障害

強度行動障害とは、下記にあてはまるものをいう。

・肉が見えたり、頭部が変形に至ったりするような叩き方する、爪をはぐなどのひどい自傷行為をする。

・相手にけがさせてしまうほどの、噛みつき、蹴り、殴り、髪ひき、頭突きなどの暴力行為をする。

など、行動援護および重度障害者包括支援の判定基準における行動関連項目が10点以上の場合。

行動援護および重度障害者等包括支援の判定基準票（行動関連項目）

調査項目	0点			1点		2点	
1．コミュニケーション	日常生活に支障がない			特定の者であればできる	会話以外の方法でできる	独自の方法でできる	できない
2．説明の理解	理解できる			理解できない		理解できているか判断できない	
3．大声・奇声を出す	支援が不要	まれに支援が必要	月1回以上支援が必要	週1回以上支援が必要		ほぼ毎日（週5日以上）支援が必要	
4．異食行動	支援が不要	まれに支援が必要	月1回以上支援が必要	週1回以上支援が必要		ほぼ毎日（週5日以上）支援が必要	
5．多動・行動停止	支援が不要	まれに支援が必要	月1回以上支援が必要	週1回以上支援が必要		ほぼ毎日（週5日以上）支援が必要	
6．不安定な行動	支援が不要	まれに支援が必要	月1回以上支援が必要	週1回以上支援が必要		ほぼ毎日（週5日以上）支援が必要	
7．自らを傷つける行為	支援が不要	まれに支援が必要	月1回以上支援が必要	週1回以上支援が必要		ほぼ毎日（週5日以上）支援が必要	
8．他人を傷つける行為	支援が不要	まれに支援が必要	月1回以上支援が必要	週1回以上支援が必要		ほぼ毎日（週5日以上）支援が必要	
9．不適切な行為	支援が不要	まれに支援が必要	月1回以上支援が必要	週1回以上支援が必要		ほぼ毎日（週5日以上）支援が必要	
10．突発的な行為	支援が不要	まれに支援が必要	月1回以上支援が必要	週1回以上支援が必要		ほぼ毎日（週5日以上）支援が必要	
11．過食・反すう等	支援が不要	まれに支援が必要	月1回以上支援が必要	週1回以上支援が必要		ほぼ毎日（週5日以上）支援が必要	
12．てんかん	年に1回以上			月1回以上		週1回以上	

項目別出題傾向とポイント

1 人間の尊厳と自立

出題数は2問。第33回から第36回まで、「人間の尊厳と人権・福祉理念」から1問が出題されました。第36回は、利用者主体での生活を支えていくための介護福祉職の対応についての事例問題でした。第35回も、利用者のQOLを高めるための介護福祉職の対応についての問題でした。第34回と第33回は、人権や福祉理念に関する人物についての問題でした。

また、「自立の概念」から1問が出題されました。第36回は自立の考え方についての問題でした。一般社会でとらえている自立や自立の概念が、現代においては多様化していることを理解しておく必要があります。第35回から第33回までは、尊厳の保持と自立・権利擁護の事例から出題されています。

出題された項目	第36回	第35回	第34回	第33回	ワンポイントアドバイス
人間の尊厳と人権・福祉理念	問題1	問題1	問題1	問題1	・人間の尊厳、利用者主体、ノーマライゼーション、QOLの考え方と具体例について理解しておく。 ・人権の思想、福祉の理念の歴史的変遷を覚えておく。
自立の概念	問題2	問題2	問題2	問題2	・自立の考え方と具体例を理解しておく。 ・介護福祉職として利用者の尊厳の保持と、自立するためにどのような支援をするべきか理解しておく。

2 人間関係とコミュニケーション

第35回から、出題数は4問となりました。4問中3問が長文問題で、問題の内容を理解するための読解力が必要でした。第36回と第35回は、「人間関係の形成とコミュニケーションの基礎」から2問出題されました。そのうち問題3は人間関係と心理から出題され、グループダイナミクスについての理解が必要でした。問題4は第35回と第33回でも出題されている、コミュニケーション技法からの問題でした。「チームマネジメント」から2問が出題。第35回は組織と運営管理、人材の育成と管理から出題されました。第36回は介護サービスの特性、組織と運営管理から出題されました。第36回と第35回で、「チームマネジメント」の中項目全般から出題されたことになります。今後、「チームマネジメント」の小項目に出てくる語彙の意味を理解しておくことで、問題を解きやすくなるでしょう。

出題された項目	第36回	第35回	第34回	第33回	ワンポイントアドバイス
人間関係の形成とコミュニケーションの基礎	問題3 問題4	問題3 問題4	問題3 問題4	問題3 問題4	・利用者理解、信頼関係を構築するための技法を覚えておく。 ・コミュニケーションの意義と目的、コミュニケーションのさまざまな技法を覚えておく。
チームマネジメント	問題5 問題6	問題5 問題6			・介護サービスの特性と実践を理解しておく。 ・組織の機能と役割、運営管理方法などを覚えておく。 ・チームの機能と構成、リーダーの機能と役割、業務の課題の解決方法を覚えておく。 ・人材の育成方法と管理方法を整理し、覚えておく。

3 社会の理解

全体的に同じ傾向が続いています。「社会と生活のしくみ」では、世帯の状況などの統計的知識や介護に関連した関係団体については、根拠法令や、その機能を押さえておきましょう。「地域共生社会」「地域包括ケアシステム」については、繰り返し出題されていますので、しっかりと学習しておきましょう。

しっかり
勉強してね

「介護保険制度」「障害者保健福祉制度」は出題の多い項目です。実際にサービスを利用する場合の流れや各サービスの内容など、基本的なことはしっかりと覚えておきましょう。「個人の権利を守る制度」「貧困と生活困窮に関する制度」も、基本的な知識を身につけておきましょう。

出題された項目	第36回	第35回	第34回	第33回	ワンポイントアドバイス
社会と生活のしくみ	問題7 問題8	問題7	問題6 問題7	問題5 問題6	・「国民生活基礎調査」や「高齢社会白書」などに目を通し、社会や世帯、人口の変化をつかんでおく。 ・「社会福祉法人」「特定非営利活動法人」「社会福祉協議会」など、地域で活動する団体を確認しておく。
地域共生社会の実現に向けた制度や施策	問題9	問題8	問題5		・地域共生社会の理念（ソーシャル・インクルージョン、多文化共生社会など）を覚えておく。 ・地域包括ケアシステムの概念図を頭に入れておく。 ・地域包括ケアシステムにおける「自助」「互助」「共助」「公助」について、説明できるように学習しておく。
社会保障制度	問題10	問題9	問題8	問題7 問題8	・社会保障の範囲や社会福祉、社会保険、公的扶助の違いを確認しておく。 ・福祉六法や国民皆年金・皆保険の成立は、学習必須である。 ・社会福祉基礎構造改革など、現在へとつながる施策の基礎を確認しておく。 ・社会保障の給付と負担のしくみを確認しておく。
高齢者福祉と介護保険制度	問題12	問題10	問題9 問題10	問題9 問題10 問題11	・要介護認定のしくみや給付の種類、サービスの内容、サービス利用までの手順は確実に押さえておく。 ・地域密着型サービスについて学んでおく。 ・市町村（保険者）と国民健康保険団体連合会の役割など、介護保険に関連する機関の機能、役割を確認しておく。 ・制度改正で新たに加わった事項は必ず出題されるので、常に最新情報を確認しておく。 ・介護支援専門員や、多職種連携における専門職の役割も重要項目である。
障害者福祉と障害者保健福祉制度	問題14	問題11 問題12 問題13 問題14	問題11 問題12 問題13	問題12 問題13 問題14 問題15	・障害者総合支援制度の実施主体（国、都道府県、市町村）の役割を確認しておく。 ・サービスの種類と名称を、介護保険制度と混同しないように注意する。 ・サービス等利用計画書の作成など、サービス利用に必要な手順を確認しておく。 ・（自立支援）協議会の役割と機能を確認しておく。 ・障害者総合支援制度における相談支援専門員の役割を確認しておく。
介護実践に関する諸制度	問題11 問題13 問題15 問題16 問題17 問題18	問題15 問題16 問題17 問題18	問題14 問題15 問題16	問題16	・「成年後見制度」と「日常生活自立支援制度」の違いを確認する。 ・障害者差別解消法の「合理的配慮」に関しては、理解を深めておく必要がある。 ・「個人情報保護法」も、社会情勢にあわせて改正されることが多いので最新の内容を確認しておく。 ・生活保護の原則・原理、生活困窮者自立支援法の事業内容は押さえておきたい。 ・「育児休業・休暇制度」「社会保険制度」「年金制度」など、2022（令和4）年に一部が改正された制度は、出題される可能性が高いので確実に覚えておきたい。

※第36回の問題と解答解説は15〜143ページに掲載されています。

1-1 人間の尊厳と人権・福祉理念

問題 1 著書『ケアの本質−生きることの意味』の中で、「一人の人格をケアするとは、最も深い意味で、その人が成長すること、自己実現することをたすけることである」と述べた人物として、**正しいものを1つ**選びなさい。

1 神谷美恵子

2 糸賀一雄

3 フローレンス・ナイチンゲール（Nightingale, F.）

4 ミルトン・メイヤロフ（Mayeroff, M.）

5 ベンクト・ニィリエ（Nirje, B.）

●**人権・福祉の理念** 出題頻度★★ ［第34回 問題1より出題］

解答と解説

✕ 1 神谷美恵子はハンセン病療養施設の長島愛生園に勤務し、患者の行動と心の関連を分析して独自の「生きがい論」を確立しました。

✕ 2 糸賀一雄は、戦災孤児と知的障害児のための施設を設立した人物です。どんなに重い障害のある人にも、周囲との関係において、かけがえのない個性化に向けた自己実現のはたらきがあることを見いだしました。

✕ 3 フローレンス・ナイチンゲールは、看護師。著書『看護覚え書』の中で、介護や看護に共通するケアとしての生活支援の具体的な視点を提示しました。

◯ 4 ミルトン・メイヤロフは、ケアの概念を「もっとも深い意味で、その人が成長すること、自己実現することを援助すること」と定義しました。

✕ 5 ベンクト・ニィリエは、バンク-ミケルセンによって提唱されたノーマライゼーションの考え方を、8つの原理としてまとめました。

正解 4

合格のための要点整理

●**ケアの本質**
　（ミルトン・メイヤロフ）

自分以外の人格をケアするには、その人を「内面」から感じ取るために、その人の世界へ"入り込んで"いく。

・その人にとって、人生とは何なのか

・その人は、何になろうと努力しているのか

・成長するために、その人は何を必要としているのか

その人の世界を、自分がその人になったかのように理解する

・その人の目で見る

・その人の世界で、その人の気持ちになる

146

問題　2　人権や福祉の考え方に影響を与えた人物に関する次の記述のうち、正しいものを1つ選びなさい。

1　リッチモンド(Richmond,M.)は、『ソーシャル・ケース・ワークとは何か』をまとめ、現在の社会福祉、介護福祉に影響を及ぼした。

2　フロイト（Freud,S.）がまとめた『種の起源』の考え方は、後の「優生思想」につながった。

3　マルサス（Malthus,T.）は、人間の無意識の研究を行って、『精神分析学入門』をまとめた。

4　ヘレン・ケラー（Keller,H.）は、『看護覚え書』の中で「療養上の世話」を看護の役割として示した。

5　ダーウィン(Darwin,C.)は、『人口論』の中で貧困原因を個人の人格の問題とした。

●**人権・福祉の理念**　出題頻度★　　　　　　　　　　　　　　[第33回 問題1より出題]

解答と解説

○ 1　リッチモンドは1889年、慈善組織協会で働きはじめ、友愛訪問活動に携わった。この活動からソーシャル・ワークの基礎を築き、「ケースワークの母」と呼ばれている。

✕ 2　フロイトは精神分析の創始者。人間の無意識の研究を行い、『精神分析学入門』をまとめた。診断主義ケース・ワークは、フロイトの精神分析の理論と方法を取り入れたもの。

✕ 3　マルサスは、『人口論』の中で貧困原因を個人の人格の問題とした。

✕ 4　ヘレン・ケラーは、1992年に『ソーシャルワークとは何か』(ニール・ソンプソ著) の中で、ケース・ワークの事例として取り上げられている。『看護覚え書』はナイチンゲールの著作。

✕ 5　ダーウィンは、『種の起源』をまとめた。のちの「優生思想」につながった。

正解 1

合格のための要点整理

●**ソーシャル・ケース・ワーク**

ソーシャル・ケース・ワークとは、生活を送るうえで困難や課題のある人とその家族に対して、問題が解決できるように支援していく方法のひとつ。日本では、個別援助技術と訳されている。

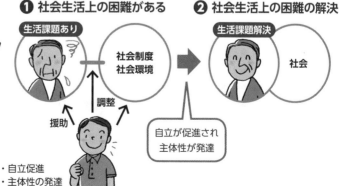

❶ 社会生活上の困難がある

生活課題あり　｜　社会制度 社会環境

❷ 社会生活上の困難の解決

生活課題解決　｜　社会

援助　調整

自立が促進され主体性が発達

・自立促進
・主体性の発達

問題　3　利用者の生活の質（QOL）を高めるための介護実践に関する次の記述のうち、**最も適切なもの**を1つ選びなさい。

1　日常生活動作の向上を必須とする。

2　利用者の主観的評価では、介護福祉職の意向を重視する。

3　介護実践は、家族のニーズに応じて行う。

4　福祉用具の活用は、利用者と相談しながら進める。

5　価値の基準は、全ての利用者に同じものを用いる。

◉QOL・QOLの考え方　出題頻度★★★　　　　　　　　[第35回 問題1より出題]

解答と解説

✕1　利用者の生活の質（QOL）を高めることと日常生活動作の向上とは、密接な関係にあります。しかし、必須ではありません。

✕2　利用者の生活の質（QOL）は生活状況に関する個々の知覚であることから、利用者の主観的であり、介護福祉職も含め、他者の意向を重視するものではありません。

✕3　利用者の生活の質（QOL）を高める介護実践は家族ではなく、利用者のニーズに応じて行います。

◯4　利用者の生活の質（QOL）を高めるために、福祉用具を活用します。活用する場合は、利用者と相談しながら活用します。

✕5　利用者の生活の質（QOL）は幸福感や充実感、満足感といった価値観を基準にし、判定するものです。個人の価値観は文化や教育、経済状況などによって異なります。このことから、価値基準は利用者一人ひとりで違うため、利用者ごとに違うものを用います。

正解4

合格のための要点整理　　◉**QOLの測定・評価方法**

「WHO QOL-26」は26問の質問項目からなる測定・評価ツール。「過去2週間にどのように感じたか」「過去2週間にどのくらい満足したか」などの質問に5段階で回答し、QOLを測定する。

●身体的領域（日常生活動作など）
●心理的領域（自己評価や集中など）
●社会的関係（人間関係など）
●環境関係（金銭関係や生活環境など）

この4領域（24問)＋QOL全体を問う質問（2問）からなる。

1-2 自立の概念

問題 4 Ａさん（25歳、男性、障害支援区分３）は、網膜色素変性症（retinitis pigmentosa）で、移動と外出先での排泄時に介助が必要である。同行援助を利用しながら、自宅で母親と暮らしている。音楽が好きなＡさんは合唱サークルに入会して、月１回の練習に参加している。

　　合唱コンクールが遠方で行われることになった。同行援護を担当する介護福祉職は、Ａさんから、「コンクールに出演したいが、初めての場所に行くことが心配である」と相談を受けた。

　　介護福祉職のＡさんへの対応として、**最も適切なもの**を１つ選びなさい。

1　合唱コンクールへの参加を諦めるように話す。

2　合唱サークルの仲間に移動の支援を依頼するように伝える。

3　一緒に交通経路や会場内の状況を確認する。

4　合唱コンクールに参加するかどうかは、母親に判断してもらうように促す。

5　日常生活自立支援事業の利用を勧める。

●**尊厳の保持と自立・意思支援決定**　出題頻度★★★　　　　　［第35回 問題２より出題］

【 **解答と解説** 】

✕ 1　Ａさんが参加できるようにするために、介護福祉職は支援する役割があります。介護福祉職は利用者本位であることを意識しながら、豊かな暮らしができるように介護福祉サービスを提供する役割があります。

✕ 2　Ａさんは排泄介助が必要なため、同行援護を利用しています。介護福祉職はＡさんの心身の状況を的確に把握し、根拠に基づいた介護福祉サービスを提供しています。このことから、仲間に移動支援を依頼するように伝えることは、適切ではありません。

○ 3　介護福祉士は利用者が自己決定できるように、利用者の状態に合わせた適切な方法で情報提供を行います。

✕ 4　介護福祉士は自らの価値観に偏ることなく、利用者の自己決定を尊重します。Ａさんの母親に判断してもらうことは、適切ではありません。

✕ 5　日常生活自立支援事業とは、認知症高齢者や知的障害者、精神障害者等のうち、判断能力が不十分な人が地域において自立した生活がおくれるよう、利用者との契約に基づき、福祉サービスの利用援助等を行うものです。

正解 3

　自立支援とは、人権やノーマライゼーションなどの思想を背景とし、利用者自身の意思で行動できるように支援すること。つまり、利用者が主体性を持って生活できるように支援することです。そのために、介護福祉職は利用者の心身の状態を把握し、その人の機能に適した情報提供や環境を整えます。

問題　5　Ａさん（80歳、女性、要介護１）は、筋力や理解力の低下がみられ、訪問介護(ホームヘルプサービス)を利用している。訪問介護員（ホームヘルパー）がいない時間帯は、同居している長男(53歳、無職)に頼って生活をしている。長男はＡさんの年金で生計を立てていて、ほとんど外出しないで家にいる。

　ある時、Ａさんは訪問介護員（ホームヘルパー）に、「長男は暴力がひどくてね。この間も殴られて、とても怖かった。長男には言わないでね。あとで何をされるかわからないから」と話した。訪問介護員（ホームヘルパー）は、Ａさんのからだに複数のあざがあることを確認した。

　訪問介護員（ホームヘルパー）の対応に関する次の記述のうち、**最も適切なものを１つ選びなさい。**

1　長男の虐待を疑い、上司に報告し、市町村に通報する。
2　長男の仕事が見つかるようにハローワークを紹介する。
3　Ａさんの気持ちを大切にして何もしない。
4　すぐに長男を別室に呼び、事実を確認する。
5　長男の暴力に気づいたかを近所の人に確認する。

●**尊厳の保持と自立・権利擁護**　出題頻度★★　　　　　　　[第34回 問題２より出題]

解答と解説

○1　訪問介護員は、虐待を受けたと思われる高齢者を発見した場合、すみやかに市町村に通報する義務があります。

✕2　長男への仕事の紹介は、訪問介護員の仕事ではありません。

✕3　訪問介護員は、虐待を受けていると思われるＡさんの権利擁護をする必要があります。

✕4　長男が虐待を自覚していない場合もあります。Ａさんの安全を考え、関係機関と連携して対応します。

✕5　市町村に通報します。虐待については、組織的に対応することが重要です。

正解1

合格のための要点整理

●**権利擁護と高齢者虐待**

権利擁護とは、すべての人の自己実現や自己決定を尊重し、それぞれの人が持っている権利を行使できるように支援すること。高齢者虐待とは、高齢者の生命や身体の危険、財産の迫害、生活を脅かすことである。

●利用者の自己実現・自己決定の尊重
●利用者自身が持っている権利の行使
を支援し、権利擁護をする。

介護福祉職員

認知症の利用者など

問題 6 自宅で生活しているＡさん（87歳、男性、要介護３）は、７年前に脳梗塞(cerebral infarction)で左片麻痺となり、訪問介護(ホームヘルプサービス)を利用していた。Ａさんは食べることを楽しみにしていたが、最近、食事中にむせることが多くなり、誤嚥を繰り返していた。誤嚥による緊急搬送の後、医師は妻に、「今後も自宅で生活を続けるならば、胃ろうを勧める」と話した。妻は仕方がないと諦めていたが、別に暮らしている長男は胃ろうの造設について納得していなかった。長男が実家を訪れるたびに、Ａさんの今後の生活をめぐって口論が繰り返されていた。妻は訪問介護員（ホームヘルパー）にどうしたらよいか相談した。

　介護福祉職の職業倫理に基づく対応として、**最も適切なもの**を１つ選びなさい。

1　「医療的なことについては発言できません」

2　「医師の判断なら、それに従うのが良いと思います」

3　「Ａさん自身は、どのようにお考えなのでしょうか」

4　「息子さんの気持ちより、一緒に暮らす奥さんの気持ちが優先されますよ」

5　「息子さんと一緒に、医師の話を聞きに行ってみてください」

●**尊厳の保持と自立・権利擁護**　出題頻度★★★★　　　　［第33回 問題２より出題］

解答と解説

✕ 1　課題は、Ａさんの今後の生活のことで、介護福祉職の役割は利用者と家族の両者が理解し合えるようにかかわることです。このことから、「医療的なことについては発言できません」という助言は適切ではありません。

✕ 2　医師が、Ａさんの治療や今後の生活を決定するのではありません。介護福祉職は本人の意思を尊重し、最後までその人らしい生き方ができることを家族に助言する必要があります。

◯ 3　介護福祉職は利用者の権利擁護を意識し、利用者本位の立場から、自己決定を最大限尊重します。利用者自身の考えを確認することを、家族に助言することが必要です。

✕ 4　Ａさんの今後の生活について考えたとき、優先されるのはＡさん自身の気持ちや考え方です。このことを、介護福祉職は家族に助言することが必要です。

✕ 5　Ａさんの今後の生活を選択し、決定するのはＡさんです。そのことから、医師の話を聞くときにはＡさんも参加するように助言することが必要です。

正解 3

 +α　公益社団法人日本介護福祉士会が「日本介護福祉士会倫理綱領」を定めている。

2-1 人間関係の形成とコミュニケーション

問題 7 利用者とのコミュニケーション場面で、介護福祉職が行う自己開示の目的として、**最も適切なもの**を1つ選びなさい。

1 ジョハリの窓（Johari Wondow）の「開放された部分（open area）」を狭くするために行う。

2 利用者との信頼関係を形成するために行う。

3 利用者が自分自身の情報を開示するために行う。

4 利用者との信頼関係を評価するために行う。

5 自己を深く分析し、客観的に理解するために行う。

◉**人間関係と心理・自己開示**　出題頻度★★★★　　　　　[第34回 問題4より出題]

解答と解説

✕ 1 ジョハリの窓の「開放された部分（開放の窓）」とは、自分自身と相手の双方が知っている部分をさします。自己開示をすることは、「開放された部分」を広くすることです。

◯ 2 自己開示とは、自分に関する情報開示。介護職自身が行う自己開示は、「相手との信頼関係を形成」する目的で用います。

✕ 3 利用者自身の情報を開示してもらうことは、自己開示の目的である「利用者との信頼関係の形成」のために必要なことです。

✕ 4 自己開示とは、コミュニケーション技術のひとつです。信頼関係を評価するものではありません。

✕ 5 自己開示とは、自分のことをありのまま相手に伝えることです。

正解 2

合格のための要点整理　　◉**自己開示とコミュニケーション**

自己開示とは、利用者との信頼関係を築く際に重要なコミュニケーション技術のひとつ。自分が何の意図もなしに、肯定的な面も否定的な面も含めて、ありのままの自分の姿を伝達する。それによって相手も自己の情報を開示するようになるため、お互いの情報が交換され、自己理解と他者理解が進む。

■**ジョハリの窓**

	自分でわかっている	自分でわかっていない	
他人にわかっている	①**開放の窓** 公開された自己	②**盲点の窓** 自分は気がついていないものの、他人からは見られている自己	他人にわかっている
他人にわかっていない	③**秘密の窓** 隠された自己	④**未知の窓** 誰からもまだ知られていない自己	他人にわかっていない

自己開示することで「③秘密の窓」を小さくしたり、他者からの助言などを受け入れることで「②盲点の窓」を小さくしたりしていくことができ、「①開放の窓」が広がる。そして、「④未知の窓」が明らかになり、自分の未知の才能や長所を見つけられるようになる。同時に、対人関係における円滑なコミュニケーションが促進される。

問題　8　ストレス対処行動の一つである問題焦点型コーピングに当てはまる行動として、**適切なもの**を1つ選びなさい。

1　趣味の活動をして気分転換する。

2　トラブルの原因に働きかけて解決しようとする。

3　運動して身体を動かしストレスを発散する。

4　好きな音楽を聴いてリラックスする。

5　「トラブルも良い経験だ」と自己の意味づけを変える。

●対人関係とコミュニケーション・対人関係とストレス　出題頻度★★　［第35回 問題3より出題］

解答と解説

✕ 1　趣味の活動をして気分転換することは、解消型コーピングです。ストレスを感じたあとに、ストレスを発散させ、解消する方法です。

○ 2　トラブルの原因にはたらきかけて解決しようとすることは、問題焦点型コーピングです。ストレスそのものにはたらきかけて、それ自体を変化させて解決を図ろうとする方法です。

✕ 3　運動して身体を動かしてストレスを発散することは、解消型コーピングです。ストレスを感じたあとに、ストレスをからだの外へ追い出す解消方法です。

✕ 4　好きな音楽を聴いてリラックスすることは、解消型コーピングです。ストレスを感じたあとに、自分の好きなことを行って気分転換を図り、解消を行う方法です。

✕ 5　「トラブルも良い経験だ」と自己の意味づけを変えることは、情動焦点型コーピングです。ストレスを感じたあとに、ストレスそのものにはたらきかけるのではなく、それに対する考え方や感じ方を変えようとする方法です。

正解 2

合格のための要点整理

●**ストレスコーピング**

ストレスのもと（ストレッサー）にうまく対処しようとすることを、ストレスコーピングという。ストレッサーによって過剰なストレスが慢性的にかかると、心身にさまざまな悪影響が及ぼされるため、健康を維持するにはうまくストレスコーピングをすることが必要になる。

問題焦点型コーピング
ストレッサーそのものにはたらきかけて、それ自体を変化させて解決を図ろうとすること。
例：対人関係がストレッサーである場合、相手の人に直接はたらきかけて問題を解決する。

情動焦点型コーピング
ストレッサーそのものにはたらきかけるのではなく、ストレッサーに対する考え方や感じ方を変えようとすること。
例：対人関係がストレッサーである場合、ストレッサーに対する自分の考え方や感じ方を変える。

　人間関係における役割葛藤の例として、**適切なもの**を1つ選びなさい。

1　就労継続支援B型の利用者が、生活支援員の期待に応えようとして作業態度をまねる。

2　家族介護者が、仕事と介護の両立への期待に応えられるかどうか悩む。

3　通所介護（デイサービス）の利用者が、レクリエーションを楽しんでいる利用者の役を演じる。

4　就労移行支援の利用者が、採用面接の模擬訓練中にふざけて冗談を言ってしまう。

5　高齢者が、家事を行う家族に代わり、孫の遊び相手の役割を担う。

●対人関係とコミュニケーション・対人関係とストレス　出題頻度★★★　　［第33回 問題3より出題］

解答と解説

✕ 1　役割関与。自分や組織にかかわる役割の遂行に努力し、携わることです。

○ 2　役割葛藤。役割の期待に対し、葛藤することです。家族介護者は、仕事の役割と家庭での介護という2つの役割の間で葛藤をしています。

✕ 3　役割演技。場面と登場人物が設定された中で、その人物の役割を演じることです。

✕ 4　役割距離。役割と距離感を持つこと。期待された役割を演じない、という態度です。

✕ 5　役割遂行。単純に、その役割を遂行することです。

正解2

合格のための要点整理　●役割

役割とは、社会生活において、その人の地位や職務に応じて期待され、遂行しているはたらきや役目のこと。人は誰でも、生きていれば、生きる役割を持っている。

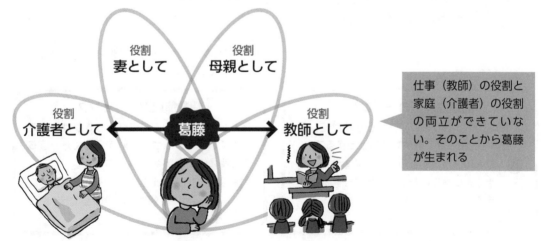

仕事（教師）の役割と家庭（介護者）の役割の両立ができていない。そのことから葛藤が生まれる

問題　10　Bさん（80歳、男性）は、訪問介護（ホームヘルプサービス）を利用しながら自宅で一人暮らしをしている。最近、自宅で転倒してから、一人で生活をしていくことに不安を持つこともある。訪問介護員（ホームヘルパー）がBさんに、「お一人での生活は大丈夫ですか。何か困っていることはありませんか」と尋ねたところ、Bさんは、「大丈夫」と不安そうな表情で答えた。

　　Bさんが伝えようとしたメッセージに関する次の記述のうち、**最も適切なもの**を1つ選びなさい。

1　言語メッセージと同じ内容を非言語メッセージで強調している。
2　言語で伝えた内容を非言語メッセージで補強している。
3　言語の代わりに非言語だけを用いてメッセージを伝えている。
4　言語メッセージと矛盾する内容を非言語メッセージで伝えている。
5　非言語メッセージを用いて言語の流れを調整している。

●コミュニケーション技法の基礎・言語と非言語　出題頻度★★★★　　［第33回 問題4より出題］

解答と解説

✕　1　伝えていることは、同じ内容ではありません。言語的メッセージでは「大丈夫」と伝えていますが、非言語メッセージでは不安そうな表情であることから、不安や心配を伝えています。

✕　2　伝えていることは同じ内容ではなく、また補強もしていません。補強とは、弱いところ、足りないところを補うことです。補強するのであれば、安心している表情や自信のある表情をする必要があります。

✕　3　非言語だけではありません。「大丈夫」と不安そうな表情で答えているので、言語的メッセージでも伝えています。

◯　4　矛盾する内容を伝えています。言語的メッセージでは「大丈夫」と伝えていますが、非言語メッセージでは不安そうな表情であることから、不安や心配を伝えています。

✕　5　言葉の流れを調整していません。言語的メッセージでは「大丈夫」と伝えていますが、その流れであるならば、非言語メッセージでも、「大丈夫」という言葉と同じようなメッセージを伝える必要があります。

正解 4

言語メッセージと非言語メッセージは、必ずしも一致するわけではない。そのことから、介護福祉職は利用者の非言語メッセージを受信することが必要。

問題 11 介護福祉職はＢさんから、「認知症（dementia）の母親の介護がなぜかうまくいかない。深夜に徘徊するので、心身共に疲れてきた」と相談された。介護福祉職は、「落ち込んでいてはダメですよ。元気を出して頑張ってください」とＢさんに言った。後日、介護福祉職はＢさんに対する自身の発言を振り返り、不適切だったと反省した。

介護福祉職はＢさんに対してどのような返答をすればよかったのか、**最も適切なもの**を１つ選びなさい。

1 「お母さんに施設へ入所してもらうことを検討してはどうですか」

2 「私も疲れているので、よくわかります」

3 「認知症（dementia）の方を介護しているご家族は、皆さん疲れていますよ」

4 「近所の人に助けてもらえるように、私から言っておきます」

5 「お母さんのために頑張ってきたんですね」

●コミュニケーション技法の基礎・受容・共感・傾聴　出題頻度★★★★　　[第34回 問題３より出題]

解答と解説

✕ 1 話を誘導したり、結論を急いだりはせず、まずは傾聴することが重要です。

✕ 2 家族の心情を理解し、受容的な言葉かけをします。

✕ 3 家族の個別性を尊重し、その家族に合った言葉かけをします。

✕ 4 家族の心情や近所との関係性を理解したうえで、言葉かけをします。

◯ 5 家族の努力を肯定し、受容的な言葉かけやねぎらいの言葉かけをします。

正解5

合格のための要点整理　●**家族とのコミュニケーション**

介護福祉職が家族とコミュニケーションを図るときは、家族の心情をあるがままに受け止める（受容）することが重要。専門職である介護福祉職の言葉は、家族にとって重みがある。

◯家族間同士の関係性を理解する。

◯家族の生き方や生活の仕方を尊重し、一人ひとりに合った言葉かけをする。

◯家族とも信頼関係が築けることを目標にしたコミュニケーションを取る。

◯家族の心情に配慮する。

◯家族の努力を肯定する。

◯受容的な言葉かけや、ねぎらいの言葉かけをする。

問題 **12**　Bさん（80歳、女性）は、介護老人保健施設に入所が決まった。今日はBさんが施設に入所する日であり、C介護福祉職が担当になった。C介護福祉職は、初対面のBさんとの信頼関係の形成に向けて取り組んだ。

　　C介護福祉職のBさんへの対応として、**最も適切なものを1つ**選びなさい。

1　自発的な関わりをもつことを控えた。

2　真正面に座って面談をした。

3　自分から進んで自己紹介をした。

4　終始、手を握りながら話をした。

5　孫のような口調で語りかけた。

●コミュニケーション技法の基礎・相談面接の基礎　出題頻度★★★★　　［第35回 問題4より出題］

解答と解説

✕ 1　信頼関係を構築するためには、介護福祉職からかかわりを持つ姿勢が必要です。

✕ 2　真正面に座って（対面法）の面談は、介護福祉職からすると利用者の表情や視線から情報を得られますが、利用者の緊張を誘発してしまいます。

◯ 3　信頼関係を構築するためには、介護福祉職の情報を利用者に開示（自己開示）することが必要です。

✕ 4　接触行動とは、握手や抱擁など相手と身体的な接触をすることです。利用者によっては、ネガティブな印象を与える恐れがあります。

✕ 5　Bさんは目上の人ですから、孫のような口調で語りかけてはいけません。尊敬の気持ちを常に持ち、まずは敬語で話します。

正解3

合格のための要点整理

●信頼関係を構築するためのコミュニケーション

自己開示とは、利用者との信頼関係を築く際に重要なコミュニケーション技術のひとつ。自分が何の意図もなしに、肯定的な面も否定的な面も含めて、ありのままの自分の姿を伝達する。それによって相手も自己の情報を開示するようになるため、お互いの情報が交換され、自己理解と他者理解が進む。

信頼関係の構築

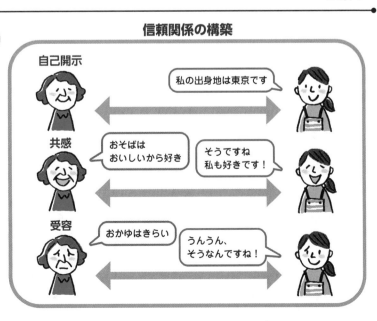

自己開示　私の出身地は東京です

共感　おそばはおいしいから好き　そうですね私も好きです！

受容　おかゆはきらい　うんうん、そうなんですね！

2-2 チームマネジメント

●**チーム運営の基本・業務課題の発見と解決**　出題頻度★★　　　［第35回 問題5より出題］

解答と解説

✕ 1　近隣への騒音の影響について調べることは、プラン（Plan）にあたります。

✕ 2　苦情を寄せた住民に話を聞きに行くことは、プラン（Plan）にあたります。

✕ 3　夏祭りの感想を利用者から聞くことは、チェック（Check）にあたります。

○ 4　来客者用の駐車スペースを確保することは、アクション（Action）にあたります。

✕ 5　周辺の交通量を調べることは、プラン（Plan）にあたります。

正解 4

合格のための要点整理

●**PDCAサイクル**

品質管理など業務管理における継続的な改善方法。Plan（計画）→ Do（実行）→ Check（評価）→ Action（改善）の4段階を繰り返して、業務を継続的に改善する方法。主に日本で使われている。

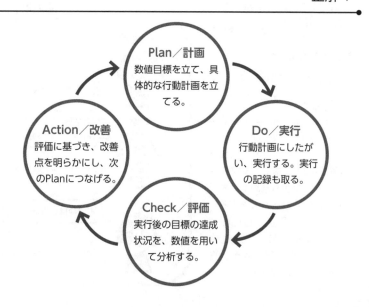

Plan／計画
数値目標を立て、具体的な行動計画を立てる。

Do／実行
行動計画にしたがい、実行する。実行の記録も取る。

Check／評価
実行後の目標の達成状況を、数値を用いて分析する。

Action／改善
評価に基づき、改善点を明らかにし、次のPlanにつなげる。

問題　14　D介護福祉職は、利用者に対して行っている移乗の介護がうまくできず、技術向上を目的としたOJTを希望している。

　　次のうち、D介護福祉職に対して行うOJTとして、**最も適切なもの**を１つ選びなさい。

1　専門書の購入を勧める。
2　外部研修の受講を提案する。
3　先輩職員が移乗の介護に同行して指導する。
4　職場外の専門家に相談するように助言する。
5　苦手な移乗の介護は控えるように指示する。

◉人材の育成と管理・OJT　出題頻度★★★

[第35回 問題6より出題]

解答と解説

✕ 1　OJTは実践を通し、教育を行います。専門書の購入を勧めることは、OJTではありません。

✕ 2　OJTは、職場内で教育を行います。外部研修の受講を提案することは、OJTではありません。

◯ 3　先輩職員が移乗介助に同行して指導することは、実践を通じた教育に該当します。OJTの教育方法です。

✕ 4　OJTは、職場内で指導者が教育を行います。職場外の専門家に相談するように助言することは、OJTではありません。

✕ 5　OJTは実践を通し、フィードバックしながら学びます。苦手な移乗の介助は控えるように指示することは、OJTではありません。

正解 3

合格のための要点整理

◉OJT（On the Job Training）

実際の職場で、実務を通して教育を行う方法のひとつ。指導者が新人や業務未経験者に対して、業務上必要となる知識やスキルについて実践的な指導をしていく。

（ステップ1）
やってみせる
（Show）

（ステップ2）
説明する
（Tell）
指導者が実際に目の前でやってみせた業務の意味や背景について、丁寧に伝える。

（ステップ3）
実際に
やらせてみる
（Do）

（ステップ4）
フィードバックして追加で指導する
（Check）
「Do」でやってもらった業務の出来・不出来を踏まえたうえで、反省点や改善点を伝える。

3-1 社会と生活のしくみ

問題 15 2019年（平成31年、令和元年）の日本の世帯に関する次の記述のうち、正しいものを1つ選びなさい。

1 平均世帯人員は、3人を超えている。

2 世帯数で最も多いのは、2人世帯である。

3 単独世帯で最も多いのは、高齢者の単独世帯である。

4 母子世帯数と父子世帯数を合算すると、高齢者世帯数を超える。

5 全国の世帯総数は、7千万を超えている。

●ライフスタイルの変化　出題頻度★★★　　　　　　　　　［第34回 問題6より出題］

解答と解説

✕ 1 2019年の平均世帯人員は、2.39人です。

○ 2 全体の数が5,178万5,000世帯に対し、2人世帯が1,657万9,000世帯ともっとも多いです。ついで1人世帯1,490万7,000世帯、3人世帯1,021万7,000世帯の順です。

✕ 3 単独世帯は全体で1,490万7,000帯、高齢者の単独世帯は736万9,000世帯で、高齢者以外の単独世帯が過半数となります。

✕ 4 母子世帯と父子世帯の合計は72万世帯、高齢者世帯は1,487万8,000世帯です。

✕ 5 全国の世帯総数は5,178万5,000世帯で、2018年に比べて約80万世帯の増加となっていますが、7,000万は超えていません。

正解 2

合格のための要点整理

●世帯の推移
（世帯数および世帯人員・平均世帯人員の推移）

世帯に関しては、近年の推移や現在の状況を問う問題がよく出題されている。「国民生活基礎調査」などの統計資料に目を通しておこう。

（単位：千世帯）

年次	1人	2人	3人	4人	5人以上	平均人数
1985（昭和60）年	7,895	6,985	6,813	8,988	7,299	3.14人
2000（平成12）年	12,911	11,743	8,810	7,925	5,392	2.67人
2015（平成27）年	13,517	15,765	9,927	7,242	3,911	2.49人
2019（令和元）年	14,907	16,579	10,217	6,776	3,306	2.39人
2021（令和3）年	15,292	16,884	9,703	6,759	3,276	2.37人

「国民生活基礎調査」（厚生労働省）より作成

問題　16　2015年（平成27年）以降の日本の社会福祉を取り巻く環境に関する次の記述のうち、**適切なもの**を１つ選びなさい。

1　人口は、増加傾向にある。

2　共働き世帯数は、減少傾向にある。

3　非正規雇用労働者数は、減少傾向にある。

4　高齢世代を支える現役世代（生産年齢人口）は、減少傾向にある。

5　日本の国民負担率は、OECD加盟国の中では上位にある。

（注）OECDとは、経済協力開発機構（Organisation for Economic Co-operation and Development）のことで、2020年（令和2年）現在38か国が加盟している。

●ライフスタイルの変化　出題頻度★★★　　　　　　　　　[第34回 問題7より出題]

解答と解説

✕ 1　日本の人口は、2008年をピークに減少をはじめ、2015年に1億2,709万人、2020年には1億2,622万人と減少傾向が続いています。

✕ 2　共働き世帯は増加傾向を続けており、2015年には1,114万世帯、2020年には1,240万世帯となっています。

✕ 3　非正規雇用労働者数は増加傾向にあり、2015年に1,986万人、2020年に2,090万人となっています。

○ 4　人口の減少、少子高齢化の進行によって生産年齢人口は減少しており、2015年に7,728万人、2020年に7,406万人となっています。

✕ 5　国民負担率とは「国・地方租税負担と社会保障負担（社会保障料負担）の合計額の、国民所得に関する比率」のことです。2015年には42.3％、2020年には46.1％と増加し、2021年には44.3％と減少しています。日本の社会保障負担は、伝統的に低水準のアメリカよりは高く、高福祉の欧州諸国よりも低い値となっています。

正解4

合格のための要点整理　●日本の人口の推移

日本の人口は近年、減少局面を迎えている。2065年には総人口が9,000万人を割り込み、高齢化率は38％台の水準になると推計されている。

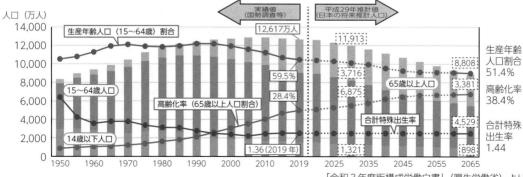

「令和3年度版構成労働白書」（厚生労働省）より

問題 17 家族の変容に関する2015年（平成27年）以降の動向として、**最も適切なもの**を1つ選びなさい。

1 1世帯当たりの人数は、全国平均で3.5人を超えている。

2 核家族の中で、「ひとり親と未婚の子」の世帯が増加している。

3 50歳時の未婚割合は、男性よりも女性のほうが高い。

4 65歳以上の人がいる世帯では、単独世帯が最も多い。

5 結婚して20年以上の夫婦の離婚は、減少している。

(注)「50歳時の未婚割合」とは、45～49歳の未婚率と50～54歳の未婚率の平均であり、「生涯未婚率」とも呼ばれる。

●**家族** 出題頻度★★　　　　　　　　　　　　　　　　　　　　[第33回 問題5より出題]

解答と解説

✕ **1** 1世帯あたりの構成人数は、1992（平成4）年に2.99人と3人を下回って以来、減少を続け、2019（令和元）年に2.39人となりました。

◯ **2** 2015（平成27）年と2019（令和元）年を比較しても、「ひとり親と未婚の子」は約477万世帯→498万世帯と増加、「夫婦のみ」も約1075万世帯→1105万世帯と増加。「夫婦と子供」は約1434万世帯→1420万世帯と減少しています。

✕ **3** 50歳時の未婚割合は、2015（平成27）年に、男性23.4％、女性14.1％です。その後も上昇傾向にあると予想されていますが、男女差が逆転することはありません。

✕ **4** 65歳以上の人がいる世帯では、3世代世帯が年々減少しています。2019（令和元）年では、単独世帯28.8％、夫婦のみ世帯32.3％、親と未婚の子のみの世帯20.0％となっています。

✕ **5** 平成27年には約3万8600組、28年には約3万7600組といったん減少しますが、平成29年には約3万8200組、平成30年には約3万8500組と増加傾向にあります。

正解 2

合格のための要点整理

●**65歳以上の者のいる世帯の推移**

この推移を見ると、三世代同居は著しく減少し、単独世帯や夫婦のみ世帯が増加していることがわかる。

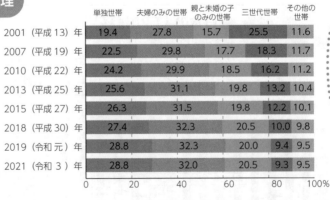

	単独世帯	夫婦のみの世帯	親と未婚の子のみの世帯	三世代世帯	その他の世帯
2001（平成13）年	19.4	27.8	15.7	25.5	11.6
2007（平成19）年	22.5	29.8	17.7	18.3	11.7
2010（平成22）年	24.2	29.9	18.5	16.2	11.2
2013（平成25）年	25.6	31.1	19.8	13.2	10.4
2015（平成27）年	26.3	31.5	19.8	12.2	10.1
2018（平成30）年	27.4	32.3	20.5	10.0	9.8
2019（令和元）年	28.8	32.3	20.0	9.4	9.5
2021（令和3）年	28.8	32.0	20.5	9.3	9.5

令和5年度高齢社会白書（内閣府）より作成

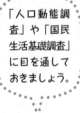

「人口動態調査」や「国民生活基礎調査」に目を通しておきましょう。

問題　18　社会福祉法に基づく、都道府県や市町村において地域福祉の推進を図ることを目的とする団体として、**正しいもの**を１つ選びなさい。

1　特定非営利活動法人（NPO法人）
2　隣保館
3　地域包括支援センター
4　基幹相談支援センター
5　社会福祉協議会

●**社会・組織**　出題頻度★★★　　　　　　　　　　　　　［第35回 問題7より出題］

解答と解説

✕ 1　特定非営利活動法人（NPO法人）とは、非営利での社会貢献活動や慈善活動を行う市民団体のうち、特定非営利活動促進法により法人格を得た団体のことです。

✕ 2　隣保館とは、社会福祉法に基づく第2種社会福祉事業で、「地域社会全体の中で福祉の向上や人権啓発の住民交流の拠点となる開かれたコミュニティーセンターとして、生活上の各種相談事業や人権課題の解決のための各種事業を総合的に行う」と定義されています。

✕ 3　地域包括支援センターは、介護保険法で定められた保健師、社会福祉士、主任ケアマネジャー等の専門職を配置し、地域住民の心身の健康の保持と生活の安定のために必要な援助を行い、保険医療の向上・福祉の増進を包括的に支援する総合相談窓口です。

✕ 4　基幹相談支援センターは障害者総合支援法において、障害のある人に対して、高度で専門的な相談支援を実施するために、相談支援専門員、社会福祉士、精神保健福祉士等を配置し、地域における相談支援の中核的な役割を担う機関として市町村が設置できるものです。

○ 5　社会福祉協議会は、社会福祉法に基づいて設置され、民間の社会福祉活動を推進することを目的とした、営利を目的としない民間組織です。福祉のまちづくりを目指し、さまざまな活動をしています。市区町村、都道府県、全国と組織されています。

正解 5

合格のための要点整理

●**社会福祉協議会**

社会福祉協議会は社会福祉法に基づいて設置され、民間の社会福祉活動の推進を目的とした非営利の民間組織。都道府県と市区町村で、関係機関の参加・協力のもと、「福祉のまちづくり」の実現を目指し、さまざまな活動を行っている。

「社協」という呼び名で親しまれています

■**市町村社会福祉協議会の構成員とおもな事業**

構成員	おもな事業
・地域住民 ・民生委員・児童委員 ・ボランティア団体 ・保健・医療関連団体 ・福祉施設 ・社会福祉行政機関　など	□ボランティア活動の普及・支援 □住民のつながりの場の提供 □見守りネットワークづくり □地域福祉活動計画の策定 □高齢者・障害者への生活支援サービス □日常生活自立支援事業 □母子家庭、児童への生活支援サービス □生活福祉資金の貸付、各種相談活動 □介護保険サービスの運営による生活支援 □共同募金への協力　　　　　　　　など

問題 **19** 次のうち、セルフヘルプグループ（self-help group）に該当するもの
として、**最も適切なもの**を1つ選びなさい。

1 町内会

2 学生自治会

3 患者会

4 専門職団体

5 ボランティア団体

●**社会・組織** 出題頻度★★★ [第33回 問題6より出題]

解答と解説

✕ 1 町内会は、主として同じ町内に住む住民同士でつくる互助組織です。地域活動のみでなく、行政とのパイプとしての意味合いもあります。

✕ 2 学生自治会は、主として同じ学校の学生により組織する自発的な組織です。自治組織でもあり、学生生活の向上のためのさまざまな活動を行います。

○ 3 患者会は、同じ病気を持つ人や家族、さらにその人たちを支援する人で組織された会です。同じ体験を持つ人たちが情報を交換し、悩みや不安を共有する支え合いの会です。

✕ 4 同じ資格などを持った専門家同士で組織する会です。情報交換や学習などで専門性を高めることなどを目的としています。

✕ 5 自発的に組織された団体で、ボランティア活動をおもに、あるいは活動の一部としている団体です。活動の分野は広く、多様です。

正解3

合格のための要点整理 ●**セルフヘルプグループの種類**
セルフヘルプグループには、さまざまな種類がある。共通するのは、同じ体験をして悩んでいる人たちの大切な場であること。

さまざまなセルフヘルプグループ

・心身の病気や障害のある人たちのグループ
・難病を持つ人たちのグループ
・事故の後遺症に悩む人たちのグループ
・アルコール、薬物、ギャンブルなどの依存症に悩む人たちのグループ
・不登校や出社拒否、ひきこもりなどの状況にある人たちのグループ
・人間関係に悩む人たちのグループ
・虐待を受けたことのある人、虐待をしてしまう人たちのグループ
・さまざまな心の問題を抱える人たちのグループ
・子どもや配偶者を亡くした人たちのグループ
・離婚した人たちのグループ
・痴呆性高齢者など介護者のグループ

問題　**20**　近年、人と人、人と社会とがつながり、一人ひとりが生きがいや役割をもち、助け合いながら暮らしていくことのできる、包摂的なコミュニティ、地域や社会を創るという考え方が示されている。この考え方を表すものとして、**最も適切なもの**を１つ選びなさい。

1　ナショナルミニマム（national minimum）
2　バリアフリー社会
3　介護の社会化
4　生涯現役社会
5　地域共生社会

●**地域社会**　出題頻度★★★★　　　　　　　　　　　[第35回 問題８より出題]

解答と解説

✕ 1　ナショナルミニマムとは、国家が国民に対して保障する最低限度の生活水準のことです。

✕ 2　バリアフリー社会とは、障害のある人が感じている環境的な障壁のみでなく、情報や心理的要素など社会的バリアすべてが取り除かれ、誰もが快適に過ごせる社会のことです。

✕ 3　介護の社会化とは、おもに家族の問題とされていた介護を、広く社会共通の課題としてとらえ、介護サービスを社会全体で担っていくという考え方です。

✕ 4　生涯現役社会とは、就労意欲のある高齢者が、年齢に関係なく生涯現役として活躍できる社会のことです。

○ 5　地域共生社会とは、人びとが世代や分野を超えてつながり、住民一人ひとりの暮らしと生きがい、地域をともにつくっていく社会のことです。

正解 5

合格のための要点整理　●**地域共生社会**

少子高齢化による人口減少や、社会の変容における人と人のつながりの弱化に対して、地域における支え合いの機能を再構築し、住民一人ひとりの暮らしと生きがい、地域をともにつくっていく社会を目指すための取り組みが進められている。

地域共生社会とは
地域において住民が世代や背景を超えてつながり、相互に役割を持ち、一人ひとりが生活における楽しみや生きがいを見いだし、さまざまな困難を抱えた場合でも社会から孤立せず、安心してその人らしい生活をおくることができる社会。

実現のための４つの柱

❶ 地域課題の解決力の強化
❷ 地域丸ごとのつながりの強化
❸ 地域を基盤とする包括的支援の強化
❹ 専門人材の機能強化・最大活用

※厚生労働省HPを参考に、一部改変

問題 21 2016年（平成28年）に閣議決定された、「ニッポン一億総活躍プラン」にある「地域共生社会の実現」に関する記述として、**最も適切なもの**を１つ選びなさい。

1 日本型福祉社会の創造
2 我が事・丸ごとの地域づくり
3 健康で文化的な最低限度の生活の保障
4 社会保障と税の一体改革
5 皆保険・皆年金体制の実現

● 地域社会　出題頻度★★★★　　　　　　　　　　　　　[第34回 問題５より出題]

解答と解説

✕ 1 日本型福祉社会の創造とは、1970年代に登場した福祉の考え方です。「家庭」を基盤とした「福祉社会」を構築していこうとする考えです。

◯ 2 我が事・丸ごとの地域づくりが提唱され、地域生活圏域において、住民や福祉関係者による課題の把握、関係機関の連携などによる解決が図られることを目指すと明記されました。

✕ 3 憲法第25条「生存権」で記されています。日本のナショナルミニマムの基礎です。

✕ 4 社会保障と税の一体改革は、社会保障の充実・安定化と、そのための安定財源確保と財政健全化の同時達成を目指すものです。

✕ 5 すべての国民が何らかの公的医療制度に加入し、公的年金に加入できることを皆保険・皆年金といいます。日本では、1961年に達成しています。

正解 2

合格のための要点整理

■包括的な支援体制の整備と目指すこと

●我が事・丸ごとの地域づくり

高齢、障害、児童など分野ごとの相談体制では対応が困難で、地域の中で孤立（ときに排除）されているケースを確実に支援につなげ、**生活支援や就労支援等を一体的に行うことで、支援を必要としていた人自身が地域を支える側にもなり得るようなしくみづくりを推進する**。既存の相談支援機関を活用し、これらの機関が連携する体制を構築することを目指す。

市町村における対応		目指すこと
小中学校区等の圏域	①「他人事」が「我が事」になるような環境整備 ・住民の交流拠点や機会づくり ・住民参加を推進する人への支援 ②身近な圏域で、分野を超えた課題に総合的に相談に応じる体制づくり ・地区社協、地域包括支援センター、地域子育て支援拠点、相談支援事業所などで実施	◆「安心して気づく」ことができる。 ◆早期発見により、深刻化する前に課題を解決することができる。 ◆複合的課題や諸制度の対象とならない課題も含め、適切な関係機関につなぎ、連携し、解決することができる。
市町村域など	③公的機関が協働して問題を解決するための体制づくり ・生活困窮者自立支援機関などが中核	◆地域住民と協働し、新たな社会資源をつくり出すことができる。 ◆本人が支える側にもなり、生活の張りや生きがいを見いだすことができる。

「地域共生社会の実現に向けた市町村における包括的な支援体制の整備に関する全国担当者会議」資料（厚生労働省）より作成

3-3 社会保障制度

問題 22 我が国の社会保障制度の基本となる、1950年（昭和25年）の社会保障制度審議会による「社会保障制度に関する勧告」の内容として、**最も適切なもの**を１つ選びなさい。

1 生活困窮者自立支援法の制定の提言
2 社会保障制度を、社会保険、国家扶助、公衆衛生及び医療、社会福祉で構成
3 介護保険制度の創設の提言
4 保育所の待機児童ゼロ作戦の提言
5 介護分野におけるICT等の活用とビッグデータの整備

●日本の社会保障制度の発達 出題頻度★★★★　　　　［第35回 問題９より出題］

解答と解説

× 1 生活困窮者自立支援法は、2012（平成24）年、厚生労働省社会保障審議会に「生活困窮者の生活支援の在り方に関する特別部会」が設置されたのち、2013（平成25）年１月に特別部会報告書が提出され、12月に生活保護法の改正とあわせ、制定されました。

○ 2 1950（昭和25）年の勧告では、社会保障は「最低限度の生活の保障」を行うものという当時の観点に基づき、社会保障制度を４つの部門に定義しました。

× 3 高齢化における介護を取り巻く、社会状況の変化や社会保障そのもののあり方についての議論の中で、1994（平成６）年に公表された社会保障将来像委員会第二次報告において、公的な報告書でははじめて公的介護保険制度が提言されました。

× 4 この提言は、2001（平成13）年７月に閣議決定された、「仕事と子育ての両立支援策の方針について」に盛り込まれています。

× 5 2017（平成29）年、厚生労働省が公表した「国民の健康確保のためのビッグデータ活用推進に関するデータヘルス改革推進計画・工程表」と「支払基金業務効率化・高度化計画・工程表」の中に見ることができます。

正解 2

合格のための要点整理

●社会保障制度審議会

社会保障制度全般の調査、審議、勧告を行う諮問機関。2001（平成13）年の中央省庁再編に伴い、廃止されている。1950年、1962年、1995年の勧告は押さえておきたい。

■3つの勧告と内容

1950年勧告 社会保障の範囲と方法を示す	・**社会保障の範囲** 疾病、負傷、分娩、廃疾、死亡、老齢、失業、多子 ・**社会保障の方法** 社会保険、国家扶助（公的扶助）、公衆衛生、社会福祉の４つ
1962年勧告 社会保障の施策の枠組みを示す	・**貧困階層に対する施策** →生活保護制度（公費が財源） ・**低所得階層に対する施策** →社会福祉制度（公費が財源） ・**一般所得層に対する施策** →社会保険制度（社会保険料が財源）
1995年勧告 21世紀にふさわしい社会保障制度のあり方を示す	・**高齢者施策としての介護保険制度の創設** 高齢者施策が、社会福祉制度（低所得層に対する施策）から社会保険制度（一般所得層に対する施策）に移行することを意味する。

人間と社会
社会の理解

167

問題 **23** 次のうち、2020年度（令和2年）の社会福祉法の改正に関する記述として、**最も適切なもの**を1つ選びなさい。

1 市町村による地域福祉計画の策定

2 入所施設の重点的な拡充

3 医療・介護のデータ基盤の整備の推進

4 市町村直営の介護サービス事業の整備拡充

5 ロボット等の機械の活用から人によるケアへの転換

（注）2020年（令和2年）の社会福祉法等の改正とは、「地域共生社会の実現のための社会福祉法等の一部を改正する法律（令和2年法律第52号）」をいう。

●**日本の社会保障制度の発達** 出題頻度★★★★　　　　　　　　　　　[第34回 問題8より出題]

解答と解説

✕ **1** 地域福祉計画は、2000（平成12）年の社会福祉事業法等の改正により、社会福祉法に新たに規定された事項であり、適切ではありません。

✕ **2** 1951年の社会福祉事業法（現在の社会福祉法）の制定により、入所施設、在宅サービスの整備がはじまりました。

○ **3** それまで別々であった医療保険レセプト情報などと、介護保険レセプト情報などのデータベースの連結精度向上などといった取り組みが規定されました。

✕ **4** 戦後に行政主体で拡充された介護サービスは、介護保険法の施行により、広く民間企業なども参入できるものとなりました。

✕ **5** 介護人材確保と業務効率化のための取り組みとして、介護ロボットの適切な導入が進められています。

正解3

合格のための要点整理　●**地域共生社会の実現のための社会福祉法等の一部を改正する法律**

■**改正の概要**

❶ 地域住民の複雑化・複合化した支援ニーズに対応する、市町村の包括的な支援体制の構築支援

❷ 地域の特性に応じた認知症施策や介護サービス提供体制の整備等を推進する

❸ 医療・介護のデータ基盤の整備を推進する

❹ 介護人材確保および業務効率化の取り組みを強化する

❺ 社会福祉連携推進法人制度の創設

> この法律により、「社会福祉法」「介護保険法」「老人福祉法」など、全部で5つの法律の一部が改正されました

問題 24 次のうち、福祉三法に続いて制定され、福祉六法に含まれるようになった法律として、**正しいものを1つ**選びなさい。

1 社会福祉法
2 地域保健法
3 介護保険法
4 老人福祉法
5 障害者基本法

●**日本の社会保障制度の発達** 出題頻度★★★★　　　　[第33回 問題7より出題]

解答と解説

✕ 1 社会福祉法は、社会福祉の事業についての基本的共通事項を記した法律です。1951（昭和26）年に制定された社会福祉事業法が2000（平成12）年に改正され、名称が変わりました。福祉六法ではありません。

✕ 2 地域保健法は、地域保健対策の推進に関する基本指針、保健所の設置、その他地域保健対策の推進に関し、基本となる事項を定めた法律です。1947（昭和22）年に制定されました。福祉六法ではありません。

✕ 3 介護保険法は、介護が必要な人などに、介護保険制度を制定して行う保険給付についての必要事項を定めた法律です。1997（平成9）年に制定され、2000（平成12）年に施行されました。福祉六法ではありません。

○ 4 老人福祉法は、老人の福祉を図ることを目的に制定された法律です。福祉六法のひとつで、1963（昭和38）年に制定されました。

✕ 5 障害者基本法は、障害者のための施策に関し、基本的理念を定めた法律です。1970（昭和45）年に制定されました。福祉六法ではありません。

正解4

合格のための要点整理 ●**福祉六法と福祉三法の成立**

		法律名	成立年
福祉六法	福祉三法	①旧生活保護法（現・**生活保護法**）	1946（昭和21）年
		②**児童福祉法**	1947（昭和22）年
		③**身体障害**者福祉法	1949（昭和24）年
	④**精神薄弱者**福祉法（現・**知的障害**者福祉法）		1960（昭和35）年
	⑤**老人**福祉法		1963（昭和38）年
	⑥**母子**福祉法（現・**母子**及び**父子**並びに**寡婦**福祉法）		1964（昭和39）年

※寡婦とは、夫が死んだあと結婚しないでいる人。

169

問題 25 2017年度（平成29年度）の社会保障給付費に関する次の記述のうち、正しいものを1つ選びなさい。

1 国の一般会計当初予算は、社会保障給付費を上回っている。

2 介護対策の給付費は、全体の30％を超えている。

3 年金関係の給付費は、全体の40％を超えている。

4 医療関係の給付費は、前年度より減少している。

5 福祉その他の給付費は、前年度より減少している。

●日本の社会保障制度のしくみの基礎的理解　出題頻度★★　　[第33回 問題8より出題]

解答と解説

✕ 1　一般会計当初予算の約97.5兆円に対し、社会保障給付費は約120.2兆円でした。

✕ 2　介護対策の給付費は約10.1兆円で、全体の8.2％でした。

〇 3　年金関係の給付費は約54.8兆円で、全体の45.8％でした。

✕ 4　医療関係の給付費は、2016年度が約38.8兆円、2017年度が約39.4兆円と、1.6％の伸び率でした。なお、給付費全体に占める割合は32.8％で、これは前年度と同じでした。

✕ 5　福祉その他の給付費は、2016年度約25.2兆円、2017年度は25.9兆円と増加しています。

正解3

合格のための要点整理　●社会保障給付費とは

社会保障給付費とは、税金と社会保険料などを財源にした費用のことで、「年金」「医療」「介護」などのサービスや金銭によって、給付される。

■部門別社会保障給付費の構成割合
[2017（平成29）年度]

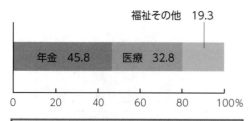

社会保障給付費のうち、「年金」「医療」「福祉その他」の部門別割合は、5対3対2である。

■政策分野別社会支出の構成割合
[2017（平成29）年度]

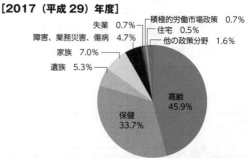

社会支出を政策分野別に見ると、もっとも大きいのは「高齢」で、ついで「保健」である。この2分野で総額の約8割を占めている。

「社会保障費用統計」（国立社会保障・人口問題研究所）より作成

3-4 高齢者福祉と介護保険制度

> **問題　26**　Ｃさん（78歳、男性、要支援１）は、公的年金（月額19万円）で公営住宅の３階で一人暮らしをしている。妻と死別後も通所型サービスを利用し、自炊を楽しみながら生活している。最近、膝の具合がよくないこともあり、階段の上り下りが負担になってきた。そこで、転居について、通所型サービスのＤ介護福祉士に相談をした。
>
> 　次のうち、Ｄ介護福祉士がＣさんに紹介する住まいの場として、**最も適切な**ものを１つ選びなさい。
>
> 1　認知症対応型共同生活介護（認知症高齢者グループホーム）
> 2　介護付有料老人ホーム
> 3　軽費老人ホームＡ型
> 4　サービス付き高齢者向け住宅
> 5　養護老人ホーム

●**高齢者福祉に関する制度**　出題頻度★★　　　　　　　　[第34回 問題９より出題]

解答と解説

✕ 1　認知症対応型共同生活介護は、認知症の要介護者が家庭的な環境と地域住民との交流のもとで、利用者が持っている能力に応じて、自立した日常生活を営むことができるようにする目的で提供されるサービスです。Ｃさんが認知症であることは、事例からは読み取れません。

✕ 2　介護付有料老人ホームは、介護スタッフが24時間常駐し、身のまわりの世話や身体の介護サービスを行う施設です。主に民間企業で運営されています。Ｃさんは、階段の上り下りに不安がありますが、常に介護が必要な状態ではありません。

✕ 3　軽費老人ホームは、原則60歳以上で自分の身のまわりのことはできるが、住宅や家族の事情などの理由により、自宅で生活するのが難しい人で、共同生活に適応する人が利用します。Ａ型は食事の提供があるタイプで、自炊の可能なＣさんにとってもっとも適切とはいえません。

○ 4　サービス付き高齢者向け住宅は、バリアフリー対応の賃貸住宅で、安否確認やさまざまな生活支援サービスを受けることができます。一般型と介護型（特定施設）の２種類があり、利用には賃貸契約が必要となります。介護度が比較的低く、自立しているが自宅での生活が不安になった人の住まいとしての選択肢です。

✕ 5　養護老人ホームは、経済的に困窮している高齢者が入所し、社会復帰のための支援を行う施設です。Ｃさんは公的年金を受給しており、経済的に困窮しているかどうかの記述は、事例では触れられていません。

正解4

問題 27 Eさん（75歳、女性、要介護2）は、訪問介護（ホームヘルプサービス）を利用している。最近、Eさんの認知症（dementia）が進行して、家での介護が困難になり、介護老人福祉施設の申込みをすることにした。家族が訪問介護員（ホームヘルパー）に相談したところ、まだ要介護認定の有効期限が残っていたが、要介護状態区分の変更の申請ができることがわかった。

家族が区分変更するときの申請先として、**正しいものを1つ選びなさい。**

1　介護保険の保険者
2　後期高齢者医療広域連合
3　介護保険審査会
4　国民健康保険団体連合会
5　運営適正化委員会

●**介護保険制度**　出題頻度★★★★　　　　　　　　[第35回 問題10より出題]

解答と解説

○ **1**　区分変更の申請先も、新規申請や更新申請と同様に、保険者の担当窓口です。

× **2**　後期高齢者医療広域連合は、後期高齢者医療制度における被保険者の資格認定・管理、被保険者証の交付、保険料の賦課、医療給付等、保険料の徴収、届け出・申請等の窓口業務を行っています。

× **3**　介護保険審査会は、都道府県に設置され、保険者が行った介護保険の保険給付と要介護（要支援）認定などについての不服申立て（審査請求）の審理・裁決を行います。

× **4**　国民健康保険団体連合会では、介護保険や医療保険等の保険給付を審査し、適切に支給するとともに、介護保険に対する苦情の相談窓口にもなっています。

× **5**　運営適正化委員会は、福祉サービスの苦情相談を受けつけ、解決に向けての助言や調査、調整をします。都道府県社会福祉協議会に設置されます。

正解1

合格のための要点整理　●**介護保険の申請**

介護保険制度の利用にかかる申請は、すべて**保険者の窓口**で行う。申請の種類は新規申請、更新申請、区分変更申請の3種類。申請後は、要介護（要支援）認定調査が行われる。

■**申請の種類**

新規申請
・疾病や障害、認知症などで介護が必要な状態になったとき。
・申請日からサービス利用が可能。
・第2号被保険者は特定疾病（16疾病）に該当した場合。

更新申請
・認定有効期間が終了するが、引き続き介護サービスを利用する場合。
・介護の必要度にかかわらず、新しい要介護認定を受ける。
・期間終了の60日前から可能。

区分変更申請
・認定有効期間内であるが、介護の必要度が増加（あるいは改善）した場合で、新たな認定を希望した場合。
・要介護度がサービスの内容や量に影響するため。

問題 28 介護保険制度の保険給付の財源構成として、**適切なものを1つ選び**なさい。

1　保険料

2　公費

3　公費、保険料、現役世代からの支援金

4　公費、第一号保険料

5　公費、第一号保険料、第二号保険料

●**介護保険制度**　出題頻度★★★★　　　　　　　　　　[第34回 問題10より出題]

解答と解説

✕ 1　適切ではありません。

✕ 2　適切ではありません。

✕ 3　適切ではありません。

✕ 4　適切ではありません。

○ 5　介護保険の財源は国や地方公共団体の公費、65歳以上の第1号被保険者の保険料（第1号保険料）、40歳以上65歳未満の医療保険加入者の第2号被保険者（第2号保険料）で構成されます。

正解5

合格のための要点整理　●**介護保険のしくみ**

介護保険の報酬（利用料）は公費50%、保険料50%＋利用者負担（利用）料で構成されている。

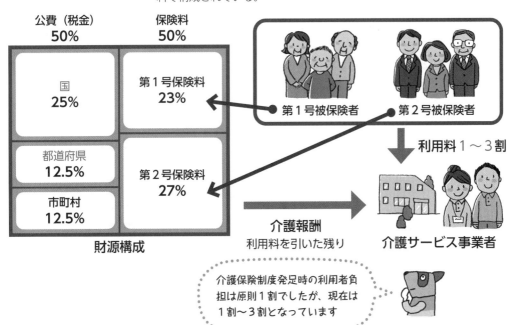

介護保険制度発足時の利用者負担は原則1割でしたが、現在は1割～3割となっています

> **問題 29** 介護保険法の保険者として、**正しいもの**を1つ選びなさい。
>
> **1** 社会保険診療報酬支払基金
>
> **2** 市町村及び特別区
>
> **3** 国民健康保険団体連合会
>
> **4** 厚生労働省
>
> **5** 日本年金機構

●**介護保険制度** 出題頻度★★★★　　　　　　　　　　　　　[第33回 問題9より出題]

解答と解説

✕ **1** 社会保険診療報酬支払基金は、医療機関から請求された医療費を審査し、健康保険組合などへ請求し、健康保険組合から支払われた医療費を保険医療機関へ支払う機関です。

○ **2** 介護保険法の保険者は、住民に身近な市町村および特別区です。

✕ **3** 国民健康保険団体連合会は、介護保険報酬請求の審査および支払いを行います。

✕ **4** 厚生労働省は、介護保険の基準や方針などの制度設計や報酬の決定、都道府県や保険者の支援を行います。

✕ **5** 日本年金機構は、公的年金制度の管理・運営を行います。第1号被保険者の保険料は特別徴収といい、年金から天引きされます。

正解 2

合格のための要点整理　●**介護保険の被保険者**

介護保険の被保険者は、住民に身近な市町村および特別区である。ここでは、あわせて都道府県の役割も覚えておこう。

市町村	都道府県
・要介護認定の審査・判定を行う「介護認定審査会」の設置 ・地域密着型サービスの指定 ・地域包括センターの設置 　　　　　　　　　　　　など	・要介護認定の結果の不服申し立てを受け付ける「介護保険審査会」の設置 ・特定介護サービス事業者の指定 ・介護支援専門員の登録・養成 　　　　　　　　　　　　など

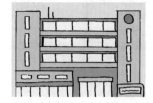

問題 30 介護保険制度の利用に関する次の記述のうち、**最も適切なもの**を1つ選びなさい。

1 要介護認定は、介護保険被保険者証の交付の前に行う。

2 要介護認定には、主治医の意見書は不要である。

3 要介護認定の審査・判定は、市町村の委託を受けた医療機関が行う。

4 居宅サービス計画の作成は、原則として要介護認定の後に行う。

5 要介護者の施設サービス計画の作成は、地域包括支援センターが行う。

●**介護保険制度** 出題頻度★★★★　　　　　　　　　　　　　　[第33回 問題10より出題]

解答と解説

✕ 1 第1号被保険者は65歳になったときに、被保険者証が交付されます。第2号被保険者は要介護認定申請時、もしくは交付申請をすれば被保険者証が交付されます。

✕ 2 要介護認定は、認定調査員による訪問調査と主治医（かかりつけ医）の意見書により行われます。

✕ 3 要介護認定の審査・判定は、保険者の設置する介護認定審査会で行われます。

○ 4 居宅介護サービス計画は、介護保険サービスを利用するうえで不可欠です。原則、要介護認定後に作成されますが、要介護申請をすれば、要介護度確定前にも暫定的に作成され、サービス利用が可能です。

✕ 5 施設サービス計画の作成は、施設の介護支援専門員が中心となり、多職種に意見を求めて作成します。

正解4

合格のための要点整理　●**介護保険の在宅サービス利用までの流れ**

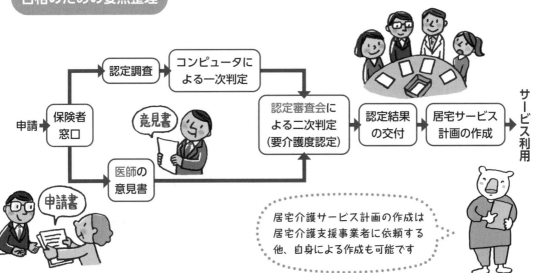

問題 31 Cさん（75歳、男性、要支援2）は、訪問介護（ホームヘルプサービス）を利用して一人暮らしをしていた。最近、脳梗塞（cerebral infarction）を起こして入院した。入院中に認知症（dementia）と診断された。退院時の要介護度は2で、自宅での生活継続に不安があったため、Uグループホームに入居することになった。

Uグループホームの介護支援専門員（ケアマネジャー）が行うこととして、**最も適切なもの**を1つ選びなさい。

1 訪問介護（ホームヘルプサービス）を継続して受けるために、Cさんを担当していた地域包括支援センターに連絡する。

2 Uグループホームに入居するときに、認知症対応型共同生活介護計画を作成する。

3 地域の居宅介護支援事業所に、Cさんのケアプランを作成するように依頼する。

4 認知症対応型共同生活介護計画の作成をするときに、認知症（dementia）があるCさんへの説明と同意を省略する。

5 日中の活動を充実するために、地域の通所介護（デイサービス）の利用をケアプランに入れる。

（注）ここでいう「グループホーム」とは、「認知症対応型共同生活介護事業所」のことである。

●**介護保険制度** 出題頻度★★★★ 　　　　　　　　　　　　　[第33回 問題11より出題]

解答と解説

✕ 1 グループホームは生活型の地域密着型サービスで、訪問介護をあわせて利用できません。

◯ 2 グループホームの利用には、認知症対応型共同生活介護計画が必須であり、作成はグループホームの介護支援専門員が行います。

✕ 3 グループホームの利用に際して、地域の居宅介護支援事業所によるケアプランの作成は必要ありません。

✕ 4 計画作成において、認知症を理由に説明と同意を省略することは適切とはいえません。

✕ 5 グループホーム利用中に、他の通所介護を利用することはできません。

正解2

合格のための要点整理

●**ケアマネジャーの役割**

居宅介護支援専門員（ケアマネジャー）は、居宅介護支援事業所の他、入所サービスの事業所にも配置され、サービス計画の作成を行う。

❶ **居宅介護支援**
・要介護者などからの依頼により、居宅サービス計画（ケアプラン）を作成する。

❸ **施設介護支援**
・施設入所者の施設サービス計画（施設ケアプラン）を作成する。

❹ **給付管理業務**
・どの事業所でどれだけのサービスを利用しており、保険や自己負担の費用はいくらになるかなどを月ごとに管理し、国民健康保険連合会に提出する。

❷ **要介護認定による業務**
・保険者からの委託により、要介護認定調査を行う。

問題 32 「2016年（平成28年）生活のしづらさなどに関する調査（全国在宅障害児・者等実態調査)」（厚生労働省）における身体障害、知的障害、精神障害の近年の状況に関する次の記述のうち、**正しいものを1つ**選びなさい。

1 最も人数の多い障害は、知的障害である。

2 施設入所者の割合が最も高い障害は、身体障害である。

3 在宅の身体障害者のうち、65歳以上の割合は7割を超えている。

4 在宅の知的障害者の数は、減少傾向にある。

5 精神障害者の8割は、精神障害者保健福祉手帳を所持している。

●障害者福祉の動向　出題頻度★★

[第34回 問題11より出題]

解答と解説

✕ 1 もっとも多いのは、75％以上を占める身体障害です。その中でも、肢体不自由が45％となっています。

✕ 2 もっとも割合が高いのは、知的障害で11.1％です。身体障害は1.7％です。

○ 3 72.6％と多く、中でも70歳以上の高齢者が59.2％を占めています。

✕ 4 2011年に62万2,000人、2016年には96万2,000人と増加しています。

✕ 5 手帳を保持している精神障害者は、約23％と少数です。

正解3

合格のための要点整理

●生活のしづらさなどに関する調査（調査結果より抜粋）

障害者施策の推進に向けた検討の基礎資料とするために、2011（平成23）年と2016（平成28）年に行われた調査。在宅の障害児・者等（難病等患者やこれまでの法制度で対象とならない人を含む）の生活実態とニーズ把握を目的とする。全15項目。

●65歳未満

	総数(%)	障害者手帳所持者	障害者手帳の種類（複数回答）			手帳非所持で自立支援給付を受けている者
			身体障害者手帳	療育手帳	精神障害者保険福祉手帳	
毎日	35.9	35.9	40.6	34.5	35.2	34.8
1週間に3～6日程度	8.1	7.7	6.6	4.8	12.9	14.8
1週間に1～2日程度	7.2	7.1	6.4	5.1	10.0	9.6
2週間に1～2日程度	3.3	3.2	2.7	1.3	6.2	6.2
1か月に1～2日程度	5.8	5.7	5.4	6.5	5.9	7.8
その他	5.7	5.7	4.9	5.1	6.8	4.3
特に生活のしづらさは感じなかった	24.5	24.9	23.5	30.3	16.3	18.3
不詳	9.4	9.7	9.9	12.5	6.8	5.2

●65歳以上（年齢不詳含む）

	総数(%)	障害者手帳所持者	障害者手帳の種類（複数回答）			手帳非所持で自立支援給付を受けている者
			身体障害者手帳	療育手帳	精神障害者保険福祉手帳	
毎日	42.8	42.5	43.1	33.8	35.2	49.0
1週間に3～6日程度	5.3	5.2	5.2	2.3	6.6	7.2
1週間に1～2日程度	5.5	5.6	5.5	2.3	7.1	3.9
2週間に1～2日程度	1.9	1.8	1.8	2.3	4.1	3.3
1か月に1～2日程度	3.4	3.4	3.4	3.8	6.1	3.3
その他	5.0	5.0	5.0	4.5	5.6	5.2
特に生活のしづらさは感じなかった	18.7	19.1	18.8	22.6	19.4	11.8
不詳	17.4	17.4	17.2	28.6	15.8	16.3

「平成28年生活のしづらさなどに関する調査（全国在宅障害児・者等実態調査）」（厚生労働省）より作成

問題 33 「障害者総合支援法」の障害者の定義に関する次の記述のうち、**適切なもの**を１つ選びなさい。

1　18歳以上の者である。

2　65歳未満の者である。

3　難病患者は除外されている。

4　発達障害者は除外されている。

5　精神作用物質による依存症の者は除外されている。

(注)「障害者総合支援法」とは、「障害者の日常生活及び社会生活を総合的に支援するための法律」のことである。

●障害者の定義　出題頻度★★　　　　　　　　　　　　　　　　[第33回 問題14より出題]

解答と解説

○ 1　18歳以上の身体障害者、知的障害者、発達障害者を含む精神障害者および一定の難病の患者と定義しています。

✕ 2　上記のとおり、年齢の制限は18歳以上とあるだけです。

✕ 3　平成25年４月当初は130疾病が対象となりました。その後、検討を重ねながら徐々に数を増し、2019（令和元）年７月からは361の疾病が対象とまとめられています。

✕ 4　18歳以上であれば、発達障害者も対象です。

✕ 5　ここでいう精神障害者は、精神保健及び精神障害者福祉に関する法律第５条に記された、統合失調症、精神作用物質による急性中毒またはその依存症、知的障害、精神病質その他の精神疾患を有する者です。

正解 1

合格のための要点整理　●障害者総合支援法の障害者の定義

それまでの障害者の定義に、「難病」が加わった。

法律に加えられた部分

治療方法が確立していない疾病その他の特殊の疾病であって、政令で定めるものによる障害の程度が、厚生労働大臣が定める程度である者であって、十八歳以上であるものをいう。

対象となる難病の数の推移

| 制度制定時 2013年4月 130疾病 | 2015年1月 151疾病 | 2015年7月 332疾病 | 2017年4月 358疾病 | 2018年1月 359疾病 | 2019年7月 361疾病 |

対象となる疾病を加えていっただけでなく、対象外となった疾病もあります

問題 34 ノーマライゼーション（normalization）を説明する次の記述のうち、**最も適切なもの**を１つ選びなさい。

1 福祉、保健、医療などのサービスを総合的に利用できるように計画すること。

2 家族、近隣、ボランティアなどによる支援のネットワークのこと。

3 利用者自身が問題を解決していく力を獲得していくこと。

4 障害があっても地域社会の一員として生活が送れるように条件整備をすること。

5 利用者の心身の状態やニーズを把握すること。

●ノーマライゼーション　出題頻度★★★★　　　　　　　　[第33回 問題12より出題]

解答と解説

✕ 1 多職種連携による地域ケアの考え方です。

✕ 2 インフォーマルサービスネットワークです。インフォーマルサービスとは、公的な制度ではないサービスの総称で、地域の支え合いなどが該当します。

✕ 3 利用者支援の基本的な考え方で、エンパワメントです。

〇 4 ノーマライゼーションの考え方として適切です。

✕ 5 介護計画作成などにおけるアセスメントです。

正解4

合格のための要点整理　　●ノーマライゼーションと環境整備

ノーマライゼーションの理念を背景にさまざまな環境整備が行われ、制度や法令が整備されている。ここでは、ハートビル法と交通バリアフリー法について確認しておく。

1994（平成6）年
ハートビル法
高齢者、身体障害者が円滑に利用できる、特定建造物の建築の促進に関する法律

2000（平成12）年
交通バリアフリー法
高齢者、身体障害者の公共交通機関を利用した移動の、円滑化の促進に関する法律

公共施設等の
バリアフリー化を促進

公共交通機関等の
バリアフリーを義務づけ

2006（平成18）年12月
バリアフリー新法
高齢者、障害者等の移動等の円滑化の促進に関する法律

計画策定段階から高齢者や障害者の参加を求め、意見を反映

高齢者や障害者がよく利用する地域を重点整備地区に指定し、一体的にバリアフリーを推進

自分の周囲に目を向けると、さまざまな環境整備が行われていることに気づきます

問題 35 Ｆさん（19歳、女性、身体障害者手帳２級）は、先天性の聴覚障害がある。Ｆさんは大学生で、授業のときは手話通訳者が配置されている。Ｆさんは筆記による定期試験を受けることになり、試験実施に関する配慮を大学に申し出た。

次の記述のうち、Ｆさんの申し出を踏まえた合理的配慮として、**最も適切なものを１つ選びなさい。**

1　受験時間を延長する。

2　試験問題の文字を拡大する。

3　テキストの持ち込みを許可する。

4　試験監督者が口頭で説明する内容を書面で渡す。

5　問題を読み上げる。

●障害者福祉に関する制度　出題頻度★★★★　　　　[第35回 問題11より出題]

解答と解説

✕ 1　聴覚障害があるという理由で受験時間を延長するのは、適切な配慮とはいえません。

✕ 2　文字を拡大するという行為は、聴覚障害に配慮した結果とはいえません。

✕ 3　Ｆさんはテキストを読むことはできますので、持ち込みの許可は過度な配慮です。

○ 4　聴覚障害のため、言葉のみで説明する事柄は十分に伝わらないことが想定されます。口頭で説明することを見える形で伝えるのが、障害の特性に合わせた適切な配慮です。

✕ 5　問題を読むことはできるので、読み上げるという配慮も適切ではありません。

正解 4

合格のための要点整理　●合理的配慮

障害者差別解消法に規定されている「合理的配慮」とは、対象者の障害の特性に合わせた、過度ではない適切な配慮のこと。2021（令和3）年の改正で、行政機関のみでなく、民間事業者にも法的義務として位置づけられた。

事例1　肢体不自由者への対応
【生活場面例：サービス（買物、飲食店など）】 人工呼吸器を使用しており、外出中はバッテリーで駆動しているので、もし可能であれば充電させてほしい。
▼
【店の対応】 飲食店で配席するときに、コンセントに近い場所へ案内し、コンセントを使用しても構わない旨を伝えた。

事例2　聴覚・言語障害者への対応
【生活場面例：行政】 左耳のほうが聞き取りやすいので、参加予定の講習会では、講師に向かって右側の位置に配席してもらいたい。
▼
【行政の対応】 希望に沿う位置に配席した。

事例3　発達障害者への対応
【生活場面例：教育】 文字の読み書きに時間がかかるため、授業中に黒板を最後まで書き写すことができない。
▼
【教育者の対応】 書き写す代わりに、デジタルカメラ、スマートフォン、タブレット型端末などで、黒板の写真を撮影できることとした。

事例4　精神障害者への対応
【生活場面例：雇用・就業】 細かい作業の段取りがなかなか覚えられず、急な手順の変化などには対応できない。
▼
【雇用者の対応】 作業手順などを示した業務マニュアルについて、わかりやすい内容となるよう工夫して作成した。また、説明や指示は具体的に行うように、職場スタッフに周知した。

「障害者差別解消法～合理的配慮の提供等事例集～」（内閣府）より作成

> **問題 36** 我が国の「障害者権利条約」の批准（2014年（平成26年））に向けて行われた、障害者基本法の改正（2011年（平成23年））で新たに法律上に規定されたものとして、**適切なもの**を１つ選びなさい。
>
> 1 自立支援医療（精神通院医療）の開始
>
> 2 共同生活援助（グループホーム）の制度化
>
> 3 成年後見制度の創設
>
> 4 社会的障壁の除去
>
> 5 東京2020パラリンピック競技大会の開催
>
> （注）「障害者権利条約」とは、国際連合の「障害者の権利に関する条約」のことである。

●障害者福祉に関する制度　出題頻度★★★★　　　　　[第35回 問題12より出題]

解答と解説

✕ 1 精神通院医療は、通院による精神医療の継続が必要な人を対象に、その通院医療にかかる医療費の支給を行うもので、2006（平成18）年４月に開始されました。

✕ 2 障害のある人が一軒家やアパートなどに定員10人以下で共同生活をする共同生活援助は、2006（平成18）年４月に制度化されました。

✕ 3 成年後見制度は認知症や知的障害、精神障害などで、判断能力が不十分な人の財産管理や身上監護を、成年後見人等が行うしくみとして、2000（平成12）年４月に創設されました。

◯ 4 第４条に関係する差別の禁止のひとつで、「社会的障壁の除去は、それを必要としている障害者が現に存し、かつ、その実施に伴う負担が過重でないときは、その実施について必要かつ合理的な配慮がされなければならない」と規定されました。

✕ 5 2013（平成25）年９月、国際オリンピック委員会（IOC）総会において、2020年にオリンピック・パラリンピック競技大会が、東京で開催されることが決定されました。

正解 4

合格のための要点整理　●障害者基本法改正（2011年）の概要

❶ 目的規定の見直し
すべての国民が障害の有無にかかわらず、等しく基本的人権を享有し・個人として尊重される。障害の有無によってわけ隔てられることなく、人格と個性を尊重し合いながら共生する社会を実現する。

❷ 障害者の定義の見直し
身体障害や知的障害、精神障害（発達障害を含む）その他の心身の機能の障害がある者で、障害と社会的障壁により、継続的に日常生活や社会生活に相当な制限を受ける者。

❸ 地域社会における共生等
すべての障害者が障害者でない者と等しく、基本的人権を享有する個人としてその尊厳が重んじられ、その尊厳にふさわしい生活を保障される権利を有することを前提とする。

❹ 差別の禁止
障害を理由として差別、その他の権利利益を侵害する行為をしてはならない。社会的障壁の除去は、必要としている障害者が現に存し、かつ、その実施に伴う負担が過重でないときは、それを怠ることによって差別や権利侵害にならないよう、その実施に必要かつ合理的な配慮を行う。

❺ 国際的協調
①目的規定にあげる社会は、国際的協調のもとに図られなければならない。

❻ 国民の理解/国民の責務
地方公共団体は、③〜⑤について、国民の理解を深めるよう努める。国民は①に定める社会の実現に寄与するように努める。

❼ 施策の基本方針
障害者の性別や年齢、障害の状態、生活実態に応じて施策を実施する。障害者その他の関係者の意見を聴き、尊重する。

問題 37 次のうち、「障害者総合支援法」の介護給付を利用するときに、利用者が最初に市町村に行う手続きとして、**適切なもの**を 1 つ選びなさい。

1　支給申請

2　認定調査

3　審査会の開催

4　障害支援区分の認定

5　サービス等利用計画の作成

(注)「障害者総合支援法」とは、「障害者の日常生活及び社会生活を総合的に支援するための法律」のことである。

●**障害者総合支援制度**　出題頻度★★★★　　　　　　　[第35回 問題13より出題]

解答と解説

○ 1　サービスを利用したいとき、最初に行うのは支給申請です。

✕ 2　支給申請のあと、障害者支援区分の認定のための調査が行われます。

✕ 3　80項目の調査結果や医師の意見書の内容を総合的に勘案し、審査判定が行われます。

✕ 4　審査判定の結果、障害者支援区分が認定され、必要な支援区分に応じてサービスを利用できるようになります。

✕ 5　市町村は障害者支援区分の認定ののち、指定特定相談支援事業者が作成したサービス等利用計画の提出を求め、提出された計画案やその他の事項を踏まえ、支給を決定します。

正解 1

合格のための要点整理　●**障害者福祉サービスの利用手続きの流れ**

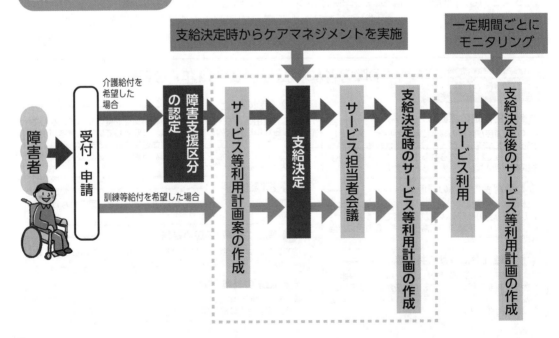

問題 **38** 「障害者総合支援法」の居宅介護を利用したときの利用者負担の考え方として、**最も適切なもの**を1つ選びなさい。

1　利用したサービスの種類や量に応じて負担する。

2　利用者の負担能力に応じて負担する。

3　利用したサービス費用の一定の割合を負担する。

4　利用したサービス費用の全額を負担する。

5　利用者は負担しない。

(注)「障害者総合支援法」とは、「障害者の日常生活及び社会生活を総合的に支援するための法律」のことである。

●**障害者総合支援制度**　出題頻度★★★★　　　　　　　　　　　[第35回 問題14より出題]

解答と解説

✕ 1　種類や量により額は違いますが、負担そのものの考えに影響はありません。

◯ 2　利用者負担に関しては、世帯の収入状況（負担能力）により1か月の負担上限が4段階で決められています。これを応能負担といいます。

✕ 3　応能負担のため、一定の割合を負担（応益負担）するものではありません。

✕ 4　最高額でも、月3万7,200円の負担ですので、全額というわけではありません。

✕ 5　生活保護受給世帯、市町村民税非課税世帯の負担上限は月額0円ですが、収入状況に応じた負担はあります。

正解 2

合格のための要点整理　　●**応能負担と応益負担**

応能負担

その人の所得や能力に応じた負担をする。所得の多い人は大きな負担、少ない人は小さい負担。

応益負担

その人の所得や能力に関係なく、その人が受ける利益に応じた負担をする。一定のサービスに対して一定の負担。

障害福祉サービスの負担は4段階

区分	世帯の収入状況	負担上限
生活保護	生活保護受給世帯	0円
低所得	市町村民税非課税世帯	0円
一般1	市町村民税課税世帯 （所得割16万円未満） ※20歳以上の入所施設利用者、グループホーム利用者を除く	9,300円
一般2	上記以外	37,200円

療養介護を利用する場合は、医療費と食費の減免があります

183

問題 39 Eさん（30歳、女性、知的障害、障害支援区分2）は、現在、日中は特例子会社で働き、共同生活援助（グループホーム）で生活している。今後、一人暮らしをしたいと思っているが、初めてなので不安もある。

次のうち、Eさんが安心して一人暮らしをするために利用するサービスとして、**適切なもの**を1つ選びなさい。

1 行動援護

2 同行援護

3 自立訓練（機能訓練）

4 自立生活援助

5 就労継続支援

●**障害者総合支援制度**　出題頻度★★★★　　　　　　　　　［第34回 問題12より出題］

解答と解説

✕ **1** 行動援護は、行動に著しい困難を有する知的障害や精神障害のある人に対し、行動する際に生じ得る危険を回避するために必要な援助を提供するものです。一人暮らしを支援するサービスではありません。

✕ **2** 同行援護は、視覚障害により、移動に著しい困難を有する人の外出に同行し、必要な援助を提供するものです。

✕ **3** 自立訓練（機能訓練）は、身体障害者や難病患者などが地域生活を営むうえで、身体機能・生活能力の維持・向上などを図るために行う支援です。1年6か月を限度として行われます。

◯ **4** 自立生活援助は、居宅で単身等で生活する障害者に対し、定期的な巡回訪問や随時の訪問、相談対応などを行い、自立した生活をおくるために必要な援助を提供するものです。Eさんの今後の安心した一人暮らしにつながるサービスとして適切です。

✕ **5** 就労継続支援とは、障害や病気のために一般企業や事業所での就労が困難な人を対象に、働く場の提供や就労のための知識・能力向上のために必要な訓練を提供するものです。Eさんは、すでに障害者へのサポート体制のある特例子会社に就労しています。

正解4

合格のための要点整理　●**自立生活援助のサービスの特徴**

地域で独立生活をはじめた障害のある人に対して、生活を送るうえでの困りごとを自己解決できるように援助するのが「自立生活援助」である。

自立生活援助は、一人ひとりの取り組む課題やペースに合わせて「定期的な訪問」「随時の対応」「同行支援」を組み合わせて行うことができる柔軟性の高さが特徴です

「自立生活支援運営ハンドブック」（厚生労働省）より

問題 40 重度訪問介護に関する次の記述のうち、**適切なものを１つ**選びなさい。

1 外出時における移動中の介護も含まれる。

2 知的障害者は対象にならない。

3 利用者が医療機関に入院した場合、医療機関で支援することはできない。

4 訪問看護の利用者は対象にならない。

5 障害が視覚障害のみの場合でも利用できる。

●障害者総合支援制度 出題頻度★★★★ 　　　　　[第34回 問題13より出題]

解答と解説

○ **1** 外出時における移動の支援や移動中の介護も、サービス内容のひとつです。

✕ **2** 常に介護を必要とする重度の肢体不自由、知的障害、精神障害の人が対象です。

✕ **3** 2018年４月より障害者支援区分６（最重度）の人に対して、入院先への重度訪問介護による訪問が可能となっています。

✕ **4** 訪問看護の利用者でも、対象者の要件にあてはまれば利用できます。ただし、同じ訪問型のサービスである居宅介護との併用はできません。

✕ **5** 常に介護を必要とする重度の肢体不自由、知的障害、精神障害の人が対象です。視覚障害の人で外出等の移動が困難な人は、同行援護の対象です。

　　　　　　　　　　　　　　　　　　　　　　　　　　　　　　　　　　正解1

合格のための要点整理　　**●重度訪問介護**
障害者総合支援法の介護給付のひとつ。2017（平成29）年の対象拡大により、日常的に重度訪問介護を利用している人が入院した場合は訪問が可能になっている。

■重度訪問介護の対象者

・重度の肢体不自由、重度の知的障害、精神障害により、行動するうえで著しい困難を有する人であり、常時介護を必要とする障害者。
・具体的には、障害支援区分４以上で、①②のいずれかに該当する者。
　①２肢以上に麻痺等があり、「歩行」「移乗」「排便」のいずれもが「支援が不要」以外。
　②行動関連項目（12項目）の合計項目が10点以上。

■サービス内容

・入浴、排泄、食事などの介護
・調理、洗濯、掃除などの家事
・その他生活全般にわたる援助
・外出時における移動中の介護

■医療機関（入院先）でのサービス内容

・体位交換など、利用者ごとに異なる特殊な介護方法について、医療従事者などに伝達し、適切な対応につなげる。
・強い不安や混乱（パニック）を防ぐために、本人に合った生活環境や習慣を医療従事者に伝達し、病室等の環境整備や対応の改善につなげる。

日常生活に生じる、さまざまな介護の事態に対応するための見守りなどを含みます

問題 41 Dさん（64歳、女性、障害支援区分4、身体障害者手帳2級）は、「障害者総合支援法」の居宅介護を利用して生活している。この居宅介護事業所は共生型サービスの対象となっている。

Dさんは65歳になった後のサービスについて心配になり、担当の居宅介護職員に、「65歳になっても今利用しているサービスは使えるのか」と尋ねてきた。

居宅介護事業所の対応として、**最も適切なもの**を1つ選びなさい。

1 Dさんは障害者なので介護保険サービスを利用することはないと伝える。

2 障害者の場合は75歳になると介護保険サービスに移行すると伝える。

3 現在利用しているサービスを継続して利用することができると伝える。

4 継続して利用できるかどうか65歳になった後で検討すると伝える。

5 介護予防のための通所介護（デイサービス）を利用することになると伝える。

（注）「障害者総合支援法」とは、「障害者の日常生活及び社会生活を総合的に支援するための法律」のことである。

●**障害者総合支援制度**　出題頻度★★★★　　　　　　　　　［第33回 問題13より出題］

解答と解説

✕ 1　障害者であっても65歳になれば認定を受け、介護保険サービスを利用できます。

✕ 2　65歳になれば、介護保険の被保険者になります。75歳という年齢でサービスが移行されることはありません。

○ 3　障害者と要介護高齢者が同様に利用できるのが共生型サービスですので、Dさんは65歳になっても現在のサービスを利用することが可能です。

✕ 4　継続利用が可能であるため、65歳になったあとで検討するという対応は間違いです。

✕ 5　Dさんは障害支援区分4であることから、要介護状態であることが推測でき、介護予防の対象ではないと考えられます。

正解3

合格のための要点整理

●**共生型サービスとは**

介護保険サービスと障害福祉サービスが、同じ事業所で一体的に提供できるようにしたもの。地域共生社会の実現に向けたもので、2018（平成30）年度の介護保険法改正時に創設された。

介護保険サービス事業所
65歳以上を対象

障害福祉サービス事業所
障害者が対象

共生型サービス事業所
介護保険＋障害福祉サービス事業所
どちらの対象者も利用可

特例として、介護や障害どちらかの指定を受ければ、もうひとつの指定も受けやすくなります

それぞれの制度で指定基準を満たす必要があります

問題 42 「障害者総合支援法」のサービスを利用するための障害支援区分を判定する組織として、**正しいものを1つ選びなさい。**

1 身体障害者更生相談所

2 協議会

3 基幹相談支援センター

4 居宅介護事業所

5 市町村審査会

(注)「障害者総合支援法」とは、「障害者の日常生活及び社会生活を総合的に支援するための法律」のことである。

●**障害者総合支援制度** 出題頻度★★★★　　　　　　　　　[第33回 問題15より出題]

解答と解説

✕ 1 身体障害者や家族に対し、専門的な相談・指導や判定業務、補装具の処方および適合判定、市町村に対する技術的援助指導、必要に応じた巡回相談、地域におけるリハビリテーションの推進に関する業務などを行います。

✕ 2 事例を通じて明らかになった地域の課題を共有し、地域のサービス基盤の整備を着実に進めていく役割を担っている地域の関係者で組織された機関です。

✕ 3 身体障害・知的障害・精神障害に関する総合的な相談支援、成年後見制度利用支援事業を地域の実情に応じて行う、地域の相談支援の拠点です。

✕ 4 ホームヘルパーが自宅を訪問して、身体の介護や生活援助、生活等の相談や助言を行う居宅介護を提供する事業所です。

◯ 5 障害者総合支援法のサービスを利用したい場合、市町村に申請し、認定調査を受けたのち、市町村審査会で障害支援区分の判定が行われます。

正解 5

合格のための要点整理　　●**障害支援区分とは**

障害者等にある障害の多様な特性、その他心身の状態に応じて、必要とされる標準的な支援の度合いを総合的に示すものとして、厚生労働省で定めるもの。

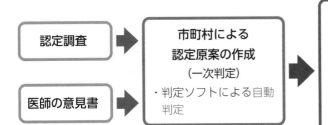

認定調査の結果と医師の意見書により、市町村での一次判定ののち、審査会で決定される。

3-6 介護実践に関連する諸制度

> **問題 43** 「個人情報保護法」に基づくプライバシー保護に関する次の記述のうち、**最も適切なもの**を1つ選びなさい。
>
> **1** 電磁的記録は、個人情報には含まれない。
>
> **2** マイナンバーなどの個人識別符号は、個人情報ではない。
>
> **3** 施設職員は、実習生に利用者の生活歴などを教えることは一切できない。
>
> **4** 個人情報を第三者に提供するときは、原則として本人の同意が必要である。
>
> **5** 自治会長は、本人の同意がなくても個人情報を入手できる。
>
> （注）「個人情報保護法」とは、「個人情報の保護に関する法律」のことである。

●個人の権利を守る制度　出題頻度★★★★　　　　　　　　［第35回 問題15より出題]

解答と解説

× **1** 個人情報とは、生存する個人に関する情報で、個人を識別できる情報のことです。電磁的記録も含まれます。

× **2** マイナンバーのような法令や政令で定められたものを、個人識別符号といいます。個人識別符号そのものや個人識別符号を含んだ情報は、個人情報となります。

× **3** あらかじめ情報を提供する個人と情報を得る側で、一定のルールのもとに同意があれば可能です。

○ **4** 原則として、本人の同意があれば情報の提供は可能です。ただし、目的や提供する相手など、十分に説明する必要があります。

× **5** 自治会長という団体の長であっても、相手の同意なしに個人情報を入手することはできません。

正解 4

合格のための要点整理

●個人情報保護法

個人情報保護法は、個人情報の有用性に配慮しながら、個人の権利や利益を守ることを目的とした法律。2003（平成15）年施行で、正式名称は個人情報の保護に関する法律。

■「個人情報」とは？

①個人情報
　生存する個人に関する情報。特定の個人を識別することができるもの。

②個人識別符号
　DNA、顔認証データ、光彩、声紋、指紋など。
　旅券番号、基礎年金番号、住民票コード、マイナンバーなど。

③要配慮個人情報
　差別や偏見、その他の不利益が生じないように配慮を要する情報。法律・政令で定められた情報。

④個人情報データベース/個人データ
　体系的に構成された個人情報を含む、情報の集合物を個人情報データベースという。構成する情報が個人データ。

⑤個人情報取扱事業者
　個人情報データベース等を事業のために取り扱っている事業者。

⑥保有個人データ
　本人からの請求により、個人情報取扱事業者が開示、内容の訂正や利用、第三者への提供の停止を行うことができる個人データ。

問題 44 「高齢者虐待防止法」に関する次の記述のうち、**最も適切なもの**を1つ選びなさい。

1 虐待が起こる場として、家庭、施設、病院の3つが規定されている。

2 対象は、介護保険制度の施設サービス利用者とされている。

3 徘徊しないように車いすに固定することは、身体拘束には当たらない。

4 虐待を発見した養介護施設従事者には、通報する義務がある。

5 虐待の認定は、警察署長が行う。

（注）「高齢者虐待防止法」とは、「高齢者虐待の防止、高齢者の養護者に対する支援等に関する法律」のことである。

●**個人の権利を守る制度** 出題頻度★★★★ 　　　　　[第35回 問題16より出題]

解答と解説

✕ 1 この法律が対象としているのは、養護者と養介護施設等従事者による高齢者虐待です。具体的な場所は、養介護施設と養介護事業所について規定されています。

✕ 2 高齢者虐待防止法では、対象となる「高齢者」を65歳以上の者と定義しています。介護保険制度の施設サービス利用者に限定していません。また、65歳未満の者であって、養介護施設に入所および利用、またはその他養介護事業にかかるサービスの提供を受ける障害者については、「高齢者」とみなしています。

✕ 3 本人の意に反して、行動を抑制する行為は身体拘束にあたります。

◯ 4 高齢者虐待等を受けたと思われる高齢者を発見した際には、すみやかに市町村に通報しなければならないという通報の義務が定められています。

✕ 5 市町村が事実確認のあとに認定し、虐待を受けた高齢者への支援や虐待をした養介護者、養介護施設従事者等への権限の行使を行います。

正解 4

合格のための要点整理 ●**高齢者虐待防止の枠組み・体系（都道府県・市町村の責務）**

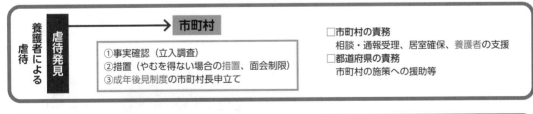

●**個人の権利を守る制度**　出題頻度★★★★　　　　[第34回 問題14より出題]

解答と解説

✕ 1　行政書士は、3.6％で全体の６番目です。

○ 2　司法書士は、37.9％でもっとも多い職種です。

✕ 3　社会保険労務士は「その他」と分類されていて、少ないことはわかりますが、詳細は不明です。

✕ 4　精神保健福祉士は、全体の0.1％です。

✕ 5　税理士は、全体の0.2％です。

正解 2

合格のための要点整理

●**成年後見人等と本人の関係別件数**

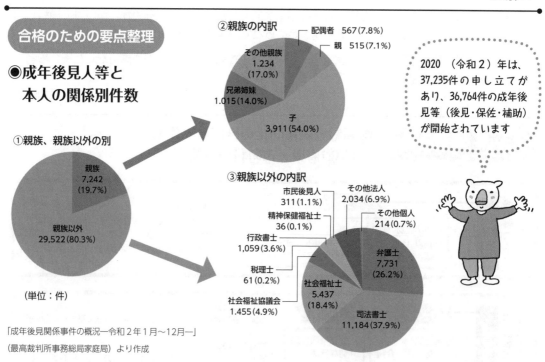

2020（令和２）年は、37,235件の申し立てがあり、36,764件の成年後見等（後見・保佐・補助）が開始されています

①親族、親族以外の別
親族 7,242（19.7％）
親族以外 29,522（80.3％）
（単位：件）

②親族の内訳
配偶者 567（7.8％）
親 515（7.1％）
その他親族 1,234（17.0％）
兄弟姉妹 1,015（14.0％）
子 3,911（54.0％）

③親族以外の内訳
市民後見人 311（1.1％）
精神保健福祉士 36（0.1％）
行政書士 1,059（3.6％）
税理士 61（0.2％）
社会福祉協議会 1,455（4.9％）
社会福祉士 5,437（18.4％）
司法書士 11,184（37.9％）
弁護士 7,731（26.2％）
その他法人 2,034（6.9％）
その他個人 214（0.7％）

「成年後見関係事件の概況―令和２年１月～12月―」
（最高裁判所事務総局家庭局）より作成

問題　46　「高齢者虐待防止法」に関する次の記述のうち、**適切なものを１つ選**びなさい。

1　養護者及び養介護施設従事者等が行う行為が対象である。

2　虐待の類型は、身体的虐待、心理的虐待、経済的虐待の三つである。

3　虐待を発見した場合は、施設長に通報しなければならない。

4　立ち入り調査を行うときは、警察官の同行が義務づけられている。

5　通報には、虐待の事実確認が必要である。

(注)「高齢者虐待防止法」とは、「高齢者虐待の防止、高齢者の養護者に対する支援等に関する法律」のことである。

●**個人の権利を守る制度**　出題頻度★★★★　　　　　［第33回 問題16より出題］

解答と解説

○**1**　対象となるのは、被虐待者の養護者および福祉・介護サービスを提供する施設や事業所等で従事する者です。

✕**2**　身体的虐待、心理的虐待、性的虐待、介護放棄、経済的虐待の５つです。

✕**3**　住所のある市町村に通報します。

✕**4**　警察官の同行は義務ではなく、同行などの援助を求めることができるとされています。

✕**5**　高齢者虐待を受けたと思われる高齢者を発見した場合は、すみやかに市町村に通報するとあり、事実確認は市町村が行います。

正解1

合格のための要点整理　●**障害者虐待防止法**

障害者虐待の防止と、虐待をしてしまった養護者等に関する支援を定めた法律。2012(平成24) 年施行。

養護者等とは？	①障害者を養護している人 ②障害者福祉施設等の従事者など ③障害者を使用している人
通報義務と通報先は？	①養護者、障害者福祉施設従業者等に障害者虐待（疑い）を発見したときは、すみやかに市町村に通報。 ②使用者による障害者虐待（疑い）を発見したときは、すみやかに市町村または都道府県に通報
通報者の免責とは？	①通報は、守秘義務違反に当たらない ②通報したことを理由に、解雇などの不当な扱いを受けない
虐待の種類は？	①身体的虐待　②心理的虐待　　③性的虐待 ④介護放棄（ネグレクト）　⑤経済的虐待
注意すべき点は？	65歳未満でも、要介護施設入所者や要介護事業のサービスを受ける障害者は高齢者と見なし、高齢者虐待防止法の対象となる

もっとも多いのが身体的虐待です

問題 47 発達障害のGさん（38歳、男性）は、高校生の頃に不登校になり、ずっとアルバイトをしながら、統合失調症（schizophrenia）の母親（65歳、精神保健福祉手帳2級）を介護してきた。母親に認知症（dementia）が疑われるようになったが、これからも二人で暮らし続けたいと考えたGさんは、相談支援事業所の介護福祉職に相談した。

Gさんに対する介護福祉職の助言として、**最も適切なもの**を1つ選びなさい。

1 地域包括支援センターで、介護保険サービスの情報を得ることを勧める。

2 Gさんが正規に雇用されるように、ハローワークに相談に行くことを勧める。

3 Gさんの発達障害について、クリニックで適切な治療を受けることを勧める。

4 母親に、介護老人福祉施設を紹介する。

5 母親に、精神科病院への入院を勧める。

●**地域生活を支援する制度** 出題頻度★★★　　　　　［第35回 問題17より出題］

解答と解説

○ 1 2人での暮らしを継続するためには、認知症が疑われる母親への介護の支援が不可欠です。65歳の母親は、介護保険サービスを利用することが可能です。そのための相談先として、総合相談窓口である地域包括支援センターが適切です。

✕ 2 Gさんの現在の不安は、認知症が疑われる母との生活についてであり、経済的な背景によるものではありません。

✕ 3 Gさん自身の治療ではなく、認知症が疑われる母との生活の継続をどう支援するかが大切です。

✕ 4 2人の生活の継続を希望しているので、本人と母親を引き離すような支援は不適切です。

✕ 5 精神病院への入院は、認知症の治療につながるとは限りませんし、2人を引き離すことになります。

正解 1

合格のための要点整理

●**地域包括支援センター**
高齢者が住み慣れた地域で生活するため、専門知識を持った職員が、介護や介護予防のサービス、保健福祉サービス、日常生活の支援など幅広く応じる総合相談窓口。

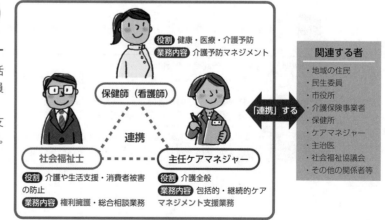

役割 健康・医療・介護予防
業務内容 介護予防マネジメント

保健師（看護師）

連携

社会福祉士
役割 介護や生活支援・消費者被害の防止
業務内容 権利擁護・総合相談業務

主任ケアマネジャー
役割 介護全般
業務内容 包括的・継続的ケアマネジメント支援業務

「連携」する

関連する者
・地域の住民
・民生委員
・市役所
・介護保険事業者
・保健所
・ケアマネジャー
・主治医
・社会福祉協議会
・その他の関係者等

問題 48　保健所に関する次の記述のうち、**正しいもの**を１つ選びなさい。

1　保健所の設置は、医療法によって定められている。

2　保健所は、全ての市町村に設置が義務づけられている。

3　保健所は、医療法人によって運営されている。

4　保健所の所長は、保健師でなければならない。

5　保健所は、結核（tuberculosis）などの感染症の予防や対策を行う。

◉**保険医療に関する制度**　出題頻度★★　　　　　　　　　　[第34回 問題15より出題]

解答と解説

✕ 1　保健所の設置の根拠法令は、「地域保健法」です。1947年成立の「保健所法」が1994年の改正により、現名称となりました。

✕ 2　都道府県、政令指定都市、中核都市、東京の特別区に設置が義務づけられています。

✕ 3　運営主体も、設置義務がある自治体と同じです。

✕ 4　医師もしくは厚生労働大臣から、公衆衛生行政に必要な医学に関する専門的知識に関し、医師と同等以上の知識を持つと認められた人が所長になれます。

◯ 5　地域保健法には、保健所の業務が14件記載されており、そのひとつに「エイズ、結核、性病、伝染病その他の疾病の予防に関する事項」とあります。

正解 5

合格のための要点整理　◉**保健所**

保健所は、地域保健法に規定された地域保健の中核となる機関である。

■保健所の概要

役割	中心的役割は公衆衛生
設置場所	都道府県、政令指定都市、中核都市など
職員等	所長は医師、保健師、獣医師、薬剤師などの幅広い専門家が務める

地域保健法には、市町村ごとに設置され、地域の健康づくりの中心的役割に担う保健センターについても規定されています

■保健所の14の業務

①地域保健に関する思想の普及・向上に関する事項

②人口動態統計その他地域保健に関する統計に関する事項

③栄養の改善、食品衛生に関する事項

④住宅、水道、下水道、廃棄物の処理、清掃その他の環境衛生に関する事項

⑤医事・薬事に関する事項

⑥保健師に関する事項

⑦公共医療事業の向上・増進に関する事項

⑧母性・乳幼児・老人の保健に関する事項

⑨歯科保健に関する事項

⑩精神保健に関する事項

⑪治療方針が確立していない疾病その他の特殊の疾病により、長期に療養を必要とする保健に関する事項

⑫エイズ、結核、性病、伝染病その他の疾病の予防に関する事項

⑬衛生上の試験・検査に関する事項

⑭その他の地域住民の健康の保持・増進に関する事項

問題 49 生活困窮者自立支援法に関する次の記述のうち、**適切なもの**を1つ選びなさい。

1 最低限度の生活が維持できなくなるおそれのある者が対象になる。

2 自立を図るために、就労自立給付金が支給される。

3 疾病がある者には、医療費が支給される。

4 子どもへの学習支援は、必須事業とされている。

5 最終的な、「第3のセーフティーネット」と位置づけられている。

●**貧困と生活困窮に関する制度** 出題頻度★★★　　　　　[第35回 問題18より出題]

解答と解説

○1 この制度ができたのは、生活困窮者の抱える課題が経済的な困窮だけでなく、就労状況や心身の状況、住まいの確保、家族・家計の課題、債務、社会的な孤立など、複雑で多様化しているという背景があります。

✕2 就労自立給付金は、生活保護法の制度です。

✕3 この法律では、医療費の支給は制度化されていません。

✕4 貧困の連鎖を防止するための子どもへの学習・生活支援は、任意事業です。

✕5 最終的な「第3のセーフティーネット」とは、生活保護法を指します。生活困窮者自立支援法は、社会保険制度や労働保険制度に続く「第2のセーフティーネット」です。

正解 1

合格のための要点整理 ●**生活困窮者自立支援制度**

一人ひとりの状況に合わせた支援プランを作成し、専門の支援員が相談者に寄り添いながら、他の専門機関と連携して、解決に向けた次のような支援を行う。

●**自立相談支援事業**	●**住居確保給付金の支給**※	●**就労準備支援事業**※	●**家計相談支援事業**
個人の状況に合わせた支援プランを作成	**家賃相当額を支給する**	**就労への手助けをする**	**家計の立て直しをアドバイス**
支援員が相談を受けて、どのような支援が必要かを考え、具体的な支援プランを作成し、自立に向けた支援を行う。	離職などにより住居を失った人、または失う恐れの大きい人には、就職に向けた活動をすることなどを条件に、一定期間、家賃相当額を支給する。	ただちに就労が困難な人に6か月から1年の間、プログラムに沿って、一般就労に向けた基礎能力を養いながら就労に向けた支援や就労機会の提供を行う。	相談者が自ら家計を管理できるように、状況に応じた支援計画の作成、相談支援等を行い、早期の生活再生を支援。

●**就労訓練事業**	●**生活困窮世帯の子どもの学習支援**	●**一時生活支援事業**※
柔軟な働き方による就労の場の提供	**生活困窮家庭の子どもの学習をサポート**	**住居のない人に衣食住を提供**
ただちに一般就労が困難な人のために、その人に合った作業機会を提供しながら、一般就労に向けた支援を中・長期的に実施する、就労訓練事業（いわゆる「中間的就労」）。	子どもの学習支援をはじめ、日常的な生活習慣づくり、仲間と出会い活動ができる居場所づくり、進学に関する支援等、子どもと保護者の双方に必要な支援を行う。	住居を持たない人、またはネットカフェ等の不安定な住居形態にある人に、宿泊場所や衣食を提供。就労支援などの自立支援も行う。

※一定の資産収入に関する要件を満たしている人が対象。
厚生労働省HPより作成

問題 50 生活保護制度に関する次の記述のうち、**最も適切なもの**を1つ選びなさい。

1 生活保護の給付方法には、金銭給付と現物給付がある。

2 生活保護の申請は、民生委員が行う。

3 生活保護法は、日本国憲法第13条にある幸福追求権の実現を目的としている。

4 生活保護を担当する職員は、社会福祉士の資格が必要である。

5 生活保護の費用は、国が全額を負担する。

●貧困と生活困窮に関する制度　出題頻度★★★　　　　［第34回 問題16より出題］

解答と解説

○ **1** 生活保護の給付は、基本的に現金による金銭給付です。例外として、医療や介護などが現物として給付されます。

✕ **2** 申請は原則、本人です。生活保護は申請に基づいて保護を開始するのが原則ですが、急迫した状態にある場合は市町村長が職権で保護できます。

✕ **3** 憲法第25条生存権に規定された、「すべて国民は健康で文化的な最低限度の生活を営む権利を有する」という理念の実現を目指しています。

✕ **4** 生活保護を担当する職員を、ケースワーカーといいます。「社会福祉主事任用資格」を取得して、公務員試験に合格する必要があります。

✕ **5** 生活保護の費用を、保護費といいます。その負担は、国が3/4、地方自治体が1/4です。

正解 1

合格のための要点整理　　**●生活保護の種類（金銭給付と現物給付）**

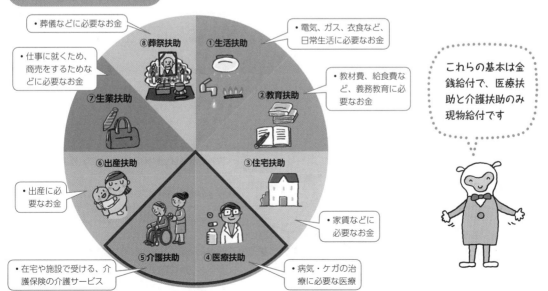

項目別出題傾向とポイント

1 こころとからだの しくみ

「介護」の領域、とりわけ「生活支援技術」との関連が深い介護の基礎や根拠となる知識が問われます。私たちの「こころ」のはたらきに関する知識や、「からだ」に関する基礎知識からはじまり、それぞれの生活場面で「こころとからだ」がどうはたらいているか、「疾病や障害、機能低下」がどう影響するかを学習しておく必要があります。他の領域でも出題される内容が少なくありませんが、「食事摂取のプロセス」「尿失禁・便秘」の分類」「睡眠障害の種類」「死の前後の身体の変化」「グリーフ・ケア」などは、この科目でしか出題されていないので確実に学習しておきましょう。

出題された項目	第36回	第35回	第34回	第33回	ワンポイントアドバイス
こころのしくみの理解	問題19	問題19	問題97	問題97	・マズローの欲求階層説は必須項目といえる。 ・記憶の分類、防衛機制を確実に覚えておく。
からだのしくみの理解	問題20 問題21 問題22	問題20 問題21	問題98 問題99 問題101	問題98	・脳の各部位が司る機能について確認しておく。 ・骨格や筋肉のはたらきは、自分のからだでイメージできるようにしておく。 ・内部器官は、疾患とあわせて学習しておく。
移動に関連した こころとからだのしくみ		問題22 問題23	問題102	問題100	・障害や疾患の移動への影響を確認しておく。姿勢についても出題される。 ・廃用症候群の症状について理解を深めておく。
身じたくに関連した こころとからだのしくみ	問題23	問題24	問題100	問題99	・疾患で生じる身じたくへの影響を押さえておく。 ・疾患と身じたくに生じる変化の関係を覚えよう。
食事に関連した こころとからだのしくみ	問題24 問題25	問題25 問題26	問題103 問題104	問題101 問題102	・５大栄養素について、学習しておこう。 ・食の過程（接触・嚥下のプロセス）は重要項目。 ・疾患による食事の制限を学習しておこう。 ・脱水やめまいなど、具体的な症状を理解しておきたい。
入浴、清潔保持に関連した こころとからだのしくみ	問題26		問題105	問題103	・湯温の違いで起こる、からだの変化について覚えておく。 ・生活支援技術と関連させ、入浴前・中・後の注意すべき点を学んでおこう。 ・循環器系や呼吸器系に疾患がある人の入浴時の注意、一般的に入浴を避けたほうがよい場合など、覚えておこう。
排泄に関連した こころとからだのしくみ	問題27	問題27	問題106	問題104 問題105	・失禁の種類は出題頻度が高いので、確実に覚えておこう。 ・便秘の種類・原因について学習しておく。
休息・睡眠に関連した こころとからだのしくみ	問題28 問題29	問題28	問題107 問題108	問題106 問題107	・高齢者の睡眠の特徴、睡眠のリズムを押さえておきたい。 ・睡眠と関係するホルモンは出題されることが多い。 ・具体的な睡眠障害について理解しておきたい。

人生の最終段階の ケアに関連した こころとからだのしくみ	問題30	問題29 問題30	問題108	問題108	・「死」の定義について理解しておきたい。 ・「死」の前後の身体的変化について押さえておこう。 ・キューブラー・ロスの死の受容過程は必須項目といえる。 ・看取りケアにおける介護職の役割について確認しておこう。

2 発達と老化の理解

最近では、「乳幼児の発達」についての出題もありますが、「高齢者の定義」「老化に伴う心身の変化」は、定番ともいえる出題項目。疾病や障害は他の教科との関連も高く、同じ事柄が出題されることがあります。

出題された項目	第36回	第35回	第34回	第33回	ワンポイントアドバイス
人間の成長と発達の 基礎的理解	問題31 問題32 問題33 問題34	問題31 問題32 問題33	問題69 問題70	問題69 問題70 問題71	・エリクソン、ピアジェの発達理論にあわせ、乳幼児の心身の発達にも目を通しておく。 ・各法令、制度での高齢者の定義、ライチャードやニューガーデンの高齢者の性格分類など、高齢期の適応について学んでおく。
老化に伴う こころとからだの 変化と日常生活	問題35 問題36 問題37 問題38	問題34 問題35 問題36 問題37 問題38	問題71 問題72 問題73 問題74 問題75 問題76	問題72 問題73 問題74 問題75 問題76	・加齢に伴う感覚器の変化、精神状態の変化、身体の変化などは必須項目として学習しておく。 ・記憶や適応機制は、ここでも出題されることがある。 ・老化にしたがい、罹患しやすい疾病やその原因、日常生活への影響と注意点は、学習の幅が広く重要。 ・生活支援技術、こころとからだのしくみとの関連も多く、共通する項目が多い。

3 認知症の理解

いわゆる4大認知症であるアルツハイマー型認知症、血管性認知症、レビー小体型認知症、前頭側頭型認知症に関しては、原因や症状の特徴などを確実に学習しておきましょう。最近の傾向として、認知症の人に対する具体的ケアやかかわり方などといった実践的な問題が増えてきています。認知症のケアの理念を基礎に、しっかりと内容を押さえておきましょう。認知症にかかわる専門職や社会資源についても確実に学習しておきましょう。

出題された項目	第36回	第35回	第34回	第33回	ワンポイントアドバイス
認知症を 取り巻く状況	問題39	問題39 問題43	問題77	問題78 問題79	・パーソン・センタード・ケアは重要。 ・日ごろから、認知症高齢者の統計などに目を通しておくとよい。

	第36回	第35回	第34回	第33回	
認知症の医学的・心理的側面の基礎的理解	問題40 問題41 問題42 問題43 問題44 問題45 問題46	問題40 問題41 問題42 問題48	問題78 問題79 問題80 問題81	問題77 問題81 問題82 問題84 問題85	・認知症の症状に対する理解を深めておきたい。 ・代表的な4つの認知症を中心に理解を深めておきたい。 ・中核症状と心理・行動症状はしっかりと理解しておくとよい。 ・若年性認知症と高齢者の認知症との違いなど、基礎的な理解が求められる。 ・認知症治療薬や非薬物療法について学んでおこう。
認知症に伴う生活への影響と認知症ケア	問題47	問題44	問題82 問題84 問題83 問題85		・認知症の人の特徴的な行動に対する、基本的な対応を学習しておこう。 ・認知機能の障害がどういった症状を引き起こしているのか、実際の場面をイメージして覚えておこう。
連携と協働		問題45 問題46 問題47	問題86	問題80 問題86	・認知症の人を支援する専門職について、理解を深めておきたい。 ・認知症初期集中支援チームなど社会資源について学んでおこう。
家族への支援	問題45 問題46 問題47			問題83	・家族の心理状態に合わせた対応が大切。 ・家族をサポートする社会資源を学んでおく。

4 障害の理解

　　　　　障害に関する概念や理念の中でも、「国際障害分類（ICF）」や「リハビリテーション」「ソーシャル・インクルージョン」は基本として押さえておきましょう。「身体障害」に関する出題が多いですが、「発達障害」や「難病」も出題されやすいです。過去にも出題されている障害は、原因や症状の特徴、進行など基礎的な学習を積み重ねておきましょう。障害者福祉サービスの個々の内容や、障害の受容過程も確実に押さえておきましょう。多職種連携や家族への支援は重要項目であり、さらに学習が必要です。

出題された項目	第36回	第35回	第34回	第33回	ワンポイントアドバイス
障害の基礎的理解	問題49 問題50	問題49 問題50 問題51	問題87	問題87 問題88 問題89 問題93	・国際生活機能分類（ICF）について、概念図が示す内容などを学習しておこう。 ・ノーマライゼーション、インクルージョン、リハビリテーションなどの概念は要チェック。
障害の医学的・心理的側面の基礎的理解	問題51 問題52 問題53 問題54	問題52 問題53 問題54 問題55	問題89 問題90 問題91 問題92	問題90 問題91 問題92 問題94	・身体障害だけでなく、精神障害に関する問題も多く出題される。 ・発達障害では、各障害の特性をしっかり覚えておく。 ・関節系疾患、神経系疾患の出題傾向が高い。 ・各障害の日常生活への影響を押さえておこう。 ・難病疾患に関しての知識を深めておく。 ・障害の受容過程は、暗記しておくとよい。
障害のある人の生活と障害の特性に応じた支援	問題55 問題56	問題56 問題57	問題88 問題93	問題96	・障害のある人のライフステージにあわせた支援を学習しておく。 ・障害があることで生じる生活上の問題を学習しておく。 ・合理的配慮とバリアフリーは、重要な項目である。
連携と協働	問題57	問題58	問題94 問題95		・障害者福祉サービスの体系を覚えておこう。 ・就労支援の施策など、就労に関することは重要。 ・他の連携すべき機関と専門職の役割を押さえておく。
家族への支援	問題58		問題96	問題95	・介護負担の軽減を支援する制度やアプローチを覚えておきたい。

※第36回の問題と解答解説は15〜143ページに掲載されています。

4-1 こころのしくみの理解

問題 51 Hさん（75歳、男性）は、一人暮らしであるが、隣人と共に社会活動にも積極的に参加し、ゲートボールや詩吟、芸術活動など多くの趣味をもっている。また、多くの友人から、「Hさんは、毎日を有意義に生活している」と評価されている。Hさん自身も友人関係に満足している。

ライチャード（Reichard, S.）による老齢期の性格類型のうち、Hさんに相当するものとして、**適切なもの**を**1つ**選びなさい。

1 自責型

2 防衛型（装甲型）

3 憤慨型

4 円熟型

5 依存型（安楽いす型）

●**こころのしくみの理解** 出題頻度★★★★　　　　　[第35回 問題19より出題]

解答と解説

✕ **1** 現在の自分の人生を失敗ととらえ、その原因が自分にあるとするのが自責型です。

✕ **2** 老化に抵抗し、認めようとせず、それまでの活動を続けようとするのが防衛型です。

✕ **3** 不平・不満が多く、自分の過去や老いを認められず、失敗を他人や環境のせいにするのが憤慨型（攻撃憤慨型、外罰型）です。

○ **4** Hさんのように現在の自分を受け入れ、社会参加やできる活動に参加し、有意義に生活しているのが円熟型です。

✕ **5** 現状を受け身的に受け入れ、他人に依存するタイプが依存型（安楽いす型）です。ロッキングチェアー型ともいわれます。

正解4

合格のための要点整理

●**ライチャードの老年期の性格類型**

ライチャードは、老年期の性格特性を、老年期に適応している「適応型」、適応していない「不適応型」にわけて論じている。

老化に抵抗が強い防衛型も、老年期の性格に適応していることに注意しましょう

適応型			不適応型	
❶ 円熟型	**❷** 依存型 （ロッキングチェアー型）	**❸** 防衛型 （装甲型）	**❹** 外罰型 （攻撃憤慨型）	**❺** 内罰型 （自責型）
自己の人生を受け入れ、社会参加に積極的。	受け身的に現状を受け入れ、他人に依存。隠居タイプ。	・老化に抵抗し、防衛する。 ・責任感が強く活動し続けるタイプ。	・自己の過去や老いを受容できず、失敗を他人や環境のせいにする。 ・不平・不満が多い。	自己の人生の失敗の原因を自分にあるととらえ、愚痴や後悔が多い。

問題 52 Kさん（83歳、女性、要介護1）は、3年前にアルツハイマー型認知症（dementia of the Alzheimer's type）と診断された。一人暮らしで訪問介護（ホームヘルプサービス）を利用している。金銭管理は困難であり、長男が行っている。

最近、認知症(dementia)の症状がさらに進み、訪問介護員（ホームヘルパー）がKさんの自宅を訪問すると、「通帳を長男の嫁が持っていってしまった」と繰り返し訴えるようになった。

考えられるKさんの症状として、**適切なもの**を1つ選びなさい。

1　もの盗られ妄想

2　心気妄想

3　貧困妄想

4　罪業妄想

5　嫉妬妄想

●**こころのしくみの理解**　出題頻度★★★★　　　　　　　　　［第34回 問題97より出題］

解答と解説

○ 1　認知症の症状としてみられる物盗られ妄想は、記憶障害による物の置き忘れを「誰かに盗まれた」と思い込んでしまう症状です。

✕ 2　心気妄想とは、からだの健康状態について過度に不安を感じ、命にかかわる病気になったなどと思い込んでしまう症状です。

✕ 3　貧困妄想とは、きちんとした収入があるにもかかわらず、これでは生活できないなどと過度に心配してしまう症状です。

✕ 4　罪業妄想とは、自分が行ったことが罪なのではないかと罪悪感を抱き、過度に自分を追いつめてしまう症状です。

✕ 5　嫉妬妄想の症状は、妻や夫が浮気をしていると思い込んでしまうことです。認知症の男性に多い症状です。

正解1

合格のための要点整理

●**物盗られ妄想**

物盗られ妄想はアルツハイマー型認知症の人に多い被害妄想のひとつ。記憶障害による物の置き忘れ自体を忘れてしまうために起こる。対応としては、否定せずいっしょに探すことが適切といわれている。

■**物盗られ妄想が起こるこころのしくみの例**

記憶障害がある場合
自分がどこかにしまったかを覚えていない　→　誰かに盗られた！　他に理由が思いつかない

大切な物が見つからない！

記憶障害がない場合
自分がどこかにしまったことは覚えている　→　どこかに置き忘れたから、よく探さないと

問題 53 心的外傷後ストレス障害（posttraumatic stress disorder：PTSD）に関する次の記述のうち、**最も適切なもの**を1つ選びなさい。

1　原因となった体験が繰り返し思い起こされる。

2　1か月以内で症状は治まる。

3　小さな出来事が原因となる。

4　被害妄想を生じる。

5　気分が高ぶる。

●こころのしくみの理解　出題頻度★★★★

［第33回 問題97より出題］

解答と解説

○ 1　実際に危険な体験をしたり、強い恐怖を感じることを目撃したりすることなどが、心の傷（トラウマ）となります。繰り返し思い出され、同じ恐怖を感じます。

✕ 2　数か月たっても、症状が改善しないのがPTSDです。

✕ 3　生死の危機など、強度のストレスとなる重大な出来事が背景にあります。

✕ 4　緊張が続き、イライラし、警戒心が強くなり、夜眠れないなどの症状があります。

✕ 5　むしろ、つらさを避けるために感情や感覚が麻痺（まひ）することがあります。

正解 1

合格のための要点整理　●PTSD（心的外傷後ストレス障害）

どんな症状があるの？
➡「再体験症状」
　ふとした拍子に、つらい体験の記憶がよみがえる。
「否定的な認知」
　自分に落ち度があると考えて自信をなくす。
　自分には何もできない、誰にも理解してもらえない、また被害にあうのでは、という考えが浮かぶ。

合併症は？
➡半数以上がうつ病や不安障害を合併。
　摂食障害などを起こす場合もある。

治療法は？
➡心理的な保護で、自然回復を促す。
　薬物治療。
　非薬物療法（接続エクスポージャー療法）。
　トラウマとなった場面をあえてイメージしたり、避けていた記憶を呼び起こしたりする療法。

どれくらいの人がなるの？
➡全人口の1.1～1.6％。
　ただし、20代から30代前半までは3.0～4.1％。

4-2 からだのしくみの理解

●**からだのしくみの理解**　出題頻度★★★★　　　　　　　[第35回 問題20より出題]

解答 と 解説

〇 1　後頭葉には視覚野があり、視覚の認知の中枢を担います。

✕ 2　聴覚野は側頭葉の上側頭回、横側頭回にあります。

✕ 3　運動野は、大脳を前後にわける中心溝周辺にあります。

✕ 4　体性感覚野は、頭頂葉にあります。

✕ 5　感覚性言語野（ウェルニッケ野）は、聴覚野を囲むように位置します。

正解 1

合格のための要点整理　●**後頭葉の働き**

後頭葉は脳の後ろ側に位置し、視覚野がある。情報を見たままに受け取る機能を持っている。

構造
後頭葉は内側が一次視覚野の中枢で、そのまわりに二次視覚野がある。

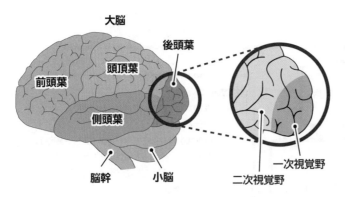

大脳
前頭葉　頭頂葉　後頭葉
側頭葉
脳幹　小脳　二次視覚野　一次視覚野

機能障害が起こると…
・視野の一部欠損のひとつであり、左右両側で同じ側が欠損する同名半盲が起こる。
・眼球自体は正常に機能しているのに、目が見えない状態になる（皮質盲）。
・文字を形として認識できないので、文字が読めなくなる。
・目で見た情報の一部を受け取ることができず、物の全体がわからなくなる。　など

はたらき
目からの情報を形、色、動き、明るさなどのさまざまな側面からとらえている。自分に必要な視覚情報を選択している。

問題 55 立位姿勢を維持するための筋肉（抗重力筋）として、**最も適切なも**のを1つ選びなさい。

1 上腕二頭筋

2 大胸筋

3 大腿四頭筋

4 僧帽筋

5 三角筋

●からだのしくみの理解　出題頻度★★★★　　　　　　　　　　［第35回 問題21より出題］

解答と解説

✕ 1　上腕二頭筋は上腕の内側（腹側）にあり、おもな機能は前腕の屈曲と回外です。

✕ 2　大胸筋は胸の筋肉で、胸板といわれる部分です。物を抱きかかえるときなどにはたらきます。

○ 3　立位姿勢を保つのに必要な筋肉は、抗重力筋といいます。大腿四頭筋は下腿部の前面にあり、人体でもっとも大きい筋肉です。

✕ 4　僧帽筋は背中の上部に広がる筋肉で、肩甲骨を安定させるはたらきをしています。

✕ 5　三角筋は肩を覆う大きな筋肉で、肩関節の動きに大きく関係しています。

正解 3

合格のための要点整理　●**立位姿勢に必要な主な筋肉**

筋肉の名称とはたらきは種類も多いため、覚えるのが大変です。代表的な筋肉の名称を覚え、それらの動きやはたらきを自分のからだの動きとして想像してみると覚えやすくなります

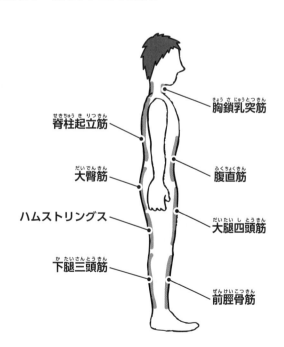

胸鎖乳突筋

脊柱起立筋

大臀筋

腹直筋

ハムストリングス

大腿四頭筋

下腿三頭筋

前脛骨筋

問題 56 老化に伴う視覚機能の変化に関する次の記述のうち、**正しいもの**を1つ選びなさい。

1 水晶体が茶色になる。
2 遠くのものが見えやすくなる。
3 明暗に順応する時間が長くなる。
4 ピントの調節が速くなる。
5 涙の量が増える。

●からだのしくみの理解　出題頻度★★★★　　　　　　　[第34回 問題99より出題]

解答と解説

✕ 1 目の加齢変化では、水晶体が白く濁る白内障が挙げられます。

✕ 2 老化により、物にピントを合わせる機能が低下し、手元が見づらくなります。いわゆる老眼です。遠くを見るときはこの影響を受けませんが、見えやすくなるわけではありません。

○ 3 明るい場所から暗い場所、あるいは暗い場所から明るい場所に移動したとき、徐々に目が慣れて物が見えるようになります。このはたらきを順応といいますが、加齢にしたがい、要する時間が長くなります。

✕ 4 目のピントを合わせるためにはたらくのが毛様体ですが、加齢により調整機能が低下します。

✕ 5 涙の量は、加齢により徐々に減少します。

正解3

合格のための要点整理　●**目の構造と老化による変化や疾患**

目は他の感覚器官と同様に個人差はあるが、視覚機能も老化による影響を受け、疾患の危険性が増加する。

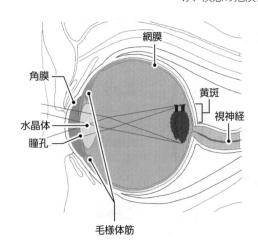

角膜黄変
角膜はもともと透明だが、加齢にしたがって黄ばんでくる。物が暗いアンバー（琥珀色）がかって見える。

白内障
加齢により、水晶体が白く濁って視力が低下する疾患。視野のかすみ、まぶしさ、視力低下などが起こる。

老人性縮瞳
暗いところでも瞳孔が大きく開かなくなり、光を十分に取り入れられず、物が見づらくなる。

加齢黄斑変性
加齢により黄斑の変性が起こり、見え方が悪くなる。進行すると、失明につながる場合がある。

問題 **57** 骨に関する次の記述のうち、**正しいものを１つ**選びなさい。

1　骨にはたんぱく質が含まれている。

2　骨のカルシウム（Ca）は老化に伴い増える。

3　骨は負荷がかかるほうが弱くなる。

4　骨は骨芽細胞によって壊される。

5　骨のカルシウム（Ca）はビタミンA（vitamin A）によって吸収が促進される。

●からだのしくみの理解　出題頻度★★★★　　　　　　　[第34回 問題101より出題]

解答と解説

○ 1　骨は、たんぱく質であるコラーゲンを主体とした有機成分、カルシウムとリンによってできたハイドロキシアパタイトを主体とした無機成分、その他の細胞外成分と細胞成分で構成されています。

✕ 2　加齢によるホルモン分泌機能の低下などが原因でカルシウムの吸収は減少し、結果として骨のカルシウム成分が減少します。これを骨密度の低下といいます。

✕ 3　適切な運動などで骨に負荷をかけることにより、骨をつくる細胞のはたらきが活発になり、骨が強くなります。

✕ 4　骨は骨代謝といわれる、古い骨を溶かす（骨吸収）→新しい骨をつくるという代謝をしています。骨吸収を行うのが破骨細胞、新しい骨をつくるのが骨芽細胞です。

✕ 5　骨のカルシウムを吸収・促進するのは、ビタミンDです。

正解 1

合格のための要点整理

●**骨の役割**

私たちの骨は、①からだを支える支持機能、②脳などを守る**保護機能**、③運動機能、④赤血球・白血球をつくる造血機能、⑤電解質の**貯蔵機能**の5つの役割を担っている。

■**骨の成分と骨代謝**

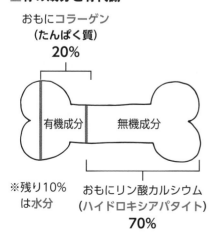

おもにコラーゲン
（たんぱく質）
20%

有機成分　無機成分

※残り10%
は水分

おもにリン酸カルシウム
（ハイドロキシアパタイト）
70%

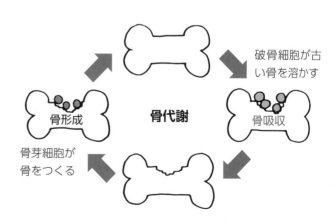

骨形成　　骨代謝　　骨吸収

破骨細胞が古い骨を溶かす

骨芽細胞が骨をつくる

問題 58 Ｌさん（87歳、男性、要介護１）は、冷房が嫌いで、部屋にエアコンはない。ある夏の日の午後、訪問介護員（ホームヘルパー）が訪問すると、厚手の布団を掛けて眠っていた。布団を取ると大量の発汗があり、体温を測定すると38.5℃であった。朝から水分しか摂取していないという。前から不眠があり、この５日間便秘が続いていたが、食欲はあったとのことである。

次のうち、体温が上昇した原因として、**最も適切なもの**を１つ選びなさい。

1　布団

2　発汗

3　空腹

4　不眠

5　便秘

●**生命を維持するしくみ**　出題頻度★★★　　　　　　　　　　［第34回 問題98より出題］

解答と解説

○1　体温は体調だけでなく、気候や環境からも影響を受けています。夏の日に、室温の調整もなしに厚手の布団をかけて寝ていたため、熱がこもってしまい、体温が上昇したと考えるのが適切です。

×2　発汗とは、体温の調整のために起こります。上昇した体温を下降させるために発汗します。

×3　空腹時にはエネルギー代謝が低下し、体温は下がります。

×4　睡眠時には体温が低下しますが、不眠が体温を上昇させる影響は小さいです。

×5　便秘はさまざまな体調不良の原因となり、結果として発熱する場合があります。しかし、事例の場合、選択肢１の因果関係がもっとも明確です。

正解1

合格のための要点整理

■**体温調整のしくみ**

●**体温調整のしくみ**

人間の体温は、そのときの体調のみでなく、気候や環境、衣類、寝具などさまざまな物に影響を受けている。人間には、できるだけ体温を一定に保つしくみが備わっている。

設問では、布団が体温の放出を妨げたことがわかります

暑いとき

血管が拡張し、血流が増して皮膚の温度を上げ、発汗として熱を放出する。

寒いとき

血管が収縮し、血流を抑え、皮膚の温度を低くして、熱を外に逃がさないようにする。

問題 59 健康な人の体温に関する次の記述のうち、**適切なもの**を１つ選びなさい。

1 高齢者の体温は小児より高い。

2 早朝の体温が最も高い。

3 腋窩温（えきかおん）は口腔温（こうくうおん）より高い。

4 体温調整中枢は視床下部にある。

5 環境の影響を受けない。

●**生命を維持するしくみ** 出題頻度★★★ ［第33回 問題98より出題］

解答と解説

✕ 1 新生児の体温は高く、10歳ころから安定しますが、高齢になるにしたがって若干低くなります。老化で身体機能が低下するためと考えられています。

✕ 2 午前３時から７時ころまでが一番低く、午後にかけて徐々に上がっていきます。

✕ 3 一般的に測定部位による差は、直腸＞鼓膜（こまく）＞舌下（ぜっか）＞腋窩の順です。

○ 4 放熱中枢、産熱中枢といった体温調整中枢が視床下部にあります。

✕ 5 暑さや寒さなどの環境の他、心理的な環境でも影響を受けます。

正解 4

合格のための要点整理 ●**体温について**

人間の体温は視床下部のはたらきで一定に保つように調整されているが、体温を測る時刻や測る部位で違いがある。

視床下部のはたらき

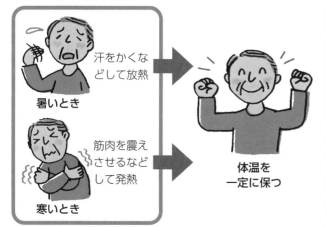

汗をかくなどして放熱
暑いとき

筋肉を震えさせるなどして発熱
寒いとき

体温を一定に保つ

日本人の平熱は36.6～37.2℃（腋窩検温）。

「発熱」とは、37.5℃以上。「高熱」は38.0℃以上をさしている（感染症法）。

体温は、からだの中心に近づくほど高くなり、安定している。

同じ時刻、同じ部位で測ることが大切。

> **問題 60** 介護者が効率的かつ安全に介護を行うためのボディメカニクスの原則に関する次の記述のうち、**適切なもの**を1つ選びなさい。
>
> 1 支持基底面を広くする。
> 2 利用者の重心を遠ざける。
> 3 腰がねじれた姿勢をとる。
> 4 重心を高くする。
> 5 移動時の摩擦面を大きくする。

●**移動に関連したこころとからだのしくみ**　出題頻度★★★　[第34回 問題102より出題]

解答と解説

○ 1　支持基底面とは、立っているときに両足で囲まれた面です。支持基底面を広く取り、からだの重心が中心に近いほど安定した姿勢となり、安全な介護につながります。

✕ 2　重心を遠ざけると、無理な体勢で力を入れることになります。介護者と利用者の重心は、できるだけ近づけることが安全な介護につながります。

✕ 3　腰のねじれは腰への負担を増加させ、危険です。まっすぐな姿勢で利用者と直角に相対するほど、安全に介護できます。

✕ 4　介護者のからだの重心は低くしたほうが安定感が増し、安全に介護できます。

✕ 5　摩擦面を大きくすると、動かすためにより力が必要となります。できるだけ摩擦面を小さくして、小さな力で介護することが効率的かつ安全です。

正解 1

合格のための要点整理　●**ボディメカニクス**

ボディメカニクスとは、身体機能や運動機能の力学的な相互関係の総称のこと。安全、安楽な介護のためにも応用することができる。

❶ 支持基底面積を広くする

支持基底面積を広くして重心を低くすれば、からだが安定する。

重心

支持基底面積

❷ 利用者に近づく

利用者と介護者の重心を近づけるほど、余計な力を使わずにすむ。

利用者に近づくと、からだへの負担が減る

❸ てこの原理を利用する

肘や膝を支点にするなど、**てこの原理**を利用すると動かしやすくなる。

支点

❹ 利用者のからだの接地面を小さくする

❺ 介護者自身のからだをねじるような無理な体勢は取らない

問題 61 1週間の安静臥床（あんせいがしょう）で筋力は何％程度低下するか、次のうちから**最も適切なもの**を1つ選びなさい。

1　1％

2　5％

3　15％

4　30％

5　50％

●移動に関連したこことろからだのしくみ　出題頻度★★★　　［第33回 問題100より出題］

解答と解説

✕ 1　不適切です。

✕ 2　不適切です。

○ 3　一般的には1週間で10〜15％、高齢者では20％の筋力が低下するといわれています。

✕ 4　不適切です。

✕ 5　不適切です。

正解3

合格のための要点整理　●**長期臥床によるからだへの影響**

長期の臥床など活動性が低下した状態が続くことで、からだに対してさまざまな影響があらわれる。これを廃用症候群という。

骨がもろくなる（骨萎縮）

心肺機能低下

食欲不振 便秘

筋肉の衰え 1週間で10〜15％、3〜5週間で50％低下

立ちくらみがする（起立性低血圧）

関節の動きが悪くなる（関節拘縮）

血栓塞栓（けっせんそくせん）が起きやすい

褥瘡（じょくそう）が発生する

廃用症候群

精神的に落ち込む（うつ傾向）

問題 **62** 廃用症候群（disuse syndrome）で起こる可能性があるものとして、最も適切なものを1つ選びなさい。

1 うつ状態
2 高血圧
3 関節炎
4 徘徊（はいかい）
5 下痢

●**機能の低下・障害が及ぼす移動への影響**　出題頻度★★★　　　[第35回 問題22より出題]

解答と解説

○ 1 廃用症候群では、精神系の症状として、うつ状態や認知機能低下などが起こります。

✕ 2 心機能が低下することにより、起立性低血圧や深部静脈血栓症などが起こります。

✕ 3 身体の動きが少なくなることで、関節拘縮（こうしゅく）などにより関節可動域の低下が起こります。

✕ 4 認知機能の低下はありますが、活動性全体が低下するため、徘徊は起こりません。

✕ 5 消化器系の機能低下により、食欲不振や便秘といった症状が起こります。

正解 1

合格のための要点整理　●**廃用症候群で出現する主な症状**

廃用症候群とは、病気や障害などで、安静にしている時間が増えることにより、からだや精神にさまざまな負の影響が出ること。

筋萎縮	筋肉がやせて、筋力が低下すること。
関節拘縮	関節の動きが悪くなり、動かせる範囲が小さくなること。
骨萎縮	骨がもろくなること。圧迫骨折や骨折を起こしやすくなる。
心臓機能低下	心臓の機能が低下し、血液をおくり出す量が低下する。
起立性低血圧	立ち上がり時に血圧が下がり、ふらつきやめまいが生じる。
せん妄	意識レベルが低下し、混乱する。
逆流性食道炎	胃からの内容物が食道に戻り、炎症が起きる。
褥瘡（じょくそう）	皮膚の血液循環が悪くなり、床ずれができる。

長期安静→機能低下→さらなる安静の長期化→さらなる機能低下という負の連鎖が起こらないように注意が必要です

問題 63 褥瘡の好発部位として、**最も適切なもの**を1つ選びなさい。

1 側頭部
2 頸部
3 腹部
4 仙骨部
5 足趾部

●**機能の低下・障害が及ぼす移動への影響** 出題頻度★★★　　[第35回 問題23より出題]

解答と解説

✕ 1 頭部での好発部位として、仰臥位の後頭部、側臥位の耳介部、座位の後頭部があります。

✕ 2 頸部とはいわゆる首の部分で、直接に体圧がかかることはなく、褥瘡の発生しやすい部位ではありません。

✕ 3 腹部も体圧が強くかかる場所ではなく、皮下組織も厚いため、褥瘡の好発部位ではありません。

◯ 4 仙骨部は臀部中央の骨が出た部分であり、仰臥位で体圧が強くかかり、皮下組織も薄いため、もっとも発生しやすい部位です。

✕ 5 足趾部は頻度こそあまり高くはありませんが、伏臥位(うつぶせの状態、腹臥位)の場合、褥瘡が発生する場合があり、注意が必要です。

正解 4

合格のための要点整理　　●**褥瘡が起こりやすい部位**

褥瘡は、**廃用症候群**のひとつ。褥瘡が発生しやすい部位を好発部位といい、体圧が集中し、皮下組織が薄く、骨ばっている部分があてはまる。

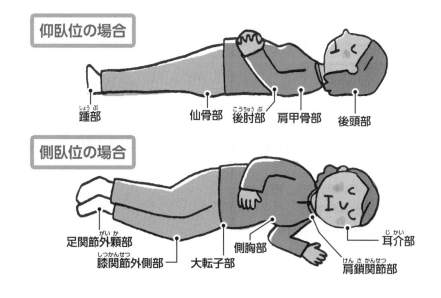

仰臥位の場合

踵部　　仙骨部　後肘部　肩甲骨部　後頭部

側臥位の場合

足関節外顆部　　側胸部　　耳介部
膝関節外側部　大転子部　肩鎖関節部

4-4 身じたくに関連したこころとからだのしくみ

> **問題 64** 言葉の発音が不明瞭になる原因として、**最も適切なものを1つ**選びなさい。
>
> 1 唾液の分泌が増加すること
> 2 舌運動が活発化すること
> 3 口角が上がること
> 4 調整された義歯を使用すること
> 5 口唇が閉じにくくなること

●身じたくに関連したこころとからだのしくみ　出題頻度★★★　[第34回 問題100より出題]

解答と解説

✕ 1　唾液の分泌が増加することで、発音が不明瞭になることはありません。分泌が減少すると、舌の動きなどが制限され、発音が不明瞭になる場合もあります。

✕ 2　舌の運動が低下すると、発音は不明瞭になります。

✕ 3　口角が上がることが、発音に直接影響することはありません。

✕ 4　正しく発音するためにも、義歯はきちんと調整されている必要があります。

○ 5　口唇が閉じにくくなることで、発音は不明瞭になります。

正解5

合格のための要点整理　●発声のしくみ

私たちは普段、特に意識をしなくても話せたり、歌ったりと声を出すことができる。息を吸う、息を吐く、声帯を振動させて共鳴させ、口を動かすといった動きのいずれかに支障をきたすと、はっきりとした発声ができなくなる。

■発声のしくみ

❶ 肺から空気を声帯におくる
　↓
❷ 声帯が振動し、音が出る
　↓
❸ 咽頭腔、口腔、鼻腔で音を響かせる
　↓
❹ 口、舌、口唇などの動きで、母音や子音をはっきりと発声する

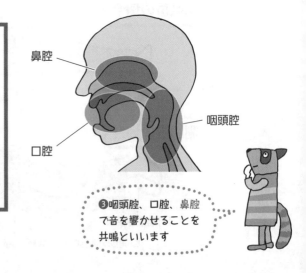

鼻腔

咽頭腔

口腔

❸咽頭腔、口腔、鼻腔で音を響かせることを共鳴といいます

問題 65 義歯を使用したときの影響として、**適切なもの**を1つ選びなさい。

1 唾液分泌量が増加する。

2 話す言葉が明瞭になる。

3 舌の動きが悪くなる。

4 口のまわりのしわが増える。

5 味覚が低下する。

●**身じたくに関連したこころとからだのしくみ** 出題頻度★★★ [第33回 問題99より出題]

解答と解説

✕ 1 入れ歯によっては唾液腺をふさいでしまい、唾液分泌量が低下してしまうことがあります。

○ 2 発声が明確になり、言葉が聞き取りやすくなります。

✕ 3 入れ歯の装着により、口腔（こうくう）が狭くなり、舌の動きが抑制される場合があります。しかし、舌の動き自体が悪くなることはありません。

✕ 4 むしろしわがなくなり、顔貌（がんぼう）が整います。

✕ 5 異物が口腔に入るので、材質によっては味覚が変化します。しかし、食物が嚙みやすくなり、よく味えるようになります。

正解 2

合格のための要点整理

●**義歯とは**

いわゆる「入れ歯」には、大きくわけて「取り外せるもの」と「取り外せないもの」の2つがある。加齢とともに使用している人の割合は増えて、80歳以上では88％の人が何らかの義歯を使用している。

■**義歯を使用している人の割合**

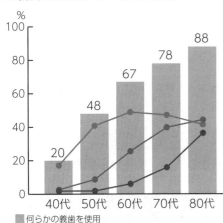

何らかの義歯を使用
━●━ブリッジ ━●━部分入れ歯 ━●━総入れ歯

取り外せるもの

総入れ歯　部分入れ歯

取り外せないもの

ブリッジ　インプラント

義歯のおもな3大効果

○咀嚼力（そしゃくりょく）の向上

○発声の明瞭化

○顔貌が整う

身体機能が回復する、社会参加に積極的になる、などにも大きな効果があります

「2016年歯科疾患実態調査」厚生労働省より

問題 66 次のうち、口臭の原因になりやすい状態として、**最も適切なもの**を1つ選びなさい。

1 唾液の増加

2 義歯の装着

3 歯周病（periodontal disease）

4 顎関節症（temporomandibular joint disorder）

5 低栄養状態

●機能の低下・障害が身じたくに及ぼす影響　出題頻度★★★　　[第35回 問題24より出題]

解答と解説

✕ 1　唾液には、殺菌効果もあります。唾液の増加は、口臭の原因とはなりません。

✕ 2　義歯は、適切な手入れをしないと口臭の発生につながりますが、装着自体が原因とはなりません。

〇 3　歯周病により、口腔内が清潔に保たれなくなり、口臭の原因となります。

✕ 4　顎関節症のため、適切な口腔ケアができない場合などは口臭の発生につながりますが、顎関節症自体が発生の原因とはなりません。

✕ 5　低栄養状態が、口臭の直接の原因となることはありません。

正解３

合格のための要点整理　●歯周病

歯のまわりの病気の総称。歯垢（プラーク）に含まれている歯周病菌に感染し、歯肉が腫れたり出血したり、最終的には歯が抜けてしまう。高齢者に多く、口臭の原因になる。

■歯周病の進行

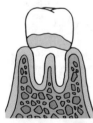

歯ぐきに炎症が起こる。歯磨き時に出血することもある。

歯ぐきの腫れ、出血

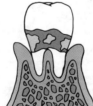

炎症が進み、歯を支える骨が溶けはじめる。歯ぐきが下がる。

口臭がきつくなる！

歯ぐきが退縮し、隙間ができる

歯を支えていた骨が溶け、根元が見え、歯を支える力が弱まる。歯がグラグラする（歯槽膿漏）。

歯茎から膿が出る

初期　　　　　　　　　　　　　　　　　　　　後期

問題 67 Ｊさん（82歳、女性）は、施設に入所している。Ｊさんは車いすで食堂に来て、箸やスプーンを使って、自分で食事をしている。主食は普通食、おかずは刻み食で全量摂取している。最近、車いすからずり落ちる傾向があり、首が後屈した姿勢で食事をし、むせることが多くなった。

　Ｊさんが誤嚥（ごえん）をしないようにするための最初の対応として、**最も適切なものを１つ選びなさい。**

1　食事回数の調整

2　座位姿勢の調整

3　使用食器の変更

4　食事の量の調整

5　食事場所の変更

●食事に関連したこころとからだのしくみ　出題頻度★★★　　　［第35回 問題25より出題］

解答と解説

✕ 1　１回の食事量が最近の状況に影響している場合、１回の提供量と回数の調整は検討する事柄ですが、事例からは読み取ることができません。

○ 2　車いすからずり落ち、首が後屈した姿勢での食事でむせることが多くなっているため、まずは食事中の座位姿勢を調整するのが適切です。

✕ 3　食器自体の影響は、事例からは読み取ることができません。

✕ 4　選択肢１と同様、まずは姿勢による悪影響を検討するべきです。

✕ 5　場所、つまり環境にＪさんの食事での誤嚥につながる危険があるという記述はありません。

正解 2

合格のための要点整理　　●食事姿勢

■**正しい食事姿勢**

誤嚥を防ぐためにも、正しい食事姿勢が取れているかを、食事の開始時のみでなく、食事中も確認するようこころがける。

あごは引き気味で、やや前かがみ

テーブルの高さは、肘が90度に曲がる程度を目安にする

床にしっかりとかかとがつくようにする

背もたれがあると安定する。背中はしっかりとつける

深く腰かける

■**車いすでの食事姿勢**

車いすでも正しい食事姿勢が取れるよう、クッションを使用するなど工夫をする。

高さ調整が可能なテーブルがよい

クッションなどで、からだの傾きを固定する

肘の高さが固定できるように工夫する

足底が床につくようにする

問題 68 次のうち、三大栄養素に該当する成分として、**正しいものを1つ選**びなさい。

1 水分

2 炭水化物

3 ビタミン（vitamin）

4 ナトリウム（Na）

5 カルシウム（Ca）

◉食事に関連したこころとからだのしくみ　出題頻度★★★　　［第34回 問題103より出題］

解答と解説

✕ 1 人体にとって水分は大切な成分ですが、栄養素ではありません。

◯ 2 人間のからだになくてはならない栄養素のうち、炭水化物・脂質・たんぱく質は人体のエネルギー源であり、3大栄養素（エネルギー産生栄養素）といわれます。

✕ 3 ビタミンは、おもにからだのはたらきを整えるために必要となります。

✕ 4 ナトリウムは、体内の水分バランスの維持や筋肉の収縮、神経の情報伝達、栄養素の吸収などにはたらいています。

✕ 5 カルシウムは歯や骨の大切な構成要素で、人体にもっとも多く含まれるミネラル成分です。

正解 2

合格のための要点整理　◉三大栄養素

からだになくてはならない栄養素のうち、エネルギー（カロリー）となる「たんぱく質・脂質・炭水化物」を三大栄養素（エネルギー産生栄養素）という。

❶ たんぱく質

おもなはたらき
・からだの各臓器、ホルモン、酵素などの成分。
・1g4kcalのエネルギーを出す。

含まれる食品
・肉類、魚類、大豆製品、卵など。

❷ 炭水化物

おもなはたらき
・生命活動のエネルギー源となる。
・1g4kcalのエネルギーを出す。

含まれる食品
・米、小麦（パン、麺類）、果物など。

❸ 脂質

おもなはたらき
・細胞膜やホルモンなどの成分。
・1g9kcalのエネルギーを出す。

含まれる食品
・肉類、魚類。

問題 69 栄養素の働きに関する次の記述のうち、**正しいものを1つ選びなさい。**

1 たんぱく質は、最大のエネルギー源となる。
2 ビタミンD(vitamin D) は、糖質をエネルギーに変える。
3 カリウム (K) は、骨の形成に関わる。
4 ビタミンB$_1$(vitamin B$_1$) は、カルシウム (Ca) の吸収に関わる。
5 ナトリウム (Na) は、血圧の調節に関わる。

●**食事に関連したこころとからだのしくみ** 出題頻度★★★ [第33回 問題101より出題]

解答と解説

✕ 1 たんぱく質は4kcal/gのエネルギーを発生しますが、もっとも発生量の高いものは9kcal/gの脂質です。

✕ 2 ビタミンDは、カルシウムの吸収を促進するはたらきがあり、骨の形成に関係しています。

✕ 3 カリウムは、心臓のはたらきを正常に保つはたらきをします。

✕ 4 ビタミンB$_1$は糖質の代謝にかかわり、神経のはたらきを整えます。

◯ 5 ナトリウムは、浸透圧や生体機能を調整するはたらきがあり、血圧の調整にかかわります。

正解5

合格のための要点整理 ●**ミネラルの働き**

ミネラルは栄養素の中でも、からだをつくる、調子を整えるという働きをしている。

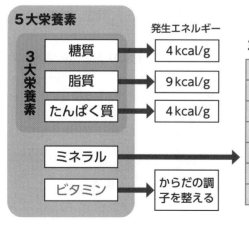

ミネラル（無機質）のはたらき	
カリウム	心臓のはたらきを調整。
ナトリウム	浸透圧、血圧などの生態機能を調整。
カルシウム	骨や歯をつくる。神経のはたらきを調整。
リン	骨や歯をつくる。疲労の回復。
マグネシウム	心臓や筋肉のはたらきを調整。便通をよくする。
亜鉛	味覚、聴覚、嗅覚を調整する。
鉄	免疫力を高める。貧血予防。

問題 70 次のうち、誤嚥しやすい高齢者の脱水予防のために確認することとして、**最も優先すべきもの**を１つ選びなさい。

1 義歯の装着状態
2 上肢の関節可動域
3 睡眠時間
4 夜間の咳込みの有無
5 摂取している水分の形状

● **機能の低下・障害が食事に及ぼす影響** 出題頻度★★★★　　　[第35回 問題26より出題]

解答と解説

✕ **1** 義歯の装着状態の確認は、誤嚥しやすい高齢者では大切なことですが、脱水予防でもっとも適切とはいえません。

✕ **2** 上肢の関節可動域が食事の摂取に影響することはありますが、脱水予防との関係は大きくありません。

✕ **3** 睡眠時間が食事の摂取に影響する場合もありますが、脱水予防でもっとも確認すべきことではありません。

✕ **4** 夜間の咳込みは誤嚥の有無にとっては注意すべき点ですが、脱水予防に直接つながることはありません。

○ **5** 誤嚥しやすい人に対しては、飲み込みやすい適切な形状で水分を提供し、十分な水分摂取量を確保することが重要となります。

正解5

合格のための要点整理　● **高齢者と脱水**

脱水とは、体内の必要な水分と電解質が不足している状態。高齢になるほど起こりやすく、繰り返しやすいといわれる。

高齢者が脱水を起こしやすい理由

①基礎代謝量の減衰 ⎫ 水分を蓄えづらく、
②腎機能の低下 ⎭ 失いやすい。
③口渇感に乏しい ⎫ 水分摂取量が減少
④嚥下機能が低下する ⎭
⑤脱水の症状に気づきにくい → 重篤になりやすい

脱水の予防

・渇きを感じなくても、こまめに水分を取る。
・嚥下機能に合わせた水分の形態の工夫（トロミなど）。
・定期的に体重を量るなど、変化を見逃さない。

〈脱水による症状〉

元気がない
居眠りしがち

脈が
速くなる

指先、足先が
冷たい

口の中、舌が
乾いている

微熱が
続く

肌にハリがない
かさつく

食欲が
ない

体重の減少
※3％減少は
注意信号

問題 71 コントロール不良の糖尿病（diabetes mellitus）で高血糖時にみられる症状として、**適切なもの**を1つ選びなさい。

1 振戦
2 発汗
3 口渇
4 乏尿
5 動悸^{どうき}

●**機能の低下・障害が食事に及ぼす影響** 出題頻度★★★★ ［第34回 問題104より出題］

解答と解説

✕ 1 両手足にしびれや痛みを感じますが、振戦（手足の小刻みな震え）が起こるわけではありません。振戦は、低血糖の症状のひとつです。

✕ 2 発汗は、低血糖時に見られることの多い症状です。

○ 3 口渇を感じ、水分を過剰に摂取するようになります。

✕ 4 尿意を感じない、排尿に時間がかかって残尿感があるなどの症状があらわれます。飲水の量も増えるため、頻尿になります。

✕ 5 立ちくらみなどの症状はありますが、動悸はありません。動悸も低血糖時に見られる症状です。

正解3

合格のための要点整理 ●**血糖値と自覚症状**
血糖値は低くても高くても、からだへの影響が大きく、低血糖、高血糖それぞれに自覚症状が出る。

■**血糖値と自覚症状**

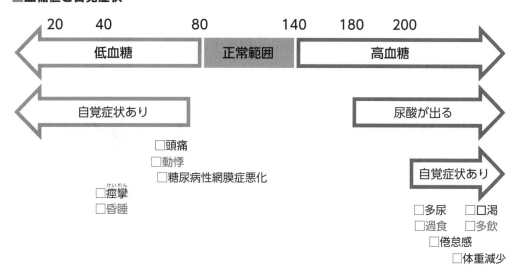

問題 72 Fさん（80歳、女性）は、普段の食事は自立している。日常生活では眼鏡がないと不自由である。ある日、いつもより食事に時間がかかっていた。介護福祉職が確認したところ、Fさんは「眼鏡が壊れて使えなくなってしまった」と答えた。

食事をとるプロセスで、Fさんが最も影響を受ける段階として、**正しいもの**を1つ選びなさい。

1　先行期

2　準備期

3　口腔期

4　咽頭期

5　食道期

●**機能の低下・障害が食事に及ぼす影響**　出題頻度★★★★　　［第33回 問題102より出題］

解答と解説

○ 1　眼鏡が壊れて物が見づらくなっているので、食べ物を認識する先行期に影響が出ます。

✕ 2　口に運んだ食べ物を嚙んで唾液と混ぜ、飲みやすい形（食塊）にする過程です。視力の影響は受けません。

✕ 3　舌の運動で食塊を咽頭に移動させる過程です。視力の影響は受けません。

✕ 4　食塊を飲み込み、咽頭から食道へ運ぶ過程です。視力の影響を受けません。

✕ 5　食道の蠕動運動で、食塊を胃へと運ぶ過程です。視力の影響を受けません。

正解 1

合格のための要点整理　●**先行期の理解**

食事の過程の第1段階が、先行期というプロセス。

これらの感覚を使い、食べ物を認識する。硬さ、温度、匂い、味、口に運ぶ速さ、適した大きさ、嚙む力など食事に必要なさまざまなことを判断している。

・食べ物をうまく認識できず、食欲が出ない
・食事の動作がはじまらない
・食事のペースがわからない
・やけどをする
　などのさまざまな問題が生じる

問題 **73** 入浴（中温浴、38～41℃）の効果に関する次の記述のうち、正しいものを1つ選びなさい。

1 脳が興奮する。

2 筋肉が収縮する。

3 血圧が上昇する。

4 腎臓の動きを促進する。

5 腸の動きを抑制する。

◉入浴・清潔保持に関連したこころとからだのしくみ　出題頻度★★　［第33回 問題103より出題］

解答と解説

✕ 1　脳が興奮するのは交感神経が優位にはたらくときで、湯温が42℃以上のときです。

✕ 2　筋肉が収縮するのは、交感神経が優位にはたらくときです。

✕ 3　血圧が上昇するのは、交感神経が優位にはたらくときです。

◯ 4　中温浴では、副交感神経が優位にはたらきます。副交感神経はからだをリラックスさせるように作用し、排泄や消化などの作用を促進させます。

✕ 5　副交感神経は、排泄や消化を促進させるようにはたらきます。

正解 4

合格のための要点整理　**◉湯温が及ぼすからだへの影響**

湯温41℃を境に、交感神経、副交感神経のどちらかが優位にはたらく。そのはたらきで、からだへの影響が変わる。

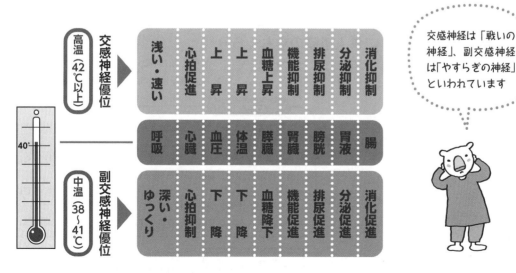

交感神経は「戦いの神経」、副交感神経は「やすらぎの神経」といわれています

問題 74 Mさん（85歳、男性）は、通所介護（デイサービス）での入浴を楽しみにしていて、いつも時間をかけて湯につかっている。ある時、介護福祉職が、「そろそろあがりましょうか」と声をかけると、浴槽から急に立ち上がりふらついてしまった。

Mさんがふらついた原因として、**最も適切なもの**を1つ選びなさい。

1 体温の上昇
2 呼吸数の増加
3 心拍数の増加
4 動脈血酸素飽和度の低下
5 血圧の低下

●**機能の低下・障害が入浴、清潔保持に及ぼす影響**　出題頻度★★　[第34回 問題105より出題]

解答と解説

✗ 1 入浴時における体温の上昇が、立ち上がり時のふらつきの直接の原因とはなりません。

✗ 2 入浴中は、新陳代謝が活発になり、呼吸数も増加しますが、立ち上がり時のふらつきの直接の原因とはなりません。

✗ 3 41℃以上の熱い湯温では、心拍数が増加しますが、急に立ち上がったときにふらつきを起こす直接の原因とはなりません。

✗ 4 入浴時に動脈血酸素飽和度の低下が起こることもありますが、立ち上がり時のふらつきの直接的な原因とはなりません。

○ 5 入浴中は、一時的に血圧が低下することがあります。浴槽から出るときなど、頭部の位置が変わるときに血流が弱くなり、頭部に十分な酸素が流れず、ふらつきを感じる場合があります。急な動作は避けるように注意します。

正解 5

合格のための要点整理　●**入浴時の立ちくらみ**

浴槽から立ち上がったときに、立ちくらみやめまいが生じることがある。これは起立性低血圧といい、脳への血流が足りなくなることが原因で起こる。

■**入浴時の起立性低血圧**

おもな原因

・入浴中は温まることで皮膚血管が拡張し、半面、脳への血流は少なくなる。
・入浴時は全身が静水圧で圧迫されているので、普段より多く心臓へ血液が戻り、脳まで行き届いている。
・一気に立ち上がることで、静水圧がなくなり、重力の影響で血液は下肢の血管にとどまる。
・その結果、脳への血流が不足し、ふらつきが起こる。

注意すべき点　・できるだけ、ゆっくり立ち上がる。
・手すりなどにつかまる。

4-7 排泄に関連した こころとからだのしくみ

問題 75 健康な成人の便の生成で、上行結腸の次に内容物が通過する部位として、**正しいもの**を１つ選びなさい。

1　Ｓ状結腸

2　回腸

3　直腸

4　下行結腸

5　横行結腸

◉排泄に関連したこころとからだのしくみ　　出題頻度★★★　　[第35回 問題27より出題]

解答と解説

✕ 1　Ｓ字結腸は、直腸の手前にあります。消化物が大腸に入ってから12〜15時間後に固形化した便が到達します。

✕ 2　回腸は、小腸にあります。消化物は回腸を通り、大腸の上行結腸へ運ばれます。

✕ 3　直腸は固形化した消化物が運ばれ、肛門から排泄されるまで蓄積される場所です。

✕ 4　下行結腸はＳ字結腸の手前の部分で、消化物が大腸に入ってから９〜11時間後に半粥状の便が到達、通過し、固形化された便となります。

◯ 5　小腸から大腸へと運ばれた消化物は、上行結腸を通過したのち、横行結腸へと運ばれます。ここでは、半流動状の消化物の水分がさらに吸収され、半粥状となり、下行結腸へと運ばれます。

正解５

合格のための要点整理

◉大腸の構造と各器官の役割

大腸は、水分やミネラルを吸収し、便をつくるはたらきをするための、食物の最後の通り道。

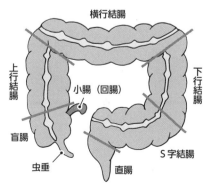

横行結腸／上行結腸／下行結腸／小腸（回腸）／盲腸／虫垂／Ｓ字結腸／直腸

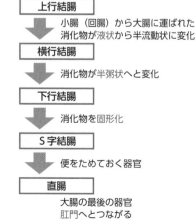

上行結腸
⬇ 小腸（回腸）から大腸に運ばれた消化物が液状から半流動状に変化
横行結腸
⬇ 消化物が半粥状へと変化
下行結腸
⬇ 消化物を固形化
Ｓ字結腸
⬇ 便をためておく器官
直腸

大腸の最後の器官
肛門へとつながる

次のうち、ブリストル便性状スケールの普通便に該当するものとして、**最も適切なもの**を1つ選びなさい。

1 水様便
2 硬い便
3 泥状便
4 コロコロ便
5 やや軟らかい便

●排泄に関連したこころとからだのしくみ 出題頻度★★★ [第34回 問題106より出題]

解答と解説

✕ 1 固形物を含まない液体状の便を、水様便といいます。下痢と判断される便です。

✕ 2 ソーセージ状ではあるが硬い便は、便秘と判断されます。

✕ 3 境界がほぐれて、不定形のふにゃふにゃとした小さな便に分かれていたり、泥状になっていたりする便が泥状便です。下痢と判断されます。

✕ 4 コロコロ便は、硬くてコロコロとしたウサギの糞のような便です。便秘と判断されます。

○ 5 はっきりとしたしわのある、やわらかい半分固形の便です。正常な便と判断されます。

正解 5

合格のための要点整理 ●**ブリストル便性状スケール**

英国ブリストル大学のヒートン教授が提唱した、大便の形状と硬さを7段階で分類した指標。便秘や下痢の診断項目のひとつとして使用される。

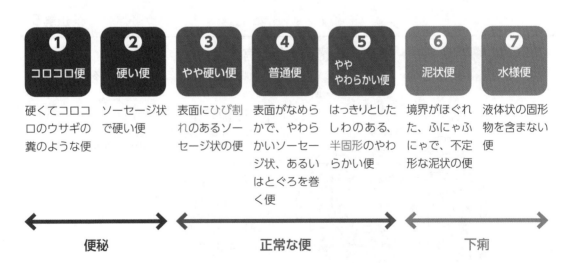

❶ コロコロ便	**❷** 硬い便	**❸** やや硬い便	**❹** 普通便	**❺** やや やわらかい便	**❻** 泥状便	**❼** 水様便
硬くてコロコロのウサギの糞のような便	ソーセージ状で硬い便	表面にひび割れのあるソーセージ状の便	表面がなめらかで、やわらかいソーセージ状、あるいはとぐろを巻く便	はっきりとしたしわのある、半固形のやわらかい便	境界がほぐれた、ふにゃふにゃで、不定形な泥状の便	液体状の固形物を含まない便

便秘　　　　　　　　正常な便　　　　　　　下痢

問題 77 Gさん（83歳、女性）は、認知機能は正常で、日常生活は杖歩行で自立し外出もしていた。最近、外出が減ったため理由を尋ねたところ、咳やくしゃみで尿が漏れることが多いため外出を控えていると言った。

Gさんの尿失禁として、**適切なもの**を1つ選びなさい。

1 機能性尿失禁
2 腹圧性尿失禁
3 溢流性尿失禁
4 反射性尿失禁
5 切迫性尿失禁

◉**機能の低下・障害が排泄に及ぼす影響**　出題頻度★★★　　[第33回 問題104より出題]

解答と解説

✕ 1 機能性尿失禁は、排泄のための機能に障害などはなく、トイレの場所がわからない、下着を下ろすなど、排泄動作ができないことなどが理由で起こる失禁です。事例には当てはまりません。

◯ 2 咳やくしゃみなどで腹圧がかかることで、少量の尿がもれてしまう失禁が腹圧性尿失禁です。骨盤底筋群の衰えが原因で、女性に多い失禁です。

✕ 3 溢流性尿失禁は、尿の排泄がうまくできず、膀胱に尿がたまってしまい、少量ずつじわじわともれてしまう失禁です。事例には当てはまりません。

✕ 4 反射性尿失禁は、尿が膀胱にたまっても排尿のコントロールがうまくいかず、反射的に起こる失禁です。

✕ 5 切迫性尿失禁は、急に排尿したくなるが間に合わずに起こる尿失禁です。

正解 2

合格のための要点整理　◉**腹圧性尿失禁**

腹圧性尿失禁は骨盤底筋群の筋力低下により、膀胱や尿道が下がってしまい、圧力の逃げ場がなくなることが原因で起こる。

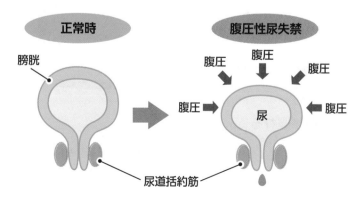

問題 **78** 次のうち、便秘の原因として、**最も適切なもの**を1つ選びなさい。

1 炎症性腸疾患（inflammatory bowel disease）

2 経管栄養

3 消化管切除

4 感染性腸炎（infectious enteritis）

5 長期臥床（ちょうきがしょう）

●**機能の低下・障害が排泄に及ぼす影響**　出題頻度★★★　　　[第33回 問題105より出題]

解答と解説

✕ 1 潰瘍性（かいようせい）大腸炎などの炎症性腸疾患では、下痢、腹痛、血便が症状としてあらわれます。

✕ 2 経管栄養剤の投与時に悪心（おしん）や嘔吐（おうと）、腹痛、腹部膨満、下痢などが起こることがあるので、注意が必要です。

✕ 3 消化管切除では、水分吸収力が低下し、下痢になることがあります。また、蠕動（ぜんどう）運動が低下するので、便秘を起こすこともあります。

✕ 4 感染性腸炎とは、細菌やウイルスが原因の腸炎の総称です。下痢、腹痛、嘔吐がおもな症状です。

◯ 5 長期臥床では、食欲の低下や腸の機能低下により、便秘を起こしやすくなります。

正解 5

合格のための要点整理　●**便秘に対する長期臥床の影響**

便秘は、大腸の中の便の移動に時間がかかり、大腸の過剰な水分吸収によって便が硬くなったり、排便そのものが困難になったりすることによって起こる。

大腸の蠕動運動

長期臥床など運動不足による刺激不足が原因で、大腸粘膜の感受性が低下する

↓

大腸壁が緊張したり、蠕動運動が低下したりする

↓

便の通過が遅れる

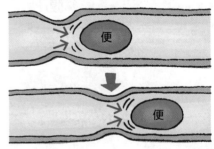

収縮と弛緩（しかん）を繰り返し、便をおくる運動が蠕動運動です

問題 79 Ａさん（65歳、女性）は、最近、熟睡できないと訴えている。Ａさんの日常生活は、毎日６時に起床し、午前中は家事を行い、14時から20分の昼寝をし、16時から30分の散歩をしている。食事は朝食７時、昼食12時、夕食18時にとり、朝食のときはコーヒーを１杯飲む。21時に好きな音楽を聞きながら、夜食を満腹になる程度に食べ、21時30分に就寝している。

　Ａさんの訴えに対して、日常生活で改善する必要があるものとして、**最も適切なものを１つ選びなさい。**

1　朝食のコーヒー

2　昼寝

3　散歩

4　音楽を聞くこと

5　就寝前の夜食

◉休息・睡眠に関連したこころとからだのしくみ　出題頻度★★★★　［第34回 問題107より出題］

解答と解説

✕ 1　コーヒーの成分であるカフェインには、覚醒効果があります。ただし、摂取後４時間ほどで血中カフェイン濃度は半減するので、朝食のコーヒーは夜の睡眠に影響ありません。

✕ 2　一般的に午後１時から３時までの間で30分以内の昼寝であれば、活動や睡眠に影響が出ることはないといわれています。

✕ 3　散歩などの適度な運動は、夜間の睡眠を促すためにも必要であり、改善すべき点ではありません。

✕ 4　本人の好きな音楽であれば、リラックスにつながり、睡眠そのものに影響を与える可能性は低いといえます。

◯ 5　就寝前に食事をすると、からだは食物を消化することに集中し、からだを休めることができなくなります。夜食を満腹になるまで食べていれば、なおさら睡眠の質は低下することになります。食事は就寝３時間以上前にすませることが、よい睡眠につながります。

正解5

合格のための要点整理

◉**快眠と生活習慣**

快眠と生活習慣には非常に深い関係がある。運動や入浴などは、直接的に快眠をもたらす生活習慣である。「光を浴びる」などの生活習慣は**体内時計を24時間に調節**し、規則正しい睡眠習慣が身について快眠へとつながる。

快眠のための生活習慣の例
・毎日規則正しい時間に入床する
・規則正しい時間に起きて、朝の光で体内時計をリセットする
・朝食で、脳へのエネルギー補給をする
・日中の活動と自然光で、昼夜のメリハリをつける
・短時間の昼寝が効果的
・夕方が理想だが、ライフスタイルに合わせた運動習慣を身につける
・入浴は就寝の２～３時間前が理想的
・夜の明るい光は禁物。暖色系の蛍光灯を使用する
・就寝前の食事、コーヒーや緑茶、寝酒、喫煙は禁物

問題 80 高齢者の睡眠の特徴に関する次の記述のうち、**適切なもの**を1つ選びなさい。

1 熟睡感が増加する。

2 深睡眠が増加する。

3 夜間の睡眠時間が増加する。

4 睡眠周期が不規則になる。

5 入眠までの時間が短縮する。

●休息・睡眠に関連したこころとからだのしくみ　出題頻度★★★★　[第33回 問題106より出題]

解答と解説

✕ 1 高齢者はよく寝たという感覚がなく、日中も眠気を感じ、うとうとしてしまう傾向にあります。

✕ 2 高齢者は眠りが浅く、少しの物音でも目を覚ますようになります。

✕ 3 夜間に何度も目が覚めたり、朝早くに目覚めたりと、夜の睡眠時間が減少します。

◯ 4 睡眠時間が減少する、眠りが浅く日中も眠気を感じる、あるいは服薬する薬の影響などで睡眠周期が不規則になりやすいです。

✕ 5 高齢者は、眠ろうとして布団に入ったあとも、なかなか眠ることができなくなる傾向にあります。

正解 4

合格のための要点整理 ●**高齢者の睡眠の特徴**

❶ 睡眠時間が短くなる
高齢になるにしたがい、睡眠時間が短くなる。

❷ 頻尿から不眠になりやすい
夜間の排尿回数が増え、何度も起きる。失禁の不安から眠れなくなることがある。

❸ 中途覚醒、早朝覚醒が多くなる
夜間に覚醒したり、早朝に覚醒したりすることが多くなる。

❹ 眠りが浅くなる
眠りが浅くなるため、少しの物音でも起きることが増える。

❺ 薬の影響を受けやすい
薬の副作用が生じやすく、副作用で不眠になりやすい。

睡眠の質が影響を受けます

問題 81 睡眠に関する次の記述のうち、**適切なもの**を1つ選びなさい。

1 レム睡眠のときに夢を見る。

2 レム睡眠から入眠は始まる。

3 ノンレム睡眠では筋緊張が消失する。

4 ノンレム睡眠では速い眼球運動がみられる。

5 高齢者ではレム睡眠の時間が増加する。

●休息・睡眠に関連したこころとからだのしくみ　出題頻度★★★★　[第33回 問題107より出題]

解答と解説

〇 1 レム睡眠とは、眼球運動を特徴とする浅い眠りの周期で、脳は覚醒に近く、からだを休ませるための睡眠です。夢を見るのもレム睡眠時です。

✕ 2 入眠時から徐々に睡眠が深くなり、およそ90分でレム睡眠に移行します。

✕ 3 ノンレム睡眠では、脳は深く眠っていて、からだは覚醒に近い状態です。

✕ 4 速い眼球運動は、レム睡眠の特徴です。

✕ 5 高齢者では、深い睡眠であるノンレム睡眠の時間が減少しますが、レム睡眠の時間が増加するわけではありません。

正解 1

合格のための要点整理　●**レム睡眠とノンレム睡眠**

レム睡眠は、高速眼球運動を英語で表した「rapid eye movements」の略称。レム睡眠とノンレム睡眠は、両者を対にして覚えよう。

レム睡眠		ノンレム睡眠
あり	眼球運動	なし
浅い	眠りの深さ	深い
からだが休んでいる	脳・身体	脳が休んでいる
複雑な夢を見て、覚えている	夢	単純な夢を見て、覚えていない
上昇・増加傾向がある	血圧・脈拍	低下している
上昇傾向がある	体温	低下している

問題 82 高齢者の睡眠薬の使用に関する次の記述のうち、**最も適切なもの**を1つ選びなさい。

1 依存性は生じにくい。
2 翌朝まで作用が残ることがある。
3 食事後すぐの服用が望ましい。
4 アルコールと一緒に飲んでも効果は変わらない。
5 転倒の原因にはならない。

●休息・睡眠に関する観察のポイント 出題頻度★★ 　　　[第35回 問題28より出題]

解答と解説

✕ 1 高齢者はもともと寝つきが悪く、睡眠時間が短く、熟眠しづらいため、服薬に依存することが少なくありません。

○ 2 高齢者は薬を分解するのに、若年者に比べて長い時間を要するため、睡眠薬の作用も長く残ることがあります。

✕ 3 服薬後10～30分には眠気が生じますので、入眠前に服薬するのが望ましいです。

✕ 4 睡眠薬はアルコールといっしょに服用することで呼吸抑制や眠気の継続、ふらつきなどの症状が発生するものがあります。

✕ 5 睡眠薬による眠気や、それに伴うふらつきにより、転倒へつながる場合があるので注意が必要です。

正解2

合格のための要点整理

●高齢者と睡眠薬

高齢者は若年者に比べ、睡眠のホルモン分泌が低下し、寝つきも悪くなり、睡眠時間が短くなる。また、眠りが浅くなり、少しの物音で目が覚めるなど熟睡が難しくなる。睡眠薬の服用者全体の約20%が高齢者である。適切に服用すれば問題は少ないが、日常への思わぬ影響もあるため、注意が必要である。

「高齢者と睡眠薬」の留意点

◇代謝・排泄機能の衰えにより、薬の影響が残りやすい。
◇鎮静作用や筋弛緩が強い薬は、転倒などの危険性にも注意が必要。
◇慢性の病気や、他の服薬との相互の影響にも注意が必要。

> 睡眠薬に依存しやすいので生活習慣を見直し、眠りやすい生活をこころがけましょう

4-9 人生の最終段階のケアに関連したこころとからだのしくみ

問題 83 Bさん（76歳、女性）は、病気はなく散歩が日課である。肺がん（lung cancer）の夫を長年介護し、数か月前に自宅で看取った。その体験から、死期の迫った段階では延命を目的とした治療は受けずに、自然な最期を迎えたいと願っている。

Bさんが希望する死を表す用語として、**最も適切なもの**を**１つ**選びなさい。

1　脳死

2　突然死

3　尊厳死

4　積極的安楽死

5　心臓死

●**人生の最終段階に関する「死」のとらえ方**　出題頻度★★　　[第34回 問題108より出題]

解答と解説

✕ 1　脳死とは、大脳、小脳、脳幹の機能がすべて失われた状態のことです。3徴候（心臓停止、呼吸停止、瞳孔散大）をもって死と判断する従来の概念と異なる、新しい死の概念でもあります。

✕ 2　突然死は、それまで健康に日常生活をおくっていた人が、突然の変化で死に至ることです。

○ 3　延命を希望せず、自然な形で寿命を全うし、死を迎えることを尊厳死といいます。

✕ 4　積極的安楽死は、本人の意思により、薬物投与を受けるなどして、病苦などを避けて死に至ることです。

✕ 5　心臓の拍動が止まるなど、原因が心臓にある死亡をさします。

正解 3

合格のための要点整理　●**安楽死と尊厳死**

日本では、安楽死は①安楽死（積極的安楽死、医師の幇助（ほうじょ）による自殺）、②尊厳死（消極的安楽死）と分類されている。

安楽死		尊厳死
積極的安楽死	医師の幇助による自殺	消極的安楽死
医師が致死薬を患者に投与することで死に至るもの。	患者の依頼で致死薬が処方され、患者のタイミングで体内に摂取することで死に至るもの。	患者の希望によって、人工呼吸器などの導入をしない、もしくは継続を中止する。

現在の日本では、安楽死・尊厳死は合法化されていません。患者本人が死を望んでいたとしても、その行為は自殺関与、同意殺人となります

問題　84　大切な人を亡くした後にみられる、寂しさやむなしさ、無力感などの精神的反応や、睡眠障害、食欲不振、疲労感などの身体的反応を表すものとして、**最も適切なもの**を1つ選びなさい。

1　認知症（dementia）

2　グリーフ（grief）

3　リビングウィル（living will）

4　スピリチュアル（spiritual）

5　パニック障害（panic disorder）

◉「死」に対するこころの理解　　出題頻度★★　　　　　　　　　　[第35回 問題29より出題]

解答と解説

✕ 1　認知症とは、正常に発達した脳（知能）が何らかの原因で障害され、記憶力や認知機能などが低下することにより、日常生活がうまく行えなくなる病的状態のことです。

◯ 2　大切な人を亡くした大きな悲しみによる反応をグリーフ（悲嘆）といい、立ち直りを支援することをグリーフ・ケアといいます。

✕ 3　リビングウィルは、終末期に対する自分の希望を、事前の意思表示として書面に残したものです。

✕ 4　スピリチュアルは、目に見えない世界のこと、霊的、精神的、宗教的なものの見方とされています。死別に関しては、大きな内面的・心理的痛みをスピリチュアルペイン、それに対する支援をスピリチュアルケアと呼んでいます。

✕ 5　パニック障害は、突然の強い不安や恐怖の高まりが生じ、パニック発作といわれる身体症状（動悸、震え、発汗、吐き気など）を繰り返す精神疾患のことです。

正解 2

合格のための要点整理　　●**グリーフ・ケアの視点**

大切な人を亡くした、深く大きな悲しみをグリーフ（悲嘆）という。さまざまな精神的反応（怒り、後悔、自責、事実否認、無気力など）や身体的反応（食欲不振、不眠など）をもたらす。グリーフからの立ち直りを支援するのがグリーフ・ケアであり、家族支援の大切な局面である。

① 家族を、介護する者として見るのではなく、ケアの対象者としてとらえる。

② 十分な死の教育を行い、不安なく最期を看取れるように支援する。

③ 家族支援には、利用者がなくなったあとの悲嘆のケア（**グリーフ・ケア**）も含まれる。

④ 十分に悲しむことが、悲嘆を乗り越えるために有効である。

問題　85　死が近づいているときの身体の変化として、**最も適切なものを1つ**選びなさい。

1　瞳孔の縮小

2　筋肉の硬直

3　発汗

4　結膜の充血

5　喘鳴（ぜんめい）

●**終末期から危篤状態、死後のからだの理解**　出題頻度★★★　　［第35回 問題30より出題］

解答と解説

✕1　死の3兆候のひとつとして、瞳孔の拡散があります。

✕2　死が近づくにつれ、筋肉に力が入らなくなります。硬直は死後にはじまります。

✕3　身体の代謝が悪くなっていくため、発汗は起こりません。

✕4　死が近づくにつれて目は白濁し、焦点が合わなくなります。目の力が感じられなくなります。

○5　痰を排出する力がなくなるため、のどの奥でゴロゴロとした音が聞こえるようになります。これを死前喘鳴といいます。

正解5

合格のための要点整理　●**終末期のからだの変化**

「死」が近づくにつれて、からだの機能が失調を起こしたり、停止した状態に近づいたりするため、からだにさまざまな変化があらわれる。

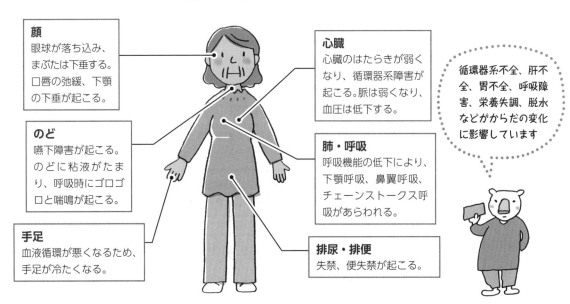

顔
眼球が落ち込み、まぶたは下垂する。口唇の弛緩、下顎の下垂が起こる。

のど
嚥下障害が起こる。のどに粘液がたまり、呼吸時にゴロゴロと喘鳴が起こる。

手足
血液循環が悪くなるため、手足が冷たくなる。

心臓
心臓のはたらきが弱くなり、循環器系障害が起こる。脈は弱くなり、血圧は低下する。

肺・呼吸
呼吸機能の低下により、下顎呼吸、鼻翼呼吸、チェーンストークス呼吸があらわれる。

排尿・排便
失禁、便失禁が起こる。

循環器系不全、肝不全、胃不全、呼吸障害、栄養失調、脱水などがからだの変化に影響しています

問題 86 死斑が出現し始める時間として、**正しいもの**を1つ選びなさい。

1 死後5分以内

2 死後20〜30分

3 死後3時間

4 死後8〜12時間

5 死後48時間

●**終末期から危篤状態・死後のからだの理解**　出題頻度★★★　　[第33回 問題108より出題]

解答と解説

✕ 1 正しくありません。

○ 2 死亡により血流が停止するため、重力の作用により血液がからだの下方に集まります。そうなることで生じる、紫赤色もしくは暗赤色の変色部が死斑です。死後20〜30分で発生し、半日ほどで全身に広がります。

✕ 3 正しくありません。

✕ 4 正しくありません。

✕ 5 正しくありません。

正解 2

合格のための要点整理　●**死後のからだの変化**

死亡したあとに起こるからだの変化を、死後変化や死体現象という。死にゆく人のからだのしくみを理解するためにも、代表的な4つの変化を覚えておこう。

死冷（しれい）
周囲の温度まで体温が低下する現象。
死後1〜24時間で、直腸温が外界温度と等しくなる。

死後硬直
筋肉が硬化し、短縮する現象。
死後2時間ほどではじまり、6〜8時間で手足の筋肉に明確に認められるようになる。

死斑
重力により血液が下方に集まり、皮膚が紫赤色もしくは暗赤色に変色する現象。
死後20〜30分ではじまり、12〜15時間後に全身に沈着する。

自己融解
酵素やたんぱく質、脂質、糖質などが分解され、細胞、組織がやわらかくなる現象。
臓器により速度が異なる。

5-1 人間の成長と発達の基礎的理解

問題 87 今、発達の実験のために、図のようなテーブル（テーブル表面の左半分が格子柄、右半分が透明な板で床の格子柄が透けて見える）の左端に、Kさん（1歳1か月）を座らせた。テーブルの反対側には母親が立っている。Kさんは、格子柄と透明な板との境目でいったん動くのをやめて、怖がった表情で母親の顔を見た。母親が穏やかにほほ笑むと、Kさんは母親の方に近づいていった。

Kさんの行動を説明する用語として、**最も適切なもの**を1つ選びなさい。

1　自己中心性
2　愛着理論
3　向社会的行動
4　社会的参照
5　原始反射

●人間の成長と発達の基礎的理解　出題頻度★★★★　　　[第35回 問題31より出題]

解答と解説

✕ **1** 自己中心性とは、自分と他人を同一視して物事を自分中心に考えることです。Kさんは母親の反応を頼りにして行動をしていますので、自己中心性とは関係がありません。

✕ **2** 乳幼児と養育者の間に築かれる基本的な信頼関係、情緒的な結びつきを愛着（アタッチメント）といいます。愛着理論とは、この形成段階をまとめたものです。

✕ **3** 向社会的行動とは、相手を思いやったり、誰かのために行動したりすることです。Kさんの行動は、母親のために行っているわけではありません。

○ **4** この実験は、ギブソンとウォークによって開発された視覚的断崖の実験です。奥行きを知覚しているKさんは断崖を認識できるものの、どのような行動をすればよいかまでは、選択することができません。そこでお母さんの表情や反応を手がかりに、自分の行動を決定します。これを社会的参照といいます。

✕ **5** 原始反射とは、無意識に起こる赤ちゃんの反射的反応です。たとえば手のひらに指を当てると握ったり、口唇に指を当てるとモグモグ動かしたりします。

正解 4

問題 **88** コールバーグ（Kohlberg, L.）による道徳性判断に関する次の記述のうち、最も高い発達の段階を示すものとして、**適切なもの**を１つ選びなさい。

1　権威に服従する。

2　罰を回避する。

3　多数意見を重視して判断する。

4　損得で判断する。

5　人間の権利や平等性などの倫理に従って判断する。

◉人間の成長と発達の基礎的理解　出題頻度★★★★　　　［第35回 問題32より出題］

解答と解説

✕ 1　権威に服従するのは「水準１ 前慣習的水準」の段階１：罰と服従志向で、もっとも低い段階です。

✕ 2　罰を回避するのも、「水準１ 前慣習的水準」の段階１：罰と服従志向です。

✕ 3　多数意見を重視して判断するのは、「水準２ 慣習的水準」の段階３：対人的同調（よい子）志向です。中間的な段階です。

✕ 4　自分に対する損得での判断は、「水準１ 前慣習的水準」の段階２：道徳主義的相対主義です。

◯ 5　もっとも高い段階である「第３水準 脱慣習的水準」の段階６：普遍的な倫理的基準です。

正解5

合格のための要点整理　◉コールバーグの道徳性判断（道徳性発達段階）

人が自分の行動をするかどうかの判断（道徳性）は段階を経て発達すると考え、３つの水準（レベル）、６段階（ステージ）で説明した理論。ピアジェの発達理論を発展させたもの。

水準１：前慣習的水準		水準２：慣習的水準		水準３：脱慣習的水準	
道徳性の判断基準が存在せず、行為の結果を周囲の身体的な力により判断する。		所属する集団の期待に対する行動を取る。外的環境に合わせ、判断基準がつくられる。		所属する集団や他人の判断基準から独立した道徳的価値や道徳原理を定義し、自分自身の判断基準がつくられる。	
段階１：罰と服従志向	段階２：道徳主義的相対主義	段階３：対人的同調（よい子）志向	段階４：法と秩序の維持	段階５：社会的契約的遵法	段階６：普遍的な倫理的基準
他人から罰を受けるかどうかが判断の基準。	自分の利益を守ることになるかどうかが判断の基準。	他人から好かれるかどうかが判断の基準。	決められたルールや秩序を重視して判断する。	自分の利益だけでなく、集団や他人の利益も考え、判断。合理性を重視。	普遍的良心に基づいて判断。ルールの変更までを考え、行動する。

問題 89 標準的な発育をしている子どもの体重が、出生時の約2倍になる時期として、**最も適切なもの**を1つ選びなさい。

1 生後3か月

2 生後6か月

3 生後9か月

4 1歳

5 2歳

◉人間の成長と発達の基礎的理解　出題頻度★★★★　　[第35回 問題33より出題]

解答と解説

○ 1 生後しばらくはからだの発達が顕著で、3か月で体重は約2倍になります。

✕ 2 6か月ごろは首もすわり、寝返りができるころです。からだの成長はゆるやかになりはじめます。1か月で300g程度の体重増加があります。

✕ 3 9か月ごろには、はいはいやつかまり立ちができるようになります。このころには、1か月で200gほどの体重増加となります。

✕ 4 1歳では、体重は出生時の約3倍になります。

✕ 5 個人差はありますが、1歳から2歳までの間に身長が12cm前後、体重が3kg前後増えるとされています。

正解 1

合格のための要点整理　◉乳幼児のからだの発達（体重）

乳幼児のからだの発達には、**男女差**や個人差もあるが、**3か月までに急減に増加**することがわかる。

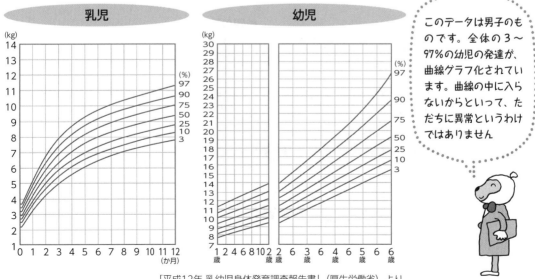

> このデータは男子のものです。全体の3〜97%の幼児の発達が、曲線グラフ化されています。曲線の中に入らないからといって、ただちに異常というわけではありません

「平成12年 乳幼児身体発育調査報告書」（厚生労働省）より

問題 90 愛着行動に関する次の記述のうち、ストレンジ・シチュエーション法における安定型の愛着行動として、**適切なもの**を1つ選びなさい。

1 養育者がいないと不安な様子になり、再会すると安心して再び遊び始める。

2 養育者がいないと不安な様子になり、再会すると接近して怒りを示す。

3 養育者がいないと不安な様子になり、再会すると関心を示さずに遊んでいる。

4 養育者がいなくても不安な様子にならず、再会すると関心を示さずに遊んでいる。

5 養育者がいなくても不安な様子にならず、再会すると喜んで遊び続ける。

●人間の成長と発達の基礎的知識　出題頻度★★★★　　　　[第34回 問題69より出題]

解答と解説

○1 養育者（親）と分離された状態にあるときには不安や混乱した状態になるが、再会時には身体的な接触を積極的に求め、不安や混乱が沈静化するタイプを安定型といいます。

✕2 養育者（親）との分離時に不安になり、再会時には身体的接触を強く求めはするが、怒りや攻撃を示すタイプを葛藤型（アンビバレント型）といいます。

✕3 ストレンジ・シチュエーション法では、分類されていないタイプです。

✕4 分離された状態でも不安や混乱がほとんどなく、再会時でも無関心なタイプを回避型といいます。

✕5 ストレンジ・シチュエーション法では、分類されていないタイプです。

正解1

合格のための要点整理　●**ストレンジ・シチュエーション法**

子どもの親への愛着を測定する方法。エインズワースが考案。人見知りの激しい1歳児を対象に、母子分離と再会、他人の導入などに対する子どもの反応を観察し、愛着のタイプとそれぞれの親の特徴を類型化した。

●**愛着の質のタイプ**　　　　　　　　　　●**親の特徴**

愛着の質のタイプ		親の特徴
回避型	母子分離の混乱がほとんどなく、再会時も無関心。	子どものはたらきかけに拒否的。身体的接触が少なく、子供の行動を強く規制。
安定型	母子分離に多少混乱があるが、再会時に身体的接触を求め、混乱を沈静化。	子どもの欲求や状態変化に敏感。過剰なはたらきかけは少なく、遊びや身体的接触を楽しんでいる。
葛藤型 アンビバレント型	母子分離に強い不安や混乱がある。再会時に強く身体接触を求めるが、怒りや攻撃を示す。	子どものはたらきかけに敏感ではなく、母親の気分や都合に合わせたはたらきかけをする。子どもへのはたらきかけに一貫性を欠き、タイミングもずれている。
無秩序型	突然のすくみ、顔を背けて親に接近するなど、行動が不可解。本来は両立しない行動が同時に活性化される。	抑うつ傾向の強い母親の養育、虐待が原因である場合も推測される。

問題 91 乳幼児期の言語発達に関する次の記述のうち、**最も適切なもの**を1つ選びなさい。

1 生後6か月ごろに初語を発するようになる。
2 1歳ごろに喃語を発するようになる。
3 1歳半ごろに語彙爆発が起きる。
4 2歳半ごろに一語文を話すようになる。
5 3歳ごろに二語文を話すようになる。

●人間の成長と発達の基礎的知識　出題頻度★★★★　　　　[第34回 問題70より出題]

解答と解説

✕ **1** 初語とは、はじめて発する言葉のことで、1歳前後に見られます。「ぶーぶー」「わんわん」などの簡単な言葉です。

✕ **2** 喃語とは、「うー」「あー」といった母音からはじまる言葉で、1歳までには発するようになります。

○ **3** 1歳半から2歳ごろに言葉を多く発する「語彙爆発」が起きます。言葉の増加にしたがい、「これ、ほしい」など2つの言葉を使って話せるようになります。

✕ **4** ひとつの単語だけを発する一語文は、1歳前後から1歳6か月ごろまでに見られるようになります。

✕ **5** 1歳半ごろから起こる語彙の爆発にしたがい、二語文を話すようになります。

正解 3

合格のための要点整理

●**子どもの言語発達**

子どもは成長にしたがい、「意味が理解できない言葉」→「正確ではない短い単語、簡単な言葉」→「動詞を活用した二語文」→「挨拶や三語文」と言語が発達する。2歳では300語、3歳では1000語程度を覚えるといわれる。

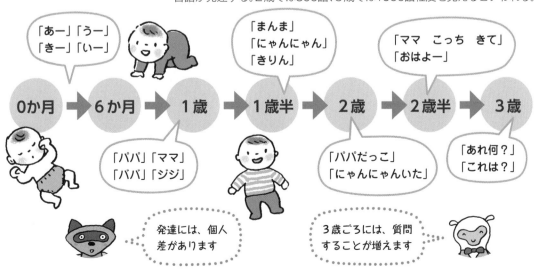

こころとからだのしくみ　発達と老化の理解

239

問題 92 Aさん（小学4年生、男性）は、思いやりがあり友人も多い。図画工作や音楽が得意で落ち着いて熱心に取り組むが、苦手な科目がある。特に国語の授業のノートを見ると、黒板を書き写そうとしているが、文字の大きさもふぞろいで、一部の漢字で左右が入れ替わっているなどの誤りが多く見られ、途中で諦めた様子である。親子関係や家庭生活、身体機能、就学時健康診断などには問題がない。

　　Aさんに当てはまる状態として、**最も適切なもの**を**1つ**選びなさい。

1　自閉症スペクトラム障害（autism spectrum disorder）

2　愛着障害

3　注意欠陥多動性障害

4　学習障害

5　知的障害

●発達段階別に見た物理的な疾病や障害　出題頻度★★　[第33回 問題69より出題]

解答と解説

✕ 1　自閉症スペクトラム障害は、対人関係・社会性の障害やこだわりが強い、行動がパターン化しているなどの症状を特徴とする発達障害の総称です。Aさんは思いやりがあり、友人も多いため、当てはまりません。

✕ 2　愛着障害は、何らかの理由で子どもと養育者との愛着関係が形成されないために、子どもの情緒や対人関係に問題が生じる状況です。

✕ 3　注意欠陥多動性障害の症状の特徴は、物事に集中できず、衝動的に行動してしまうことです。図画工作や音楽に、落ち着いて熱心に取り組んでいるAさんには当てはまりません。

○ 4　他の問題はなく、黒板の文字を書き写すという学習行為のみが極端に苦手なのは、学習障害の特徴と一致します。

✕ 5　事例からは、国語の授業が苦手ということ以外に、知的な遅れが認められる記述はありません。

正解 4

> **問題 93** 医療や福祉の法律での年齢に関する次の記述のうち、**正しいもの**を
> 1つ選びなさい。
>
> 1　35歳の人は、老人福祉施設に入所できる。
> 2　50歳の人は、介護保険の第一号被保険者である。
> 3　60歳の人は、医療保険の前期高齢者である。
> 4　70歳の人は、介護保険の第二号被保険者である。
> 5　75歳の人は、後期高齢者医療の被保険者である。

●老年期の基礎的理解　出題頻度★★★　　　　　　　　[第33回 問題70より出題]

解答と解説

✕ 1　老人福祉施設の多くが、65歳以上あるいは60歳以上を対象としています。ただし、介護老人福祉施設は原則として要介護3以上であれば、介護保険の第2号被保険者も入所できます。

✕ 2　介護保険の第1号保険者は、65歳以上の人です。

✕ 3　医療保険では、65歳以上74歳までの人を前期高齢者としています。

✕ 4　介護保険の第2号被保険者は、40歳以上65歳未満の医療保険加入者です。

○ 5　後期高齢者医療は、75歳以上の人が加入する、独立した医療制度です。

正解5

合格のための要点整理　●**高齢者の医療制度**

高齢者の医療保険は、前期高齢者と後期高齢者の2つの医療制度に分けられる。75歳とした背景は、この年齢を境に就業率や罹患率、要介護の割合に違いがあるため。窓口負担は5歳ごとに変わる。

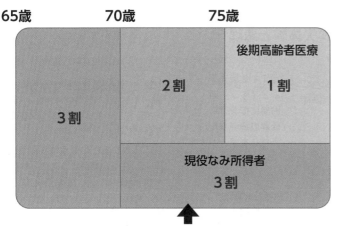

2022（令和4）年10月以降には、年収200万円以上（世帯の場合は後期高齢者の年収合計が320万円以上）は、2割負担に引き上げられました

●**老年期の基礎的理解** 出題頻度★★★　　　　　　　　　　［第33回 問題71より出題］

解答と解説

✕ **1** 喪失体験は老年期に体験します。子どもの自立、配偶者や友人との死別、社会的地位や役割の喪失などのことで、心身にも影響を与えます。

✕ **2** 悲嘆過程とは、死別による深い悲しみ（悲観）から、回復してゆく過程のことです。

○ **3** 悲嘆は心理的のみならず、身体的にも大きな影響を及ぼし、生活自体を変容させます。心理的回復のみならず、生活全般の回復が必要です。

✕ **4** ボウルビィは悲嘆からの回復過程を、①無感覚・情緒危機、②思慕と探求・怒りと否認、③断念・絶望、④離脱・再建の４つの順で進む過程として説明しています。

✕ **5** 十分に悲しむことで、亡くなった人から愛着が離れ、死別を肯定的にとらえ、新しい生活を歩めるようになることを目標にします。

正解3

合格のための要点整理　●**喪失体験と悲嘆**

誰でも体験することですが、高齢者になるほど体験の機会が増えてきます

喪失体験
自分にとって大切な事柄を失ってしまう体験。

人間関係の喪失
配偶者や友人との死別や別居。

役割の喪失
退職や社会的役割の喪失。

健康の喪失
病気やけがをしやすくなる。心理的のみでなく、身体的にも影響を与える。

悲嘆
人の死に対して人間が感じる感情。深い悲しみ。 こころやからだの健康にも影響を及ぼし、生活が変容することもある。 英語ではグリーフ（grief）という。

グリーフワーク
悲嘆を乗り越えるための取り組み。

グリーフケア
悲嘆を乗り越えるための支援。

問題 95 ストローブ（Stroebe, M. S.）とシュト（Schut, H.）による悲嘆のモデルでは、死別へのコーピングには喪失志向と回復志向の2種類があるとされる。

喪失志向のコーピングとして、**最も適切なもの**を**1つ**選びなさい。

1 しばらく連絡していなかった旧友との交流を深める。

2 悲しい気持ちを語る。

3 新たにサークル活動に参加を申し込む。

4 ボランティア活動に励む。

5 新しい生活に慣れようとする。

●老化に伴う身体的・心理的・社会的変化と生活　出題頻度★★★★　［第35回 問題34より出題］

解答と解説

✕ 1 旧友との交流を深めることは、死別の悲しみ自体ではなく、死の結果として生じた2次的な問題への対処法です。回復志向コーピングです。

○ 2 大切な人を失った悲しみ、亡くなった人との関係や絆に焦点を絞った対処で、喪失志向コーピングです。

✕ 3 大切な人を亡くしたという変化した生活へ焦点を絞った、回復志向コーピングです。

✕ 4 ボランティア活動に励むのは、悲嘆から気をそらす対処であり、回復志向コーピングです。

✕ 5 新しい生活への対応は、回復志向コーピングです。

正解 2

合格のための要点整理　**●二重過程モデル**

死別という大きな悲しみ（悲嘆）がもたらすストレス反応に対して、緩和や転減、回復のために自らが行う対処法をコーピングという。ストローブとシュトは、喪失志向コーピングと回復志向コーピングという2つのコーピングを想定した。

喪失志向コーピング

喪失それ自体に向き合うこと。亡くなった人との関係性や絆について深く検討する。十分に悲しむ。

回復志向コーピング

喪失体験がもたらした日常生活の影響に対処すること。喪失そのものから気をそらす行動など。

2つのコーピングを繰り返しながら、立ち直りを模索します。コーピングが進むにしたがって、回復志向コーピングに対する取り組みが増えていきます

こころとからだのしくみ

発達と老化の理解

243

問題 96 加齢の影響を受けにくい認知機能として、**最も適切なものを1つ選**びなさい。

1 エピソード記憶
2 作業記憶
3 選択的注意
4 流動性知能
5 意味記憶

● 老化に伴う身体的・心理的・社会的変化と生活　出題頻度★★★★　[第35回 問題35より出題]

解答と解説

✕ 1 エピソード記憶は、自分に起こった出来事の記憶です。全体的には保持できても細部が複雑なため、加齢の影響を受けやすい記憶です。

✕ 2 作業記憶はワーキングメモリーと呼ばれ、短い時間に同時に処理される記憶です。加齢の影響を受けやすい記憶です。

✕ 3 選択的注意とは、複数の物事の中から自分にとって大切なものを選択して、注意を向ける認知機能のことです。加齢による影響を受けます。

✕ 4 流動性知能は新しい事柄を学習したり、覚えたりする機能のことです。経験等の影響を受けず、60歳ごろから急速に低下するとされています。

○ 5 意味記憶は、言葉の意味や知識、概念に関する記憶であり、加齢による影響を受けず、長期間保持されます。

正解5

合格のための要点整理　●**加齢が記憶に及ぼす影響**

加齢が記憶に及ぼす影響は、認知症等の疾患がない限り、生活に影響するほどではないといわれる。感覚器やからだの衰えが記憶にも影響を及ぼす。エピソード記憶も、情動を伴うものは長期間保たれやすいといわれる。

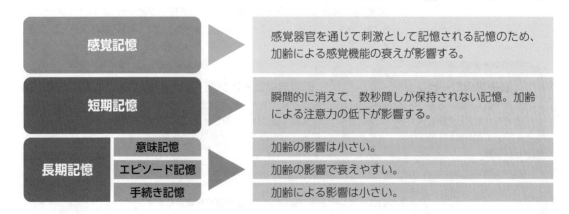

感覚記憶	感覚器官を通じて刺激として記憶される記憶のため、加齢による感覚機能の衰えが影響する。
短期記憶	瞬間的に消えて、数秒間しか保持されない記憶。加齢による注意力の低下が影響する。
長期記憶　意味記憶	加齢の影響は小さい。
長期記憶　エピソード記憶	加齢の影響で衰えやすい。
長期記憶　手続き記憶	加齢による影響は小さい。

問題 97 高齢期の腎・泌尿器系の状態や変化に関する次の記述のうち、**最も適切なもの**を1つ選びなさい。

1 尿路感染症（urinary tract infections）を起こすことは非常に少ない。

2 腎盂腎炎（pyelonephritis）の主な症状は、頭痛である。

3 尿の濃縮力が低下する。

4 前立腺肥大症（prostatic hypertrophy）では、尿道の痛みがある。

5 薬物が排出される時間は、短くなる。

◉老化に伴う身体的・心理的・社会的変化と生活　出題頻度★★★★　［第35回 問題36より出題］

解答と解説

✕ 1 高齢期は細菌に関する抵抗力の低下、尿の生成機能の低下、排泄機能の低下などで尿路感染を起こしやすくなります。

✕ 2 腎盂腎炎では、発熱や腰痛、悪寒戦慄などの症状があらわれます。

◯ 3 腎機能の低下により、からだの水分を保つための尿を凝縮する力は低下します。

✕ 4 前立腺肥大では、尿が十分に排泄されず、残尿感があります。

✕ 5 薬物を分解し、排泄する時間は加齢にしたがって長くなります。

正解 3

合格のための要点整理　◉加齢による泌尿器系のおもな変化

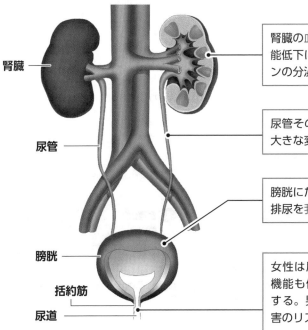

腎臓

尿管

膀胱

括約筋

尿道

腎臓の血液ろ過量の低下、糸球体などの機能低下により、尿の凝縮・希釈や水素イオンの分泌機能が低下する。

尿管そのものには、加齢による大きな変化はない。

膀胱にためておける尿の量が少なくなる。排尿を我慢する能力が低下する。

女性は尿道が短くなり、尿道括約筋の機能も低下し、尿失禁のリスクが上昇する。男性は前立腺が肥大し、排尿障害のリスクが上昇する。

問題 98 Ａさん（87歳、女性、要介護３）は、２週間前に介護老人福祉施設に入所した。Ａさんにはパーキンソン病（Parkinson disease）があり、入所後に転倒したことがあった。介護職員は頻繁に、「危ないから車いすに座っていてくださいね」と声をかけていた。Ａさんは徐々に自分でできることも介護職員に依存し、着替えも手伝ってほしいと訴えるようになった。

Ａさんに生じている適応（防衛）機制として、**最も適切なものを１つ選びな**さい。

1 投影

2 退行

3 攻撃

4 抑圧

5 昇華

●老化に伴う身体的・心理的・社会的変化と生活 　出題頻度★★★★ 　[第34回 問題72より出題]

解答と解説

✗ 1 投影とは、自分の持つ欲求などを他者の中に見つけて、不安を解消することです。Ａさんの行動とは一致しません。

○ 2 退行とは、未熟な発達段階へ逆行し、未熟な行動や言動によって不安を解消するものです。自分でできることも手伝ってほしいと依存しているＡさんの行動に当てはまります。

✗ 3 攻撃とは、反抗的な態度や攻撃的な行動によって欲求不満や不安を解消することであり、事例とは一致しません。

✗ 4 抑圧とは、認めたくない欲求や衝動を意識しないように抑えることであり、事例にはあてはまりません。

✗ 5 昇華とは、自分の中にある社会的に認められない欲求や感情を、社会的に承認されやすい他の形や方法で満たすことであり、事例にはあてはまりません。

正解 2

合格のための要点整理 　●**適応（防衛）機制**

不安や緊張、欲求不満などにより、心理的に不適応状態に陥らないようにはたらく心のメカニズムである。

❶ 投影

自分自身が承認できない欲求や感情を、他の人の中にあるとし、指摘・非難する。

❷ 昇華

抑圧された欲求を、学問など他の社会的に承認されるものに向ける。

❸ 退行

より未熟な発達段階に戻り、未熟な行動や言動を取ることで、不安を解消する。

❹ 合理化

都合のいい理由をつけて、自分を正当化する。

自分の心を守るため、誰もが何かを行っています

問題 99 記憶に関する次の記述のうち、**適切なもの**を１つ選びなさい。

1 エピソード記憶は、短期記憶に分類される。

2 意味記憶は、言葉の意味などに関する記憶である。

3 手続き記憶は、過去の出来事に関する記憶である。

4 エピソード記憶は、老化に影響されにくい。

5 意味記憶は、老化に影響されやすい。

◉老化に伴う身体的・心理的・社会的変化と生活　出題頻度★★★★　[第34回 問題73より出題]

解答と解説

✕ 1 エピソード記憶は、自分の経験した過去の出来事の記憶です。長期記憶に分類されています。

◯ 2 長期記憶の中でも、言葉の意味や概念、知識といった記憶は、意味記憶に分類されます。

✕ 3 ある事柄の手順や操作のしかたといった手続き記憶は、からだが覚えている記憶です。

✕ 4 エピソード記憶は、時間、場所、人といった物の関連性などが複雑で、長期にわたり正しく保持するのが難しい記憶です。老化の影響を受けやすい記憶といえます。

✕ 5 言葉や物事の持つ意味や一度獲得した知識などは、老化の影響を受けづらい記憶です。

正解 2

合格のための要点整理

◉記憶の種類

記憶は、感覚記憶、短期記憶、長期記憶の３つに分類される。さらに長期記憶は、非陳述記憶と陳述記憶に分類できる。

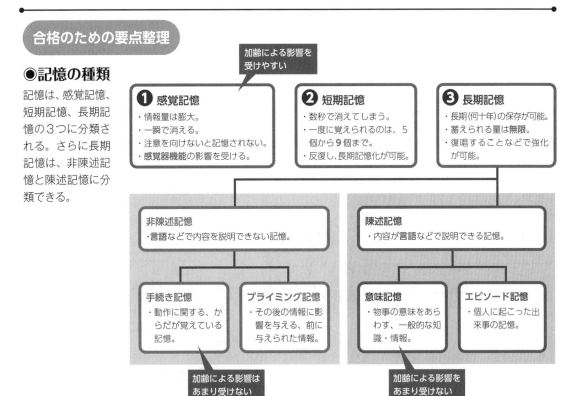

加齢による影響を受けやすい

❶ 感覚記憶
・情報量は膨大。
・一瞬で消える。
・注意を向けないと記憶されない。
・感覚器機能の影響を受ける。

❷ 短期記憶
・数秒で消えてしまう。
・一度に覚えられるのは、5個から9個まで。
・反復し、長期記憶化が可能。

❸ 長期記憶
・長期(何十年)の保存が可能。
・蓄えられる量は無限。
・復唱することなどで強化が可能。

非陳述記憶
・言語などで内容を説明できない記憶。

陳述記憶
・内容が言語などで説明できる記憶。

手続き記憶
・動作に関する、からだが覚えている記憶。

プライミング記憶
・その後の情報に影響を与える、前に与えられた情報。

意味記憶
・物事の意味をあらわす、一般的な知識・情報。

エピソード記憶
・個人に起こった出来事の記憶。

加齢による影響はあまり受けない

加齢による影響をあまり受けない

問題 100 老化に伴う感覚機能や認知機能の変化に関する次の記述のうち、**最も適切なもの**を1つ選びなさい。

1 大きな声で話しかけられても、かえって聞こえにくいことがある。

2 会話をしながら運転するほうが、安全に運転できるようになる。

3 白と黄色よりも、白と赤の区別がつきにくくなる。

4 低い声よりも、高い声のほうが聞き取りやすくなる。

5 薄暗い部屋のほうが、細かい作業をしやすくなる。

●老化に伴う身体的・心理的・社会的変化と生活　　出題頻度★★★★　　[第34回 問題74より出題]

解答と解説

○ 1 加齢に伴う聴力の変化は、音を感じる機能の変化であり、感音性の難聴です。音の聴こえが不明瞭で、大きな音は歪んで聴き取りづらい場合があります。

✕ 2 老化に伴い、注意を適切に割り振ることが苦手になります。会話をしながら運転という行為は、非常に危険です。

✕ 3 濃淡のはっきりとした反対色のほうが区別がつきやすく、類似色は区別が難しくなります。

✕ 4 感音性の難聴では、高い音ほど聴こえなくなります。低いトーンでゆっくりと、はっきりと話すと聴き取りやすくなります。

✕ 5 物を見るのに、より明るさが必要になります。そのため、薄暗い場所では、はっきりと物が見えず、細かい作業がしづらくなります。

正解 1

合格のための要点整理　　●**老化に伴う感覚器の変化**

加齢にしたがい、身体的な変化だけでなく、感覚器の機能も変化していく。
個人差も大きく、機能低下がゆっくりのため、気づきにくいものもある。

聴覚
・加齢性難聴になる。
・高音ほど聞き取れない。
・子音が聞き取りづらい。
・音がハッキリと聞こえなくなる。
・外耳性の難聴になる（治癒の可能性あり）。

視覚
・視力が低下する。
・近くの物が見づらくなる（老眼）。
・視野が狭くなる。
・順応性が低下する（特に暗順応）。

味覚
・他の感覚に比べ、低下がゆるやか。
・甘みや渋みの感受性は低下しづらい。
・塩みの低下が著しい。

嗅覚
・70〜80歳代で低下しはじめる。
・匂いを感じること、かぎ分ける機能の低下。
※ガスもれに気づかない、食べ物が傷んでいることに気づかないなど、生活に影響がでる。

皮膚感覚
・皮膚の厚み、弾力性の低下、感覚点の減少により、全体的に外からの刺激に対する反応が鈍くなる。
・暑さに対する反応性が低下する。
※痛覚の低下により、けがに気づかないことがある。

問題 101 高齢者の睡眠に関する次の記述のうち、**適切なもの**を1つ選びなさい。

1　午前中の遅い時間まで眠ることが多い。

2　刺激を与えても起きないような深い睡眠が多い。

3　睡眠障害を自覚することは少ない。

4　不眠の原因の1つはメラトニン（melatonin）の減少である。

5　高齢者の睡眠時無呼吸症候群（sleep apnea syndrome）の発生頻度は、若年者よりも低い。

◉**老化に伴う身体的・心理的・社会的変化と生活**　出題頻度★★★★　［第34回 問題75より出題］

解答と解説

✕ 1　高齢になるにしたがい、一度の睡眠時間が短くなり、朝早くに覚醒することが多くなります。

✕ 2　眠りが浅く、小さな物音でも起きてしまうようになります。

✕ 3　よく寝た感じがしない、昼間でも眠気が強いなど、自覚症状があります。

◯ 4　メラトニンは眠りのホルモンといわれ、睡眠を促すように作用します。メラトニンの分泌は高齢になるにしたがい、減少します。

✕ 5　睡眠中に一定の時間呼吸をしなくなる睡眠時無呼吸症候群は、65歳以下の人に比べて高齢者に多いといわれています。

正解 4

合格のための要点整理　◉**高齢者の睡眠の特徴**

高齢になるにしたがい、活動性の低下や心身機能の変化、ホルモン分泌の低下など、さまざまな原因により、睡眠の質そのものが影響を受けます。

❶ **睡眠時間が短くなる**
高齢になるにしたがい、睡眠時間が短くなる。

❷ **頻尿から不眠になりやすい**
夜間の排尿回数が増え、何度も起きる。失禁の不安から眠れなくなることがある。

❸ **中途覚醒、早期覚醒が多くなる**
夜間覚醒したり、早期に覚醒したりすることが多くなる。

❹ **眠りが浅くなる**
眠りが浅くなるため、少しの物音でも起きることが増える。

❺ **薬の影響を受けやすい**
薬の副作用が生じやすく、副作用で不眠になりやすい。

これらの影響で、睡眠周期が不規則になります

加齢による味覚の変化に関する次の記述のうち、**最も適切なもの**を1つ選びなさい。

1 味蕾（みらい）の数に年齢による違いはない。
2 服用する薬剤で味覚が変化することはない。
3 唾液が増加して味覚が敏感になる。
4 濃い味を好むようになる。
5 口腔（こうくう）ケアは関係ない。

●老化に伴う身体的・心理的・社会的変化と生活　出題頻度★★★★　[第33回 問題72より出題]

解答と解説

✕ 1 味覚を感じる味蕾の数は、加齢により減少します。

✕ 2 薬によっては感覚器官に影響を及ぼし、味覚が変化することもあります。

✕ 3 加齢に伴い、唾液量は減少します。

◯ 4 塩味（えんみ）を感じることが衰え、濃い味を好むようになります。

✕ 5 口腔ケアを行うことで、口腔内は適切な状態に保たれ、味覚の変化も小さくなります。

正解 4

合格のための要点整理

●**薬剤の味覚への影響**

服薬する薬の影響で、舌の一部や全体が味覚を感じづらくなったり、まったく感じなくなったりすることがある。これを**薬剤性味覚障害**という。高齢者は服薬する薬剤の数も多いうえに、思わぬ副作用が出ることがあるので、注意が必要である。

■**味覚障害の代表的な症状**

・甘み、塩味、酸み、苦みを感じなくなる
・嫌な味（金属味、渋み）がする
・舌の一部で味がしない
・口の渇きが強くなった
・食べ物の好みが変わった　など

問題　103　意欲が低下した高齢者の動機づけに関する次の記述のうち、**最も適切なものを１つ**選びなさい。

1　高い目標を他者が掲げると、動機づけが強まる。

2　本人が具体的に何をすべきかがわかると、動機づけが強まる。

3　本人にとって興味がある目標を掲げると、動機づけが弱まる。

4　小さな目標の達成を積み重ねていくと、動機づけが弱まる。

5　本人が自分にもできそうだと思う目標を掲げると、動機づけが弱まる。

●老化に伴う身体的・心理的・社会的変化と生活　　出題頻度★★★★　　[第33回 問題73より出題]

解答と解説

✕　1　実現可能な目標であるほど、動機づけが強まります。

◯　2　取り組む内容が具体的でわかりやすいほど、動機づけは強まります。

✕　3　動機づけを強くするためには、本人にとって興味を持てることが大切です。

✕　4　小さな目標の達成を積み重ねることで、達成感が充足し、動機づけは強まります。

✕　5　達成できそうと感じる目標ほど動機づけは強まり、達成が難しいと感じるほど弱くなります。

正解 2

合格のための要点整理

●動機を強める方法

意欲が低下している高齢者に限ったことではなく、物事を達成したいという動機（達成動機）を高めるには、具体的で小さな目標を設定し、達成感を積み重ねることが大切。

本人の興味・関心に合っていて、達成可能な目標とすることが大切です

具体的な目標❹

具体的な目標❸

具体的な目標❷

具体的な目標❶

問題 **104** 2019年（平成31年、令和元年）における、我が国の寿命と死因に関する次の記述のうち、**正しいもの**を１つ選びなさい。

1 健康寿命は、平均寿命よりも長い。

2 人口全体の死因順位では、老衰が悪性新生物より上位である。

3 人口全体の死因で最も多いのは、脳血管障害（cerebrovascular disorder）である。

4 平均寿命は、男女とも75歳未満である。

5 90歳女性の平均余命は、５年以上である。

●**高齢者の健康**　出題頻度★★　　　　　　　　　　　　　　[第34回 問題71より出題]

解答と解説

✕ **1** 健康寿命とは、介護などを必要とせず、健康に過ごせる年齢のことです。平均寿命より短くなります。2019年は健康寿命が男性72.68歳、女性75.38歳です。これに対して平均寿命は、男性81.41歳、女性87.45歳です。

✕ **2** 死因でもっとも多いのが悪性新生物（27.3％）、ついで心疾患（15％）、老衰（8.8％）と続きます。

✕ **3** もっとも多いのは、悪性新生物でした。また、2019年には、それまで死亡原因の第３位であった脳血管疾患と老衰の順位が入れ替わっています。

✕ **4** 男女ともに、平均寿命は75歳を大きく超えています。

○ **5** 一般に平均寿命とは、０歳児が何歳まで生きられるかの推計値です。平均余命は、ある年齢の人があと何歳生きられるかという推計値で、各年齢に示されています。2019年の90歳女性の平均余命は、5.6歳と５年以上です。

正解5

合格のための要点整理　●**健康寿命とは**

「健康上の問題で日常生活が制限されることなく生活できる期間」と定義されている。つまり、平均寿命と健康寿命との差は、日常生活に制限のある期間を意味する。

■**健康寿命と平均寿命の推移**

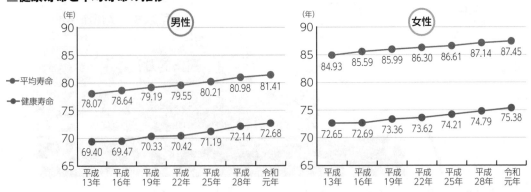

男性

	平成13年	平成16年	平成19年	平成22年	平成25年	平成28年	令和元年
平均寿命	78.07	78.64	79.19	79.55	80.21	80.98	81.41
健康寿命	69.40	69.47	70.33	70.42	71.19	72.14	72.68

女性

	平成13年	平成16年	平成19年	平成22年	平成25年	平成28年	令和元年
平均寿命	84.93	85.59	85.99	86.30	86.61	87.14	87.45
健康寿命	72.65	72.69	73.36	73.62	74.21	74.79	75.38

「健康寿命の令和元年値について」（厚生労働省、令和３年12月20日第16回健康日本21（第二次）推進専門委員会資料）より作成

問題 105

老年期の変形性膝関節症（knee osteoarthritis）に関する次の記述のうち、**最も適切なもの**を１つ選びなさい。

1 外反型の脚の変形を伴うことが多い。
2 女性のほうが男性より罹患率が高い。
3 積極的に患部を冷やすことを勧める。
4 正座の生活習慣を勧める。
5 肥満のある人には積極的に階段を利用するように勧める。

◉高齢者に多い症状・疾患の特徴と生活上の留意点　出題頻度★★★★　［第35回 問題37より出題］

解答と解説

✕ 1　外反型の変形とは、両膝が内側に湾曲したいわゆるX脚のことです。変形性膝関節症では、内反、いわゆるO脚の変形が起こります。

◯ 2　女性に多い理由は、膝にかかる負荷を吸収して軽減する筋力が、男性と比較すると小さいためと考えられています。

✕ 3　慢性的な痛みでは、患部を冷やすより、温めるほうが痛みの緩和に効果的です。

✕ 4　正座は、膝関節が大きく曲がるため、負担の大きい姿勢です。座位に関しては、いすを使うようにこころがけます。

✕ 5　肥満の人はもともと膝に対する負担が大きく、さらに負担がかかる階段利用は避けるべきです。

正解 2

合格のための要点整理

◉**変形性膝関節症とは**

長年の使用により、膝関節内の軟骨がすり減り、炎症を起こすことで痛みを感じる疾患。中年期以降の女性に多く見られる。

■**膝の関節**

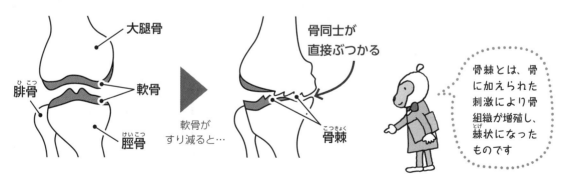

大腿骨／軟骨／腓骨／脛骨／軟骨がすり減ると…／骨同士が直接ぶつかる／骨棘

骨棘とは、骨に加えられた刺激により骨組織が増殖し、棘状になったものです

問題 106 高齢者の脱水に関する次の記述のうち、**最も適切なもの**を1つ選びなさい。

1 若年者よりも口渇感を感じやすい。
2 体内水分量は若年者よりも多い。
3 起立時に血圧が上がりやすくなる。
4 下痢が原因となることはまれである。
5 体重が減ることがある。

●高齢者に多い症状・疾患の特徴と生活上の留意点　出題頻度★★★★　　[第35回 問題38より出題]

解答と解説

✕ 1 口渇感は鈍くなり、結果として水分を取る量が減ります。

✕ 2 加齢にしたがって基礎代謝量が低下し、細胞内の水分量が減少します。そのため、体内水分は若年者の約60％に比べ、高齢者は約50％と低下します。

✕ 3 脱水により血流が減少するため、起立時の低血圧が起こりやすくなります。

✕ 4 下痢により、体内の水分が排泄されるため、脱水の原因となります。

○ 5 体内の水分が減少するため、体重が減少します。

正解 5

合格のための要点整理

●高齢者の脱水

高齢者は若年者に比べ、**体内の水分量**が減少しているうえに、渇きを感じづらいため、脱水を起こしやすく、**重症化**しやすい傾向にある。症状を見逃さず、対応することが大切。

■脱水の症状と対応

軽度	中度	重度
≪症状≫ ・皮膚の乾燥、口腔内の乾燥。 ・手の甲の皮膚をつまみ上げても、すぐにはもとに戻らない。 ・爪を押したあと、色が戻らない。 ・ボーッとし、傾眠傾向。 ・めまい、ふらつき。 ・手足の先に冷感。 ≪対応≫ ・十分な水分補給。 ・経口補水液などで、ミネラルもあわせて補給。	≪症状≫ ・頭痛や吐き気。 ・トイレの回数が減る。 ・嘔吐や下痢などの体調の異常。 ・体重の減少。 ≪対応≫ ・下痢がある場合は、排泄ごとに経口補水液を補給。 ・嘔吐が落ち着いたら、こまめに水分を補給。	≪症状≫ ・意識がもうろうとしている。 ・声かけに反応しない。 ・意識喪失。 ・痙攣が起こる。 ≪対応≫ ・点滴などの医療処置が必要。 ・すみやかに医師の診断を受ける。

問題　**107**　高齢者の肺炎（pneumonia）に関する次の記述のうち、**最も適切な**ものを1つ選びなさい。

1　意識障害になることはない。

2　体温が37.5℃未満であれば肺炎（pneumonia）ではない。

3　頻呼吸になることは、まれである。

4　誤嚥による肺炎（pneumonia）を起こしやすい。

5　咳・痰などを伴うことは、まれである。

●**高齢者に多い症状・疾患の特徴と生活上の注意点**　出題頻度★★★★　［第34回 問題76より出題］

解答と解説

✕ 1　高齢者の肺炎の代表的な症状である咳、倦怠感、食欲低下の他、不穏、せん妄などの意識障害もよく見られる症状です。

✕ 2　高齢者の肺炎は、若年者に比べて症状が乏しく、高熱を発しない場合も珍しくありません。

✕ 3　1分間に24回以上の呼吸を、頻呼吸といいます。肺炎による肺胞の炎症により、深く息を吸い込むことが難しくなり、浅く速い呼吸になります。

◯ 4　食物が肺に入ることで起こる誤嚥性肺炎は、嚥下や嚥下反射の機能低下により起こります。高齢者に多い肺炎です。

✕ 5　特に多い誤嚥性肺炎では、激しい咳や痰がからむといった症状が顕著にあらわれます。

正解 4

合格のための要点整理　●**高齢者の肺炎の特徴**

高齢者の肺炎の多くは誤嚥性肺炎で、繰り返しやすい特徴がある。症状は若年者に比べて定型的でなく、発見が遅れることもある。回復に時間がかかり、回復後も、もとの生活に戻るのに時間がかかる。

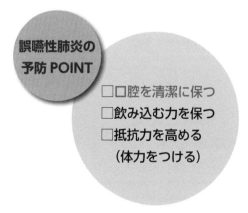

高齢者の肺炎の特徴

□誤嚥性肺炎が多い
□症状が乏しい
□合併症がある場合が多い
□重症化しやすい
□再発しやすい
□治療に時間がかかる

誤嚥性肺炎の予防POINT

□口腔を清潔に保つ
□飲み込む力を保つ
□抵抗力を高める
　（体力をつける）

高齢者の便秘に関する次の記述のうち、**適切なものを1つ選びなさい**。

1 大腸がん（colorectal cancer）は、器質性便秘の原因になる。
2 弛緩性便秘はまれである。
3 けいれん性便秘では、大きく柔らかい便がでる。
4 直腸性便秘は、便が直腸に送られてこないために起こる。
5 薬剤で、便秘になることはまれである。

●高齢者に多い症状・疾患の特徴と生活上の注意点　出題頻度★★★★　[第33回 問題74より出題]

解答と解説

○ 1 器質性便秘とは、大腸がんや潰瘍、腸の炎症など、腸そのものの病変で起こる便秘の総称です。

✕ 2 弛緩性便秘は、高齢者や出産回数の多い女性によくある便秘です。

✕ 3 けいれん性便秘では、下痢と便秘を交互に繰り返すことがあります。

✕ 4 直腸性便秘は、便意が脳に伝達されないことが原因で起こります。

✕ 5 特に高齢者の場合は、多くの薬剤を服薬し、その影響で便秘になることも少なくありません。

正解 1

合格のための要点整理　●便秘の種類
便秘は、器質性便秘と機能性便秘、さらに一過性単純便秘に分類されます。

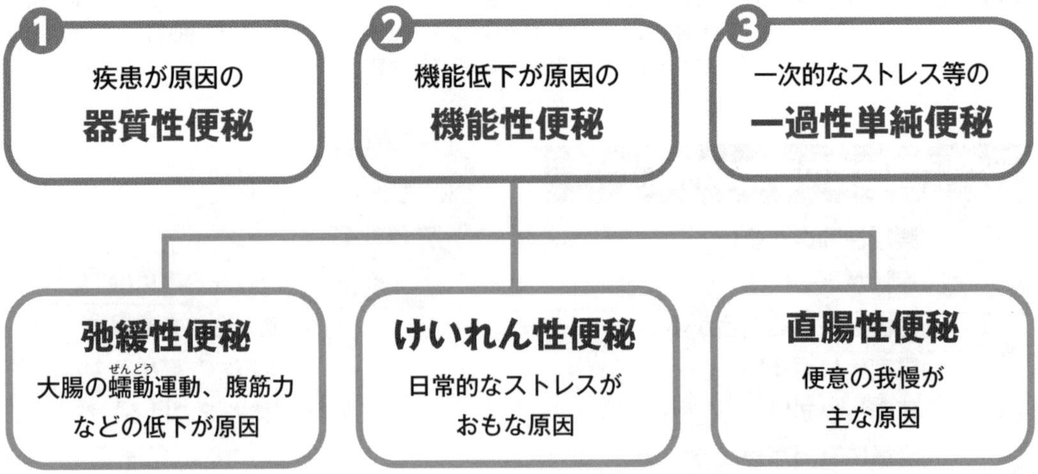

❶ 疾患が原因の **器質性便秘**

❷ 機能低下が原因の **機能性便秘**

❸ 一次的なストレス等の **一過性単純便秘**

弛緩性便秘
大腸の蠕動運動、腹筋力などの低下が原因

けいれん性便秘
日常的なストレスがおもな原因

直腸性便秘
便意の我慢が主な原因

問題 **109** 高齢者の転倒に関する次の記述のうち、**正しいもの**を１つ選びなさい。

1 介護が必要になる原因は、転倒による骨折（fracture）が最も多い。

2 服用する薬剤と転倒は、関連がある。

3 転倒による骨折（fracture）の部位は、足首が最も多い。

4 転倒の場所は、屋内では浴室が最も多い。

5 過去に転倒したことがあると、再度の転倒の危険性は低くなる。

●**高齢者に多い症状・疾患の特徴と生活上の注意点**　出題頻度★★★★　［第33回 問題75より出題］

解答と解説

✕ 1 介護が必要になる原因でもっとも多いのは、男性が脳血管疾患、女性が認知症です。

○ 2 服用する薬剤によっては、ふらつきが起こるなど、転倒の原因となるものもあります。

✕ 3 大腿骨頸部骨折、橈骨遠位端骨折、上腕骨近位端骨折、腰椎圧迫骨折が、高齢者の転倒による４大骨折部位です。

✕ 4 もっとも多いのは居室で、40%以上を占めています。

✕ 5 過去に転倒したことがあると不安になり、外出や移動を控えたりして、結果として下肢の筋力低下につながり、転倒の危険性が高くなる傾向があります。

正解 2

合格のための要点整理　　●**高齢者の転倒**

転倒は高齢者に多い事故。身体的機能や感覚器の衰え、環境、服薬などが原因となるが、転倒→骨折→要介護となることが多いため、十分な注意が必要である。

下肢筋力の低下、反射的動作や身体バランスなどの機能低下

段差や家具の配置など環境的な要因

危険認識の低下
身体イメージの変化

薬剤の作用など

問題 **110** 高齢者の糖尿病（diabetes mellitus）に関する次の記述のうち、**適切なものを1つ選びなさい。**

1 アミラーゼ（amylase）の作用不足が原因である。

2 ヘモグロビンA1c（HbA1c）の目標値は、若年者に比べて低めが推奨される。

3 若年者に比べて高血糖の持続による口渇感が強い。

4 運動療法は避けたほうがよい。

5 若年者に比べて低血糖の自覚症状に乏しい。

●高齢者に多い症状・疾患の特徴と生活上の注意点　出題頻度★★★★　［第33回 問題76より出題］

解答と解説

✕ 1 血液の中の糖をエネルギーに変える、インスリンの作用不足が原因です。

✕ 2 高齢者の目標値は若年者と比べ、0.5～1％高くなります。

✕ 3 若年者に比べ、口渇感が強いということはありません。むしろ渇きを感じづらく、脱水の注意も必要です。

✕ 4 認知機能や身体機能に合わせて、適度な運動をすることが大切です。

○ 5 低血糖時も、自覚症状に乏しくなります。

正解5

合格のための要点整理

●高齢者の糖尿病の特徴

加齢とともに、インスリンの分泌が減少していくうえに、活動量や筋肉量の低下、内臓脂肪の増加などが生じ、結果として糖尿病になりやすくなる。

特徴①
低血糖時の「動悸」「発汗」「手の震え」などといった、低血糖症状が出現しにくくなる。そのため、重篤な状態になりやすく、生活の質の低下につながったり、合併症を伴いやすくなったりする。

特徴②
身体機能・認知機能の低下、他の疾患をあわせ持つなどのリスク要因が多く、コントロールが難しい。若年者ではHbA1c6.0～8.0％未満だが、高齢者では高めに設定。

■血糖コントロール値の例（HbA1c）

対象者の状態像	重症低血糖が危惧される薬剤の使用
認知機能正常かつADL自立	**なし** 7.0％未満
	あり ①65歳以上75歳未満 　7.0％未満（下限6.5％） ②75歳以上 　8.0％未満（下限7.0％）

258

6-1 認知症を取り巻く状況

> **問題　111**　認知症ケアにおける「ひもときシート」に関する次の記述のうち、**最も適切なもの**を１つ選びなさい。
>
> 1　「ひもときシート」では、最初に分析的理解を行う。
> 2　認知症（dementia）の人の言動を介護者側の視点でとらえる。
> 3　言動の背景要因を分析して認知症（dementia）の人を理解するためのツールである。
> 4　評価的理解では、潜在的なニーズを重視する。
> 5　共感的理解では、8つの要因で言動を分析する。

●**認知症ケアの理念**　出題頻度★★　　　　　　　　　　[第34回 問題77より出題]

解答と解説

✕ 1　ひもときシートは３つのステップで構成され、最初のステップは「評価的理解」です。

✕ 2　ひもときシートは介護者側が中心となりがちな思考を、認知症の人本人が中心となる思考へと転換することを目的としたシートです。

◯ 3　介護者が課題と考えている「言動・行動」の背景を分析して、認知症の人の立場で理解することによって課題の解決を目指します。

✕ 4　評価的理解では、介護者側が感じている課題を介護者側の視点で評価します。

✕ 5　共感的理解では、分析的理解によって８つの要因で分析した内容を、認知症の人本人の立場に立って考えます。

正解 3

合格のための要点整理

●「ひもときシート」

2008（平成20）年４月、認知症介護研究・研修東京センターにおける、厚生労働省からの委託を受けた認知症ケア高度化推進事業の中で示された。

「ひもときシート」は援助者が「困難」と感じていることについて、一定のプロセスを踏みながら思考を整理するために開発されました。困難や課題と考えていることを明確にし、事実に基づいた情報の整理をしながら、本人の求めるケアを導き出す（ひもとく）ためのシートです。

実際の「ひもときシート」や使用方法が「ひもときねっと」から、ダウンロードできます

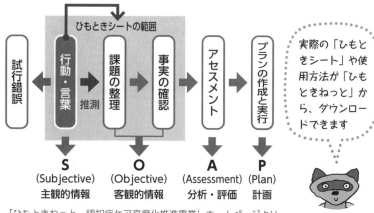

「ひもときねっと─認知症ケア高度化推進事業」ホームページより

問題 112 日本における認知症（dementia）の原因のうち、アルツハイマー型認知症（dementia of the Alzheimer's type）の次に多い疾患として、**正しいものを１つ選びなさい**。

1 血管性認知症（vascular dementia）

2 前頭側頭型認知症（frontotemporal dementia）

3 混合型認知症（mixed type dementia）

4 レビー小体型認知症（dementia with Lewy bodies）

5 アルコール性認知症（alcoholic dementia）

●認知症のある人の現状と今後　出題頻度★★★　　　　　　[第33回 問題78より出題]

解答と解説

○ 1 ひとつの疾患が原因となる認知症のうち、７割近くを占めるのがアルツハイマー型認知症で、次に多いのが血管性認知症です。

✕ 2 前頭側頭型認知症は、レビー小体型認知症についで４番目に多い疾患です。

✕ 3 ２つ以上の異なる原因疾患を持つ認知症である混合型認知症は約３％ですが、今後増加すると予想されています。

✕ 4 レビー小体型認知症は、全体で３番目に多い認知症です。

✕ 5 アルコール性認知症は全体では0.4％程度ですが、若年性認知症では約４％と割合が増加することが知られています。

正解1

合格のための要点整理　　●認知症の原因疾患の割合

アルツハイマー型認知症、血管性認知症、レビー小体型認知症、前頭側頭型認知症の４つは、国家試験でもよく出題される。

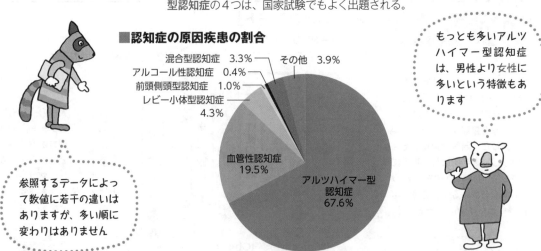

■認知症の原因疾患の割合

混合型認知症 3.3%
アルコール性認知症 0.4%
前頭側頭型認知症 1.0%
レビー小体型認知症 4.3%
その他 3.9%
血管性認知症 19.5%
アルツハイマー型認知症 67.6%

もっとも多いアルツハイマー型認知症は、男性より女性に多いという特徴もあります

参照するデータによって数値に若干の違いはありますが、多い順に変わりはありません

「都市部における認知症有病率と認知症の生活機能障害への対応（H25.5）」（厚生労働省）より作成

問題 113 日本での認知症（dementia）に関する次の記述のうち、**適切なも**
のを１つ選びなさい。

1 アルツハイマー型認知症（dementia of the Alzheimer's type）以外の認知症
（dementia）の患者数が増加している。

2 アルツハイマー型認知症（dementia of the Alzheimer's type）の有病率は、男
性より女性が高い。

3 年齢が若いほど、認知症発症のリスクが高い。

4 生活習慣病（life-style related disease）と認知症発症には関連がない。

5 運動は認知症予防に無効である。

●認知症のある人の現状と今後　出題頻度★★★　　　　　［第33回 問題79より出題］

解答❷解説

✕ 1 認知症全体の患者数が増加する中、アルツハイマー型認知症も増加しています。

◯ 2 アルツハイマー型認知症の有病率は、女性に多いのが特徴です。

✕ 3 たとえば65～69歳に比べ、75～79歳は約1.5倍と、年齢が高いほど発症のリスクは高く
なります。

✕ 4 生活習慣病である高血圧は、血管性認知症へとつながる危険性があるように、生活習慣病
と認知症には関連があります。

✕ 5 適切な運動をすることは、心身を活性化させ、機能低下を予防します。認知症の予防にも
効果があります。

正解 2

合格のための要点整理　●**認知症の人の年齢階層別割合**

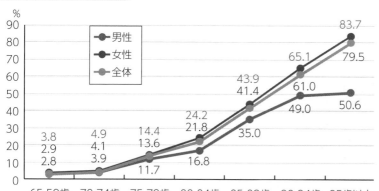

高齢者の約７人に１人
は認知症と推計されて
います。高齢になれば
なるほど認知症の人の
割合は高くなり、今後
の後期高齢者の人口の
伸びが与える影響も大
きいといわれます

厚生労働科学研究費補助金（認知症対策総合研究事業）「都市部における認知症有病率と
認知症の生活機能障害への対応（平成23年度～平成24年度 総合研究報告書）」より作成

問題 114 Lさん（83歳、女性、要介護1）は、アルツハイマー型認知症（dementia of the Alzheimer's type）である。一人暮らしで、週2回、訪問介護（ホームヘルプサービス）を利用している。

ある日、訪問介護員（ホームヘルパー）が訪問すると、息子が来ていて、「最近、母が年金の引き出しや、水道代の支払いを忘れるようだ。日常生活自立支援事業というものがあると聞いたことがあるが、どのような制度なのか」と質問があった。

訪問介護員（ホームヘルパー）の説明として、**最も適切なもの**を1つ選びなさい。

1 「申込みをしたい場合は、家庭裁判所が受付窓口です」

2 「年金の振込口座を、息子さん名義の口座に変更することができます」

3 「Lさんが契約内容を理解できない場合は、息子さんが契約できます」

4 「生活支援員が、水道代の支払いをLさんの代わりに行うことができます」

5 「利用後に苦情がある場合は、国民健康保険団体連合会が受付窓口です」

●**認知症に関する行政の方針と施策**　出題頻度★★★　　[第35回 問題43より出題]

解答と解説

✕ 1 申込みをしたい場合は、市町村の社会福祉協議会が受付窓口です。

✕ 2 年金の支給は、年金受給者の名義以外の口座に振り込むことはできません。

✕ 3 利用者本人または成年後見人等が社会福祉協議会に申込み、契約することができます。

◯ 4 日常的金銭管理の一環として、水道代の支払いを代行することができます。

✕ 5 苦情がある場合は、運営適正化委員会が受付窓口です。

正解 4

合格のための要点整理

●**日常生活自立支援事業**

日常生活自立支援事業は、制度の契約について判断できる理解度が残っている人を対象とし、支援する内容もより限定的である。

Q どんな事業？ ▶ **A** 福祉サービスの利用や金銭管理のお手伝いをして、安心して暮らせるようサポートする事業。

Q 対象者は？ ▶ **A** 認知症高齢者、知的障害者、精神障害者などで、判断能力が不十分な人が対象。

Q 何を手伝ってもらえるの？ ▶ **A** 日常生活の金銭の出し入れ、日常生活の事務手続き、通帳や証書などの保管等。

Q 利用するには？ ▶ **A** 市町村の社会福祉協議会が実施している。相談は無料。実際の利用には料金が発生する。

問題　115　次のうち、2019年（令和元年）の認知症施策推進大綱の**5つの柱**に示されているものとして、**適切なもの**を1つ選びなさい。

1　市民後見人の活動推進への体制整備

2　普及啓発・本人発信支援

3　若年性認知症支援ハンドブックの配布

4　認知症初期集中支援チームの設置

5　認知症カフェ等を全市町村に普及

●**認知症に関する行政の方針と施策**　出題頻度★★★　　　　［第35回 問題39より出題］

解答と解説

✕ 1　市民後見人とは、市区町村等が実施する養成研修を受講するなどして、成年後見人等として必要な知識を得た一般市民の中から、家庭裁判所が成年後見人等として選任した人をいいます。

○ 2　認知症施策推進大綱の具体的施策である、5つの柱のひとつです。

✕ 3　新オレンジプランの7つの柱のうち、若年性認知症施策の強化にあたります。

✕ 4　新オレンジプランの7つの柱のうち、認知症の容態に応じた適時・適切な医療・介護等の提供にあたります。

✕ 5　新オレンジプランの7つの柱のうち、認知症の人の介護者への支援にあたります。

正解 2

合格のための要点整理

●**新オレンジプラン**

「認知症高齢者等にやさしい地域づくり」を推進していくため、右の7つの柱に沿って、施策を総合的に推進していくもの。また、認知症施策推進大綱は、認知症の人が尊厳と希望を持って認知症とともに生き、認知症があってもなくても同じ社会でともに生きる「共生」と、認知症になるのを遅らせる、認知症になっても進行を穏やかにするという意味の「予防」を両輪として施策を推進している。

❶認知症への理解を深めるための普及・啓発の推進

❷認知症の容態に応じた適時・適切な医療・介護等の提供

❸若年性認知症施策の強化

❹認知症の人の介護者への支援

❺認知症の人を含む高齢者にやさしい地域づくりの推進

❻認知症の予防法、診断法、治療法、リハビリテーションモデル、介護モデル等の研究開発およびその成果の普及の推進

❼認知症の人やその家族の視点の重視

「認知症施策推進総合戦略（新オレンジプラン）」（厚生労働省より）

> **問題 116** 次の記述のうち、見当識障害に関する質問として、**最も適切なもの**を１つ選びなさい。
>
> **1** 「私たちが今いるところはどこですか」
>
> **2** 「100から７を順番に引いてください」
>
> **3** 「先ほど覚えてもらった言葉をもう一度言ってみてください」
>
> **4** 「次の図形を写してください」
>
> **5** 「この紙を左手で取り、両手で半分に折って、私に返してください」

●**認知症の基礎的理解**　出題頻度★★　　　　　　　　　　　　　[第35回 問題40より出題]

解答と解説

○ **1**　HDS-Rの場所に関する見当識を問う質問です。

✕ **2**　HDS-Rの計算問題で、記憶力とワーキングメモリーを確認するための質問です。ワーキングメモリーとは、作動記憶や作業記憶と呼ばれるものです。

✕ **3**　３つの言葉の遅延再生、記銘したことをしばらく保持し、想起できるかを問う質問です。

✕ **4**　図形描写をし、図形的能力、空間認知能力を問う質問です。

✕ **5**　口頭による３段階命令、３つの指示を理解できるかを問う質問です。

正解 **1**

合格のための要点整理　●**認知症の評価スケール**
それぞれの評価スケールの特徴を押さえておこう。

心理検査	[改訂 長谷川式簡易知能評価スケール（HDS-R）] ●年齢、場所、記憶、計算に関する９つの質問で評価。 ●30点満点中20点以下は認知症の可能性あり。	[ミニメンタルステイト検査（MMSE）] ●日時、場所、計算、記憶、言語力に関する11の質問で評価。 ●30点満点中23～24点以下が認知症の可能性あり。
観察式方法	[FAST (Functional Assessment Staging)] ●アルツハイマー型認知症の重症度判定。 ●観察により生活機能を評価。 ●認知機能低下を、認知症の障害なし～非常に高度の７段階で評価する。	[CDR (Clinical Dementia Rating)] ●観察式の認知症の重症度評価法。 ●なし（健康）(CDR：0)、疑い(CDR：0.5)、重度(CDR：3) で評価。 ●記憶、見当識、介護状況などの６領域の状態から５段階で示す。
	[認知症高齢者の日常生活自立度判定基準] ●日常生活における支援の必要性、行動をランクづけする。 ●ほぼ自立～専門医療を必要とする、の５段階にランクわけ。 ●厚生労働省が作成し、介護保険の要介護認定を行う際の参考のひとつとされている。	

問題　**117**　Mさん（88歳、女性）は、アルツハイマー型認知症（dementia of the Alzheimer's type）と診断された。夫と二人暮らしで、訪問介護（ホームヘルプサービス）を利用している。訪問介護員（ホームヘルパー）が訪問したときに夫から、「最近、日中することがなく寝てしまい、夜眠れていないようだ」と相談を受けた。訪問介護員（ホームヘルパー）は、Mさんが長年していた裁縫を日中にしてみることを勧めた。早速、裁縫をしてみるとMさんは、短時間で雑巾を縫うことができた。

　　Mさんの裁縫についての記憶として、**最も適切なもの**を１つ選びなさい。

1　作業記憶

2　展望的記憶

3　短期記憶

4　陳述記憶

5　手続き記憶

●認知症のさまざまな症状　　出題頻度★★★

［第35回 問題48より出題］

解答と解説

✕ 1　何かの作業をするときに必要な情報を記憶から取り出して、情報を一時的に保つ能力を作業記憶といいます。

✕ 2　これから先の未来に予定されていることについて、いつ何をするのかを覚えておくことを展望的記憶といいます。

✕ 3　比較的短い期間、頭の中に保持されている記憶を短期記憶といいます。

✕ 4　イメージや言語として意識上に内容を想起でき、その内容を陳述できる記憶を陳述記憶といいます。

○ 5　言葉では表現できない、からだで覚えた記憶を手続き記憶といいます。

正解 5

合格のための要点整理

●手続き記憶

言語などで内容を説明できない記憶（非陳述記憶）のうち、からだが覚えている記憶（動作に関する記憶）。

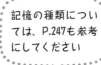

記憶の種類については、P.247も参考にしてください

・ピアノ（楽器）の演奏
・スキーの技術
・けん玉のコツ
・泳ぎ方
・自転車の乗り方　　　　など

加齢の影響を受けにくい記憶

1　周囲から物音が聞こえてくると、食事を中断したままになる。

2　毎日、同じ時間に同じ行動をする。

3　旅行の計画を立てることが難しい。

4　話そうとすることを言い間違える。

5　介護職員から説明を受けたことを覚えていない。

◉**認知症のさまざまな症状**　出題頻度★★★　　　　　　　[第33回 問題85より出題]

解答と解説

○ 1　注意障害とは、注意散漫でひとつの物に注意を向けられず、物事に集中できなくなる障害です。

× 2　常同行動という、前頭側頭型認知症の特徴的な症状です。

× 3　未来の物事を計画立ててできなくなる、遂行機能障害です。

× 4　思ったことが言葉にできない、失語です。

× 5　記憶の障害で、物事が覚えられない状態です。

正解 1

合格のための要点整理

◉**注意障害**

ボーッとして物事に注意が向けられない、あるいは気が散ってしまってひとつのことに集中できないなどの症状。行動が持続しない、失敗が増えるなどの特徴がある。

■**注意障害の４分類**

❶ **持続性の障害**
物事への注意、集中を持続できない。すぐに気が散る。

❷ **選択の障害**
複数の物からひとつを選択し、注意を向けることができない。

❸ **同時処理の障害**
2つ以上の物事に注意を払い、処理をすることができない。

❹ **転換の障害**
A→B→Aと、一度他に注意を向けたあと、再びもとの物事に注意を向けることができない。

注意障害は、高次脳機能障害の代表的な症状のひとつでもあります

問題 119 うつ病（depression）による仮性認知症（pseudodementia）と比べて認知症（dementia）に特徴的な事柄として、**適切なもの**を1つ選びなさい。

1 判断障害がみられることが多い。

2 不眠を訴えることが多い。

3 誇張して訴えることが多い。

4 希死念慮がみられることが多い。

5 抗うつ薬が効果的であることが多い。

●認知症と間違えられやすい症状・疾患　出題頻度★★　　　[第33回 問題77より出題]

解答と解説

○ 1 物事を認識したり、記憶したりすることができず、仮性認知症よりも判断障害が多く見られます。

✕ 2 眠れなくなるというより、睡眠のリズムが崩れ、昼夜逆転に進行する場合が多くあります。

✕ 3 無関心や取りつくろいが多くなりますが、物事を誇張して訴えることは多くありません。

✕ 4 うつ病に比べ、希死念慮は少ないです。

✕ 5 認知症では、抗うつ薬の効果は期待できません。

正解1

合格のための要点整理　●**仮性認知症**

高齢者のうつ病は、抑うつ気分や意欲低下によって認知症と似た状態になることが多く、仮性認知症と呼ばれる。

■**認知症と仮性認知症の比較**

	認知症	仮性認知症
おもな症状	認知機能の障害 ・記憶障害　・見当識障害　・失行 ・判断障害　・実行機能障害	抑うつ気分 ・意欲低下　・活動性の減少 ・頭痛　・不眠　・食欲不振 ・希死念慮
回復	もとに戻ることがない	回復すると症状も消失する
特徴	原因となる認知症のタイプにより、症状が異なる	誇張された身体的な訴えが多い

高齢者の認知症は一般の認知症と異なり、身体症状の訴えが多いのが特徴です

うつ病のように、認知症に間違えられやすい状態に「せん妄」があります

問題 120 慢性硬膜下血腫（chronic subdural hematoma）に関する次の記述のうち、**最も適切なもの**を1つ選びなさい。

1 運動機能障害が起こることは非常に少ない。

2 頭蓋骨骨折を伴い発症する。

3 抗凝固薬の使用はリスクとなる。

4 転倒の後、2～3日で発症することが多い。

5 保存的治療が第一選択である。

●認知症の原因疾患と症状　出題頻度★★★★　　　　[第35回 問題42より出題]

解答と解説

✕ 1　半身麻痺を伴う傾向があります。

✕ 2　頭部打撲後、数週間以上経過してから症状があらわれます。

○ 3　抗凝固薬は、出血を生じることがあります。

✕ 4　数か月前の転倒などによる頭部外傷が原因となることが多いです。

✕ 5　硬膜の下と脳の間に血腫ができる疾患で、血腫を取り除く手術により症状が改善することがあります。

正解 3

合格のための要点整理　　●治療が可能な認知症

認知症の原因となる治療可能な疾患はよく出題される。慢性硬膜下血腫の他にも、治療可能なものを押さえておこう。

疾患名	慢性硬膜下血腫	正常圧水頭症	ビタミン欠乏症	アルコール中毒	脳腫瘍
原因など	硬膜の内側に出血があり、血腫が脳を圧迫。	脳脊髄液が脳室にたまり、脳を圧迫する。	ビタミンB$_1$、B$_{12}$などの欠乏による記憶障害など。	アルコールの飲用による障害。	腫瘍の場所により、認知症の症状がでる。
治療法	頭骸骨内の血腫を取り除く。	カテーテルで髄液を取り除く。	ビタミン剤の服用。	心理療法や薬物治療。	放射線による治療で腫瘍を小さくできれば、回復の可能性がある。

慢性硬膜下血腫と正常圧水頭症がよく認知症と間違えられるので、注意して覚えましょう

問題 121 レビー小体型認知症（dementia with Lewy bodies）の幻視の特徴に関する次の記述のうち、**最も適切なもの**を１つ選びなさい。

1 幻視の内容はあいまいではっきりしない。

2 睡眠中でも幻視が生じる。

3 本人は説明されても幻視という認識ができない。

4 薄暗い部屋を明るくすると幻視が消えることがある。

5 抗精神病薬による治療が行われることが多い。

●**認知症の原因疾患と症状** 出題頻度★★★★ ［第34回 問題78より出題］

解答と解説

✕ 1 レビー小体型認知症の幻視は、具体的で鮮明なものです。

✕ 2 幻視とは、実際には存在しないものが見えることです。睡眠中には起こりません。

✕ 3 本当に信じ込んでいる場合もあれば、「そんなはずはない」と考える人もいます。繰り返し説明することで、幻視という認識が持てる場合もあります。

◯ 4 幻視は暗いところで見えることが多く、照明を工夫して部屋を明るくするなどの対応で消失する場合があります。

✕ 5 安心を与える、錯覚を誘発しないなど、環境やかかわり方の工夫が大切です。薬物治療をする場合もありますが、副作用への注意は必要です。

正解 4

合格のための要点整理 ●**レビー小体型認知症の特徴と幻視への対応**

レビー小体型認知症は、アルツハイマー型認知症、血管性認知症についで多い認知症。特徴的な症状である「幻視」への対応をしっかりと押さえておこう。

■**特徴的症状**

認知機能の動揺性
・調子のよいときと悪いときが明瞭
・日内変動がある
など

幻覚（特に幻視）
・内容が鮮明で具体的。人物や動物、物が小さく見える
・視線を外すと消える
など

パーキンソン症状
・仮面様顔貌、動作緩慢、筋固縮、小刻み歩行
など

■**幻視への対応と改善策**

否定をしない
否定することは不安を強くしたり混乱につながったりし、さらに幻視を悪化させる恐れがある。

相手に合わせる
相手の話に合わせることが、安心につながる。

体調チェック
体調が悪い場合は幻視がでやすいので、体調の変化には十分注意する。

見間違えない工夫
錯覚しやすい壁の傷やシミなど、隠せるものは隠す。
物が見えやすいように、部屋を明るくする。

●**認知症の原因疾患と症状** 出題頻度★★★★　　　　　　　　[第33回 問題81より出題]

解答と解説

✕ **1** クロイツフェルト・ヤコブ病の有病率は、100万人に1人です。

○ **2** 異常なプリオンたんぱくが、脳に沈着することが原因の疾患です。

✕ **3** 発症から数か月で、急速に認知症の症状が進行します。

✕ **4** 治療法がなく、死に至る病気です。

✕ **5** 発症後6か月以内に、筋肉の不随意運動があらわれます。

正解 2

合格のための要点整理

●**認知症の原因疾患**

罹患率の高い4つの原因疾患の他にも、認知症の原因となる疾患は数多く存在する。問題のクロイツフェルト・ヤコブ病の他、正常圧水頭症、**慢性硬膜下血腫**といった代表的な原因疾患も覚えておこう。

クロイツフェルト・ヤコブ病	**正常圧水頭症**	**慢性硬膜下血腫**
異常な**プリオンタンパク**が脳に蓄積し、神経細胞が変性する。認知症、けいれん、意識障害、**舞踏様運動**などの症状がある。進行が速く、1年以内に死に至ることが多い。	脳脊髄液圧（のうせきずいえきあつ）は正常範囲だが、脳室拡大により水頭症が進行している状態。認知症、**歩行障害**、尿失禁などの症状が見られる。	硬膜の下と脳の間（けっしゅ）に血腫ができる。血腫が脳を圧迫することでさまざまな症状があらわれるが、認知症に似た症状が見られることもある。

※この他にも、アルコール性認知症やハンチントン病など、多くの疾患が認知症の原因となる。

正常圧水頭症と慢性硬膜下血腫は、外科的処置で改善が可能な認知症原因疾患の代表です

問題 123 レビー小体型認知症（dementia with Lewy bodies）に関する次の記述のうち、**適切なもの**を１つ選びなさい。

1 脳梗塞（cerebral infarction）が原因である。

2 初発症状は記憶障害である。

3 けいれんがみられる。

4 人格変化がみられる。

5 誤嚥性肺炎（aspiration pneumonia）の合併が多い。

●認知症の原因疾患と症状 　出題頻度★★★★

[第33回 問題82より出題]

解答と解説

✕ 1 レビー小体といわれる異常なたんぱく質が、大脳に蓄積することが原因で発症します。

✕ 2 初期の段階では、記憶障害によって幻視があらわれることが多いです。

✕ 3 手の震えや動作緩慢、筋固縮などパーキンソン様症状はありますが、けいれんはありません。

✕ 4 他の認知症に比べても、人格の変化は少ないのが特徴です。

○ 5 パーキンソン様症状による姿勢の傾きがあったり、食事の取り込みに難が生じたりして、誤嚥性肺炎になりやすいです。

正解5

合格のための要点整理

●レビー小体型認知症

レビー小体という特殊なたんぱく質が大脳皮質や脳幹に蓄積し、神経細胞が壊れ、減少することで起こる認知症。認知症の原因疾患で第3位。

| 初期の段階で、幻視、妄想、うつ状態など。パーキンソン病と似た症状も出る。 | 進行が急速な場合もあるが、多くの場合、よいときと悪いときを繰り返しながら進行する。 |

認知症の症状

パーキンソン病と似た症状

幻視
シッ
シッ

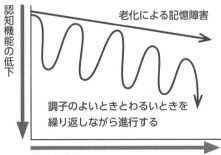
老化による記憶障害
認知機能の低下
調子のよいときとわるいときを繰り返しながら進行する
時間の流れ

1 血液検査

2 脳血流検査

3 頭部CT検査

4 脳波検査

5 認知機能検査

●**認知症の原因疾患と症状** 出題頻度★★★★ ［第33回 問題84より出題］

解答と解説

✕ 1 血液検査は、血液中の成分の検査です。身体の異常を発見できます。

✕ 2 脳内の血流の異常を調べる検査です。脳梗塞、てんかん、認知症などの発見に役立ちます。

◯ 3 脳を包むもっとも外側の膜である硬膜の下に血液がたまる、慢性硬膜下血腫の診断にはCTやMRIといった画像診断が効果的です。

✕ 4 脳の波形を測定し、異常などを発見する検査です。血腫などの原因まではわかりません。

✕ 5 認知機能検査は質問に答える形式の検査です。認知機能や記憶力、判断力の低下を測定します。

正解3

合格のための要点整理 ●**慢性硬膜下血腫**

脳は、内側から軟膜、くも膜、硬膜という膜に包まれている。慢性硬膜下血腫は頭を強く打つなどし、硬膜とくも膜の間に、出血した血がじわじわとたまり、血腫となっている状態。画像にはっきりと映り、診断が可能。

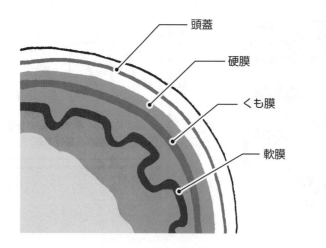

頭蓋

硬膜

くも膜

軟膜

外科的処置で血腫を取り除けば、認知症も改善されます

問題 **125** 若年性認知症（dementia with early onset）に関する次の記述のうち、**最も適切なもの**を１つ選びなさい。

1 75歳未満に発症する認知症（dementia）である。

2 高齢者の認知症（dementia）よりも進行は緩やかである。

3 早期発見・早期対応しやすい。

4 原因で最も多いのはレビー小体型認知症（dementia with Lewy bodies）である。

5 不安や抑うつを伴うことが多い。

●**若年性認知症** 出題頻度★★　　　　　　　　　　[第34回 問題80より出題]

解答 と 解説

✕ 1 若年性認知症は、65歳未満で発症する認知症の総称です。

✕ 2 たとえば40歳で認知症を発症した場合の進行速度は、高齢者の２倍以上といわれます。若年性認知症では、高齢者の認知症に比べて、進行が速いのが特徴です。

✕ 3 認知症は高齢者の病気というイメージも根強く、若年性認知症は発見が遅くなるといわれます。

✕ 4 血管性認知症がもっとも多く、次にアルツハイマー型認知症、頭部外傷の順番です。

◯ 5 自分自身の変化や今後の生活の不透明さからくる、不安や抑うつを伴うことが多くあります。

正解 5

合格のための要点整理　●**若年性認知症**

18歳以上65歳未満で生じる認知症を若年性認知症という。高齢者の認知症と比較して、本人と家族の関係、社会的役割、経済状況などに違いがある。

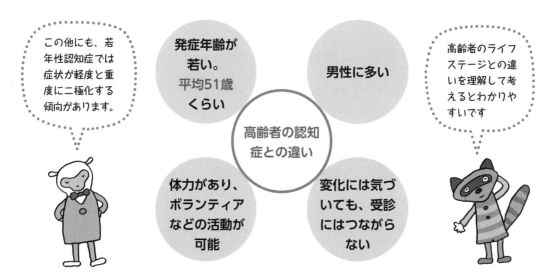

この他にも、若年性認知症では症状が軽度と重度に二極化する傾向があります。

発症年齢が若い。平均51歳くらい

男性に多い

高齢者のライフステージとの違いを理解して考えるとわかりやすいです

高齢者の認知症との違い

体力があり、ボランティアなどの活動が可能

変化には気づいても、受診にはつながらない

『若年性認知症ハンドブック』（認知症介護研究・研修センター）より作成

こころとからだのしくみ　認知症の理解

273

問題 126 軽度認知障害（mild cognitive impairment）に関する次の記述のうち、**最も適切なもの**を1つ選びなさい。

1 本人や家族から記憶低下の訴えがあることが多い。

2 診断された人の約半数がその後1年の間に認知症（dementia）になる。

3 CDR（Clinical Dementia Rating）のスコアが2である。

4 日常生活能力が低下している。

5 治療には、主に抗認知症薬が用いられる。

●認知症の予防・治療　出題頻度★★★　　　　　　　　　　　　　[第34回 問題79より出題]

解答と解説

○1 軽度認知機能障害は、認知症と正常との中間的な状態です。記憶障害によるもので、本人や家族からの物忘れの訴えがある場合が多いのが特徴です。

✕2 軽度認知障害の10〜15％の人が、年単位で認知症に移行するといわれます。

✕3 家族からの聞き取りと本人への問診により、認知症の重症度を判定するCDRのスコアが0.5である場合が合致します。スコア2は、中等度認知症です。

✕4 日常生活能力は保たれた状態です。

✕5 根本的な治療ではなく、進行を抑えるために抗認知症薬が用いられます。

正解 1

合格のための要点整理　　●**軽度認知障害**

軽度認知障害は物忘れ（記憶障害）があるが、他の認知機能には障害が見られない。日常生活への影響はほとんどなく、認知症とは診断できない状態である。

> **認知機能障害の定義**
>
> ・年齢や教育レベルの影響のみでは説明できない記憶障害が存在する。
> ・本人または家族による物忘れの訴えがある（自覚している）。
> ・全般的な認知機能は正常範囲である。
> ・日常生活動作は自立している。
> ・認知症ではない。

「e-ヘルスネット」（厚生労働省）より作成

問題 **127** 認知症（dementia）の行動・心理症状（BPSD）に対する抗精神病薬を用いた薬物療法でよくみられる副作用として、**最も適切なもの**を１つ選びなさい。

1　歩幅が広くなる。

2　誤嚥（ご　えん）のリスクが高くなる。

3　過剰に活動的になる。

4　筋肉の緊張が緩む。

5　怒りっぽくなる。

●認知症の予防・治療　出題頻度★★★　　　　　　　　　[第34回 問題81より出題]

解答と解説

✕1　筋肉のこわばりや姿勢の制御ができないなどといった副作用は考えられますが、歩幅が広くなることはありません。

○2　筋肉のこわばりや不安定な姿勢、口の渇きなどにより、誤嚥のリスクが高くなります。

✕3　不安や焦燥感を感じることはありますが、活動自体が活発になることはありません。

✕4　筋肉のこわばりは強くなり、筋緊張がゆるくなることはありません。

✕5　不安や抑うつの副作用が出ることはありますが、怒りっぽくなることはありません。

正解 2

合格のための要点整理　　　●BPSDと向精神薬

BPSDへの対応として、認知症の人の「落ち着いた生活」「生活のゆとり」などを目的として、向精神薬などが処方される場合がある。

薬の種類	期待できる効果	おもな副作用
抗精神病薬	躁（そう）状態の治療	眠気、筋肉のこわばり、歩きにくさ、ふらつき、口渇、便秘など
抗不安薬	不安、イライラの改善	眠気、ふらつき、脱力感、食欲不振、便秘など
抗うつ薬	抑うつ状態の改善	吐き気、立ちくらみ、口渇、イライラ、便秘など
睡眠薬	不眠の改善、睡眠の促進	ふらつき、物忘れなど
抗てんかん薬	気分を安定させる	眠気、ふらつき、脱力感、食欲不振、便秘など

向精神薬は中枢神経系に作用し、精神機能を変容させる薬物の総称です

問題 128
アルツハイマー型認知症（dementia of the Alzheimer's type）の、もの盗られ妄想に関する次の記述のうち、**最も適切なもの**を 1 つ選びなさい。

1　説明をすれば自身の考えの誤りに気づくことが多い。
2　本人の不安から生じることが多い。
3　現実に存在しない人が犯人とされる。
4　主に幻視が原因である。
5　症状の予防には抗精神病薬が有効である。

● 認知症のある人の心理　　出題頻度★★　　　　　　　　　　[第35回 問題41より出題]

解答 と 解説

✕ 1　認知症の人は被害者だと思い込んでいるため、反論や説得は逆効果となり、かえって状況が悪化することがあります。

◯ 2　記憶障害によって物をしまった場所がわからなくなったとき、認知症の人は自分に非があるとは考えられず、単純に誰かに盗まれたという思考になってしまいます。大切なものが手元にない不安感によるものです。

✕ 3　身近で介護している家族が泥棒扱いされることはありますが、まったく存在しない人を犯人扱いすることはありません。

✕ 4　幻視は、何もないところに人物や動物などがありありと見えることをいい、レビー小体型認知症の中核的臨床症状です。

✕ 5　BPSD（周辺症状）の治療は、非薬物療法が基本です。抗精神病薬の主作用はドーパミンをはたらかなくすることで、幻覚・妄想や易怒性、過活動などが軽減します。

正解 2

合格のための要点整理　●認知症の人とのかかわり方の基本

受容する態度で接する 相手に安心してもらうためにも、相手のありのままを受け止める態度で接しましょう。	**落ち着ける環境をつくる** 慣れ親しんだ環境など、相手が混乱せずに安心できる環境づくりをこころがけましょう。	**できることはやってもらう** 認知症の人でも、自分でできることは自分でしたいと考えています。失敗を恐れず、できることは自分でやってもらいましょう。
相手を否定しない たとえ、事実ではないことでも、相手を否定することは、精神的混乱や不安を招いてしまいます。	**プライドを傷つけない** 認知機能が低下しても、プライドは残ります。子ども扱いや失礼な対応は相手を傷つけてしまいます。	**わかりやすい言葉で話す** 相手に伝わりやすく、わかりやすい言葉で会話をしましょう。

> **問題　129**　Bさん（86歳、女性）は、中等度のアルツハイマー型認知症（dementia of the Alzheimer's type）である。短期入所生活介護（ショートステイ）の利用を始めた日の翌朝、両手に便が付着した状態でベッドに座っていた。
> 　Bさんへの声かけとして、**適切なもの**を１つ選びなさい。
>
> 1　「臭いからきれいにします」
> 2　「汚い便が手についています」
> 3　「ここはトイレではありません」
> 4　「手を洗いましょう」
> 5　「こんなに汚れて困ります」

●**認知症ケアの実際**　出題頻度★★★★　　　　　　　　　[第34回 問題83より出題]

解答と解説

✕ 1　「臭いから」という声かけは、相手のプライドを傷つけることになります。

✕ 2　単刀直入の「汚い便が手についています」という声かけも、相手の失敗をとがめて、相手のプライドを傷つける声かけといえます。

✕ 3　「ここはトイレではありません」という声かけも、相手の行動を否定していることになります。

○ 4　相手の行動を責めたり、否定したりせず、さりげなく「手を洗いましょう」という声かけがもっとも適切です。

✕ 5　「こんなに汚れて困ります」という声かけも、相手の行動を否定し、プライドを傷つける声かけです。

正解 4

合格のための要点整理　●**認知症の人の不潔行為への対応**

不潔行為とは

・排泄物を手でもてあそぶ、尿をまき散らすなど、清潔を保持できなくなる行為。

・見当識障害や実行機能障害などで、汚物を認識できない、トイレがわからないことなどが原因。

・自分の失敗である失禁を何とか片づけようとする他、下着やおむつの中での失禁が不快で手を入れてしまうことも多い。BPSD（心理・行動症状）のひとつ。

対応方法

■**行為を責めない、無理に止めない**
本人もどうしていいかわからず、行為に及んでいる。責めることは、本人のプライドを傷つけてしまうので、何気なく、落ち着いてかかわることが大事。

■**環境を工夫する**
トイレがわからない、間に合わないという原因の場合は、トイレにわかりやすい目印をつけたり、ポータブルトイレを設置したりするなど、環境の工夫が効果的。

■**排泄リズムに合わせた対応**
本人の排泄リズムに合わせ、トイレへ誘導する。おむつを交換するなども、不潔行為の予防に効果的。

こころとからだのしくみ　認知症の理解

277

問題 130 Cさん（80歳、女性）は夫（85歳）と二人暮らしである。1年ほど前から記憶障害があり、最近、アルツハイマー型認知症（dementia of the Alzheimer's type）と診断された。探し物が増え、財布や保険証を見つけられないと、「泥棒が入った、警察に連絡して」と訴えるようになった。「泥棒なんて入っていない」と警察を呼ばずにいると、Cさんがますます興奮するので、夫は対応に困っている。

夫から相談を受けた介護福祉職の助言として、**最も適切なもの**を1つ選びなさい。

1 「主治医に興奮を抑える薬の相談をしてみてはどうですか」

2 「施設入所を検討してはどうですか」

3 「Cさんと一緒に探してみてはどうですか」

4 「Cさんの希望通り、警察に通報してはどうですか」

5 「Cさんに認知症（dementia）であることを説明してはどうですか」

●認知症ケアの実際　出題頻度★★★★　　　　　　　　　　[第34回 問題84より出題]

解答と解説

✕1　Cさんの興奮は、Cさんの言葉を夫が信じないために起こっているので、因果関係がはっきりしています。薬で抑えることでの解決はできません。

✕2　物忘れを原因とする「物盗られ妄想」があらわれたからといって、ただちに施設入所の検討が必要とはいえません。適切な対応で生活の継続ができるような助言が大切です。

○3　Cさんの言葉を否定せず、いっしょに探すという対応が、「物盗られ妄想」には効果があるといわれます。

✕4　警察に通報しても、「物盗られ妄想」が改善されるわけでではありません。

✕5　Cさんには、物忘れをしているという認識がなく、認知症であることを理解することも難しい状態といえます。

正解3

合格のための要点整理　●**物盗られ妄想の原因とおもな対応**

物盗られ妄想
記憶障害で、自分がしまった場所を思い出せないことが原因で起こることが多い。生活のストレスなども関係しているといわれる。

物盗られ妄想では、事例のように、漠然とした人物が犯人とされることもあるが、身近な人ほど対象となるといわれる。

対応①
相手の話を否定せず、いっしょに探す
物盗られ妄想のとき、相手は興奮して混乱している。やみくもに否定しても、混乱を大きくするだけ。

対応②
話題を切り替える
興奮からさめてもらうために、本人の好きな話題に切り替えることも大切。

対応③
普段から会話の機会を持つ
普段から会話をし、お互いの関係を深めることで、生活のストレスが改善し、妄想の予防につながる。

問題 131 認知症（dementia）の人に配慮した施設の生活環境として、**最も適切なもの**を1つ選びなさい。

1 いつも安心感をもってもらえるように接する。

2 私物は本人の見えないところに片付ける。

3 毎日新しい生活体験をしてもらう。

4 壁の色と同系色の表示を使用する。

5 日中は1人で過ごしてもらう。

●**認知症ケアの実際**　出題頻度★★★★　　　　　　　　［第34回 問題85より出題］

解答と解説

○ 1 認知症の人が安心して生活できるような配慮がもっとも大切です。

✕ 2 本人の私物は、所在が気になったときにすぐわかるような場所へ片づけることが大切です。

✕ 3 生活の変化に適応することが難しいため、毎日新しい生活体験をすることは混乱や不安を招くことになります。生活の継続が大切です。

✕ 4 認識しやすいように、背景と表示にはメリハリをつけるのが基本です。

✕ 5 1人で過ごす時間を持つだけでなく、周囲の人とかかわり、刺激を受けながら生活を送る選択のできる配慮が必要です。

正解1

合格のための要点整理　　●**認知症高齢者への環境支援のための指針（PEAP）**

PEAPでは、施設で生活している認知症高齢者に対して、広義の環境支援を行う指針が8つの次元で示されている。

❶見当識への支援
利用者の見当識を最大限に引き出すような環境支援の指針

❷機能的な能力への支援
日常生活の自立活動を支え、継続していくための環境支援の指針

❸環境における刺激の質と調整
入所者のストレスとならない、刺激の質や調整についての指針

❹安全と安心への支援
入所者の安心を最大限に高める環境支援の指針

❺生活の機能性への支援
個人的な物の所有、非施設的環境づくり

❻自己選択への支援
入所者の自己選択が図られる環境支援の指針

❼プライバシーの確保
1人になるだけでなく、他との交流を選択できる環境支援の指針

❽入所者との触れ合いの促進
入所者の社会的接触と相互作用を促進する指針

「認知症高齢者への環境支援のための指針 PEAP 日本版」（ケアと環境研究会）より作成

問題 132 認知症ケアの技法であるユマニチュードに関する次の記述のうち、正しいものを１つ選びなさい。

1 「見る」とは、離れた位置からさりげなく見守ることである。

2 「話す」とは、意識的に高いトーンの大きな声で話しかけることである。

3 「触れる」とは、指先で軽く触れることである。

4 「立つ」とは、立位をとる機会を作ることである。

5 「オートフィードバック」とは、ケアを評価することである。

●**認知症のある人へのかかわり**　出題頻度★★★　　　[第35回 問題44より出題]

解答と解説

✕ 1　同じ目の高さで見ることで「平等な存在であること」、近くで見ることで「親しい関係であること」、正面から見ることで「相手に対して正直であること」を相手に伝えます。

✕ 2　低めの声は「落ち着いた安定した関係」、大きすぎない声は「穏やかな状況」を伝え、前向きな言葉を選ぶことで「心地よい状態」を実現することができます。

✕ 3　「広い面積で触れる」「つかまない」「ゆっくりと手を動かす」ことなど、触れることも相手へのメッセージであり、相手を大切に思っていることを伝えるための技術です。

◯ 4　「立つ」ことは「人間らしさ」のひとつであり、人の尊厳を保つためにも重要です。１日20分間立つ時間をつくれば、寝たきりになることを防げるとジネストは提唱しています。

✕ 5　ユマニチュードでは、自分が行っている介護の動きを実況するオートフィードバックという方法を用います。

正解４

合格のための要点整理　●**ユマニチュードの基本「４つの柱」**

フランスの２人の体育学の専門家であるジネストとマレスコッティが開発した介護の技法。

| 見る | 話す | 触れる | 立つ |

水平に同じ目の高さで、正面から顔を近づけて見る。

低めの大きすぎない声で話し、前向きな言葉を選んで話す。

肩や背中など敏感ではない部分から、手の広い面積で触れ、ゆっくりと手を動かす。

１日合計20分間ほど、立つ時間をつくる。

問題 **133** 軽度の認知症（dementia）の人に、日付、季節、天気、場所などの情報をふだんの会話の中で伝えて認識してもらう認知症ケアとして、**正しいもの**を１つ選びなさい。

1 ライフレビュー（life review）

2 リアリティ・オリエンテーション（reality orientation）

3 バリデーション（validation）

4 アクティビティ・ケア（activity care）

5 タッチング（touching）

●**認知症のある人への関わり** 出題頻度★★★　　　　　　[第34回 問題82より出題]

解答と解説

✕ 1 ライフレビューとは、自らの人生を回想し、総括、評価しようとする活動のことです。

◯ 2 季節、場所、時間などの情報を繰り返し伝えることで、見当識の回復をねらう心理療法をリアリティ・オリエンテーションといいます。

✕ 3 バリデーションとは、認知症の人の経験や感情に共感し、力づけることでストレスや不安を取り除くことを目的としたかかわり方のことです。

✕ 4 アクティビティ・ケアとは、その人の生活の中でなじみのある活動を通じて、心身機能の維持や生きがいといった生活の質の向上を目指したケアです。

✕ 5 タッチングとは、バリデーションで用いられる相手に触れるテクニックのことです。

正解 2

合格のための要点整理　●**認知症の心理療法**

リアリティ・オリエンテーションや回想法、音楽療法など、認知症の症状の改善のために行われる、薬以外による活動を心理的療法という。

■**リアリティ・オリエンテーションの種類**

クラスルームリアリティ・オリエンテーション

少人数の参加者が集まり、スタッフの進行のもとで決められたプログラムに沿って行われる。名前、場所、時間、日時、人物などの基本情報が提供される。

24時間リアリティ・オリエンテーション

対象となる人とスタッフとの日常生活における基本的なコミュニケーションの中で、「自分は何者か？」「現在どこにいるのか？」「今は何時か？」などの事柄に対する現実認識の機会が提供される。

■**認知症の代表的な心理療法（非薬物療法）**

回想法	回想刺激で記憶を呼び起こし、懐かしさや楽しさを感じ、自己認識を回復させる。
リアリティ・オリエンテーション	現実に意識を深めることにより、見当識を高め、周囲への関心を促す。
アニマルセラピー	動物と触れ合うことで、精神機能の向上を促す。
音楽療法	音楽演奏や鑑賞を通じ、過去の想起や周囲への関心を促す。
バリデーション	認知症の人の経緯や感情を認め、共感し、力づけることで行動の本質を知り、ストレスや不安を取り除く。

問題 134 現行の認知症サポーターに関する次の記述のうち、**最も適切なもの**を1つ選びなさい。

1 ステップアップ講座を受講した認知症サポーターには、チームオレンジへの参加が期待されている。

2 100万人を目標に養成されている。

3 認知症介護実践者等養成事業の一環である。

4 認知症ケア専門の介護福祉職である。

5 国が実施主体となって養成講座を行っている。

●**地域におけるサポート体制** 出題頻度★★★★　　　　[第35回 問題45より出題]

解答と解説

○ **1** 認知症施策推進大綱から生まれた「チームオレンジ」は、認知症当事者を単に支えられる側と考えるのではなく、認知症当事者も地域を支える一員としてメンバーに加え、社会参加を促進しようとするものです。地域において把握した認知症の人の悩みや家族の身近な生活支援ニーズなどと、認知症サポーターを中心とした支援者をつなぐしくみです。

✕ **2** 認知症サポーターは、2014（平成26）年に1,000万人を超えています。

✕ **3** 認知症介護の専門職員の養成と、認知症の状態にある人に対する介護サービスの充実を図るものです。

✕ **4** 認知症について正しく理解し、認知症の人や家族を温かく見守り、支援する応援者です。

✕ **5** 市町村や地域、職場、学校などで実施されています。

正解1

合格のための要点整理　●**認知症サポーターとは**

認知症サポーター研修の講師を**キャラバン・メイト**という。この事業ではキャラバン・メイトを育て、メイトがサポーターを養成する方式が取られている。

認知症サポーターとは	認知症に関する正しい知識と理解を持ち、地域や職域で認知症の人や家族に対して、できる範囲での手助けをする人である。

《キャラバン・メイト養成研修》
　○実施主体：都道府県、市町村、全国的な職域団体等
　○目　　的：地域、職域における「認知症サポーター養成講座」の講師である「キャラバン・メイト」を養成
　○内　　容：認知症の基礎知識等のほか、サポーター養成講座の展開方法、対象別の企画手法、カリキュラム等をグループワークで学ぶ
　○メイト数：17万4,613人（令和4年12月31日現在）

《認知症サポーター養成講座》
　○実施主体：都道府県、市町村、職域団体等
　○対象者：〈住民〉自治会、老人クラブ、民生委員、家族会、防災・防犯組織等
　　　　　　〈職域〉企業、銀行等金融機関、消防、警察、スーパーマーケット、コンビニエンスストア、宅配業、公共交通機関等
　　　　　　〈学校〉小中高等学校、教職員、PTA等
　○サポーター数：1,413万3,177人（令和4年12月31日現在）

メイト、サポーター合計数1,430万7,790人（令和4年12月31日現在）

「認知症施策推進総合戦略（新オレンジプラン）資料　認知症サポーターキャラバンの実施状況」（厚生労働省）より作成

問題 135 認知症初期集中支援チームに関する次の記述のうち、**最も適切なも**のを1つ選びなさい。

1 自宅ではない場所で家族から生活の様子を聞く。

2 チーム員には医師が含まれる。

3 初回の訪問時にアセスメント（assessment）は不要である。

4 介護福祉士は、認知症初期集中支援チーム員研修を受講しなくてもチームに参加できる。

5 認知症疾患医療センター受診後に、チームが対応方法を決定する。

●**地域におけるサポート体制**　出題頻度★★★★　　　　　［第34回 問題86より出題］

解答と解説

✕ 1 自宅を訪問し、生活の様子などの情報を収集します。

○ 2 認知症専門医、認知症サポート医といった医師と保健師、看護師、介護福祉士などの医療職＋介護職でチームを組みます。

✕ 3 初期の短期間（おおむね6か月間）に集中して支援するためにも、初回訪問時からアセスメントを行います。

✕ 4 専門医の要件に該当する医師以外の者は、国の定める認知症初期集中支援チーム員研修の受講が必要です。

✕ 5 認知症疾患医療センターとも連携し、おおむね6か月の間にチームの支援が行われます。

正解 2

合格のための要点整理　●**認知症初期集中支援チームのメンバー**

認知症初期集中支援チームは複数の専門職からなり、家族の訴えなどから認知症の人や認知症が疑われる人とその家族のもとを**訪問**し、初期の支援を包括的・集中的（おおむね6か月間）に行い、自立支援のサポートを行うチーム。

認知症初期集中支援チームのメンバー

医療と介護の専門職
（保健師、看護師、作業療法士、精神保健福祉士、社会福祉士、介護福祉士など）

認知症サポート医である医師（嘱託）

地域包括支援センター、診療所、病院、市町村の本庁、認知症疾患医療センターなどに配置されます。

P.284でも、認知症初期集中支援チームに関する問題が出題されています

問題 136 認知症初期集中支援チームに関する次の記述のうち、**適切なもの**を1つ選びなさい。

1 認知症（dementia）の人は病院への入院や施設への入所をするべきであるという考えに基づいている。

2 既に認知症（dementia）の診断を受けている人への支援は含まれない。

3 家族への支援は含まれない。

4 支援期間は2～3年である。

5 チーム員会議を開催してケア方針を決定する。

●**地域におけるサポート体制** 出題頻度★★★★ ［第33回 問題80より出題］

解答と解説

✕ 1 早期の対応と支援により、認知症の人やその家族が、暮らし慣れた環境で生活を継続することを目指しています。

✕ 2 認知症の疑いのある人や、認知症の人とその家族が支援の対象です。

✕ 3 家族に対する支援も行います。

✕ 4 名前のとおり、集中的な支援を短期間で行うチームですので、2～3年の支援とはなりません。

○ 5 専門員や地域包括支援センター職員、行政担当など必要なメンバーで構成した会議で、支援の方法と支援計画を決定します。

正解5

合格のための要点整理 ●**認知症初期集中支援チーム**

認知症の人や疑いのある人とその家族を支援するために、各関係機関と連携し、支援の計画を作成する専門サポート医と医療職＋福祉職で組織される。

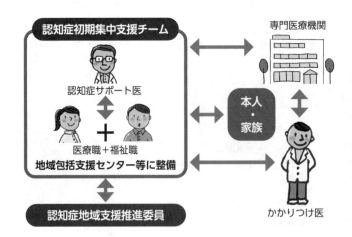

支援のプロセス
① 支援対象者の把握
② 本人や家族の情報収集
③ 初回訪問時の支援
④ 認知、生活機能、行動・心理症状などの観察と評価
⑤ チーム員会議の開催による支援方針・内容・頻度などの検討
⑥ 初期集中支援の実施
⑦ 引き継ぎのモニタリング

問題 137 認知症ケアパスに関する次の記述のうち、**最も適切なもの**を1つ選びなさい。

1 都道府県ごとに作られるものである。

2 介護保険制度の地域密着型サービスの1つである。

3 認知症（dementia）の人の状態に応じた適切なサービス提供の流れをまとめたものである。

4 レスパイトケアとも呼ばれるものである。

5 介護支援専門員（ケアマネジャー）が中心になって作成する。

●**多職種連携と協働** 出題頻度★★★★　　　　　　　　　　　　[第35回 問題46より出題]

解答と解説

✕ 1 認知症ケアパスは、市町村でつくられるものです。

✕ 2 サービス提供の流れをまとめたものであり、介護サービスのひとつである地域密着型サービスのことではありません。

◯ 3 認知症ケアパスとは、「認知症の人の状態に応じた適切なサービス提供の流れ」をまとめたものです。

✕ 4 レスパイトケアとは、在宅で介護をする家族に、一時的な休息や息抜きを提供する支援のことです。

✕ 5 認知症ケアパスは、市町村が作成するものです。

正解3

合格のための要点整理

●**認知症ケアパス**

「認知症の人の状態に応じた適切なサービス提供の流れ」をまとめたもの。認知症の人やその家族が「いつ」「どこで」「どのような」医療や介護サービスを受けられるのかという、認知症の様態に応じたサービス提供の流れをまとめたものを各市町村で作成している。

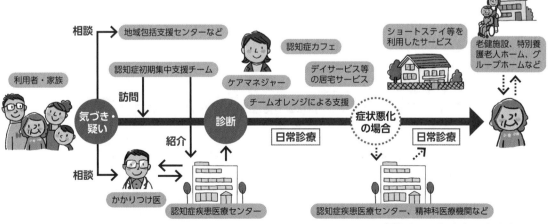

「認知症ケアパス」（厚生労働省）より

問題 **138** 認知症ライフサポートモデルに関する次の記述のうち、**最も適切な
もの**を１つ選びなさい。

1 各職種がそれぞれで目標を設定する。

2 終末期に行う介入モデルである。

3 認知症（dementia）の人本人の自己決定を支える。

4 生活を介護サービスに任せるプランを策定する。

5 認知症（dementia）の人に施設入所を促す。

●**多職種連携と協働** 出題頻度★★★★ ［第35回 問題47より出題］

解答と解説

✕ 1 医療職と介護職等が相互の役割・機能を理解しながら、認知症の人への統合的な支援に結
びつけていくことを目指そうとする認知症のケアモデルです。

✕ 2 認知症の早期から終末期までの継続的なかかわりと支援をいい、終末期に特化したもので
はありません。

○ 3 ６つの考え方のひとつに、「本人主体のケアを原則とすること」があり、３つの視点のひ
とつに「自己決定を支える（自己決定支援）」があります。

✕ 4 介護・医療・地域社会の連携による、総合的な支援体制を目指すものです。

✕ 5 施設入所は６つの考え方の「社会とのつながりを継続しつつ、生活の中でのケアを提供す
る」、３つの視点の「住み慣れた地域で、継続性のある暮らしを支える（継続性のある暮らし）」
に反します。

正解3

合格のための要点整理 ●**認知症ライフサポートモデルの
６つの考え方と３つの視点**

認知症ケアの基本の６つの考え方
❶本人主体のケアを原則とすること。
❷社会とのつながりを継続しつつ、生活の中でのケアを提供すること。
❸本人の力を最大限に生かしたケアに取り組むこと。
❹早期から終末期まで継続的にかかわり、支援に取り組むこと。
❺家族支援に取り組むこと。
❻介護・医療・地域社会の連携による総合的な支援体制を目指すこと。

認知症の人の状態や尊厳に密接にかかわる３つの視点
❶自己決定を支える（自己決定支援）。
❷住み慣れた地域で、継続性のある暮らしを支える（継続性のある暮らし）。
❸自らの力を最大限に使って暮らすことを支える（自己資源の活用）。

問題 139 Cさん（87歳、男性、要介護5）は、重度のアルツハイマー型認知症（dementia of the Alzheimer's type）である。現在、介護老人福祉施設に入所しているが終末期の状態にある。できる限り経口摂取を続けてきたが、誤嚥性肺炎（aspiration pneumonia）を繰り返し、経口摂取が困難となった。臥床状態が続き、声かけに対する反応も少なくなっている。医師から、「死が極めて近い状態である」と伝えられた。

　施設で看取ることになっているCさんへの介護福祉職の対応として、**最も適切なものを1つ選びなさい。**

1　離床している時間をつくる。

2　会話によって本人の希望を聞く。

3　事前指示書を作成する。

4　苦痛があるかないか、状態を観察する。

5　本人の好きな食事を用意する。

●多職種連携と協働　出題頻度★★★★　　　　　　　　　[第33回 問題86より出題]

解答と解説

✕ 1　本人の意思確認も難しく、死が近い状態で離床を増やすのはもっとも適切とはいえません。

✕ 2　重度のアルツハイマー型認知症でもあり、本人の希望を会話で引き出すのは難しいと考えられます。

✕ 3　本人の意思確認が難しく、事前指示書を作成することは難しいと考えられます。

○ 4　本人の意思確認が難しくても、できるだけ安らかな死を迎えられるよう、状態を観察していくことが、この場合での看取りとしてもっとも適切です。

✕ 5　本人の嗜好がわかっていても、経口摂取が困難なCさんにとってはもっとも適切な対応とはいえません。

正解4

合格のための要点整理

■終末期の介護にかかわる4つの視点

●**認知症の人の看取り介護**

理解力やコミュニケーション能力の低下した認知症の人だからといって、終末期の介護の視点は変わらない。苦痛を和らげる4つの視点が大切。

❶**精神的苦痛**
不安、恐れ、孤独感など

❷**身体的苦痛**
純粋なからだの痛みや日常生活動作に対しての支障など

❸**社会的苦痛**
経済上の問題や人間関係、遺産相続など

❹**霊的苦痛**
死に対する恐怖や人生の意味への問いなど

6-5 家族への支援

●**家族への支援**　出題頻度★★　　　　　　　　　　　　　　[第33回 問題83より出題]

解答と解説

✗ 1　日中うとうとしていることが多いため、横になって過ごすこともありますが、不眠の訴えによる受診後の変化への対応にはなりません。

✗ 2　日中にうとうとすることや、ふらつきがある状態でのリハビリは、危険を伴うので注意が必要です。

✗ 3　むせることがあるだけで、嚥下障害とは限りません。うとうとしていることから、覚醒レベルの低下の可能性が大きいといえます。

○ 4　受診後の変化であることから、不眠への対応で主治医による薬の処方、あるいは服薬の量が変更された可能性がもっとも高いと考えられます。

✗ 5　事例の変化は受診後に起きており、急激に認知症が進行したとは考えられません。

正解4

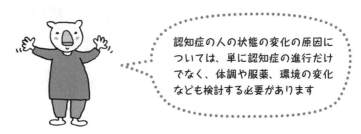

認知症の人の状態の変化の原因については、単に認知症の進行だけでなく、体調や服薬、環境の変化なども検討する必要があります

7-1 障害の基礎的理解

問題 141 障害者の法的定義に関する次の記述のうち、**正しいものを1つ選び**なさい。

1 身体障害者福祉法における身体障害者は、身体障害者手帳の交付を受けた18歳以上のものをいう。

2 知的障害者は、知的障害者福祉法に定義されている。

3 「精神保健福祉法」における精神障害者には、知的障害者が含まれていない。

4 障害者基本法において発達障害者は、精神障害者に含まれていない。

5 障害児は、障害者基本法に定義されている。

(注)「精神保健福祉法」とは、「精神保健及び精神障害者福祉に関する法律」のことである。

●障害の概念 出題頻度★★　　　　　　　　　　　　　　　　　　[第34回 問題87より出題]

解答と解説

○ 1 身体障害者福祉法では、身体障害者を「身体上の障害がある18歳以上の人で、身体障害者手帳の交付を受けた人」と定義しています。

× 2 知的障害者福祉法には、知的障害者の具体的な定義はありません。

× 3 精神障害者福祉法には、「この法律で精神障害者とは、統合失調症、精神作用物質による急性中毒またはその依存症、知的障害、精神病質その他の精神疾患を有する者をいう」と定義されています。

× 4 障害者基本法では、「障害者とは、身体障害、知的障害または精神障害があるため、継続的に日常生活または社会生活に相当な制限を受ける者」とされています。発達障害は、知的障害または精神障害に含まれています。

× 5 障害児については、児童福祉法で、「この法律で障害児とは、身体に障害のある児童または知的障害のある児童をいう」と規定されています。

正解 1

合格のための要点整理

●知的障害の定義

現在、身体障害、知的障害、精神障害のうち、知的障害のみ個別の法律での定義が規定されていない。知的障害の程度に関しては、重度（A）とそれ以外（B）の程度区分についての基準が国から示されている。

■療育手帳制度における障害の程度および判定基準

重度（A）の基準
①知能指数がおおむね35以下で 　a 食事・着脱衣・排便および洗面等に日常生活の介助を必要とする。 　b 異食・興奮などの問題行動を有する。 のいずれかに該当。 ②知能指数がおおむね50以下で、盲、ろうあ、肢体不自由等を有する者

判定は、児童相談所または知的障害者更生相談所で行われる。地方自治体で手帳の名称や区分が異なっているのも特徴。

それ以外（B）の基準
重度（A）以外

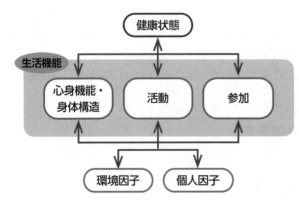

問題 143 ストレングス（strength）の視点に基づく利用者支援の説明として、最も適切なものを1つ選びなさい。

1 個人の特性や強さを見つけて、それを生かす支援を行うこと。

2 日常生活の条件をできるだけ、障害のない人と同じにすること。

3 全人間的復権を目標とすること。

4 権利を代弁・擁護して、権利の実現を支援すること。

5 抑圧された権利や能力を取り戻して、力をつけること。

●障害者福祉の基本理念　出題頻度★★★★　　　　　[第35回 問題49より出題]

解答と解説

○ 1 ストレングスは「強さ」「強み」「能力」と訳されます。「できること」に注目し、支援をするのがストレングスモデルです。

✕ 2 ノーマライゼーションの8原則のひとつです。

✕ 3 リハビリテーションの考え方です。

✕ 4 アドボカシーの説明です。

✕ 5 エンパワメントの説明です。

正解1

合格のための要点整理　　**●ストレングスモデル**

対象者の持つ疾患や問題に焦点を絞るのではなく、強みに着目し、生かすことを目指す支援のモデル。

■ストレングスモデルの6原則

❶ 精神障害者は回復し、彼らの生活を改善し、質を高めることができる。

❷ 焦点をあてるべきは病理ではなく、個人の強みである。

❸ 地域は、資源のオアシスとしてとらえる。

❹ クライアントは、支援プロセスの監督者である。

❺ ケースマネージャーとクライアントの関係が根本であり、本質である。

❻ 我々の仕事の場所は、地域である。

ラップ（C. A. Rapp）らが、ケースマネジメント領域において新たな実践モデルとして提唱しました

問題 144 1960年代のアメリカにおける自立生活運動（IL運動）に関する次の記述のうち、**最も適切なもの**を１つ選びなさい。

1 障害があっても障害のない人々と同じ生活を送る。

2 一度失った地位、名誉、特権などを回復する。

3 自分で意思決定をして生活する。

4 医療職が機能回復訓練を行う。

5 障害者の社会への完全参加と平等を促進する。

●障害者福祉の基本理念　出題頻度★★★★　　　　　[第35回 問題50より出題]

解答と解説

✕ 1 ノーマライゼーションの説明です。

✕ 2 リハビリテーションの理念に含まれます。

○ 3 「自立とは自己決定である」という考え方による運動が、自立生活運動です。「２時間かかって自分で着替えをするより、介助を受けて15分で着替え、社会参加するほうがより自立しているといえる」というたとえが有名です。

✕ 4 リハビリテーションのひとつの側面ですが、自立生活運動では、そのことよりも自己決定に基づく生活こそ重要とされました。

✕ 5 完全参加と平等は、国際障害者年（1981年：昭和56年）のスローガンです。

正解3

合格のための要点整理

●アメリカ自立生活運動（IL運動）
1970年代初頭、カリフォルニア州の重度の障害がある学生たちが中心になって、活発に展開した運動といわれている。

運動の主張

「重度の障害があるといえども、自分の人生を自立して生きる」

これは障害があり、介護が必要という理由で、そのための施設に入れられ、用意された毎日を過ごすという生活に対する拒否反応といえる。

彼らが提唱した、自立生活支援サービスのプログラムの３つの原則

A	**B**	**C**
障害者のニーズがどのようなものか、そのニーズにどう応えるのかをもっとも知っているのは障害者自身である。	障害者のニーズは、さまざまなサービスを用意して、総合的なプログラムによってもっとも効果的に満たすことができる。	障害者は、住んでいるコミュニティの中にできるだけ統合されるべきである。

問題 145 リハビリテーションに関する次の記述のうち、**適切なもの**を１つ選びなさい。

1 語源は、「再び適したものにすること」である。

2 ニィリエ（Nirje, B.）によって定義された。

3 医療の領域に限定されている。

4 自立生活運動とは関係がない。

5 機能回復訓練は社会的リハビリテーションである。

●障害者福祉の基本理念　出題頻度★★★★　　　　　　　　［第33回 問題88より出題］

解答と解説

○ 1 ラテン語のRe（再び）、Habilis（適した）が語源です。

✕ 2 ニィリエは、ノーマライゼーションの原理を定義し、8つの原理を提唱しました。

✕ 3 日本では、「その人らしい生活がおくれるようになる」ということで、「全人権的復権」といわれます。医療領域のみに限定した考えではありません。

✕ 4 自立生活運動はアメリカで起きた障害者の運動で、それまでのリハビリテーション観が変化しました。

✕ 5 社会的リハビリテーションは、社会の中で生活するための力を獲得することを目指しています。

正解 1

合格のための要点整理　●リハビリテーションとは

リハビリテーションは４つに分けられている。

❶ 医学的リハビリテーション

理学療法、作業療法、言語療法などによる治療・訓練を施すことであり、障害者のリハビリテーションにおける治療なども含まれる。

❷ 教育的リハビリテーション

障害者の自立や社会参加を図るための教育的支援。特別支援教育による分離教育や健常児とともに教育を受ける統合教育（インテグレーション）も整備されつつある。

❸ 職業的リハビリテーション

障害者の復職や就職に関するもので、障害者職業センターやハローワーク（公共職業安定所）などで行われる。

❹ 社会的リハビリテーション

障害者が自らの手で社会参加を達成する権利を実現せしめる力（社会生活力）を、高めることを目的とした訓練、指導、支援。

問題 146 「Nothing about us without us（私たち抜きに私たちのことを決めるな）」の考え方のもとに、障害者が作成の段階から関わり、その意見が反映されて成立したものとして、**最も適切なもの**を１つ選びなさい。

1 優生保護法
2 国際障害者年
3 知的障害者福祉法
4 身体障害者福祉法
5 障害者の権利に関する条約

●**障害者福祉の基本理念** 出題頻度★★★★　　　　　　　[第33回 問題89より出題]

解答と解説

✕ 1 優生保護法は、優生上の見地から不良な子孫の出生を防止するとともに、母性の生命・健康を保護することを目的とし、不妊手術および人工妊娠中絶に関する堕胎罪の例外事項等を定めた法律です。1948（昭和23）年に公布され、1996（平成８）年に廃止されました。

✕ 2 国際障害者年（1981年）は、国際連合が指定した国際年のひとつです。「完全参加と平等」がテーマでした。

✕ 3 知的障害者の福祉を図るための法律として、1960（昭和35）年に公布されました。障害者自身の参加はありません。社会福祉六法のひとつです。

✕ 4 身体障害者の福祉の増進を図ることを目的とした法律で、1949（昭和24）年に公布されました。障害者自身の参加はありません。

◯ 5 2006年に定められた条約で、障害者自身が作成段階から参加しています。障害者に保障されるべき人権や、自由を確保・推進するための措置を取ることなどが定められています。「合理的配慮」の概念が、国際条約上はじめて示されました。

正解5

合格のための要点整理 ●**障害者の権利に関する条約**

2006年に、国連総会で採択された障害者に関する初めての国際条約で、さまざまな分野における取り組みを締結国に対して求めている。いわゆる「障害者権利条約」。

概要	障害者の人権や基本的自由の享有を確保し、障害者の固有の尊厳を促進するため、障害者の権利を実現するための措置を規定。

主な内容	□障害に基づくあらゆる差別の禁止（「合理的配慮」の促進）。 □障害者の社会参加を促進。 □条約の実施を監視する枠組みの設置。

日本は2014年に批准（条約に署名すること）しています

問題 147　「障害者虐待防止法」における、障害者に対する著しい暴言が当てはまる障害者虐待の類型として、**最も適切なもの**を1つ選びなさい。

1　身体的虐待

2　放棄・放置

3　性的虐待

4　心理的虐待

5　経済的虐待

(注)「障害者虐待防止法」とは、「障害者虐待の防止、障害者の養護者に対する支援等に関する法律」のことである。

●障害者福祉の現状と施策　出題頻度★★★　　　　　　　[第35回 問題51より出題]

解答と解説

✕1　身体的虐待とは、からだに直接、暴行を加えることです。

✕2　放棄・放置は、相手を衰弱させるような長時間の減食や放置など、必要な養護を行わないことです。ネグレクトといわれます。

✕3　性的虐待とは、相手の望まない性的な接触や、わいせつな行為のことです。

◯4　著しい暴言や拒絶的な態度など、心理的ダメージを与えることです。

✕5　相手の財産を不当に処分したり、財産上の利益を得たりすることです。

正解4

合格のための要点整理　●障害者差別禁止法

2011（平成23）年に成立。虐待を受けた障害者に対する保護と自立支援措置のみでなく、虐待を行った側（養護者、障害者福祉施設従事者等）に対する対応が定義されている。

	区分	内容	具体例
見える虐待	身体的虐待	・暴力的行為などで、身体に痣、痛みを加える。 ・外部との接触を意図的に継続的に遮断する。	・たたく・つねる。 ・無理やり食事を口に入れる。 ・身体拘束、抑制。
見えない虐待	介護・世話の放棄・放任（ネグレクト）	・介護や生活の世話を放棄または放任し、生活環境や心身の状態を悪化させている。	・水分や食事を十分に与えない。 ・必要とするサービスを相当の理由がなく制限する。
	心理的虐待	・脅しや屈辱を与えるなどの言動や威圧的な態度、無視、いやがらせなどによって精神的な苦痛を与える。	・怒鳴る、ののしる。 ・排泄などの失敗を嘲笑し、人前で話し恥をかかせる。
	性的虐待	・わいせつな行為をすること、またはさせること。	・性器への接触。 ・セックスの強要。
	経済的虐待	・合意なしに財産や金銭を勝手に使用する。 ・希望する金銭の使用を理由なく制限する。	・年金や預貯金の搾取。 ・必要な金銭を渡さない。

問題 148 Dさん（35歳、男性）は重度の知的障害があり、地元の施設入所支援を利用している。Dさんの友人Eさんは、以前に同じ施設入所支援を利用していて、現在は共同生活援助（グループホーム）で暮らしている。Dさんは、共同生活援助（グループホーム）で生活するEさんの様子を見て、その生活に関心をもったようである。施設の職員は、Dさんの共同生活援助（グループホーム）での生活は、適切な援助を受ければ可能であると考えている。一方、Dさんの母親は、親亡き後の不安から施設入所支援を継続させたいと思っている。

介護福祉職が現時点で行うDさんへの意思決定支援として、**最も適切なもの**を1つ選びなさい。

1 母親の意思を、本人に伝える。

2 共同生活援助（グループホーム）の生活について話し合う。

3 介護福祉職の考えを、本人に伝える。

4 具体的な選択肢を用意し、選んでもらう。

5 地域生活のリスクについて説明する。

●障害者福祉の現状と施策　出題頻度★★★　　　　　　[第34回 問題89より出題]

解答と解説

✕ 1 本人の意思決定に大きな影響を与えるであろう母親の意思を、共同生活援助での生活に関心を持った段階で伝えるのは適切とはいえません。

◯ 2 本人の意思決定のためにも、関心を持った共同生活援助のことを正しく伝え、理解してもらう支援が適切です。

✕ 3 支援者側の考えを伝えることが、Dさんの意思決定に影響すると考えられるので、現段階では適切ではありません。

✕ 4 まだDさんが共同生活援助に対して関心を持ったという段階で、いくつかの具体的な選択肢を提示しても、よりよい意思決定にはつながりません。

✕ 5 まずはDさんに共同生活援助の生活を理解してもらい、そのあと、地域生活のリスクも説明することで、よりよい意思決定につながります。

正解2

合格のための要点整理

●意思決定支援

意思決定支援は「自己決定の尊重」であり、知的障害者にとっては、意思決定支援が合理的配慮そのものである。障害者総合支援法では、サービス提供過程での意思決定支援が求められている。

■意思決定支援の3要素

意思疎通支援と情報提供	意思実現支援	意思形成支援
表現された意思を支援者がくみ取り、応えることでその意思はさらに明確に表現される。その人の理解力や理解のしかたに応じて、情報提供することも重要となる。情報提供しながら、当事者同士が共同して決定できるように支援する。	表現された本人の意思を実現する支援である。入所施設からの地域移行も、「地域で暮らしたい」と願うようになった本人の意思を実現する支援であって、「地域移行させる」のではない。	本人にとってよりよい意思決定を、本人が納得してできるように支援することが重要。大切なのは「説得」ではなく、「納得」!

『ノーマライゼーション　障害者の福祉』2013年6月号「障害者の意思決定支援の在り方について」（柴田洋弥）より作成

問題 149 「障害者虐待防止法」の心理的虐待に関する次の記述のうち、**適切なもの**を 1 つ選びなさい。

1 身体に外傷が生じるおそれのある暴行を加えること。

2 わいせつな行為をすること。

3 著しい暴言、または著しく拒絶的な対応を行うこと。

4 衰弱させるような著しい減食、または長時間の放置を行うこと。

5 財産を不当に処分すること。

(注)「障害者虐待防止法」とは、「障害者虐待の防止、障害者の養護者に対する支援等に関する法律」のことである。

●障害者福祉の現状と施策　出題頻度★★★　　　　［第33回 問題93より出題］

解答と解説

✕ 1 外傷が生じるほどの暴行は、身体的虐待です。

✕ 2 相手が望まず、わいせつな行為をすることは、性的虐待です。

◯ 3 心理的虐待は、言葉や態度などで相手を精神的に不快にさせることです。

✕ 4 必要な介護や支援を行わず放置するのは、介護放棄（ネグレクト）です。

✕ 5 相手の同意なく、財産を処分することは経済的虐待です。

正解 3

合格のための要点整理　●障害者への虐待種別の割合（延べ人数）

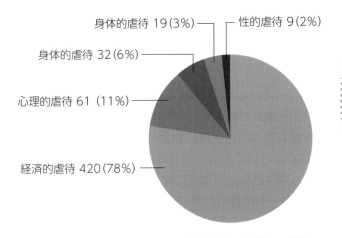

身体的虐待 19（3%）　　性的虐待 9（2%）

身体的虐待 32（6%）

心理的虐待 61（11%）

経済的虐待 420（78%）

虐待が認められた障害者種別は
知的障害218人（42.2%）
精神障害173人（33.5%）
身体障害92人（17.8%）
発達障害26人（5.0%）
その他7人（1.4%）
となっています

厚生労働省：「令和３年度使用者による障害者虐待の状況等」の結果より

> **問題 150** 上田敏の障害受容のモデルにおける受容期の説明として、**最も適切なもの**を1つ選びなさい。
>
> 1 受傷直後である。
> 2 障害の状態を否認する。
> 3 リハビリテーションによって機能回復に取り組む。
> 4 障害のため何もできないと捉える。
> 5 障害に対する価値観を転換し、積極的な生活態度になる。

◉**障害のある人の心理** 出題頻度★★★　　　　　[第35回 問題52より出題]

解答と解説

✕ 1 受傷直後の時期は、ショック期です。混乱とショックにより、事態が理解できない時期です。

✕ 2 否認期の説明です。ショックは落ち着くが、障害を否定し、回復を期待する時期です。期待期ともいわれます。

✕ 3 努力期の説明です。混乱期を経て、立ち直りはじめ、適応への努力をする時期です。

✕ 4 混乱期の説明です。障害の否定は終わり、障害が回復しないことを理解します。障害に対する諦め、苦悩、怒りの時期です。

◯ 5 障害があるということを受け入れ、前向きに自分の問題と向き合うことができる時期です。

正解 5

合格のための要点整理 ◉**障害の受容とは**

障害の受容について、日本のリハビリテーション医学の先駆者である上田敏氏は、以下のように述べている。

> 障害の受容とはあきらめでも居直りでもなく、障害に対する価値観（感）の転換であり、障害を持つことが自己の全体としての人間的価値を低下させるものではないことの認識と体得を通じて、恥の意識や劣等感を克服し、積極的な生活態度に転じること

障害の受容とは、障害があってもなお、自分は自分なのだという価値観にたどりつくことです

問題 151 Ｆさん（21歳、男性）は、交通事故による頸髄損傷（cervical cord injury）で重度の四肢麻痺になった。最近はリハビリテーションに取り組まず、周囲の人に感情をぶつけ強くあたるようになった。

介護福祉職の対応に関する次の記述のうち、**最も適切なもの**を１つ選びなさい。

1 歩けるようになるために、諦めずに機能訓練をするように支援する。

2 トラブルが起きないように、Ｆさんには近寄らないようにする。

3 生活態度を改めるように、Ｆさんに厳しく注意する。

4 自分でできることに目を向けられるように、Ｆさんを支援する。

5 障害が重いので、Ｆさんのできることも手伝うようにする。

●障害のある人の心理　出題頻度★★★

［第34回 問題91より出題］

解答と解説

✕ 1 重い障害を負ってしまった苛立ちや不安の中にあるＦさんに、ただ諦めずに機能訓練をするように支援をすることは、本人の気持ちを逆なですることにつながります。

✕ 2 Ｆさんの苛立ちや不安の感情を受け止めることが大切であり、ただ距離を置くという対応は適切ではありません。

✕ 3 Ｆさんの発言や行動がなぜ起きるのかを理解し、受け止めることが大切です。そのため、ただ厳しく注意をするのは逆効果です。

◯ 4 まずはＦさんが少しでも自分のできることに目を向け、一歩ずつ自分を取り戻していくことにつなげていく支援が最適といえます。

✕ 5 障害が重いからといって、できることまで手伝うというのは、逆にＦさんをみじめな気持ちにさせる場合もあります。

正解4

合格のための要点整理

●障害者の心理と支援

障害を負うという事実は、絶望感、喪失感、身体イメージの変化など大きな心理的ダメージをもたらす。障害者の心理を段階的にあらわしたものに、障害の受容過程がある。すべての障害を負った人が同じ道筋を歩むわけではないが、一つひとつの段階を理解することで支援の幅は広がる。

■障害の受容５つの心理過程

① **ショック期** ・ショックと混乱により事態が理解できない。・障害を受けた直後。

② **期待期（否認期）** ・ショックや混乱は落ち着くが、障害を否定し、回復を期待する時期。・障害を否認する時期。

③ **混乱期** ・障害が回復しないと理解する。・障害に対する苦悩と怒りの時期。

④ **努力期** ・立ち直りはじめ、適応への努力をする時期。

⑤ **適応期（受容期）** ・障害を受け入れ、前向きに自分の問題を考えられる時期。

上田敏『リハビリテーションを考える』より一部改変

問題 **152** 次のうち、四肢麻痺を伴う疾患や外傷として、**適切なもの**を1つ選びなさい。

1 右脳梗塞（right cerebral infarction）
2 左脳梗塞（left cerebral infarction）
3 頸髄損傷（cervical cord injury）
4 腰髄損傷（lumbar spinal cord injury）
5 末梢神経損傷（peripheral nerve injury）

●身体障害の種類・原因と特性　出題頻度★★★★　　　［第35回 問題53より出題］

解答と解説

✕ 1 右脳梗塞では、左半身に麻痺が起こります。

✕ 2 左脳梗塞では、右半身に麻痺が起こります。

○ 3 脊髄損傷では、損傷した部位より下方に麻痺等の障害が起こります。頸髄損傷では、四肢の麻痺が残ります。

✕ 4 腰髄損傷では、両下肢の麻痺が残ります。これを対麻痺といいます。

✕ 5 末梢神経損傷では、損傷を受けた神経の支配領域に運動障害や感覚障害、自律神経障害があらわれます。

正解 3

合格のための要点整理　●麻痺の分類

麻痺とは、神経または筋肉が障害を受け、動かなくなった状態のことである。麻痺は、障害の内容や出現のしかたで分類することができる。

運動麻痺
随意運動ができなくなる。

感覚麻痺
感覚が消失したり、鈍くなったりする。

痙性麻痺
突っ張った感じのする緊張性の強い麻痺。

弛緩性麻痺
だらりと脱力した状態の麻痺。

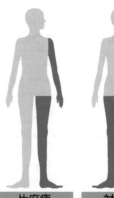

片麻痺
片側の上肢と下肢の麻痺

対麻痺
両側の下肢の麻痺

四肢麻痺
両側の上肢と下肢の麻痺

単麻痺
片側の上肢または下肢だけの麻痺

問題 153 Dさん（31歳、男性）は、脊髄損傷（spinal cord injury）による対麻痺で、リハビリテーションのため入院中である。車いすでの日常生活動作（Activities of Daily Living：ADL）は自立したが、退院後自宅で生活するときに、褥瘡が生じないか心配している。

Dさんの褥瘡が発生しやすい部位として、**最も適切なもの**を１つ選びなさい。

1 頭部
2 上腕部
3 背部
4 腹部
5 坐骨結節部

●**身体障害の種類・原因と特性**　出題頻度★★★★　　[第33回 問題90より出題]

解答と解説

✕ 1 対麻痺という障害から、腰部から上を動かすことが可能なはずなので、頭部の褥瘡が発生する可能性は低いです。

✕ 2 自由に動かせる上腕部も、褥瘡は発生しません。

✕ 3 寝たきり状態である可能性は低く、背部にも褥瘡は発生しません。

✕ 4 もともと腹部は褥瘡が発生しづらい場所ですし、腰部より上を動かせるDさんは、腹ばいのままいることがありません。

◯ 5 車いすで座ったままの生活が増えることが予想でき、坐骨結節部の褥瘡が発生しやすいため、注意が必要です。

正解 5

合格のための要点整理　●**座位での褥瘡好発部位**

褥瘡は、体圧が集中する部位に発生する。寝たきりの場合のみでなく、車いすなど座位が中心の場合も、部位によって発生しやすくなる。

対麻痺の場合は下肢に痛みなどの感覚がなく、同じ姿勢で長く座っていることがあるので注意が必要です

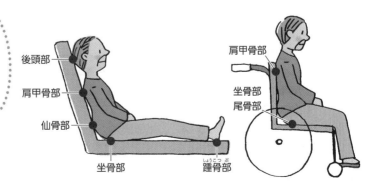

後頭部
肩甲骨部
仙骨部
坐骨部
踵骨部
肩甲骨部
坐骨部
尾骨部

問題 154 脊髄の完全損傷で、プッシュアップが可能となる最上位のレベルとして、**最も適切なもの**を1つ選びなさい。

1 頸髄（C1～C3）

2 頸髄（C7）

3 胸髄

4 腰髄

5 仙髄

◉身体障害の種類・原因と特性　出題頻度★★★★　　　　［第33回 問題91より出題］

解答と解説

✕ 1 頸髄（C1～C3）の損傷では、上肢、下肢、体幹のすべてが麻痺したうえに、呼吸障害が発生します。

◯ 2 頸髄（C7）を損傷した場合、手関節までは動かすことができるので、プッシュアップが可能です。

✕ 3 胸髄損傷の場合は、体幹と下肢の麻痺が残ります。

✕ 4 腰髄損傷の場合は、下肢の対麻痺が残ります。

✕ 5 仙髄損傷では、軽度の尿路障害などが残ります。

正解 2

合格のための要点整理

◉**頸髄損傷とプッシュアップリハビリ**

頸髄損傷は、部位によっては全身運動のみでなく、呼吸障害も生じる。プッシュアップとは、両腕の力で自分の体幹を浮かせて戻す動作。移動や車いすへの移乗などが可能になる。

頸髄（C1～C8）

C1～C3
……すべての運動機能が麻痺。呼吸の障害もある。

C4……自発呼吸が可能。肩甲骨挙上が可能。

C5……前腕の一部、肩、肘が動く。

C6……肩の力は不完全だが、肘を曲げることが可能。

C7……手関節までほぼ完全に動く。

C8……上肢がすべて使える。

両腕の力で体幹を浮かせて戻すプッシュアップリハビリ。ベッドに端座位で行う場合もある。

P.404の「合格のための要点整理」もあわせて確認しましょう

問題　**155**　心臓機能障害のある人に関する記述として、**最も適切なものを１つ**選びなさい。

1　塩分の制限は必要としない。

2　呼吸困難や息切れなどの症状がみられることが多い。

3　日常生活で外出を避けるべきである。

4　ペースメーカーの装着者は、身体障害者手帳の交付対象から除外される。

5　精神的なストレスの影響は少ない。

●身体障害の種類・原因と特性　出題頻度★★★★　　　　　[第33回 問題94より出題]

解答と解説

✕ 1　心臓機能障害の人は塩分を取りすぎると循環血液量が増え、心臓の負担が増すため、塩分を控える必要があります。

◯ 2　心臓機能障害では、心臓からおくり出す血液の量が減少するため、足の浮腫（ふしゅ）や息切れ、呼吸困難が起こります。

✕ 3　外出を特に避ける必要はありません。心臓に負担がかかるような運動・行動は控えます。

✕ 4　ペースメーカーへの依存度や日常生活の制限を勘案して、１級、３級、４級のいずれかの身体障害者手帳が交付されます。

✕ 5　ストレスにより交感神経の作用が大きくなり、脈や血圧が上昇し、心臓に負担がかかります。

正解 2

合格のための要点整理　●心臓機能障害

生命維持の基本的役割を担う心臓の機能が先天的に、あるいは後天的な疾病などにより、十分に果たせない状態にあること。また、ペースメーカーを装着した場合をさすこともある。

■心臓機能障害の症状の２分類

血液をおくり出す
機能の低下による症状

・疲れやすい
・からだがだるい
・動悸がする
　　　　　など

血液のうっ滞により
引き起こされる症状

・息苦しい
・浮腫（むくみ）が出る
・食後に腹部が張る
　　　　　など

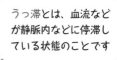

うっ滞とは、血流などが静脈内などに停滞している状態のことです

　学習障害の特徴に関する次の記述のうち、**最も適切なもの**を１つ選びなさい。

1　読む・書く・計算するなどの習得に困難がある。
2　注意力が欠如している。
3　じっとしているのが難しい。
4　脳の機能に障害はない。
5　親のしつけ方や愛情不足によるものである。

●**発達障害の種類・原因と特性**　出題頻度★★★★　　　　［第35回 問題54より出題］

解答と解説

○1　全般的な知能発達に遅れはないが、読む・書く・計算する・話す・推論するといった特定の能力の習得と使用に困難がある発達障害です。

✕2　注意力の欠如は、みられません。

✕3　じっとしたり、集中したりすることができないわけではありません。

✕4　何らかの脳の機能障害により、引き起こされます。

✕5　脳の機能障害であり、しつけや愛情不足により起こるものではありません。

正解 1

合格のための要点整理　●**学習障害（LD）**

全般的な知能には発達の遅れはないが、聞く・話す・読む・書く・計算する・推論するなど、特定の能力に困難が生じる発達障害。先天性の脳機能異常と考えられているが、その原因はさまざまである。

特徴その１ **書く**のが苦手 ディスグラフィア（書字表出障害）	・画数の多い漢字が書けない　・書くのに時間がかかる ・文字の形が認識できない　・位置関係が理解できない ・手先が不器用 ・文字を単語のまとまりにできない　　　　　　　など
特徴その２ **読む**のが苦手 ディスレクシア（読字障害）	・読み間違いが多い　　・一文字で区切って読む ・単語が理解できない　・音を記憶できない ・文字がにじんだりぼやけたりして見える ・文字が歪んで見える　　　　　　　　　　　　　など
特徴その３ **計算**が苦手 ディスカリキュリア（算数障害）	・簡単な計算ができない　・時計を読むことができない ・図形の形が理解できない　・数の大小がわからない ・九九が覚えられない　・数の概念が理解できない 　　　　　　　　　　　　　　　　　　　　　　　など

問題 157 Ａさん（60歳、男性）は、脊髄小脳変性症（spinocerebellar degeneration）のため、物をつかもうとすると手が震え、起立時や歩行時に身体がふらつき、ろれつが回らないため発語が不明瞭である。

次のうち、Ａさんの現在の症状に該当するものとして、**最も適切なものを1つ選びなさい。**

1　運動麻痺

2　運動失調

3　関節拘縮

4　筋萎縮

5　筋固縮

●難病の理解　出題頻度★★★★　　　　　　　　　[第35回 問題55より出題]

解答と解説

✕ 1　運動麻痺とは、手足などを随意的に動かすことができなくなることで、脳や脊髄、末梢神経が障害されることで起こります。

○ 2　運動失調は、「運動麻痺がないにもかかわらず、筋が協調的に動かないために円滑に姿勢保持や運動・動作ができない状態」と定義されています。脊髄小脳変性症にみられる症状です。

✕ 3　関節拘縮とは、関節を動かすことが減り、その結果、関節自体の動きが損なわれることです。

✕ 4　筋萎縮とは、筋肉がやせて筋力が衰えることです。力が弱くなり、できていたことができなくなります。

✕ 5　筋固縮は、筋肉の緊張が亢進することです。関節の運動などに対し、大きな抵抗が生じます。

正解 2

合格のための要点整理　●**脊髄小脳変性症**

小脳を中心とした神経の変性によって生じる疾患の総称で、難病疾患。小脳は脳の一部で、後頭部の下側にある。

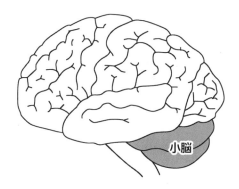

小脳

小脳のおもな役割は……

・協調運動（運動を制御する）
・運動学習（運動の記憶）
・姿勢制御
・認知、情動、言語などに関与　　**など**

障害されると、下記などの運動失調と呼ばれる症状が生じる。

・歩行時にふらつく
・細かい運動ができない
・ろれつがまわらない

こころとからだのしくみ　障害の理解

問題 158 筋萎縮性側索硬化症（amyotrophic lateral sclerosis：ALS）では出現しにくい症状として、**適切なもの**を1つ選びなさい。

1 四肢の運動障害

2 構音障害

3 嚥下障害
<small>えん げ しょうがい</small>

4 感覚障害

5 呼吸障害

●**難病の理解** 出題頻度★★★★ 　　　　　　　　　　［第34回 問題90より出題］

解答と解説

✕ 1 運動を司る神経（運動ニューロン）が障害され、手足・喉・舌の筋肉や呼吸に必要な筋肉がやせて力がなくなっていく病気であり、四肢の運動障害があります。

✕ 2 口腔や喉、舌の筋肉など発声に必要な筋肉も障害されるため、構音障害が起こります。コミュニケーションボードなどを使用し、意思疎通の支援をします。

✕ 3 構音障害と同じ理由で、食事の飲み込みが悪くなります。1回の食事量を減らし、回数を増やすなどの工夫が必要です。

○ 4 運動ニューロンのみが障害され、感覚機能は長く保たれます。

✕ 5 呼吸に必要な筋肉も障害されるため、呼吸障害が起こります。呼吸困難になれば、人工呼吸器が必要となります。

正解 4

合格のための要点整理 　●**筋萎縮性側索硬化症（ALS）の原因・特徴と症状**

筋萎縮性側索硬化症（ALS）は、運動ニューロンが変性・消失する神経変性疾患。原因は不明であり、難病である。発症から死亡までの平均期間は2〜5年ともいわれ、急速に進行するが、個人差も非常に大きく、正確なデータもない。発症率は、人口10万人あたり1〜2.5人といわれている。

原因・特徴

・運動を司る神経の障害。
・感覚や眼球運動、意識、知能などは保たれる。
・60〜70歳代に多く、男性に多い。

症状

手足や喉、舌、呼吸に必要な筋肉がやせて、筋力が低下していく進行性の疾患。

問題 159 Gさんはパーキンソン病（Parkinson desease）と診断され、薬物療法が開始されている。立位で重心が傾き、歩行中に停止することや向きを変えることが困難である。

　Gさんのこの症状を表現するものとして、**最も適切なもの**を1つ選びなさい。

1　安静時振戦

2　筋固縮

3　無動

4　寡動

5　姿勢保持障害

●**難病の理解**　出題頻度★★★★　　　　　　　　　　[第34回 問題92より出題]

解答と解説

✕ 1　安静時振戦とは、何もしていない安静時に起こる手や足の小刻みな震えのことです。

✕ 2　筋固縮とは、筋肉の動きが硬くぎごちなくなることです。立位での傾きや歩行中の停止、向きの変更が困難な状態をあらわす言葉ではありません。

✕ 3　無動とは、文字通り動きそのものがなくなることです。

✕ 4　寡動とは、スローモーションのように動き自体がゆっくりとした状態です。

○ 5　からだのバランスが悪くなり、姿勢を保つことや姿勢の変化が困難になるのが姿勢保持障害です。

正解 5

合格のための要点整理　●**パーキンソン病の理解（症状）**

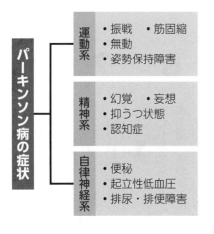

パーキンソン病の症状	運動系：・振戦 ・筋固縮 ・無動 ・姿勢保持障害
	精神系：・幻覚 ・妄想 ・抑うつ状態 ・認知症
	自律神経系：・便秘 ・起立性低血圧 ・排尿・排便障害

4大症状

動作緩慢
歩行などの動作がゆっくりと、小さく、少なくなる。

振戦
安静時に、手や足に細かい震えが生じる。

筋固縮
関節を動かそうとすると、カクカクと抵抗がある。

姿勢保持障害
バランスを取って、姿勢を保つことができない。

こころとからだのしくみ　障害の理解

問題 160 筋ジストロフィー（muscular dystrophy）の病態について、**適切な**ものを１つ選びなさい。

1 網膜が変性する。

2 運動神経が変性する。

3 自己免疫が原因である。

4 中脳の黒質が病変部位となる。

5 筋線維に変性が生じる。

●難病の理解　出題頻度★★★★　　　　　　　　　　　　[第33回 問題92より出題]

解答と解説

✕ 1 網膜が変性する病気ではありません。網膜が変性するのは、網膜色素変性症が代表的な疾患です。

✕ 2 運動機能に障害が発生しますが、運動神経が変性する病気ではありません。運動神経が変性する疾患の代表は、筋萎縮性側索硬化症（ASL）です。

✕ 3 自己免疫が関係する病気ではありません。自己免疫疾患には、関節リウマチや全身性エリテマトーデスなどがあります。

✕ 4 中脳の黒質が病変部位ではありません。中脳黒質の病変が原因となる代表的疾患はパーキンソン病です。

○ 5 筋組織の変性・壊死により、筋萎縮が起こり運動能力が低下する進行性の疾患です。

正解5

合格のための要点整理　●**筋ジストロフィーの機能障害度**

筋ジストロフィーは遺伝性の疾患で、基本的に男子のみに発症する進行性の疾患。指定難病113。

■**筋ジストロフィーの進行ステージ（8段階）とおもな状態像**

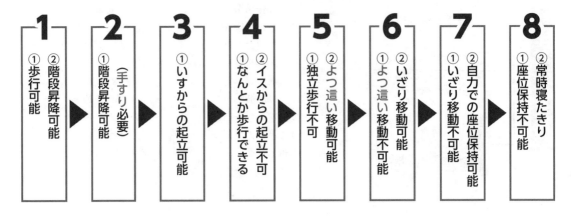

1	2	3	4	5	6	7	8
①歩行可能 ②階段昇降可能	①階段昇降可能（手すり必要）	①いすからの起立可能	①イスからの起立不可 ②なんとか歩行できる	①独立歩行不可 ②よつ這い移動可能	①よつ這い移動不可 ②いざり移動可能	①いざり移動不可 ②自力での座位保持可能	①自力での座位保持可能 ②常時寝たきり 座位保持不可能

問題 161 半側空間無視に関する次の記述のうち、**最も適切なもの**を1つ選びなさい。

1 食事のとき、認識できない片側に食べ残しがみられる。
2 半盲に対するものと介護方法が同じである。
3 失行の1つである。
4 本人は半側空間無視に気づいている。
5 認識できない片側へ向かってまっすぐに歩ける。

●障害に伴う機能の変化と生活への影響の基礎的理解　出題頻度★★★★　［第34回 問題88より出題］

解答と解説

○1 半側空間無視とは、からだの左右どちらかが認識できない状態です。食べ物があることが認識できない側は、手をつけず残してしまうなどの症状があります。

×2 半盲とは、左右どちらかの視野がない状態です。たとえば、両眼とも右側が見えない場合を、右同名性半盲といいます。見えないことを本人が理解しているので、見えない側を向くなどして、見ようとする行動があります。一方、半側空間無視は、左右どちらかに注意が向かず、そのことが意識・認識されない状態なので、自分で見ようとする行動がありません。したがって、介護の方法も違ってきます。

×3 失行とは、それまでは普通に行うことができていた行為が、機能的な障害がないにもかかわらずできなくなることです。

×4 左右どちらかの注意・認識が阻害されている状態で、本人も意識していません。

×5 認識できないので、そちら側に向かって歩くというより、そのまま気にせず歩いてしまい、何かにぶつかるなどします。

正解1

合格のための要点整理

●半側空間無視

大脳半球のどちらかに損傷があり、左右どちらかの片側が認識できなくなる状態。特に大脳の右半球は空間認識に強い脳とされており、右半球の脳梗塞からの左半側空間無視が多いとされている。

主な症状
・移動していると、認識できない側の物にぶつかる。
・認識できない側の出入り口を通り過ぎる。
・認識できない側の食事を取らない。

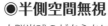

半側が見えないのではなく、認識ができません。意識がそちらに向かないので、見ようとする行動もしません

本人は見えていないという自覚がない

問題 162 障害者への理解を深めるために有効なアセスメントツールの1つであるエコマップが表すものとして、**最も適切なもの**を1つ選びなさい。

1　家族との関係
2　社会との相関関係
3　認知機能
4　機能の自立度
5　日常生活動作

●障害に伴う機能の変化と生活への影響の基礎的理解　　出題頻度★★★★　　［第34回 問題93より出題］

解答と解説

✕ 1　家族との関係をあらわすものとして、ジェノグラムがあります。

◯ 2　エコマップでは、その人を取り巻く社会資源の関係が示されます。

✕ 3　認知機能を示すものには、長谷川式知能スケールやミニメンタルステート検査、認知症自己診断テスト、高齢者の運転免許更新時に行われる認知機能検査などがあります。

✕ 4　機能の自立度をあらわすものとして、機能的自立度評価法（Functional Independence Measure、略称FIM）などがあります。日常生活動作の自立度を評価します。

✕ 5　日常生活動作はADL（Activities of Daily Living）といい、自立、一部介助、全介助などの段階であらわされます。

正解 2

合格のための要点整理　●エコマップとジェノグラム

エコマップは、その人と社会資源の関係性（つながりの強さや弱さ）をあらわし、ジェノグラムは家族関係をあらわす。どちらも、対象となる人の支援を考えるうえで大切な情報の整理である。

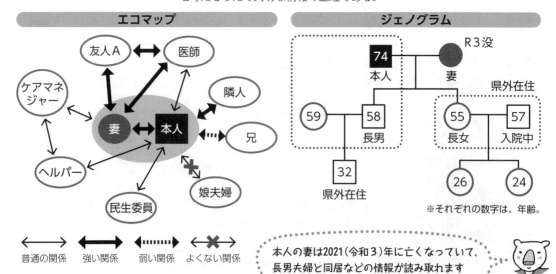

本人の妻は2021（令和3）年に亡くなっていて、長男夫婦と同居などの情報が読み取れます

問題 163 「2016年（平成28年）生活のしづらさなどに関する調査（全国在宅障害児・者等実態調査)」（厚生労働省）における身体障害者手帳所持者の日常的な情報入手手段として、**最も割合が高いもの**を１つ選びなさい。

1　家族・友人・介助者

2　パソコン

3　携帯電話

4　テレビ

5　ラジオ

●障害に伴う機能の変化と生活への影響の基礎的理解　出題頻度★★★★　［第33回 問題96より出題］

解答と解説

✗ **1**　家族・友人・介助者は、65歳未満で48.6％、65歳以上で48.7％です。

✗ **2**　パソコンは65歳未満で31.5％、65歳以上で9.6％です。

✗ **3**　携帯電話は65歳未満で28.3％、65歳以上で22.1％です。

○ **4**　テレビは文字放送、手話放送も含めない場合でも、65歳未満で75.8％、65歳以上で77.7％ともっとも多くなっています。

✗ **5**　ラジオは65歳未満で26.2％、65歳以上で27.8％です。

正解4

合格のための要点整理　●障害別に見た、
障害者手帳保持者の日常的な情報入手手段

（複数回答、上位５項目）

【65歳未満】
(単位：%)

視覚障害		聴覚・言語障害		肢体不自由		内部障害	
テレビ（一般放送）	76.7	テレビ（一般放送）	73.2	テレビ（一般放送）	75.5	テレビ（一般放送）	77.1
家族・友人・介護者	53.4	スマートフォン・タブレット	50.0	家族・友人・介護者	52.7	図書・新聞（チラシ含む）	41.5
ラジオ	41.1	図書・新聞（チラシ含む）	48.2	パソコン	31.7	家族・友人・介護者	39.9
携帯電話	38.4	家族・友人・介護者	37.5	図書・新聞（チラシ含む）	34.8	スマートフォン・タブレット	36.2
スマートフォン・タブレット	24.7	パソコン	35.7	スマートフォン・タブレット	32.8	パソコン	33.5

【65歳以上】
(単位：%)

視覚障害		聴覚・言語障害		肢体不自由		内部障害	
テレビ（一般放送）	58.3	テレビ（一般放送）	71.2	テレビ（一般放送）	79.4	テレビ（一般放送）	81.6
家族・友人・介護者	56.6	家族・友人・介護者	47.9	家族・友人・介護者	50.6	図書・新聞（チラシ含む）	50.7
ラジオ	40.6	図書・新聞（チラシ含む）	46.5	図書・新聞（チラシ含む）	45.6	家族・友人・介護者	44.5
図書・新聞（チラシ含む）	16.0	携帯電話	17.2	ラジオ	28.1	ラジオ	29.7
携帯電話	16.0	手話放送・文字放送	13.0	携帯電話	22.3	携帯電話	24.5

「2016年（平成28年）生活のしづらさなどに関する調査（全国在宅障害児・者等実態調査）結果」（厚生労働省）より作成

問題 164 Bさん（21歳、男性）は、統合失調症（schizophrenia）を発症し、継続した内服によって幻覚や妄想などの症状は改善しているが、意欲や自発性が低下して引きこもりがちである。現在、Bさんは、外来に通院しながら自宅で生活していて、就労を考えるようになってきた。

介護福祉職が就労に向けて支援するにあたり留意すべきこととして、**最も適切なもの**を1つ選びなさい。

1 あいまいな言葉で説明する。

2 代理で手続きを進める。

3 介護福祉職が正しいと考える支援を行う。

4 Bさんに意欲をもつように強く指示する。

5 Bさん自身が物事を決め、実行できるように関わる。

●**生活上の課題と支援のあり方**　出題頻度★★★　　　　　　［第35回 問題56より出題］

解答と解説

✕1 あいまいな言葉ではなく、はっきりとした内容でわかりやすく説明します。

✕2 本人が納得したうえで、本人自身が手続きをすることが大切です。

✕3 介護福祉職の考えや価値観ではなく、本人が自己決定して進めることが大切です。

✕4 現在のBさんの状況は陰性反応といい、回復に向かっている証拠でもあります。意欲を持つように強く指示するのではなく、本人ができるように見守っていることを伝えるのが大切です。

○5 Bさん自身の問題ですので、Bさんが自己決定し、実行できるよう支えることが必要です。

正解5

合格のための要点整理　●**統合失調症の症状と支援**

統合失調症は、100人に1人が発症するといわれる。早期に発見し、服薬治療が有効。おもな症状は、陽性症状、陰性症状、認知機能障害。本問題の事例では、陽性症状が改善し、陰性症状があらわれているので、回復に向かっている時期と考えられる。

陽性症状
陽性症状は、発症後間もないときや再発時に多く見られる。 ●幻覚・幻聴が起こる。 ●思考が混乱する。 ●妄想する。 ●異常な行動をする。

陰性症状
陰性症状は、発症後少し経過したあとに多く見られる。長期にわたり見られる症状。 ●感情・意欲が減退する。 ●集中力が低下する。 ●社会的引きこもりになりがち。 ●無関心になる。

統合失調症の人への対応のポイント

・服薬がきちんとできるようサポートする　・主治医とのコミュニケーションを取る
・治療や社会復帰を焦らず、優しく接する　・本人の意思を尊重する
・本人の病態を理解し、見守る　・一番つらいのは本人という理解

問題　165　Cさん（3歳）は、24時間の人工呼吸器管理、栄養管理と体温管理が必要であり、母親（32歳）が生活全般を支えている。Cさんの母親は、「発達支援やショートステイを活用したいのに、市内に事業所がない。ほかにも困っている家族がいる」とD相談支援専門員に伝えた。

　D相談支援専門員が、課題の解決に向けて市（自立支援）協議会に働きかけたところ、市内に該当する事業所がないことが明らかになった。

　この事例で、地域におけるサービスの不足を解決するために、市（自立支援）協議会に期待される機能・役割として、**最も適切なもの**を1つ選びなさい。

1　困難な事例や資源不足についての情報の発信
2　権利擁護に関する取り組みの展開
3　地域の社会資源の開発
4　構成員の資質向上
5　基幹相談支援センターの運営評価

●**生活上の課題と支援のあり方**　出題頻度★★★　　　　［第35回 問題57より出題］

解答と解説

✕ 1　この機能は、情報を一部に潜在化させてしまわず、地域全体に顕在化させるものです。すでにCさんが困っていることや、他にも同様に困っている人がいること、解決のための事業所が存在しないことは顕在化しています。

✕ 2　権利擁護のシステムに関する取り組みでは、事業所が存在しないという現状の解決にはなりません。

○ 3　活用したい事業所がないのですから、新しくつくるか、それに代わる何らかの社会資源を開発することが、もっとも期待される機能です。

✕ 4　協議会の構成員の資質を向上させることで、社会資源を開発するスキルは向上するかもしれませんが、直接的な解決にはつながりません。

✕ 5　この場合、基幹相談支援センターの運営評価も、直接的な問題解決には至りません。

正解 3

合格のための要点整理　●**（自立支援）協議会の機能**

協議会の機能は、多種多様な問題を1つの制度で対応するために重要な役割を担っている。協議会の6つの機能を覚えておこう。

① 情報機能　② 調整機能　③ 開発機能
④ 教育機能　⑤ 権利擁護機能　⑥ 評価機能

設置した場合は、障害福祉計画を定め、変更しようとする場合はあらかじめ協議会の意見を聴くよう努めなければならないとなっています

協議会の設置は、地方公共団体の努力義務です

7-4 連携と協働

> **問題 166** Eさん（38歳、男性）は、脳梗塞（cerebral infarction）を発症し、病院に入院していた。退院時に、右片麻痺と言語障害があったため、身体障害者手帳2級の交付を受けた。現在、Eさんと家族の希望によって、自宅で生活しているが、少しずつ生活に支障が出てきている。Eさんの今後の生活を支えるために、障害福祉サービスの利用を前提に多職種連携による支援が行われることになった。
>
> 　Eさんに関わる関係者が果たす役割として、**最も適切なもの**を1つ選びなさい。
>
> 1　介護支援専門員（ケアマネジャー）が、介護サービス計画を作成する。
> 2　医師が、要介護認定を受けるための意見書を作成する。
> 3　基幹相談支援センターの職員が、障害福祉計画を立てる。
> 4　地域包括支援センターの職員が、認定調査を行う。
> 5　相談支援専門員が、サービス担当者会議を開催する。

●地域におけるサポート体制　出題頻度★★★★　　　　　　　[第35回 問題58より出題]

解答と解説

✕ **1**　介護支援専門員は介護保険制度の利用を支援する人で、介護保険サービスの利用のための計画書が介護サービス計画です。Eさんは38歳なので、介護保険被保険者ではありません。

✕ **2**　要介護認定も、介護保険の介護サービスの利用に必要なものです。Eさんは障害者福祉サービスを利用するので、障害者支援区分の認定を受けなければなりません。

✕ **3**　障害福祉計画の作成を行うのは、市町村です。基幹相談支援センターは、地域における障害者の相談支援の中核的な役割を担います。

✕ **4**　認定調査を行うのは、保険者の認定調査員です。

○ **5**　相談支援専門員は、障害者福祉サービスのサービス等利用計画の作成を行い、サービス担当者会議を開催するなど、必要な連絡・調整を行います。

正解5

 障害者福祉サービス等利用計画は相談支援専門員が、居宅介護サービス計画は介護支援専門員（ケアマネジャー）が作成します。制度による違いを整理しておきましょう。

問題 167 「障害者総合支援法」で定める協議会に関する次の記述のうち、**最も適切なもの**を 1 つ選びなさい。

1 当事者・家族以外の専門家で構成する。

2 療育手帳を交付する。

3 相談支援専門員を配置しなければならない。

4 国が設置する。

5 地域の実情に応じた支援体制の整備について協議を行う。

(注) 「障害者総合支援法」とは、「障害者の日常生活及び社会生活を総合的に支援するための法律」のことである。

●地域におけるサポート体制　出題頻度★★★★　　　　[第34回 問題94より出題]

解答と解説

✕ 1 当事者や家族など専門家以外の人も、協議会を構成する地域の関係者です。

✕ 2 療育手帳の交付は、都道府県知事か指定都市市長が行います。

✕ 3 協議会は、地域の関係者で組織されます。相談支援専門員の配置は必要としません。

✕ 4 協議会は、都道府県と市町村に設置されます。

◯ 5 地域の関係者により、個別の相談支援の事例を通じて明らかになった地域の課題を共有し、市域のサービス基盤の整備を着実に進めていく役割を担います。

正解 5

合格のための要点整理

●協議会

障害者自立支援法で定める協会は、(自立支援) 協議会とされ、県と市町村に置かれる。中でも市町村の(自立支援)協議会は地域の関係者で構成され、地域の課題を共有し、地域のサービス基盤の整備を進めていく役割を担う。

■具体的な取り組み内容

○委託障害者相談支援事業や機関相談支援センターの事業実績に関する検証や評価
○相談支援事業者等からなる専門部会等における、個別事例の支援のあり方の協議
○指定特定相談支援事業者が作成するサービス等利用計画等の質の向上を図る体制の検討
○地域移行支援・定着支援を効果的に実施するための相談支援事業者、精神科病院、入所施設、保健所や障害福祉サービスによる地域移行ネットワークの強化や、社会資源の開発の役割の強化

個別の相談事例の検討を通じて、課題を発見していきます

■協議会を構成する関係者の例

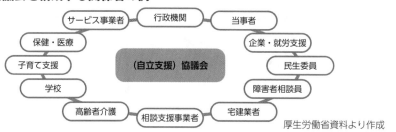

厚生労働省資料より作成

問題　168 障害者が障害福祉サービスを利用するために相談支援専門員が作成する計画として、**正しいもの**を**1**つ選びなさい。

1　地域福祉計画
2　個別支援計画
3　サービス等利用計画
4　障害福祉計画
5　介護サービス計画

●**地域におけるサポート体制** 出題頻度★★★★　　　　［第34回 問題95より出題］

解答と解説

✕1　地域福祉計画は市町村において、住み慣れた地域で高齢者、児童、障害者などの支援を分野ごとの縦割りではなく、地域の実情に応じて行政や保健・福祉などの関係機関、住民が一体となって支え合うことができるしくみをつくるための計画です。

✕2　個別支援計画とは、サービス等利用計画の内容を踏まえて、サービス事業者が作成する利用者ごとの個別の支援計画です。

◯3　サービス等利用計画は、障害児・者の希望する生活の実現や適切なサービス利用のために、相談支援専門員が作成します。

✕4　障害福祉計画は、国の定める基本指針をもとに都道府県や市町村が作成する障害福祉サービス、相談支援および地域生活支援事業の提供体制の確保にかかる目標などを定めたものです。

✕5　介護サービス計画とは、介護保険制度において、介護支援専門員（もしくは本人）が作成する介護サービスの利用計画書です。

正解 3

合格のための要点整理　●**相談支援専門員**

相談支援専門員は、障害のある人が自立した日常生活や社会生活をおくることができるように、全般的な相談支援を行う。

相談支援専門員になるには

実務経験
障害者の相談支援・介護等の実務経験3〜10年

＋

研修
相談支援従事者初任者研修の修了

おからだの具合はいかがですか？

おもな配置先
指定相談支援事業所
基幹相談支援センター
市町村

総合的な相談支援とは

■障害者の自立支援■
・障害福祉サービスの利用計画の作成
・地域生活への移行・定着に向けた支援
・住宅入居等支援事業や、成年後見制度利用支援事業に関する支援
・健康のこと、将来のこと、介護のこと　　　など

7-5 家族への支援

> **問題 169** Hさん（45歳、男性）は、脳梗塞（cerebral infarction）を発症して半年間入院した。退院してからは、障害者支援施設に入所して自立訓練を受けている。2か月ほど過ぎたが、右片麻痺（みぎかたまひ）と言語障害が残っている。妻のJさん（35歳）はパート勤務で、小学3年生の子どもがいて、将来が見えずに不安な気持ちである。
> 　家族に対する介護福祉職の支援として、**最も適切なもの**を1つ選びなさい。
>
> 1　家族の不安な気持ちに寄り添い、今の課題を一緒に整理し考えていく。
> 2　Jさんの気持ちを最優先して方向性を決める。
> 3　訓練の様子を伝えるために、頻繁にJさんに施設に来てもらう。
> 4　家族が困っているので専門職主導で方向性を決める。
> 5　レスパイトケアを勧める。

●**家族への支援**　出題頻度★★★　　　　　　　　　　　[第34回 問題96より出題]

解答と解説

○ 1　Hさんの障害や今後の家計、子育てと、将来に対する不安が重なっている家族に対して、まずは不安な気持ちに寄り添い、課題をいっしょに整理していく支援がもっとも適切です。

✕ 2　家族全体の今後についての不安であるので、Jさんの気持ちを最優先するのではなく、まずは現状を整理することが大切です。

✕ 3　訓練の様子を知ったからといって、将来の不安が解消されるとは限りません。また、頻繁に施設に出向くことが負担になる可能性が高くなります。

✕ 4　家族の将来についてなので、家族が主体的に決定できるのが最善であり、そのための支援が必要となります。

✕ 5　Hさんの介護で疲れているのではなく、将来への不安が重なっている状態なので、レスパイトケアの利用支援が適切とはいえません。

正解1

合格のための要点整理　●**障害者がある家族の支援**

家族が障害を負ってしまった場合、障害を負った人と同様に、家族もさまざまな不安から心理的に混乱を起こす場合がある。漠然とした将来に対する不安については、支援者が気持ちや考えの整理を手伝うことが大切である。

> 1人で考えていると、なかなか整理することができません。まずはじっくりと話を聴き、本人が問題を整理して、不安を解消できるような支援が大切です

問題 170 発達障害のEさん（5歳、男性）の母親（28歳）は、Eさんのことを一生懸命に理解しようと頑張っている。しかし、うまくいかないことも多く、子育てに自信をなくし、どうしたらよいのかわからずに一人で悩んでいる様子が見られる。

母親への支援に関する次の記述のうち、**最も適切なもの**を１つ選びなさい。

1　現状を受け入れるように説得する。

2　一時的な息抜きのために、レスパイトケアを紹介する。

3　同じ立場にあるペアレント・メンターを紹介する。

4　Eさんへの発達支援を強化するように勧める。

5　介護支援専門員（ケアマネジャー）を紹介する。

●**家族への支援**　出題頻度★★★　　　　　　　　　　　　[第33回 問題95より出題]

解答と解説

✕ 1　自信をなくし、助けを求めている人に、現状を受け入れるように説得しても、自分の悩みをわかってくれないという気持ちを持たれてしまいます。

✕ 2　レスパイトケアで一時的に息抜きしても、１人で悩んでいる現状はあまり変化しません。

◯ 3　ペアレント・メンターを利用することで、同じ悩みとどのように向き合ったのかなどを知ることができ、自身で悩みを解決することにつながります。

✕ 4　子育てに自信をなくし、悩んでいるので、発達支援を強化するように勧めても、具体的にどうするかわからない可能性が高く、さらに悩みを大きくするかもしれません。

✕ 5　介護支援専門員は、介護保険サービスの利用に際してサービス計画を立案する人です。

正解 3

合格のための要点整理　●**ペアレント・メンター**

メンターには、仕事や人生の指導者・助言者という意味がある。ペアレント・メンターからは、専門家とは異なる立場で、同じ親としての視点に立った助言を受けることができる。

自分の持っている子育ての悩みや困りごとを、経験者に相談できる

発達障害や発達について気になる子を育てる親の、相談に乗ってもらえる

先輩ママが実際に乗り越えた問題や経験して感じたことなどの助言が受けられる

保育園、幼稚園、学校などの勉強会の講師として派遣してもらえる

1対1の個別相談から、親の会や子育てサークルなどのグループにまで、参加してもらえる

項目別出題傾向とポイント

　医療的ケアは他の領域との関連が少なく、独立した領域といえます。出題も5問と少なく、基本的な知識を問う問題が出題されます。

　介護福祉士が医療的ケアを行う基礎ともいえる法的な根拠や、介護福祉士が行うことのできる医療的ケアの範囲は、出題頻度が高い項目です。感染対策も含め、清潔保持に関する問題は今後、重要になるでしょう。

　喀痰吸引と経管栄養の実施手順は、使用する機器の名称も含め、①準備段階、②実施の段階、③実施後の3つの段階での正しい手順を確実に学習しておきましょう。なぜ、そのような方法で行うのかという根拠も大切です。

　喀痰吸引や経管栄養が必要な人の日常生活での注意すべき点が出題されます。これは、医療的ケアそのものの知識というより、介護福祉士の専門性にかかわる問題ですので、生活支援の知識とあわせて学習しておきましょう。

　今後も出題の傾向に大きな変化はないと考えられますが、介護職と医療職の連携という側面からも、それぞれの業務の範囲は再確認しておきましょう。

出題された項目	第36回	第35回	第34回	第33回	ワンポイントアドバイス
医療的ケア実施の基礎	問題59	問題59	問題109	問題109	医療的ケアの根拠法令や医師の役割、感染予防策を再確認しておこう。
喀痰吸引 （基礎的知識・実施手順）	問題60 問題61	問題60 問題61	問題110 問題111	問題110 問題111	喀痰吸引を行う際の姿勢などは覚えておこう。 喀痰吸引等を行える範囲は覚えておこう。
経管栄養 （基礎的知識・実施手順）	問題62 問題63	問題62 問題63	問題112 問題113	問題112 問題113	栄養剤の扱い方は頭に入れておこう。 医療職との連携は忘れないようにしよう。

※第36回の問題と解答解説は15〜143ページに掲載されています。

しっかりと勉強してね

■今後も注目されるこの領域の重要語句

□認定特定行為業務従事者　□医師の指示書　□滅菌と減菌　□陰圧

□救命の連鎖（チェーン・オブ・サバイバル）　□ハイムリック法　□気管カニューレ

□スタンダートプリコーション　□パルスオキシメーター　□バイタルサイン

□プレパレーション　□外呼吸と内呼吸　□ガス交換　□侵襲的人工呼吸療法

□非侵襲的人工呼吸療法　□半固形化栄養剤　□ファーラー位　□逆流防止弁

□ボタン型、バンパー型　□イルリガートル　□フラッシング　□特定行為事業者

8-1 医療的ケア実施の基礎

> **問題 171** 社会福祉士及び介護福祉士法で規定されている介護福祉士が実施できる経管栄養の行為として、**正しいものを1つ選びなさい。**
>
> 1 栄養剤の種類の変更
>
> 2 栄養剤の注入速度の決定
>
> 3 経鼻経管栄養チューブの胃内への留置
>
> 4 栄養剤の注入
>
> 5 胃ろうカテーテルの定期交換

●人間と社会　出題頻度★★★　　　　　　　　　　　　[第34回 問題109より出題]

解答と解説

✕ 1　経管栄養に使用する栄養剤は、医師の指示により決まっています。介護福祉士が変更することはできません。

✕ 2　注入速度は、医師の指示により決定します。介護福祉士は注入速度を決定できませんし、変更することもできません。

✕ 3　栄養チューブの胃内への留置は医療行為であり、介護福祉士が実施できるものではありません。

〇 4　指示された栄養剤を指示されたとおりに注入することは、介護福祉士でも可能です。なお、注入時に異変を感じたときは、すみやかに医療職に報告する必要があります。

✕ 5　胃ろうカテーテルの定期交換は医療行為であり、介護福祉士にはできません。

正解 4

合格のための要点整理　●介護福祉士が実施できる経管栄養

胃ろう、腸ろう、経鼻経管栄養の実施が可能。

■実施できる範囲

経管栄養の準備 ▶ 本人やチューブの状態確認 ▶ 栄養剤の注入、注入中の観察 ▶ 終了後の片づけ、本人の状態観察

> 胃ろう、腸ろう、栄養チューブの挿入や交換などの管理や異変があったときの対応は、医師または看護師が行います

問題 172 介護福祉職が経管栄養を実施するときに、注入量を指示する者として、**適切なもの**を1つ選びなさい。

1 医師

2 看護師

3 訪問看護事務所の管理者

4 訪問介護事業所の管理者

5 介護支援専門員（ケアマネジャー）

●**人間と社会** 出題頻度★★★　　　　　　　　　　　[第33回 問題109より出題]

解答と解説

○ 1 注入量の指示は、医師が行います。

✕ 2 医師の指示のもと、医療的な管理や処置を行います。

✕ 3 訪問看護サービスの管理・運営を行います。

✕ 4 訪問介護サービスの管理・運営を行います。

✕ 5 ケアプランの作成と、サービス全体の管理・調整を行います。

正解 1

合格のための要点整理　●**経管栄養を実施するうえでの注意**

介護福祉士が実施できる医療的ケアは、範囲が明確に定められている。なお、医療行為であるため、医師の指示によって行う必要がある。

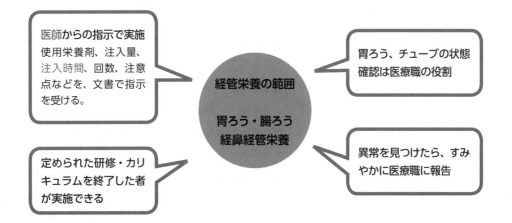

医師からの指示で実施
使用栄養剤、注入量、注入時間、回数、注意点などを、文書で指示を受ける。

胃ろう、チューブの状態確認は医療職の役割

経管栄養の範囲

胃ろう・腸ろう
経鼻経管栄養

定められた研修・カリキュラムを終了した者が実施できる

異常を見つけたら、すみやかに医療職に報告

医療的ケア

医療的ケア

問題 173 消毒と滅菌に関する次の記述のうち、**正しいもの**を１つ選びなさい。

1 消毒は、すべての微生物を死滅させることである。

2 複数の消毒液を混ぜると効果的である。

3 滅菌物には、有効期限がある。

4 家庭では、熱水で滅菌する。

5 手指消毒は、次亜塩素酸ナトリウムを用いる。

●**安全な療養環境**　出題頻度★★　　　　　　　　　　　　[第35回 問題59より出題]

解答と解説

✕ 1 消毒とは、病原性のある微生物を死滅もしくは害のないレベルまで減らすことです。

✕ 2 混ぜることで思わぬ化学変化を起こす場合もあれば、濃度が変わって効果が薄くなる場合もあるので注意が必要です。

○ 3 滅菌は、すべての微生物を死滅あるいは除去することですが、使用する保存物質の材質変化などによる有効期限があります。

✕ 4 熱水だけでは、滅菌はできません。ただし、家庭でも圧力鍋を利用し、一定の温度と圧力の飽和水蒸気で加熱することで、高圧蒸気滅菌（オートクレーブ）が可能です。

✕ 5 次亜塩素酸ナトリウムでも消毒効果は期待できますが、手荒れのリスクも大きいため、一般的にはアルコールが広く使用されます。また、時間経過により塩素が抜けてしまい、消毒効果が小さくなることにも注意が必要です。

正解3

合格のための要点整理　●**滅菌・殺菌・消毒・減菌・除菌の違い**

どれも清潔を保持・保証するために行われる行為に対して使われる言葉だが、厳密には違いがある。

殺菌	滅菌	減菌
死滅させる対象や程度を含んだものではなく、一部を死滅させただけでも殺菌という。滅菌と違い、有効性を保証していない。	すべての微生物やウイルスなどを、死滅させ除去すること。生存確率100万分の1以下という保証の期限がある。	対象の微生物を特定せず、量を減少させること。器具や用具などに使われることがある。
消毒		**除菌**
毒性を無力化させるため、病原性微生物を害のない程度まで減らしたり、感染力を消失させたりすること。		限られた対象・空間に含まれる微生物の数を減らすこと。

8-2 喀痰吸引（基礎的知識・実施手順）

> **問題 174** 次の記述のうち、成人の正常な呼吸状態として、**最も適切なもの**を1つ選びなさい。
>
> 1 胸腹筋が一定のリズムで膨らんだり縮んだりしている。
> 2 ゴロゴロとした音がする。
> 3 爪の色が紫色になっている。
> 4 呼吸数が1分間に40回である。
> 5 下顎を上下させて呼吸している。

●喀痰吸引の基礎的知識　出題頻度★★★★

[第35回 問題60より出題]

解答と解説

○ **1** 正常時は、呼吸による空気は口や鼻を通過して肺に吸い込まれるはたらきと、肺から押し出されて口や鼻から外部に排出するはたらきを一定のリズムで行っています。

✕ **2** ゴロゴロとした音は、喘鳴（ぜんめい）といわれます。痰が咽頭に絡むなどして起こります。正常な呼吸では起こりません。

✕ **3** 爪の色が紫色になるのは、酸素の取り込みが不足しているためで、チアノーゼといいます。正常な呼吸では起こりません。

✕ **4** 成人の正常な呼吸は、1分間に12〜18回程度です。1分間に25回以上は頻呼吸といわれる異常な呼吸です。

✕ **5** 下顎を上下させてする呼吸は下顎呼吸といわれ、なんとか呼吸をしようと努力しているために起こります。死が近づいている場合に多く見られます。

正解1

医療的ケア

医療的ケア

合格のための要点整理

●呼吸のしくみ

介護福祉士にとって、**バイタルサイン**の知識は必須である。呼吸のしくみについて確実に押さえておく。

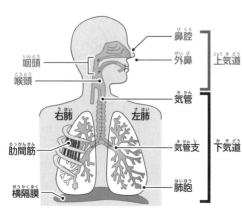

鼻腔（びくう） 咽頭（いんとう） 外鼻（がいび） 喉頭（こうとう）　【上気道（じょうきどう）】	口腔や鼻腔から吸い込んだ空気は、気道から気管を通り、肺に入る。このとき、肋間筋と横隔膜が一定のリズムで収縮・膨張している。

気管（きかん）

右肺（うはい）　左肺（さはい）

肋間筋（ろっかんきん）

気管支（きかんし）　【下気道（かきどう）】

横隔膜（おうかくまく）　肺胞（はいほう）

肺の中で、枝分かれした気管支を通り、末端に連なる肺胞へとおくり込まれる。

肺胞では、酸素が血液中のヘモグロビンに受けわたされ、血中からは二酸化炭素を受け取る。

肋間筋と横隔膜のはたらきで、肺から空気が外部へおくられる。この過程を繰り返している。

問題 175　気管カニューレ内部の喀痰吸引（かくたんきゅういん）で、指示された吸引時間よりも長くなった場合、吸引後に注意すべき項目として、**最も適切なもの**を1つ選びなさい。

1　体温
2　血糖値
3　動脈血酸素飽和度
4　痰（たん）の色
5　唾液の量

●喀痰吸引の基礎的知識　出題頻度★★★★　　　　　　　[第34回 問題110より出題]

解答と解説

× 1　体温は重要なバイタルサインですが、吸引時間が長くなった場合にもっとも注意すべき事項ではありません。

× 2　吸引時間と血糖値には、関連性がありません。

◯ 3　吸引中は十分な呼吸ができないため、吸引時間が長くなった場合は、想定以上に動脈血酸素飽和度が低下する危険があります。

× 4　吸引された痰の色は、吸引時間が長くなった場合でも極端には変化しません。

× 5　唾液の分泌量に注意することは大切ですが、吸引時間が長くなった場合の注意点としてもっとも適切とはいえません。

正解 3

合格のための要点整理　●**動脈血酸素飽和度**

血液中の酸素とヘモグロビン（赤血球の一部）が結びついた割合。経皮的動脈血酸素飽和度やサチュレーションといわれることもある。

たくさんの酸素と結びついた
正常な状態

十分な呼吸ができないなどで、酸素との結びつきが不十分な状態

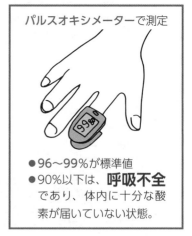

パルスオキシメーターで測定

●96〜99％が標準値
●90％以下は、**呼吸不全**であり、体内に十分な酸素が届いていない状態。

1　換気とは、体外から二酸化炭素を取り込み、体外に酸素を排出するはたらきをいう。

2　呼吸運動は、主として大胸筋によって行われる。

3　１回に吸い込める空気の量は、年齢とともに増加する。

4　ガス交換は、肺胞内の空気と血液の間で行われる。

5　筋萎縮性側索硬化症（amyotrophic lateral sclerosis：ALS）では、主にガス交換 のはたらきが低下する。

●喀痰吸引の基礎的知識　出題頻度★★★★

[第34回 問題111より出題]

解答と解説

✕ 1　換気とは、呼吸によって体外から酸素を取り入れ、二酸化炭素を排出することです。

✕ 2　呼吸運動は、おもに腹部の横隔膜と肋骨の間にある肋間筋で行われます。

✕ 3　呼吸に使う筋肉の低下や肺の弾力性の低下などが影響し、１回に吸い込める空気の量は減 少します。

○ 4　肺胞では、毛細血管と膜の間で酸素と二酸化炭素の交換（ガス交換）を行っています。こ れを外呼吸といいます。

✕ 5　呼吸に必要な筋肉がやせてしまい、呼吸自体が障害されます。

正解 4

合格のための要点整理

●異常呼吸とおもな原因

私たちは体外からの酸素を取り入れ、二酸化炭素を放出する呼吸（外呼吸） を行うことで、酸素を全身の細胞におくり、二酸化炭素を血液中に放出（内 呼吸）している。しかし、呼吸はさまざまな原因で異常が起こる。

種類		呼吸数	原因
数の異常	頻呼吸	１分間の呼吸が25回以上。	心不全、肺炎、発熱、興奮など。
	徐呼吸	１分間の呼吸が12回以下。	糖尿病性昏睡、麻酔時、睡眠薬投与時など。
深さの異常	過呼吸	１回の換気量が増加。	過換気症候群など。
	減呼吸	１回の換気量が減少。	呼吸筋の低下など。
周期の異常	**チェーンストークス**呼吸	無呼吸→深く速い呼吸→浅くゆっくりした呼吸が繰り返される。	重症心不全、脳疾患など。
	ビオー呼吸	浅くて速い呼吸と無呼吸（10〜60秒間）が交互に出現する。	頭蓋内圧亢進など。

問題 177 気管粘膜のせん毛運動に関する次の記述のうち、**最も適切なもの**を1つ選びなさい。

1 痰の粘度が高いほうが動きがよい。
2 空気中の異物をとらえる運動である。
3 反射的に咳を誘発する。
4 気管内部が乾燥しているほうが動きがよい。
5 痰を口腔の方へ移動させる。

●**喀痰吸引の基礎的知識**　出題頻度★★★★　　　　　　　[第33回 問題110より出題]

解答と解説

✕ 1 痰の粘度が低いほど、せん毛で排出しやすくなります。

✕ 2 気管粘膜に付着した異物を排出する運動です。異物をとらえるのは粘膜です。

✕ 3 咳嗽反射は、粘膜上にある咳受容体が刺激されることで起こります。

✕ 4 乾燥は、粘膜やせん毛のはたらきを阻害します。

○ 5 粘膜がキャッチした異物を喉に向かって押し出し、体外に排出するはたらきをしています。

正解 5

合格のための要点整理

●**せん毛のはたらき**

せん毛は、直径1000分の1ミリで粘液の下にある。口腔や鼻腔から入ったウイルスや細菌などの異物は粘液でとらえられ、せん毛により痰として外に排出される。その速さは、1分間に約0.5〜1cm。

せん毛の運動は、運動会の大玉おくりのイメージです。肺の異物が排泄されるまで、約30分といわれます

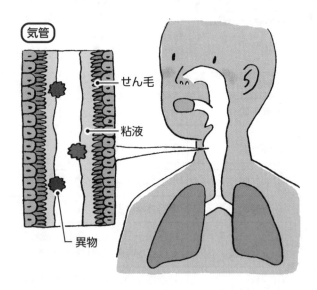

気管

せん毛
粘液
異物

問題 178 喀痰吸引を行う前の準備に関する次の記述のうち、**最も適切なもの**を1つ選びなさい。

1 医師の指示書の確認は、初回に一度行う。

2 利用者への吸引の説明は、吸引のたびに行う。

3 腹臥位の姿勢にする。

4 同室の利用者から見える状態にする。

5 利用者に手指消毒をしてもらう。

●喀痰吸引の実施手順　出題頻度★★★★　　　　　　　　［第35回 問題61より出題］

解答と解説

✕ 1 医師の指示書の確認は初回のみでなく、引き継ぎ時などにも確実に確認します。

○ 2 利用者の確認と合わせて、これから行う吸引に対してきちんと説明し、同意を得るようにします。

✕ 3 吸引がしやすく、かつ本人にとって安楽な姿勢をとります。腹臥位か側臥位が一般的です。

✕ 4 プライバシー保護のため、ベッドのカーテンを引くなどして同室者から見えない状態にします。

✕ 5 利用者が機器や用具、口腔内に触れるわけではないので、自身の手指消毒は不要です。

正解 2

合格のための要点整理　●喀痰吸引の手順

基本的な喀痰吸引の手順を確実に把握しておく。

 手指を清潔にする
石鹸による手洗いや、アルコールなどによる手指の消毒を行う。

 相手の氏名と吸引の意思を確認し、体位を整える
吸引する相手を確認し、これから行う吸引についての同意を得る。

 吸引器のチューブと吸引カテーテルを接続する
機器の準備を、確実に行う。

 吸引器の電源を入れ、吸引圧を合わせる
指定された吸引圧であるかきちんと確認する。

 カテーテルを挿入する
医療的ケアでは、咽頭手前まで。

 痰を吸引する
相手の状態を確認しながら行う。

 カテーテルを引き出す

 後始末をする

問題 **179** 介護福祉職が実施する喀痰吸引（かくたんきゅういん）で、口腔内（こうくうない）と気管カニューレ内部の吸引に関する次の記述のうち、**最も適切なものを１つ**選びなさい。

1 気管カニューレ内部の吸引では、カニューレの内径の３分の２程度の太さの吸引チューブを使用する。

2 気管カニューレ内部の吸引では、減菌された洗浄水を使用する。

3 気管カニューレ内部の吸引では、頸部（けいぶ）を前屈した姿勢にして行う。

4 吸引時間は、口腔内（こうくうない）より気管カニューレ内部のほうを長くする。

5 吸引圧は、口腔内（こうくうない）より気管カニューレ内部のほうを高くする。

●喀痰吸引の実施手順　出題頻度★★★★　　　　　　　　　　［第33回 問題111より出題］

解答と解説

✕ 1　吸引チューブの太さは医療職が判断し、決定しますが、気管カニューレ内の太さの約1/2が標準的です。

○ 2　気管カニューレは直接気道へと通じているので、口腔内以上に清潔に注意する必要があります。

✕ 3　頸部を前屈すると、気管カニューレの入り口が見えづらくなります。頸部の位置は、自然で楽な範囲にします。

✕ 4　吸引時間に違いはなく、できるだけ短時間で、長くても15秒以内で行います。

✕ 5　吸引圧は痰（たん）の性状や本人の状態によっても異なりますが、医療職の指示を守ります。特に気管カニューレ内の吸引を、高い圧力で行うということはありません。

正解 **2**

合格のための要点整理

●**喀痰吸引**

喀痰吸引は、口腔内、鼻腔内、気管カニューレ内部の3種類。特に気管カニューレ内は、気管に近いので注意が必要となる。

カテーテル挿入時の注意

・口腔や鼻腔内の吸引は粘膜を傷つけないように、圧をかけずに挿入します。

・気管内部は粘膜がなく、分泌物を落とし込まないよう、圧をかけて挿入するのが原則です。

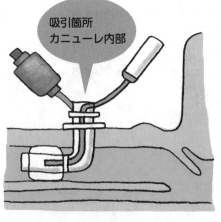

吸引箇所
カニューレ内部

イラストはサイドチューブがあるタイプのカニューレですが、ないタイプもあります

8-3 経管栄養（基礎的知識・実施手順）

問題 180 胃ろうによる経管栄養での生活上の留意点の説明として、**最も適切** なものを1つ選びなさい。

1 「日中は、ベッド上で過ごします」

2 「夜寝るときは、上半身を起こした姿勢で寝ます」

3 「便秘の心配はなくなります」

4 「口から食べなくても口腔ケアは必要です」

5 「入浴は清拭に変更します」

●経管栄養の基礎知識　出題頻度★★★★

[第35回 問題62より出題]

解答と解説

✕ 1 胃ろうによる経管栄養であっても、ベッド上で過ごす必要はありません。できるだけ離床し、通常の生活をこころがけます。

✕ 2 経管栄養中や施行直後は、上半身を起こす姿勢が望ましいですが、夜寝るときは本人が安楽に感じ、睡眠しやすい姿勢で問題ありません。

✕ 3 胃ろうの人でも、水分不足や運動不足などで便秘になる場合があるので、注意が必要です。

◯ 4 口から食事を取らなくても、口腔ケアを適切に行い、口腔内を清潔に保ちます。唾液の分泌を促す、口腔の機能を維持するといった健康上の理由と、口腔内がさっぱりして爽快感があるなどの心理的理由からです。

✕ 5 胃ろうであっても、入浴ができないということはありません。

正解 4

合格のための要点整理

●経管栄養の人の日常生活上の注意点

経管栄養は日常生活で注意が必要な点もあるが、制限が減少し、日常生活が充実することにもつながる。メリットとデメリットをしっかりと押さえて、メリットを生かす生活、デメリットに注意した生活をこころがける。

メリット	デメリット
□ 栄養状態が安定	□ 定期的な交換が必要
□ 誤嚥性肺炎の予防	□ チューブの抜去に注意
□ 運動やリハビリも可能	□ 皮膚トラブルが起こりやすい
□ 入浴が可能	□ 口腔ケアは継続
□ 口からの食事も可能	□ 栄養剤の注入に時間がかかる
□ 衣類で隠せる	□ 精神的な負担感がある
□ 生活の制限が少ない	
□ 介護負担が軽減	

問題 181 Fさん（87歳、女性）は、介護老人福祉施設に入所している。嚥下機能が低下したため、胃ろうによる経管栄養が行われている。担当の介護福祉士は、Fさんの経管栄養を開始して、しばらく観察した。その後、15分後に訪室すると、Fさんが嘔吐して、意識はあるが苦しそうな表情をしていた。介護福祉士は、すぐに経管栄養を中止して看護職員を呼んだ。

看護職員が来るまでの介護福祉士の対応として、**最も優先すべきもの**を1つ選びなさい。

1 室内の換気を行った。
2 ベッド上の嘔吐物を片付けた。
3 酸素吸入を行った。
4 心臓マッサージを行った。
5 誤嚥を防ぐために顔を横に向けた。

●経管栄養の基礎知識　出題頻度★★★★　　　　　　　　　[第35回 問題63より出題]

解答と解説

✕ 1 室内の換気は状態が回復したあとでも十分行えますので、優先順位が高いとはいえません。

✕ 2 嘔吐物を片づけることも大切ですが、まずは現在苦しそうにしていることへの対応が必要です。

✕ 3 まだFさんの意識があるので、酸素吸入を行うのは医療職の判断で、使用量などを決定してからになります。

✕ 4 心停止していないので、心臓マッサージは不要です。

○ 5 嘔吐物がまだ口腔内に残って苦しそうにしていることが考えられますので、顔を横に向けて喉への逆流を防ぎ、呼吸の妨げにならないようにするのがもっとも優先すべきことです。

正解5

合格のための要点整理　●**胃ろう（PEG）経管栄養の緊急事態の対応**

経管栄養の注入中、注入後に利用者に異変がある場合、原則としてはただちに看護師（医療職）に連絡する必要がある。嘔吐などの場合、誤嚥を避ける処置が必要になる。

トラブルの例	介護福祉士の対応
PEGの脱落、抜けそうになっている	注入前の場合、注入をせず、すぐに看護師に連絡する。
PEGから出血している	ただちに看護師に連絡する。
気分不快、嘔吐	注入中であれば、注入を中止する。 嘔吐物を誤嚥しないよう、顔を横に向ける。 ただちに看護師に連絡する。
顔色不良、息苦しい	注入中であれば、注入を中止する。 意識を確認し、看護師に連絡する。
腹痛、腹部膨満、下痢	痛みや状態を確認し、看護師に報告する。
チューブの抜け	清潔なガーゼなどでろう孔をおおい、看護師に報告する。

問題 182 経管栄養で用いる半固形タイプの栄養剤の特徴に関する次の記述のうち、**最も適切なもの**を1つ選びなさい。

1　経鼻経管栄養法に適している。
2　液状タイプと同じ粘稠度（ねんちゅうど）である。
3　食道への逆流を改善することが期待できる。
4　仰臥位（ぎょうがい）（背臥位（はいがい））で注入する。
5　注入時間は、液状タイプより長い。

●経管栄養の基礎知識　出題頻度★★★★　　　　　　　　　　　[第34回 問題112より出題]

解答と解説

✕ 1　液状のものに比べて粘度があるため、経鼻経管栄養の細いチューブでは詰まってしまう危険性が高く、適していません。

✕ 2　粘稠度とは、ねばねばとした状態をあらわす言葉です。液状タイプに比べ、半固形タイプは粘稠度が高くなります。

◯ 3　粘度があるため、液体タイプに比べて食道への逆流が起こりにくいメリットがあります。

✕ 4　腹部を圧迫しない体位であれば、液体タイプと同様に30度の仰臥位でも90度の座位でも注入が可能です。

✕ 5　液体タイプに比べ、短時間での注入が可能です。

正解 3

合格のための要点整理　● 「液体」と「半固形」栄養剤の比較（胃ろうの場合）

経管栄養で使用する栄養剤は大きくわけて、「液体」と「半固形」の形状がある。「液体」は、おもに細長いチューブを使用する経鼻経管。「半固形」はとろみがついた状態で、おもに胃ろうからの投与に使用されている。

項目	液体栄養剤	半固形栄養剤
胃の中にとどまっている時間	時間が短く、すぐに幽門を通過する。	胃内にとどまる時間が長い。一般の食品同様に蠕動運動が起こり、消化管運動が活発になる。下痢を起こしにくい。
食道への逆流	流動性があり、逆流しやすい。	流動性が小さいため、逆流しづらい。嘔吐の予防になり、誤嚥性肺炎のリスクが小さくなる。
栄養剤の漏れ	瘻孔（ろうこう）（チューブを通すための穴）の隙間から胃内容物がもれたり、汚れたりしやすい。	粘度があり、もれが軽減されるため、皮膚トラブルが減少する。

問題 183 Hさん（80歳、男性）は嚥下機能の低下があり、胃ろうを1か月前に造設して、自宅に退院した。現在、胃ろう周囲の皮膚のトラブルはなく、1日3回の経管栄養は妻と介護福祉職が分担して行っている。経管栄養を始めてから下肢の筋力が低下して、妻の介助を受けながらトイレへは歩いて行っている。最近、「便が硬くて出にくい」との訴えがある。

Hさんに対して介護福祉職が行う日常生活支援に関する次の記述のうち、**最も適切なもの**を1つ選びなさい。

1 入浴時は、胃ろう部を湯につけないように注意する。
2 排泄時は、胃ろう部を圧迫するように促す。
3 排便は、ベッド上で行うように勧める。
4 経管栄養を行っていないときの歩行運動を勧める。
5 栄養剤の注入量を増やすように促す。

● **経管栄養の基礎知識**　出題頻度★★★★　　　　　　　[第33回 問題112より出題]

解答と解説

✗ **1** 入浴時に、胃ろうを湯につけないようにする必要はありません。現在も皮膚トラブルはないため、清潔を保つことが大切です。

✗ **2** 胃ろう部を圧迫すると、皮膚のトラブルや胃ろうの変形につながる危険性がありますので、圧迫してはいけません。

✗ **3** 妻の介護を受けながらトイレへ移動できるため、排便をベッド上で行う必要はありません。ベッド上での排便は、便座に座るより排泄しづらくなります。

○ **4** 下肢筋力の低下を予防し、適度な運動をすることで排便につながることが予想できます。介護福祉職の日常生活支援としても適切です。

✗ **5** 栄養剤は指示された量を注入します。注入量を増やしても、下肢筋力の低下を予防できたり、便が出やすくなったりするわけではありません。

正解4

合格のための要点整理　　●**計画栄養と生活機能**

経管栄養をすることで、栄養面での不安は軽減されるが、精神面での変化も起こる。

精神面の変化が生活にも影響を与え、からだの機能が衰える場合があります

・食事という楽しみの喪失。その楽しみを奪われた怒りと悲しみ。
・健康への不安。チューブの管理に対する不安。終わりの見えない不安。
・胃ろうやチューブによる違和感。身体イメージの変化。
・チューブにつながれている、注入の時間は動けないという拘束感。
・生活意欲の低下。尊厳や自信の喪失。

経管栄養の人の日常生活面での支援が重要になります

問題 184 経管栄養で、栄養剤の注入後に白湯を経管栄養チューブに注入する理由として、**最も適切なもの**を１つ選びなさい。

1 チューブ内を消毒する。

2 チューブ内の栄養剤を洗い流す。

3 水分を補給する。

4 胃内を温める。

5 栄養剤の濃度を調整する。

◉経管栄養の実施手順　出題頻度★★★★　　　　　　　　　[第34回 問題113より出題]

解答と解説

✕ 1 チューブ内部を消毒するためではありません。

◯ 2 チューブ内に残った栄養剤を洗い流し、清潔に保つためです。また、注入前に白湯を流すのは、チューブが詰まっていないかを確認するためです。

✕ 3 水分補給のためではありません。

✕ 4 胃内を温めるためではありません。

✕ 5 栄養剤の濃度を調整するためではありません。

正解 2

合格のための要点整理　◉**白湯注入の目的**

経管栄養において、白湯を「栄養剤注入後」に注入するが、場合によっては、「栄養剤注入前」に注入する場合もある。それぞれの目的を覚えておこう。

栄養剤注入前

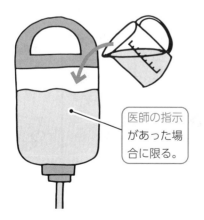

医師の指示があった場合に限る。

先に白湯を投入することで、嘔吐や下痢のリスクが小さくなる。

栄養剤注入後

フラッシング（チューブの洗浄）

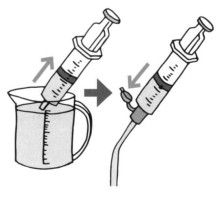

白湯を20～30mℓ吸い上げ、勢いよく流す。薬剤の注入前にも行う。

問題 185 経管栄養の実施に関する次の記述のうち、**最も適切なものを1つ選**びなさい。

1 経管栄養の準備は、石鹸（せっけん）と流水で丁寧に手を洗ってから行う。
2 栄養剤は、消費期限の新しいものから使用する。
3 胃ろうや腸ろう周囲の皮膚は、注入開始前にアルコール消毒を行う。
4 カテーテルチップシリンジは、1回使用したら廃棄する。
5 口腔（こうくう）ケアは、数日に1回行う。

●**経管栄養の実施手順** 出題頻度★★★★　　　[第33回 問題113より出題]

解答と解説

○ 1 準備を行う前に、まず石鹸と流水で手洗い、もしくは速乾性手指消毒液を使用し、手指を清潔にします。

✕ 2 思わぬ消費期限切れを防ぐためにも、消費期限内で古い物から使用します。

✕ 3 胃ろうや周辺の皮膚に異常があった場合は、すみやかに医療職に報告します。アルコール消毒の必要はありません。

✕ 4 胃ろうに白湯を流すために使用するカテーテルチップシリンジは、毎回交換する必要はありません。内筒の滑りが悪くなったら交換時期とされています。

✕ 5 胃ろうの人でも、口腔内が乾燥したり、唾液の誤嚥（ごえん）による誤嚥性肺炎の危険があったりするため、定期的に口腔ケアを行います。

正解1

合格のための要点整理 ●**経管栄養の実施手順**

実施手順のはじめは、外から細菌を持ち込まないため、石鹸での手洗い、あるいは**速乾性手指消毒液**での手洗いとなる。

主な実施手順

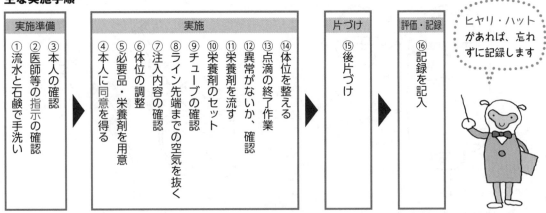

実施準備
① 流水と石鹸で手洗い
② 医師等の指示の確認
③ 本人の確認

実施
④ 本人に同意を得る
⑤ 必要品・栄養剤を用意
⑥ 体位の調整
⑦ 注入内容の確認
⑧ ライン先端までの空気を抜く
⑨ チューブの確認
⑩ 栄養剤のセット
⑪ 栄養剤を流す
⑫ 異常がないか、確認
⑬ 点滴の終了作業
⑭ 体位を整える

片づけ
⑮ 後片づけ

評価・記録
⑯ 記録を記入

ヒヤリ・ハットがあれば、忘れずに記録します

しっかり
勉強してね

項目別出題傾向とポイント

1 介護の基本

出題数は10問。出題基準が第35回から変わり、現在の介護に関する社会状況や課題、介護福祉士の理念や考え方などが出題基準となりました。また、「薬剤の取り扱いに関する基礎知識と連携」の項目が新たに追加されました。その他に関しては大項目、中項目、小項目に含まれていたものが、他の項目に移行するなど出題の基準がより明確になったといえます。出題基準を理解することが、回答を導き出すことにつながります。第36回では、大項目の「介護における安全の確保とリスクマネジメント」から3問出題されていますが、その他の大項目からはまんべんなく出題されています。第31回から第36回まで、「介護福祉士の役割と機能」の社会福祉士および介護福祉士法、介護福祉士の活躍の場と専門性、「協働する多職種の役割と機能」の多職種や関連する職種の役割と専門性、チームアプローチが必ず出題されていることから、しっかりと学んでおく必要があります。

出題された項目	第36回	第35回	第34回	第33回	ワンポイントアドバイス
介護福祉の基本となる理念	問題64	問題64 問題65	問題17 問題18 問題19	問題17 問題18	・家族や地域社会の変化、介護福祉の発展、介護ニーズの変化、介護従事者の多様化など、介護福祉を取り巻く状況や変化、歴史を覚えておく。統計資料なども参考にする。 ・介護福祉の基本理念であるノーマライゼーション、QOL、自立支援、利用者主体について理解しておく。
介護福祉士の役割と機能	問題65	問題66			・介護福祉士に関係する法令（社会福祉士及び介護福祉士法）などを覚えておく。 ・介護福祉士の活躍の場や役割、専門性とは何か覚えておく。
介護福祉士の倫理	問題66		問題24 問題25	問題25	・介護福祉士の職業倫理（介護福祉士会倫理綱領、行動規範）を覚え、具体的に説明できるようにしておく。
自立に向けた介護		問題67 問題68 問題69 問題70	問題20	問題19 問題20 問題21	・自立支援や意思決定支援、就労支援、それぞれの具体的方法と実践を結びつけて理解しておく。 ・利用者理解を深めるための視点（ICF、エンパワメントなど）を持ち、その利用者の状況に合った生活支援を展開するうえで必要な環境の整備（社会参加、リハビリテーション、ユニバーサルデザインなど）を覚えておく。
介護を必要とする人の理解	問題67 問題68		問題21		・高齢者や障害者それぞれの生活と個別性、多様性や生活の状況やニーズ、家族や地域とのかかわりを理解しておく。統計資料なども参考にする。 ・家族介護者の現状と課題も覚えておく。
介護を必要とする人の生活を支えるしくみ	問題69	問題71	問題23	問題22 問題23	・地域の中での支えるしくみ（地域包括ケアシステム）などを覚えておく。 ・介護保険サービス、障害福祉サービスの種類や活用方法、ボランティアとインフォーマルサービスの機能と役割を覚えておく。

協働する多職種の役割と機能	問題70	問題72	問題22	問題24	・介護福祉職と、その他の職種の役割と専門性を覚えておく。 ・多職種連携（チームアプローチ）の意義と目的、具体的展開方法を覚えておく。
介護における安全の確保とリスクマネジメント	問題71 問題72 問題73	問題73		問題26	・介護実践の中で安全な介護を提供するための危険回避、リスクは何か、リスクマネジメントの意義と目的を覚えておく。 ・具体的な事故防止と安全対策、感染対策、薬剤の取り扱いに関する基礎知識と連携について覚えておく。
介護従事者の安全			問題26		・労働に関係する法令（労働基準法、労働安全衛生法）などの労働安全と環境整備、労働災害と予防について覚えておく。 ・介護従事者のストレスマネジメントや腰痛予防など、心身の健康管理を覚えておく。

2 コミュニケーション技術

　第36回では、6問の出題となっています。設問の内容としては難しいものではないので、基本的な内容をしっかりと理解しましょう。また、利用者本人だけでなく、その家族とのコミュニケーションに関する問題も出題されていますので、利用者と家族の意向の調整や家族とのかかわり方も理解しておきましょう。そのうえで、質問の技法や利用者の疾病や障害に応じた介護福祉職の対応が求められるため、こころとからだのしくみの内容と関連づけて、失語症や構音障害、難聴、視覚障害、うつ状態、統合失調等の人への対応は必ず理解しておきましょう。その他に記録や報告に関する出題もあるので、留意点など理解しておきましょう。

出題のあった大項目	第36回	第35回	第34回	第33回	ワンポイントアドバイス
介護を必要とする人とのコミュニケーション	問題74	問題74	問題27 問題28	問題27	・信頼関係の構築について理解しておく。 ・共感的理解について学習しておく。
介護場面における家族とのコミュニケーション	問題75	問題75		問題28 問題29 問題30 問題31	・話を聴く技術を理解しておく。 ・感情を察する技術を理解しておく。 ・意欲を引き出す技術を理解しておく。 ・意向の表出を支援する技術を理解しておく。 ・本人と家族の意向を調整する技術を理解しておく。
障害の特性に応じたコミュニケーション	問題76 問題77 問題78	問題76 問題77	問題29 問題30 問題31 問題32	問題32	・視覚障害のある人とのコミュニケーションについて理解しておく。 ・聴覚・言語障害のある人とのコミュニケーションについて理解しておく。 ・認知・知的障害のある人とのコミュニケーションについて理解しておく。 ・精神障害のある人とのコミュニケーションについて理解しておく。
介護におけるチームのコミュニケーション	問題79	問題78 問題79	問題33 問題34	問題33 問題34	・報告・連絡・相談の目的と方法について理解しておく。 ・介護の意義と目的、方法について理解しておく。 ・介護記録の意義と目的、方法について理解しておく。 ・情報の活用と管理について理解しておく。

第36回の出題数は、26問と前年までと変わりません。例年通り、広くまんべんなく出題されています。設問としても複雑なものではなく、基本的な考え方や知識で解くことができるようなものが多くなっています。疾病や疾患に関することも押さえておく必要はありますが、それに伴う対象者の心身の状態がどのようなものかを理解しておきましょう。アルツハイマー型認知症や片麻痺、関節リウマチは出題頻度が高いので、よく学ぶ必要があります。福祉用具の使い方、状態に応じた福祉用具の選択について改めて出題されているので学んでおきましょう。全体的に基本的な内容が問われることが多いので、設問を丁寧に読み解き、想像して読み解くことが必要です。

出題のあった大項目	第36回	第35回	第34回	第33回	ワンポイントアドバイス
生活支援の理解	問題80	問題80			・ICF の視点に基づくアセスメントについて理解しておく。
自立に向けた居住環境の整備	問題81 問題82	問題81	問題35 問題36	問題35 問題36	・快適な室内環境について理解しておく。 ・住宅改修、災害の備えについて理解しておく。 ・ユニバーサルデザインについて理解しておく。
自立に向けた移動の介護	問題83 問題84 問題85	問題82 問題83	問題41 問題42 問題43	問題40 問題41 問題42	・移動の基本動作について理解しておく。 ・歩行、車いすの介護について理解しておく。 ・福祉用具を使用した移乗、移動について理解しておく。 ・機能が低下している人の留意点について理解しておく。 ・身体疾患、精神疾患がある人の留意点について理解しておく。
自立に向けた身じたくの介護	問題86 問題87	問題84 問題85 問題86	問題37 問題38 問題39 問題40	問題37 問題38 問題39	・整容、口腔の清潔について理解しておく。 ・衣服着脱について理解しておく。
自立に向けた食事の介護	問題88 問題89 問題90	問題87 問題88 問題89	問題44 問題45 問題46	問題43 問題44	・食事の姿勢について理解しておく。 ・誤嚥、窒息、脱水の気づきと対応について理解しておく。 ・機能が低下している人の留意点について理解しておく。 ・身体疾患、精神疾患がある人の留意点について理解しておく。
自立に向けた入浴・清潔保持の介護	問題91 問題92 問題93	問題90 問題91 問題92	問題47 問題48 問題49 問題50	問題45 問題46 問題47	・入浴、シャワー浴について理解しておく。 ・部分浴（手浴、足浴）について理解しておく。 ・清拭、洗髪について理解しておく。 ・機能が低下している人の留意点について理解しておく。 ・身体疾患、精神疾患がある人の留意点について理解しておく。
自立に向けた排泄の介護	問題94 問題95 問題96	問題93 問題94 問題95 問題96	問題51 問題52	問題48 問題49 問題50	・トイレ、ポータブルトイレについて理解しておく。 ・採尿器、差し込み便器について理解しておく。 ・おむつについて理解しておく。 ・機能が低下している人の留意点について理解しておく。 ・身体疾患、精神疾患がある人の留意点について理解しておく。
自立に向けた家事の介護	問題97 問題98 問題99	問題97 問題98 問題99	問題53 問題54 問題55	問題51 問題52 問題53 問題54 問題55	・家庭経営、家計の管理について理解しておく。 ・買い物、調理、献立について理解しておく。 ・衣類・寝具の衛生管理について理解しておく。 ・見守り的援助について理解しておく。

休息・睡眠の介護	問題100 問題101	問題100 問題101	問題56 問題57	問題56 問題57	・安眠を促す方法について理解しておく。 ・機能が低下している人の留意点について理解しておく。 ・身体疾患、精神疾患がある人の留意点について理解しておく。
人生の最終段階における介護	問題102 問題103	問題102 問題103	問題58 問題59 問題60	問題58 問題59 問題60	・アドバンス・ケア・プランニングについて理解しておく。 ・終末期の生活支援について理解しておく。 ・臨終期、死後のケアについて理解しておく。 ・グリーフケア、デスカンファレンスについて理解しておく。
福祉用具の意義と活用	問題104 問題105	問題104 問題105			・福祉用具の種類と制度について理解しておく。 ・福祉機器利用時のリスクとリスクマネジメントについて理解しておく。

4 介護過程

出題数は8問。3つの大項目からまんべんなく出題されているため、介護過程のプロセスの1つひとつを理解しておく必要があります。また、「介護過程の意義と目的」は第28回から第36回までで、出題がなかったのは第29回と第36回のみですので、必ず学んでおきましょう。第36回と第35回は、「介護過程の展開の理解」からの事例問題として、高齢者関係1問、障害者関係1問がそれぞれ出題されました。介護過程の基礎知識をもとに利用者の状態を身体面、精神面、社会面などさまざまな視点で理解したうえで、介護福祉士が実践的に適切な支援を提供できるかが問われます。そのため、他の科目とともに複合的に学ぶ必要があります。

出題された項目	第36回	第35回	第34回	第33回	ワンポイントアドバイス
介護過程の 意義と基礎的理解	問題106 問題107	問題106 問題107	問題61 問題62 問題63 問題64 問題65 問題66 問題67	問題61 問題62 問題63 問題64 問題65 問題66	・介護過程を展開する意義と目的は必ず覚えておく。 ・介護過程を展開するための一連のプロセスの留意点や着眼点を覚えておく。アセスメント（情報収集、解釈、関連づけ、統合化、課題の明確化）、計画の立案（目標の設定、共有）、実施（経過、記録）、評価（評価の視点、再アセスメント・修正）を整理し、具体的な実践方法も覚えておく。
介護過程と チームアプローチ	問題108	問題108			・介護サービス計画（ケアプラン）と介護過程の関係を整理し、しっかりと理解しておく。 ・介護実践は、介護福祉職のチームのケアと他職種と連携してのチームアプローチがあるので、その関係を整理し、理解しておく。 ・介護実践を展開する中では、さまざまなカンファレンスがある。その会議の目的、開催方法、参加者などを覚えておく。
介護過程の 展開の理解	問題109 問題110 問題111 問題112 問題113	問題109 問題110 問題111 問題112 問題113	問題67 問題68	問題67 問題68	・自立に向けた介護過程の展開の実際で、事例が出題される。「介護過程の意義と基礎的理解」と「介護過程とチームアプローチ」を基礎にして出題される。 ・事例報告、事例検討、事例研究の意義や方法を覚えておく。

※第36回の問題と解答解説は15〜143ページに掲載されています。

9-1 介護福祉の基本となる理念

> **問題　186**　「2016年（平成28年）国民生活基礎調査」（厚生労働省）における、同居の主な介護者の悩みやストレスの原因として、**最も多いもの**を1つ選びなさい。
>
> **1**　家族の病気や介護
> **2**　自分の病気や介護
> **3**　家族との人間関係
> **4**　収入・家計・借金等
> **5**　自由にできる時間がない

●**介護福祉士を取り巻く状況・家族**　出題頻度★★　　　[第33回 問題17より出題]

解答と解説

○ **1**　家族の病気や介護は男性73.6%、女性76.8%でもっとも高い。

✕ **2**　自分の病気や介護は男性33.0%、女性27.1%で2番目に高い。

✕ **3**　家族との人間関係は男性12.1%、女性22.4%で4番目。

✕ **4**　収入・家計・借金等は男性23.9%、女性18.7%で3番目。

✕ **5**　自由にできる時間がないは男性14.9%、女性20.6%で5番目。

正解 1

合格のための要点整理　　●**同居のおもな介護者の悩みやストレス**

■**性別に見た、同居のおもな介護者の悩みやストレスの有無の構成割合（平成28年）**

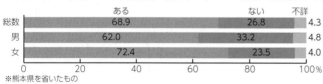

	ある	ない	不詳
総数	68.9	26.8	4.3
男	62.0	33.2	4.8
女	72.4	23.5	4.0

※熊本県を省いたもの

> 日常生活での悩みやストレスの有無を見ると、「ある」68.9%、「ない」26.8%となっている。性別で見ると、「ある」は男性62.0%、女性72.4%で女性のほうが高くなっている

■**性別に見た、同居のおもな介護者の悩みやストレスの原因の割合（平成28年）※複数回答**

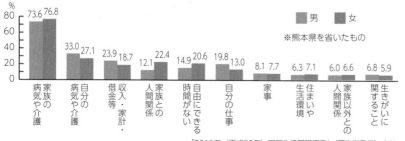

※熊本県を省いたもの

	男	女
家族の病気や介護	73.6	76.8
自分の病気や介護	33.0	27.1
収入・家計・借金等	23.9	18.7
家族との人間関係	12.1	22.4
自由にできる時間がない	14.9	20.6
自分の仕事	19.8	13.0
家事	8.1	7.7
住まいや生活環境	6.3	7.1
家族以外との人間関係	6.0	6.6
生きがいに関すること	6.8	5.9

「2016年（平成28年）国民生活基礎調査」（厚生労働省）より

問題 187 Ｆさん（66歳、戸籍上の性別は男性、要介護３）は、性同一性障害であることを理由に施設利用を避けてきた。最近、数年前の脳卒中（stroke）の後遺症がひどくなり、一人暮らしが難しくなってきた。Ｆさんは、担当の訪問介護員（ホームヘルパー）に施設入所について、「性同一性障害でも施設に受け入れてもらえるでしょうか」と相談した。

訪問介護員（ホームヘルパー）の応答として、**最も適切なもの**を１つ選びなさい。

1 「居室の表札は、通称名ではなく戸籍上の名前になります」

2 「多床室になる場合がありますよ」

3 「施設での生活で心配なことは何ですか」

4 「トイレや入浴については問題がありますね」

5 「同性による介護が原則です」

●**介護福祉士を取り巻く状況・ニーズの多様化** 出題頻度★ 　［第34回 問題17より出題］

解答と解説

✕ 1 Ｆさんは、施設の居室にある表札についてではなく、性同一性障害であっても施設に受け入れてもらえるかという不安を相談しています。

✕ 2 Ｆさんは、居室についてではなく、性同一性障害であっても施設に受け入れてもらえるかという不安を相談しています。

○ 3 Ｆさんの「性同一性障害であっても施設に受け入れてもらえるか」という言葉を傾聴し、その不安を理解し、Ｆさんの気持ちを確認することが重要です。

✕ 4 Ｆさんが施設での生活について不安を持っている中で、不安が深まる（施設に確認していない）ような情報を提供することは不適切です。

✕ 5 Ｆさんが施設での生活について不安を持っている中で、不安が深まる（施設に確認していない）ような情報を提供することは不適切です。

正解3

合格のための要点整理

●**不安がある利用者との**
　コミュニケーション

自分でできていたことが人の手を借りなくてはできない現実に、悔しさややるせなさを感じる病気などの発症直後や末期症状など、不安を伴うときは、緊張をやわらげ、安心を感じさせるために、まずは傾聴する。そして、気持ちを確認するコミュニケーションが必要になる。

＊性同一性障害とは、自分の生まれ持ったからだと自分の心に思う性別が一致しない状態のことをいう。

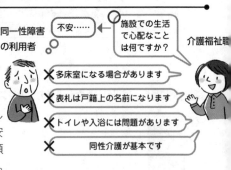

問題 188 「求められる介護福祉士像」で示された内容に関する次の記述のうち、**最も適切なもの**を１つ選びなさい。

1 地域や社会のニーズにかかわらず、利用者を導く。
2 利用者の身体的な支援よりも、心理的・社会的支援を重視する。
3 施設か在宅かに関係なく、家族が望む生活を支える。
4 専門職として他律的に介護過程を展開する。
5 介護職の中で中核的な役割を担う。

(注)「求められる介護福祉士像」とは、社会保障審議会福祉部会福祉人材確保専門委員会「介護人材に求められる機能の明確化とキャリアパスの実現に向けて」（2017年（平成29年）10月４日）の中で示されたものを指す。

● **介護福祉の基本理念・介護福祉士の成り立ち**　出題頻度★★★　［第35回 問題65より出題］

解答と解説

✕ 1 介護福祉士像として、「制度を理解しつつ、地域や社会のニーズに対応できる」ことが求められています。

✕ 2 介護福祉士像として、「身体的な支援だけでなく、心理的・社会的支援も展開できる」ことが求められています。

✕ 3 求められる介護福祉士像として、「地域の中で、施設・在宅にかかわらず、本人が望む生活を支えることができる」ことが求められています。

✕ 4 介護福祉士像として、「専門職として自律的に介護過程の展開ができる」ことが求められています。

◯ 5 介護福祉士像として、「介護職の中で中核的な役割を担う」ことが求められています。

正解5

合格のための要点整理　● **求められる介護福祉士像**

> 1. 尊厳と自立を支えるケアを実践する
> 2. 専門職として自律的に介護過程の展開ができる
> 3. 身体的な支援だけでなく、心理的・社会的支援も展開できる
> 4. 介護ニーズの複雑化・多様化・高度化に対応し、本人や家族等のエンパワメントを重視した支援ができる
> 5. QOL（生活の質）の維持・向上の視点を持って、介護予防からリハビリテーション、看取りまで、対象者の状態の変化に対応できる
> 6. 地域の中で、施設・在宅にかかわらず、本人が望む生活を支えることができる
> 7. 関連領域の基本的なことを理解し、多職種協働によるチームケアを実践する
> 8. 本人や家族、チームに対するコミュニケーションや、的確な記録・記述ができる
> 9. 制度を理解しつつ、地域や社会のニーズに対応できる
> 10. 介護職の中で中核的な役割を担う

> 高い倫理性の保持

厚生労働省資料をもとに作成

介護

介護の基本

「価値のある社会的役割の獲得」を目指すソーシャルロール・バロリゼーション（Social Role Valorization）を提唱した人物として、**正しいもの**を１つ選びなさい。

1　バンク－ミケルセン（Bank-Mikkelsen,N.）

2　ヴォルフェンスベルガー（Wolfensberger,W.）

3　メイヤロフ（Mayeroff,M.）

4　キットウッド（Kitwood,T.）

5　ニィリエ（Nirje,B.）

●介護福祉士の基本理念・ノーマライゼーション　　出題頻度★★　　［第33回 問題18より出題］

解答と解説

✕ **1**　バンク - ミケルセンは、ノーマライゼーションを提唱した人物。「障害のある人も障害のない人と同じ社会生活をおくることは障害者の権利です。その権利が保障される社会を目指すという理念です」。これは現在の社会福祉の基本理念となっています。

◯ **2**　ヴォルフェンスベルガーは、ソーシャルロール・バロリゼーションを提唱した人物。「障害者等社会的に低い役割が与えられている人びとが、自分自身の適応力などを高め、高い社会的役割を獲得し維持を促すことで、社会的意識の改善を目指す」という概念です。

✕ **3**　メイヤロフは、『ケアの本質』を書いた人物。著書の中で「ケアすることは相手が成長し自己実現を援助することである」と述べています。ケアの要素を８種類に分けています。

✕ **4**　キットウッドは、「パーソン・センタード・ケア」を提唱した人物。一人ひとりの視点や立場に立って理解しながらケアを行うことは、認知症ケアを実践するうえで重要です。

✕ **5**　ニィリエは、ノーマライゼーションの理念を整理し、定義した人物。「ノーマライゼーションの８つの原理」（１日のノーマルなリズム、１週間のノーマルなリズム、１年間のノーマルなリズム、ライフサイクルでのノーマルな経験、ノーマルな要求の尊重、異性との生活、ノーマルな生活水準、ノーマルな環境水準）を実現しなければならない、と位置づけました。

正解 2

合格のための要点整理　　**●ノーマライゼーションの基本的考えから発展へ**

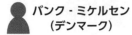
バンク・ミケルセン（デンマーク）

知的障害者の親の会。1959年、法に「ノーマライゼーション」という言葉を盛り込む。

ベンクト・ニィリエ（スウェーデン）

1960年代、ノーマライゼーションの理念を整理し、原理として定義づけた。

現在の福祉の基本概念

国際的な取り組み
1971年「知的障害者の権利宣言」
1981年「国際障害者年」

ヴォルフェンスベルガー（アメリカ）

1983年、ノーマライゼーションを独自に理論化・体系化して発展させた。『ソーシャルロール・バロリゼーション』。

1　トイレの窓は換気が必要であると判断し、開けたままにしておいた。

2　認知症（dementia）の人が包丁を持つのは危険だと判断し、訪問介護員（ホームヘルパー）が調理した。

3　煮物を調理するとき、利用者に好みの切り方を確認してもらった。

4　糖尿病（diabetes mellitus）のある利用者には、買い物代行で菓子の購入はしないことにした。

5　次回の掃除のために、訪問介護員（ホームヘルパー）が使いやすい場所に掃除機を置いた。

●**介護福祉の基本理念・利用者主体**　出題頻度★★★★　　　[第35回 問題64より出題]

解答と解説

✕1　訪問介護員の価値観でトイレの窓を開けたままにすることは、利用者主体ではありません。

✕2　訪問介護員が、認知症があるから包丁を持つのは危険だと推測し、自身が調理してしまうことは、利用者主体ではありません。

○3　訪問介護員が煮物の好みの切り方について、利用者が自己決定できるように情報提供を行うことは、利用者主体といえます。

✕4　訪問介護員が、利用者が糖尿病だからといって差別し、菓子の購入をしないことは利用者主体ではありません。

✕5　訪問介護員の価値観で、掃除機を置くことは利用者主体ではありません。

正解3

介護

介護の基本

合格のための要点整理　●**利用者主体の支援**

利用者主体とは、介護福祉職の価値観・価値基準のもとで援助するのではなく、利用者の立場・視点に立って利用者が自己選択、自己決定ができる環境を整えること。※日本介護福祉士会倫理綱領（利用者本位、自立支援）、日本介護福祉士会倫理基準（利用者本位、自立支援）を参照。

●**介護福祉士の基本理念・利用者主体**　出題頻度★★★　　　　［第34回 問題18より出題］

解答と解説

○ 1　利用者主体の介護とは、自己決定を促すことです。介護福祉職は、利用者が自分で選べるような声かけをすることが適切です。

✕ 2　利用者主体の介護とは、利用者の生活機能を活用することです。介護福祉職は利用者の食べこぼしがいつ、どのタイミングで起こるのかを観察し、その部分に対して介助します。

✕ 3　利用者主体の介護とは、利用者のできる生活機能を活用することです。介護福祉職は利用者の排泄の感覚を把握し、利用者に合わせた排泄の介護をします。

✕ 4　利用者主体の介護とは、利用者の「している活動」と「できる活動」の落差の解消を目指し、支援することです。介護福祉職は立ち上がらないように声かけをするのではなく、転倒予防の支援をします。

✕ 5　利用者主体の介護とは、現在自立している活動を継続できるように支援することです。介護福祉職はリスク管理をしながら、個別浴を継続できるように支援します。

正解 1

合格のための要点整理

●**利用者主体の介護**

利用者主体とは、利用者本人が中心であるということ。利用者主体の介護とは、利用者へ自己選択、自己決定を促し、「している活動」と「できる活動」の落差の解消を目指し、自己実現に取り組んでもらうことによって、利用者自身の能力に応じた自立した生活を目的とする。

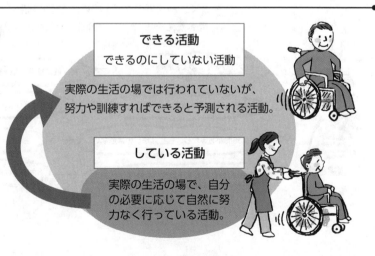

できる活動
できるのにしていない活動
実際の生活の場では行われていないが、努力や訓練すればできると予測される活動。

している活動
実際の生活の場で、自分の必要に応じて自然に努力なく行っている活動。

問題 192 利用者の自立支援に関する次の記述のうち、**最も適切なもの**を１つ選びなさい。

1 利用者の最期の迎え方を決めるのは、家族である。

2 利用者が話しやすいように、愛称で呼ぶ。

3 利用者が自分でできないことは、できるまで見守る。

4 利用者の生活のスケジュールを決めるのは、介護福祉職である。

5 利用者の意見や希望を取り入れて介護を提供する。

●**介護福祉士の基本理念・自立支援** 出題頻度★★★★　　[第34回 問題19より出題]

解答と解説

✕ 1 自立支援とは、利用者自身が自己決定できるように支援することです。最期の迎え方は、利用者が決定します。

✕ 2 自立支援とは、利用者を尊重することです。利用者の希望がない限り、苗字で呼びます。

✕ 3 自立支援とは、利用者がどこまで自分でできるのかを確かめながら、利用者のできない部分のみを支援することです。

✕ 4 自立支援とは、利用者がセルフケアによって生活を営めるように支援することです。生活のスケジュールは、利用者が決定します。

◯ 5 自立支援とは、利用者の持っている力（エンパワメント）を活用し、自己決定を支援します。そして、利用者の希望する生活ができるように介護福祉職は支援します。

正解 5

合格のための要点整理

●自立支援のために介護福祉職がすること

利用者の身体的な自立だけでなく、精神的な自立も支援する。利用者自身が自己決定をし、可能な限り社会で役割を持ち、活動することを目指す。

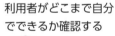

利用者がどこまで自分でできるか確認する

利用者が持っている力を活用する

福祉用具を活用する

利用者のできない部分を介助する

介護福祉職

利用者が自己決定できるように情報提供をする

問題 **193** 社会福祉士及び介護福祉士法に規定されている介護福祉士の責務として、**最も適切なもの**を1つ選びなさい。

1 地域生活支援事業その他の支援を総合的に行う。

2 介護等に関する知識及び技能の向上に努める。

3 肢体の不自由な利用者に対して必要な訓練を行う。

4 介護保険事業に要する費用を公平に負担する。

5 常に心身の健康を保持して、社会的活動に参加するように努める。

●介護福祉士の役割・社会福祉士及び介護福祉士法　出題頻度★★★★　[第35回 問題66より出題]

解答と解説

✕ 1 障害者総合支援法（目的）第1条の一文。

○ 2 社会福祉士及び介護福祉士法第47条の2の一文。資質向上の責務について、「介護を取り巻く環境の変化による業務の内容の変化に適応するため、介護等に関する知識及び技能の向上に努めなければならない」とされている。

✕ 3 身体障害者福祉法の一文。

✕ 4 介護保険法（国民の努力及び義務）第4条の一文。

✕ 5 老人福祉法（基本理念）第3条の一文。

正解 2

合格のための要点整理 ●社会福祉士及び介護福祉士法の規定

社会福祉士及び介護福祉士法とは、介護に関わる法律のひとつ。介護福祉士の定義、義務などが規定されている。

	条項	内容
誠実義務	第44条の2	利用者の尊厳を保持し、自立した日常生活が営めるよう、常に利用者の立場に立って誠実にその業務を行わなければならない。
信用失墜行為の禁止	第45条	介護福祉士の信用を傷つけるような行為をしてはならない。
秘密保持義務	第46条	介護福祉士は、正当な理由がなく、その業務に関して知り得た人の秘密をもらしてはならない。介護福祉士でなくなったあとにおいても同様とする。
連携	第47条2項	介護福祉士は、その業務を行うにあたっては、その担当する者に認知症であることなどの心身の状況に応じて、福祉サービス等が総合的かつ適切に提供されるよう、福祉サービス関係者との連携を保たなければならない。
資質向上の責務	第47条の2	介護福祉士は、社会福祉および介護を取り巻く環境の変化による業務の内容の変化に適応するため、相談援助または介護等に関する知識および技能の向上に努めなければならない。

9-3 介護福祉士の倫理

●**専門職の倫理・職業倫理と法令遵守**　出題頻度★★★★　　　［第34回 問題24より出題］

解答と解説

✕ 1　日本介護福祉士会倫理綱領「6地域福祉の推進」から、地域住民との連携は必要です。

◯ 2　日本介護福祉士会倫理綱領「7後継者の育成」から、後継者を育成します。

✕ 3　日本介護福祉士会倫理綱領「2専門的サービスの提供」から、専門的サービスの提供を実践します。

✕ 4　日本介護福祉士会倫理綱領「3プライバシーの保護」から、公表してはいけません。

✕ 5　日本介護福祉士会倫理綱領「1利用者本位（自立支援）」から、利用者の価値観を優先します。

正解 2

合格のための要点整理　●**日本介護福祉士会倫理綱領**

日本介護福祉士会倫理綱領は、「前文」と「理念」に分けられている。

【前文】介護福祉士としての「あり方」について定められている。

・介護福祉の専門職として倫理綱領を定める　・専門的知識を高める　・技術を高める
・住み慣れた地域で住めるように支援をする（利用者など）

【介護福祉士としての理念】

1　利用者本位（自立支援）……………………・基本的人権を擁護する　・利用者本位を尊重する
2　専門的サービスの提供…………………………・専門的知識の習得　・専門的知識の研鑽
3　プライバシーの保護……………………・個人情報を守る
4　総合的サービスの提供（他職種連携）………・福祉　・医療　・保健
　　　　　　　　　　　　　　　　　　　　　　　※多様な職種と連携を行う
5　利用者ニーズの代弁………………………・利用者のニーズを代弁する
6　地域福祉の推進………………………………・地域の介護問題の解決
7　後継者の育成……………………………………・教育水準の向上　・後継者の育成

介護施設におけるプライバシーの保護として、**最も適切なもの**を1つ選びなさい。

1　ユニット型施設は個室化が推進されているため、各居室で食事をしてもらった。

2　個々の利用者の生活歴の情報を、ルールに従って介護職員間で共有した。

3　個人情報記録のファイルを、閲覧しやすいように机の上に置いたままにした。

4　着衣失行があるため、トイレのドアを開けたままで排泄の介護を行った。

5　家庭内の出来事や会話の内容は、情報に含まれないため記録しなかった。

●**専門職の倫理・プライバシーの保護**　　出題頻度★★★★　　　[第33回 問題25より出題]

解答と解説

✕ 1　ユニット型施設には、食事をするためのリビングがあります。寝る場所と食事をする場所を別にする（寝食分離）ことにより、生活に変化が生まれます。気分転換や食欲増進にもなり、身体機能の維持・向上につながります。

○ 2　介護福祉職が利用者に質の高い介護サービスを提供するために、利用者の情報共有は重要です。介護職員で情報共有をするときには、利用者のプライバシーが漏洩しないように注意します。

✕ 3　個人情報の記録のファイルには、利用者のプライバシーにかかわることも記録されています。誰もが見てよいものではありません。個人情報記録は、鍵のかかるロッカーでしっかりと管理します。

✕ 4　排泄は、利用者のプライバシーに深くかかわる介護です。ドアを開けたままの介護はプライバシーの侵害です。

✕ 5　家庭内の出来事や会話の内容も、情報のひとつです。記録するときには、利用者や家族に記録することの確認・同意を取ります。

正解 2

合格のための要点整理　　●**個人情報とプライバシー**

個人情報とプライバシーという言葉は、一般的にあまり区別することなく使われている。この2つの言葉は深く関連し、共有している部分もあるが、厳密には意味が異なっている。

個人情報

生存する個人に関する情報。氏名、生年月日、住所、その他の記述などによって特定の個人を識別できるもの。

個人情報の多くは、プライバシー性を共有している。

プライバシー

個人や家庭内の私事・私生活。個人の秘密。また、それが他人から干渉・侵害を受けない権利。

個人的な日常生活や社会行動を、他人に興味本位に見られたり干渉されたりすることなく、安心して過ごすことができる権利。

問題 196 施設における利用者の個人情報の安全管理対策として、**最も適切な**ものを1つ選びなさい。

1 介護福祉職が個人所有するスマートフォンの居室への持込みは制限しない。

2 不要な個人情報を破棄する場合は、万が一に備えて復元できるようにしておく。

3 利用者からの照会に速やかに応じるために、整理用のインデックス（index）は使用しない。

4 個人情報に関する苦情対応体制について、施設の掲示板等で利用者に周知徹底する。

5 個人情報の盗難を防ぐために、職員の休憩室に監視カメラを設置する。

◉**専門職の倫理・プライバシーの保護**　出題頻度★★★★　　　［第34回 問題25より出題］

解答と解説

✕ 1 業務中であることから、介護職員が個人で所有するスマートフォンの持ち込みは控えます。

✕ 2 個人情報を廃棄する際には、個人情報を復元できないようにする必要があります。

✕ 3 個人情報とは、個人識別符号も含まれます。そのため、個人情報のデータベースは、インデックスなどを用いて、個人情報を容易に検索することができるようにします。

◯ 4 利用者や利用者の家族が個人情報について相談しやすいよう、施設は個人情報に関する苦情対応体制を周知徹底し、苦情や相談を受けつける窓口を案内することなどが必要です。

✕ 5 個人情報は、職員の休憩室にあるわけではありません。施設は、大勢の他人が集まる場所です。施設全体の防犯に努めることが必要です。

正解 4

合格のための要点整理

◉**同意を得なくても、第三者に提供することができる個人データ**

個人情報とは、生存する個人に関する情報のこと。氏名、生年月日、その他の記述により特定の個人を識別することができるものをいう。2017（平成29）年から、個人情報保護法の保護対象がより明確になった。原則、あらかじめ本人の同意を得ないで、個人データを第三者に提供してはならない（個人情報の保護に関する法令第23条1項）としているが、例外もあるので覚えておこう。

個人情報保護法（第23条1項）
第三者に提供するには、あらかじめ本人から同意を得なくてはならない。

適用外！

①法令に基づく場合
・警察や検察などからの法令に基づく照会
②人の生命、身体または財産保護のために必要がある場合であって、本人の同意を得るのが困難な場合
・救急その他の事態時に、家族の連絡先などを医師や看護師に提供
③公衆衛生・児童の健全育成に特に必要な場合
④国の機関等への協力や統計調査に協力する場合

9-4 自立に向けた介護

問題　197　Ａさん(85歳、女性、要介護１)は夫と二人暮らしで、訪問介護(ホームヘルプサービス)を利用している。Ａさんは認知症(dementia)の進行によって、理解力の低下がみられる。ある日、Ａさんが訪問介護員(ホームヘルパー)に、「受けているサービスをほかのものに変更したい」「夫とは仲が悪いので話したくない」と、不安な様子で話した。

　　意思決定支援を意識した訪問介護員(ホームヘルパー)の対応として、**最も適切なもの**を１つ選びなさい。

1　Ａさんとの話し合いの場に初めから夫に同席してもらった。

2　Ａさんにサービス変更の決断を急ぐように伝えた。

3　Ａさんと話す前に相談内容を夫に話した。

4　サービスを変更したい理由についてＡさんに確認した。

5　訪問介護員(ホームヘルパー)がサービス変更をすることを判断した。

●**介護福祉における自立支援・意思決定支援**　出題頻度★★★★　[第35回 問題67より出題]

解答と解説

✕ **1**　訪問介護員は、Ａさんとの話し合いの場に最初から夫が同席することが、Ａさんの意思決定の障害にならないかを確認する必要があります。

✕ **2**　訪問介護員はＡさんの意思決定にあたって、十分な時間を取る必要があります。

✕ **3**　訪問介護員は、Ａさんの「夫とは仲が悪いので話したくない」という表明を尊重することが大切で、Ａさんと話す前に相談内容を夫に話すことは適切ではありません。

○ **4**　訪問介護員は、Ａさんの意思を慎重に吟味する必要があるため、サービスを変更したい理由について確認することが必要です。

✕ **5**　訪問介護員がサービス変更を判断することは、意思決定支援の「意思決定の中心に本人を置く」という本人中心主義に反しています。

正解4

合格のための要点整理　●**意思決定支援**

自己決定に困難を抱える障害者等が、日常生活や社会生活に関して本人の意思が反映された生活をおくることができるようになるために、本人の意思を確認したり、本人の意思や本人であれば何を選ぶかを推定したりして、最後の手段として、本人にとっての最善の利益を検討するために事業者の職員が行う支援の行為・しくみをいう。

意思決定支援の３つの原則

❶ 自己決定の尊重と、わかりやすい情報提供を行う。

❷ 不合理と思われることでも、他者の権利を侵害しないのであれば尊重する。

❸ 本人の自己決定や意思確認がどうしても難しければ、関係者が集まり、意思を推定する。

問題 198 Gさん（70歳、男性、要介護2）は、パーキンソン病（Parkinson disease）と診断されていて、外出するときは車いすを使用している。歩行が不安定なため、週2回通所リハビリテーションを利用している。Gさんは、1年前に妻が亡くなり、息子と二人暮らしである。Gさんは社交的な性格で地域住民との交流を望んでいるが、自宅周辺は坂道や段差が多くて移動が難しく、交流ができていない。

Gさんの状況をICF（International Classification of Functioning, Disability and Health：国際生活機能分類）で考えた場合、参加制約の原因になっている環境因子として、**最も適切なもの**を1つ選びなさい。

1 パーキンソン病（Parkinson disease）

2 不安定な歩行

3 息子と二人暮らし

4 自宅周辺の坂道や段差

5 車いす

●**介護福祉における自立支援・利用者理解とICF**　出題頻度★★★★　［第34回 問題20より出題］

解答と解説

✕ **1** パーキンソン病は、ICFの健康状態です。

✕ **2** 不安定な歩行はICFの活動です。

✕ **3** 息子と2人暮らしは、ICFの環境因子です。しかし、このことが参加制約の原因ではありません。

○ **4** 自宅周辺の坂道や段差は、ICFの環境因子です。「自宅周辺は坂道や段差が多くて移動が難しく、交流ができていない」ことから、地域住民との交流（参加）が制約される原因になっています。

✕ **5** 車いすは、ICFの環境因子です。しかし、車いすは福祉用具であり、地域住民との交流（参加）が制約される原因とはいえません。

正解 4

合格のための要点整理

●**ICFの生活機能の低下**

ICFでは、生活機能の低下を障害としている。生活機能は、3つのレベルからなっている。「心身機能・身体構造」に問題が生じた状態が、機能障害（構造障害を含む）。「活動」に問題が生じたものが、活動制限。「参加」に問題が生じたものが、参加制約。

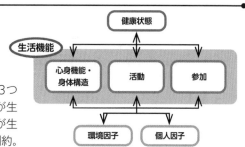

介護

介護の基本

●**介護福祉における自立支援・利用者理解とICF**　出題頻度★★★★　[第33回 問題19より出題]

解答と解説

✕ 1　アルツハイマー型認知症は、疾患であるので「健康状態」。

✕ 2　糖尿病があるため服薬していることは、本人の課題なので「活動」。

✕ 3　医者嫌いは、本人の価値観なので「個人因子」。

✕ 4　町内会の会長を務めたのは、地域活動への参加なので「参加」。

○ 5　娘が近隣に住み、毎日訪問していることは、本人を取り巻く環境なので「環境因子」。

正解5

合格のための要点整理　●**ICF（国際生活機能分類）**

ICFは、人間の生活機能と障害の分類法。生活機能というプラス面に視点を置いている。

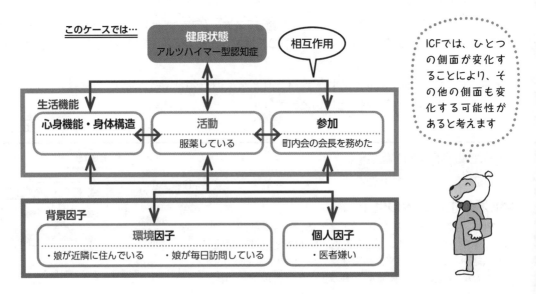

高齢者のリハビリテーションに関する次の記述のうち、**最も適切な ものを1つ選びなさい。**

1　機能訓練は、1回の量を少なくして複数回に分けて行う。

2　基本的な動作を行う訓練は、物理療法である。

3　関節障害のある人の筋力訓練は、関節を積極的に動かすことが効果的である。

4　パーキンソン病(Parkinson disease)の人の訓練では、体幹をひねることは避ける。

5　関節リウマチ(rheumatoid arthritis)の人の訓練は、朝に行うことが効果的である。

●介護予防リハビリテーション　出題頻度★★　　　　　[第33回 問題21より出題]

解答と解説

○**1**　高齢者の機能訓練は、循環器の負担を小さくするために、1回の量を少なくして複数回に わけて行います。筋力が低下している・持久力に乏しい・運動に慣れていない人は、より 小さい負荷で頻回に行う（休憩を入れての少量頻回）ほうが、身体活動強度を得やすいた めです。

✕**2**　起居動作訓練、移乗動作訓練、移動動作訓練といった基本的な動作訓練は、運動療法です。 運動療法は、からだの一部または全体を動かすことで、症状や運動機能の回復を促します。 一方、物理療法は、温熱、冷感、電気刺激など物理的なエネルギーを利用して症状の軽減、 痛みの回復を促します。

✕**3**　関節障害があり、関節を動かしにくい人（関節炎症が強い・痛いなど）の筋力訓練には、 等尺性運動が効果的です。関節運動を伴わない、静的な状態での筋収縮の運動です。

✕**4**　パーキンソン病のリハビリテーションは、歩行障害や姿勢障害、関節のこわばりなどの症 状の進行を遅らせ、身体機能を維持・向上させるために行います。指を組んでゆっくり両 手を上げ下げしたり、からだを前後左右に曲げ伸ばししたりすることで、身体の柔軟性を 維持することができます。

✕**5**　関節リウマチは、身体や関節周辺のこわばりが特に朝に強くあらわれることから、朝にリ ハビリテーションを実施することは効果的ではありません。痛みがあるとき、炎症が強い 時期など安静が必要なときもあります。痛みの程度、炎症の程度に注意しながら、痛みの 出ない範囲で動かすことが大切です。

正解 1

合格のための要点整理　●基本動作訓練と理学療法

基本動作訓練には、寝返り、起き上がり、ベッド上の移動、座位、立ち上が りなどの起居動作訓練と、車いすへの移乗動作、歩行などの移動動作訓練 がある。これらは、運動療法にあてはまる。

理学療法
- 運動療法
  - 内容：運動の障害を治療するために、運動することを活用。
  - 目的：関節の動きを改善・維持したり、筋力を回復させたりするなどして、動作を改善する。
- 物理療法
  - 内容：骨や筋肉、神経などの障害を治療するために、温熱や寒冷、電気、超音波などを活用。
  - 目的：痛みをやわらげたり、身体を動かしやすくしたりする。

問題 201 すべての人が暮らしやすい社会の実現に向けて、どこでも、だれでも、自由に、使いやすくという考え方を表す用語として、**適切なものを1つ選**びなさい。

1 ユニバーサルデザイン（universal design）

2 インフォームドコンセント（informed consent）

3 アドバンス・ケア・プランニング（advance care planning）

4 リビングウィル（living will）

5 エンパワメント（empowerment）

●自立と生活支援・バリアフリー、ユニバーサルデザイン　出題頻度★★　　[第35回 問題68より出題]

解答と解説

○ 1　ユニバーサルデザインとは、あらかじめ障害の有無や年齢、性別、人種等にかかわらず多様な人びとが利用しやすいよう、都市や生活環境をデザインする考え方です。

× 2　インフォームドコンセントとは、介護の目的や内容を十分に説明したうえで、利用者の同意を得ることです。

× 3　アドバンス・ケア・プランニングとは、将来の変化に備え、将来の医療とケアについて、利用者主体にしてその家族等と医療・ケアチームが、繰り返し話し合いを行い、利用者の意思決定を支援する過程のことです。

× 4　リビングウィルとは、元気なときから自分の延命治療の希望などを考え、家族と話し合い、生前の意思表明をして書き残しておくことです。

× 5　エンパワメントとは、利用者自身が本来持っている潜在的な力を自ら引き出したり、主体性を持って自己決定したりしていけるように支援していくことです。

正解1

合格のための要点整理　●ユニバーサルデザインとバリアフリー

ユニバーサルデザイン	バリアフリー
障害の有無や年齢、性別、人種などにかかわらず、多様な人びとが利用しやすいように、都市や生活環境をデザインする考え方。	障害のある人が社会生活をしていくうえで、障壁（バリア）となるものを除去すること。段差などの物理的障壁の除去を指すことが多いが、より広く障害者の社会参加を困難にしている社会的、制度的、心理的なすべての障壁の除去という意味でも用いられる。

問題 202 Ｂさん（82歳、女性、要介護２）は、若いときに夫を亡くし、家で仕事をしながら子どもを一人で育てた。夫や子どもと過ごした家の手入れは毎日欠かさず行っていた。数年前に、アルツハイマー型認知症（dementia of the Alzheimer's type）と診断され、認知症対応型共同生活介護（認知症高齢者グループホーム）に入居した。夕方になると、「私、家に帰らないといけない」と介護福祉職に何度も訴えている。

　Ｂさんに対する介護福祉職の声かけとして、**最も適切なものを１つ選びなさ**い。

1　「仕事はないですよ」
2　「ここが家ですよ」
3　「外に散歩に行きますか」
4　「家のことが気になるんですね」
5　「子どもさんが『ここにいてください』と言っていますよ」

◉生活の個別性と多様性の理解　出題頻度★★★　　　　[第35回 問題69より出題]

解答と解説

✕ **1**　Ｂさんは、仕事についての不安を訴えているのではありません。介護福祉職の声かけはＢさんの気持ちを受容していないことから、適切ではありません。

✕ **2**　Ｂさんは入居しているグループホームを、家だと認識していません。介護福祉職の声かけは、Ｂさんの気持ちを受容し、理解しようとしているとはいえません。

✕ **3**　Ｂさんは、外に行きたいと訴えているのではありません。介護福祉職の声かけは、Ｂさんの気持ちを受容し、理解しようとしているとはいえません。

◯ **4**　介護福祉職は、Ｂさんの「私、家に帰らないといけない」という気持ちに対し、「家のことが気になるんですね」と受容し、理解しようとする声かけをしています。

✕ **5**　Ｂさんの「私、家に帰らないといけない」という気持ちに対し、介護福祉職が「ここにいてください」と答えるのは、受容し、理解しようとしているとはいえません。

正解４

介護

介護の基本

合格のための要点整理　**◉利用者を理解する**

介護福祉職として、利用者の課題解決をするためには、利用者一人ひとりを理解することが必要。

Ｂさん

若いときに夫を亡くした。
家で仕事をしながら、子どもを１人で育てた。
家族で過ごした家の手入れは欠かさない。

＋

アルツハイマー型認知症
認知症対応型共同生活介護

認知症の中核的な症状の影響により、家族の夕食づくりが習慣だった人などは、夕方近くになると、帰宅願望が出現することもある。

家のことが
気になるのですね

問題 203 利用者の自立生活支援・重度化防止のための見守り的援助に関する次の記述のうち、**最も適切なもの**を1つ選びなさい。

1 ごみの分別がわからない利用者だったので、その場でごみを分別した。

2 利用者の自宅の冷蔵庫の中が片づいていないので、整理整頓した。

3 トイレ誘導した利用者の尿パッドを、本人に配慮して無言で取り替えた。

4 服薬時に、薬を飲むように促して、そばで確認した。

5 利用者が居間でテレビを見ているそばで、洗濯物を畳んだ。

●**高齢者の生活・生活を支える基盤**　出題頻度★★　　　[第33回 問題20より出題]

解答と解説

✕ 1 ゴミ出しの分別がわからない利用者といっしょに分別をして、ゴミ出しのルールを理解してもらったり、思い出してもらったりするように援助します。

✕ 2 高齢者といっしょに冷蔵庫の中の整理などを行うことにより、生活歴の喚起を促します。

✕ 3 認知症などの高齢者がリハビリパンツやパッドの交換をする際に、見守り・声かけを行うことにより、できるだけ1人で交換し、後始末ができるように支援します。

○ 4 本人が自ら適切な服薬ができるよう、服薬時において、直接介助は行わずにそばで見守り、服薬を促します。

✕ 5 洗濯物をいっしょに干したり、たたんだりすることにより、自立支援を促すとともに、転倒予防などのための見守り・声かけを行います。

正解 4

合格のための要点整理　●**自立生活支援・重度化防止のための見守り的援助**

生活援助のうち、訪問介護員などが代行するのではなく、安全を確保しつつ常時介助できる状態で見守りながら行う、「自立生活支援・重度化防止のための見守り的援助」は、利用者の自立支援の機能を高める観点から身体介護に該当する。

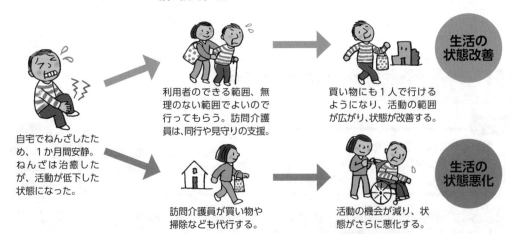

自宅でねんざしたため、1か月間安静。ねんざは治癒したが、活動が低下した状態になった。

利用者のできる範囲、無理のない範囲でよいので行ってもらう。訪問介護員は、同行や見守りの支援。

買い物にも1人で行けるようになり、活動の範囲が広がり、状態が改善する。

生活の状態改善

訪問介護員が買い物や掃除なども代行する。

活動の機会が減り、状態がさらに悪化する。

生活の状態悪化

問題　204　介護保険施設の駐車場で、下記のマークを付けた車の運転手が困った様子で手助けを求めていた。介護福祉職の対応として、**最も適切なもの**を1つ選びなさい。

1　手話や筆談を用いて話しかける。

2　杖を用意する。

3　拡大読書器を使用する。

4　移動用リフトを用意する。

5　携帯用点字器を用意する。

●障害者の生活・生活を支える基盤　出題頻度★★　　　　　[第35回 問題70より出題]

解答と解説

〇 1　聴覚障害者標識です。

✕ 2　適切ではありません。

✕ 3　適切ではありません。

✕ 4　適切ではありません。

✕ 5　適切ではありません。

正解 1

合格のための要点整理　**●障害者に関係するおもなマーク・標識**

障害のある人等に関する各種のマークや標識は、障害のある人に対応する設備や取り組み、ルールなどが存在することを示したり、障害のある人等が支援を必要としていることを伝えたりするもの。

●障害者のための国際シンボルマーク（車いすマーク）

障害者が利用できる建物・施設であることをあらわす、世界共通のシンボルマーク。

●耳マーク

聴覚障害者が、聞こえが不自由なことをあらわすと同時に、聞こえない人、聞こえにくい人への配慮をあらわすマーク。

●身体障害者標識（身体障害者マーク）

肢体不自由であることを理由に、免許に条件を付されている人が運転する車に表示するマーク。

●ほじょ犬マーク

身体障害者補助犬法の啓発のためのマーク。身体障害者補助犬とは盲導犬、介助犬、聴導犬をいう。

●盲人のための国際シンボルマーク

視覚障害者の安全やバリアフリーに配慮された建物、設備、機器などにつけられているマーク。

●オストメイト用設備／オストメイト

人工肛門・人工膀胱を造設している人（オストメイト）のための設備があることをあらわすマーク。

問題 **205** Hさん（75歳、女性、要介護2）は、孫（17歳、男性、高校生）と自宅で二人暮らしをしている。Hさんは関節疾患（joint disease）があり、通所リハビリテーションの利用を開始した。介護福祉職が送迎時に孫から、「祖母は、日常生活が難しくなり、自分が食事を作るなどの機会が増え、家事や勉強への不安がある」と相談された。

介護福祉職の孫への対応として、**最も適切なもの**を1つ選びなさい。

1 「今までお世話になったのですから、今度はHさんを支えてください」

2 「家事が大変なら、Hさんに介護老人福祉施設の入所を勧めましょう」

3 「高校の先生や介護支援専門員（ケアマネジャー）に相談していきましょう」

4 「家でもリハビリテーションを一緒にしてください」

5 「近所の人に家事を手伝ってもらってください」

●家族介護者の理解と支援・家族介護者の現状と課題　出題頻度★★　［第34回 問題21より出題］

解答と解説

✕ 1　孫は、介護への不安を訴えています。しかし、介護福祉職は「Hさんを支えてください」と、孫の心情に配慮した助言をしていません。

✕ 2　孫は、介護への不安を訴えています。しかし、介護福祉職は「Hさんに施設入所を勧める」と、孫やHさんの暮らし方や心情を尊重した助言をしていません。

○ 3　日常的に家事やHさんの介護をしている高校生の孫が抱える不安に対して、適切な相談者へつなぐための助言をしています。

✕ 4　孫は、介護への不安を訴えています。しかし、介護福祉職は「リハビリテーションをいっしょにして」と孫の介護の努力を肯定せず、さらに努力をするように助言しています。

✕ 5　孫は、介護への不安を訴えています。しかし、介護福祉職は「近所の人に家事を手伝ってもらって」と孫の不安を理解しているものの、気持ちを確認せずに助言をしています。

正解3

合格のための要点整理　●**家族とのコミュニケーションにおける留意点**

介護福祉職は、介護について利用者だけでなく、家族に対しても助言や指導をすることが役割のひとつになっている。家族との良好な関係を築くためにも、コミュニケーション技術を活用する。

・利用者と家族の関係性を把握する。
・家族の暮らし方や考え方を尊重し、一人ひとりに適した対応をする。
・家族と利用者がお互いに理解し合えることを目的としたコミュニケーションをする。
・家族の気持ちに配慮する。
・家族の努力を肯定する。
・家族に対して、受容的な言葉やねぎらいの言葉をかける。

法令上の定義はありませんが、一般的に本来、大人が担うと想定されている家事や家族の世話などを日常的に行っている子どもを「ヤングケアラー」と呼びます

問題 **206** 社会資源に関する次の記述のうち、フォーマルサービスに該当する ものとして、**適切なもの**を 1 つ選びなさい。

1 一人暮らしの高齢者への見守りを行う地域住民

2 買物を手伝ってくれる家族

3 ゴミ拾いのボランティア活動を行う学生サークル

4 友人や知人と行う相互扶助の活動

5 介護の相談を受ける地域包括支援センター

●介護を必要とする人の生活の場・フォーマルな支援 出題頻度★★★ [第34回 問題23より出題]

解答と解説

✕ 1 一人暮らしの高齢者への見守りを行う地域住民は、インフォーマルサービスです。

✕ 2 買い物を手伝ってくれる家族は、インフォーマルサービスです。

✕ 3 ゴミ拾いのボランティア活動を行う学生サークルは、インフォーマルサービスです。

✕ 4 友人や知人と行う相互扶助の活動は、インフォーマルサービスです。

◯ 5 介護の相談を受ける地域包括支援センターは、フォーマルサービスです。

正解 5

合格のための要点整理 **●社会資源とサービス**

社会資源とは、利用者がニーズを満たしたり、問題を解決したりするために活用される各種の制度や施設、機関、設備、資金、物質、法律、情報、集団、個人の持つ知識・技術などすべてのものをいう。フォーマルサービス（社会的サービス）と、インフォーマルサービス（私的サービス）の2つにわけられる。

フォーマルサービス（社会的サービス）	インフォーマルサービス（私的サービス）
・制度の規定に基づくサービス。 ・制度は高齢者、障害者、児童などの分野別になる。そのため、複合的な課題には、いくつかの社会資源を組み合わせることが必要となる。 ・利用するには、ある程度の知識が必要。手順に沿った手続きが求められるが、安定性や継続性は高い。 ・柔軟性に乏しく、自由度が低い。	・制度の規定に基づかない家族や住民の自主的な活動やサービス、あるいは民間企業による活動やサービス。 ・提供する側も利用する側も、状況に応じて活動の形を変えることが容易である。 ・柔軟性があり、自由度が高く、多機能な側面を持つ。
・介護の相談を受ける地域包括支援センター　など	・一人暮らしの高齢者への見守りを行う地域住民 ・買い物を手伝ってくれる家族 ・ゴミ拾いのボランティア活動を行う学生サークル ・友人や知人と行う相互扶助の活動　など

介護 介護の基本

問題 207 施設利用者の多様な生活に配慮した介護福祉職の対応として、**最も適切なもの**を1つ選びなさい。

1 夜型の生活習慣がある人に、施設の就寝時刻に合わせてもらった。

2 化粧を毎日していた人に、シーツが汚れるため、化粧をやめてもらった。

3 本に囲まれた生活をしてきた人に、散乱している本を捨ててもらった。

4 自宅で畳に布団を敷いて寝ていた人に、ベッドで寝てもらった。

5 自宅で夜間に入浴をしていた人に、夕食後に入浴してもらった。

●介護を必要とする人の生活の場・介護保険サービス　出題頻度★★★★　[第33回 問題22より出題]

解答と解説

✕ 1 夜型は、その人の生活習慣です。利用者に施設の就寝時刻に合わせてもらうのではなく、個別性を考えた支援をします。

✕ 2 化粧は、その人にとって大切な価値観です。利用者に化粧することを継続してもらい、介護者はシーツが汚れない工夫などを考えることで、利用者の価値観を尊重します。

✕ 3 本に囲まれていることは、その人にとって生活史です。本が散乱していることが危険であれば、利用者に説明し、同意のうえで整理整頓します。

✕ 4 布団を敷いて寝ていたことは、その人の生活様式です。利用者には、今までどおり布団を敷いて寝てもらいます。

○ 5 夜間に入浴していたことは、その人の生活習慣です。利用者の今までの生活を尊重し、その人らしい生活ができるように支援します。

正解 5

合格のための要点整理

●**多様な生活に配慮した介護**

施設は集団生活の場だが、個人の生活を尊重し、個人介護を提供している。在宅での生活には、家族が培った生活習慣や生活リズムがあるため、利用者の生活習慣や生活リズムへの配慮が必要となる。

❶ **プライバシー、生活習慣、価値観の尊重**
施設という集団の中で、個人が埋没しない配慮のある対応を行う。

❷ **地域・仲間との交流**
集団生活の利点を活かし、入所者同士の仲間づくりへの働きかけをする。活動の場が、施設に限定されないようにする。

❸ **家庭的な場づくり**
利用者が自分を表現できる場を設け、施設職員が利用者の思いを傾聴できるようにする。

❹ **安全の確保**
全体への安全配慮と個々への安全配慮に差が生じないように、安全体制を確保する。

❺ **予防介護**
利用者の心身状態の重度化を防ぎ、維持・向上に努める。

1　入所できるのは要介護３以上である。

2　介護医療院の開設は市町村から許可を受けなければならない。

3　入所者のためのレクリエーション行事を行うように努める。

4　入所者一人当たりの床面積は、介護老人福祉施設と同じ基準である。

5　サービス管理責任者を１名以上置かなければならない。

●介護を必要とする人の生活の場・介護保険サービス　出題頻度★★★★　［第33回 問題23より出題］

解答と解説

✕ 1　介護医療院に入所できるのは、要介護１～５です。

✕ 2　介護医療院の開設は、都道府県からの許可が必要です。

○ 3　介護医療院では、利用者に対して医療・介護だけでなく、生活の場も提供します。介護医療院の設置基準では、レクリエーションルームは十分な広さで必ず設置しなければならない、とされています。

✕ 4　介護老人福祉施設と同じ基準ではありません。介護老人福祉施設の多床室（４人部屋）は１人あたり10.65㎡で、トイレ・洗面場は共有です。ユニット（個室）は１人あたり13.2㎡でしたが、2010(平成22)年に10.65㎡に基準が改定されました。

✕ 5　介護医療院は、介護支援専門員を100人に１名以上置かなければなりません。

正解3

合格のための要点整理　**●介護医療院**

2018（平成30）年４月に創設された医療介護院は、長期的な医療と介護のニーズをあわせ持つ高齢者を対象とし、「日常的な医学管理」や「看取りやターミナルケア」などの医療機能と「生活施設」としての機能を兼ね備えた施設。

■介護医療院と介護老人保健施設の違い

	介護医療院	介護老人保健施設
役割	長期間にわたって療養する生活施設	在宅復帰を目指す施設
入所条件	要介護１以上	要介護１以上
サービス提供	日常生活支援、医療ケア、介護サービス、行事、レクリエーション	日常生活支援、医療ケア、介護サービス、リハビリテーション
入所期間	終身利用可	３か月ごとに入所継続を判断
１人あたりの居室面積	８㎡以上	８㎡以上
医師	入所者48人あたり１人以上もしくは100人あたり１人以上	入所者100人あたり１人以上
介護福祉職員	入所者３人あたり１人以上	入所者３人あたり１人以上
看護職員	入所者６人あたり１人以上	介護職員の７分の２以上

問題 209 介護保険施設における専門職の役割に関する次の記述のうち、**最も適切なもの**を1つ選びなさい。

1 利用者の栄養ケア・マネジメントは、薬剤師が行う。

2 認知症（dementia）の診断と治療は、作業療法士が行う。

3 利用者の療養上の世話又は診療の補助は、社会福祉士が行う。

4 日常生活を営むのに必要な身体機能改善や機能訓練は、歯科衛生士が行う。

5 施設サービス計画の作成は、介護支援専門員が行う。

●他の職種の役割と専門性の理解　出題頻度★★★★　　　　［第35回 問題71より出題］

解答と解説

✕ 1　利用者の栄養ケア・マネジメントは、管理栄養士が行います。

✕ 2　認知症の診断と治療は、医師が行います。

✕ 3　利用者の療養上の世話、診療の補助は看護師が行います。

✕ 4　日常生活を営むのに必要な身体機能改善や機能訓練は、作業療法士が行います。

○ 5　施設サービス計画の作成は、介護支援専門員が行います。

正解 5

合格のための要点整理　●**介護保険施設における専門職の役割**

介護保険施設とは、介護保険サービスとして利用できる公的な介護施設のこと。介護保険法で定められている。具体的には、特別養護老人ホーム、介護老人保健施設、介護療養型医療施設、介護医療院の4種類が介護保険施設として定められている。

薬剤師
必要に応じて、施設などを訪問し、薬の提供、服薬の確認をする。

医師
施設などを訪問して、診察、病気の治療や薬の処方をする。

歯科医師
施設などを訪問して、口腔内の診察や治療をする。

看護師
看護を行う。夜間や休日にも対応する。

介護福祉職
入浴、排泄、食事、調理、洗濯、清掃などの生活支援をする。

理学療法士
医師の指示でリハビリテーションをする。

介護支援専門員（ケアマネジャー）
本人や家族と相談しながら、ケアプランを作成したり、専門職との連絡・調整をしたりする。

管理栄養士
献立の作成や調理といった給食管理などの栄養ケア、マネジメントを行う。

問題 210 介護の現場におけるチームアプローチ（team approach）に関する次の記述のうち、**最も適切なもの**を１つ選びなさい。

1 チームメンバーが得た情報は、メンバー間であっても秘密にする。

2 チームメンバーの役割分担を明確にする。

3 利用者を外してチームを構成する。

4 医師がチームの方針を決定する。

5 チームメンバーを家族が指名する。

●多職種連携の意義と課題・チームアプローチの意義と課題　出題頻度★★★★　［第35回 問題72より出題］

解答と解説

✕ 1 チームメンバーが得た情報は、メンバー間で共有します。

◯ 2 チームメンバーの役割を明確にします。

✕ 3 チームメンバーには、利用者も含まれます。

✕ 4 チームの方針は利用者主体で決定します。

✕ 5 チームメンバーは、利用者のニーズや課題によって選出されます。

正解 2

合格のための要点整理

●チームアプローチ

チームアプローチは、利用者を中心にそれぞれの専門職が、その専門性を活用することにより、効果的で質の高いサービスを提供し、総合的な援助を行うもの。

現在ニーズがないために選出されていない者

薬剤師

理学療法士

介護

介護の基本

問題　**211**　介護保険制度のサービス担当者会議に関する次の記述のうち、**最も適切なもの**を１つ選びなさい。

1　会議の招集は介護支援専門員（ケアマネジャー）の職務である。

2　利用者の自宅で開催することが義務づけられている。

3　月１回以上の頻度で開催することが義務づけられている。

4　サービス提供者の実践力の向上を目的とする。

5　利用者の氏名は匿名化される。

●多職種連携・チームアプローチ　出題頻度★★★　　　　　[第34回 問題22より出題]

解答と解説

○ 1　サービス担当者会議は、介護支援専門員が招集して開催します。

✕ 2　サービス担当者会議の開催場所については、規定されていません。

✕ 3　サービス担当者会議の開催頻度については、規定されていません。ケアプランの内容の検討、利用者の状態の変化によりケアプランを変更する際などに開きます。

✕ 4　サービス担当者会議では、利用者によりよいサービスを提供するためにチームの目標を共有します。

✕ 5　サービス担当者会議の参加者は、利用者の氏名をすでに知っています。そのことから、利用者の氏名を匿名化する必要はありません。

正解 1

合格のための要点整理　　●**サービス担当者会議**

介護保険制度において、サービス担当者会議の開催が義務づけられている。サービス担当者会議とは、ケアプラン原案を作成し、サービス調整を行ったあと、サービス担当者を集めてケアプランの内容を検討するもの。また、利用者の状態の変化などによりケアプランを変更したりする際にも開催する。

サービス担当者会議

目的	**参加者**
・目標の共有 ・課題解決のための意見交換	・介護支援専門員 ・利用者 ・家族 ・各サービス担当者
開催時期	**開催場所**
・新規サービスの利用時 ・ケアプランの内容の検討時 ・利用者の状態の変化時 ・ケアプランの変更時	・利用者の自宅 ・かかりつけ医の診療所 　　　　　　　　　　など

問題 212 Eさん（女性、82歳、要介護1）は、夫（80歳）と二人暮らしである。膝の痛みがあるが、夫の介助があれば外出は可能である。最近Eさん宅は、玄関、トイレ、浴室に手すりを設置している。Eさんは料理が趣味で、近所のスーパーで食材を選び、購入し、食事の用意をしたいと思っている。こうした中、Eさん宅で介護支援専門員（ケアマネジャー）が関係職種を招集してサービス担当者会議を開くことになった。

Eさんの思いに添ったサービスの提案として、**最も適切なものを1つ選びな**さい。

1 訪問介護員（ホームヘルパー）による調理の生活援助の利用

2 介護支援専門員（ケアマネジャー）の手配による配食サービスの利用

3 社会福祉協議会の生活支援員による日常生活自立支援事業の活用

4 福祉用具専門相談員の助言による四輪歩行車の利用

5 通所介護（デイサービス）の職員による入浴サービスの利用

●**多職種連携・チームアプローチ** 出題頻度★★★★　　［第33回 問題24より出題］

解答と解説

✕1 Eさんは料理が趣味で、自ら食材を選び、食事の用意をしたいと思っています。Eさんの課題は、膝の痛みがあるため外出できないことであり、調理ができないことではありません。したがって、訪問介護員による調理の生活援助の利用はしません。

✕2 Eさんは料理が趣味で、自分で食事の用意をしたいと思っています。したがって、介護支援専門員が配食の手配をすることは、Eさんの思いを尊重していません。

✕3 Eさんは膝の痛みがあるために外出できないことが課題であり、金銭的管理については課題ではありません。したがって、日常生活自立支援事業は活用はできません。

◯4 Eさんの課題は、膝の痛みがあるため外出できないことです。夫の介助があれば外出できますが、自立、機能維持の視点から、福祉用具を活用しながら自分で外出できることが望ましいです。

✕5 Eさんは、膝の痛みがあるために外出できないことが課題です。入浴については浴室に手すりを設置してあることから、課題は解決していると考えられます。したがって、通所介護の入浴サービスは利用しません。

正解4

サービス担当者会議とは、介護保険の中でサービス計画の立案にあたって介護支援専門員が開催する会議。会議は利用者とその家族、介護支援専門員（ケアマネジャー）、利用者のサービス提供に関連する指定居宅サービス事業所の担当者で構成される。

問題 213 利用者の危険を回避するための介護福祉職の対応として、**最も適切なもの**を１つ選びなさい。

1 スプーンを拾おうとして前傾姿勢になった車いすの利用者を、目視で確認した。

2 廊下をふらつきながら歩いていた利用者の横を、黙って通り過ぎた。

3 食事介助をしていた利用者の姿勢が傾いてきたので、姿勢を直した。

4 下肢筋力が低下している利用者が、靴下で歩いていたので、スリッパを履いてもらった。

5 車いすの利用者が、フットサポートを下げたまま立ち上がろうとしたので、またいでもらった。

●**介護における安全の確保・危険予知と回避** 出題頻度★★★★ ［第35回 問題73より出題］

解答と解説

✕ 1 前傾姿勢（重心の位置を前に持ってくる姿勢）になると、圧中心点は支持基底面の前方に移動することから、転落の危険性が高いです。

✕ 2 ふらつきがある利用者に対して、介護福祉職が見守りや介助をしないという行動を取ることは、利用者が転倒する危険性が高まることにつながります。

○ 3 食事中のからだの傾きは、誤嚥を誘発する危険性が高いものです。介護福祉職は、正しい座位姿勢になるための介助をします。

✕ 4 スリッパは、足背が覆われていない、靴底が薄い・硬い・屈曲性が悪いことから、つまずきや転倒の危険性が高いものです。

✕ 5 フットレストを下げたままの状態では、足を動かす動作をする面積は非常に狭くなっています。このような状態でまたぐなど下肢を動かすと、足がフットレストに接触し、車いすごと前方に倒れてしまうなどの事故を引き起こします。また、足をぶつけて、皮膚剥離を起こしてしまう恐れもあります。

正解 3

合格のための要点整理

●**介護におけるリスクマネジメント**

介護事故の予防方法を考えること、事故が発生した際の対応を検討すること、よくある介護事故の原因を分析し、再発の防止をすることが、リスクマネジメントの基本。

1 起こりうる事故を予測し、防止する

2 事故が起きたときには、被害を最小限にする

3 起きた事故を分析し、再発の防止につなげる

　ハインリッヒ（Heinrich,H.）の法則に関する記述として、**最も適切**なものを1つ選びなさい。

1　機能障害、能力障害、社会的不利という障害をとらえるための分類である。

2　人間の自己実現に向けた欲求を5つの階層で示したものである。

3　一つの重大事故の背景には、多くの軽微な事故とヒヤリハットが存在する。

4　患者が余命を知らされてから死を受容するまでの心理的プロセスである。

5　生活課題を抱えた人の支援をする上で必要な7つの原則である。

●介護における安全の確保・危険予知と危険回避　出題頻度★★★　[第33回 問題26より出題]

解答と解説

✕ 1　この分類はICIDH（国際障害分類）といい、機能障害、能力障害、社会的不利という障害をとらえるためのものです。

✕ 2　マズローの欲求階層説といい、人間の自己実現に向けた5つの階層（生理的欲求、安全欲求、所属・愛情の欲求、承認欲求、自己実現の欲求）で示したものです。

○ 3　ハインリッヒの法則（1：29：300の法則）は、1件の重大事故の背景には29件の軽傷を伴う事故と、300件のヒヤリ・ハットする体験があるというものです。

✕ 4　キューブラー・ロスは、患者が余命を知らされてから死を受容するまでの心理プロセスを5段階（否認、怒り、取引、抑うつ、受容）に分けました。

✕ 5　バイスティックの7原則といい、生活課題を抱えた人の支援をするうえで必要な7つの原則のことです。個別化、意図的な感情表出、統制された情緒的関与、受容、非審判的態度、自己決定、秘密保持の7つです。

正解 3

介護

介護の基本

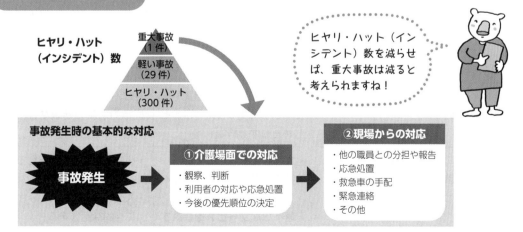

合格のための要点整理　●ハインリッヒの法則

ヒヤリ・ハット（インシデント）数

- 重大事故（1件）
- 軽い事故（29件）
- ヒヤリ・ハット（300件）

ヒヤリ・ハット（インシデント）数を減らせば、重大事故は減ると考えられますね！

事故発生時の基本的な対応

事故発生　→　①介護場面での対応
・観察、判断
・利用者の対応や応急処置
・今後の優先順位の決定

→　②現場からの対応
・他の職員との分担や報告
・応急処置
・救急車の手配
・緊急連絡
・その他

9-9 介護従事者の安全

[第34回 問題26より出題]

問題 215 訪問介護員（ホームヘルパー）が、利用者や家族からハラスメント（harassment）を受けたときの対応に関する次の記述のうち、**最も適切なもの**を1つ選びなさい。

1 利用者に後ろから急に抱きつかれたが、黙って耐えた。

2 利用者から暴力を受けたので、「やめてください」と伝え、上司に相談した。

3 利用者が繰り返す性的な話を、苦痛だが笑顔で聞いた。

4 家族から暴言を受けたが、担当なのでそのまま利用者宅に通った。

5 家族からサービス外のことを頼まれて、断ったら怒鳴られたので実施した。

●**介護従事者を守る法制度・労働者災害と予防**　出題頻度★★　［第34回 問題26より出題］

解答と解説

✕ **1** 黙って耐えるのではなく、「やめてください」と毅然（きぜん）とした態度で対応します。

○ **2** 利用者や家族からのハラスメントに対しては、毅然とした態度で対応し、上司へ報告、相談をします。

✕ **3** 苦痛だが笑顔で聞くのではなく、言葉や表情で苦痛なことを伝えます。

✕ **4** 家族から暴言を受けたときは、上司へ報告・相談をし、対処してもらいます。

✕ **5** 家族からサービス外のことを頼まれた際、断った結果、怒鳴られたとしても実施してはいけません。

正解 2

合格のための要点整理　●ハラスメントの背景

近年、介護現場では、利用者や家族らによる介護職員への身体的・精神的暴力、セクシュアルハラスメントなどが少なからず発生していることが、さまざまな調査で明らかとなっている。ハラスメントは介護職員への影響だけでなく、利用者自身の継続的で円滑な介護サービス利用の支障にもなり得る。

種類	身体的暴力	精神的暴力	セクシュアルハラスメント
内容	身体的な力を使って危害を及ぼす行為。	個人の尊厳や人格を言葉や態度によって傷つけたり、おとしめたりする行為。	意に沿わない性的誘いかけ、好意的態度の要求など、性的ないやがらせ行為。
具体例	・コップを投げつける ・蹴る ・つばを吐きかける	・大声を発する　・怒鳴る ・特定の職員にいやがらせをする ・理不尽なサービスを要求する	・必要もなく手や腕を触る ・抱きしめる ・入浴介助中、あからさまに性的な話をする

> **問題　216**　次のうち、閉じられた質問として、**適切なもの**を１つ選びなさい。
>
> 1　「この本は好きですか」
>
> 2　「午後はどのように過ごしますか」
>
> 3　「困っていることは何ですか」
>
> 4　「どのような歌が好きですか」
>
> 5　「なぜそう思いますか」

●コミュニケーションの実際　　出題頻度★★★★　　　　　　　　[第35回 問題74より出題]

解答と解説

○1　閉じられた質問は「はい」「いいえ」などの二者択一、または２～３つの単語で答えられる質問です。設問は「好き」か「嫌い」で答えられるため、閉じられた質問といえます。

×2　「どのように過ごすか」という質問は、自由な発想や意見を話すことができるので、開かれた質問です。

×3　「何ですか」という質問も自由に答えられるため、開かれた質問です。

×4　「どのような歌が好ですか」という質問も自由に答えられるため、開かれた質問です。

×5　「なぜそう思いますか」という質問も自由な発想や意見を話すことができるので、開かれた質問です。

正解1

合格のための要点整理　●利用者との会話（質問）

質問形式には「開かれた質問」と「閉じられた質問」がある。

開かれた質問

相手の自由な答えを促す質問。

閉じられた質問

「はい」「いいえ」など二者択一、または一言で答えられるような質問。

問題 217 介護福祉職が利用者とコミュニケーションをとるときの基本的な態度として、**最も適切なもの**を1つ選びなさい。

1　上半身を少し利用者のほうへ傾けた姿勢で話を聞く。

2　利用者の正面に立って話し続ける。

3　腕を組んで話を聞く。

4　利用者の目を見つめ続ける。

5　緊張感が伝わるように、背筋を伸ばす。

●**コミュニケーションの実際**　出題頻度★★★　　　　　　　　　[第34回 問題27より出題]

解答と解説

○ **1**　利用者のほうに姿勢を傾けて、その話にしっかりと耳を傾けて聴くことを示すコミュニケーションの姿勢は適切です。

✕ **2**　利用者の正面に立って話をすることは、利用者に威圧感や緊張を与えてしまいます。まずは座って目線の高さを揃え、場合によってはななめに座ることも必要です。

✕ **3**　腕を組んで話を聞く姿勢は、相手に威圧感を与えてしまいます。

✕ **4**　目を見つめること、アイコンタクトはコミュニケーションの際に必要なことですが、「見つめ続ける」と、相手に緊張感を与えてしまいます。

✕ **5**　利用者とコミュニケーションを取るときは、リラックスできる状態をつくることが必要です。緊張感を出すと、本音で話すことが難しくなってしまいます。

正解1

合格のための要点整理　●**SOLER（会話の基本動作）**

会話における基本的な動作を意識しながら、質問の技法などを使って、相手を理解しようとすることが大切である。

S(Squarely)
相手とまっすぐに向き合う。

E(Eye Contact)
視線の高さを適切に相手に合わせる。

O(Open)
開いた姿勢・相手に関心を持つ・うなずく。

L(Lean)
相手へ少しからだを傾ける。

R(Relaxed)
緊張しないでリラックスして相手の話を聴く。

SOLERの提唱者はアメリカの心理学者、イーガンです。「あなたに十分関心を持っています」と相手に自然に伝える身体面の動作に言及しました

　介護福祉職によるアサーティブ・コミュニケーション（assertive communication）として、**最も適切なもの**を1つ選びなさい。

1　利用者の要求は、何も言わずにそのまま受け入れる。

2　利用者から苦情を言われたときは、沈黙して我慢する。

3　利用者を説得して介護福祉職の都合に合わせてもらう。

4　介護福祉職の提案に従うことが利用者の利益になると伝える。

5　利用者の思いを尊重しながら、介護福祉職の意見を率直に伝える。

●コミュニケーションの実際　　出題頻度★★　　　　　　　　　　[第34回 問題28より出題]

解答と解説

✕ 1　利用者の要求を聞くことは必要ですが、すべてを受け入れるのではなく、介護福祉職としての意見を伝えることも必要です。

✕ 2　苦情をいわれたときは、その原因や真意がどこにあるのかを検討し、よい方向へ改善できるように話し合いをすることが必要です。

✕ 3　「説得」することや「介護福祉職の都合」に合わせることは、利用者のその人らしさや主体性を奪うことになります。

✕ 4　介護福祉職として提案をすることは必要ですが、あくまでも生活の主体者である利用者の提案や選択を尊重することが必要です。

◯ 5　アサーティブ・コミュニケーションでは、相手も自分も尊重して、お互いによりよい関係をつくることが求められます。相手の思いを尊重しつつ、自分の意見を伝えることは適切です。

正解 5

合格のための要点整理　　**●アサーティブ・コミュニケーション**

アサーティブ・コミュニケーションとは、自分と相手の双方の主張を尊重しながら、自分の意見を伝える方法。

アサーティブ・コミュニケーションの4つの柱

 誠実　自分に対しても、相手に対しても「誠実」であること。

率直　自分の考えや思いを伝える際には、「率直」に伝えること。

 対等　相手と接する際には、相手を尊重し、「対等」であること。

自己責任　自分の発言や行動はすべて、「自己責任」として引き受けること。

介護

コミュニケーション技術

> **問題 219** 介護福祉職が利用者と信頼関係を形成するためのコミュニケーション技術として、**最も適切なもの**を1つ選びなさい。
>
> 1 利用者の意見に賛成できなくても同意する。
> 2 「○○ちゃん」と親しみを込めてお互いを呼び合う。
> 3 介護福祉職からは質問をせずに受け身の姿勢で聞く。
> 4 介護福祉職の価値判断に従ってもらう。
> 5 介護福祉職自身の感情の動きも意識しながら関わる。

●**信頼関係の構築**　出題頻度★★★★　　　　　　　　　　[第33回 問題27より出題]

解答と解説

✕ 1 利用者と意見が異なるときは、同意するのではなく、相手の意見を尊重し、受け入れる姿勢を示しましょう。そのうえで、お互いの合意や納得が得られる話ができるとよいでしょう。

✕ 2 利用者と介護福祉職は友だちではありません。相手にしっかりと敬意をあらわすことが必要であり、「○○さん」と呼ぶべきです。

✕ 3 相手の話をしっかりと受け止めることは必要ですが、はっきりしないことや利用者本人も迷っていることなどは適切に質問をすることで、課題の解決や関係構築につながります。

✕ 4 利用者の生活支援では、原則として利用者の価値判断を大切にして、利用者主体を尊重する姿勢が必要です。

◯ 5 利用者と信頼関係を結ぶときには、介護福祉職は自分の感情を知り、それをコントロールしながらかかわっていくことが必要になります。

正解 5

合格のための要点整理　●**バイスティックの7原則**

利用者と個別にかかわるときに必要となる技術で、ラポール（信頼関係）の構築につながる。

① 個別化	利用者の問題は人それぞれの問題であり、「同じ問題はない」として、その人に合った支援を行う。
② 意図的な感情表出	支援者は、利用者が自由に感情を表現できるように意図的にはたらきかける。
③ 統制された情緒的関与	支援者は、自分の感情を制御して相手の気持ちに流されることなく理解、共感する。
④ 受容	支援者は、利用者のありのままを受け入れる。
⑤ 非審判的態度	支援者は、利用者の言動に対して一方的に非難せず、善悪の評価もしない。
⑥ 自己決定	あくまでも、利用者の行動を決めるのは利用者自身である。
⑦ 秘密保守	支援者は、利用者から知り得た情報を、第三者にもらしてはならない。

> バイスティックの7原則とは、支援者が、利用者と個別にかかわるときに身につけておくべき必須の技術、態度の原則のことです

問題 220 利用者の家族と信頼関係を形成するための留意点として、**最も適切**なものを1つ選びなさい。

1 家族の希望を優先する。

2 話し合いの機会を丁寧にもつ。

3 一度形成した信頼関係は、変わらずに継続すると考える。

4 家族に対して、「こうすれば良い」と指示を出す。

5 介護は全面的に介護福祉職に任せてもらう。

●家族とのコミュニケーションの目的 出題頻度★★★★　　[第35回 問題75より出題]

解答と解説

✕ 1 利用者だけでなく、その家族の意見を聴くことは必要です。しかし、優先するのではなく、利用者本人と家族が話し合い、意見や意向を調整する場を設けることが必要です。

〇 2 家族にも意見や意向、悩み・苦しみがあることを理解し、介護福祉職や利用者本人と話をする機会を丁寧に持つことが信頼関係の構築には必要です。

✕ 3 信頼関係は、努力することなく継続するものではありません。そのときどきの利用者や家族の立場や考え方を、しっかりと受け止める努力をすることが必要です。

✕ 4 利用者の支援の方法を決定するのは、利用者本人とその家族です。支援の指示を介護福祉職が決定するのは、適切ではありません。

✕ 5 家族の介護負担を軽減することは必要です。しかし、すべてを介護福祉職が行うのではなく、家族にもできることは行ってもらい、利用者と家族が納得のいく生活をしてもらうことが適切です。

正解 2

合格のための要点整理 **●傾聴**

利用者だけでなく、その家族にも意向、抱えている不安や思いがある。相手の立場に立ち、相手の話に耳を傾け、相手を理解する姿勢を持つ。

傾聴の留意点

・言葉だけでなく、表情や態度で表現する。

・相手の話を最後まで聴く。さえぎらない。

・自分の価値観や考えを押しつけない。

・同じ話であっても耳を傾ける。

・相手の気持ちを推察して寄り添う姿勢を示す。

介護　コミュニケーション技術

次の事例を読んで、**問題221**、**問題222**について答えなさい。

〔事例〕

　Fさん（85歳、女性）は、中等度の認知症（dementia）がある。同居していた娘の支援を受けて生活してきたが、症状が進行してきたために、介護老人福祉施設への入所が決まった。

　入所当日、介護福祉職はFさんの付き添いで来た娘に初めて会った。介護福祉職が、「はじめまして。よろしくお願いします」と挨拶をすると、娘は少し緊張した様子で、「お願いします」とだけ答えた。娘は、介護福祉職の問いかけに応えるまで時間がかかり、また、あまり多くを語ることはなかった。

　持参した荷物の整理を終えて帰宅するとき、娘が寂しそうに、「これから離れて暮らすんですね」とつぶやいた。

問題 221

初対面の娘と関係を構築するために介護福祉職がとる対応として、**最も適切な**ものを１つ選びなさい。

1　友人のような口調で話す。

2　相手のペースに合わせて、表情を確認しながら話す。

3　会話が途切れないように積極的に話す。

4　密接距離を確保してから話す。

5　スキンシップを用いながら話す。

問題 222

帰宅するときの娘の発言に対する、介護福祉職の共感的な言葉かけとして、**最も適切な**ものを１つ選びなさい。

1　「心配しなくても大丈夫ですよ」

2　「私も寂しい気持ちは一緒です」

3　「元気を出して、お母さんの前では明るく笑顔でいましょう」

4　「お母さんに毎日会いに来てください」

5　「お母さんと離れて暮らすと寂しくなりますね」

●**信頼に基づく協力関係の構築**　出題頻度★★★　　　　　　　　[第33回 問題28より出題]

解答と解説

✕ 1　一般的に考えても、初対面の相手に対して、友人のような口調で話すことは適切ではありません。まずは、丁寧な姿勢と口調を心がけるべきでしょう。

○ 2　まずは家族と関係をつくるために、相手の話を丁寧に聴くことが必要です。その際に話しやすい相手のペースを崩さず、感情の動きなどを含めて表情を観察することが適切です。

✕ 3　「会話が途切れる」「言葉が出ない」ということも、ひとつの意思表示かもしれません。途切れないように話すのではなく、途切れた際に相手を待つという姿勢も必要になります。

✕ 4　初対面の相手と確保する距離は、個体距離（45〜120cm）や社会距離（120〜350cm）程度にしましょう。まだ親密でない関係で、密接距離（45cm以下）を確保することは適切ではありません。

✕ 5　スキンシップを用いることができるのは、一定の信頼関係がつくられてからと考えられます。初対面の相手に対して用いるべきではありません。

正解 2

●**家族とのコミュニケーションの実際**　出題頻度★★★　　　　　　[第33回 問題29より出題]

解答と解説

✕ 1　不安を抱え、心配をしている娘の気持ちに共感するには、まずはその不安や心配している気持ちを理解しようとする姿勢や言葉かけが必要です。

✕ 2　「心配する気持ち」や「寂しそうな様子」は娘個人の気持ちであり、それを大切に考えることが必要です。他の人と同じとしたり、比較したりすることは適切ではありません。

✕ 3　これまで自宅で母を支援してきた娘に対して、「元気を出して」「笑顔でいましょう」と励ましたり、背中を押したりする言葉は、かえって娘の気持ちを追い込んでしまうことになり、適切ではありません。

✕ 4　面会に来るかどうかはＦさんと娘の問題であり、介護福祉職が指示するような言葉かけをすることは適切ではありません。

○ 5　まずは娘の気持ちを推察し、それを受け入れて理解しようとしている言葉かけなので、適切です。

正解 5

合格のための要点整理　　●**受容・共感・傾聴**
利用者や家族とコミュニケーションを取るときの基本的で重要な技法。

【コミュニケーションの技法】

傾聴…単に話を聴くのではなく、心から耳を傾け、相手の話を聴く姿勢を示すこと。

受容…相手の言動や感情表現をありのまま受け止めること。

共感…相手の感情や思いを積極的に感じ、理解すること。

介護

コミュニケーション技術

問題 223 Gさん（55歳、男性）は父親と二人で暮らしている。父親は週2回通所介護（デイサービス）を利用している。Gさんは、父親が夜に何度も起きるために睡眠不足となり、仕事でミスが続き退職を決意した。

ある日、Gさんが介護福祉職に、「今後の生活が不安だ。通所介護（デイサービス）の利用をやめたいと考えている」と話した。

Gさんが、「利用をやめたい」と言った背景にある理由を知るためのコミュニケーションとして、**最も適切なもの**を1つ選びなさい。

1 開かれた質問をする。

2 「はい」「いいえ」で答えられる質問をする。

3 介護福祉職のペースに合わせて話してもらう。

4 事実と異なることは、訂正しながら聞く。

5 相手が話したくないことは、推測して判断する。

◉家族とのコミュニケーションの実際　出題頻度★★★★　　　［第33回 問題30より出題］

解答と解説

○ 1 「開かれた質問」は相手の気持ちや考え、感情を自由に話してもらうことを目的としており、「利用をやめたい」という理由や背景を知るために適切な方法です。

✕ 2 「はい」「いいえ」で答えられる「閉じられた質問」では、相手の本当の気持ちや感情まで知ることは難しく、適切ではありません。

✕ 3 相手のペースに合わせて、話しやすい雰囲気をつくって傾聴することが適切です。

✕ 4 まずは、Gさんの思いや考えを聴くことが優先されます。事実と異なることは、Gさんの気持ちや考えを聴いたあとに訂正したり、話を改めて聴いたりといった姿勢が適切です。

✕ 5 話したくないことを無理に聴く必要はありません。推測することも必要な場合がありますが、事実を知らない中で判断することは危険であり、適切ではありません。

正解 1

合格のための要点整理　◉ 「開かれた質問」と「閉じられた質問」の使い分け

開かれた質問（オープンクエスチョン）	閉じられた質問（クローズドクエスチョン）
❶幅広い答えを求めるとき 　例「夕ごはんは何を食べたいですか？」	❶答えに範囲や候補があるとき 　例「夕ごはんは餃子か、ハンバーグのどちらがよいですか？」
❷時間をかけて話し合いたいとき 　例「次回のレクリエーションはどんな企画にしましょうか？」	❷会話の時間を短くしたいとき 　例「レクリエーションは体操か、カラオケにしませんか？」
❸相手に自由な発想で考えてもらいたいとき 　例「あなたはこの仕事について、どう思いますか？」	❸相手の発想を限定させて考えさせたいとき 　例「あなたは仕事が好きですか？」

問題 224 利用者と家族の意向が対立する場面で、介護福祉職が両者の意向を調整するときの留意点として、**最も適切なもの**を1つ選びなさい。

1 両者が話し合いを始めるまで発言しない。

2 利用者に従うように家族を説得する。

3 利用者と家族のそれぞれの意見を聞く。

4 家族の介護負担の軽減を目的にして調整する。

5 他職種には相談せずに解決する。

●**本人と家族の意向の調整をする技術** 出題頻度★★★　　　[第33回 問題31より出題]

解答と解説

✗ 1 両者の意見が対立している場合、話のきっかけや方向性を介護福祉職がはじめに提示していくことも必要です。

✗ 2 利用者の意見にしたがうように説得するのではなく、利用者と家族がお互いに話し合いをして、納得できる答えを導けるように意見交換の場所をつくるはたらきかけが必要です。

○ 3 利用者と家族、それぞれの意見を聴いて、どちらかを優先するのではなく、お互いに納得できるように、はたらきかけることは適切です。

✗ 4 家族の介護負担の軽減という視点は必要ですが、それだけを目的とするのではなく、利用者の意向や生活の質の向上を目的として、調整することが適切です。

✗ 5 介護福祉職だけでなく、他の専門職に相談することは広い視点で発想が生まれることもあり、必要な手段といえます。

正解3

合格のための要点整理 ●**利用者と家族との意向の調整**

利用者と家族との意向やニーズは、必ずしも一致するとは限らない。両者の意向の調整を行うことも、介護福祉職に必要な支援技術といえる。

❶ 利用者と家族の意向を聴く。

❷ 利用者と家族がコミュニケーションを持てる場をつくる。

❸ 利用者と家族が話しやすい状況をつくる。

❹ 家族が、利用者の意向を聴く姿勢を持てるように促していく。

❺ 利用者が、家族に意向を話すことができるように促していく。

❻ 利用者が意向を話すことが難しいときは、介護福祉職がその意向を代弁（アドボカシー）する。

介護

コミュニケーション技術

10-3 障害の特性に応じたコミュニケーション

> **問題　225**　Ｃさん（75歳、男性）は、老人性難聴（presbycusis）があり、右耳は中等度難聴、左耳は高度難聴である。耳かけ型補聴器を両耳で使用して静かな場所で話せば、なんとか相手の話を聞き取ることができる。
>
> 　Ｃさんとの１対１のコミュニケーションの方法として、**最も適切なもの**を１つ選びなさい。
>
> 1　正面で向き合って話しかける。
>
> 2　高音域の声を使って話しかける。
>
> 3　耳元で、できるだけ大きな声で話しかける。
>
> 4　手話で会話をする。
>
> 5　からだに触れてから話しかける。

◉聴覚・言語障害がある人とのコミュニケーション　　出題頻度★★★　　[第35回 問題76より出題]

解答と解説

○ 1　難聴の利用者は声がよく聞こえないため、口の動きや表情から相手の話を理解することがあります。正面で顔が見えるようにすることは、コミュニケーションの方法として適切です。

✕ 2　高齢者は高音域の声が聴きとりづらくなりますので、適切ではありません。

✕ 3　耳元で話をすることは適切ですが、大きな声で話しかけると音が響いてしまい、かえってわかりづらく、また怒られていると感じることもあり、適切ではありません。

✕ 4　Ｃさんは静かな場所で話をすれば、聞き取ることができています。また、高齢になってから聞き取りづらくなった老人性難聴のＣさんには、手話を理解することは難しいと考えられ、適切ではありません。

✕ 5　Ｃさんは視覚に障害があるわけではないので、からだに触れる必要はなく、適切ではありません。

正解1

合格のための要点整理

◉老人性難聴の特徴

言葉の判別が難しくなるので、顔が見えるように話したり、耳元に近づいてゆっくりと普通の声で話しかけたりする。

・感音性難聴（音を聞きわけられない）に分類される

・高い音から聞こえが悪くなる

・音がひずんで聞こえるため、話の内容がわかりにくい

補聴器は本来、伝音性難聴（音が伝わらない）に効果があります。老人性難聴は治療効果が期待できず、補聴器の使用が一般的です

Dさん（90歳、女性、要介護5）は、重度のアルツハイマー型認知症（dementia of the Alzheimer's type）である。介護福祉職は、Dさんに声かけをして会話をしているが、最近、自発的な発語が少なくなり、会話中に視線が合わないことも増えてきたことが気になっている。

Dさんとのコミュニケーションをとるための介護福祉職の対応として、**最も適切なもの**を1つ選びなさい。

1　引き続き、言語を中心にコミュニケーションをとる。

2　Dさんが緊張しているので、からだに触れないようにする。

3　表情やしぐさを確認しながら、感情の理解に努める。

4　視線が合わないときは、会話を控える。

5　自発的な発語がないため、会話の機会を減らしていく。

● **認知・知的障害のある人とのコミュニケーション**　出題頻度★★★★　[第35回 問題77より出題]

解答と解説

✕ 1　発語が少なくなっているDさんは、言葉の理解が難しくなっている可能性も考えられます。言語だけでなく、非言語コミュニケーションを意識しながらコミュニケーションをとることが適切です。

✕ 2　背中や手などやさしく触れることで、緊張がゆるむことがあります。視線が合わないことも増えているDさんとのコミュニケーションでは、そばに寄り添っていることをからだに触れて示すことも必要です。

◯ 3　発語が少なくなっているDさんとのコミュニケーションでは、表情やしぐさなどの非言語のメッセージを意識して、感情の理解に努めます。

✕ 4　視線を合わせないのではなく、認知症が進行していることが考えられます。会話を控えるのではなく、介護福祉職から視線を合わせるようにして、積極的にコミュニケーションを取ります。

✕ 5　会話の機会を減らせば、認知症を進行させてしまうことが考えられます。非言語コミュニケーションも意識しながら、会話は積極的に行います。

正解3

合格のための要点整理

● **認知症の利用者への基本姿勢**

認知症のある利用者とのかかわりでは、利用者の言葉や行動の意味を理解するために、普段の生活や非言語のメッセージを理解することが必要になる。

認知症の人にはまず、その人の「不安」を解消するようにかかわることが基本になります

次の事例を読んで、**問題227**、**問題228**について答えなさい。

〔事例〕

　Jさん（75歳、男性）は先天性の全盲である。これまで自宅で自立した生活をしてきたが、最近、心身機能の衰えを感じて、有料老人ホームに入居した。

　施設での生活にまだ慣れていないので、移動は介護福祉職に誘導してもらっている。

　ある日、介護福祉職がJさんを自室まで誘導したときに、「いつも手伝ってもらってすみません。なかなか場所を覚えられなくて。私はここでやっていけるでしょうか」と話してきた。

問題 227

　Jさんの発言への介護福祉職の共感的理解を示す対応として、**最も適切なもの**を1つ選びなさい。

1　Jさんの発言にうなずく。

2　Jさんの発言のあと沈黙する。

3　Jさんの話の内容を短くまとめて伝える。

4　Jさんの立場に立って感情を推し測り、言葉で表現して伝える。

5　Jさんの気持ちが前向きになるように、励ましの言葉を伝える。

問題 228

　Jさんの不安な気持ちを軽くするための介護福祉職の対応として、**最も適切なもの**を1つ選びなさい。

1　いきなり声をかけると驚くので、肩にふれてから挨拶をする。

2　誘導時の声かけは歩行の妨げになるので、最小限にする。

3　角を曲がるときには、「こちらに」と方向を伝える。

4　トイレや食堂などを、一緒に歩きながら確認する。

5　食堂の座席は、Jさんの好きなところに座るように伝える。

●視覚障害のある人とのコミュニケーション　出題頻度★★★★　[第34回 問題29より出題]

解答と解説

✕ 1　うなずくことは間違いではありませんが、全盲のJさんはその様子を見ることができないので、共感的理解を示したことにはなりません。

✕ 2　Jさんは介護福祉職の表情や動作を見ることができないので、沈黙してしまうと介護福祉職の考えや感情を知ることができません。

✕ 3　Jさんは自分の気持ちを伝えることができており、短くまとめる必要はありません。また、かえって自分の不安を軽く考えているのではないかという疑念を与えかねません。

○ 4　全盲のJさんには、言葉でしっかりと表現することが適切です。また、相手の感情を推し量ることも共感的理解として適切といえます。

✕ 5　まず、Jさんの不安な感情や気持ちを理解する姿勢が必要であり、励ますことは共感的理解としても適切ではありません。

正解 4

●視覚障害のある人とのコミュニケーション　出題頻度★★★　[第34回 問題30より出題]

解答と解説

✕ 1　周囲の状況や周囲の人が見えない視覚障害のあるJさんのからだにいきなり触れると、おどろかせてしまいます。適度な声量で、からだを触れるよりも先に挨拶をします。

✕ 2　Jさんは視覚による情報を得られないため、具体的な内容を整理して伝えていくことが適切です。

✕ 3　「こちらに」では、視覚情報のないJさんには理解ができません。具体的な言葉で表現することが適切です。

○ 4　不安を軽減するには、周囲の状況を知ってもらうことが必要です。視覚情報のないJさんといっしょに歩き、場所や物などを触ってもらいながら、それらの位置を確認していくと安心感につながります。

✕ 5　視覚障害があって施設生活に慣れていないJさんに「好きなところ」といっても、どのような場所かもわからず、かえって不安になります。まずはJさんと話をしながら、食事席を決めましょう。

正解 4

合格のための要点整理

共感

自己覚知

●**自己覚知**

人は自分の思いや価値観でしか、他者をとらえることが難しい。対人支援職は自身の価値観や現在の状況を知ることで、偏見などを持たずに価値観の違う利用者にも共感的理解をすることができる。

家族
利用者
対人支援職

今、イライラしている？

介護

コミュニケーション技術

381

次の事例を読んで、**問題229**、**問題230**について答えなさい。

〔事例〕

Ｋさん（83歳、女性、要介護３）は、10年前の脳出血（cerebral hemorrhage）による後遺症で高次脳機能障害（higher brain dysfunction）がある。感情のコントロールが難しく、興奮すると大声をあげて怒りだす。現在は、訪問介護(ホームヘルプサービス)を利用しながら、自宅で長男(60歳)と二人暮らしをしている。

長男は、会社を３年前に早期退職し、Ｋさんの介護に専念してきた。顔色が悪く、介護による疲労を訴えているが、「介護を続けて、母を自宅で看取りたい」と強く希望している。別居している長女は、長男の様子を心配して、「母親の施設入所の手続きを進めたい」という意向を示している。

問題 229

訪問介護員（ホームヘルパー）が、興奮しているときのＫさんとコミュニケーションをとるための方法として、**最も適切なもの**を１つ選びなさい。

1 興奮している理由を詳しく聞く。

2 興奮することはよくないと説明する。

3 冷静になるように説得する。

4 事前に作成しておいた日課表に沿って活動してもらう。

5 場所を移動して話題を変える。

問題 230

長男に対する訪問介護員（ホームヘルパー）の対応として、**最も適切なもの**を１つ選びなさい。

1 長男自身の意向を変える必要はないと励ます。

2 Ｋさん本人の意向が不明なため、長男の希望は通らないと伝える。

3 これまでの介護をねぎらい、自宅での看取りを希望する理由を尋ねる。

4 自宅での生活を継続するのは限界だと説明する。

5 長女の言うように、施設入所の手続きを進めることが正しいと伝える。

問題 229

●高次脳機能障害のある人とのコミュニケーション　出題頻度★★★　[第34回 問題31より出題]

解答と解説

✕ 1　まずは、興奮している状態から落ち着いてもらうことが大切です。話をして理由を聞くのは、そのあとにしましょう。

✕ 2　興奮している状態のKさんに、「よくない」と指摘することは適切ではありません。まずは、落ち着いてもらってから、Kさんが取った行動や態度について話し合ってみましょう。

✕ 3　訪問介護員が冷静に対応することは必要ですが、冷静になるように説得を試みれば、かえって興奮させてしまうことがあります。

✕ 4　日課表に沿って行動を促すことは、高次脳機能障害のあるKさんには適切な対応ではありますが、興奮状態のときにすることではありません。

○ 5　まずは話題と場所を変えて、落ち着いてもらうようなアプローチが適切です。

正解 5

問題 230

●家族とのコミュニケーションの実際　出題頻度★★★　[第34回 問題32より出題]

解答と解説

✕ 1　疲労を訴えている長男に対しては、「励ます」のではなく、意向を確認し、ねぎらい、寄り添う姿勢を持つことが必要です。

✕ 2　長男の希望が通るかどうかの判断は、介護福祉職の役割ではありません。Kさんも意向を表明できないわけではないので、長女も含めた三者の意向を確認し、調整を行います。

○ 3　まずは長男をねぎらい、本心を打ち明けてもらえるような環境をつくることが必要です。

✕ 4　これまで自宅での介護に専念してきた長男に対して、介護福祉職が限界と決めつけて意見をすることは適切ではありません。現状を説明して、家族としての意向を表明することができるように調整しましょう。

✕ 5　どの意向が正しいかを判断することは、介護福祉職のすることではありません。また、それぞれの意向に対して、「正しいかどうか」も判断できることではありません。

正解 3

合格のための要点整理

●高次脳機能障害の症状

高次脳機能障害の症状には、半側空間無視、遂行機能障害、社会的行動障害などがある。特徴を理解し、適切な対応が必要である。

介護

コミュニケーション技術

運動性失語症（motor aphasia）のある人とコミュニケーションを図るときの留意点として、**最も適切なもの**を１つ選びなさい。

1 絵や写真を使って反応を引き出す。

2 大きな声で１音ずつ区切って話す。

3 手話を使うようにする。

4 五十音表でひらがなを指してもらう。

5 閉ざされた質問は控える。

●聴覚・言語障害のある人とのコミュニケーション　出題頻度★★★★　［第33回 問題32より出題］

解答と解説

○ 1　運動性失語症のある人は言葉の理解はできるが、言葉で表現することが難しいので、絵や写真を使用することは適切です。

✕ 2　運動性失語症のある人は言葉の理解はできるので、大きな声や１音ずつ区切って話す必要はありません。

✕ 3　手話は、聴覚障害者への有効なコミュニケーション手段です。運動性失語症のある人は聴覚に問題はなく、言語理解もできるので適切ではありません。

✕ 4　運動性失語症のある人は言葉を出す、言葉であらわすことが難しいので、五十音表で文字は見えていますが、それを言葉として表現することは難しく、適切ではありません。

✕ 5　言葉を出すことが難しい運動性失語症のある人に対し、「はい」や「いいえ」で答えることのできる「閉じられた質問」は有効です。

正解 1

合格のための要点整理　●運動性失語症（ブローカ失語症）と感覚性失語症（ウェルニッケ失語症）
それぞれの失語症の症状と対応方法を押さえておこう。

失語症の症状に応じて、適切なコミュニケーション手段を用いることが大切です

種類	症状	対応方法
（ブローカ失語症）運動性失語症	・言語の理解はできる ・書くことは難しい ・言語が不明瞭で、聞き取りにくい	・「はい」「いいえ」で答えられる問いかけをする ・絵や写真などを使う
（ウェルニッケ失語症）感覚性失語症	・流暢に話せるが、意味がない単語の羅列になる ・言語の理解が難しい	・非言語コミュニケーションを用いる ・表情をよく観察する ・身振りやジェスチャーを使う

10-4 介護における チームのコミュニケーション

> **問題 232** 介護実践の場で行われる、勤務交代時の申し送りの目的に関する次の記述のうち、**最も適切なもの**を１つ選びなさい。
>
> 1　翌月の介護福祉職の勤務表を検討する。
> 2　利用者のレクリエーション活動を計画する。
> 3　利用者の問題解決に向けた事例検討を行う。
> 4　利用者へのケアの継続性を保つ。
> 5　利用者とケアの方針を共有する。

●報告・連絡・相談の意義と目的　出題頻度★★　　　　[第35回 問題78より出題]

解答と解説

✕ 1　申し送りは勤務時の状況や利用者の情報について引き継ぐものであり、職員の勤務表作成とは関係ありません。

✕ 2　レクリエーション活動を計画するのは、フロアやチームの会議の場などで行います。

✕ 3　問題解決のための事例検討は、勤務交代時に行うことではありません。

◯ 4　勤務交代時に行われる申し送りは、日中や夜間の利用者の様子や指示事項などを伝達・報告することで、ケアの継続性を保つことも目的のひとつです。

✕ 5　ケアの方針を共有するのは、ケアカンファレンス等の目的のひとつなので、適切ではありません。

正解 4

合格のための要点整理　**●報告・連絡・相談の徹底**

ホウ 報告
・指示を受けた仕事は指示者へ報告。
・結論から先に伝えよう！
・トラブルや事故はすぐに伝えよう！

レン 連絡
・誰に連絡するのか、適切な方法を考えよう！

ソウ 相談
・誰にいつ伝えるのか考えよう！
・自分の考えをまとめてから相談しよう！

介護
コミュニケーション技術

385

問題　233　Ｅさん（87歳、女性、要介護３）は、介護老人福祉施設に入所していて、認知症（dementia）がある。ある日、担当のＦ介護福祉職がＥさんの居室を訪問すると、Ｅさんは、イライラした様子で、「私の財布が盗まれた」と言ってベッドの周りをうろうろしていた。一緒に探すと、タンスの引き出しの奥から財布が見つかった。

　　Ｆ介護福祉職は、Ｅさんのケアカンファレンス（care conference）に出席して、この出来事について情報共有することにした。

　　Ｅさんの状況に関する報告として、**最も適切なもの**を１つ選びなさい。

1　「Ｅさんの認知機能が低下しました」

2　「Ｅさんは、誰かに怒っていました」

3　「Ｅさんには、もの盗られ妄想があります」

4　「Ｅさんは、財布が見つかって、安心していると思います」

5　「Ｅさんは、財布が盗まれたと言って、ベッドの周りをうろうろしていました」

●会議の意義と目的、種類、方法、留意点　　出題頻度★★★★　　　　[第35回 問題79より出題]

解答と解説

✕ 1　認知機能が低下したかどうかはわかりません。事実から介護福祉職が判断した内容になるので、報告の内容として適切ではありません。

✕ 2　Ｅさんは「イライラした様子」はありますが、「誰かに怒っていた」かどうかはわかりません。そのため、報告の内容として適切ではありません。

✕ 3　選択肢１・２と同様、「物盗られ妄想」があるかどうかはまだわかりません。報告の内容としては事実のみを報告する必要があるため、適切ではありません。

✕ 4　「安心した」と判断したのは介護福祉職であり、Ｅさんが安心したかどうかはわかりません。

○ 5　ケアカンファレンスで行う「報告」ではまず、事実をありのままに報告することが適切です。その後の意見交換で事実を解釈し、内容の検討となります。事実をありのままに報告しているこの内容は適切です。

正解5

合格のための要点整理　　●ケアカンファレンスの目的

- 情報交換と共有
- 介護目標や方針の決定と共有
- 参加メンバーの知識や技術、経験の集結
- 各職種や家族間の意見交換と役割分担

問題　234　利用者の家族から苦情があったときの上司への報告に関する次の記述のうち、**最も適切なもの**を１つ選びなさい。

1　苦情の内容について、時間をかけて詳しく口頭で報告した。

2　すぐに口頭で概要を報告してから、文書を作成して報告した。

3　結論を伝えることを重視して、「いつもの苦情です」とすぐに報告した。

4　上司が忙しそうだったので、同僚に伝えた。

5　自分の気持ちが落ち着いてから、翌日に報告した。

●**報告の留意点**　出題頻度★★　　　　　　　　　　　　　[第34回 問題33より出題]

解答と解説

✕ 1　口頭での報告は、簡潔に概要と結論を伝えましょう。詳細については、口頭ではわかりにくいことや補足、記録に残す必要があることは、書面を作成します。

◯ 2　特に苦情や事故については、まずは結論と概要を報告し、対応の指示を受けることが必要です。

✕ 3　特に「いつもの苦情」と、勝手に判断していることが危険です。すぐに報告することは正しいのですが、自分の勝手な判断を加えることなく、事実を正確に報告しましょう。

✕ 4　報告は内容や業務によって、その相手が変わります。業務であれば、その指示を与えた人になりますが、苦情や事故については上司に必ず報告をします。

✕ 5　苦情には迅速で適切な対応が求められるので、すぐに報告することが必要です。

正解 2

合格のための要点整理　　●**報告の留意点**

○**報告のタイミング**
- 業務が終了したとき
- 業務の途中経過
- 業務がうまく進行していないとき
- ミスや事故、苦情が起きたとき

○**報告の留意点**
- 結論は先に伝える
- 口頭か書面での報告かを判断する
- 事実と主観的情報を区別する
- 事故や苦情は速やかに伝える

問題 235 利用者の自宅で行うケアカンファレンス（care conference）に関する次の記述のうち、**最も適切なもの**を１つ選びなさい。

1 検討する内容は、インフォーマルなサポートに限定する。

2 介護福祉職の行った介護に対する批判を中心に進める。

3 利用者本人の参加を促し、利用者の意向をケア方針に反映させる。

4 意見が分かれたときは、多数決で決定する。

5 対立を避けるために、他の専門職の意見には反論しない。

●ケアカンファレンス　出題頻度★★★　　　　　　　　　[第34回 問題34より出題]

解答と解説

✕ 1 利用者のケアを考えるときは、フォーマルサービスだけでなく、インフォーマルサービスも含めたさまざまな視点から検討します。

✕ 2 介護福祉職の行った介護や方向性について、検証や検討をすることは必要です。しかし、批判を中心とするのではなく、よりよい支援を求めた建設的な意見交換が重要です。

◯ 3 利用者のケアを考えるときに、その中心となる利用者本人の参加を促すことが適切です。

✕ 4 多数決でひとつの意見に絞るのではなく、それぞれの意見を検討し、調整し、納得のできるよりよい方向性を考えることが適切です。

✕ 5 参加者の専門分野が異なるので、意見の違いが出ることは悪いことではありません。それぞれの立場から意見を求め、よりよい方向性を導き出すことが適切です。

正解 3

合格のための要点整理　　●会議の種類

ケアカンファレンス
利用者のケアについて、個別サービス計画の立案・修正・評価・役割分担を行う会議。

サービス担当者会議
介護支援専門員が招集し、サービス事業者の担当者などが集まって開催される会議。

問題　236　介護記録を書くときの留意点として、**最も適切なもの**を１つ選びなさい。

1　数日後に書く。

2　客観的事実と主観的情報は区別せずに書く。

3　ほかから得た情報は情報源も書く。

4　利用者の気持ちだけを推測して書く。

5　介護福祉職の意見を中心に書く。

●**介護記録の留意点**　出題頻度★★★　　　　　　　　　[第33回 問題33より出題]

解答と解説

✕ 1　記録は、記憶が明確に残っている段階で書くことが必要です。数日後では、思い出せないことや、記憶していた内容が変わってしまうことがあるので適切ではありません。

✕ 2　客観的事実に対しての主観的情報などを記録をすることはありますが、客観と主観の区別をはっきりとつけて記録をしておくことが適切です。

◯ 3　情報の根拠や信頼性を明らかにするためには、情報源を書いておくことが必要です。また、裏づけを取る際にも必要になると考えられます。

✕ 4　記録を書く際に、利用者の気持ちを推察して書くことも必要ですが、それだけでなく、その場面やそのときの客観的な事実を書いておくことは必要です。

✕ 5　介護福祉職の意見が必要な場合もありますが、あくまでも客観的な事実や利用者からの客観的、主観的情報などを中心に書くことが適切です。

正解 3

合格のための要点整理

●**SOAP方式の記録**

SOAP方式（subjective、objective、assessment、plan、それぞれの頭文字から）は、課題に焦点を絞り、収集した情報を科学的・系統的に記録するための記録方式である。

S：主観的情報
O：客観的情報
A：アセスメント
P：計画

S：足が痛いなぁ

O：足を引きずっている

S＋O　➡　A：転倒する恐れ　➡　P：歩行時は見守り対応

介護

コミュニケーション技術

問題 **237** 報告者と聞き手の理解の相違をなくすための聞き手の留意点として、**最も適切なもの**を1つ選びなさい。

1 受け身の姿勢で聞く。

2 腕組みをしながら聞く。

3 同調しながら聞く。

4 不明な点を確認しながら聞く。

5 ほかの業務をしながら聞く。

●**報告の留意点** 出題頻度★★★ 　　　　　　　　　　　　　　　[第33回 問題34より出題]

解答と解説

✕ 1 聞き手の話を受け身の姿勢ではなく、理解しようとする積極的な姿勢で聴くことが適切です。

✕ 2 腕組みは相手に威圧的な雰囲気を与えてしまうことがあり、報告者が正確な報告をできなくなる可能性があります。

✕ 3 同調するのではなく、報告者の話の内容をしっかりと理解するためには、事実を事実として、評価などをせずに聴くことが適切です。

○ 4 報告者と聞き手がお互いに理解の相違をなくすためには、不明な点を質問し、確認、理解しながら聴くことが適切です。

✕ 5 他の業務をしながらでは話の内容を集中して聴くことができず、まったく異なる理解をしてしまうこともあり、適切ではありません。

正解 4

合格のための要点整理 ●**報告の留意点**

❶ 結論から報告し、経過はあとに報告する。

❷ 具体的な言葉を使って、わかりやすく報告する。

❸ 客観的事実を優先して報告する。

❹ 事故や苦情はすぐに報告する。

❺ 長期にわたる業務については途中経過も報告する。

❻ 指示を受けた業務の報告は指示を出した者に行う。

❼ 口頭や文書など適切な方法を使って報告する。

問題 **238** Ｇさん（79歳、女性、要介護３）は、介護老人福祉施設に入所して、３週間が経過した。施設での生活には慣れてきているが、居室でテレビを見て過ごす時間が長くなった。ある時、Ｇさんが、「気分転換に台所を借りて、自分でおやつを作ってみたい」と介護福祉職に話した。

Ｇさんのレクリエーション活動の計画作成にあたり、介護福祉職が留意すべきこととして、**最も適切なもの**を１つ選びなさい。

1 Ｇさんの居室で行うようにする。

2 おやつのメニューは、介護福祉職が選ぶ。

3 施設のレクリエーション財を優先する。

4 集団で行うことを優先する。

5 おやつ作りをきっかけに、施設生活に楽しみがもてるようにする。

●**生活支援と介護過程** 出題頻度★ [第35回 問題80より出題]

解答と解説

✕ 1 居室でレクリエーションを行えば、ますます１人で過ごす時間が増えてしまいます。施設生活の中で他者との交流が減っていくことになり、適切ではありません。

✕ 2 できることとできないことがあるかもしれませんが、Ｇさん本人の意思と自己選択を促すことが自立支援につながります。介護福祉職が選ぶべきことではありません。

✕ 3 Ｇさん本人がどのようなことをしたいのか、何を使いたいのか、使い慣れたものや環境を整えることが必要であり、施設のレクリエーション財を優先することは適切ではありません。

✕ 4 集団で行うことは間違いではありませんが、あくまでもＧさんの意思と自己選択を優先することが必要であり、介護福祉職が決めるべきことではありません。

○ 5 Ｇさんが行いたいと思っている「おやつつくり」をきっかけにして、他者との交流ややりがい、楽しみを見つけてもらうことが生活の質の向上につながります。

正解5

合格のための要点整理

●**生活活動**

生活活動には種類があるが、それぞれの活動の役割を理解して支援していくことが求められる。

■**生活活動の種類3**

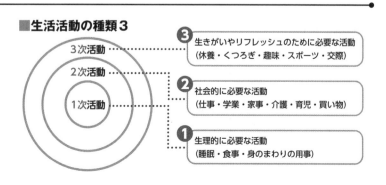

3次活動
2次活動
1次活動

❸ 生きがいやリフレッシュのために必要な活動
（休養・くつろぎ・趣味・スポーツ・交際）

❷ 社会的に必要な活動
（仕事・学業・家事・介護・育児・買い物）

❶ 生理的に必要な活動
（睡眠・食事・身のまわりの用事）

介護

コミュニケーション技術／生活支援技術

> **問題 239** 老化に伴う機能低下のある高齢者の住まいに関する次の記述のうち、**最も適切なもの**を1つ選びなさい。
>
> 1 寝室はトイレに近い場所が望ましい。
>
> 2 寝室は玄関と別の階にする。
>
> 3 夜間の騒音レベルは80dB以下になるようにする。
>
> 4 ベッドは照明の真下に配置する。
>
> 5 壁紙と手すりは同色にするのが望ましい。

●居住環境整備の視点　出題頻度★　　　　　　　　　　　　[第34回 問題35より出題]

解答と解説

○ 1 機能低下のある高齢者はトイレまで行くにも、トイレ内での排泄動作にも時間がかかると考えられます。そのため、寝室とトイレは近い場所が望ましいです。

✕ 2 寝室が玄関と別の階の場合、必ず階段昇降が発生するため、機能低下のある高齢者には適切ではありません。

✕ 3 騒音レベルが80dBだと、苦痛を感じる人も出ます。おおよそ40dB以下が適切といえます。

✕ 4 ベッドが照明の真下だと、光が目に直接入ることになります。高齢者は若年者以上にまぶしく感じるので、光源の光と反射光が目に直接入らないように配置することが求められます。

✕ 5 手すりと壁紙が同色では、手すりがわかりにくくなります。

正解1

合格のための要点整理

●騒音

音の感じ方には個人差がある。音は心理状態にも影響を与えるため、音環境に関しての配慮が必要である。

一般的な目安	音圧レベル	参考例	一般的な目安	音圧レベル	参考例
きわめてうるさい	120dB	・飛行機のエンジンの近く	普通	50dB	・静かな事務所 ・家庭用クーラー（室外機）
	110dB	・自動車のクラクション（2m）		40dB	・深夜の町中　・図書館 ・昼の静かな住宅地
	100dB	・電車が通るときのガード下 ・液圧プレス機のそば（1m）	静か	30dB	・深夜の郊外 ・ささやき声
	90dB	・犬の鳴き声（5m） ・騒々しい工場の中		20dB	・ささやき ・木の葉の触れ合う音
うるさい	80dB	・地下鉄の車内　・交差点 ・電車の車内　・ピアノ（1m）			
	70dB	・騒々しい事務所の中　・騒々しい街角 ・セミの鳴き声（2m）			
	60dB	・静かな乗用車 ・普通の会話　・洗濯機（1m） ・掃除機（1m）　・テレビ（1m）			

高齢者の安全な移動に配慮した段階の要件として、**最も適切なもの**を１つ選びなさい。

1　手すりを設置している。

2　階段の一段の高さは、25cm以上である。

3　階段の足をのせる板の奥行は、15cm未満である。

4　階段の照明は、足元の間接照明にする。

5　毛の長いじゅうたんを敷く。

●居住環境整備の視点　出題頻度★★★★　　　　　　　　　[第35回 問題81より出題]

解答と解説

○1　階段には手すりをつけることで転倒や転落の防止につながり、また上る際にはからだを引き上げることにも役立ちます。

×2　階段の１段の高さは、16cm以下が適切です。25cm以上だと高すぎて、足を上げることが難しくなる高齢者には適していません。

×3　板の奥行きは足底の全面がしっかりとつくように、30cm以上が適切です。15cm未満だと、足底が板に乗りきらず危険があるため、適切ではありません。

×4　階段では、足元の間接照明だけでは十分な明るさが確保できず、危険です。階段の最上部と最下部にも照明を設置し、階段の途中に足元灯を設置することが適切です。

×5　毛足の長いじゅうたんを敷くとつま先が引っかかることがあり、転倒や転落につながる恐れがあります。

正解 1

合格のための要点整理

●階段の環境整備

高齢者が上りやすく、下りるときに転落の危険がないような環境整備が必要となる。

下りるときに利き手側になるように、手すりを設置しましょう

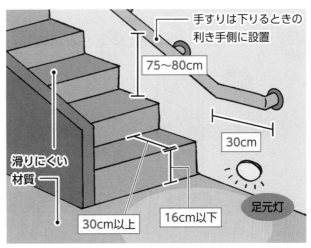

手すりは下りるときの利き手側に設置

75〜80cm

30cm

足元灯

滑りにくい材質

30cm以上　16cm以下

問題 241 次の記述のうち、古い住宅で暮らす高齢者が、ヒートショックを防ぐために必要な環境整備の方法として、**最も適切なもの**を1つ選びなさい。

1 居室の室温を低くする。

2 脱衣室の照明を明るくする。

3 トイレに床置き式の小型のパネルヒーターを置く。

4 入浴直前に浴槽の湯温を60℃にし、蒸気を立てる。

5 24時間換気システムを導入する。

●居住環境整備の視点　出題頻度★★★　　　　　　　　　　［第33回 問題35より出題］

解答と解説

✕ 1 高齢者に適した室温は一般的に冬季で20℃前後、夏季で26℃前後とされています。室温をむやみに低くすることは、適切ではありません。

✕ 2 脱衣室の照明だけを明るくする必要はありません。使用目的に応じた部屋の明るさを設定することが必要です。

○ 3 古い住宅ではトイレが寒い場合があり、居室などと温度差が生じることによってヒートショックを起こす恐れがあります。ヒーターを置いて温度差をなくす工夫は適切です。

✕ 4 入浴直前に湯温を60℃に設定すると、やけどをしてしまう危険性もあり、適切ではありません。

✕ 5 換気システムを導入すること自体は間違いではありませんが、窓を定期的に開放するなど適時、換気を行うことで問題はありません。また、ヒートショックとの関連もありません。

正解 3

合格のための要点整理　●ヒートショック

温かい部屋とトイレや脱衣室・浴室などで温度差がある場合に、血圧の急激な変化が起こり、発作などが起こることがある。

冷 → 冷 → 温

寒い脱衣場　　　　寒い浴室　　　　温かい浴槽の湯

問題 242 高齢者にとって安全で使いやすい扉の工夫として、**最も適切なもの**を1つ選びなさい。

1 トイレの扉は内開きにする。
2 開き戸は杖の使用者が移動しやすい。
3 引き戸は開閉の速度が速くなる。
4 アコーディオンドアは気密性が高い。
5 引き戸の取っ手は棒型にする。

●居住環境整備の視点　出題頻度★★★　　　　　　　[第33回 問題36より出題]

解答と解説

✕ 1 トイレでも浴室でも扉を内開きにしてしまうと、中で転倒などをした際に、利用者のからだで扉が開かなくなってしまうことがあります。

✕ 2 開き戸はそこを通る間、扉の取っ手を持っていなければならなかったり、杖の使用者だと扉を手前に引くことや、押すことが難しかったりするので、適切ではありません。

✕ 3 開閉の速度は開き戸でも引き戸でも、高齢者が扉を開閉する速度にもよります。しかし、引き戸のほうが設置する際に開閉の速度の調整が可能です。

✕ 4 アコーディオンドアは仕様上、裾と床面の間に隙間が生じるので気密性は高くありません。

◯ 5 引き戸の取っ手が丸いドアノブでは、高齢者には握りにくく、扉を横に引きにくくなってしまいます。棒型にすることで握りやすく、扉を引いて開閉しやすくなります。

正解 5

合格のための要点整理 ●トイレ・浴室の環境整備

■トイレの環境整備

手すり
直径30mm程度
便座よりも20～30cm
前方に取りつける
引き戸
洋式便器

手すりを便座よりも前方につけると、立ち上がりやすいです。試験でよく問われます

■浴室の環境整備

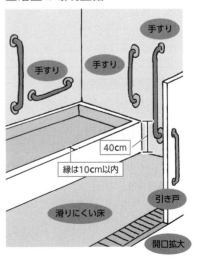

手すり
手すり
手すり
手すり
40cm
縁は10cm以内
引き戸
滑りにくい床
開口拡大

問題 243 Lさん（25歳、男性）は、第7胸髄節（Th7）を損傷したが、現在、状態は安定していて、車いすを利用すれば1人で日常生活ができるようになった。図はLさんの自宅の浴室であり、必要な手すりは既に設置されている。

Lさんが1人で浴槽に入るための福祉用具として、**最も適切なもの**を1つ選びなさい。

1 段差解消機

2 ストレッチャー

3 すべり止めマット

4 四点歩行器

5 移乗台

●**対象者の状態・状況に応じた留意点** 出題頻度★★★　　　　　［第34回 問題36より出題］

解答と解説

✕ **1** 段差解消機は、段差をなくすための機器です。車いすの利用者が移動の際に車いすで段差を乗り越えることができない場合に使用するものであり、入浴の場で使用するものではありません。

✕ **2** Lさんは車いすを使用することができるため、座位保持が可能です。上肢も可動できるので、ストレッチャーに乗って臥床状態で入浴する必要はありません。

✕ **3** 滑り止めマットを設置しても間違いではありませんが、胸髄損傷を負っているLさんは下肢が麻痺していると思われます。下肢を使って立ち上がることは難しいため、適切ではありません。

✕ **4** 四点歩行器は腰の負担を軽減したり、歩行バランスが悪い人などが使用したりするもので、歩行を支援する福祉用具です。下肢が麻痺しているLさんが、入浴の際に使用するものではありません。

○ **5** 移乗台を使用することで、手すりを使用して、車いすから移乗台に移り、下肢を上肢で持ち上げることで浴槽に入ることが可能になります。

正解5

合格のための要点整理

●**入浴の福祉用具**

さまざまな福祉用具を使うことで、自立支援につなげることができる。

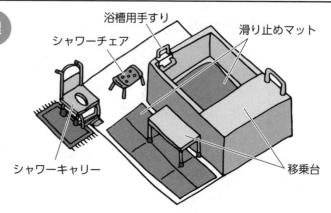

> **問題 244** スライディングボードを用いた、ベッドから車いすへの移乗の介護に関する次の記述のうち、**最も適切なもの**を1つ選びなさい
>
> 1 アームサポートが固定された車いすを準備する。
> 2 ベッドから車いすへの移乗時には、ベッドを車いすの座面より少し高くする。
> 3 ベッドと車いすの間を大きくあけ、スライディングボードを設置する。
> 4 スライディングボード上では、臀部を素早く移動させる。
> 5 車いすに座位を安定させ、からだを傾けずにスライディングボードを抜く。

●移動介護の視点　出題頻度★★

[第34回 問題41より出題]

解答と解説

✕ 1　アームサポートがあると、スライディングボードを車いすの座面に置くことができないこともあります。アームサポートを上げることができる車いすを準備して、ベッド側のアームサポートを上げておくのが適切です。

○ 2　スライディングボードに臀部を乗せて滑る形で移乗するため、ベッドを少し上げておくと滑りやすくなります。そうすることで、介護者の負担も軽くなります。車いすからベッドに移乗する場合は、ベッドを低くすることも必要です。

✕ 3　ベッドと車いすの間隔を大きくあけてしまうと、移乗距離が長くなり、またスライディングボードがたわんでしまうので危険です。できる限り、ベッドと車いすを近づけましょう。

✕ 4　素早く移動させようとすると、勢いがついて車いすが動いてしまったり、ベッドとは反対側のアームサポートに利用者がぶつかったりすることもあるので、ゆっくりと移動しましょう。

✕ 5　スライディングボードを抜くときは、反対側に重心を傾けて抜きます。傾きが不十分なまま抜こうとすると、皮膚障害につながったり大腿部を傷つけてしまったりすることもあります。

正解 2

介護 生活支援技術

合格のための要点整理

●ベッドから車いすへの移乗介護

スライディングボードを使用することで、利用者を持ち上げることなく移乗介護ができる。立位の難しい利用者が、自分で移乗することも可能になる。

移乗介護時の車いすの準備

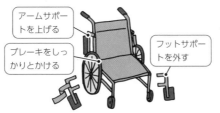

- アームサポートを上げる
- ブレーキをしっかりとかける
- フットサポートを外す

ベッドから車いすへ移乗する

- ベッドは車いすよりも高くする
- 車いすをベッドに寄せる

問題 245 介護予防教室で介護福祉職が行う安定した歩行に関する助言として、**最も適切なもの**を1つ選びなさい。

1 「歩幅を狭くしましょう」
2 「腕の振りを小さくしましょう」
3 「足元を見ながら歩きましょう」
4 「後ろ足のつま先で地面を蹴って踏み出しましょう」
5 「つま先から足をつきましょう」

●移動・移乗の介護の基本となる知識と技術　出題頻度★　　[第35回 問題82より出題]

解答と解説

✕ 1 歩幅が広いほうが大きな関節を動かしており、筋肉の弾力を歩行に使うことができるため、疲れにくく安定しています。そのため、歩幅を狭くすることは適切ではありません。

✕ 2 腕の振りが小さいと重心位置が動揺し、安定した歩行がしにくくなります。腕を大きく振ると重心の動揺が抑制され、安定した歩行につながります。また、腕の振りを大きくすることで歩幅が広くなり、歩行速度を上げることもできます。

✕ 3 視線が足元に向いていると、前方の視界を確保できず、事前に障害物を察知することができません。障害物に近づいてから察知することになるため、安全に避ける方法を考える間もなく、急いで障害物を避ける動作に移ります。急いで避けようとすると、不意に足がもつれたり、ふらついたりする危険性が高くなります。

○ 4 後ろ足のつま先で地面を蹴ることを意識すると、足の指をしっかりと曲げたり、股関節や大腿部の筋肉を使ったりすることができます。

✕ 5 足をつくときは踵からつくので、適切ではありません。

正解 4

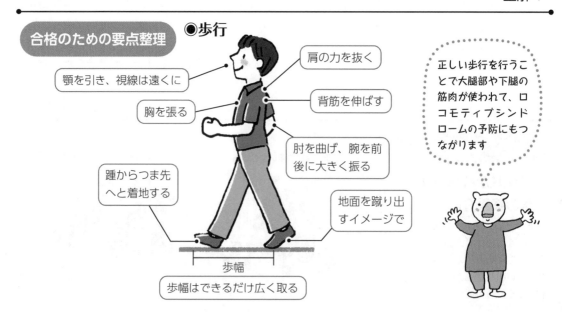

合格のための要点整理　●歩行

- 顎を引き、視線は遠くに
- 肩の力を抜く
- 胸を張る
- 背筋を伸ばす
- 肘を曲げ、腕を前後に大きく振る
- 踵からつま先へと着地する
- 地面を蹴り出すイメージで
- 歩幅
- 歩幅はできるだけ広く取る

正しい歩行を行うことで大腿部や下腿の筋肉が使われて、ロコモティブシンドロームの予防にもつながります

問題 **246** 利用者を仰臥位（背臥位）から側臥位へ体位変換するとき、トルクの原理を応用した介護方法として、**最も適切なもの**を1つ選びなさい。

1　利用者とベッドの接地面を広くする。

2　利用者の下肢を交差させる。

3　利用者の膝を立てる。

4　滑りやすいシートを利用者の下に敷く。

5　利用者に近づく。

●移動・移乗の介護の基本となる知識と技術　出題頻度★★★　　［第34回 問題42より出題］

解答と解説

✕ 1　利用者とベッドの接地面の関係は、摩擦力や支持基底面積の理論です。接地面を大きくすると、摩擦力と支持基底面積が大きくなります。接地面を小さくすることで、動かしやすくなります。

✕ 2　下肢を交差させるのは、慣性モーメントの理論です。回転や止めるときの負荷をあらわす量のことで、小さくまとめると小さな力で回転させることができます。膝を立てられない利用者の場合には足を交差させることで、小さな力で側臥位にすることができます。

○ 3　回転に必要な力は、回転軸からの距離に反比例します。このときの回転軸にかかる力を、トルクと呼びます。膝を立てることでベッドマットと膝の距離が離れることになり、側臥位にするときに小さな力で利用者のからだを回転させることができます。

✕ 4　スライディングボードは利用者を持ち上げることなく、移乗介護をするための福祉用具です。摩擦力との関係はありますが、トルクの原理の応用ではありません。

✕ 5　利用者に近づくことは、重心の考え方です。重心を近づけることで力が入りやすく、安定して動かせるようになります。

正解3

合格のための要点整理　●動作の基礎と理論

トルクの原理

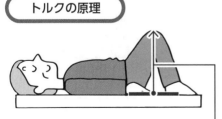

ベッドマットと膝に距離ができることで、小さな力で回転できる。

慣性モーメント

回転させやすい
慣性モーメントが小さい

回転しにくい
慣性モーメントが大きい

問題 247 介護福祉職が利用者を仰臥位（背臥位）から側臥位へ体位変換するとき、図に示された力点の部位として、**適切なもの**を１つ選びなさい

1 AとC

2 AとD

3 BとC

4 BとD

5 BとE

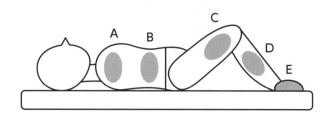

◉移動・移乗の介護の基本となる知識と技術　出題頻度★★　[第33回 問題40より出題]

解答と解説

〇 1 適切です。

✕ 2 適切ではありません。

✕ 3 適切ではありません。

✕ 4 適切ではありません。

✕ 5 適切ではありません。

正解 1

合格のための要点整理　◉ベッド上の身体の移動方法と留意点（仰臥位から右側臥位へ）

①利用者の顔を寝返りをうつ側に向ける。

②右に向く場合は右腕を広げて、左腕は胸の上にして膝を立てる。

③利用者の膝と肩を持つ。

④膝から倒し、骨盤を回転させて肩を引き上げる。

標準型車いすを用いた移動の介護に関する次の記述のうち、**最も適切なもの**を1つ選びなさい。

1 急な上り坂は、すばやく進む。

2 急な下り坂は、前向きで進む。

3 踏切を渡るときは、前輪を上げて駆動輪でレールを越えて進む。

4 段差を上がるときは、前輪を上げて進み駆動輪が段差に接する前に前輪を下ろす。

5 砂利道では、駆動輪を持ち上げて進む。

●移動・移乗の介護の基本となる知識と技術　出題頻度★★★★　［第33回 問題41より出題］

解答と解説

✕ 1 上り坂を進むときは両足を前後に開き、しっかりと踏ん張って押すことが大切です。すばやく進むことではありません。

✕ 2 下り坂で前向きに進むと、利用者が車いすから転落する危険性や利用者が不安に感じることがあるため、勾配にかかわらず後ろ向きで進むことが適切です。

○ 3 踏切では前輪（キャスタ）がレールに挟まってしまう危険があるので、前輪（キャスタ）を上げて進みます。

✕ 4 段差を上がるときは、前輪（キャスタ）が段差を越えて、駆動輪が段差に接したら前輪（キャスタ）を下ろして、駆動輪を押し上げます。

✕ 5 砂利道では駆動輪ではなく、溝や段差の影響を受けやすい前輪（キャスタ）を上げて進みます。

正解 3

合格のための要点整理　●段差の上がり方（車いす）

①ティッピングレバーを踏みつけて、前輪（キャスタ）を上げる。

②前輪（キャスタ）が段差を越えて、駆動輪が段差に接したら前輪（キャスタ）を静かに下ろす。

③駆動輪が段差に接したら、グリップを前上方に持ち上げながら、大腿部でバックサポートを前に押して、駆動輪を押し上げる。

介護

生活支援技術

Ｔ字杖を用いて歩行する左片麻痺の利用者が、20cm幅の溝をまたぐときの介護方法として、**最も適切なもの**を１つ選びなさい。

1　杖は、左手に持ちかえてもらう。

2　杖は、溝の手前に突いてもらう。

3　溝は、右足からまたいでもらう。

4　遠い方向を見てもらう。

5　またいだ後は、両足をそろえてもらう。

●対象者の状態・状況に応じた移動の介護の留意点　出題頻度★★★★　　［第35回 問題83より出題］

解答と解説

✕ 1　左片麻痺の利用者なので、左手で杖を持つことは難しいです。右手で杖を持ちます。

✕ 2　溝の向こう側についてもらうことが適切です。

✕ 3　はじめに杖を溝の向こう側についてもらい、次に患側の左足から溝をまたぎます。健側である右足は、最後に溝をまたぎます。

✕ 4　溝に足が入ってしまうことも考えられるので、遠くを見るのではなく、足元の溝を見ます。

○ 5　またいだあとは、足を揃えて、再び杖からついて歩行を続けます。

正解 5

合格のための要点整理　●**段差や溝を越えるときの杖歩行**

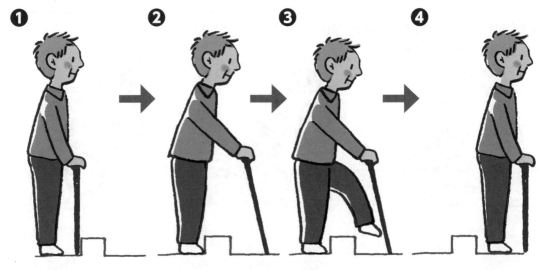

❶ できる限り杖のそばに立ち、両足は揃える。

❷ 障害物の向こう側に杖をつく。

❸ 杖に体重をかけつつ、患側の足から先にまたぐ。

❹ 健側の足でまたぎ、両足を揃える。

問題 250 視覚障害のある利用者の外出に同行するときの支援に関する次の記述のうち、**最も適切なもの**を１つ選びなさい。

1　トイレを使用するときは、トイレ内の情報を提供する。

2　階段を上るときは、利用者の手首を握って誘導する。

3　狭い場所を歩くときは、利用者の後ろに立って誘導する。

4　タクシーに乗るときは、支援者が先に乗って誘導する。

5　駅ではエレベーターよりエスカレーターの使用を勧める。

●**対象者の状態・状況に応じた移動の介護の留意点**　出題頻度★★★★　[第34回 問題43より出題]

解答と解説

○ 1　視覚障害者の介護で重要なのは、周囲の状況を具体的な言葉で説明することです。特にトイレはプライバシーの配慮からいっしょに入ることはできないので、情報提供をすることは適切です。

✕ 2　階段を上るときも、誘導の基本姿勢は変わりません。階段の直前で横並びで止まり、白杖とつま先で階段の側面を確認してもらい、介護者は１段先を上っていきます。

✕ 3　狭い場所を歩くときは、支援者が利用者の前に立って障害物などに当たらないように配慮します。

✕ 4　タクシーに乗るときは、乗る際に利用者が頭をぶつけないように注意しながら、利用者に先に乗ってもらいます。バスに乗るときは、支援者が先に乗って誘導します。

✕ 5　エスカレーターは常に動いているため、視覚障害のある利用者には足を乗せるタイミングがつかめません。エレベーターの使用を勧めましょう。

正解 1

合格のための要点整理　●**視覚障害者の移動介護**

基本姿勢

介護者は、声かけを忘れずにし、利用者の半歩ほど、ななめ前に立つ。利用者は、介護者の肘の少し上を軽く握る。

いすに座る

背もたれや座面に手を誘導し、触れてもらいながら説明する。

狭い通路など

介護者が腕を後ろに回して利用者の前に立つ。

座面に触れることで、いすの高さがわかります

タクシーに乗る

開いているドア、屋根、座席、それぞれに触れてもらいながら、誘導する。

介護

生活支援技術

問題 251 Hさん（35歳、男性）は6か月前、高所作業中に転落し、第6胸髄節（Th6）を損傷した。リハビリテーション後、車いすを利用すれば日常生活を送ることができる状態になっている。

Hさんの身体機能に応じた車いすの特徴として、**最も適切なものを1つ選び**なさい。

1 ヘッドサポートを装着している。

2 ハンドリムがないタイヤを装着している。

3 レバーが長いブレーキを装着している。

4 片手で駆動できるハンドリムを装着している。

5 腰部までのバックサポートを装着している。

●対象者の状態・状況に応じた移動の介護の留意点　出題頻度★　［第33回 問題42より出題］

解答と解説

✕ 1 第6胸髄節の損傷では、両下肢麻痺がありますが、頭部を支えることはできるので、ヘッドサポートは必要ありません。

✕ 2 両上肢は麻痺がないので、ハンドリムを使って車いすを操作することはできます。

✕ 3 レバーが長いブレーキは、片麻痺の利用者が健側の反対側のブレーキをかけるときに使いますが、両上肢に麻痺はないので適切ではありません。

✕ 4 選択肢3と同じく片麻痺ではなく、両上肢に麻痺はないので、片手で駆動できるハンドリムは必要ありません。

○ 5 下肢の麻痺が生じているので、腰部を支えるバックサポートを使用することは適切です。

正解 5

合格のための要点整理　●脊髄損傷のある人の介助

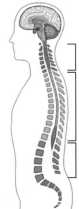

頸髄（1〜8）　頸髄損傷⋯⋯⋯⋯四肢麻痺

胸髄（1〜12）　胸髄損傷⋯⋯⋯⋯下肢麻痺、体幹

腰髄（1〜5）　腰髄損傷⋯⋯⋯⋯下肢麻痺（対麻痺）

損傷の部位によってADLの違いを理解しておく必要があります

11-4 自立に向けた身じたくの介護

> **問題 252** 総義歯の取扱いに関する次の記述のうち、**最も適切なもの**を1つ選びなさい。
>
> 1 上顎から先に外す。
> 2 毎食後に洗う。
> 3 スポンジブラシで洗う。
> 4 熱湯につけてから洗う。
> 5 乾燥させて保管する。

●**身じたくの介護の基本となる知識と技術** 出題頻度★★★★　　[第35回 問題84より出題]

解答と解説

✕ **1** 総義歯は小さい下顎から外して、次に大きい上顎を外します。装着するときは上顎から装着します。

〇 **2** 義歯は毎食後に外して洗い、汚れを取り除きます。

✕ **3** スポンジブラシは歯を磨くためのものではなく、口腔内の粘膜を清掃するためのものです。

✕ **4** 熱湯につけると義歯は変形してしまうため、水かぬるま湯で清掃します。

✕ **5** 乾燥させてしまうと、義歯の破損につながるため、水か義歯洗浄剤に浸して保管します。

正解 2

合格のための要点整理　　●**義歯の取り扱い**

❶ 水、またはぬるま湯で清掃する。

❷ 変形を防ぐため、**熱湯**や**歯磨き粉**は使用しない。

❸ 義歯は毎食後に洗う。

❹ 歯肉を傷つけることを防ぐなどの理由から、寝る前には外し、水または**義歯洗浄剤**に浸して保管する。

> 全部床義歯は、上→下の順に装着し、下→上の順に外します。

全部床義歯（総入れ歯）	部分床義歯（部分入れ歯）

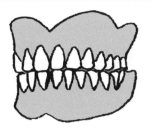

問題 253 Hさん（82歳、男性、要介護２）は、１人暮らしで、週１回、訪問介護（ホームヘルプサービス）を利用している。訪問時に、「足の爪が伸びているので、切ってほしい」と依頼された。爪を切ろうとしたところ、両足とも親指の爪が伸びて両端が皮膚に食い込んで赤くなっていて、触ると熱感があった。

親指の状態を確認した訪問介護員（ホームヘルパー）の対応として、**最も適切なもの**を１つ選びなさい。

1 親指に絆創膏（ばんそうこう）を巻く。
2 Hさんの家にある軟膏（なんこう）を親指に塗る。
3 蒸しタオルで爪を軟らかくしてから切る。
4 爪が伸びている部分に爪やすりをかける。
5 爪は切らずに、親指の状態をサービス提供責任者に報告する。

●身じたくの介護基本となる知識と技術　出題頻度★★★★　　[第35回 問題85より出題]

解答と解説

✕ 1 軽微な傷などに絆創膏を貼ることは医行為に該当せず、ホームヘルパーでも可能です。しかし、爪が皮膚に食い込み、熱感がある状況では、医療職に状況を確認してもらうことが必要です。

✕ 2 軟膏の塗布は医行為に該当しませんが、まずは医療職に状況を確認してもらうことが必要です。

✕ 3 Hさんの爪に異常があり、爪周囲の皮膚にも異常がみられることから、この場合に爪を切ることは医行為に該当します。そのため、訪問介護員が爪を切ることはできません。

✕ 4 爪の周囲の皮膚に異常があり、医行為に該当するため、訪問介護員が爪にやすりをかけることはできません。

◯ 5 爪そのものと、周囲の皮膚に異常がある以上、親指の状態を報告することが必要です。まず、訪問介護の責任者であるサービス提供責任者に報告することが適切です。

正解5

合格のための要点整理 ●介護職員が行える爪切り、医行為となるもの

医行為とならないもの
❶ 爪そのものに異常がないこと
❷ 爪周囲の皮膚にも化膿・炎症がないこと
❸ 糖尿病等の疾患で専門的管理が必要でないこと

医行為となるもの

Ⓐ 巻き爪

爪が内側に巻いて、指の肉に食い込んだ状態。痛みを生じる。

Ⓑ 爪の肥厚

爪が老化によって厚くなった状態。悪化すると変形することもある。

Ⓒ 爪白癬（水虫）

爪が肥厚し、黄白色になった状態。悪化すると、爪が変形する。

Ⓐ〜Ⓒのような場合、爪に異常があるため、介護職員は爪を切ることはできません

問題 254 耳の清潔に関する介護福祉職の対応として、**最も適切なものを1つ**選びなさい。

1 耳垢（じこう）の状態を観察した。

2 綿棒を外耳道の入り口から3cm程度挿入した。

3 耳介を上前方に軽く引きながら、耳垢（じこう）を除去した。

4 蒸しタオルで耳垢塞栓（じこうそくせん）を柔らかくして除去した。

5 耳かきを使用して、耳垢（じこう）を毎日除去した。

●身じたくの介護の基本となる知識と技術　出題頻度★★　　　［第34回 問題37より出題］

解答と解説

○ 1 耳垢（じこう）が奥にたまって外耳道をふさいでしまう耳垢塞栓（じこうそくせん）や難聴、かゆみ、耳鳴り、めまいなどが起こることがあります。状態を観察して、異常があるときは医療職に報告しましょう。

✕ 2 綿棒をあまり奥まで挿入すると、皮膚や粘膜を傷つけることがあります。また、3cmも挿入すれば、鼓膜を破ってしまう恐れもあります。綿棒の挿入は、耳の入り口から1cm程度としましょう。

✕ 3 耳の掃除をするときは、耳介を軽く上後方に引くと、耳の穴がまっすぐになって奥まで見やすくなります。

✕ 4 耳垢塞栓の除去は医行為にあたるので、介護福祉職は行わず、医療職に報告しましょう。

✕ 5 耳垢は自然に外に排出されるもので、必ず除去しなければいけないものではありません。耳垢によって、皮膚の保護や虫が耳に入るのを防ぐともいわれます。耳かきよりも、綿棒で月に1回程度の除去でよいでしょう。

正解 1

合格のための要点整理　●耳の清潔（正しい耳掃除の方法）

耳垢の除去を実施する場合は、耳の穴や皮膚、鼓膜を傷つけないように注意しよう。

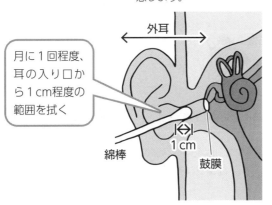

月に1回程度、耳の入り口から1cm程度の範囲を拭く

外耳

綿棒　　1cm　　鼓膜

余分な耳垢は、自浄作用で耳介のほうへ自然排出されるので、無理に行う必要はありません

●**身じたくの介護の基本となる知識と技術**　出題頻度★★★★　[第34回 問題38より出題]

解答と解説

✕ 1　歯ブラシの毛は硬いものではなく、普通の硬さのもので磨きます。

✕ 2　強い力で磨いてしまうと、歯ブラシの毛先が広がって歯面からそれてしまい、歯垢を上手に落とせません。また、歯肉を傷つけてしまうこともあります。

✕ 3　歯と歯肉の境目は汚れが残りやすく、歯垢や歯石がついてしまうことで歯周病になることもありますので、意識して磨くことが適切です。

○ 4　歯ブラシを小刻みに動かすことで、歯の間に毛先が入りやすくなり、歯垢を除去することができます。

✕ 5　柄の部分を上にして歯ブラシの先を下にすると、歯ブラシが乾かず、菌が繁殖してしまう原因になります。歯ブラシの毛先を上にして、風通しのよいところで保管します。

正解 4

合格のための要点整理　●**歯磨きの方法**

歯磨きを丁寧に行うことで、歯周病の予防や全身の健康維持にもつながる。

バス法	スクラビング法

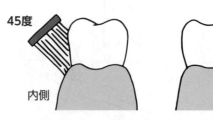

歯と歯茎の間にブラシを45度の角度で当て、小刻みに動かして磨く。

歯の内側は45度の角度でブラシを当てて磨く。歯の外側にはブラシを90度で当て、小刻みに動かして磨く。

問題 256 介護が必要な利用者の口腔ケアに関する次の記述のうち、**最も適切**なものを1つ選びなさい。

1 うがいができる場合には、ブラッシング前にうがいをする。

2 歯磨きは、頭部を後屈させて行う。

3 部分床義歯のクラスプ部分は、流水で軽く洗う。

4 全部の歯がない利用者には、硬い毛の歯ブラシを使用する。

5 舌の清拭は、手前から奥に向かって行う。

●身じたくの介護の基本となる知識と技術　出題頻度★★★★　　[第33回 問題38より出題]

解答と解説

○ 1 ブラッシング前にうがいをすることで、この時点で一定の汚れを取ることができます。また、口の中を湿らせることで、歯磨きをしやすくなります。

✕ 2 頭部を後屈させると水分を誤嚥しやすくなってしまうので、適切ではありません。

✕ 3 クラスプ部分には細菌が繁殖しやすいので、専用の歯ブラシや植毛部の小さいブラシで汚れを落とします。

✕ 4 全部の歯がない利用者に硬い毛の歯ブラシを使うと、口腔内を傷つけてしまいます。やわらかい毛の歯ブラシか、口腔清拭用ウエットティッシュなどが適しています。

✕ 5 舌の清拭は、奥から手前に向かって行います。

正解 1

合格のための要点整理　●口腔ケア

口腔ケアの基本的な方法と、義歯の取り扱いは理解しておこう。

■口腔ケアのポイント

❶ 歯ブラシはふつうの硬さのものを使い、ペングリップ（鉛筆持ち）で持つと扱いやすい。

❷ うがいができる場合、ブラッシング前に**うがい**をする。

❸ 歯と歯肉のブラッシングだけでなく、粘膜もスポンジブラシなどを使用して清掃する。

❹ 歯ブラシを小刻みに動かしながら磨く。

❺ 舌の表面に付着した**舌苔**を奥から手前に向かって取り除く。

❻ 歯ブラシが使用できないときは、ガーゼや綿棒などで、口腔内を清掃する。

■義歯の外し方

全部床義歯（総義歯）の場合

前歯の部分をつまみ、利用者の頭に軽く手を添えて固定する

後ろの部分を浮かす感覚で力を入れる

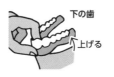

部分床義歯（部分義歯）の場合

人さし指をクラスプにかける

親指を歯の下に当てる

クラスプを下へ動かす

介護

生活支援技術

問題 257 口腔内が乾燥している人への助言に関する次の記述のうち、**最も適切なもの**を1つ選びなさい。

1 苦味の強い食べ物を勧める。
2 臥床時は仰臥位（背臥位）で枕を使用しないように勧める。
3 水分は控えるように勧める。
4 唾液腺マッサージをするように勧める。
5 ジェルタイプの保湿剤は、前回塗った上に重ねて塗るように勧める。

●身じたくの介護の基本となる知識と技術　　出題頻度★★★　　[第33回 問題39より出題]

【解答と解説】

✕ 1 口腔内が乾燥していると、何も食べていないのに苦みや塩味を感じることがありますので、苦みの強い食べ物を勧めることは適切ではありません。

✕ 2 枕を使わずに仰臥位で寝ると、後頭部が下がり、顎が上がります。そのため、口呼吸をすることになってしまい、口腔内の乾燥を進めてしまいます。

✕ 3 水分を飲むことを控えれば、口腔内を湿らせることもできず、唾液の分泌量も減少してしまいます。

◯ 4 口腔内が乾燥している原因は、唾液量の減少が考えられます。そのため、唾液腺マッサージをして、唾液の分泌を促すことは適切です。

✕ 5 保湿剤は一度きれいにしてから、新しいものを塗ることが適切です。

正解 4

【合格のための要点整理】　●唾液腺マッサージ

高齢者は唾液の分泌が減少する傾向にあるので、口腔内の乾燥に注意する必要がある。

耳下腺
頬と耳たぶの間、上の奥歯のあたりを、指全体でやさしく円を描くように回す。

顎下腺
耳の下から顎先までを、指先でやさしく押す。

舌下腺
下顎から舌を押し上げるイメージで、両手の指先を使い、やさしくグーッと押す。

問題　258　左片麻痺の利用者が、前開きの上着をベッド上で臥床したまま交換するときの介護の基本に関する次の記述のうち、**最も適切なもの**を１つ選びなさい。

1　介護福祉職は利用者の左側に立つ。

2　新しい上着は利用者の右側に置く。

3　脱ぐときは、着ている上着の左上肢の肩口を広げておく。

4　左側の袖を脱ぎ、脱いだ上着は丸めて、からだの下に入れる。

5　利用者を左側臥位にし、脱いだ上着を引き出す。

●対象者の状態・状況に応じた身じたくの介護の留意点　出題頻度★★★　　［第35回 問題86より出題］

解答と解説

✗ 1　ベッド上で着脱の介護をするときは、健側がわに立って行います。そのため、右側に立つことが適切です。

✗ 2　ベッド上で上着を交換する場合、健側を下にした右側臥位の状態で患側上肢の着脱をします。新しい上着を健側がわに置いておくと介護者が取りにくいため、患側がわ（この場合は左側）に置くことが適切です。

〇 3　上着を脱ぐときに患側がわの肩口を広げておくと、健側がわの袖が脱ぎやすくなるため、この場合、左上肢の肩口を広げておくことは適切です。

✗ 4　更衣の原則は、脱健着患です。まず、健側である右側の袖を脱ぐことが適切です。

✗ 5　側臥位にするときは、健側を下にすることが原則です。そのため、右側臥位にすることが適切です。

正解 3

合格のための要点整理　　●ベッド上での脱衣

着脱介助の基本は「脱健着患」だが、袖を脱ぎやすいように、肩口をゆるめる（広げる）ことがポイントになる。

●パジャマの場合

❶肩口を広げる

❷肩→肘→手の順で袖を抜く

●着物の場合

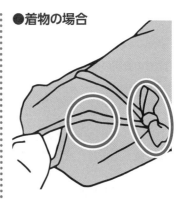

着物は右前に。腰紐の結び目は横に。

介護

生活支援技術

411

問題 259 Mさん（84歳、男性）は、10年前に脳梗塞（cerebral infarction）で右片麻痺になり、右上肢の屈曲拘縮がある。今までは自分で洋服を着ていたが、1週間ほど前から左肩関節の周囲に軽い痛みを感じるようになり、上着の着脱の介護が必要になった。

　Mさんへの上着の着脱の介護に関する次の記述のうち、**最も適切なもの**を1つ選びなさい。

1　服を脱ぐときは、右上肢から脱ぐ。

2　右手首に袖を通すときは、介護福祉職の指先に力を入れて手首をつかむ。

3　右肘関節を伸展するときは、素早く動かす。

4　右肘に袖を通すときは、前腕を下から支える。

5　衣類を準備するときは、かぶり式のものを選択する。

●対象者の状態・状況に応じた身じたくの介護の留意点　出題頻度★★★　［第34回 問題39より出題］

解答と解説

✕ **1**　Mさんは右上肢が患側になるので、服を脱ぐときは脱健着患の原則どおり、左上肢から脱ぎます。

✕ **2**　着脱だけではありませんが、特に指先に力を入れて患側の手首をつかんでしまうと、皮下出血を起こしてしまいます。

✕ **3**　屈曲拘縮している右上肢は、関節の可動域も小さくなっています。ゆっくりとできる範囲、可動域で伸展することが適切です。

○ **4**　患側である右前腕をつかまずに下から支えることで、皮下出血などを起こすことなく、安全に介護をすることができます。

✕ **5**　かぶり式のものが必ず悪いわけではありませんが、Mさんは右上肢に屈曲拘縮があるので、前開きのほうが着脱しやすいです。また、Mさん本人に選択をしてもらうことが適切です。

正解 4

合格のための要点整理　●脱健着患

衣服の着脱は「脱健着患」が基本です

前開きの衣服の場合

着る

①まず患側を着る
→②健側を着る→③終了

✕健側から着てしまうと、衣服にゆとりがなくなり、動かしにくい患側が着づらくなってしまう。

脱ぐ

①健側を脱ぐ
→②患側を脱ぐ→③終了

✕患側から脱ごうとすると、衣服にゆとりがないため、動かしにくい患側が脱ぎづらい。

問題　260　経管栄養を行っている利用者への口腔ケアに関する次の記述のうち、**最も適切なもの**を１つ選びなさい。

1　スポンジブラシは水を大量に含ませて使用する。

2　上顎部は、口腔の奥から手前に向かって清拭する。

3　栄養剤注入後すぐに実施する。

4　口腔内を乾燥させて終了する。

5　空腹時の口腔ケアは避ける。

●**対象者の状態・状況に応じた身じたくの介護の留意点**　出題頻度★★★　[第34回 問題40より出題]

解答と解説

✕ **1**　スポンジブラシに大量に水を含ませたままで口腔ケアを行うと、誤嚥の可能性があります。水分が垂れない程度にしぼることが適切です。

◯ **2**　手前から奥に向かって清拭をすると、口の中の汚れが喉に入ってしまって、誤嚥をしてしまう危険があるため、奥から手前に行うことが適切です。

✕ **3**　口腔ケアによる刺激によって嘔吐したり、その嘔吐物を誤嚥したりする危険性があります。栄養剤注入直後の口腔ケアは避けましょう。

✕ **4**　口腔内が乾燥していると細菌が繁殖しやすくなるため、口腔保湿剤などを使用して口腔乾燥を緩和することが適切です。

✕ **5**　口腔ケアによる刺激によって嘔吐したり、その嘔吐物を誤嚥したりする危険性があるため、空腹時に口腔ケアを行います。

正解 2

合格のための要点整理　●**経管栄養を行っている人の口腔ケアの注意点**

❶姿勢を整える。

❷寝たままで行うときは、からだを横向きにする。

❸歯ブラシやスポンジブラシはしっかりと水気を切る。

❹嘔吐を防ぐため、空腹時に行う。

❺経鼻経管栄養の利用者に対しては、チューブが外れないように注意する。

経管栄養を行っている人は唾液の分泌が減少しているので、そういう人にこそ、口腔ケアは必要です！

介護

生活支援技術

問題 261 下肢の筋力が低下して、つまずきやすくなった高齢者に適した靴として、**最も適切なもの**を１つ選びなさい。

1　靴底の溝が浅い靴
2　靴底が薄く硬い靴
3　足の指が固定される靴
4　足背をしっかり覆う靴
5　重い靴

●対象者の状態・状況に応じた身じたくの介護の留意点　　出題頻度★　　[第33回 問題37より出題]

【解答と解説】

✕ 1　靴底の溝が浅くなっていると、滑りやすくなってしまいます。

✕ 2　靴底が薄く硬い靴では、膝や足にかかる負担が大きく、下肢の筋力が低下している高齢者には適していません。

✕ 3　足の指や踵が固定されるような硬く屈曲性の小さい靴は、歩くときに足に負担がかかり、すり足になってしまいます。つまずく危険性が高まり、適切とはいえません。

〇 4　足背と踵をしっかりと覆っていることで、靴が脱げにくくなります。また、足を上げやすくもなるので、つまずきにくく適切です。

✕ 5　重い靴は足にかかる負担が大きく、下肢の筋力が低下している高齢者には適していません。

正解 4

【合格のための要点整理】　●**高齢者に適した靴**

高齢者が転倒する理由として、靴に原因があることも少なくない。負担が小さく、転倒を予防できる靴を選ぶことが必要である。

・足にやさしい屈曲性
・軽い
・つま先と踵の適度な重量バランス
・つま先が上がっている
・滑りにくい

つま先部分に高さがあるとつまずきにくく、高齢者に適しています

> **問題 262** 利用者が食事中にむせ込んだときの介護として、**最も適切なもの**を1つ選びなさい。
>
> 1 上を向いてもらう。
> 2 お茶を飲んでもらう。
> 3 深呼吸をしてもらう。
> 4 口の中のものを飲み込んでもらう。
> 5 しっかりと咳を続けてもらう。

●**食事介護の基本となる知識と技術** 出題頻度★　　　　　[第35回 問題87より出題]

解答と解説

✕ 1 上を向くと、気管に入りかけた異物が気管に落ちてしまいます。前かがみになってもらうことが適切です。

✕ 2 むせ込んで気管に入りかけている異物を排出しようとしているため、お茶を飲むことは適切ではありません。

✕ 3 気管に入りかけている異物を排出しようとしているときに、深く息を吸い込めば異物が気管に入ってしまいます。

✕ 4 異物を排出しようとしているときに、飲み込んでもらうことは適切ではありません。

○ 5 しっかりと咳を続けてもらうことで、異物を排出することができます。

正解 5

合格のための要点整理 ●**むせ込んだときの介護**

咳をすることで気管に入った異物を排出しようとしているため、高齢者がむせ込んだときは無理に止めない。

遠慮せずにしっかりとむせてくださいね

ゆっくりと大きな咳をしましょうね

・むせたときは、前かがみの姿勢にする
・背中をやさしくさする
・食事をいったん中断する

介護

生活支援技術

問題 263　テーブルで食事の介護を行うときの留意点に関する次の記述のうち、**最も適切なもの**を1つ選びなさい。

1　車いすで食事をするときは、足をフットサポートから下ろして床につける。
2　片麻痺があるときは、患側の上肢を膝の上にのせる。
3　スプーンを使うときは、下顎を上げた姿勢にして食べ物を口に入れる。
4　利用者に声をかけるときは、食べ物を口に入れてから行う。
5　食事をしているときは、大きな音でテレビをつけておく。

●食事介護の基本となる知識と技術　出題頻度★★★★　　　[第35回 問題88より出題]

解答と解説

○ 1　自分で食べるときと同じように、食事時は足底がしっかりと床についた姿勢が適切です。そのため、車いすの場合はフットサポートから足を下ろして、床につけます。足が床に届かない場合は、足台などを使用します。

✕ 2　患側の上肢は机の上にのせ、からだが傾かないようにすることが適切です。

✕ 3　下顎を上げた状態では、口を閉じることができません。口を閉じて口唇がふさがることで、スプーンにのせた食べものを舌の上にのせることができるので、適切ではありません。

✕ 4　食べ物を口に入れてから声をかけると、答えようとして誤嚥してしまう危険があります。食べ物を口に入れる前に声をかけましょう。

✕ 5　テレビをつけること自体は人それぞれの自由ですが、大きな音を出していると意識がそちらに向いてしまい、食事に集中できないこともあります。また、介護者の声が聞きづらいため、適切ではありません。

正解 1

合格のための要点整理　●片麻痺のある人の食事介護

介護者は健側に座る

顎を引く

背中にクッションを置く

患側の腕を机にのせ、傾かないように足底は床につける

問題 264 Jさん（80歳、女性、要介護3）は、介護老人福祉施設に入所している。食事の後、Jさんから、「最近、飲み込みにくくなって時間がかかる」と相談された。受診の結果、加齢による機能低下が疑われると診断された。

次の記述のうち、Jさんが食事をするときの介護福祉職の対応として、**最も適切なもの**を1つ選びなさい。

1　リクライニングのいすを用意する。

2　栄養価の高い食事を準備する。

3　食前に嚥下体操（えんげたいそう）を勧める。

4　自力で全量を摂取できるように促す。

5　細かく刻んだ食事を提供する。

●食事介護の基本となる知識と技術　出題頻度★★★　　　[第33回 問題43より出題]

解答と解説

✕ 1　リクライニングのいすでは、頭部が後方に下がり、顎（あご）が上がってしまうため、誤嚥（ごえん）の危険性が高まってしまいます。

✕ 2　嚥下機能が低下しているJさんに栄養価の高い食事を勧めても、嚥下機能が高まるわけではなく、適切ではありません。

◯ 3　誤嚥は食べはじめに起こることもあるので、食前に嚥下体操を行うことが効果的です。

✕ 4　嚥下機能の低下から食事を飲み込むのに時間がかかるJさんの場合、誤嚥の危険性があります。安全を考えたときに、必ずしも全量を自力で摂取すべきとは限りません。

✕ 5　細かく刻んだ食事は、食塊（しょっかい）を形成することが難しくなります。嚥下機能が低下しているJさんにとっては、かえって飲み込みにくくなります。

正解 3

合格のための要点整理

●**嚥下体操**

嚥下体操を行うことで、顔や口のまわりの筋肉をほぐしたり、鍛えたりすることができる。

頬（ほお）を膨らませたり、すぼめたりする。

左右の口角を、舌で2〜3回触れる。

大きく息を吸って、3秒間ほど止める。その後、吐き出す。

「パパパ」「タタタ」「カカカ」「ラララ」と発音する。

おなかに手をあてて、ゆっくりと深呼吸をする。

介護

生活支援技術

問題　**265**　逆流性食道炎（reflux esophagitis）の症状がある利用者への助言として、**最も適切なもの**を１つ選びなさい。

1　脂肪を多く含む食品を食べるように勧める。

2　酸味の強い果物を食べるように勧める。

3　１日の食事は回数を分けて少量ずつ食べるように勧める。

4　食事のときは、腹圧をかけるような前かがみの姿勢をとるように勧める。

5　食後すぐに仰臥位（背臥位）をとるように勧める。

●**対象者の状態・状況に応じた食事の介護の留意点**　出題頻度★　[第35回 問題89より出題]

解答と解説

✕ 1　脂肪を多く含む食品は消化に時間がかかり、胃酸が多く分泌され、長時間胃に食べ物が残ることで、逆流性食道炎を起こしやすくなります。

✕ 2　酸味が強く、刺激の強い果物は逆流性食道炎のリスクとなります。

◯ 3　１回の食事を少量にすると胃の過活動を抑えられ、胃酸の分泌も抑えられます。

✕ 4　前かがみの姿勢で腹圧がかかると、食べ物や胃酸が逆流しやすくなるため、適切ではありません。顎が上がらず、腹圧がかからない程度の姿勢が適切です。

✕ 5　食後すぐに仰臥位になると、食べ物や胃酸が逆流しやすくなります。イスに座った状態でいるか、ベッド上では半座位を取るようにするとよいでしょう。

正解 3

合格のための要点整理　●**逆流性食道炎**

胃の内容物（主に胃酸）が食道に逆流することにより、食道に炎症を起こす。

■**逆流性食道炎の症状**

ゲップが頻発

不快な口臭が発生する

胃液が上がってくる感じがする

胃の不快感や吐き気

口内がすっぱくなる、苦くなる

咳が出る、喉がかれる

喉・胸の痛み、胸焼け

食生活のポイント

・大食いをしない

・早食いをしない

・消化のよいものを食べる

・食後すぐに横にならない

・アルコールや刺激の強いものは避ける

Aさん（78歳、男性、要介護2）は、脳梗塞（cerebral infarction）の後遺症で嚥下障害がある。自宅で妻と二人暮らしで、訪問介護（ホームヘルプサービス）を週1回利用している。訪問時、妻から、「飲み込みの難しいときがある。上手に食べさせるにはどうしたらよいか」と相談があった。

訪問介護員（ホームヘルパー）の助言として、**最も適切なものを1つ**選びなさい。

1 食事のときは、いすに浅く座るように勧める。
2 会話をしながら食事をするように勧める。
3 食事の後に嚥下体操をするように勧める。
4 肉、野菜、魚などは軟らかく調理するように勧める。
5 おかずを細かく刻むように勧める。

●対象者の状態・状況に応じた食事の介護の留意点　出題頻度★★★　[第34回 問題44より出題]

解答と解説

✕ 1 いすに浅く座ると、背もたれに寄りかかり、顎が上がる姿勢になりやすく、誤嚥リスクが高まります。深く座ってもらい、軽く前傾姿勢で顎が引けている姿勢を助言します。

✕ 2 会話をしながら食事をすれば、誤嚥のリスクが高まります。会話をしてはいけないわけではありませんが、飲み込みの確認をして口腔内に食べ物がないときに会話をしましょう。

✕ 3 嚥下体操は口や頬を動かすことで筋肉の緊張を解いたり、唾液の分泌を促して誤嚥のリスクを下げたりするために行います。食後ではなく、食前に行うなどの助言をしましょう。

◯ 4 Aさんは飲み込みが難しいため、ある程度滑りがよく、やわらかい調理形態が適切と考えられます。

✕ 5 刻んだ食事は咀嚼機能が低下した人に提供されることがありますが、口の中でうまくまとまらずに気道に入ってしまうことがあります。そのため、誤嚥の危険性があります。

正解4

合格のための要点整理　●嚥下のメカニズム

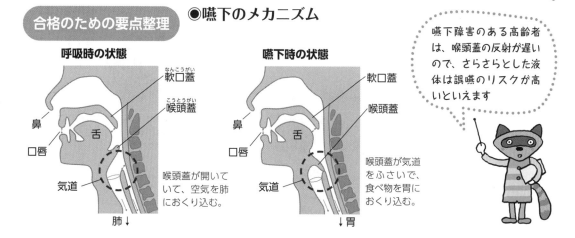

嚥下障害のある高齢者は、喉頭蓋の反射が遅いので、さらさらとした液体は誤嚥のリスクが高いといえます

呼吸時の状態
軟口蓋
喉頭蓋
鼻
舌
口唇
気道
喉頭蓋が開いていて、空気を肺におくり込む。
肺↓

嚥下時の状態
軟口蓋
喉頭蓋
鼻
舌
口唇
気道
喉頭蓋が気道をふさいで、食べ物を胃におくり込む。
↓胃

介護
生活支援技術

問題 **267** 慢性腎不全（chronic renal failure）の利用者の食材や調理方法として、**最も適切なもの**を１つ選びなさい。

1 エネルギーの高い植物油を控える。

2 レモンや香辛料を利用し、塩分を控えた味付けにする。

3 肉や魚を多めにする。

4 砂糖を控えた味付けにする。

5 野菜は生でサラダにする。

◉**対象者の状態・状況に応じた食事の介護の留意点**　出題頻度★★★　［第34回 問題45より出題］

解答と解説

✕ 1 エネルギーの不足は老廃物の蓄積につながり、腎臓に負担をかけます。負担をかけないように、少量でエネルギー摂取が可能である植物油を食事に取り入れます。

◯ 2 慢性腎不全の場合、１日６g未満の塩分摂取を基本としています。塩分を控えて、香辛料などで味つけをすることが適切です。

✕ 3 肉や魚は、たんぱく質を多く含んでいます。腎臓はたんぱく質が分解されるときに出る老廃物の処理をしているので、多く取ると腎臓の負担が大きくなってしまいます。

✕ 4 たんぱく質を制限すると、エネルギーも得にくくなり、エネルギー不足になります。たんぱく質をほぼ含まない糖質（砂糖やでんぷん）で補給することが必要です。

✕ 5 慢性腎不全では腎機能が低下し、カリウムの排出が減少し、高カリウム血症になる場合があります。野菜に含まれているカリウムは茹でこぼしたり、水にさらしたりすることで減らすことができます。野菜は茹でて食べることが適切です。

正解 2

合格のための要点整理　◉**慢性腎不全の人の食事**
腎臓の役割と、負担をかけないための食事を理解しておく。

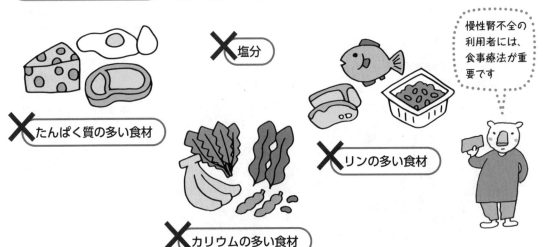

慢性腎不全の利用者には、食事療法が重要です

✕ たんぱく質の多い食材

✕ 塩分

✕ リンの多い食材

✕ カリウムの多い食材

420

問題 268 慢性閉塞性肺疾患（chronic obstructive pulmonary disease）のある利用者の食事に関する次の記述のうち、**最も適切なもの**を１つ選びなさい。

1 繊維質の多い芋類を食事に取り入れる。

2 炭酸飲料で水分補給をする。

3 たんぱく質の多い食事は控える。

4 高カロリーの食事は控える。

5 １回の食事量を減らし、回数を増やす。

●**対象者の状態・状況に応じた食事の介護の留意点** 出題頻度★ ［第33回 問題44より出題］

解答と解説

✕ 1 芋類はガスがたまるため、横隔膜を押し上げてしまいます。そのため、呼吸が苦しい慢性閉塞性肺疾患の利用者に、積極的に提供することは適切ではありません。

✕ 2 選択肢１と同じく炭酸ガスがたまり、横隔膜を押し上げるため、適切ではありません。

✕ 3 呼吸が苦しいことと活動量の低下から、全身の筋肉量の低下が起こることがあるので、高たんぱく質の食事を取る必要があり、適切ではありません。

✕ 4 慢性閉塞性肺疾患のある利用者は、呼吸することで他の人よりエネルギーを消費するので、高カロリーの食事を摂取する必要があります。

○ 5 食事をすることにエネルギーを使います。また、満腹になると横隔膜が押し上げられて呼吸が苦しくなります。１回の食事量を減らし、満腹を避けて回数を増やすことは適切です。

正解 5

合格のための要点整理 ●**慢性閉塞性肺疾患の症状**

慢性閉塞性肺疾患は呼吸器の疾患で、特定疾病に定められている。

からだを動かしたときに、息切れを感じる。

↓

「息切れ」「呼吸が苦しい」ことから、動くことをしなくなる。

➡**活動量が低下する。**

↓

活動量が低下して、体力や筋力が低下し、さらに動くことができなくなる。

➡**呼吸筋の機能も低下していく。**
息切れが悪化。

↓

症状悪化

問題 269 利用者の食事支援に関して、介護福祉職が連携する職種として、**最も適切なもの**を１つ選びなさい。

1 スプーンや箸がうまく使えないときは、食事動作の訓練を言語聴覚士に依頼する。
2 咀嚼障害があるときは、義歯の調整を作業療法士に依頼する。
3 座位の保持が困難なときは、体幹訓練を理学療法士に依頼する。
4 摂食・嚥下障害があるときは、嚥下訓練を義肢装具士に依頼する。
5 食べ残しが目立つときは、献立や調理方法の変更を社会福祉士に依頼する。

●**対象者の食事に関する専門職の役割**　出題頻度★　　　[第34回 問題46より出題]

解答と解説

✕ 1 言語聴覚士は摂食・嚥下障害の評価をもとに、利用者の食べる力を取りもどす訓練や摂食指導、家族に対する食事介護の指導などを行います。

✕ 2 作業療法士は食事摂取の際の問題を見きわめ、食べる動作に関連した訓練や食器、箸やスプーンの選定を行い、食事の支援を行います。

◯ 3 理学療法士は、利用者の体幹訓練など身体機能の改善、使用するいすやクッションによる座位姿勢の改善などを行います。また、上肢の機能訓練を行い、食事の自立支援につなげます。

✕ 4 義肢装具士は医師の指示のもとで義肢装具をつくり、利用者に適合させます。嚥下訓練を行うのは、言語聴覚士です。

✕ 5 献立や調理方法の変更を行うのは、管理栄養士の役割です。管理栄養士は病気や高齢で食事が取りづらくなっている人へ、栄養指導や栄養管理を行います。

正解 3

合格のための要点整理　●**多職種による食事の支援**

多くの職種が専門性を生かして、包括的に検討し、よりよい食生活を目指すことが大切である。

介護福祉士	利用者の毎日の様子を観察し、食事の援助をする。
言語聴覚士	嚥下機能を判断し、訓練や食べ方などの提案をする。
管理栄養士	必要な栄養量を計算し、利用者の嗜好も踏まえ、栄養ケア計画を立てる。
医師	摂食・嚥下機能の評価や病態に見合ったアドバイスをする。
看護師	利用者のからだの状態に合わせた食事や服薬の援助をする。
歯科医師	歯科治療を通じ、食事のできる口腔になる手助けをする。
歯科衛生士	口腔衛生を保ち、口腔機能を高める手助けをする。

問題 270　ベッド上で臥床（がしょう）している利用者の洗髪の基本に関する次の記述のうち、**最も適切なもの**を1つ選びなさい。

1　利用者のからだ全体をベッドの端に移動する。

2　利用者の両下肢は、まっすぐに伸ばした状態にする。

3　洗うときは、頭頂部から生え際に向かって洗う。

4　シャンプー後は、タオルで泡を拭き取ってからすすぐ。

5　ドライヤーの温風は、頭皮に直接当たるようにする。

◉入浴・清潔保持の介護の基本となる知識と技術　出題頻度★★★　[第35回 問題90より出題]

解答と解説

✕ 1　利用者のからだ全体をベッドの端に移動すると、ベッドから転落する可能性もあり、危険です。介護者は上半身がベッドに対してななめになるように移動します。

✕ 2　両下肢は膝を軽く曲げた状態のほうが、安楽でリラックスできます。膝を伸ばした状態ではなく、膝の下にクッションなどを入れて軽く曲げてもらうことが適切です。

✕ 3　洗髪は地肌をしっかりと洗うためにも、生え際から頭頂部に向かって洗います。

◯ 4　すすぐ前にタオルで余分な泡を拭き取ると、流し湯が少なくてすみます。また、利用者の負担も小さくなるので適切です。

✕ 5　ドライヤーの温風は、頭皮に直接当てると地肌が痛むので、介護者の手に当てるようにして間接的に温風を当てるようにします。

正解 4

生活支援技術

介護

合格のための要点整理　◉ベッド上での洗髪（ケリーパッド）

ケリーパッド

簡易ケリーパッドを用いることで湯がまわりにこぼれず、排水できる。

注意点

①利用者の膝を立てて枕を入れ、姿勢を保持する。

②湯は頭皮や髪には直接かけずに、介護者の手のひらにたまった湯を頭皮にかけていくようにする。

③湯は髪の生え際に当たるように近づけてすすぐ。

④すすぐ前に、余分な泡をタオルで拭き取る。

問題 **271** 入浴の介護に関する次の記述のうち、**最も適切なものを1つ選びな**さい。

1 着替えの衣服は、介護福祉職が選択する。

2 空腹時の入浴は控える。

3 入浴前の水分摂取は控える。

4 食後1時間以内に入浴する。

5 入浴直前の浴槽の湯は、45℃で保温する。

◉入浴・清潔保持の介護の視点　出題頻度★★★★　[第34回 問題47より出題]

解答と解説

✕ 1 着替えの衣服は、介護福祉職が決めるものではありません。原則として、利用者本人が自己選択をするものです。

◯ 2 空腹時に入浴すると低血圧になることがあるので、控えることが適切です。

✕ 3 入浴中の発汗により、体内の水分が失われるため、入浴前に水分補給をしておくことが適切です。

✕ 4 食後すぐに入浴すると、消化能力が低下するので避けましょう。1時間以内に入浴するのではなく、30分〜1時間以上はからだを休ませてから入浴しましょう。

✕ 5 45℃の湯温では血圧を急に上げることになり、脈拍や体温も上昇するため、適切ではありません。目安としては、40℃程度が適温とされています。

正解 2

合格のための要点整理

◉入浴介護の基本

水分は、入浴前にも補給しておくとよいでしょう

①入浴前に体調確認、バイタルサイン(血圧・脈拍・体温)の確認をする。

②脱衣場と浴室は暖めておく(22〜26℃程度)。

適温

③湯温(40℃程度)を確認する。

40℃

④シャワーの温度を介護者が確認。利用者にも確認してもらう。

⑤シャワーを足元からゆっくりかける。

⑥利用者自身で洗えないところは介助する。

⑦入浴中は目を離さない。

⑧入浴後に体調確認をする。

⑨水分を補給する。

問題　272　入浴関連用具の使用方法に関する次の記述のうち、**最も適切なもの**を１つ選びなさい。

1　シャワー用車いすは、段差に注意して移動する。

2　入浴の移乗台は、浴槽よりも高く設定する。

3　浴槽設置式リフトは、臥位（がい）の状態で使用する。

4　入浴用介助ベルトは、利用者の胸部に装着する。

5　ストレッチャーで機械浴槽に入るときは、ストレッチャーのベルトを外す。

●用具の活用と環境整備　出題頻度★★　　　　　　　　　　　[第34回 問題50より出題]

解答と解説

○ 1　シャワー用車いすは入浴の場で使用する車いすであり、段差があれば危険になるので、注意して移動するのが適切です。

✕ 2　移乗台は、浴槽への出入りに使用するためのものです。浴槽よりも高くすれば、入るときに浴槽の底面が深くなり、出るときは移乗台に臀部を乗せづらくなるため、適切ではありません。

✕ 3　浴槽設置式リフトは、座位は保てるが麻痺や機能低下などで立位が難しい利用者などが使用します。臥位の状態で使用するものではありません。

✕ 4　入浴用介助ベルトは入浴時に転倒を防ぐなど、安全を確保できるベルトです。また、握り手がついており、力が入りやすく、介護者の移乗介護の負担が軽減します。そのため、重心がある腰部付近に装着することが適切です。

✕ 5　ストレッチャーで入浴すると、浮力作用で腰部付近などからだが浮いて、頭が沈んでしまう危険があります。そのため、必ずベルトをして入浴します。

正解 1

合格のための要点整理　　●入浴関連用具（入浴用介護ベルト）

入浴の際の起立時や、移乗時の介護負担を軽減させるベルトです。ベルトを装着することで、安全に介護することができます

問題 273 シャワー浴の介護に関する次の記述のうち、**最も適切なものを1つ**選びなさい。

1 シャワーの湯温は、介護福祉職よりも先に利用者が確認する。

2 からだ全体にシャワーをかけるときは、上肢から先に行う。

3 利用者が寒さを訴えたときは、熱いシャワーをかける。

4 利用者が陰部を洗うときは、介護福祉職は背部に立って見守る。

5 脱衣室に移動してから、からだの水分を拭きとる。

◉入浴・清潔保持の介護の基本となる知識と技術　出題頻度★★★　[第34回 問題48より出題]

解答と解説

✕ 1 シャワーの湯温は、利用者がやけどをする危険もあるため、必ず利用者よりも先に介護福祉職が触れて確認します。

✕ 2 シャワーをかけるときは、からだに負担をかけないように、心臓から遠い足元からかけていきます。

✕ 3 シャワー浴は寒いと訴えがあることがありますが、熱いシャワーをかければやけどの危険がありますし、心臓に負担をかけるかもしれません。タオルを背中などにかけてから、シャワーをかけると保温効果があります。足を湯につけて、温めることもよいです。

◯ 4 シャワー浴だけではありませんが、陰部を洗うときは羞恥心やプライバシーに配慮して、なるべく見えないような位置にいることが適切です。

✕ 5 気化熱によって体温低下が考えられるので、浴室の中である程度水分を拭き取ってから脱衣室に出ることが適切です。

正解 4

合格のための要点整理　◉シャワー浴

疾患や体調に応じて、シャワー浴を行う。その留意点を理解しておこう。

❶シャワー浴は入浴よりも体力の消耗が少なく、からだへの負担が小さい。

❷シャワーの湯温は40℃程度。

❸シャワー浴はすぐに体温が下がるため、乾いたタオルですぐに拭く。

❹シャワーの湯温は変化することがあるので、常に介護福祉職が指で温度を確認する。

問題 274 入浴の身体への作用を踏まえた介護福祉職の対応として、**最も適切**なものを1つ選びなさい。

1 浮力作用があるため、食後すぐの入浴は避ける。
2 浮力作用があるため、入浴中に関節運動を促す。
3 静水圧作用があるため、入浴後に水分補給をする。
4 静水圧作用があるため、入浴前にトイレに誘導する。
5 温熱作用があるため、お湯につかる時間を短くする。

●入浴・清潔保持の介護の基本となる知識と技術　出題頻度★★　[第33回 問題45より出題]

解答と解説

✗ 1 食後すぐの入浴は消化能力の低下を招いてしまうため、食後1時間は入浴を控えます。

○ 2 浮力作用によって筋肉への負担が小さく、普段よりも関節を動かしやすくなるので、関節運動を促すことは適切です。

✗ 3 入浴では汗をかくので水分補給は必要ですが、静水圧作用と深く関係しているわけではありません。

✗ 4 腎臓の働きをよくして利尿作用をもたらすのは、温熱作用のためです。

✗ 5 長時間の入浴はからだに負担になってしまいますが、温熱作用があるためにお湯につかる時間を極端に短くする必要はありません。湯につかる時間は5～10分とします。

正解 2

合格のための要点整理　●入浴の作用

入浴によって生じる作用と留意点を覚えておこう。

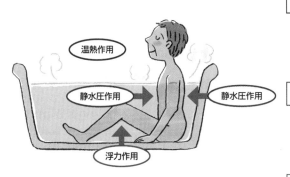

温熱作用……からだが温まり、毛細血管が開く。血流が促進される。筋肉も温まってほぐれる。腎臓の機能が高まり、利尿作用をもたらす。

静水圧作用……からだに水圧がかかり、血流が心臓へと押し出されて血液循環が促される。一方、心臓に負担がかかるため、心疾患のある利用者は半身浴が適切である。

浮力作用……筋肉が重力から解放されリラックスできる。筋肉や関節への負担が減るため、関節運動をするとよい。

問題 275 目の周囲の清拭の方法を図に示す。矢印は拭く方向を表している。次のA～Eのうち、基本的な清拭の方法として、**最も適切なもの**を1つ選びなさい。

1 A
2 B
3 C
4 D
5 E

●対象者の状態・状況に応じた清潔保持の介護の留意点　出題頻度★★★　[第35回 問題91より出題]

解答と解説

○ 1　目の周囲の清拭は目頭から目尻に向かって拭きます。また、拭くときは、一度拭いたタオルでは同じ面を使わずに行います。

✕ 2　適切ではありません。

✕ 3　適切ではありません。

✕ 4　適切ではありません。

✕ 5　適切ではありません。

正解 1

合格のための要点整理　●顔の拭き方・ひげ剃りの方法

顔の拭き方

☐ 顔を拭くときは、中心から外に向かって拭くのが基本となる。

☐ 一度拭いたタオルの面で、再度拭かない。

ひげ剃り（電気かみそりの場合）

☐ 当たっている角度が肌に対して直角になるようにし、それを保ちながら剃る。

☐ 湾曲している部分は、もう一方の手で皮膚を伸ばすようにしながら剃る。

目を拭くときは、目頭から目尻にかけて拭いていきます

かみそり負けを起こしやすいので、ひげ剃りのあとにはクリームや化粧水で皮膚を保護しましょう

問題 276 Ｊさん（85歳、女性、要介護２）は、アルツハイマー型認知症（dementia of the Alzheimer's type）である。時間をかければ一人で洗身、洗髪もできるが、ズボンの上に下着を着る行為がみられたため、訪問介護（ホームヘルプサービス）を利用することになった。

　Ｊさんの入浴時における訪問介護員（ホームヘルパー）の対応として、**最も適切なもの**を１つ選びなさい。

1　脱いだ衣服は、着る衣服の隣に並べて置く。

2　洗身と洗髪は訪問介護員（ホームヘルパー）が行う。

3　入浴中の利用者に声をかけることは控える。

4　衣服の着る順番に応じて声をかける。

5　ズボンの着脱は訪問介護員（ホームヘルパー）が行う。

●**対象者の状態・状況に応じた入浴の介護の留意点**　出題頻度★　[第35回 問題92より出題]

解答と解説

✕1　Ｊさんは、着衣失行の症状があります。脱いだ衣服を着る衣服の近くに置くと、どちらを着てよいのかわからなくなってしまいます。

✕2　Ｊさんは時間をかければ洗身も洗髪もできるため、訪問介護員が行うことは適切ではありません。

✕3　入浴中はＪさんの体調を確認・観察するためにも、適度に声をかけることが必要です。

◯4　Ｊさんは着衣失行があるので、着る順番に合わせ、一つひとつの動作に応じて声をかけて、自分で衣服を着てもらうことが適切です。

✕5　Ｊさんは運動機能に障害があるわけではないので、訪問介護員が着脱を行うのではなく、一つひとつの動作ごとに見本を見せたり、説明をしたりしましょう。

正解4

合格のための要点整理　●**着衣失行**

着衣失行とは、高次機能障害のひとつ。運動麻痺などがないにもかかわらず、衣服を正しく着る動作ができなくなる症状のことをいう。

上着とズボンを間違える。

ボタンを掛け間違える。

衣類の前後左右、裏表がわからない。

着衣の手順と方法がわからなくなっているので、手順ごとの説明が必要です

問題 277 左片麻痺のある利用者が、浴槽内から一部介助で立ち上がる方法として、**最も適切なもの**を1つ選びなさい。

1 利用者の左膝を立てて、左の踵を臀部に引き寄せてもらう。

2 浴槽の底面に両手を置いてもらう。

3 右手で手すりをつかんで前傾姿勢をとり、臀部を浮かしてもらう。

4 利用者の両腋窩に手を入れて支える。

5 素早く立ち上がるように促す。

● 対象者の状態・状況に応じた入浴の介護の留意点　出題頻度★★★★　[第34回 問題49より出題]

解答と解説

✕ 1 左片麻痺のある利用者なので、膝を立てて踵を引き寄せるのは右足になります。また、患側の踵を引き寄せると、立ち上がるときに巻き込んでしまう危険もあるため、適切ではありません。

✕ 2 浴槽の底面に両手を置いても、立ち上がることはできないので、適切ではありません。

○ 3 立ち上がりのメカニズムとして、前傾姿勢を取ることが基本になります。健側の右手を生かし、臀部を浮かせて重心の移動をする行為は適切です。

✕ 4 利用者の両腋窩に手を入れて立ち上がってもらおうとすると、利用者を抱えることになります。自力で立ち上がることは難しく、介護者の負担も大きいため、適切ではありません。

✕ 5 すばやく立ち上がろうとすると、浴槽内で滑ったり、転倒したりする危険があるため、ゆっくりと立ち上がってもらいましょう。

正解 3

合格のための要点整理　●**片麻痺のある人の入浴介護**
立位、移動の基本的な動作を理解したうえで、浴槽の出入りについて考える。

❶ 手すりを持ち、浴槽内で健側の膝を深く曲げる。

❷ 手すりを持ったまま、浴槽内で立ち上がる。

❸ 手すりを持ったまま、浴槽の縁に座る。

❹ 麻痺側の足を持って、浴槽の外に出す。

❺ 健側の足を浴槽の外に出す。

❻ シャワーチェアに座る。

（右片麻痺の場合）

※動作がわかりやすいように、お湯は省略しています。

問題　278　四肢麻痺の利用者の手浴に関する次の記述のうち、**最も適切なもの**を１つ選びなさい。

1　仰臥位（背臥位）で行う。

2　手指は、30分以上お湯に浸す。

3　手関節を支えながら洗う。

4　指間は、強く洗う。

5　指間は、自然乾燥させる。

●対象者の状態・状況に応じた入浴の介護の留意点　出題頻度★★　［第33回 問題46より出題］

解答と解説

✕ 1　四肢麻痺の利用者の場合、ベッド上での手浴は間違いではありませんが、ベッドの頭部側をギャッジアップして、手を洗面器に入れます。手が肘より上がると、負担になるためです。

✕ 2　湯に浸す時間は個人差がありますが、30分以上では長すぎて、疲労が出てしまいます。

〇 3　手浴の場合、手に一番近い関節である手関節を支えながら洗います。

✕ 4　湯につかっているため、指の間を強く洗うと皮膚が剥離する危険があります。適度な力で洗います。

✕ 5　指間は空気に触れにくく乾きにくいため、ドライヤーを使って乾かします。

正解 3

合格のための要点整理　●手浴

利用者の手関節を支えて洗います

■ベッド上の仰臥位での手浴

注意点　ベッドをギャッジアップ（約15〜30度）すると手を入れやすくなる。

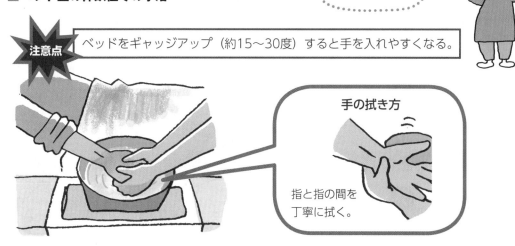

手の拭き方

指と指の間を丁寧に拭く。

問題 **279** 利用者の状態に応じた清潔の介護に関する次の記述のうち、**最も適切なもの**を１つ選びなさい。

1 乾燥性皮膚疾患がある場合、弱アルカリ性の石鹸^{せっけん}で洗う。

2 人工透析をしている場合、柔らかいタオルでからだを洗う。

3 褥瘡^{じょくそう}がある場合、石鹸^{せっけん}をつけた指で褥瘡部^{じょくそうぶ}をこすって洗う。

4 糖尿病性神経障害（diabetic neuropathy）がある場合、足の指の間はナイロンたわしで洗う。

5 浮腫のある部位は、タオルを強く押し当てて洗う。

●対象者の状態・状況に応じた入浴の介護の留意点　出題頻度★★★★　[第33回 問題47より出題]

解答と解説

✕ 1 乾燥性皮膚疾患がある場合、石鹸は弱酸性のものが適切です。

○ 2 人工透析をしている場合、針部からの出血や雑菌が入る可能性があるため、やわらかいタオルでからだを洗います。ただし、透析当日は入浴を控えることが適切です。

✕ 3 褥瘡部をこすって洗うと、悪化してしまいます。こすらないように、指の腹などでやさしく洗いましょう。

✕ 4 糖尿病性神経障害では高血糖状態が続き、手足にしびれがあらわれます。また、感覚が失われることもあり、ナイロンたわしで洗えば、気づかないうちに出血することもあるので、適切ではありません。

✕ 5 浮腫のある部位にタオルを強く押し当てることは、適切ではありません。普通の力で洗いましょう。

正解 2

合格のための要点整理 ●利用者の状態に応じた入浴の介護の留意点

■**心疾患のある人の入浴**

肩まで湯につかると、血液が**心臓**に急激に押し流されて、負荷になる。

イスなどを使って水位は**心臓**より下げる（みぞおちくらい）。

■**酸素療養中の人の入浴**

鼻カニューレとは酸素を吸入する道具。短い管の先端から、鼻腔に向かって酸素が流れるしくみになっている。洗った際は、十分に乾燥させること。

鼻カニューレはつけたまま入浴します！

問題 280 Kさん（72歳、女性、要介護2）は、脳梗塞（cerebral infarction）で入院したが回復し、自宅への退院に向けてリハビリテーションに取り組んでいる。トイレへは手すりを使って移動し、トイレ動作は自立している。退院後も自宅のトイレでの排泄（はいせつ）を希望している。

　Kさんが自宅のトイレで排泄（はいせつ）を実現するために必要な情報として、**最も優先されるもの**を1つ選びなさい。

1　便意・尿意の有無

2　飲食の状況

3　衣服の着脱の様子

4　家族介護者の有無

5　トイレまでの通路の状況

●排泄介護の視点　出題頻度★★

[第33回 問題48より出題]

解答 と 解説

✕ 1　便意・尿意の有無の情報も必要ですが、病院でトイレを使用していることを考えると、優先度は高くありません。

✕ 2　排泄と密接に関係する飲食の状況確認も必要ですが、Kさんの課題として優先度は高くないと考えられます。

✕ 3　トイレ動作が自立しているKさんの情報として、優先度は高くありません。

✕ 4　家族介護者の情報も必要ですが、選択肢2・3と同じようにトイレ動作が自立しているKさんの情報として優先度は高くありません。

○ 5　病院で手すりを使って移動しているKさんの情報として、トイレまでの移動方法、手段、経路については優先度の高い情報と考えられます。

正解5

介護

生活支援技術

合格のための要点整理

●排泄の一連の動作

①尿意・便意を感じる
②起きる、立ち上がる、トイレに移動する
③トイレを認識する
④トイレのドアを開けて入る
⑤下着を下ろす
⑥便器を使用する
⑦排尿、排便する
⑧清拭とトイレットペーパーの処理をする
⑨下着を上げる
⑩便器の洗浄、手を洗う
⑪移動する

排泄の一連の動作のどこに課題があるのかで、アプローチが変わります

問題　281　胃・結腸反射を利用して、生理的排便を促すための介護福祉職の支援として、**最も適切なもの**を１つ選びなさい。

1　歩行を促す。

2　起床後に冷水を飲んでもらう。

3　腹部のマッサージをする。

4　便座に誘導する。

5　離床する時間を増やす。

●排泄介護の基本となる知識と技術　出題頻度★★　　　　　[第35回 問題93より出題]

解答と解説

✕ 1　排便を促すために歩行を促すことは間違いではありませんが、胃・結腸反射は食べ物が胃に入ったときに起こる運動なので、適切ではありません。

○ 2　朝に冷水を飲むことで胃が大きくなり、腸に冷たい水が流れ込んで刺激となります。これがきっかけになって、新しい食べ物を受け入れようとする胃・結腸反射が起こるため、適切です。

✕ 3　腹部マッサージによって、胃・結腸反射が起こるわけではありません。胃・結腸反射によって起こった蠕動運動を、腹部マッサージによって促します。つまり腹部マッサージは蠕動運動を促す支援ではありますが、胃・結腸反射を利用した支援としては適切ではありません。

✕ 4　便座に誘導することで便意を催すことにはつながりますが、胃・結腸反射につながることではありません。

✕ 5　離床時間を増やしても、胃・結腸反射を促すことにはなりません。

正解2

合格のための要点整理　●**便意を感じるしくみ**

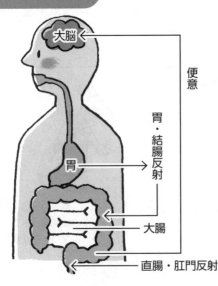

便意

大脳

胃・結腸反射

胃

大腸

直腸・肛門反射

胃・結腸反射

胃に食べ物が入ると、その刺激で蠕動運動が起こり、便が直腸におくられる。

直腸・肛門反射

便が直腸に達すると、大脳にシグナルがおくられて便意となり、外肛門括約筋がゆるみ、便が通るようになる。

問題 **282** 女性利用者のおむつ交換をするときに行う陰部洗浄の基本に関する次の記述のうち、**最も適切なもの**を1つ選びなさい。

1 湯温は、介護福祉職の手のひらで確認する。
2 おむつを交換するたびに、石鹸を使って洗う。
3 タオルで汚れをこすり取るように洗う。
4 尿道口から洗い、最後に肛門部を洗う。
5 洗浄後は、蒸しタオルで水分を拭き取る。

●**排泄介護の基本となる知識と技術** 出題頻度★★ [第35回 問題95より出題]

解答と解説

✕ 1 湯温は外気温によって変化しやすい手のひらで確認するのではなく、前腕や手首の内側で確認します。

✕ 2 高齢者の場合、おむつ交換のたびに石鹸を使用すると、皮脂を取りすぎてしまい、乾燥してしまいます。汚れがひどいときや、1日に1回程度で十分です。

✕ 3 高齢者の弱い肌をタオルでこすり取るように洗うと、傷をつけてしまいます。やさしく丁寧に拭き上げます。

◯ 4 尿路感染などのリスクがあるので、陰部洗浄の際には尿道口から洗って、最後に肛門部を洗うことが適切です。

✕ 5 洗浄後に皮膚がぬれていると、蒸れてしまい、肌がただれてしまったり、褥瘡の原因になったりします。乾いたタオルで水分を拭き取ることが適切です。

正解 4

合格のための要点整理 ●**おむつ交換時の清拭方法**

おむつ交換の際には、陰部から肛門部へ、臀部から肛門部へ向かって拭くことを覚えておく。

陰部の拭き方

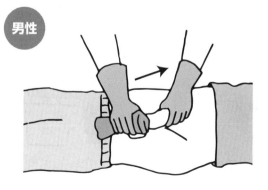

男性の場合は、陰茎、陰のうを拭き取る。亀頭は、包皮をずらして拭く。

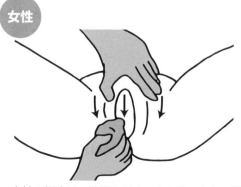

女性の場合は、陰唇を開き、中心部、左右の順番に上から下に向けて拭く。

介護

生活支援技術

問題 283 下肢筋力の低下により立位に一部介助が必要な車いすの利用者が、トイレで排泄_{はいせつ}をするときの介護として、**最も適切なものを1つ選びなさい。**

1 便座の高さは、利用者の膝よりも低くなるように調整する。

2 便座に移乗する前に、車いすのバックサポートに寄りかかってもらう。

3 車いすから便座に移乗するときは、利用者の上腕を支える。

4 利用者が便座に移乗したら、座位が安定していることを確認する。

5 立ち上がる前に、下着とズボンを下腿部_{かたいぶ}まで下げておく。

●排泄介護の基本となる知識と技術　出題頻度★★★　　　　　　　[第33回 問題50より出題]

解答と解説

✕ 1 下肢筋力の低下している利用者の場合、膝よりも便座の高さが低くなると、立ち上がることが困難になります。

✕ 2 バックサポートに寄りかかると前傾姿勢を取ることができず、立ち上がることができなくなります。

✕ 3 便座に移乗するときは、バランスを保ち、転倒を防止するために、重心に近い腰部付近を支えて、体幹を保持します。

○ 4 利用者が便座に移乗したら、転倒防止と排泄行為のために、足を肩幅程度に開いてもらい、やや前傾姿勢で足底が床についていることを確認します。

✕ 5 ズボンは排泄後、利用者自身が上げやすいように、大腿部（膝よりやや上）まで下げておきます。

正解 4

合格のための要点整理　　　●トイレの介護の基本

・尿意や便意があり、座位が可能、介護をすれば移動が可能な人はトイレでの排泄を行う。

・トイレでは足底が床にしっかりとついて、前傾姿勢が取れることを確認する。

・排泄の後始末ができない場合、女性は感染症の予防のため、尿道口から肛門に向けて拭く。

・急に立ち上がると立ちくらみを起こすこともあるので、排泄前後は体調確認を行う。

・トイレからの立ち上がりが困難な利用者には、補高便座などを使うとよい。

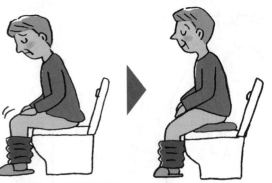

補高便座のない状態　　　補高便座を装着した状態

補高便座は洋式便座の上に置いて、便座の高さを補うもの。便座が低く、立ち上がりが難しいときに使用します

　利用者の便失禁を改善するための介護福祉職の対応として、**最も適切なもの**を１つ選びなさい。

1　トイレの場所がわからない認知症（dementia）の人には、ポータブルトイレを設置する。
2　移動に時間がかかる人には、おむつを使用する。
3　便意がはっきりしない人には、朝食後に時間を決めてトイレへ誘導する。
4　下剤を内服している人には、下剤の内服を中止する。
5　便失禁の回数が多い人には、食事の提供量を減らす。

●**対象者の状態・状況に応じた排泄の介護の留意点**　出題頻度★★★　［第35回 問題94より出題］

解答と解説

✕ 1　移動や排泄の機能が障害されているわけではないので、ポータブルトイレを使用する必要はありません。トイレが認識できるような配慮や工夫、誘導するなどの支援を行います。

✕ 2　移動に時間がかかってもトイレで排泄できるのであれば、おむつにするのではなく、移動時間を短縮できるような配慮や支援を行います。

〇 3　便意があいまいな人には、腸の動きが一番活発になる朝食後にトイレに行く習慣をつけて、排便を促すことが適切です。

✕ 4　下剤の内服は医師から指示が出ます。中止するかどうかは、介護福祉職が判断すべきことではありません。

✕ 5　食事の提供量を減らしても便失禁は改善しません。また、食物繊維などが不足して下痢になり、かえって便失禁につながることもあるため、適切ではありません。

正解 3

合格のための要点整理　●**便失禁**

便失禁にはいくつかの種類があり、それぞれの特徴に応じた対応が求められる。

■**便失禁のタイプ４**

❶ 腹圧性便失禁
括約筋のゆるみや下痢などが原因で、おなかに力が入ったときに出してしまう症状。

❷ 切迫性便失禁
外肛門括約筋の障害により、便意はあるが、トイレまで我慢できずにもれてしまう症状。

❸ 溢流性便失禁
便意はなく、たくさんたまった状態のときに、便があふれ出す症状。内肛門括約筋の障害が原因。

❹ 機能性便失禁
認知症などが原因で、排便動作に関する判断や動きができず、もらしてしまう症状。

問題 285 Kさん（76歳、女性、要介護2）は、介護老人保健施設に入所している。日頃から、「排泄は最期まで他人の世話にならない」と言い、自分でトイレに行き排泄している。先日、趣味活動に参加しているときにトイレに間に合わず失禁した。その後、トイレの近くで過ごすことが多くなり、趣味活動に参加することが少なくなった。Kさんを観察すると、1日の水分摂取量、排尿量は変わりないが、日中の排尿回数が増えていることがわかった。

Kさんへの介護福祉職の最初の対応として、**最も適切なものを1つ選びなさい**。

1 日中は水分摂取を控えるように伝える。

2 抗不安薬の処方ができないか看護師に相談する。

3 トイレに行く姿を見かけたら、同行する。

4 排泄について不安に感じていることがないかを聞く。

5 積極的に趣味活動に参加するように勧める。

●対象者の状態・状況に応じた排泄の介護の留意点　出題頻度★★★★　　[第35回 問96より出題]

解答と解説

✕ 1 水分摂取を控えると、脱水や便秘になることが考えられます。

✕ 2 トイレの近くで過ごしたり、趣味活動に参加することが少なくなったりしていることから、排泄に不安があることは想像できます。しかし、本人からの訴えもなく、原因がわかっていない段階で、抗不安薬の処方について相談することは適切ではありません。

✕ 3 「排泄は最後まで他人の世話にならない」といっているKさんに、何も聞かずにトイレに同行することは、本人の自尊心を傷つけることになります。

○ 4 選択肢2と同様、本人が排泄に不安を持っている可能性が考えられます。まず、本人の気持ちを確認しようと試みることが適切です。

✕ 5 趣味活動に参加が少なくなったのには、何かしらの原因が存在します。その原因もわからずに、ただ参加を勧めることは適切ではありません。

正解 4

合格のための要点整理　●**尿失禁の種類**
尿失禁の種類について理解しておこう。

腹圧性尿失禁	・女性に多い。 ・おなかに力を入れたときに尿がもれてしまう。	切迫性尿失禁	・強い尿意が急に起こり、トイレに間に合わずにもれてしまう。
溢流性尿失禁	・男性に多い。 ・尿が少しずつ、もれてしまう。 ・尿意を感じてもうまく出ない。	機能性尿失禁	・身体機能や認知機能の低下のため、うまく排尿行為ができない。

問題 **286** 便秘の傾向がある高齢者に自然排便を促すための介護として、**最も適切なもの**を１つ選びなさい。

1 朝食を抜くように勧める。
2 油を控えるように勧める。
3 散歩をするように勧める。
4 腰部を冷やすように勧める。
5 就寝前にトイレに座るように勧める。

●対象者の状態・状況に応じた排泄の介護の留意点　出題頻度★★★★　[第34回 問題51より出題]

解答と解説

✕ 1 朝食後には大腸の蠕動（ぜんどう）運動が大きく起き、排便が促されるため、朝食を抜くことは適切ではありません。また、生活習慣が乱れ、自律神経にも悪い影響があります。

✕ 2 油を取ることで硬くなった便がやわらかくなり、油分を含んで滑りがよくなるため、スムーズに排便することができます。オリーブオイルに含まれる豊富なオレイン酸は、大腸のはたらきを活発にします。

◯ 3 散歩をすることで自律神経のバランスを整えて、腸の動きをよくするとともに、血流が促されて蠕動運動を活発にすることができます。

✕ 4 腰部や腹部を温めることで、その温熱による刺激によって腸の動きを活発にすることができます。そのため、冷やすことは適切ではなく、温める温罨法（おんあんぽう）が適切です。

✕ 5 寝る前ではなく、蠕動運動が大きく起こる朝食後にトイレに行く習慣をつけましょう。

正解 3

合格のための要点整理　●**便秘の種類**

直腸性便秘	けいれん性便秘	弛緩性便秘（しかんせい）

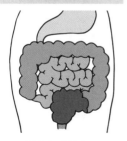 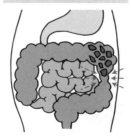 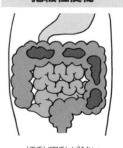

便意を感じない。　　結腸がけいれんし、蠕動運動がうまくできない。　　蠕動運動が鈍い。

便をやわらかくする水溶性食物繊維が有効
わかめ、ひじき、りんごなど。

水分を吸収して腸を刺激する不溶性食物繊維が有効
ごぼう、ブロッコリー、ほうれん草など。

問題 287 認知機能の低下による機能性尿失禁で、夜間、トイレではない場所で排尿してしまう利用者への対応として、**最も適切なもの**を1つ選びなさい。

1 日中、足上げ運動をする。
2 ズボンのゴムひもを緩いものに変える。
3 膀胱訓練を行う。
4 排泄してしまう場所に入れないようにする。
5 トイレの照明をつけて、ドアを開けておく。

●対象者の状態・状況に応じた排泄の介護の留意点　出題頻度★★★　［第34回 問題52より出題］

解答と解説

✕1 認知機能の低下による機能性尿失禁がある利用者なので、下肢の筋力や機能の維持・改善を図る運動をする対応は適切ではありません。

✕2 ゴムひもをゆるいものに替えることは、手指や上肢の機能が低下している場合には有効であることがありますが、認知機能への対応としては適切ではありません。

✕3 膀胱訓練は、尿意を感じてからトイレに行くのが間に合わずに失禁してしまう切迫性尿失禁の対応として有効です。

✕4 排泄してしまう場所に入れないようにしたとしても、トイレの場所が認識できなければ、他の場所で排泄してしまうことも考えられます。また、いつも入れていた場所に入れないことで混乱してしまうことも考えられ、適切とはいえません。

○5 トイレの照明をつけてドアを開けておくことで、トイレの場所が認識しやすくなります。認知機能の低下により、失禁してしまう利用者への対応として適切です。

正解5

合格のための要点整理　●認知症がある人の夜間のトイレ

寝室のドアは開けたままにしておく

電気は点灯

WC

ベッド下の常夜灯は点灯

問題 **288** 自己導尿を行っている利用者に対する介護福祉職の対応として、**最も適切なもの**を1つ選びなさい。

1 座位が不安定な場合は、体を支える。

2 利用者が自己導尿を行っている間は、そばで見守る。

3 利用者と一緒にカテーテルを持ち、挿入する。

4 再利用のカテーテルは水道水で洗い、乾燥させる。

5 尿の観察は利用者自身で行うように伝える。

●**対象者の状態・状況に応じた排泄の介護の留意点** 出題頻度★ ［第33回 問題49より出題］

解答と解説

○ 1 介護福祉職は、導尿を行うことができません。物品の準備・片づけ、環境づくりに加え、自己導尿が安全に行えるように座位が不安定な場合に支えることが介護福祉職の役割です。

✕ 2 利用者の羞恥心やプライバシーに配慮して、安全が確保できていれば、その場を離れます。

✕ 3 カテーテルの挿入は医行為に当たるため、介護福祉職が行うことはできません。

✕ 4 カテーテルは石鹸と流水で洗い、消毒液の入ったケースに戻して保管します。

✕ 5 排尿の観察は、介護福祉職の業務です。利用者自身が確認しないわけではありませんが、介護福祉職も確認をします。

正解1

合格のための要点整理

●**自己導尿とは**

利用者が一定時間ごとに、間欠的導尿（膀胱に尿がたまるたびにカテーテルを挿入して導尿する）を実施すること。カテーテルなど、必要な物品を用意して行う。

カテーテル　消毒綿

消毒液

尿ビン　カップ

1 いすやベッド上で、無理のない座位姿勢を取ってもらう。

2 消毒液を利用者に渡して、陰部を消毒してもらう。

3 カテーテルを利用者に渡して、排尿。

4 計量カップなどで尿を受ける。

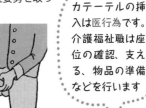

カテーテルの挿入は医行為です。介護福祉職は座位の確認、支える、物品の準備などを行います

介護

生活支援技術

問題 289 ノロウイルス（Norovirus）による感染症の予防のための介護福祉職の対応として、**最も適切なもの**を１つ選びなさい。

1 食品は、中心部温度50℃で１分間加熱する。
2 嘔吐物は、乾燥後に処理をする。
3 マスクと手袋を着用して、嘔吐物を処理する。
4 手すりの消毒は、エタノール消毒液を使用する。
5 嘔吐物のついたシーツは、洗濯機で水洗いする。

●**家事支援の基本となる知識と技術** 出題頻度★★★　　　　　[第35回 問97より出題]

解答と解説

✕1 ノロウイルスの汚染の恐れがある二枚貝などの食品は、85～90℃で90秒以上の加熱が適切です。

✕2 嘔吐物が乾燥すると、衣類等についてしまった大量のウイルスがほこりと一緒に空中へと舞い上がり、空気感染するおそれがあります。

○3 ノロウイルスだけでなく、嘔吐物の処理には**マスクと手袋**を着用して、飛沫感染や接触感染を防ぐことが必要です。

✕4 ノロウイルスに対し、エタノール消毒液は効き目がありません。次亜塩素酸ナトリウム消毒液を使用します。

✕5 嘔吐物のついたシーツは嘔吐物を処理したあと、次亜塩素酸ナトリウムを使用して消毒を行い、その後に洗濯を行います。

正解3

合格のための要点整理　●**おもな感染症**

❶ インフルエンザ
症状 高熱、関節痛、筋肉痛など。
原因・特徴 インフルエンザウイルス。冬季に流行する。高齢者は肺炎などを併発しやすく重篤化する。
感染経路 **飛沫**感染。

❷ ノロウイルス
症状 嘔吐、下痢、腹痛など。
原因・特徴 ノロウイルスの感染。胃腸炎を起こす。アルコール消毒は効き目がなく、**次亜塩素酸ナトリウム**が有効。
感染経路 二枚貝による経口感染。便や嘔吐物からの接触感染。

❸ 結核
症状 咳、痰、血痰、微熱など。
原因・特徴 結核菌。幼少期に感染し、加齢による免疫力の低下で発症することもある。隔離が必要になる場合もある。
感染経路 **空気**感染。

❹ 腸管出血性大腸菌感染症
症状 腹痛、激しい下痢、血便など。
原因・特徴 腸管出血性大腸菌（O-157など）。夏～初秋に多発。
感染経路 経口感染（食肉、生野菜など）。

❺ MRSA（メチシリン耐性黄色ブドウ球菌）
症状 咳、痰、下痢など。
原因・特徴 **抗生物質**に耐性を持った黄色ブドウ球菌。免疫力が低下した患者や高齢者に発症する。
感染経路 接触感染。

問題 290 次亜塩素酸ナトリウムを主成分とする衣類用漂白剤に関する次の記述のうち、**最も適切なもの**を1つ選びなさい。

1 全ての白物の漂白に使用できる。
2 色柄物の漂白に適している。
3 熱湯で薄めて用いる。
4 手指の消毒に適している。
5 衣類の除菌効果がある。

●家事支援の基本となる知識と技術　出題頻度★★　　　　[第34回 問題54より出題]

解答と解説

✕ 1 次亜塩素酸ナトリウムを主成分とする漂白剤は、塩素系漂白剤です。ウールや絹、ポリウレタンなどには使用することができません。

✕ 2 漂白力が強いため、白物には使用できますが、色柄物に使用することはできません。

✕ 3 熱湯で塩素系の漂白剤を薄めると、効果が弱まるともいわれています。また、熱湯では蒸気が発生し、塩素を吸い込んでしまうことも考えられるため、適切ではありません。

✕ 4 塩素系漂白剤はアルカリ性が強く、皮膚を傷つける危険性が高いため、手指の消毒に使用してはいけません。

○ 5 次亜塩素酸ナトリウムを含む塩素系漂白剤には除菌効果があり、適切です。

正解 5

合格のための要点整理　●漂白剤の種類

種類		形状	特徴
酸化型漂白剤	塩素系漂白剤	液体	漂白力が強い。白物にしか使えない。綿、麻、アクリル、ポリエステル、キュプラの衣類に使える。
	酸素系漂白剤	液体	色、柄物にも使える。ほぼすべての繊維に使える。
		粉末	色・柄物にも使える。毛、絹には使えない。
還元型漂白剤		粉末	鉄分による黄ばみを落とせる。白物にしか使えない。ほぼすべての繊維に使える。

漂白剤には3種類あります。それぞれの特徴を知っておくことが必要です

問題 291 次の記述のうち、ズボンの裾上げの縫い目が表から目立たない手縫いの方法として、**最も適切なもの**を 1 つ選びなさい。

1 なみ縫い

2 半返し縫い

3 本返し縫い

4 コの字縫い（コの字とじ）

5 まつり縫い

●**家事支援の基本となる知識と技術** 出題頻度★ 　　　　[第34回 問題55より出題]

解答と解説

✕ 1 なみ縫いは、2枚の生地を縫い合わせるときの縫い方です。

✕ 2 半返し縫いは、表面と裏面が異なる縫い目に仕上がります。一定の伸縮性をもつ縫い方で、ニット生地や厚手の生地を縫うときに使用します。

✕ 3 本返し縫いは、とても丈夫な縫い方です。ファスナーや面ファスナーを縫うときなどに使用します。

✕ 4 コの字縫いはその名のとおり、カタカナの「コ」を描くように縫っていく縫い方です。縫い目が表に出ないので、縫い終わりに適した縫い方です。

○ 5 まつり縫いは、縫い目が目立たないように縫う縫い方です。ズボンの裾上げなどに使用されます。

正解 5

合格のための要点整理 　●**衣類の補修（縫い方）**

まつり縫い

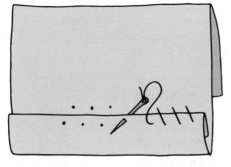

表に縫い目が目立たないように縫いとめる縫い方。

コの字縫い

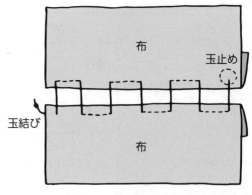

2枚の布を折り、山でくっつけて縫い合わせる縫い方。

問題 292 図の洗濯表示の記号の意味として、**正しいものを1つ選びなさい。**

1 液温は30℃以上とし、洗濯機で洗濯できる。

2 液温は30℃以上とし、洗濯機で弱い洗濯ができる。

3 液温は30℃以上とし、洗濯機で非常に弱い洗濯ができる。

4 液温は30℃を上限とし、洗濯機で弱い洗濯ができる。

5 液温は30℃を上限とし、洗濯機で非常に弱い洗濯ができる。

●**家事支援の基本となる知識と技術**　出題頻度★★　　　　［第33回 問題51より出題］

解答と解説

✕ 1　不適切です。

✕ 2　不適切です。

✕ 3　不適切です。

◯ 4　適切です。

✕ 5　不適切です。

正解 4

合格のための要点整理　●**洗濯表示記号の例**

家庭洗濯

 40℃限度（洗濯機［標準］）※

 40℃限度（洗濯機［弱］）※

 30℃限度（洗濯機［非常に弱い］）

 40℃限度（手洗い）

 家庭洗濯NG

漂白

 漂白OK

 酸素系OK 塩素系NG

 漂白NG

タンブル乾燥

 高温80℃まで

 低温60℃まで

 タンブル乾燥NG

自然乾燥

 吊り干しがよい。

 日陰の吊り干しがよい。

 平干しがよい。

アイロン仕上げ

 底面温度200℃を限度としてアイロン仕上げができる。

 アイロン仕上げ禁止。

ドライクリーニング

Ⓟ パークロロエチレンおよび石油系溶剤によるドライクリーニングが可能。

介護

生活支援技術

445

問題 293 衣服についたバターのしみを取るための処理方法に関する次の記述のうち、**適切なもの**を１つ選びなさい。

1　水で洗い流す。

2　しみに洗剤をしみ込ませて、布の上に置いて叩く。

3　乾かした後、ブラッシングする。

4　氷で冷やしてもむ。

5　歯磨き粉をつけてもむ。

●家事支援の基本となる知識と技術　出題頻度★　　　　　[第33回 問題52より出題]

解答と解説

✕ 1　不適切です。

○ 2　バターは水油混合系のしみになるので、洗剤をしみ込ませて、布の上に置いて叩くことが適切です。

✕ 3　不適切です。

✕ 4　不適切です。

✕ 5　不適切です。

正解 2

合格のための要点整理　●しみ抜きの方法

水溶性
- しょうゆ　・ソース
- 紅茶　　　・コーヒー
- ジュース　※血液

⬇

水をつけた歯ブラシで、布の上に置いて叩く

水油混合
- カレー　・マヨネーズ
- アイスクリーム
- ドレッシング

⬇

台所用洗剤を水に溶かして歯ブラシにつけ、布の上に置いて叩く

油性
- 口紅　　　・クレヨン
- ボールペン　・チョコレート

⬇

ベンジンを使う→洗剤を使う

不溶性
- 墨汁

⬇

歯磨き粉をつけてもみ洗い

血液は時間がたつとたんぱく質が固まるので、洗剤を水に溶かして叩くとよいです

446

問題　294　食中毒の予防に関する次の記述のうち、**最も適切なもの**を1つ選び
なさい。

1　鮮魚や精肉は、買物の最初に購入する。

2　冷蔵庫の食品は、隙間なく詰める。

3　作って保存しておく食品は、広く浅い容器に入れてすばやく冷ます。

4　再加熱するときは、中心部温度が60℃で1分間行う。

5　使い終わった器具は、微温湯をかけて消毒する。

●家事支援の基本となる知識と技術　出題頻度★★★★　　　[第33回 問題53より出題]

解答と解説

✕ 1　生鮮食品など冷蔵や冷凍などの温度管理が必要な食品は、買い物の最後に購入して、すぐ
　　　に持ち帰ることが適切です。

✕ 2　冷蔵庫に食品を隙間なく詰めてあると冷気が循環しないので、庫内が冷えにくくなります。
　　　適切な目安は7割程度です。

〇 3　残った食品や保存する食品は早く冷えるように、広く浅い器に入れます。

✕ 4　再加熱するときは、中心温度が75℃を目安に加熱することが適切です。みそ汁やスープ
　　　は沸騰するまで加熱することが適切です。

✕ 5　使い終わった器具は熱湯をかける、漂白剤に1晩つける、スポンジなどは煮沸すると、確
　　　かな消毒効果があります。

正解 3

合格のための要点整理　　●食中毒予防のポイント

食品の購入	・生鮮食品など冷蔵や冷凍の温度管理が必要な物は、買い物の最後に購入する。
家庭での保存	・冷蔵庫の詰めすぎに注意。目安は7割。 ・冷蔵庫は10℃以下、冷凍庫は−15℃以下。
下準備	・生の肉や魚を切ったあと、包丁やまな板を洗わずに、果物や野菜など生で食べる食品などを切ることはしない。 ・使い終わった器具は熱湯をかける、漂白剤に1晩つける、スポンジなどは煮沸すると、消毒効果がある。
調理	・加熱して調理する食品は、十分に加熱する。中心部の温度が75℃で、1分間以上加熱すること。
食事	・調理前の食品や調理後の食品は、室温に長く放置しない。
残った食品	・残った食品は、早く冷えるように広い浅い容器に小分けして保存。 ・残った食品を温め直すときは、十分に加熱する。目安は75℃以上。 ・みそ汁やスープなどは、沸騰するまで加熱する。

問題 295 喘息（ぜんそく）のある利用者の自宅の掃除に関する次の記述のうち、**適切なも**のを１つ選びなさい。

1 掃除機をかける前に吸着率の高いモップで床を拭く。

2 掃除は低い所から高い所へ進める。

3 拭き掃除は往復拭きをする。

4 掃除機の吸い込み口はすばやく動かす。

5 掃除は部屋の出入口から奥へ向かって進める。

●家事支援の基本となる知識と技術　出題頻度★★　　　　［第33回 問題54より出題］

解答と解説

○ 1 掃除機の排気でほこりがまい上がることが考えられるので、掃除機をかける前にほこりを取っておきます。

✕ 2 掃除の基本として、高いところから低いところへ進めます。

✕ 3 拭き掃除は、往復拭きではほこりをうまく取れません。１方向に向かって拭くことが適切です。

✕ 4 掃除機の吸い込み口は、ほこりを残らず吸い取るようにゆっくりと動かします。

✕ 5 掃除の基本は、部屋の奥から出入り口に向かって進みます。

正解 1

合格のための要点整理　**●喘息のある利用者の自宅掃除**

エアコンのフィルターや家具の隙間などは、ほこりやダニが発生しやすいので注意が必要。

こまめに換気し、湿気を防止

エアコンのフィルターを掃除する

布団は天日干し

家具の隙間のほこりを取る

問題 296 ベッドに比べて畳の部屋に布団を敷いて寝る場合の利点について、最も適切なものを１つ選びなさい。

1 布団に湿気がこもらない。

2 立ち上がりの動作がしやすい。

3 介護者の負担が少ない。

4 床からの音や振動が伝わりにくい。

5 転落の不安がない。

●**家事支援の基本となる知識と技術** 出題頻度★ 　　　　　[第33回 問題55より出題]

解答と解説

✕ 1 床と敷き布団の間に空間がないので、空気が通りづらく、ベッドに比べて湿気がこもりやすいです。

✕ 2 布団の場合、床から立ち上がらなければならないので、特に高齢者には向いていません。

✕ 3 移動の介助や排泄（はいせつ）の介助など、布団の場合、ベッドよりも低くなるので介護者の負担は大きくなります。

✕ 4 布団は床に近く、接している面積も広いので、音や振動は伝わりやすいです。

◯ 5 ベッドと違い、床に近く接しているため、転落する危険性はありません。

正解 5

合格のための要点整理 　●**ベッドと布団のメリット・デメリット**

ベッド		布団	
メリット	デメリット	メリット	デメリット
・ほこりやハウスダストを避けられる。 ・起きるときの負担が小さい。 ・上げ下ろしをしなくてよい。	・マットレスを干すことが大変。 ・場所を取る。 ・転落の危険性がある。	・転落の危険性がない。 ・部屋を広く使える。	・ほこりやハウスダストを吸い込みやすい。 ・上げ下ろしが手間になる。 ・床冷えする。 ・カビが生えやすい。

介護

生活支援技術

弱視で物の区別がつきにくい人の調理と買い物の支援に関する次の記述のうち、**最も適切なもの**を１つ選びなさい。

1 買い物は、ガイドヘルパーに任せるように勧める。

2 財布は、貨幣や紙幣を同じ場所に収納できるものを勧める。

3 包丁は、調理台の手前に置くように勧める。

4 まな板は、食材と同じ色にするように勧める。

5 よく使う調理器具は、いつも同じ場所に収納するように勧める。

●対象者の状態・状況に応じた家事支援の留意点　出題頻度★　　［第35回 問題98より出題］

　解答と解説

✕ 1 弱視であっても、買い物ができないわけではありません。もちろん支援が必要なこともありますが、福祉用具などを使用して、買う物を選択するなどは本人にしてもらうのが適切です。

✕ 2 貨幣や紙幣の種類で収納場所をわけておくことで、その位置を記憶し、弱視の人でも会計などがしやすくなります。そのため、同じ場所に収納するのは適切ではありません。

✕ 3 弱視の人が調理をする際、包丁などの刃物を無造作に置いておくと、手を切るなどの危険があるため、通常はまな板の奥に刃を向こう側にして置きます。

✕ 4 まな板と食材が同じ色だと、食材が判別しにくくなります。黒いまな板など、色のコントラストが明確になるものが適しています。

○ 5 弱視の人は物の位置を記憶して調理をしています。そのため、調理器具はいつも同じ場所に収納しておくことが適切です。

正解 5

　合格のための要点整理　　●弱視の人の買い物

弱視の人は買い物時に
①商品がどこにあるかわからない
②種類や価格がわからない
③店内の移動
に困っている。
まわりの人の配慮で、自立した買い物が可能になる。

　次の記述のうち、関節リウマチ（rheumatoid arthritis）のある人が、少ない負担で家事をするための介護福祉職の助言として、**最も適切なものを1つ**選びなさい。

1　部屋の掃除をするときは、早朝に行うように勧める。
2　食器を洗うときは、水を使うように勧める。
3　テーブルを拭くときは、手掌基部を使うように勧める。
4　瓶のふたを開けるときは、指先を使うように勧める。
5　洗濯かごを運ぶときは、片手で持つように勧める。

● **対象者の状態・状況に応じた家事支援の留意点**　出題頻度★★★★　［第35回　問題99より出題］

解答と解説

✕ 1　関節リウマチは早朝に手足のこわばりが強くあらわれるので、早朝に掃除をすることは適切ではありません。

✕ 2　関節リウマチのある人は手足のこわばりや痛みがあるので、食器を洗うときは水ではなく、お湯を使用することが適切です。

◯ 3　関節リウマチのある人は、手のこわばりや痛みによってテーブルを拭く布巾をうまくつかめないことや、力が入らず握っていられないことがあります。手掌基部を使ってテーブルを押すようにすると、うまくテーブルを拭くことができます。

✕ 4　手のこわばりや痛みがあるので、指先を使って瓶のふたを開けることは難しいです。手全体を使うか、福祉用具を使うことが適切です。

✕ 5　手や関節に痛みやこわばりがあるので、片手よりは両手で持つほうが負担が小さくなります。そのため、片手で持つように勧めることは適切ではありません。

正解 3

介護

生活支援技術

合格のための要点整理　●**関節リウマチの特徴**
関節リウマチの特徴について理解しておく。

女性に多い

全身性の炎症性疾患

朝に、手足のこわばり、関節の痛みが起こりやすい

こわばりや痛みは手足の小さな関節から、左右対称にはじまる

次の記述のうち、排泄物（はいせつぶつ）で汚れた衣類をタンスに隠してしまう認知症（dementia）の利用者への対応として、**最も適切なもの**を1つ選びなさい。

1　タンスの中に汚れた衣類を入れられる場所を確保する。

2　「汚れた衣類は入れないように」とタンスに貼紙をする。

3　トイレに行くときには、同行して近くで監視する。

4　つなぎ服を勧める。

5　隠すところを見たら、毎回注意する。

◉**対象者の状態・状況に応じた家事支援の留意点**　出題頻度★　　［第34回 問題53より出題］

解答と解説

◯**1**　汚れた衣類を他の衣類といっしょにすることは、衛生的に適切ではありません。しかし、認知症のため、排泄に失敗してしまい、どうしてよいかわからず、または知られないようにしている利用者の恥じらいの気持ちを考えることが大切です。そこで、本人が隠そうとしているタンスに場所を確保し、そのあとで洗濯をするなどといった対応は適切と考えられます。

✕**2**　タンスに貼り紙をすることは、プライバシーへの配慮に欠け、本人の気持ちも傷つけてしまう行為で、適切とはいえません。

✕**3**　場合によっては、利用者を見守るように寄り添うことが必要ですが、トイレに行くときに近くで監視することはプライバシーの侵害であり、適切ではありません。

✕**4**　つなぎ服の着用は身体拘束にも該当することであり、利用者の尊厳を著しく傷つけることになり、適切ではありません。

✕**5**　注意したり叱ったりしても、利用者が傷つくだけで問題の解決にはつながらず、また別の場所に隠そうとしてしまうかもしれません。

正解1

合格のための要点整理　◉**認知症のある人の気持ち**

認知症のある人には記憶障害などの症状が見られるが、「恥ずかしさ」や「申し訳なさ」も抱えている。その思いや気持ちに寄り添う対応が必要である。

汚れた下着や衣類をしまい込むときの対応

・隠したい場所を用意しておく。

・叱ったり注意したりしない。

・そっと持ち出して洗濯する。

本人の恥じらいの気持ちを尊重しましょう

11-9 休息・睡眠の介護

●**休息・睡眠の介護の視点** 出題頻度★★★★　　　　　　[第35回 問題100より出題]

解答と解説

✕ 1 腰が深く沈むようなやわらかいマットレスでは、腰部に負担がかかり、骨盤が歪んだり、寝返りがしにくかったりして、腰痛の原因になります。適度な反発力があるマットレスが好ましいです。

✕ 2 頸部が前屈すると呼吸がしにくく、適切ではありません。15度程度の角度になる高さの枕が適切です。

✕ 3 寝床内の温度は32〜34℃程度が適温とされています。

○ 4 臭気がこもらないように、室内の換気をすることは睡眠を促す環境として適切です。

✕ 5 寝室はプライベートな空間なので、ドアが開いていて誰かに見られるような状態では安眠につながりません。ドアは閉めておくことが適切です。

正解 4

合格のための要点整理　●**休息と睡眠の環境整備**

(寝室)
広さ、温度・湿度、音、光、色彩、香りなどに配慮する。

(掛け布団)
保湿性、吸湿性、放湿性、かさ高性、フィット性、軽さなどに配慮する

(敷き布団・マットレス)
保湿性、透湿性、放湿性、快適支持性、クッション性などに配慮する。

問題 301 利用者の入眠に向けた介護福祉職の助言として、**最も適切なもの**を1つ選びなさい。

1 「足をお湯につけて温めてから寝ましょう」
2 「寝室の照明を、昼光色の蛍光灯に変えましょう」
3 「布団に入ってから、短く浅い呼吸を繰り返しましょう」
4 「入眠への習慣は控えましょう」
5 「寝る前に、汗をかく運動をしましょう」

● **休息・睡眠の介護の視点** 出題頻度★★★★　　　　　　　[第35回 問題101より出題]

解答と解説

○ **1** 足浴は副交感神経にはたらき、リラックス効果を生み出します。寝る前に足浴を行うことが入眠につながります。

✕ **2** 昼光色とは、白っぽく青みがかったもっとも明るい色で、脳を覚醒させる効果があります。そのため、入眠する際の寝室の照明としては適していません。

✕ **3** 短く浅い呼吸では十分に酸素を取り入れられず、交感神経も優位にはたらくため、入眠に時間がかかります。深く長い呼吸をすることで副交感神経が優位にはたらき、リラックスして入眠しやすくなります。

✕ **4** 生活リズムや生活習慣を整えることは、入眠にとって必要です。入眠への習慣を控えることは、適切ではありません。

✕ **5** 寝る前に汗をかくほどの運動をしてしまうと、体温の上昇や交感神経が優位にはたらくなどの作用により、入眠しにくくなります。軽いストレッチなどの運動を行うことが適切です。

正解1

合格のための要点整理 ● **寝室の照明**

照明の色には種類があり、生活の中で適した色がある。

勉強部屋や仕事をする部屋	洗面台やキッチン	リビングや寝室
昼光色	**昼白色**	**電球色**
青みがかったさわやかな光色	生き生きとした自然な光色	オレンジ色がかった温かい光

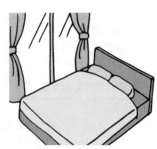

問題 302 心地よい睡眠環境を整備するためのベッドメイキングに関する次の記述のうち、**最も適切なもの**を１つ選びなさい。

1　シーツを外すときは、汚れた面を外側に丸めながら外す。
2　しわを作らないために、シーツの角を対角線の方向に伸ばして整える。
3　袋状の枕カバーの端を入れ込んで使用するときは、布の折り込み側が上になるように置く。
4　掛け毛布はゆるみを作らずにシーツの足元に押し込む。
5　動かしたベッド上の利用者の物品は、使いやすいように位置を変えておく。

●**休息・睡眠の介護の視点**　出題頻度★★　　　　　　　　[第34回 問題56より出題]

解答と解説

✕ 1　シーツを外すときは落屑やほこりが舞い上がらないように、汚れた面を内側にして一定の方向に丸めながら外していきます。

○ 2　型くずれやしわをつくらないためには、シーツを対角線状に伸ばすとよいです。

✕ 3　枕カバーの端を入れ込んで使用する場合、布の折り込み側が上になると、布の段差が皮膚にあたることになり、褥瘡の原因にもなります。下にすることが適切です。

✕ 4　ベッドをすぐに使用しない場合は、掛け毛布をシーツの足元に押し込むこともあります。利用者が使用している場合はゆるみをつくらずに足元へと押し込むと、足元が窮屈になってしまうので適切ではありません。

✕ 5　利用者の物品は、利用者自身にとっての使いやすさや思い入れがあって置かれていることがあります。介護者の勝手な判断で位置を変えることは、適切ではありません。

正解 2

合格のための要点整理　●**ベッドメイキングのポイント**

ベッドは利用者にとって、休息や睡眠の場であると同時に、生活の場でもある。心地よい環境整備の方法を理解しよう。

枕を置く向き

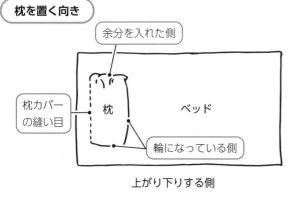

上がり下りする側

介護
生活支援技術

455

問題 303 夜勤のある施設職員が良質な睡眠をとるための生活習慣に関する次の記述のうち、**最も適切なもの**を１つ選びなさい。

1 夜勤に入る前には仮眠をとらない。

2 寝る前にスマートフォンでメールをチェックする。

3 朝食と夕食の開始時間を日によって変える。

4 夜勤後の帰宅時にはサングラス（sunglasses）をかけるなど、日光を避けるようにする。

5 休日に寝だめをする。

●**休息と睡眠の環境整備** 出題頻度★ 　　　　　　　　　　　　［第34回 問題57より出題］

解答と解説

✕ 1 夜勤の日も遅くまで寝ていると生活リズムが乱れてしまうため、朝はいつもどおり起きて日光を浴びて体内時計をリセットしましょう。そのうえで、夜勤前に90分間または180分間、睡眠の周期に合わせて仮眠を取るとよいでしょう。

✕ 2 寝る前にスマートフォンを見ると自律神経に作用し、睡眠に悪い影響を与えてしまいます。そのため、寝る前にメールをチェックすることは適切ではありません。

✕ 3 食べる時間がバラバラで不規則な生活をしていると、生活リズムが乱れて体内時計にもズレが生じて不調の原因になります。

○ 4 夜勤明けに日光を浴びると体内時計がリセットされてしまい、帰宅後に眠りにつきにくくなります。目に入る日光をシャットアウトして、帰宅後に3時間ほど睡眠を取るとよいでしょう。

✕ 5 寝だめは体内時計のリズムを崩してしまい、効果もなく、むしろ不調の原因にもなりかねません。

正解 4

合格のための要点整理 　●**サーカディアンリズム**

生物には体内時計があり、活動と休息のリズムをつくっている。夜になると眠くなるのは体内時計のはたらきによる。このような24時間のリズムを概日リズム（サーカディアンリズム）という。

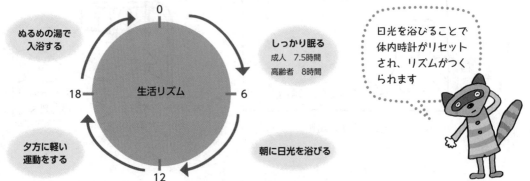

ぬるめの湯で入浴する

しっかり眠る
成人　7.5時間
高齢者　8時間

18

生活リズム

6

夕方に軽い運動をする

朝に日光を浴びる

0

12

日光を浴びることで体内時計がリセットされ、リズムがつくられます

問題 304 睡眠の環境を整える介護として、**最も適切なものを1つ選びなさい。**

1 寝具を選ぶときは、保湿性を最優先する。

2 湯たんぽを使用するときは、皮膚に直接触れないようにする。

3 寝室の温度は、1年を通して15℃前後が望ましい。

4 枕は、顎が頸部につくぐらいの高さにする。

5 就寝中の電気毛布は、スイッチを切る必要がない。

●休息・睡眠の介護の視点　出題頻度★★★★　　　　[第33回 問題56より出題]

解答と解説

✕ 1 寝具を選ぶときは、保湿性だけでなく、保温性、吸湿性、吸水性、放湿性、フィット性、通気性など、さまざまなことを利用者の状態や好みから検討することが必要です。

○ 2 湯たんぽは低温やけどを防ぐために、直接肌には触れないようにします。

✕ 3 睡眠中の寝室の温度は冬季15℃前後、夏季25℃前後、湿度は50〜60%程度が適切です。

✕ 4 枕の高さは、利用者の好みなどにもよりますが、頸部に顎がついてしまうと呼吸が苦しくなります。15度くらいの角度が適度とされています。

✕ 5 睡眠は体温を下げていくことで、深く眠れるようになります。電気毛布のスイッチを入れたままだと、体温の低下を妨げてしまい、深く眠れないことがあります。また、脱水なども起こしやすいので、適切ではありません。

正解 2

合格のための要点整理　　●湯たんぽの取り扱い

湯たんぽは直接肌に触れないように、10〜15cmほど離しておく。麻痺がある場合は、必ず健側に置く。

湯たんぽが肌に触れていると、低温やけどを起こしてしまいます

金属製の湯たんぽ

80℃までの湯を入れて使用する。

ゴム製の湯たんぽ

60℃までの湯を入れて使用する。

問題 305 Lさん（78歳、男性）は、脳梗塞後遺症による右片麻痺（みぎかたまひ）がある。妻の介護疲れで、3日前から介護老人保健施設の短期入所療養介護（ショートステイ）を利用している。入所以降、Lさんは日中もベッドで横になっていることが多かったため、介護福祉職がLさんに話を聞くと、「夜、眠れなくて困っている」と訴えた。

介護福祉職のLさんへの対応として、**最も適切なもの**を1つ選びなさい。

1 施設の起床時間や消灯時間をわかりやすく伝える。

2 眠ろうとする意志が大切だと説明する。

3 自宅での睡眠の状況について詳しく尋ねる。

4 日中の睡眠の必要性を伝える。

5 睡眠薬の服用について提案する。

●**休息・睡眠の介護の視点**　出題頻度★★★　　　　[第33回 問題57より出題]

解答と解説

✕ 1 夜にうまく眠ることができずに困っているLさんに就寝時間や起床時間を伝えても、睡眠の改善にはつながりません。

✕ 2 眠れなくて困っているLさんに「意志が大切」と伝えても、睡眠は改善されませんし、自分の困りごとを受け入れてもらえないように感じてしまいます。

○ 3 ショートステイという普段と違う環境で眠れずに困っているLさんに、普段の様子や環境を知ることで、施設でできる配慮を検討することができます。

✕ 4 日中に短い時間で睡眠を取ることも悪くはありませんが、日中に長く眠ってしまうと、夜眠れなくなるため、対応として適切ではありません。

✕ 5 睡眠薬の服用については医師が検討、判断することであり、介護福祉職が提案すべきことではありません。

正解3

合格のための要点整理　●**安眠を促す生活習慣**

安眠を促す習慣や介護方法を理解しておこう。

安眠を促す効果があること

入浴する場合はぬるめの湯温にするとよい

寒い時期は湯たんぽなどを使用して寝具を温めておくとよい

就寝前に適度な運動をするとよい

温かい飲み物（アルコールやカフェインを含まない）や牛乳を飲むとよい

問題　306　「人生の最終段階における医療・ケアの決定プロセスに関するガイドライン」（2018年（平成30年）改訂（厚生労働省））において、アドバンス・ケア・プランニング（ACP）が重要視されている。このアドバンス・ケア・プランニング（ACP）を踏まえた、人生の最終段階を迎えようとする人への介護福祉職の言葉かけとして、**最も適切なもの**を１つ選びなさい。

1　「生活上の悩みごとは、近くの地域包括支援センターに相談できます」

2　「今後の医療とケアについては、家族が代わりに決めるので安心です」

3　「今後の生活について、家族や医療・介護職員と一緒に、その都度話し合っていきましょう」

4　「口から食べることができなくなったら、介護職員に相談してください」

5　「意思を伝えられなくなったら、成年後見制度を利用しましょう」

● 人生の最終段階にある人への介護の視点　出題頻度★　　　[第33回 問題58より出題]

解答と解説

✕ 1　人生の最終段階を迎える人に対して、近くで介護をしてきた介護福祉職が突き放すような言葉かけをすることは適切ではありません。悩みを共有する姿勢が必要です。

✕ 2　本人の意思や思いを尊重する姿勢を見せず、家族とすべてを決めるという姿勢と言葉は、適切ではありません。あくまでも、本人を主体として尊重する姿勢が大切です。

◯ 3　多職種で本人を中心に、最期を迎えるまでの生活をどのようにしていくか、繰り返し話し合いをするということを明確に伝えることは、本人の安心にもつながります。

✕ 4　介護職員に相談することは間違いではありませんが、言い方が乱暴です。また、経口摂取については、医療職等にも相談することが当然必要になります。

✕ 5　成年後見制度を利用すること自体は、誤りではありません。ただし、利用するかしないかは本人の決めることであり、介護福祉職が決めつけることではありません。

正解 3

合格のための要点整理　　● アドバンス・ケア・プランニング

アドバンス・ケア・プランニング（ACP）とは、自らが望む、人生の最終段階における医療・ケアについて前もって考え、医療・ケアチームと繰り返し話し合い、共有する取り組みをいう。

❶ 治療をする際に大切にしたいことを考える
・家族のそばにいたい
・好きなことを続けたい
・家族に負担をかけたくない

❷ 自分の意思を伝えることができなくなった場合
・代わりに伝えてくれる信頼できる人を選ぶ

❸ かかりつけ医に質問してみる
・健康状態や今後予想される医療やケアを質問してみる

❹ 希望する医療やケアについて話し合う
・希望や思いを、家族、代理人、医療職などと話し合う

❺ 話し合いの内容を書き留めておく
・記録として残し、周囲の人と共有する

介護

生活支援技術

問題 307 終末期で終日臥床している利用者に対する介護福祉職の対応として、**最も適切なもの**を 1 つ選びなさい。

1　入浴時は、肩までお湯につかるように勧める。

2　息苦しさを訴えたときは、半座位にする。

3　終日、窓を閉めたままにする。

4　会話をしないように勧める。

5　排便時は、息を止めて腹に力を入れるように勧める。

●人生の最終段階を支えるための基本となる知識と技術　出題頻度★★★★　［第35回 問題102より出題］

解答と解説

✕ 1　入浴時に肩まで湯につかると、静水圧作用が強くはたらき、心臓に負担がかかります。終末期で終日臥床して、体力が低下している利用者には適しません。半身浴程度で、短い時間の入浴が適切です。

◯ 2　半座位にすることで横隔膜が下がり、呼吸がしやすくなります。

✕ 3　終日窓を閉めたままでは、臭気がこもり、空気が悪くなります。適度に換気を行うことが適切です。

✕ 4　体力的に厳しくなければ、最期まで会話をしていくことが必要です。また、体力低下が進んで、反応がなくなったとしても、聴覚は最期まで残るといわれています。

✕ 5　排便時に息を止めると息苦しく、酸素を取り込めないため、心臓に負担がかかります。終末期の利用者には適していません。ゆっくり息を吐きながら腹圧をかけることが適切です。

正解 2

合格のための要点整理　●呼吸量を多くする姿勢

呼吸が苦しい場合の臥床姿勢としては、上半身を起こして横隔膜を下げ、肺をふくらみやすくすることが必要。

ベッド上のテーブルの上に枕を置いて寄りかかると、咳き込みがしやすくなる。

背中を45度くらいに起こした状態を半座位（ファーラー位）といい、この姿勢も呼吸や嚥下がしやすい。

45°

問題 **308** Ｂさん（102歳、女性）は、介護老人福祉施設に入所している。高齢による身体機能の衰えがあり、機能低下の状態が長く続いていた。１週間前から経口摂取が困難になった。１日の大半は目を閉じ、臥床状態（がしょうじょうたい）が続いている。医師から、「老衰により死期が近い」と診断され、家族は施設で看取りたいと希望している。

死が極めて近い状態にあるＢさんの看取りに必要な情報として、**最も適切なものを１つ**選びなさい。

1　体重の減少
2　夜間の睡眠時間
3　延命治療の意思
4　嚥下可能（えんげかのう）な食形態
5　呼吸の状態

● 人生の最終段階を支えるための基本となる知識と技術　出題頻度★★★★　　[第34回 問題58より出題]

解答と解説

× 1　体重の減少が徐々に進行すると考えられますが、看取りを希望している家族が死期を判断できる情報ではありません。

× 2　死期が近づくと意識レベルの低下から、１日中ウトウトしている時間が長くなります。夜間の睡眠時間によって死期を判断するのは難しいものです。

× 3　家族は施設での看取りを希望しており、この段階で延命治療の意思を確認することは適切とはいえません。

× 4　経口摂取がすでに困難になっているＢさんにどのような食事形態であれ、食事をさせることは苦痛を伴うだけなので、適切ではありません。

○ 5　呼吸の状態の変化によって、死期をある程度判断することが可能なので、看取りの情報として適切と考えられます。

正解5

合格のための要点整理

● **死が近づいたときの状態の変化**

意識	意識レベルが低下する。 ウトウトしている時間が長くなる。
血圧	徐々に低下する。
体温	低下していくことが多い。
脈拍	微弱となる。 橈骨動脈は触れにくくなる。
皮膚	四肢の末梢が冷たくなる。 チアノーゼや浮腫が生じる。
呼吸	喘鳴が聞かれるようになる。 チェーンストークス呼吸、肩呼吸、下顎呼吸が見られる。 ＊下顎呼吸は死期が近づいていることを示している。
排泄	尿・便の量が減少する。

問題 309 介護老人福祉施設における終末期の利用者の家族支援に関する次の記述のうち、**最も適切なもの**を1つ選びなさい。

1 緊急連絡先を1つにすることを提案する。
2 面会を控えるように伝える。
3 死に至る過程で生じる身体的変化を説明する。
4 死後の衣服は浴衣がよいと提案する。
5 亡くなる瞬間に立ち会うことが一番重要だと伝える。

●人生の最終段階を支えるための基本となる知識と技術　出題頻度★★★★　[第34回 問題59より出題]

解答と解説

✕ 1　緊急連絡先は、ふたつ以上用意しておくことが大切です。ひとつの連絡先につながらなかった場合に、もうひとつの連絡先に連絡をすることが可能となります。

✕ 2　利用者本人の意思もありますが、特に終末期では会いたい人に会えるように支援することは大切なことです。

○ 3　終末期では、特に利用者の情報を細かく報告をすることが必要です。その中で現在がどのような状態で、今後どのような経過をたどるのかを説明しておくことが責任ある対応といえます。

✕ 4　死後の衣服については、生前に利用者本人や家族と話し合って望むものを着てもらうことが適切であり、介護福祉職が決めるものではありません。

✕ 5　亡くなる瞬間に立ち会えることは、よいことではあります。ただし、家族との関係性や、それぞれの価値観や生活を含めた状況があり、一番重要であるといった勝手な価値観を押しつけることは適切ではありません。

正解 3

合格のための要点整理　　●**終末期にある利用者の家族に対する支援**

報告　相談

終末期にある利用者の家族に対する支援では、利用者とその家族が悔いを残さないようにするための支援が求められます

利用者の情報を詳細に報告し、家族と相談しながら、利用者と家族のそれぞれの自己実現を尊重する姿勢が求められます

　死期が近づいたときの介護に関する次の記述のうち、**最も適切なも**
のを１つ選びなさい。

1　食事量が減少したときは、高カロリーの食事を用意する。

2　チアノーゼ（cyanosis）が出現したときは、冷罨法を行う。

3　全身倦怠感が強いときは、全身清拭から部分清拭に切り替える。

4　傾眠傾向があるときは、話しかけないようにする。

5　口腔内乾燥があるときは、アイスマッサージを行う。

◉人生の最終段階を支えるための基本となる知識と技術　出題頻度★★★　［第33回 問題59より出題］

解答と解説

✕ 1　死期が近づき、食事量が減少している場合、本人が食べやすく、好みの物などを食べられるだけ提供しましょう。高カロリーの食事は負担になることがあるので、適切ではありません。

✕ 2　足の冷感やチアノーゼが出現した場合は、温めることが適切です。状態にもよりますが、温罨法が適切と考えられます。

◯ 3　全身倦怠感が強い場合に全身清拭を行うと、本人の負担が大きいので、部分清拭に切り替えて、負担が小さくなる清潔保持を選択しましょう。

✕ 4　死期が近づけば、意識が低下して傾眠も増えてきます。状況により話しかけずに静かに寄り添うことも必要ですが、聴力は最後まで残るので話しかけることも大切です。

✕ 5　アイスマッサージは、嚥下反射を誘発させるための方法で、死期が近づいている人には適切ではありません。口腔内を、水を含ませたガーゼなどで湿らせましょう。

正解 3

合格のための要点整理　**◉死期が近づいたときの介護**

身体的苦痛を緩和する介護	精神的・社会的・霊的苦痛を緩和する介護
・意識が低下していても、聴力は最後まで残るので声かけを行う。 ・こまめに体位を変える。 ・安楽な体位を取って、呼吸を楽にする。 ・手足をマッサージする。 ・下肢に冷感があるときは保温をする。 ・口腔内を清潔に保ち、乾燥している場合は水を含んだガーゼなどで湿らせる。	・利用者のそばで共感的なコミュニケーションを取る。 ・手を握る、からだをさするなどのスキンシップを図る。 ・家族がそばにいられるようにする。

終末期の介護には、身体的苦痛を緩和する介護と、精神的・社会的・霊的苦痛を緩和する介護とがあります

介護

生活支援技術

　死亡後の介護に関する次の記述のうち、**最も適切なものを1つ選び**なさい。

1　死後硬直がみられてから実施する。
2　生前と同じように利用者に声をかけながら介護を行う。
3　義歯を外す。
4　髭剃（ひげそり）後はクリーム塗布を控える。
5　両手を組むために手首を包帯でしばる。

●死後のケア　出題頻度★★★　　　　　　　　　　[第34回 問題60より出題]

解答と解説

✕ 1　死亡後の処置は、死亡診断が出されたあと、死後硬直が起こる1～2時間のうちにケアを終了するように実施します。

◯ 2　死亡後の処置は、利用者の尊厳を尊重し、敬意を払い、生前と同じようにしっかりと声かけを行うことが適切な対応です。

✕ 3　生前に義歯を使用していた場合は、義歯を装着してもらい、なるべく生前と同じ表情になるように整えましょう。

✕ 4　死亡後はからだの水分が失われていて乾燥しているので、髭剃り前も髭剃り後もクリームを塗って皮膚を保護することが必要です。

✕ 5　死亡後は手を組んでもらいますが、手首を包帯でしばることは尊厳を無視しているといえます。手を組んでもらい、専用の白いバンドを使用しましょう。

正解 2

合格のための要点整理　●死亡後の処置

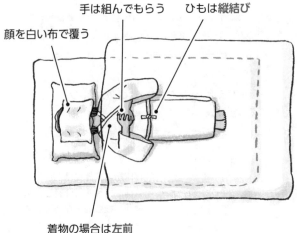

顔を白い布で覆う
手は組んでもらう
ひもは縦結び
着物の場合は左前
（右前身頃が上）

死後の処置のポイント

・整髪をする。
・義歯を使っていたら、装着する。
・女性には化粧を施す。

家族から希望があれば、いっしょに行ってもらいましょう

問題 312 介護老人福祉施設に入所している利用者の看取りにおける、介護福祉職による家族への支援として、**最も適切なものを1つ**選びなさい。

1 利用者の介護は、介護福祉職が最後まで行い、家族には控えてもらう。
2 利用者の反応がないときには、声をかけることを控えるように伝える。
3 利用者の死後は、毎日電話をして、家族の状況を確認する。
4 利用者の死後は、気分を切り替えるように家族を励ます。
5 家族が悔いが残ると言ったときは、話を聴く。

●家族、介護職が「死」を受け止める過程　出題頻度★★★★　[第35回 問題103より出題]

解答と解説

✕ 1 介護福祉職として、家族と相談し、家族が利用者のためにできることを、専門職としての視点から提案し、悔いの残らないようにいっしょに行ってもらうことが適切です。

✕ 2 体力低下が進んで、反応がなくなったとしても、聴覚は最期まで残るといわれています。声をかけてもらうように伝えましょう。

✕ 3 利用者の死後、その死を受け入れられずにいる状態のこともあります。状況を確認することは間違いではありませんが、毎日電話をすることはかえって家族の負担になる恐れがあります。

✕ 4 介護福祉職は、家族が利用者の死をゆっくりと受け入れていく過程に寄り添って、支援することが求められます。気分を切り替えるように励ますことは適切ではありません。

〇 5 「こうしておけば……」「あのとき、こんなことをしていたら……」と家族が後悔することがあります。その際は励ますのではなく、家族の思いを傾聴し、受け入れ、寄り添う姿勢が求められます。

正解5

合格のための要点整理　●グリーフケア
大切な人を喪失した家族が持つ悲しみ、怒り、孤独感、罪の意識などのさまざまな感情を受け止めて、寄り添う支援をしていくことをこころがけよう。

■グリーフワーク（悲嘆作業）のプロセス

❶ ショック期	❷ 喪失期	❸ 閉じこもり期	❹ 再生期
愛する人の死に接したとき、人は茫然として、死を受け入れられずにいる。現実感のない時期。	死を少しずつ受け入れるが、まだ十分には受け入れられない時期。	死を受け止めることができた段階。しかし、自分の価値観や生活が意味を失って、うつ状態・無気力な状態になる。	故人の死を乗り越えて、新たな自分、社会関係を築いていく時期。積極的に他人とかかわれるようになる。

問題 313 高齢者施設で利用者の死後に行うデスカンファレンス（death conference）に関する次の記述のうち、**最も適切なもの**を１つ選びなさい。

1 ボランティアに参加を求める。
2 ケアを振り返り、悲しみを共有する。
3 利用者の死亡直後に行う。
4 個人の責任や反省点を追及する。
5 自分の感情は抑える。

●デスカンファレンス　出題頻度★★★★　　　　　　[第33回 問題60より出題]

解答と解説

✕ **1** デスカンファレンスは、利用者や家族の終末期にかかわった多職種で行うことが適切です。

○ **2** 利用者とその家族にかかわった介護福祉職と他職種で、利用者の死後にそのケースを振り返り、悲しみを共有し、今後のケアの向上を図るために行います。

✕ **3** 死亡直後は家族も、かかわった職種も感情が混乱している場合があります。時間を置いて、少し落ち着いて振り返ることができる時期に行うことが適切です。

✕ **4** デスカンファレンスは、反省の場や責任を追及する場ではありません。

✕ **5** 自分の感情をありのまま、自由に言葉にすることで、悲嘆感情を受け入れて、乗り越えていく機会となります。

正解 2

合格のための要点整理　●デスカンファレンス

利用者とその家族にかかわった介護福祉職と他職種で、利用者の死後にそのケースを振り返り、悲しみを共有し、今後のケアの向上を図るために行う。

デスカンファレンスの前に整理しておくこと

・よかったと感じること。
・十分できなかったと感じること。
・次に生かしたいと思ったこと。

反省の場や責任の追及をする場ではないことを理解しましょう

> **問題 314** 利用者の障害特性に適した福祉用具の選択に関する次の記述のうち、**最も適切なもの**を1つ選びなさい。
>
> 1 言語機能障害の利用者には、ストッキングエイドの使用を勧める。
> 2 全盲の利用者には、音声ガイド付き電磁調理器の使用を勧める。
> 3 聴覚障害の利用者には、床置き式手すりの使用を勧める。
> 4 右片麻痺の利用者には、交互型歩行器の使用を勧める。
> 5 肘関節拘縮の利用者には、座位時に体圧分散クッションの使用を勧める。

●適切な福祉用具選択の知識と留意点　出題頻度★★　　　[第35回 問題104より出題]

解答と解説

✗ **1** ストッキングエイドは、かがんで靴下をはくことが難しい人が、深く前かがみにならなくても靴下をはけるように使用するものなので、言語機能障害の利用者とは関係がありません。

○ **2** 全盲の利用者はガスコンロや調理器が見えないため、音声ガイドつきの電磁調理器の使用を勧めることが適切です。

✗ **3** 床置き式手すりは、立ち上がりの補助のためにベッドサイドなどに置く手すりのことです。聴覚障害とは関係がありません。

✗ **4** 交互型歩行器は、足腰の筋力低下や痛みのために自力での歩行が困難になった人が使用します。左右のフレームを交互にずらしながら移動するため、右片麻痺の利用者には適していません。

✗ **5** 座位時に体圧分散クッションを使用するのは、臀部や尾骨、仙骨部等に発赤や褥瘡などがある利用者です。肘関節拘縮には関係がありません。

正解 2

合格のための要点整理　　**●障害特性に応じた福祉用具①**

利用者の障害特性に応じて必要となる福祉用具を理解しておく。

音声ガイドつき電磁調理器

音声で操作案内をするため、高齢者や視覚障害者にも配慮されている調理器。

交互型歩行器

足腰が弱くなっている人が歩行時に使用する。

床置き式手すり

立位が難しい人がベッドサイドなどに置いて、立ち上がるときに使用する。

介護

生活支援技術

467

福祉用具等を安全に使用するための方法として、**最も適切なもの**を1つ選びなさい。

1　車いすをたたむときは、ブレーキをかけてから行う。

2　入浴用介助ベルトは、利用者の腰部を真上に持ち上げて使用する。

3　差し込み便器は、端座位で使用する。

4　移動用リフトで吊り上げるときは、利用者のからだから手を離して行う。

5　簡易スロープは、埋め込み工事をして使用する。

●福祉用具活用の視点　出題頻度★★　　　　　　　　　　　[第35回 問題105より出題]

解答と解説

○ 1　車いすをたたむときは、動かないようにブレーキをかけてから行います。

✕ 2　入浴用介助ベルトは利用者の腰部に巻き、横方向に引っ張って利用者の立ち上がりを補助します。真上に持ち上げると、ベルトが上半身側にずれてしまい、うまく移乗できません。

✕ 3　差し込み便器は、座位を保てない利用者がベッド上で排便をする際に使用します。端座位ではなく、ベッドの頭側を上げてファーラー位で使用します。

✕ 4　移動用リフトで吊り上げるときは、利用者のからだが浮くことになるので、揺れることもあります。危険を伴うため、必ず利用者のからだに触れておきます。

✕ 5　簡易スロープは段差に置き、車いすが段差や階段を上ることができるようにするものです。取り外しや持ち運びが可能なもので、埋め込み工事は行いません。

正解 1

合格のための要点整理　●**障害特性に応じた福祉用具②**

利用者の障害の特性に応じて、必要となる福祉用具を理解しておく。

移動用リフト

ベッドや車いすの移乗時に使用する。

簡易スロープ

車いすの段差解消に使用する。

差し込み便器

ベッド上で排便時に使用する。

> **問題 316** 介護福祉職が介護過程を展開する意義に関する次の記述のうち、**最も適切なもの**を１つ選びなさい。
>
> 1 チームアプローチ（team approach）による介護を提供することができる。
> 2 直感的な判断をもとに介護を考えることができる。
> 3 今までの生活から切り離した介護を提供する。
> 4 介護福祉職が生活を管理するための介護を考えることができる。
> 5 介護福祉職が実施したい介護を提供する。

●**介護過程の意義と目的**　出題頻度★★★★　　　　　　[第34回 問題61より出題]

解答と解説

○ 1 介護過程を展開することによって、根拠に基づいた介護を組み立てることができます。それにより、質の高いチームアプローチによる介護を提供することができます。

✕ 2 介護過程を展開することによって、根拠に基づいた介護の実践ができます。

✕ 3 介護過程を展開することによって、生活の継続を実現します。

✕ 4 介護過程を展開することによって、利用者が主体的に生活できます。

✕ 5 介護過程を展開することによって、利用者の希望する生活を実現します。

正解 1

合格のための要点整理　　●**介護過程の意義と目的**

①客観的で科学的根拠に基づいた介護
②個別に応じた介護
③利用者の自己実現
④介護の専門性を高める

利用者の生活課題
➡生活のしづらさ

介護の基礎知識
介護の技術
介護の理論
介護の経験値

利用者の
生活課題が解決

介護の専門性が
高まった

➡よりよい生活

利用者の生活課題に、介護福祉職が専門性の高い支援をすることで利用者の意欲が高まります。生活の課題が解決すると、利用者の生活の質の向上につながります

問題 317 介護過程を展開する目的として、**最も適切なもの**を1つ選びなさい。

1 業務効率を優先する。

2 医師と連携する。

3 ケアプランを作成する。

4 画一的な介護を実現する。

5 根拠のある介護を実践する。

●**介護過程の意義と目的**　出題頻度★★★★　　　　　　　[第35回 問題106より出題]

解答と解説

✕ 1 介護過程を展開する目的は、利用者の「よりよい生活」を実現することです。業務の効率化が優先ではありません。

✕ 2 介護過程の展開において、他職種と連携することは重要です。しかし、他職種と連携することは目的ではありません。

✕ 3 介護保険制度において介護過程は、ケアプランと連動します。そのケアプランを作成するのは、介護支援専門員です。

✕ 4 介護過程を展開することにより、個別的な介護を実現します。

○ 5 介護過程を展開することは、科学的根拠のある介護を実践することです。

正解5

合格のための要点整理　●**介護過程の意義と目的**

介護過程とは、利用者の望む生活を目標と定め、実現するための根拠に基づいた介護実践の過程です。利用者の望む生活（自己実現、よりよい生活、生活の質の向上など）が目的です。

介護過程を展開することで、利用者の尊厳を保持した実践ができる

・思いつき、経験則などではなく

　↳**根拠に基づいた介護の実践ができる。**

・利用者全員同じケアではなく

　↳**利用者の個別性に合わせた介護の実践ができる。**

・介護福祉職だけではなく

　↳**他の職種と連携・協働し、適切な介護を提供できる。**

・その場限りの介護ではなく

　↳**提供した介護を振り返り、介護の専門性を高める。**

問題 318 介護過程の目的に関する次の記述のうち、**最も適切なもの**を１つ選びなさい。

1 利用者の健康状態の改善

2 介護福祉職の介護観の変容

3 他職種との役割の分化

4 家族の介護負担の軽減

5 利用者の生活の質の向上

● 介護過程の意義と目的　出題頻度★★★★　　　　　　　　　[第33回 問題61より出題]

解答と解説

✕ 1 介護過程の目的は、利用者のよりよい生活を実現することです。利用者の健康状態が改善することを目的としているわけではありません。

✕ 2 介護過程は、介護の根拠や実践を記録に残すことにより、介護福祉職の実践を明確にすることができます。そのことが介護の専門性を高めますが、介護過程の目的ではありません。

✕ 3 介護過程は他職種と連携、協働することによって、利用者の生活課題を解決します。利用者の生活課題は、介護福祉職だけで解決することは困難です。それぞれの専門性を発揮し、利用者の支援をしますが、役割の分化が介護過程の目的ではありません。

✕ 4 介護過程を展開することによって、家族の介護負担の軽減が実現する可能性はあります。しかし、それが介護過程の目的ではありません。

○ 5 介護過程の目的は、利用者の生活の質の向上です。そのためには、介護福祉職が知識と専門性を活用し、根拠に基づいた介護実践が実現するように介護過程を展開する必要があります。

正解 5

合格のための要点整理

● **介護過程の目的**

介護過程を展開することにより、利用者が望む生活、よりよい生活を実現することが目的。

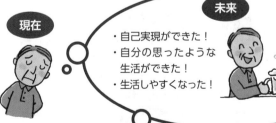

現在
・自己実現ができていない。
・自分の思ったような生活ができていない。
・生活しづらい。

未来
・自己実現ができた！
・自分の思ったような生活ができた！
・生活しやすくなった！

・介護過程を活用（展開）して支援する

問題 319 介護過程における情報収集に関する次の記述のうち、**最も適切なも**のを1つ選びなさい。

1 利用者の日常生活の困難な部分を中心に収集する。
2 利用者との会話は解釈して記載する。
3 他の専門職が記載した記録は直接的な情報として扱う。
4 利用者の生活に対する思いを大切にしながら収集する。
5 情報収集はモニタリング（monitoring）を実施してから行う。

●**介護過程の展開のプロセス・アセスメント**　出題頻度★★★★　［第34回 問題62より出題］

解答と解説

✕ 1　情報収集では、利用者の考え方や希望などを確認しながら、利用者の様子を観察して生活全般の情報を収集します。

✕ 2　情報収集では、利用者自身が話した内容は主観的な情報として収集します。まずは解釈しないで記載します。

✕ 3　情報収集では、他の専門職が記載した記録は客観的な情報として扱います。

○ 4　情報収集では、利用者の生活に対する思いを大切にしながら収集することにより、利用者主体の介護につながります。

✕ 5　情報収集は、利用者の現在の状態を把握し、生活課題を明確にすることが目的です。モニタリング（monitoring）は、介護計画の実施状況を把握することが目的です。

正解4

合格のための要点整理　●**アセスメントを実施するときの留意点**

アセスメントとは、利用者の状態や環境、状況などの情報を収集し、それらから得られた情報の意味を解釈・関連づけ・統合して、生活課題を把握することです。介護過程を展開するときの第1段階です。

❶ **情報の収集の留意点**

☐先入観を持たない
☐偏見を持たない
☐プライバシーに配慮する
☐情報がもれない配慮をする

❷ **情報の確認の視点**

☐収集した情報は、正確な事実か
☐収集した情報は、必要な情報か
☐収集した情報は、十分か
☐利用者の伝えたいことを正確に把握できたか
☐先入観や偏見を持たずに収集したか

❸ **情報の解釈や関連づけ、統合の視点**

☐病気や障害への対応はできているか
（生命の安全）
☐日常生活の自立や生活の継続はできているか
（生活の安定）
☐その人らしい生活はできているか
（生活の質）

問題 320 介護過程における生活課題に関する次の記述のうち、**最も適切なも**のを1つ選びなさい。

1 効率的な支援を提供するために解決するべきこと。

2 利用者が家族の望む生活を送るために解決するべきこと。

3 介護福祉職が実践困難な課題のこと。

4 利用者の生活を改善するために思いついたこと。

5 利用者が望む生活を実現するために解決するべきこと。

●**介護過程の展開のプロセス・アセスメント** 出題頻度★★★★ ［第34回 問題63より出題］

解答と解説

✕ 1 介護過程における生活課題とは、利用者の望む生活の支援を提供するために解決すべきことです。

✕ 2 介護過程における生活課題とは、利用者が望む生活を送るために解決すべきことです。

✕ 3 介護過程における生活課題とは、利用者が生活するうえで困難な課題のことです。

✕ 4 介護過程における生活課題とは、利用者の生活を改善するための根拠がある課題のことです。

◯ 5 介護過程における生活課題とは、利用者が望む生活を実現するために解決するべきこと。

正解 5

合格のための要点整理 ●**生活課題**

生活課題とは、自分らしく生活するうえで困っていること。

主観的情報（利用者からの情報）

・思っていること
・考えていること
・感じていること
　　　　など

客観的的情報（利用者以外からの情報）

・利用者の心身の状態の観察
・体重などの数値
・家族や他の職種などからの情報
・生活歴や経済状況などの記録　　など

情報の解釈や関連づけ、統合

課題の明確化

現在の生活の問題や、解決しなければならない課題が明確になる。

介護

介護過程

問題 321 Cさん（84歳、女性、要介護3）は、2か月前に自宅で倒れた。脳出血（cerebral hemorrhage）と診断され、後遺症で左片麻痺になった。Cさんは自宅での生活を希望している。長男からは、「トイレが自分でできるようになってから自宅に戻ってほしい」との要望があった。そのため、病院から、リハビリテーションを目的に介護老人保健施設に入所した。

入所時、Cさんは、「孫と一緒に過ごしたいから、リハビリテーションを頑張りたい」と笑顔で話した。Cさんは、自力での歩行は困難だが、施設内では健側を使って車いすで移動することができる。また、手すりにつかまれば自分で立ち上がれるが、上半身が後ろに傾くため、移乗には介護が必要な状態である。

入所時に介護福祉職が行うアセスメント（assessment）に関する次の記述のうち、**最も優先すべきもの**を1つ選びなさい。

1 自力で歩行ができるのかを確認する。
2 排泄に関連した動作について確認する。
3 孫と面会する頻度について希望を聞く。
4 リクライニング車いすの活用について尋ねる。
5 住宅改修に必要な資金があるのかを確認する。

●介護過程の展開のプロセス・アセスメント　出題頻度★★★★　［第34回 問題66より出題］

解答と解説

✕1 自力での歩行は困難だが、施設内では健側を使って移動できています。このことから、自力で歩行ができるのかを確認する必要はありません。

◯2 長男から「トイレが自宅でできるようになってから自宅に戻ってほしい」との要望があり、Cさんは「リハビリテーションを頑張りたい」と話しています。そのため、排泄に関連した動作について確認するのがもっとも適切です。

✕3 「孫といっしょに過ごしたい」と話していることから、Cさんの孫への思いは深いと考えられます。施設で生活し、リハビリテーションを頑張っていくうえで、孫との面会は意欲や励みにつながります。面会の頻度について、希望を聞くことも適切ですが、最優先すべきものではありません。

✕4 リクライニング車いすの活用については、介護福祉職よりも、リハビリテーションを担当する理学療法士と作業療法士が尋ねて確認することが適切です。

✕5 住宅改修に必要な資金があるかを確認するのは、Cさんの経済状況に関係することです。生活相談員や介護支援専門員が確認することが適切です。

正解 2

1 五感を活用した観察を通して情報を集める。

2 一つの場所に限定して得られる情報を集める。

3 初対面のときから踏み込んで情報を集める。

4 興味のある個人情報を集める。

5 実践したい支援に沿った情報を集める。

◉介護過程の展開のプロセス・アセスメント 　出題頻度★★★★ 　[第33回 問題62より出題]

解答と解説

○ 1 介護福祉職は情報収集の際、利用者の全体像をつかむため、五感を活用して観察し、情報を集めることが必要です。

✕ 2 介護福祉職は情報収集の際、ひとつの場面に限定した情報収集ではなく、利用者の状況を把握するために、多様な場面での情報を集めることが必要です。

✕ 3 介護福祉職は情報収集の際、利用者と信頼関係を築いたうえで情報を集めます。初対面の人とは、まだ信頼関係が築かれていません。そのような状態で踏み込んで情報を収集すれば、利用者は失礼な人、不作法な人などといった不快感や警戒心を抱き、心を閉ざしてしまい、情報収集は難しくなります。

✕ 4 情報収集は、利用者の全体像を理解することが目的です。利用者の個人情報だけでなく、利用者のこれまで生活や価値観、家族との関係など、生活全体から情報収集します。

✕ 5 情報収集は、利用者の生活の課題を明確化することが目的です。介護福祉職が実践したい支援ではなく、利用者にとって必要な支援のために情報収集をします。

正解1

合格のための要点整理 　◉**情報収集の方法**

情報収集は、利用者への理解を深めるために行う。利用者が今までどのような生活をおくってきたのか、現在はどのような生活をおくっているのか、どのような思いがあるのかを把握する。

介護

介護過程

問題 323 次の記述のうち、介護過程の展開におけるアセスメント（assessment）の説明として、**最も適切なもの**を１つ選びなさい。

1　支援内容を説明して同意を得ること。
2　具体的な支援計画を検討すること。
3　達成できる目標を設定すること。
4　支援の経過を評価すること。
5　利用者の生活課題を明確にすること。

●介護過程の展開のプロセス・アセスメント　出題頻度★★★★　[第33回 問題63より出題]

解答と解説

✕ 1　支援内容を説明して、同意を得ることは、介護計画の立案時に行います。

✕ 2　具体的な支援計画を検討することは、サービス担当者会議で行います。

✕ 3　達成できる目標を設定することは、アセスメントで課題が明確になったあとに行います。

✕ 4　支援の経過を評価することは、介護計画を実施したあとに行います。

◯ 5　介護過程におけるアセスメントは情報の収集、情報の解釈や関連づけ、統合、利用者の生活課題を明確にするまでの、一連のプロセスのことです。

正解 5

合格のための要点整理　**●アセスメントから目標設定までのプロセス**

アセスメントとは、①情報収集からはじまり、②情報収集が持つ意味の解釈や関連づけ・統合、③課題の明確化を行うこと。

❶ 主観的情報と客観的情報の収集

主観的情報	客観的情報
利用者自身からの物の見方	・利用者自身の身体や行動の観察
・思っていること	・体重計などで計測した数値
・考えていること	・生活歴や経済状況などの記録
・感じていること　などの発言	・家族や他職種などからの話　など

❷ 情報の解釈や関連づけ、統合

これらの情報の意味を考え、情報と情報とを関連づけて、統合する。

❸ 課題の明確化

現在の生活の問題や、解決しなければならない課題が明確になる。

❹ 目標の設定

・長期目標は、最終的な課題の解決を目標とする。
・短期目標は、長期目標の課題を解決するための段階的な目標とする。

問題 324 介護過程における目標の設定に関する次の記述のうち、**適切なもの**を１つ選びなさい。

1 長期目標の期間は、１か月程度に設定する。
2 長期目標は、短期目標ごとに設定する。
3 短期目標は、生活全般の課題が解決した状態を表現する。
4 短期目標は、抽象的な内容で表現する。
5 短期目標は、長期目標の達成につながるように設定する。

●介護過程の展開のプロセス・計画立案　出題頻度★★★　　　[第34回 問題64より出題]

解答と解説

✕ 1 長期目標の期間は、最長６か月程度に設定します。

✕ 2 短期目標は、長期目標ごとに設定します。

✕ 3 長期目標は、生活全般で解決したい状態を表現します。

✕ 4 短期目標は、誰にでも理解できるように具体的な内容で表現します。

◯ 5 短期目標は、短期目標を達成することで、長期目標の達成につながるように設定します。

正解5

合格のための要点整理　　●介護過程における目標

アセスメントで明確になった生活課題を解決するために、長期目標と短期目標を設定する。

長期目標	短期目標
最終的な課題の解決を目標とする	長期目標を実現するために、ひとつずつ解決していく段階的な目標とする

目標設定の留意点	目標の書き方
①利用者の個別性の尊重 ②利用者の自己実現の尊重 ③利用者が実現可能なもの	①利用者が主語 ②評価が可能な表現 ③目標達成時期の明確化

介護

介護過程

　介護計画における介護内容に関する次の記述のうち、**最も適切なも**のを1つ選びなさい。

1　利用者の能力よりも介護の効率を重視して決める。

2　業務の都合に応じて介護できるように、時間の設定は省略する。

3　介護するときの注意点についても記載する。

4　利用者の意思よりも介護福祉職の考えを優先して決める。

5　介護福祉職だけが理解できる表現にする。

●**介護過程の展開のプロセス・計画立案**　出題頻度★★　　　　　　［第34回 問題65より出題］

解答と解説

✕ 1　介護計画は、利用者主体で立案します。そのことから、介護内容は利用者の能力や「できる活動」を重視して決めます。

✕ 2　介護計画は、時間を設定します。これにより、利用者自身も介護の実施が理解できます。

〇 3　介護計画には、介護するときの注意点について記載します。そうすることで、複数の介護福祉職が同じサービスを提供できることにつながります。

✕ 4　介護計画は、利用者主体であることから、利用者を優先して決めます。

✕ 5　介護計画は、利用者や家族からの同意を得ます。また、介護福祉職や他職種と支援方法を理解・共有します。このようなことから、誰にでも理解できる表現にします。

正解3

合格のための要点整理　●**介護計画立案の留意点**

介護計画とは、生活課題を解決するための目標達成への具体的な実施方法（支援方法）といえる。介護福祉職が利用者一人ひとりに作成する介護計画を「個別援助計画」という。介護保険制度における介護計画は、ケアプランと連動して作成される。

❶	❷	❸	❹
利用者の現状のADL・QOLの把握から、向上に向けての支援になっているか。	利用者、家族、介護福祉職、他職種にもわかりやすいか。	利用者のどこを観察すればよいかが、明確になっているか。	利用者がどのような状態になることが目標かが、明らかになっているか。

介護計画書には、長期目標と短期目標を達成するために、介護内容や介護方法、頻度や期間なども記載します

短期目標の設定に関する次の記述のうち、**最も適切なもの**を１つ選びなさい。

1 介護福祉職の視点で目標を設定する。
2 多様な解釈ができる言葉を用いて設定する。
3 実現可能な目標を段階的に設定する。
4 長期目標とは切り離して設定する。
5 最終的に実現したい生活像を設定する。

●**介護過程の展開のプロセス・計画立案**　出題頻度★★★　　［第33回 問題64より出題］

解答と解説

✕ 1 短期目標は、利用者の視点で設定します。介護過程の目的は、利用者の望む生活の実現です。このことから、利用者が主体的に取り組めるように利用者の意思を尊重し、利用者の視点で目標を設定します。

✕ 2 短期目標はわかりやすく、あいまいな表現は避け、理解しやすい言葉で設定します。そして、目標は利用者を主語として書きます。

○ 3 短期目標は、実現可能な目標を設定します。そして、利用者の個別性の尊重、自己実現の尊重を目指します。

✕ 4 短期目標は、長期目標と連動して設定します。それは、短期目標は長期目標を達成するための段階的目標であるからです。

✕ 5 最終的に実現したい生活像は、長期目標です。短期目標は、長期目標を達成するためにあります。

正解 3

合格のための要点整理

●**課題解決のための目標**

アセスメントで利用者の課題が明確になったら、次はその課題を解決するために長期目標と短期目標を設定する。長期目標は、課題が解決されたときの状態。短期目標は、長期目標の課題を解決するための段階的目標。

目標設定の留意点	目標の書き方
・本人の意思を尊重した目標 ・自立や自己実現を目指す目標 ・現実的で達成可能な目標にする  利用者が意欲的に取り組める	・目標の主語は利用者 ・観察や測定が可能な表現にする ・あいまいな表現ではなく、具体的でわかりやすい表現にする ・利用者や家族が不快になる表現はしない 

問題 327 次のうち、介護過程を展開した結果を評価する項目として、**最も優先すべきもの**を１つ選びなさい。

1 実施に要した日数
2 情報収集に要した時間
3 評価に要した時間
4 介護福祉職チームの満足度
5 短期目標の達成度

●**介護過程のプロセス・評価** 出題頻度★★★★　　　　［第35回 問題107より出題］

解答と解説

✕ 1 介護計画を立案するときに、評価する時期を決めます。実施に要した日数が、評価項目になることはありません。

✕ 2 介護計画の立案前に情報収集を実施することから、情報収集に要した時間が評価項目になることはありません。

✕ 3 評価は、利用者の生活課題が解決できたかを確認します。評価に要した時間が、評価項目になることはありません。

✕ 4 介護過程の評価は介護福祉職のチームの満足度ではなく、利用者の満足度を評価します。

○ 5 介護過程の評価は、介護計画で設定した長期目標と短期目標について、利用者の達成状況や介護の実施状況などによって評価します。

正解 5

合格のための要点整理　　●**介護過程における評価**

介護過程における評価とは、介護の実施後に介護計画の立案時の介護目標がどの程度達成されているか判定する。

■**短期目標の評価**

短期目標：ベッドからリビングまで安全に歩けるようになる

計画	評価	評価の視点
食事をとるときに歩いていく。	朝食時以外は実施できた。	計画どおりに実施しているか。
朝・昼・夕食時にリビングまで歩いていく。	朝食時以外は安定して歩行していた。	目標に対してどの程度達成しているか。
杖を使用する。介護者は右側について介助する。	歩行状態は安定している。本人は隣に人がいると安心して歩けるといっている。適切だった。	援助内容、援助方法は適切か。
評価は、次の介護計画につながっていきます。評価の視点を活用してしっかりと評価しましょう。そのためには、介護実践中も利用者の表情や言葉などをしっかりと観察し、介護記録を正確に書くことが大切です	朝は起きたばかりなので、歩行が不安定になり、本人が「歩くのが怖い」といっている。朝の歩行は困難。	新たな課題があるか。
	リビングでテレビを見るときも歩行していく。	利用者について新たな可能性や能力があるか。

長期目標：トイレに行けるようになる

次の事例を読んで、**問題328**、**問題329**について答えなさい。

〔事例〕

Mさん（78歳、女性、要介護2）は、認知症対応型共同生活介護（グループホーム）に入居している。

楽しみは、お風呂に入って肩までつかることである。身体機能に問題はない。短期目標を、「見守りのもと、一人で入浴する（3か月）」と設定し、順調に経過していた。

1か月が過ぎた頃、朝の申し送りで、「Mさんが昨日浴室を出ようとしたときに足を滑らせたが、転倒はしなかった。念のため受診したが問題はなかった」と報告があった。その日の夕方、介護福祉職が入浴に誘うと、「行きたくない」と強い口調で断った。それから1週間入浴していないことを心配した介護福祉職が居室を訪ねて、安全に入浴できるように浴室内を整えたことを伝えた。しかし、Mさんは、「怖いから」と小声で言った。

問題 328

Mさんの再アセスメントに関する次の記述のうち、**最も適切なもの**を1つ選びなさい。

1　順調に経過していたときの状況を分析する。
2　「怖いから」という思いを解釈する。
3　入浴を断られた介護福祉職の思いを理解する。
4　入浴時間の変更を検討する必要があると判断する。
5　入浴を面倒に思っていると判断する。

問題 329

再アセスメントによって見直した支援の方向性として、**最も適切なもの**を1つ選びなさい。

1　湯船につかる自信を取り戻す支援
2　浴室内の移動の不安を取り除く支援
3　浴室まで安全に移動できる支援
4　足浴で満足感を得ることができる支援
5　身体機能を改善する支援

●介護過程の展開のプロセス・評価　出題頻度★★★　　　[第33回 問題65より出題]

解答と解説

✕ 1　短期目標は、「見守りのもと、一人で入浴する（3か月）」と設定し、1か月がすぎたころ、転倒をきっかけに入浴しなくなりました。つまり、計画どおりに入浴（実施）できていません。このことから、入浴（実施）できていない現状に視点を向け、再アセスメントします。

○ 2　今回の再アセスメントは、計画どおりに入浴（実施）ができていない原因を明らかにするために行います。そのことから、Mさんの「怖いから」という思い（主観的情報）を解釈します。

✕ 3　再アセスメントは、計画どおりに実施できない、目標を達成できない、支援の継続が困難・不可能などのときに実施し（入浴ができていない）、介護計画を修正します。介護職員の思い（入浴を断られた）を理解するためではありません。

✕ 4　Mさんは転倒したことをきっかけに、入浴に「行きたくない」「怖いから」といっていることから、入浴をすることに不安があります。入浴の時間に、課題があるわけではありません。

✕ 5　Mさんは上記の理由で、入浴をすることに不安があります。入浴を面倒に思っているわけではありません。

正解 2

●介護過程の展開のプロセス・評価　出題頻度★★★★　　　[第33回 問題66より出題]

解答と解説

✕ 1　Mさんは、浴室を出ようとしたときに足を滑らせ、転倒しそうになったのをきっかけに、入浴しなくなり、「怖い」といっています。このことから、湯船につかることに自信がなくなったのではありません。

○ 2　Mさんは、浴室を出ようとしたときに足を滑らせ、転倒しそうになったのをきっかけに、入浴に対して「怖い」といっています。このことから、浴室内の移動が不安と考え、浴室内の移動の不安を取り除く支援が適切です。

✕ 3　Mさんは、浴室までは安全に移動できていたことから、浴室まで安全に移動できる支援は適切ではありません。

✕ 4　Mさんの楽しみであるお風呂に肩までつかる入浴を継続することが、Mさんの満足感を得ることだと考えられます。足浴で満足感を得ることができる支援は、適切ではありません。

✕ 5　Mさんは、1週間入浴していないことが現在の課題です。このことから、浴室内での移動の不安を取り除き、入浴できるようになる支援が優先になります。

正解 2

+α　事例を整理すると、次のようになる。Mさんの好きなこと＝お風呂に肩までつかること→短期目標＝見守りのもと、1人で入浴する→実施＝順調に経過→実施＝浴室を出ようとしたときに足を滑らせ、受診→実施＝「入浴に行きたくない」「怖いから」→再アセスメント＝浴室内の移動が不安。

問題 330 次の記述のうち、居宅サービス計画と訪問介護計画の関係として、最も適切なものを1つ選びなさい。

1 訪問介護計画を根拠に、居宅サービス計画を作成する。

2 居宅サービス計画の目標が変更されても、訪問介護計画は見直しをせず継続する。

3 居宅サービス計画と同じ内容を、訪問介護計画に転記する。

4 居宅サービス計画の方針に沿って、訪問介護計画を作成する。

5 訪問介護計画の終了後に、居宅サービス計画を作成する。

●**介護サービス計画（ケアプラン）と介護過程の関係** 出題頻度★★★ ［第35回 問題108より出題］

解答と解説

✕ 1 居宅サービス計画は総合目標を根拠に、サービス提供責任者が訪問介護計画を作成します。

✕ 2 居宅サービス計画の目標が変更されたときは、訪問介護計画も今回の目標に沿ったものか見直しをする必要があります。目標に沿っていないときは、訪問介護計画を再度立案します。

✕ 3 居宅サービス計画は、利用者が、いつ、どこで、どんなサービスをどのくらい利用するかをあらわしています。訪問介護計画は、利用者が、訪問介護サービスをいつ、どのように利用するのかをあらわしています。

○ 4 居宅サービス計画と訪問介護計画は連動しています。そのため、居宅サービス計画の方針に沿って、訪問介護計画は作成されます。

✕ 5 居宅サービス計画を作成したあとに、訪問介護計画を作成します。

正解 4

合格のための要点整理 ●**居宅サービス計画とその他の個別援助計画（訪問介護計画・リハビリ計画など）**

居宅サービス計画と訪問介護計画は連動している。下記の例で考えてみよう。

Aさん（80歳 女性 要介護1）は、一人暮らしをしていた。日常生活はほぼ自立だったが、庭で転倒し、手首の骨折と腰の打撲をした。そのあと、ギプスも外れたが、日常生活に介助が必要になり、介護保険のサービスを利用することになった。

居宅サービス計画（ケアプラン）

総合目標：
安心して自宅で暮らせるようになる

《訪問介護事業所》
訪問介護計画
長期目標：食事を自分でつくれるようになる。
短期目標：食材を切れるようになる。

《訪問看護》
訪問看護計画
長期目標：手首の痛みが軽減される。
短期目標：痛みがないときに手浴をする。

《訪問リハビリ》
訪問リハビリ計画
長期目標：骨折した手首が、骨折前と同じように動くようになる。

介護
介護過程

12-3 介護過程の展開の理解

次の事例を読んで、**問題331**、**問題332**について答えなさい。

〔事例〕

　Ｌさん（76歳、女性、要介護１）は、自宅で娘と暮らしている。軽度の認知症（dementia）と診断されたが、身体機能に問題はなく、友人との外出を楽しんでいる。ある日、外食の後、自宅近くで保護されたとき、「ここはどこなの」と言った。その後、自宅から出ようとしなくなった。心配した娘が本人と相談して、小規模多機能型居宅介護を利用することになった。

　利用開始時に、Ｌさんの短期目標を、「外出を楽しめる」と設定した。２週間が過ぎた頃、Ｌさんから、近くのスーパーへの買い物ツアーに参加したいと申し出があった。

　当日、他の利用者や介護福祉職と笑顔で買い物をする様子が見られた。買い物が終わり、歩いて戻り始めると、笑顔が消え、急に立ち止まった。

　介護福祉職が声をかけると、「ここはどこなの。どこに行くの」と不安そうに言った。

問題 331

　Ｌさんが急に立ち止まった行動の解釈として、**最も適切なもの**を１つ選びなさい。

1　買い物ツアー時間の延長の要求
2　自分のいる場所がわからない不安
3　休憩したいという訴え
4　店での介護福祉職の支援に対する不満
5　一人で帰りたいという訴え

問題 332

　Ｌさんの状況から、短期目標と支援内容を見直すためのカンファレンス（conference）が開かれた。

　担当する介護福祉職の提案として、**最も優先すべきもの**を１つ選びなさい。

1　外出先から帰れなくなる不安への対応が必要である。
2　表情がかたくなったときは帰り道を変更する。
3　外出する意欲を持つ必要がある。
4　歩くために身体機能の改善が必要である。
5　事業所をなじみの生活空間にする。

●介護過程のプロセス・アセスメント　出題頻度★★★★　　　[第35回 問題109より出題]

解答と解説

✕ 1　Lさんが「ここはどこなの。どこに行くの」と不安そうに言ったことから、買い物ツアー時間の延長を要求したとは解釈できません。

◯ 2　Lさんは、軽度の認知症であると診断されていることから、見当識障害（中核症状）が出現する可能性は高いです。自宅近くで保護されたときや買い物後の発言から、自分のいる場所がわからない不安により、急に立ち止まったと解釈できます。

✕ 3　Lさんが「ここはどこなの。どこに行くの」と不安そうに言ったことから、休憩したいとの解釈はできません。

✕ 4　Lさんが「ここはどこなの。どこに行くの」と不安そうに言ったことから、店での介護福祉職の支援に対する不満の訴えという解釈はできません。

✕ 5　Lさんが「ここはどこなの。どこに行くの」と不安そうに言ったことから、1人で帰りたいと訴えたという解釈はできません。

正解 2

●介護過程のプロセス・評価　出題頻度★★★　　　[第35回 問題110より出題]

解答と解説

◯ 1　Lさんは、友人との外出を楽しんでいた時期がありました。夕食後に自宅近くで保護されたとき「ここはどこなの」といい、その後外出しなくなりました。また、買い物から帰るときに笑顔が消え、急に立ち止まり「ここはどこなの。どこに行くの」と不安そうにいいました。これらのことから、外出先から帰れなくなる不安への対応について提案することを優先します。

✕ 2　認知症の人は、なじみの関係やなじみの環境に安心します。表情がかたくなったときに帰り道を変更することは、なじみの環境を変えることになります。このことから、優先すべき提案ではありません。

✕ 3　Lさんが外出する意欲を持つためには、外出先から帰れなくなる不安がなくなる必要があります。このことから、優先すべき提案ではありません。

✕ 4　Lさんは、歩くための身体機能には問題がありません。そのことから提案する必要はありません。

✕ 5　Lさんは、事業所に対して不安などは訴えていません。そのことから提案する必要はありません。

正解 1

+α　ケアカンファレンスでは、利用者の介護計画などについて話し合う。多くの意見を集めたい場では、ブレインストーミングなどの手法が用いられる。介護福祉職は自身の客観的な意見を述べ、利用者の主観的な意見を代弁する。

介護

介護過程

次の事例を読んで、**問題333**、**問題334**について答えなさい。

〔事例〕

　Mさん（35歳、男性、障害支援区分5）は、脳性麻痺（cerebral palsy）による四肢麻痺で筋緊張がある。日常生活動作は全般に介護が必要であり、電動車いすを使用している。これまで、本人と母親（70歳）の希望で、自宅で二人暮らしを続けてきた。

　Mさんは3年前から、重度訪問介護を利用している。軽度の知的障害があるが、自分の意思を介護者と母親に伝えることができる。相談支援専門員が作成したサービス等利用計画の総合目標は、「やりたいことに挑戦し、生活を充実させる」となっている。Mさん自身も、やりたいことを見つけたいと介護福祉職に話していたことから、次の個別支援会議で検討する予定になっていた。

　ある日、重度訪問介護の利用時、パラリンピックのテレビ中継を見ていたMさんが、介護福祉職に、「ボール投げるの、おもしろそう」と話した。

問題 333

　次のうち、Mさんの発言から、個別支援計画を立案するために、介護福祉職が把握すべき情報として、**最も優先すべきもの**を1つ選びなさい。

1　競技で使われるボールの種類
2　話を聞いた介護福祉職の感想
3　競技に対するMさんの意向
4　母親のパラリンピックへの関心
5　テレビ中継を見ていた時間

問題 334

　いくつかのスポーツクラブを見学後、介護福祉職はMさんから、「このスポーツクラブが近いから、入会前に体験したい」と伝えられた。
　Mさんへの介護福祉職の対応に関する次の記述のうち、**最も適切なもの**を1つ選びなさい。

1　筋緊張から回復する訓練を行うように伝える。
2　母親が決めたスポーツクラブを選ぶように勧める。
3　スポーツクラブにすぐに入会するように勧める。
4　意思決定に必要な情報を提供する。
5　相談支援専門員の許可を得るように勧める。

問題 333

●介護過程のプロセス・アセスメント　出題頻度★★★★　　[第35回 問題111より出題]

解答と解説

✕ 1　Mさんは「ボール投げるの、おもしろそう」といっており、ボールの種類については発言していません。

✕ 2　サービス等利用計画は、利用者主体で立案されます。介護職の感想で立案するものではありません。

〇 3　Mさんは「ボール投げるの、おもしろそう」といっていることから、競技に対するMさんの意向がうかがわれます。サービス等利用計画を立案するときには、利用者の主観的情報が重要になります。

✕ 4　母親のパラリンピックへの関心は、Mさんの関心とは異なります。サービス等利用計画は、Mさん主体で立案します。

✕ 5　Mさんがテレビ中継を見ていた時間は、サービス等利用計画立案のために介護福祉職が優先して把握する情報ではありません。

正解 3

問題 334

●対象者の状態・状況に応じた介護過程の展開・自立に向けた介護過程の展開　出題頻度★★　[第35回 問題112より出題]

解答と解説

✕ 1　今回の入会前体験の目標は、Mさんのやりたいことを見つけることです。筋緊張から回復する訓練をすることではありません。

✕ 2　Mさんが自分にあったスポーツクラブを選択できるように、介護福祉職はMさんを主体にして選択しやすい環境を提供します。

✕ 3　Mさんが自分にあったスポーツクラブを選択できるように、介護福祉職はMさんに十分な時間をとります。

〇 4　Mさんが自分にあったスポーツクラブを選択できるように、介護福祉職はMさんが理解しやすい形で情報提供します。

✕ 5　Mさんが入会前の体験について、相談支援専門員に連絡することは適切です。しかし、許可を得ることは適切ではありません。

正解 4

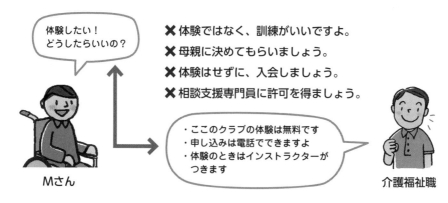

介護

介護過程

次の事例を読んで、**問題335**、**問題336**について答えなさい。

〔事例〕

　Dさん（73歳、女性、要介護2）は、認知症対応型共同生活介護（認知症高齢者グループホーム）に入居した。

　入居後、本人の同意のもとに短期目標を、「食事の準備に参加する」と設定し、順調に経過していた。ある日、Dさんが夕食の準備に来なかった。翌日、担当する介護福祉職が居室を訪ねて理由を聞くと、「盛り付けの見た目が……」と小声で言った。

　当日のDさんの記録を見ると、「お茶を配ると席に座ったが、すぐに立ち上がり、料理を皿に盛り付けるEさんの手元を見ていた」「配膳された料理を見て、ため息をついた」とあった。その後、食事の準備には参加していないが、早く来て様子を見ている。また、食事中は談笑し、食事も完食している。

　以上のことから再アセスメントを行うことになった。

問題335

　Dさんの再アセスメントに関する次の記述のうち、**最も適切なもの**を1つ選びなさい。

1　お茶を配る能力について分析する。
2　ため息の意味を料理の味が悪いと解釈する。
3　早く来て様子を見ている理由を分析する。
4　安心して食事ができているかを分析する。
5　Eさんに料理の盛り付けを学びたいと解釈する。

問題336

　カンファレンス（conference）が開かれ、Dさんの支援について検討することになった。Dさんを担当する介護福祉職が提案する内容として、**最も優先すべきもの**を1つ選びなさい。

1　食器の満足度を調べること。
2　昼食時だけでも計画を継続すること。
3　居室での食事に変更すること。
4　食事の準備の役割を見直すこと。
5　食事以外の短期目標を設定すること。

●対象者のプロセス・アセスメント　出題頻度★★　　　　[第34回 問題67より出題]

解答と解説

- ✕ 1　介護計画の短期目標を「食事の準備に参加する」と設定し、順調に経過していたことから、お茶を配ることはできていたと評価できます。そのことから、お茶を配る能力について分析する必要はありません。

- ✕ 2　「料理を皿に盛りつけるEさんの手元を見ていた」「配膳された料理を見て、ため息をついた」と記録にあります。また食事中は談笑し、完食もしています。これらのことから、ため息の理由を料理の味が悪いからとは解釈できません。

- ◯ 3　Dさんが「盛りつけの見た目が……」と小声でいっており、盛りつけについて気になっている可能性が考えられます。そのため、早く来て様子を見ている理由を分析します。

- ✕ 4　食事中は談笑し、完食もしています。そのことから、安心して食事ができているので、分析する必要はありません。

- ✕ 5　Dさんが「盛りつけの見た目が……」と小声でいい、「配膳された料理を見て、ため息をついた」とあり、そのあと食事の準備には参加していません。これらのことから、Eさんに料理の盛りつけについて、何か気になることがあると解釈できます。

正解 3

●介護過程とチームアプローチ　出題頻度★★★　　　　[第34回 問題68より出題]

解答と解説

- ✕ 1　Dさんは、「盛りつけの見た目が……」と小声でいい、「配膳された料理を見て、ため息をついた」とあります。これらのことから、盛りつけの食器に不満などはないと考えられるので、もっとも優先すべきは、食器の満足度を調べることではありません。

- ✕ 2　Dさんは、「盛りつけの見た目が……」と小声でいい、「配膳された料理を見て、ため息をついた」とあります。食事の準備は昼食時も同じ条件であることから、もっとも優先すべきは昼食時だけでも計画を継続することではありません。

- ✕ 3　Dさんは、食事中は談笑し、完食もしています。つまり、食事の場所にについて何か不満があるわけではありません。これらのことから、もっとも優先すべきは、居室での食事に変更することではありません。

- ◯ 4　Dさんは、「盛りつけの見た目が……」と小声でいい、「配膳された料理を見て、ため息をついた」とあります。これらのことから、Eさんの食事準備について、Dさんが気にしている様子が見られるため、もっとも優先すべきは食事の準備の役割を見直すことと考えられます。

- ✕ 5　Dさんの短期目標を「食事の準備に参加する」と設定し、順調に経過していました。しかし、Eさんの盛りつけを見てから、食事の準備には参加しなくなってしまいました。つまり、食事の準備に参加する能力はあるものの、目標を達成してはいません。このことから、もっとも優先すべきは、食事以外の短期目標を設定することではありません。

正解 4

次の事例を読んで、**問題337**、**問題338**について答えなさい。

〔事例〕

Aさん（80歳、女性、要介護3）は、パーキンソン病（Parkinson disease）と診断されている。診断後も家業を手伝いながら、地域の活動に参加していた。

半年前からパーキンソン病（Parkinson disease）が悪化し、動作は不安定となったが、「家族に迷惑をかけたくない」と、できることは自分で取り組んでいた。また、主となる介護者である娘に服薬を管理してもらいながら、通所介護（デイサービス）を週3回利用し、なじみの友人と話すことを楽しみにしていた。

最近、通所介護（デイサービス）の職員から娘に、昼食時にむせることが多く食事を残していること、午後になると、「レクリエーションには参加したくない」と落ち着かない様子になることが報告された。

問題337

介護福祉職がAさんについて、**主観的に記録したもの**を1つ選びなさい。

1 パーキンソン病（Parkinson disease）と診断されている。

2 帰宅願望から、レクリエーションの参加を拒否した。

3 「家族に迷惑をかけたくない」と話し、できることは自分で行っていた。

4 週3回、通所介護（デイサービス）を利用している。

5 昼食時にむせることが多く、食事を残していることを娘に報告した。

問題338

その後、娘が腰痛を発症し、Aさんは短期入所生活介護（ショートステイ）を利用することになった。

次の記述のうち、短期入所生活介護（ショートステイ）におけるAさんの生活課題として、**最も優先すべきもの**を1つ選びなさい。

1 食事を安全に摂取できること。

2 服薬の管理ができること。

3 通所介護（デイサービス）の利用を再開できること。

4 なじみの友人ができること。

5 地域の活動に参加できること。

●介護過程の展開のプロセス・評価　出題頻度★★★★　　[第33回 問題67より出題]

解答と解説

✕ 1　パーキンソン病という診断は今までに起こった事実であり、病名なので客観的情報を記録したものです。

○ 2　帰宅願望から、レクリエーションの参加を拒否したというのは、介護福祉職の主観的情報です。

✕ 3　「家族に迷惑をかけたくない」と話し、できることは自分で行っていたというのは、介護福祉職の主観的情報ではなく、利用者の主観的情報の記録です。

✕ 4　週3回、通所介護（デイサービス）を利用しているのは、客観的情報の記録です。

✕ 5　昼食時にむせることが多く、食事を残していることを娘に報告したのは、客観的情報の記録です。

正解 2

●介護過程の展開のプロセス・アセスメント　出題頻度★★★★　[第33回 問題68より出題]

解答と解説

○ 1　Aさんは通所介護の昼食の場面において、むせ込みが多くあり、食事を残していることがあります。むせ込みから、食事の摂取が進んでいません。また、誤嚥性肺炎になる恐れもあります。そのことから、短期入所生活介護におけるAさんの生活課題は、「食事を安全に摂取できること」になります。

✕ 2　Aさんは、在宅では娘が服薬の管理をしていたことから、服薬の管理ができないと考えられます。施設では、服薬の管理は看護師が行うことができます。そのことから、短期入所生活介護におけるAさんの生活課題は、「服薬の管理ができること」がもっとも優先すべきものではありません。

✕ 3　Aさんは、娘の腰痛のため、短期入所生活介護を利用しています。Aさんの状況からの利用ではありません。つまり、娘がAさんを介護することが可能にならないと、通所介護の利用を再開できません。そのことから「通所介護の利用を再開できること」は、もっとも優先すべきものではありません。

✕ 4　Aさんは、通所介護ではなじみの友人がおり、楽しみにしていました。しかし、短期入所生活介護ではなじみの友人がいなくて楽しみがなく、レクリエーションに参加する意欲も減少していると考えられます。そのことから、「なじみの友人ができること」は課題であると考えられます。しかし、課題の優先順位は、利用者の命や安全にかかわることです。つまり、最も優先すべきものではありません。

✕ 5　地域の活動に参加することは重要です。しかし、現在のAさんの暮らしの中では、通所介護には通っていますが、特に地域活動に参加している様子はありません。そのことから「地域の活動に参加できること」は、もっとも優先すべきものではありません。

正解 1

介護福祉職が事例研究を行う目的として、**最も適切なもの**を1つ選びなさい。

1 事業所の介護の理念の確認
2 介護福祉職の能力を調べること
3 介護過程から介護実践を振り返ること
4 介護報酬の獲得
5 介護福祉職自身の満足度の充足

●対象者の状態・状況に応じた介護過程の展開・事例　出題頻度★★　［第35回 問題113より出題］

解答と解説

✕ 1 事業所の介護の理念の確認とは、その事業所が介護を行ううえでの「考え方」「方針」などを確認することです。

✕ 2 介護福祉職の能力を調べることは、「求められる職員像」を踏まえ、知識・技術、思考力、対人能力、意欲・態度に関する行動等を人事評価システムの中で評価することです。

◯ 3 介護福祉職が事例研究を行う目的は、介護過程から介護実践を振り返ることです。そのことにより、今後の実践に役立ち、サービス向上につながります。

✕ 4 介護報酬の獲得は、専門職や有資格者の配置、専門的なサービスの提供、基準に定められる人員よりも多くの職員を配置していることなどにより獲得できます。

✕ 5 介護福祉職が事例研究を行うことにより、実践した介護サービスを客観的に振り返ることができます。介護福祉職自身の満足度の充足が目的ではありません。

正解3

合格のための要点整理　●事例研究

一般的な法則や普遍的な物事の考え方、物事について抱いている思いを明確にするのではなく、個々の事例の問題性を把握し、理解を深めて振り返り、問題解決のための対応策を見つけることを目的としている。

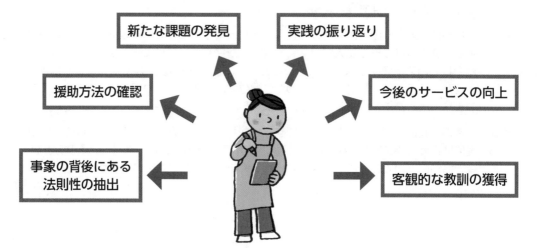

新たな課題の発見

実践の振り返り

援助方法の確認

今後のサービスの向上

事象の背後にある法則性の抽出

客観的な教訓の獲得

第5章 総合問題

出題傾向とポイント

　総合問題は、事例が示されたあと、各領域を縦断する形で3つの問題が出題されます。全部で4つの事例が出題されますが、長文の事例に対して関連する問題が3つ出される場合、主となる状況が説明され、さらに事例として問題が展開される場合など、出題に工夫がこらされています。

　事例は、高齢者に関するものが2例、障害者（児）に関するものが2例であり、高齢者の事例のうち、1例は認知症の事例です。「アルツハイマー型認知症」「脳梗塞」「脊髄損傷」「筋萎縮性側索硬化症」「統合失調症」「発達障害」など、他の領域でも出題傾向の高い事柄が出題されています。基本的な知識をたくわえておくこと、事例のポイントを押さえて解き進めることが大切です。

> 基本をしっかりと身につけておきましょう。

ワンポイントアドバイス

- ・疾患や障害については、原因や症状といった基礎知識が必ず出題されているため、認知症、脳血管障害、脊髄損傷、知的障害などは、しっかりと学習しておこう。
- ・介護保険制度、障害者総合支援法、児童福祉法などを根拠とするサービスの種類や各機関等の役割をしっかりと押さえておくこと。
- ・介護の領域からは、利用者の特性に合わせた移動の支援やコミュニケーション技術の他、介護過程の展開としての目標設定も出題が多い傾向にある。

		事例の分野		出題された内容	
第36回	事例1	若年性認知症	脱抑制とは	介護保険利用者負担	ICF（相互作用）
	事例2	高齢者（脊髄損傷）	介護老人保健施設	住宅改修費の支給限度	生活上の支援
	事例3	障害者（脳性麻痺）	二次障害	自助具の適正	移動時の支援
	事例4	障害者（自閉症スペクトラム）	強度行動障害	家族への支援	計画相談支援
第35回	事例1	高齢者（認知症）	認知症の病巣	助け合いの定義	服薬の管理法
	事例2	高齢者（脳梗塞、片麻痺）	歩行介助の立ち位置	閉じられた質問	介護計画の立案
	事例3	障害者（脳梗塞、片麻痺）	失行	同名半盲の食事支援	日中活動の場
	事例4	障害者（発達障害）	ストレングスの理解	避難訓練の留意点	災害への備え
第34回	事例1	高齢者（認知症）	訪問介護計画	認知症の症状	訪問介護のサービス内容
	事例2	高齢者（精神障害）	医療保護入院	退院後の住居	コミュニケーションの技法
	事例3	障害者（ALS）	麻痺の種類	コミュニケーション用具	重度訪問介護
	事例4	障害者（脳性麻痺）	脳性麻痺の症状	支援計画の短期目標	日常生活自立支援事業
第33回	事例1	高齢者（関節症）	フレイル	不安への言葉かけ	杖歩行の手順
	事例2	高齢者（認知症）	心理的療法	角化型疥癬の対応	制度の理解
	事例3	障害児（発達障害）	発達障害の症状	サービスの理解	介護の基本
	事例4	障害者（頸髄損傷）	残存機能の理解	制度の理解	専門職の役割

総合問題

問題 340 次の事例を読んで、問題340-1から問題340-3までについて答えなさい。

〔事例〕

Aさん(80歳、女性)は、自宅で一人暮らしをしている。同じ県内に住む娘が、月に一度Aさんの自宅を訪れている。

最近、Aさんの物忘れが多くなってきたため、不安になった娘が、Aさんと一緒に病院を受診したところ、医師から、脳の記憶をつかさどる部分が顕著に萎縮したアルツハイマー型認知症（dementia of the Alzheimer's type）であると診断された。Aさんはこのまま自宅で暮らすことを希望し、介護保険の訪問介護（ホームヘルプサービス）を利用しながら一人暮らしを継続することになった。

ある日、娘からサービス提供責任者に、今年はAさんが一人で雪かきができるか不安であると相談があった。そこで、サービス提供責任者が、Aさんと一緒に地区の民生委員に相談したところ、近所の人たちが雪かきをしてくれることになった。

読み解きPOINT

□ アルツハイマー型認知症

原　因：タンパク質（アミロイドβ）が海馬を中心として脳の広範囲に蓄積し、神経細胞が死滅、脳が萎縮する。 **症　状**：初期症状は物忘れ。若年性の場合、頭痛やめまい、不眠などの神経症状も目立つ。記憶障害からはじまり、進行は比較的ゆっくりである。 **その他**：もっとも多い認知症原因疾患	

□ 自助・互助・共助・公助

自助	自身の労働や年金収入等により、自らの生活を支え、自分の健康を自分で維持すること。
互助	インフォーマルな相互扶助。たとえば、近隣の助け合いやボランティア等。
共助	社会保険のような制度化された相互扶助。
公助	自助・互助・共助では対応できない困窮等に対し、所得や生活水準・家庭状況等の受給要件を定めたうえで、必要な生活保障を行う社会福祉等。

「地域包括ケア研究会報告書―今後の検討のための論点整理」（平成20年度老人保健健康増進等事業）より作成

図は脳を模式的に示したものである。

Aさんの脳に萎縮が顕著にみられる部位として、**最も適切なもの**を１つ選びなさい。

1　A
2　B
3　C
4　D
5　E

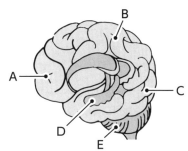

地域包括ケアシステムにおいて、Aさんの雪かきの課題への対応を示すものとして、**最も適切なもの**を１つ選びなさい。

1　自助
2　互助
3　介助
4　扶助
5　公助

ある日、訪問介護員（ホームヘルパー）がAさんの自宅を訪れ、一包化された薬の服薬状況を確認したところ、残薬があった。Aさんに服薬状況を確認すると、薬を飲んだかどうか、わからなくなることがあるという返答があった。訪問介護員（ホームヘルパー）は、Aさんとの会話から、日時に関する見当識に問題はないことを確認した。

Aさんの薬の飲み忘れを防止するための対応として、**最も適切なもの**を１つ選びなさい。

1　一包化を中止する。
2　インフォーマルな社会資源の活用は避ける。
3　お薬カレンダーの使用を提案する。
4　一人では薬を服用しないように伝える。
5　薬の飲み忘れに気がついたとき、２回分を服用するように伝える。

総合問題

第35回

●アルツハイマー型認知症の基礎的理解　出題頻度★★★★　　[第35回 問題114より出題]

解答と解説

✕ 1　大脳前頭葉です。

✕ 2　大脳頭頂葉です。

✕ 3　大脳後頭葉です。

◯ 4　大脳辺縁系海馬。アルツハイマー型認知症は、アミロイドβというたんぱく質が海馬を中心として脳の広範囲に蓄積し、脳細胞が死滅し、脳が萎縮することが原因で起こります。

✕ 5　小脳です。

正解 4

●自助・互助・共助・公助の理解　出題頻度★★★　　[第35回 問題115より出題]

解答と解説

✕ 1　自分自身のことは自分で助けるのが、自助です。事例では雪かきを自分でできるか不安で、近所の人たちに行ってもらうので、自助ではありません。

◯ 2　近隣やボランティアなどの、自分と関係性のある人に助けてもらうのが互助です。

✕ 3　地域包括ケアシステムでは、介助という概念はありません。

✕ 4　公的扶助のことであれば公助にあてはまりますが、扶助という概念は地域包括ケアシステムにはありません。

✕ 5　公助とは、社会福祉制度や生活保護の公的扶助をさします。主に租税により運営される、公の制度による支援のことです。

正解 2

アルツハイマー型認知症は、もっとも出題頻度が高い認知症です。原因や症状の特徴、進行などを確実に覚えておきましょう

地域包括ケアシステムも出題頻度が高いものです。現在、目指している社会の姿として、地域共生社会とあわせて覚えておきましょう

●薬剤管理の支援　出題頻度★★　　　　　　　　　　　　[第35回 問題116より出題]

解答と解説

✕ 1　どのくらいの種類の薬を服用しているかは事例からはわかりませんが、一包化を中止することで、アルツハイマー型認知症のAさんは、現在よりも服薬管理が煩雑になることが考えられます。

✕ 2　インフォーマルな社会資源とは、制度化されていない支援のことです。事例では、たとえば近隣の人や地区の民生委員など、Aさんとかかわりの深い人に服薬状況の確認をお願いすることは効果的です。

◯ 3　Aさんは、支援があれば一人暮らしができるレベルの認知症です。一包化された薬をいつ飲むのか、飲み忘れがないかを確認するのに、お薬カレンダーを利用するのは効果的です。

✕ 4　1人で服薬しないようにするためには、毎服薬時の支援が必要ですし、Aさんもそのことを理解する必要があります。現在、飲み忘れがあるので適切とはいえません。

✕ 5　薬は、決められた量や用法にしたがって服薬します。2回分を服用するというのは、適切ではありません。

正解 3

合格のための要点整理　●薬の管理

認知症の有無にかかわらず、薬の飲み忘れを防止するため、一包化をはじめ、さまざまな用具を利用することが大切です。

薬剤の一包化

1日ごとの薬ケース

お薬カレンダー

1週間分の薬ケース

問題　341　次の事例を読んで、**問題341-1から問題341-3まで**について答えなさい。

〔事例〕

　Ｂさん（75歳、男性、要介護３）は、１年前に脳梗塞（cerebral infarction）を発症し、右片麻痺がある。自宅では、家具や手すりにつかまって、なんとか自力歩行し、外出時は車いすを使用していた。うまく話すことができないこともあるが、他者の話を聞き取って理解することは、問題なくできていて、介護保険サービスを利用しながら、一人で暮らしていた。数か月前から着替えや入浴に介助が必要になり、在宅生活が難しくなったため、１週間前にU介護老人福祉施設に入所した。

　入所時の面談でＢさんは、自分の力で歩きたいという意思を示した。U介護老人福祉施設では、Ｃ介護福祉士をＢさんの担当者に選定した。Ｃ介護福祉士は、カンファレンス（conference）での意見に基づいて、Ｂさんが、四点杖を使用して、安全に施設内を歩行できることを短期目標とした介護計画を立案した。

読み解き**POINT**

□ 短期目標と長期目標の留意点

　介護過程における目標は、最終的に達成すべき長期目標に向けて、まず目指すべき短期目標を作成する。

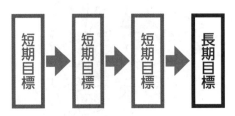

短期目標の積み重ねが長期目標の達成へとつながる。

目標設定の留意点
- 利用者中心の視点であり、目標の主語は利用者。
- 現実的なもの、実施可能なものを設定。
- 特に短期目標は、イメージしやすいように。数値化できる内容は数値化する。
- 語尾は「〜ができるようになる」「〜ようになる」とする。
- 誰がみてもわかりやすく記載する。
- 実施期間を設け、評価しやすいようにする。

□ 四点杖のメリット・デメリット

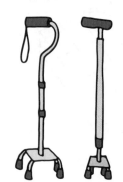

四点杖は種類が豊富なので、利用する人の身体状況にあわせて使用する。四点杖の他にも、接地面が３つの三点杖などがある。

メリット	デメリット
・一本杖に比べ、高い安定感が得られる ・一本杖に比べ、荷重に強い ・自立するため、置き場に困らない ・介護保険の福祉用具貸与の対象品	・一本杖に比べて重く、操作に力やコツが必要 ・一本杖のようにななめ使いはしづらい ・全体的に大きく、狭い場所で使いづらい ・慣れないと、かえって歩行の邪魔になる

　入所から2か月が経過した。C介護福祉士は、Bさんの四点杖歩行^{よんてんづえ ほ こう}の様子を観察したところ、左立脚相と比べて、右立脚相が短いことが気になった。Bさんの短期目標を達成するために、理学療法士と相談して、転倒防止の観点から、見守り歩行をするときの介護福祉職の位置について、改めて周知することにした。

　Bさんの四点杖歩行を見守るときに介護福祉職が立つ位置として、**最も適切なものを1つ選びなさい**。

1　Bさんの右側前方
2　Bさんの右側後方
3　Bさんの真後ろ
4　Bさんの左側前方
5　Bさんの左側後方

　C介護福祉士がBさんとコミュニケーションをとるための方法に関する次の記述のうち、**最も適切なものを1つ選びなさい**。

1　補聴器を使用する。
2　五十音表を使用する。
3　手話を使う。
4　大きな声で話しかける。
5　「はい」「いいえ」で回答できる質問を中心に用いる。

　入所から3か月後、C介護福祉士は、Bさんの四点杖歩行^{よんてんづえ ほ こう}が安定してきたことを確認して介護計画を見直すことにした。C介護福祉士がBさんに、今後の生活について確認したところ、居室から食堂まで、四点杖^{よんてんづえ}で一人で歩けるようになりたいと思っていることがわかった。

　Bさんの現在の希望に沿って介護計画を見直すときに、**最も優先すべきものを1つ選びなさい**。

1　生活場面の中で歩行する機会を増やす。
2　評価日は設定しない。
3　ほかの利用者と一緒に実施できる内容にする。
4　他者との交流を目標にする。
5　歩行練習を行う時間は、出勤している職員が決めるようにする。

問題 341-1

●杖歩行時の支援　出題頻度★★　　　　　　　　　　[第35回 問題117より出題]

解答と解説

✕ 1　麻痺がある側の前方ということですが、歩行自体の妨げになるので前方には立たないようにします。

○ 2　Bさんは右片麻痺があり、左手で四点杖を持つことが想像できます。介助者の立ち位置は、杖を持っている側の反対側、つまり麻痺側の後方が基本です。

✕ 3　麻痺側に転倒する可能性が高いため、真後ろに立つのでは介助者が支えになりません。

✕ 4　健側に杖を持つので、左側前方は杖運びと歩行の妨げになります。

✕ 5　右片麻痺のため、右側への転倒が予測されますので、左後方では支えになりません。

正解 2

問題 341-2

●障害に合わせたコミュニケーション　出題頻度★★★　　　　[第35回 問題118より出題]

解答と解説

✕ 1　Cさんは相手の話を聞きとって理解することはできるので、補聴器は必要ありません。

✕ 2　Cさんはうまく話すことはできませんが、まったく話せないわけではないので、五十音表の利用がもっとも適切とはなりません。

✕ 3　こちらの話は理解できるので、手話を使う必要はありません。

✕ 4　こちらの話は聞き取れるので、大きな声で話しかける必要はありません。

○ 5　うまく話すことができないので、「はい」「いいえ」で回答できる質問を中心にするのが、本人の負担も小さく、もっとも適切です。このような質問を、閉じられた質問（クローズド・クエスチョン）といいます。

正解 5

介助なしでの杖歩行のポイントが、P.529に載っています。どちらも確実に覚えておきましょう

●介護計画立案の留意点　出題頻度★★★★　　　　　　　　　［第35回 問題119より出題］

解答と解説

○ 1 Bさんの希望を達成するためには、普段の生活の中で杖歩行をする機会を増やすことが適切です。

× 2 介護計画では、短期目標ごとに評価期日を定めることが大切です。

× 3 四点杖での歩行練習は、他の人と一緒に行うと危険な場合があります。

× 4 Bさんの希望は、居室から食堂まで１人で歩行できることです。交流の機会を増やすことで励みになることもありますが、まずは歩行機会を増やすことが優先です。

× 5 職員の都合ではなく、Bさんが主体的に取り組める内容にすることが必要です。

正解 1

合格のための要点整理　●質問の種類

質問には、閉じられた質問と開かれた質問の２種類がある。それぞれの長所と短所を理解し、コミュニケーションの質の向上に努める。

閉じられた質問（クローズドクエスチョン）

「はい」「いいえ」で答えられる質問

≪長所の例≫
・発声の機能に難がある人でも答えやすい。
・会話のテンポがつくりやすい。
・関係性の浅い人とも、コミュニケーションを取りやすい。

≪短所の例≫
・相手の細かい考えは、知ることができない。
・続けすぎると、相手に威圧感を与える場合がある。
・相手にとっては、物足りなくなる感じることがある。

●閉じられた質問

朝ごはんは食べましたか？

はい

開かれた質問（オープンクエスチョン）

回答を自由に考えられる質問

≪長所の例≫
・相手からの情報量が多い。
・相手の考えを知ることができる。
・回答する側の満足度が高くなる。
・お互いの関係性が深くなる。

≪短所の例≫
・話がそれたり、長くなったりする場合がある。
・内容によっては、会話が進まない。
・発声の機能に難がある人には、負担が大きい。

●開かれた質問

朝ごはんは何を食べましたか

ご飯とみそ汁と……

問題　342　次の事例を読んで、問題342-1から問題342-3までについて答えなさい。

〔事例〕
　Dさん（38歳、男性、障害支援区分3）は、1年前に脳梗塞（cerebral infarction）を発症し左片麻痺となった。後遺症として左同名半盲、失行もみられる。現在は週3回、居宅介護を利用しながら妻と二人で生活している。

　ある日、上着の袖に頭を入れようとしているDさんに介護福祉職が声をかけると、「どうすればよいかわからない」と答えた。普段は妻がDさんの着替えを手伝っている。食事はスプーンを使用して自分で食べるが、左側にある食べ物を残すことがある。Dさんは、「左側が見づらい。動いているものにもすぐに反応ができない」と話した。

　最近は、日常生活の中で、少しずつできることが増えてきた。Dさんは、「人と交流する機会を増やしたい。また、簡単な生産活動ができるようなところに行きたい」と介護福祉職に相談した。

読み解き POINT

□ 同名半盲

　右か左の半側しか見えない状態のこと。左右の目のそれぞれの半側から送られる視覚情報を受け取る脳の障害で生じる。物の見え方は障害を受ける部位によって異なる。

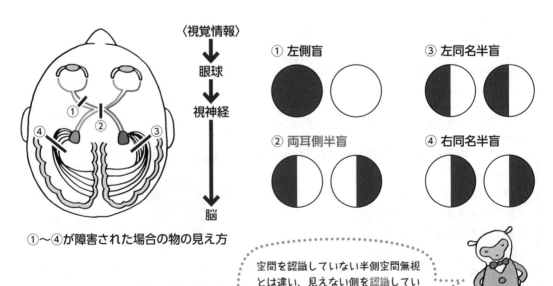

①～④が障害された場合の物の見え方

空間を認識していない半側空間無視とは違い、見えない側を認識しているので、視界に入れば顔の向きを変えるなどして見ることができます

Dさんにみられた失行として、**適切なもの**を1つ選びなさい。

1 構成失行

2 観念失行

3 着衣失行

4 顔面失行

5 観念運動失行

Dさんへの食事の支援に関する次の記述のうち、**最も適切なもの**を1つ選びなさい。

1 食事の量を少なくする。

2 テーブルを高くする。

3 スプーンを持つ手を介助する。

4 バネつき箸に替える。

5 食事を本人から見て右寄りに配膳する。

介護福祉職は、Dさんに生産活動ができるサービスの利用を提案したいと考えている。

次のうち、Dさんの発言内容に合う障害福祉サービスとして、**最も適切なもの**を1つ選びなさい。

1 就労継続支援A型での活動

2 地域活動支援センターの利用

3 療養介護

4 就労定着支援

5 相談支援事業の利用

問題 342-1

●失行の種類　出題頻度★★★　　　　　　　　　　　　[第35回 問題120より出題]

解答と解説

× 1　構成失行とは、模倣や立体構成がうまくできない空間的操作の障害です。

× 2　関連失行とは、一つひとつの動作はできるが、一連の組み合わせた動作がうまくできない障害です。

○ 3　Dさんは、服を着る動作がわからなくなっていることが事例から読み取れます。これを着衣失行といいます。

× 4　顔面失行とは、意識的に口を開ける、舌を出すといった動作ができなくなる障害です。頬部顔面失行、口部顔面失行ともいいます。

× 5　観念運動失行とは、無意識だとできる行為が意識するとできなくなる障害です。

正解 3

問題 342-2

●左同名半盲の人の支援　出題頻度★★★　　　　　　　[第35回 問題121より出題]

解答と解説

× 1　Dさんの食事で支援すべきことは、左側にある食べ物を残すということです。食事の量を減らしても解決しません。

× 2　食事の姿勢について改善すべき点は、事例からは読み取れません。

× 3　スプーンを使用しての食事は現在も自分でできているので、介助は不要です。

× 4　食べ物をつかみやすいバネつき箸に替えても、食べ残しが改善するわけではありません。Dさんは、箸使用への変更を希望してはいません。

○ 5　左側の食べ物を残すことがあるのは、左同名半盲のために見づらいからです。見やすいように右側に寄せて配膳するのが適切な支援です。

正解 5

認知症や脳梗塞後遺症、高次脳機能障害の症状のひとつとして、「失行」に関する理解を問う問題が、高頻度で出題されています。同様に出題頻度の高い実行（遂行）機能障害とともに、確実に学習しておきましょう

問題 342-3

●障害者サービス　出題頻度★★★★

[第35回 問題122より出題]

解答と解説

✕ **1** 就労継続支援ははたらく場を提供し、就労が継続できるように、知識と能力の向上に必要な訓練を行うサービスです。A型は雇用契約を結びます。

○ **2** 地域活動支援センターは創作的活動や生産活動の機会を通じて、社会との交流を促進する場です。Dさんの希望にもっとも合っています。

✕ **3** 療養介護は医療機関で機能訓練や療養上の管理、看護、介護などの日常生活の支援を行うサービスです。医療と常時介護を必要とする人が対象です。

✕ **4** 就労定着支援は一般就労に移行した人に就労に伴う、生活面の課題に対応するための支援をするサービスです。

✕ **5** 相談支援事業とは、障害のある人や家族から相談を受けて、福祉サービスを受けるための手続きや、福祉サービスの情報を提供したり、助言を行ったりするサービスです。計画相談支援、地域相談支援、障害児相談支援があります。

正解 2

合格のための要点整理　　●地域活動支援センター

地域活動支援センターは障害者総合支援法上の施設で、地域生活支援事業の市町村事業のひとつ。

特徴・目的

地域の実情に応じ、市町村の柔軟な運営や事業実施が可能。通所する障害者等に創作活動や生産活動の機会の提供し、社会との交流の促進等の便宜を供与する。

設置要件等

10人以上の人員が利用できる規模が必要。職員の配置は施設長1名、指導員2名以上。

施設数

2,846か所（令和2年10月現在）。

地域活動支援センター
（地域生活支援事業）

総合問題

第35回

問題 343　次の事例を読んで、問題343-1から問題343-3までについて答えなさい。

〔事例〕

　Eさん（35歳、男性）は、自閉症スペクトラム障害（autism spectrum disorder）があり、V障害者支援施設の生活介護と施設入所支援を利用している。Eさんは、毎日のスケジュールを決め、規則や時間を守ってプログラムに参加しているが、周りの人や物事に関心が向かず、予定外の行動や集団行動はとりづらい。コミュニケーションは、話すよりも絵や文字を示したほうが伝わりやすい。

　Eさんが利用するV障害者支援施設では、就労継続支援事業も行っている。災害が起こったときに様々な配慮が必要な利用者がいるため、施設として防災対策に力を入れている。また、通所している利用者も多いので、V障害者支援施設は市の福祉避難所として指定を受けている。

読み解きPOINT

□ 自閉症スペクトラム障害

　自閉症スペクトラム障害（ASD）はこだわりが強い、パターン化した行動、コミュニケーションや対人関係が苦手といった症状を示す発達障害のひとつ。以前は自閉症、アスペルガー症候群、広範性発達障害などと分けられていたが、現在はひとつの障害としてとらえられている。

❶ 情報	**❷ 具体化**	**❸ パニック**	**❹ 変化**	**❺ 指摘**
□ できるだけ情報を短く、簡単に伝える。 □ 複数の情報を同時に提示しない。	□ イラストや写真を使い、具体的にわかりやすく伝える。 □ 視覚的にわかりやすいよう、メモなどを渡すとよい。	□ パニックを起こす場所を避ける。	□ 環境や行動の変化を避ける。 □ 変化する場合、事前に予告すると影響が小さい。	□ 間違いや、不適切な行動を指摘しない。

□ 福祉避難所

　福祉避難所は、主として高齢者、障害者、乳幼児その他の特に配慮を要する者（要配慮者）を滞在させることを想定した避難所。災害対策基本法による避難所の指定基準のひとつ。一般の避難場所では受け入れが困難な要配慮者の受け入れを考慮した設備等を持つ。

福祉避難所への避難の例

自宅	避難所	福祉避難所
身の安全の確保を最優先して避難	避難者の状況を確認し、福祉避難所の開設を決定	施設の受け入れ態勢が整い次第、福祉避難所へ移動

　Eさんのストレングス（strength）に関する次の記述のうち、**最も適切なもの**を1つ選びなさい。

1　行動力があり、すぐに動く。
2　自分で決めたことを継続する。
3　新しいことを思いつく。
4　コミュニケーション力が高い。
5　いろいろなことに興味がもてる。

　V障害者支援施設では定期的に災害に備えた避難訓練を行っている。
　Eさんの特性を考慮して実施する避難訓練に関する次の記述のうち、**最も適切なものを1つ選びなさい。**

1　災害時に使用する意思伝達のイラストを用意する。
2　避難生活を想定して、食事等の日課を集団で行うようにする。
3　予告せずに避難訓練を行う。
4　Eさんの避難訓練は単独で行う。
5　避難を援助する人によってEさんへの対応を変える。

　V障害者支援施設が、災害発生に備えて取り組む活動として、**最も適切なもの**を1つ選びなさい。

1　事前に受け入れ対象者を確認しておく。
2　災害派遣医療チーム（DMAT）と支援人員確保契約を結ぶ。
3　職員の役割分担は、状況に応じてその場で決める。
4　要配慮者のサービス等利用計画を作成する。
5　要配慮者に自分で避難するように促す。

総合問題

第35回

●ストレングス理論　出題頻度★★　　　　　　　　　　　　［第35回 問題123より出題］

解答と解説

✕ 1　「予定外の行動や集団行動はとりづらい」という記述から、Eさんに行動力があり、すぐ動くとは考えられません。

○ 2　「規則や時間を守ってプログラムに参加している」という記述から、自分で決めたことは、継続して守れるという強みを持っていることがわかります。

✕ 3　「周りの人や物事に関心が向かない」という記述から、新しいことを思いつくのが強みとは考えられません。

✕ 4　「コミュニケーションは、話すよりも絵や文字を示したほうが伝わりやすい」という記述から、コミュニケーション力が高いとはいえません。

✕ 5　以上の記述からも、いろいろなことに興味が持てるという人ではないと考えられます。

正解 2

問題 343-2

●自閉症スペクトラム障害の特性と支援　出題頻度★★★　　　［第35回 問題124より出題］

解答と解説

○ 1　避難時用の内容を言葉で伝えるより、絵や文字などのイラストにしたほうが伝わりやすいので用意しておくべきです。

✕ 2　まずは確実に避難できることが大切であり、もともと集団行動を取りづらいEさんに、日課を集団で行えるようにするという内容は適切ではありません。

✕ 3　新しいことに興味を持ったり対応したりするのは苦手なので、予告なしに訓練するより、絵や文字を示し、事前に避難訓練を伝えておくことが必要です。

✕ 4　施設としての災害対策ですので、Eさん単独で訓練するというのは、実際の災害時に即したものとはなりません。

✕ 5　援助者によって対応が違うのでは、いつまでたってもEさんは避難行動が身につきません。誰が援助しても、同じ避難行動が取れるように支援するべきです。

正解 1

●施設の災害対策　出題頻度★★　　　　　　　　　[第35回 問題125より出題]

解答と解説

○ 1　さまざまな配慮が必要となる人がいる施設でもあり、通所している人も多いため、事前に受け入れ対象者を確認し、受け入れ時の配慮などを検討しておくべきです。

× 2　災害派遣医療チーム（DMAT）は、大規模災害や大きな事故などの現場において、活躍する専門的な訓練を受けた医療チームです。消防などと連携し、活動します。個別に契約等を結ぶことはできません。

× 3　入所している人だけでなく通所の人、また地域の福祉避難所でもあり、多様な対応が必要です。そのため、どのような役割が必要かも含め、職員の役割分担は事前に決めて訓練し、備えておくことが大切です。

× 4　要配慮者の把握や配慮すべき事柄への留意は必要ですが、サービス等利用計画の作成は、災害発生時の備えとしては不要です。

× 5　要配慮者の中には、自分で避難することができる人もいるかもしれませんが、すみやかに安全に避難できるように具体的な支援をすることが重要です。

正解 1

合格のための要点整理

●**災害対策**

近年の大規模災害の発生や感染症の流行を受け、2021（令和3）年に介護保険サービス事業所や障害福祉サービス事業所に対して、事業継続計画（BCP）の作成が義務化された。

事業継続計画（Business Continuity Plan）

目的

感染症や災害が発生した場合であっても、利用者に必要なサービスが安定的・継続的に提供される体制を構築すること。

日ごろからの備えと取り組み

○**感染対策の強化**

感染症の発生とまん延等に関する取り組みの義務化

・対策委員会の開催、指針の整備、研修の実施、訓練（シミュレーションの実施）

○**業務継続に向けた取り組みの強化**

感染症や災害が発生した場合でも、必要なサービスを継続的に提供できる体制の構築

・業務継続に向けた計画等の策定、訓練（シミュレーション）の実施

○**地域と連携した災害への対応の強化**

・災害への対応においては、地域との連携が不可欠であることを踏まえ、訓練の実施にあたっては、地域住民の参加が得られるよう連携に努める

○**事業所規模別の報酬等に関する対応**

感染症や災害の影響で利用者数が減少した場合も、安定的なサービス提供を可能とするため、柔軟な報酬評価を行う

総合問題

第35回

509

問題　344　次の事例を読んで、**問題344-1から問題344-3まで**について答えなさい。

〔事例〕

　Cさん（83歳、女性）は、一人暮らしで、近所に買い物に行く以外はテレビを見て過ごしている。近県に息子がいるが、仕事が忙しく、会いに来ることはあまりなかった。

　ある日、息子が久しぶりに訪問すると、部屋の中がごみや衣類などで散らかっていた。病院を受診するとCさんはアルツハイマー型認知症（dementia of the Alzheimer's type）と診断され、要介護1と認定された。

　Cさんは、時々、電気湯沸しポットの使い方がわからなくなって湯が出せなかったり、お茶を入れる順番がわからずに混乱する様子が見られた。

　心配した息子は、介護保険サービスを利用することにした。後日、介護支援専門員（ケアマネジャー）が訪問し、介護保険サービスの利用についてCさんや息子と話し合った。週2回、訪問介護（ホームヘルプサービス）を利用することになり、介護支援専門員（ケアマネジャー）は、「自宅で、衛生的な生活ができる」をケアプランの長期目標とした。

読み解き POINT

□ **ケアプランと訪問介護計画**

　ケアプランは、介護支援専門員が作成するサービス利用の計画書であり、生活課題を解決し、その人が望む生活をおくるための計画書。訪問介護計画は、ケアプランに位置づけられた訪問介護事業所のサービス提供責任者が作成するもので、ケアプランの目標を達成するための訪問介護の計画書。ケアプランをケアマネジメント、訪問介護計画を介護過程という。

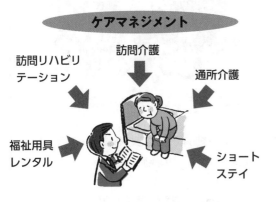

ケアマネジメントにおけるケアプランは、さまざまなサービスの中からその人に必要なサービスをマッチングさせるもの。

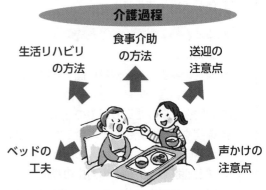

介護過程とは、その人に対してどんな介護を提供していくかを考え、具体的な支援内容・方法を作成するもの。

　Cさんを担当する訪問介護員（ホームヘルパー）は、サービス提供責任者と共に訪問介護計画書を作成することになった。
　次の記述の中で、短期目標として、**最も適切なもの**を１つ選びなさい。

1　掃除機を利用して、１人で掃除をすることができるようになる。
2　電気湯沸しポットを使い、１人でお茶を入れることができるようになる。
3　Cさんの残存機能に着目して支援する。
4　週２回、息子にCさんの自宅を訪問してもらう。
5　訪問介護員（ホームヘルパー）と一緒に掃除をすることができるようになる。

　Cさんは、たびたび息子に電気湯沸しポットが壊れていると訴えるようになった。
　Cさんのこのような状態に該当するものとして、**最も適切なもの**を１つ選びなさい。

1　空間認知障害
2　視覚認知障害
3　遂行機能障害
4　失認
5　観念運動失行

　Cさんの家に訪問介護員（ホームヘルパー）が通い始めて数か月が経過した頃、Cさんの息子から訪問介護員（ホームヘルパー）に以下の希望が挙げられた。
　介護保険で対応可能な支援として、**適切なもの**を１つ選びなさい。

1　Cさんと息子が出かけている間に洗濯物を取り込む。
2　Cさんの処方薬を薬局で受け取る。
3　地域のお祭りにCさんと一緒に行く。
4　Cさんの部屋の壁紙を張り替える。
5　訪ねて来た親戚にお茶を入れる。

問題 344-1

● 介護過程（訪問介護計画書）　出題頻度★★★★　　　　　　　　[第34回 問題114より出題]

解答と解説

✕ 1　認知症によって、使い慣れている電気ポットの使い方もときどきわからなくなっているCさんについて、1人で掃除機を利用して掃除することは、できない可能性が高いです。長期目標を達成するためのステップとしての短期目標としては、不適切です。

✕ 2　電気ポットでお茶を入れることを再度できるようになる支援は、内容としてはよいのですが、「自宅で、衛生的な生活ができる」という長期計画達成へ向けての内容ではありません。

✕ 3　Cさんの残存機能に着目して支援すること自体は基本であり、間違いではありません。しかし、短期目標としては具体的ではなく、適切ではありません。

✕ 4　短期目標は、Cさん本人が主体的に取り組むべき内容であるべきなので、週2回の息子の訪問を目標にするのは適切とはいえません。

◯ 5　もっとも具体的で、かつ本人が取り組む目標であり、長期目標にもつながり、もっとも適切です。

正解 5

問題 344-2

● 認知症の症状の理解　出題頻度★★★★　　　　　　　　　　[第34回 問題115より出題]

解答と解説

✕ 1　空間における物の位置や、複数の物の位置関係がわからなくなる障害です。設問と合致しません。

✕ 2　文字がうまく読めない、正しく書けない、図形が描けないなど、視覚を通じて見た物の見え方が障害されるために起こる症状があらわれます。視覚認知の障害とあらわれやすい症状は、事例からは読み取ることができません。

◯ 3　遂行機能障害は手順通りに物事が行えず、途中でできなくなるという症状で、事例の記述と一致します。また、認知症の人は、できないことの原因が自分以外にあると思う傾向があります。電気湯沸かしポットが壊れているという訴えにも一致します。

✕ 4　失認とは、物の認識ができなくなり、何かわからなくなってしまうことです。Cさんは、電気湯沸かしポットであることは認識しています。

✕ 5　観念運動失行とは、特に意識していないときにはできる動作が、意識するとできなくなることです。意識すると、自分の手なのに思うように動かせないなどが該当します。

正解 3

●介護保険サービスの理解（訪問介護）　出題頻度★★★★　　　［第34回 問題116より出題］

解答と解説

✕ 1　本人が自宅に不在の場合の家事（生活支援）は、提供することができません。

○ 2　薬の受け取りは、生活必需品の買い物と同様、介護保険の生活支援に含まれるサービスです。

✕ 3　お祭りなどのイベントへの同行は、介護保険のサービス対象外です。

✕ 4　日常的な生活の支援の範囲を超えている支援は、サービス対象外です。

✕ 5　本人に関すること以外のサービスは、対象外です。

正解 2

合格のための要点整理　　●訪問介護で提供可能な生活支援の具体例

介護保険の訪問介護での生活支援は、独居などで高齢者本人や家族が家事をするのが難しい場合に利用できる。原則、利用者本人の日常生活に必要不可欠な範囲でのサービス提供となる。

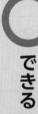

できる

- 日常的に使用している場所の掃除や整理・整頓
- 日常的なゴミ捨て
- 寝具の交換や布団干し
- 食事の調理（特別でないもの）
- 調理後や食事の後片づけ
- 配膳・下膳、食品の管理
- 普段着ている衣類の洗濯
- 衣類の簡単な修理
- アイロンがけ（小物など）
- 生活必需品や食料の買い物
- 薬の受け取り

できない

- 共有部分や家族の部屋の掃除
- 窓ガラス磨きなど大掃除、大工仕事、修繕、庭掃除、植木の手入れ
- 家庭では洗えない大物の洗濯
- 利用者以外の衣類の洗濯
- 時間のかかる特別な調理
- 利用者以外のための調理
- 利用者が使用する物以外の買い物
- お中元、お歳暮、贈答品の買い物
- 時間内で終わらない買い物
- ペットの世話
- 預貯金の引き出し代行など金銭の管理に関すること

総合問題

第34回

問題 345　次の事例を読んで、**問題345-1から問題345-3まで**について答えなさい。

〔事例〕

　Dさん（70歳、男性）は、19歳のときに統合失調症（schizophrenia）を発症し、入退院を繰り返しながら両親と一緒に生活してきた。両親が亡くなったことをきっかけとして不安に襲われ、妄想や幻聴の症状が強く現れるようになった。そのため、兄に付き添われて精神科病院を受診し、医療保護入院となった。

　現在は、入院から３年が経過し、陽性症状はほとんどなく、病棟で日中はレクリエーションに参加するなど落ち着いて生活している。

読み解き POINT

□ **統合失調症**

　100人に約１人が罹患する原因不明の精神疾患。思春期から青年期に発症する例が多いが、薬剤の効果も高く、過半数の人は回復可能である。症状は、通常ではあらわれることのないこころのはたらきである「陽性症状」と、もともとの能力が低下したり失われたりしてしまう「陰性症状」とに分類される。回復には、周囲の理解とサポートが重要である。

□ **介護の原則**

・ありのままを受容し、共感する態度で接する。	・簡単なことから、日常生活行動を促す。
・治療薬の服薬を確認する。	・環境の急激な変化は避ける。
・被害的な訴えを重視し、言動を認める。	

問題 345-1

　Dさんが３年前に入院した医療保護入院の制度に関する次の記述のうち、**正しいものを１つ**選びなさい。

1　Dさんの同意による入院

2　精神保健指定医２名以上の診察の結果が、入院させなければ自傷他害の恐れがあると一致した場合の入院

3　精神保健指定医１名が診察し、入院させなければ自傷他害の恐れがあると判断した場合、72時間以内に制限した入院

4　精神保健指定医１名が診察し、Dさんの同意が得られず、家族等１名の同意がある入院

5　精神保健指定医１名が診察し、Dさんの同意が得られず、さらに家族等の同意が得られないため72時間以内に制限した入院

　1年前からＤさんの退院について検討が行われてきた。Ｄさんは退院後の生活に対する不安があり、「帰る家がない」、「顔見知りの患者や職員がいるのでここを離れたくない」と退院には消極的であった。しかし、Ｄさんと仲のよい患者が、退院し施設入所したことをきっかけに退院を考えるようになった。

　Ｄさんは、整容、入浴、排泄（はいせつ）、食事、移動は見守りがあればできる。また、介護福祉職の助言を受ければ、日用品などを買うことはできる。経済状況は、障害基礎年金2級と生活保護を受給している。要介護認定を受けたところ、要介護1と認定された。

　Ｄさんの退院先の候補になる施設として、**最も適切なもの**を1つ選びなさい。

1　養護老人ホーム
2　老人福祉センター
3　更生施設
4　地域生活定着支援センター
5　介護老人福祉施設

　Ｄさんは施設への入所が決まり、うれしそうに退院の準備をするようになった。ある夜、1人で荷物の整理をしていたときに転んでしまい、顔を強打して大きなあざができた。後遺症はないことがわかったが、Ｄさんは自信をなくし、介護福祉職に、「これでは施設も自分を受け入れてくれないだろう」と言い、「施設入所がうれしくて早く準備がしたかった」と話した。

　そばに寄り添い、Ｄさんの話を聴き終えた介護福祉職が、「施設入所がうれしくて、早く準備をしたかったのですね」と言うと、Ｄさんは、「退院を諦めていたけど、自分にも暮らせる場所があると思った」とやりたいことや夢を語りだした。

　介護福祉職が行ったコミュニケーション技術として、**最も適切なもの**を1つ選びなさい。

1　あいづち
2　言い換え
3　要約
4　繰り返し
5　閉じられた質問

問題 345-1

●**精神病棟への入院の種類**　出題頻度★★　　　　　　　　　[第34回 問題117より出題]

解答と解説

✕ 1　本人の同意に基づいた入院を、任意入院といいます。

✕ 2　措置入院に関する記述です。都道府県知事の決定によって行われる入院です。

✕ 3　緊急措置入院に関する記述です。正規の措置入院の手続きが取れず、緊急を要するときの入院です。

○ 4　医療保護入院に関する記述です。ここでいう家族等とは、配偶者、親権を行う者、扶養義務者、後見人または保佐人とされています。

✕ 5　応急入院に関する記述です。

正解 4

問題 345-2

●**福祉施設の種類**　出題頻度★★　　　　　　　　　　　　[第34回 問題118より出題]

解答と解説

○ 1　養護老人ホームは65歳以上で、環境上や経済的理由により、居宅で養護を受けることが困難な高齢者に対し、入所、養護を行う施設です。見守りがあれば何とか自立して生活できるが、経済状況は苦しいというDさんにもっとも適切です。

✕ 2　老人福祉センターは、地域の高齢者に対しての相談支援や健康の増進、教養の向上とレクリエーションのための便宜を、総合的に供与することを目的としたセンターです。退院後の生活の場とはなりません。

✕ 3　売春や犯罪、放浪などにより、正常な生活や就業が不可能な状態にある人を対象に、社会復帰のための生活の支援をする入所施設です。生活保護法に基づく保護施設のひとつです。

✕ 4　地域生活定着支援センターは、在宅で暮らす障害者の自立と社会参加の促進を図り、家族の身体的負担・精神的負担を軽減するために、相談支援や情報の提供などを行います。退院後の生活の場とはなりません。

✕ 5　介護老人福祉施設は、常に介護が必要な65歳の人が入所し、身体介護や生活上の支援を提供する施設です。対象となるのは原則、要介護度3以上です。

正解 1

●コミュニケーションの技法　出題頻度★★★★ ［第34回 問題119より出題］

解答と解説

✕ 1　あいづちは、相手の話にうなずいて調子を合わせることです。介護福祉職は、具体的に言葉を返しています。

✕ 2　言い換えとは、相手の話の内容を別の言葉で言い換えて、明確にすることです。介護福祉職の話は、Dさんの話を言い換えてはいません。

✕ 3　相手の話を、わかりやすいようにまとめることが要約です。介護福祉職は、Dさんの話をまとめているわけではありません。

◯ 4　相手が発した言葉をそのまま相手に返すのが、繰り返しです。話の内容を確認することで、相手に「話を聴いてくれた」「わかってくれた」という感情を持たせます。

✕ 5　閉じられた質問とは、「はい」「いいえ」で答えることができる質問のことです。事例では、Dさんの言葉をそのままDさんに返しており、質問をしているわけではありません。

正解 4

合格のための要点整理　●コミュニケーションの手法

コミュニケーションを良好に進めていくためには、相手にこちらが共感しているという感情を伝えることが必要である。そのために、多くのコミュニケーション技術がある。

■コミュニケーションの手法の例

ペーシング
会話のペース（速さ）や声の大きさや高低、あいづちやうなずきのタイミングを相手に合わせる。

バックトラッキング
相手の話した言葉を繰り返すことで、相手の話をきちんと聴いていることを示す。オウム返し。

ミラーリング
相手の表現や表情、しぐさ、身ぶりなどをまねて、同じような雰囲気をつくる。

パラフレーズ
相手の話を要約したり、他の言葉に置き換えたりする。

この他にも、たくさんの手法が存在します

問題 346 次の事例を読んで、**問題346-1から問題346-3までについて答えな**さい。

〔事例〕

　Eさん（35歳、男性）は、1年前に筋萎縮性側索硬化症（amyotrophic lateral sclerosis：ALS）と診断された。当初の症状としては、ろれつが回らず、食べ物の飲み込みが悪くなり、体重の減少がみられた。

　その後、Eさんの症状は進行し、同居している両親から介護を受けて生活をしていたが、両親の介護負担が大きくなったため、障害福祉サービスを利用することになった。障害支援区分の認定を受けたところ、障害支援区分3になった。Eさんは訪問介護員（ホームヘルパー）から食事や入浴の介護を受けて自宅で生活をしている。

読み解き POINT

□ **筋萎縮性側索硬化症（ASL）の進行**

> 　筋萎縮性側索硬化症（ASL）の進行は個人差が大きく、急速に進行する人もいれば、10年以上にわたってゆっくりと進行する人もいる。
> 　　**①運動障害➡②構音障害➡③嚥下障害➡④呼吸障害**
> と進行する。それぞれの段階に合わせた支援が必要である。

□ **障害支援区分と利用できるサービス**

　障害支援区分は、障害の特性や心身の状態に応じた必要な支援の度合を6段階で区分したもの。数字が大きいほど支援の必要性が高くなり、区分により利用できるサービスが異なる。

■障害者サービスと障害支援区分の例

〇＝利用可能

サービス	対象者像	非該当	区分1	区分2	区分3	区分4	区分5	区分6
居宅介護	障害者（区分1以上）		〇	〇	〇	〇	〇	〇
行動援護	行動上著しい困難を有するため、常時介護を要する知的・精神障害者				〇	〇	〇	〇
生活介護	地域や入所施設で安定した生活を営むため、常時介護を要する障害者				〇	〇	〇	〇
療養介護	長期入所等医療ケアに加えて、常時介護を要する障害者							〇
短期入所	障害者（区分1以上）		〇	〇	〇	〇	〇	〇
共同生活介護（ケアホーム）	夜間、共同生活を営む住居で、入浴、排泄、食事の介護を要する障害者				〇	〇	〇	〇
共同生活援助（グループホーム）	夜間、共同生活を営む住居で、相談その他日常生活上の援助を要する障害者	〇	〇					

Eさんが病院を受診するきっかけになった症状に該当するものとして、**最も適切な**
ものを1つ選びなさい。

1 対麻痺
2 単麻痺
3 球麻痺
4 安静時振戦
5 間欠性跛行

問題 346-2

ある日、Eさんの自宅を訪問した訪問介護員（ホームヘルパー）は、Eさんの
両親から、「これまでEさんは話をするのが難しく、筆談で意思を聞いてきたが、
ペンを持つのが難しくなってきた」と聞いた。確かにEさんは、発話や字を書く
ことは困難な様子だが、目はよく動いている。

次のうち、今後、Eさんが家族とコミュニケーションをとるときに使うことの
できる道具として、**最も適切なもの**を1つ選びなさい。

1 ホワイトボード
2 絵や写真
3 透明文字盤
4 拡声器
5 補聴器

問題 346-3

3年後、Eさんの症状はさらに進行し、障害支援区分6になった。Eさんはこ
れまでどおり、自宅での生活を希望し、Eさんの両親は障害福祉サービスを利用
しながら最期まで自宅でEさんの介護を行うことを希望している。

Eさんと両親の希望の実現に向けて、現在の状態からEさんが利用するサービ
スとして、**最も適切なもの**を1つ選びなさい。

1 育成医療
2 就労定着支援
3 共同生活援助（グループホーム）
4 行動援護
5 重度訪問介護

●筋萎縮性側索硬化症の症状　出題頻度★★★★　　　　　[第34回 問題120より出題]

解答と解説

× 1　対麻痺とは、上肢あるいは下肢の左右対称性の麻痺のことです。通常は両側下肢の麻痺を
　　　さす言葉として使用されますが、Eさんの診断時の症状と合致しません。

× 2　単麻痺は部分的に出現する麻痺のことです。腕は上がらないが、手は握れるなどが例です。
　　　Eさんの診断時の症状と合致しません。

○ 3　球麻痺は、口・舌・喉の運動障害です。ろれつが回らないなどの構音障害や、食べ物や飲
　　　み物の飲み込みが悪くなるなどの症状があらわれます。Eさんの診断時の症状と合致しま
　　　す。

× 4　安静時振戦は、じっとしていてもあらわれる手先や足先の小刻みな震えのことで、パーキ
　　　ンソン病などに見られます。Eさんの症状と合致しません。

× 5　間欠性跛行は、しばらく歩行をしていると、下肢に痛みやしびれがあらわれるが、しばら
　　　く休憩することで改善し、また歩行できるという状態のことです。脊柱管狭窄症の特徴的
　　　症状です。

正解 3

●コミュニケーションの用具　出題頻度★★　　　　　　　[第34回 問題121より出題]

解答と解説

× 1　ホワイドボードを用いる場合、マーカーペンを使用し、文字を書くなどしてコミュケーショ
　　　ンを取ります。ペンを持つのが難しくなってきたEさんには適しません。

× 2　絵や写真を用いる場合、見てわかる情報の他は口頭で伝える必要が生じます。話をするの
　　　が難しくなってきたEさんには、双方向のコミュニケーションが難しい可能性があります。

○ 3　透明文字盤を用いる場合、文字盤を見る目の動きを相手に伝えることでコミュケーション
　　　を取ります。また、こちらが伝えたいことも文字盤を通して伝えることができます。目は
　　　よく動いているEさんにもっとも適した用具です。

× 4　拡声器は声を大きくし伝えるもので、話をすること自体が難しくなってきているEさんに
　　　は適しません。

× 5　補聴器は、音のとらえをよくして聴力を補うものです。Eさんに必要な道具ではありません。

正解 3

●障害者福祉サービス　出題頻度★★★★　　　　　　　　　[第34回 問題122より出題]

解答と解説

✕ **1**　育成医療では障害児を対象に、その身体障害を除去、軽減する手術等の治療を行うなど、生活の能力を得るために必要な自立支援医療費の支給を行います。

✕ **2**　就労定着支援では、障害者が雇用された企業で就労が継続できるように日常生活、あるいは社会生活上の問題についての相談、指導・助言など一定期間の支援が提供されます。

✕ **3**　共同生活援助（グループホーム）は、障害のある人が援助を受けながら共同生活を送ることで、自立を目指すサービスです。

✕ **4**　行動援護とは、行動に著しい困難がある人に対して、その人が行動するときの危険を回避する援助や、外出時の移動の介護を計画的に行うサービスです。

〇 **5**　重度訪問介護とは、重度の肢体不自由あるいは知的障害もしくは精神障害があり、常に介護を必要とする人に対して、ホームヘルパーが自宅を訪問し、入浴、排泄、食事などの介護や家事、生活等に関する相談や助言など、生活全般にわたる援助や外出時における移動中の介護を総合的に提供するサービスです。Eさんと両親の自宅での生活を継続するためにもっとも適したサービスです。

正解 5

合格のための要点整理　　●**透明文字盤とは**

筋萎縮性側索硬化症（ALS）の人が使用できるコミュニケーションツールは、進行度合いによって異なる。最近ではパソコンやタブレットを利用したものもあるが、以前から透明文字盤を使い、文字をつづる方法が多く用いられている。

■**透明文字盤**

あ	か	さ	た	な	は	ま	や	ら	わ
い	き	し	ち	に	ひ	み	゛	り	を
う	く	す	つ	ぬ	ふ	む	ゆ	る	ん
え	け	せ	て	ね	へ	め	゜	れ	〇
お	こ	そ	と	の	ほ	も	よ	ろ	✕
1	2	3	4	5	6	7	8	9	0

透明なアクリル板などに五十音や記号が示されており、表裏のどちらからも見ることができる。

■**フリック式文字盤**

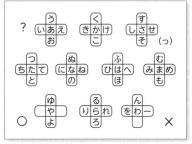

どのブロックの文字かを確定し、上下左右を確認していく。

■**使用方法**

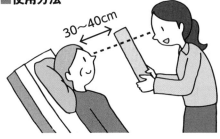

相手の見つめている文字が2人の視線の中心に来るように文字盤を動かしたり、文字を指さしたりして特定する。

最近では、スマートフォンの入力などと同様に、フリックタイプの文字盤もあります

問題 347 次の事例を読んで、問題347-1から問題347-3までについて答えなさい。

〔事例〕

　Ｆさん（50歳、女性、障害支援区分５）は、アテトーゼ型（athetosis）の脳性麻痺（cerebral palsy）による四肢・体幹機能障害がある。居宅介護を利用し、入浴の支援を受けながら母親（79歳）と暮らしていた。Ｆさんは障害基礎年金１級を受給していて、Ｆさん名義の貯蓄がある。金銭管理は母親が行っていた。

　Ｆさんは、３年前に誤嚥性肺炎（aspiration pneumonia）で入院したことがある。言語障害があり、慣れた人でないと言葉が聞き取りにくい。自宅では車いすに乗り、足で床を蹴って移動し、屋外は母親が車いすを押していた。Ｆさんは自宅内の移動以外の日常生活については、母親から全面的に介護を受けて生活していた。

　最近、日中活動の場と短期入所（ショートステイ）の利用について、市の障害福祉課に相談するようになった。

　ところが、母親が持病の心疾患（heart disease）で亡くなり、市の障害福祉課がＦさんと当面の生活について検討することになった。

　Ｆさんは１人で生活することは難しいと思い、施設入所を希望している。

読み解きPOINT

□ 不随意運動型脳性麻痺

　脳性麻痺とは、受精後から生後4週間以内に負った脳の損傷による、運動機能障害である。「痙直型」「不随意運動型（アテトーゼ型）」「失調型」「混合型」の４つに分類されている。

> **■ アテトーゼ型脳性麻痺の特徴**
>
> ①自分の意思とは関係なく、手足やからだが動く「不随意運動」が特徴。
> ②姿勢の保持が困難。特に左右対称の姿勢は取りにくい。
> ③持続した筋運動ができない。運動の調整、コントロールの障害。
> ④首振り、舌の出し入れ、指先の震えなどが特徴。
> ⑤脳性麻痺の児童の約20％に見られる。

□ 障害者支援施設

　障害者に対し、夜間に「施設入所支援」を行うとともに、昼間に「生活介護」「自立訓練」「就労移行支援」を行う施設。

> **■ サービス内容**
>
> ・施設に入所する障害者に対し、入浴・排泄・食事などの介護、生活などに関する相談や助言、その他の必要な日常生活上の支援を行う。
> ・昼間行うサービスのうち、どのサービスを行うかは、施設によって異なる。また、通所による利用も可能となっている。

Fさんの脳性麻痺（cerebral palsy）の特徴に関する次の記述のうち、**最も適切なもの**を1つ選びなさい。

1　強い筋緊張から、四肢の突っ張りが強い。
2　不随意運動が生じて、運動コントロールが困難になる。
3　文字の読みの不正確さがあり、読んだ内容を理解しにくい。
4　動作は緩慢で、表情が乏しくなる。
5　着衣失行が生じる。

Fさんは、障害者支援施設に入所できることになり、アセスメント（assessment）が行われた。

相談支援専門員は、Fさんの希望をもとに、これまでの生活状況と身体の様子等から、もう少し本人にできることがあるのではないかと考え、「障害者支援施設で施設入所支援と生活介護を利用しながら、将来の生活を考える」という方針を立てた。また、長期目標を、「自分に適した介護を受けながら、様々な生活経験を積む」とした。

Fさんの短期目標として、**最も適切なもの**を1つ選びなさい。

1　入浴時に自分でからだを洗えるようになる。
2　毎日字を書く練習を行い、筆談で会話ができるようになる。
3　施設内は、車いす介助を受けながら安全に移動する。
4　経管栄養で食事がとれるようになる。
5　日中活動として外出や興味のあるグループ活動に参加する。

入所してから3か月がたち、支援の見直しが行われた。

Fさんは施設生活にも慣れ、相談できる人も増えている。また、「自分でお小遣いを使えるようになりたい」と言い、外出時に必要なお金を介護福祉職と一緒に考えるようになった。将来の地域生活を考えて、社会福祉協議会の金銭管理に切り替えることが検討された。

Fさんが活用できる社会福祉協議会が行う金銭管理として、**最も適切なもの**を1つ選びなさい。

1　日常生活自立支援事業
2　生活福祉資金
3　自立訓練
4　生活困窮者家計改善支援事業
5　自発的活動支援事業

●アテトーゼ型脳性麻痺の症状　出題頻度★★★★　　　　[第34回 問題123より出題]

解答と解説

✕ **1** 筋緊張が強いのは、痙直型の特徴です。アテトーゼ型では、筋緊張は変動し、安定しません。

〇 **2** 筋緊張が変動し、安定しないため、不随意運動が生じます。一定の姿勢が保てない、たえず手足がバラバラに動いているなどがアテトーゼ型脳性麻痺の特徴です。

✕ **3** 学習障害のひとつであるディスレクシア（読字障害・読み書き障害）の症状です。

✕ **4** 動作が緩慢（動かなくなる、少なくなる）になったり、表情が乏しくなったりする仮面様顔貌は、パーキンソン病に見られる症状です。

✕ **5** 運動器系に障害がなく、服の着方がわからず、服を適切に着ることができなくなることを着衣失行といいます。認知症の人に見られる症状です。

正解 2

●介護過程のプロセス　出題頻度★★★★　　　　[第34回 問題124より出題]

解答と解説

✕ **1** アテトーゼ型脳性麻痺のＦさんにとって、洗身の自立は達成することが困難であり、目標として適していません。

✕ **2** 不随意運動が顕著なＦさんにとって、毎日の字の練習は負担が大きく、筆談のスキルの獲得も難しいため、目標として適切ではありません。

✕ **3** 安全のための見守りは必要になるかもしれませんが、Ｆさんは自宅では足で床を蹴りながら車いすでの移動ができていたので、ただちに介護を受けるという目標は適切ではありません。

✕ **4** 現在の食事の様子は読み取れませんが、誤嚥性肺炎を起こしたことがあるからといって、ただちに経管栄養に移行する必要はありません。

〇 **5** Ｆさん自身が興味を持てることに参加するなどの新しい生活経験から、本人のできることや生活、介護に対する希望を引き出すことが、長期目標に対する短期目標としてもっとも適しています。

正解 5

●権利擁護の制度　出題頻度★★★★　　　　　　　　　　　　[第34回 問題125より出題]

解答と解説

○ 1 社会福祉協議会が行う支援のひとつで、日常の金銭管理を手伝います。利用には、契約が必要となります。

✕ 2 生活福祉資金は低所得者や高齢者、障害者の生活を経済的に支えるために貸付として利用される資金です。在宅福祉と社会参加の促進を図ることを目的としています。知障害基礎年金を受給し、貯蓄もあるＦさんが現状、利用する制度ではありません。

✕ 3 自立訓練とは、障害のある人に対して、自立した日常生活を営むことができるように必要な訓練や相談、助言などの支援を行う福祉サービスです。社会福祉協議会の金銭管理の支援ではありません。

✕ 4 生活困窮者家計改善支援事業では、相談者自らが家計の状況に気づき、課題を把握し、自らが家計を再建して管理ができるようになることを支援します。金銭管理の制度ではありません。

✕ 5 自発的活動支援事業とは、障害者やその家族、地域住民などからなる団体が、共生社会の実現に向け、自発的に行う活動を支援するために補助金を交付する制度です。

正解 1

合格のための要点整理

●**長期目標と短期目標**

支援計画における長期目標は、「課題を解決した最終的な姿、生活状況」のこと。一方、短期目標は「長期目標へと向かう過程で段階的に到達すべき姿、生活状況」。つまり、短期目標の積み重ねが長期目標であり、頂上へと続く階段のような関係である。

何らかの課題を持っている現在の姿・状況 → 短期目標① → 短期目標② → 短期目標③ → 課題が解決された姿・状況（長期目標）

短期目標の達成を積み上げることで、長期目標の達成へ到達します

支援計画の評価は、短期目標を達成しているか、達成していないかを考察するものです

問題 348 次の事例を読んで、問題348-1から問題348-3までについて答えなさい。

〔事例〕

Jさん（83歳、女性）は一人暮らしである。人と付き合うのが苦手で、近所付き合いもあまりなく、一人で静かに生活していた。

80歳を過ぎた頃から右膝に痛みが出て、変形性膝関節症（knee osteoarthritis）と診断されたが、近くのスーパーへの買物や、近所の散歩には出かけていた。

1か月ほど前から膝の痛みが悪化し、散歩にも行かなくなった。食事量が減って痩せてきてしまい、一日中、座ってテレビを見て過ごしている。

読み解き POINT

☐ **変形性膝関節症の症状**

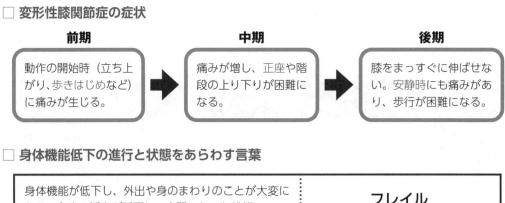

前期	中期	後期
動作の開始時（立ち上がり、歩きはじめなど）に痛みが生じる。	痛みが増し、正座や階段の上り下りが困難になる。	膝をまっすぐに伸ばせない。安静時にも痛みがあり、歩行が困難になる。

☐ **身体機能低下の進行と状態をあらわす言葉**

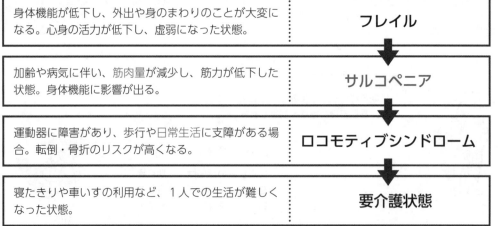

身体機能が低下し、外出や身のまわりのことが大変になる。心身の活力が低下し、虚弱になった状態。	フレイル
加齢や病気に伴い、筋肉量が減少し、筋力が低下した状態。身体機能に影響が出る。	サルコペニア
運動器に障害があり、歩行や日常生活に支障がある場合。転倒・骨折のリスクが高くなる。	ロコモティブシンドローム
寝たきりや車いすの利用など、1人での生活が難しくなった状態。	要介護状態

現在のＪさんに心配される病態として、**適切なもの**を**１つ**選びなさい。

1 フレイル（frailty）

2 不定愁訴

3 寛解

4 不穏

5 せん妄（delirium）

　Ｊさんは、食事量は回復したが、膝に痛みがあり、家の中ではつかまり歩きをしていた。要介護認定を受けたところ要支援２と判定され、家の近くの第一号通所事業（通所型サービス）を利用することになった。

　通所初日、車で迎えに行くと、Ｊさんは、「心配だからやっぱり行くのはやめようかしら」と介護福祉職に言い、玄関の前からなかなか動かなかった。

　このときの介護福祉職の言葉かけとして、**最も適切なもの**を**１つ**選びなさい。

1 「急ぎましょう。すぐに車に乗ってください」

2 「心配なようですから、お休みにしましょう」

3 「歩けないようでしたら、車いすを用意しましょうか」

4 「初めてだから心配ですね。私もそばにいるので一緒に行きませんか」

5 「Ｊさんが行かないと、皆さん困ってしまいますよ」

　その後、Ｊさんは少しずつ回復し、膝の痛みもなく、家の中では何もつかまらずに歩くことができている。一人で散歩に出ようという意欲も出てきた。

　Ｊさんは、介護福祉職にもっと安定して歩けるように練習をしていきたいことや、外出するときは膝の負担を減らすために杖を使用したいと思っていることを話した。

　Ｊさんに合った、杖を使った歩き方として、**最も適切なもの**を**１つ**選びなさい。

1 杖（左手で持つ）を出す→右足を出す→左足を出す

2 杖（右手で持つ）を出す→左足を出す→右足を出す

3 杖（左手で持つ）と右足を出す→左足を出す

4 杖（右手で持つ）と左足を出す→右足を出す

5 杖（左手で持つ）と左足を出す→右足を出す

問題 348-1

●機能低下・障害による生活への影響　出題頻度★★★　　　[第33回 問題114より出題]

解答と解説

○ 1　活動性が低下したうえに、食事量も減り、栄養が不足していると思われる今の状態は、全身が虚弱な状態になっているフレイルです。このままでは、ますます身体機能が低下し、要介護状態となる恐れがあります。

✕ 2　特に原因がなく、不調を訴えるのが不定愁訴です。Jさんの事例には当てはまりません。

✕ 3　病気が一時的に落ち着いたり、よくなったりする状態を寛解といいます。

✕ 4　気持ちが落ち着かず、興奮した状態を不穏といいます。今のJさんの状況が直接つながることはありません。

✕ 5　せん妄とは、薬や病気が原因で起こる見当識や覚醒レベルの障害です。1日のうちでも状態が変わりやすく、夜間に起こることが多くあります。

正解 1

問題 348-2

●不安をやわらげるコミュニケーション　出題頻度★★　　　[第33回 問題115より出題]

解答と解説

✕ 1　心配で迷っているJさんに、せかすような投げかけをしてはいけません。

✕ 2　Jさんは、まだ行くかどうか迷っている状態です。なぜ心配で迷っているのか、理由を理解することが大切で、休むと決めてしまうような対応は適切ではありません。

✕ 3　歩行の不安はありますが、デイサービスへ行くことを迷っているのは、そのことだけが理由ではないかもしれません。車いすで出かけることが解決方法とは限りません。

○ 4　Jさんには、歩行の不安と初めてデイサービスに参加する不安があります。その不安を理解して、安心してもらうための対応としてもっとも適切です。

✕ 5　Jさんの休むという行為が、他の利用者を不快にさせるといっているようで、Jさんの不安を理解しての対応になっていません。

正解 4

不安をあらわす人への対応は、不安を受け止め、相手の不安を理解することからはじまります

●杖歩行の基本　出題頻度★★　　　　　　　　　　　　　　[第33回 問題116より出題]

解答と解説

○ 1　杖歩行の基本となる3動作歩行の歩き方です。

✕ 2　杖は痛みのないほう（左）で持ち、1動作目で前に出します。次に痛みのある右足を出し、最後に左足を出します。

○ 3　3動作歩行より手順が少なく、速く歩ける2動作歩行の歩き方です。

✕ 4　2動作歩行で、杖を持つ側と足の出す順が違います。

✕ 5　2動作歩行で、足の出す順が違います。

※杖歩行では、歩行の安定性やバランス能力などにより3動作歩行、あるいは2動作歩行が用いられます。この問題文では、選択肢1と3のどちらにも正解の余地があるとされ、「正解なし」となり、受験生全員に得点する、となりました。

合格のための要点整理　　●杖歩行のポイント

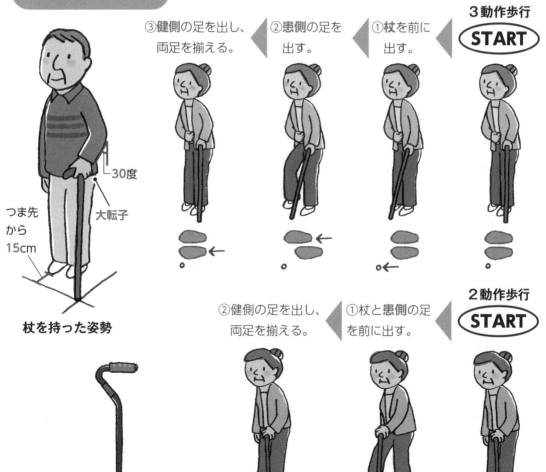

③健側の足を出し、両足を揃える。　②患側の足を出す。　①杖を前に出す。　3動作歩行 START

30度
大転子
つま先から15cm
杖を持った姿勢

②健側の足を出し、両足を揃える。　①杖と患側の足を前に出す。　2動作歩行 START

歩行がより不安定な場合、四点杖などの利用も考えられる

問題　349　次の事例を読んで、問題349-1から問題349-3までについて答えなさい。

〔事例〕

Kさん（80歳、女性）は夫が亡くなった後、自宅で一人暮らしをしていた。ある日、一人娘のLさんが訪ねると、ごみが散乱しており、冷蔵庫の中には古くなった食材がたくさん入っていた。

変化に驚いたLさんはKさんと病院を受診したところ、認知症（dementia）と診断された。Lさんは、Kさんに家庭的な雰囲気の中で生活をしてほしいと考えた。その結果、Kさんは認知症対応型共同生活介護（グループホーム）を利用することになった。

入居して1週間が経過し、Kさんと関わったM介護福祉職は、Kさんは短期記憶の低下により、最近の出来事については話すことは難しいが、自分が学校に通っていた頃の話や、子どもの頃に歌っていた歌については生き生きと話すことを確認した。

読み解きPOINT

□ 認知症の心理療法

■認知症の代表的な心理療法（非薬物療法）

回想法	回想刺激で記憶を呼び起こし、懐かしさや楽しさを感じ、自己認識を回復させる。
リアリティ・オリエンテーション	現実に意識を深めることにより、見当識を高め、周囲への関心を促す。
アニマルセラピー	動物と触れ合うことで、精神機能の向上を促す。
音楽療法	音楽演奏や鑑賞を通じ、過去の想起や周囲への関心を促す。
バリデーション療法	認知症の人の経緯や感情を認めて共感し、力づけることで行動の本質を知り、ストレスや不安を取り除く。

●回想法の理解

回想法は、1963年にアメリカの精神科医バトラーによって提唱された。回想法の効果として

参加者では

①機能の回復、意欲の向上。
②表情などが豊かになる情緒面での効果。

支援者では

①日常の接し方に生かすことができる。
②参加者の生活史や生き方の発見と敬意。
③グループメンバーの社会性の発見。

参加者の家族にとっては

①参加者の活発で生き生きとした一面の発見。
②具体的なかかわり方の発見。
③家族の歴史の再確認。

などが期待される。認知症に対する心理療法（非薬物療法）のひとつである。

　M介護福祉職は、Kさんが今持っている認知能力を活用して、ほかの利用者と交流する機会を作りたいと考え、Kさんとほかの利用者に参加してもらう活動を企画することにした。

　M介護福祉職が企画した活動の手法として、**最も適切なもの**を1つ選びなさい。

1　リアリティ・オリエンテーション（reality orientation）

2　ピアカウンセリング（peer counseling）

3　スーパービジョン（supervision）

4　回想法

5　社会生活技能訓練

　ある日、M介護福祉職がKさんの入浴介護を行っていたところ、手のひらや指の間に赤い丘疹を確認した。M介護福祉職がKさんに、「かゆくないですか」と聞くと、「かゆい」と答えた。そのため、病院を受診したところ、角化型疥癬（hyperkeratotic scabies）と診断された。

　Kさんへの介護福祉職の対応として、**最も適切なもの**を1つ選びなさい。

1　入浴後の洗濯物は、ビニール袋に入れて運ぶ。

2　マスクを着けてもらう。

3　個室に隔離する必要はない。

4　介護は素手で行う。

5　ほかの利用者よりも先に入浴してもらう。

　認知症対応型共同生活介護（グループホーム）を利用するKさんの要介護度に変更があった場合に影響があるものとして、**適切なもの**を1つ選びなさい。

1　介護保険料

2　認知症対応型共同生活介護費

3　介護サービスの利用者負担割合

4　食費

5　居住費

●認知症の心理療法　出題頻度★★★　　　　　　　　　　　[第33回 問題117より出題]

解答と解説

✕ 1　リアリティ・オリエンテーションは、見当識障害のある人に、氏名、場所、時間などの基本的情報を繰り返し伝えることで、見当識を回復させ、戸惑いや不安をやわらげることを目的として行われます。事例中に、そのような記述はありません。

✕ 2　ピアカウンセリングは、同じ立場にある人が対等な関係で悩みや不安を話し、共感しながら自らの解決力を高めていく援助の形です。

✕ 3　スーパービジョンは、おもに初心者が経験豊富な人から具体的な助言を受け、実行することで、自己の資質を高めていく支援の関係です。

○ 4　Kさんの持っている認知能力とは、学校に通っていたころの話や子どものころに歌っていた歌について生き生きと話すということです。自分が輝いていた昔を懐かしく思い出すことで、自己を肯定的に評価し、豊かな情動をもたらす効果のある回想法が、企画した活動としてもっとも適切です。

✕ 5　社会生活技能訓練は、精神に障害のある人が良好な対人関係を維持する技能を学び、自信の回復やストレスに対応できる能力などを習得する目的で行う、認知行動療法をもとにしたリハビリ訓練です。

正解 4

●感染症対策の基本的理解　出題頻度★★★★　　　　　　　[第33回 問題118より出題]

解答と解説

○ 1　角化型疥癬では、寄生するヒゼンダニの数が100万～200万匹にも及ぶといわれており、衣類に付着した角質の中にも多数のヒゼンダニが生息しています。衣類を運ぶときは、慎重にビニール袋に入れて運びます。

✕ 2　咳やくしゃみなどの飛沫から感染することはないので、本人にマスクを着用してもらう必要はありません。

✕ 3　寄生しているヒゼンダニの数が多く、他者に感染させる危険性が大きいため、通常の疥癬の対応とは異なり、個室隔離が基本です。

✕ 4　感染を防ぐために、ビニール手袋やガウンを着用します。介護者を介して他の人に感染を広げてしまう点にも、注意が必要です。

✕ 5　角化型疥癬は、皮膚から落ちた角質からも感染します。着替えなどで角質が飛散するため、入浴は最後にします。

正解 1

●**介護保険のしくみの理解**　出題頻度★★★★　　　　　　　　　[第33回 問題119より出題]

解答と解説

✕ 1　介護保険料は収入等により異なりますが、要介護度の影響は受けません。

◯ 2　認知症対応型共同生活介護費は、利用する人の要介護度により報酬が変わります。

✕ 3　介護サービスの利用者負担割合は、１割〜３割と収入等により異なります。

✕ 4　食費の自己負担額の上限も、収入により定められています。

✕ 5　食費と同様に、居住費も収入により定められています。

正解 2

合格のための要点整理　●**角化型疥癬と対応**

■通常の疥癬との比較

	寄生している ヒゼンダニの数	症状があらわれる 部位	おもな症状	感染力
通常の疥癬	数十匹以下	顔と頭を除く全身 やわらかい部位	赤い発疹 疥癬トンネル	弱い
角化型疥癬	100万〜200万匹	全身	皮膚の角質化 （角質増殖）	非常に強い 落ちた角質からも 感染

■角化型疥癬の場合の特別な対応

・対象者を個室で管理（隔離）する。
・交換後の衣類や紙おむつは、ビニール袋に入れて運ぶ。
・衣類やシーツなどは熱処理後に洗濯する。
・施設等では入浴は最後にする。
・居室などの掃除は毎日行う。
・ケア時にゴム手袋やガウンなど予防策が必要。
　　　　　　　　　　　　　　　　　　　など

用具等などの共用は避けます。ノルウェー型疥癬ともいわれています

問題 350 次の事例を読んで、**問題350-1から問題350-3まで**について答えなさい。

〔事例〕

Aさん（10歳、男性）は、自閉症スペクトラム障害（autism spectrum disorder）であり、多動で発語は少ない。毎日のように道路に飛び出してしまったり、高い所に登ったりするなど、危険の判断ができない。また、感情の起伏が激しく、パニックになると止めても壁に頭を打ちつけ、気持ちが高ぶると騒ぎ出す。お金の使い方がわからないため好きなものをたくさん買おうとする。

現在は、特別支援学校に通っており、普段の介護は母親が一人で担っている。

読み解き POINT

☐ **発達障害の分類と特性**

発達障害の中でも、同様な症状を示す疾患の総称が自閉症スペクトラム障害。Aさんのパニックや行動は、自閉症スペクトラム障害の特性が引き起こしている。

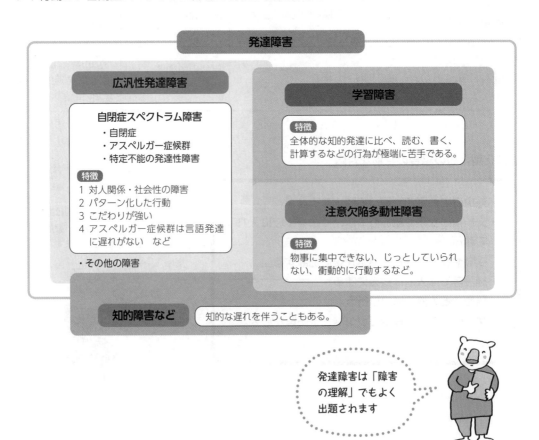

発達障害は「障害の理解」でもよく出題されます

Aさんのこのような状態に該当するものとして、**最も適切なもの**を1つ選びなさい。

1 注意障害

2 遂行機能障害

3 強度行動障害

4 記憶障害

5 気分障害

Aさんの将来を考え、家族以外の支援者と行動できるようにすることを目標に障害福祉サービスを利用することになった。介護福祉職と一緒に散歩に行き、外出時のルールを覚えたり、移動中の危険回避などの支援を受けている。

Aさんが利用しているサービスとして、**適切なもの**を1つ選びなさい。

1 同行援護

2 自立生活援助

3 自立訓練

4 生活介護

5 行動援護

Aさんのサービス利用開始から6か月が経ち、支援の見直しをすることになった。Aさんの現状は、散歩では周囲を気にせず走り出すなど、まだ危険認知ができていない。介護福祉職はルールを守ることや周りに注意するように声かけをするが、注意されるとイライラし、パニックになることがある。

一方で、スーパーではお菓子のパッケージを見て、硬貨を出し、長時間その場から動こうとしない。介護福祉職は、Aさんがお菓子とお金に注目している様子から、その力を引き出す支援を特別支援学校に提案した。

介護福祉職が特別支援学校に提案した支援の背景となる考え方として、**最も適切なもの**を1つ選びなさい。

1 エンパワメント（empowerment）

2 アドボカシー（advocacy）

3 ピアサポート（peer support）

4 ノーマライゼーション（normalization）

5 インクルージョン（inclusion）

●発達障害の特性の理解　出題頻度★★★　　　　　[第33回 問題120より出題]

解答と解説

✕ 1　注意障害とは、物事に集中できず気が散ってしまう障害です。

✕ 2　遂行機能障害とは、物事を計画立てて行えなくなる障害です。

○ 3　事例のように、周囲の状況と関係なく発作的に行動したり、パニックになって極端に落ち着かなくなったり、自傷行為があらわれたりする状態を強度行動障害といいます。

✕ 4　記憶障害は、物事を覚えられない、覚えたことを思い出せない障害です。

✕ 5　気分障害は、躁状態やうつ状態の両方、あるいはどちらかが繰り返し起こる障害です。

正解 3

●知障害者自立支援法のサービス　出題頻度★★★★　　[第33回 問題121より出題]

解答と解説

✕ 1　同行援護は介護給付のひとつで、移動が困難な視覚障害者に対して、情報の提供や外出時に必要な援助を行うサービスです。

✕ 2　自立生活援助は訓練給付のひとつで、障害者支援施設などを利用していた人で、1人で生活することを希望した人に対し、定期的巡回訪問や必要に合わせた随時の対応を行うサービスです。

✕ 3　自立訓練は訓練給付のひとつで、自立した生活をおくれるように、身体機能や生活機能の維持・向上のための訓練を一定期間行うサービスです。

✕ 4　生活介護は、常に介護が必要な人に入浴、食事、排泄などの介護や、創作活動や生産活動の機会の提出を行うサービスです。

○ 5　行動上著しい障害のある人に対し、外出時の支援を行うのが行動援護です。

正解 5

行動援護は、経験豊富なヘルパーや特別な研修を受けたヘルパーが、行動障害の発生する原因や本人に適した対応方法を検討し、外出時の危険を回避するための援助等を計画的に行います

●自立支援の基本的技術　出題頻度★★★　　　　　　　　　　[第33回 問題122より出題]

解答と解説

○ 1　エンパワメントは、もともと本人が持っている問題解決のための力を支援によって引き出し、本人自身が問題解決を図っていく支援のことです。

✕ 2　アドボカシーとは、本人が表明できない権利や希望を本人に代わり表明していくことです。権利擁護の視点のひとつです。

✕ 3　ピアサポートは、同じ悩みや課題を持つ人たちが互いに支え合うことです。問題解決のための支援のひとつです。

✕ 4　ノーマライゼーションは、障害のある人も、障害のない人と同様の生活をおくれる社会を目指す、障害者福祉の理念のひとつです。

✕ 5　インクルージョンは、障害のある人もない人も、すべての人を社会的孤立や排除から擁護し、包み込まれるように生きていける社会を目指す地域のあり方です。

正解 1

合格のための要点整理　●強度行動障害

障害の特性と環境がかみ合っていないため、不安や不信感、嫌悪感が高まり、行動の障害につながっている。中・高校のときに行動障害が強くなることが多いといわれる。

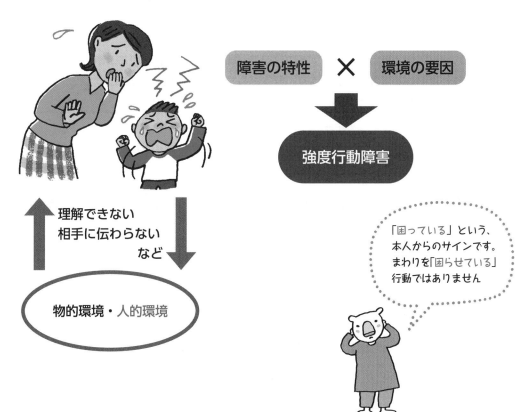

障害の特性　×　環境の要因

↓

強度行動障害

理解できない
相手に伝わらない
など

物的環境・人的環境

「困っている」という、
本人からのサインです。
まわりを「困らせている」
行動ではありません

問題　351　次の事例を読んで、**問題351-1から問題351-3まで**について答えなさい。

〔事例〕

　Bさん（45歳、女性）はアパートで一人暮らしをしていた。家族や親戚との付き合いはなかったが、趣味も多く、充実した生活を送っていた。

　ある日、車で買物に行く途中、交通事故を起こし、U病院に救急搬送され手術を受けた。

　手術の数日後、医師から、頸髄損傷（cervical cord injury）があり、第5頸髄節まで機能残存するための手術をしたこと、今後の治療方針、リハビリテーションによって今後の生活がどこまで可能になるかについて、丁寧に説明を受けた。

読み解き POINT

脊髄損傷など、事例で扱われる疾患は他の科目でも類似問題が出題される。事例問題は、問題内容をしっかりと理解して答える必要がある。見極めるポイントを確認しておこう。

■ **疾患について**
　症状の特徴や対応（支援）上の注意点をベースにした問題が多い。

■ **利用中のサービス**
　介護保険制度、障害者総合自立支援法のサービスの内容をしっかり理解しておく。

■ **介護力を見極めよう**
　家族の介護の状況、介護の負担など、在宅生活継続のための支援が大切。

■ **ライフステージを考える**
　就学、就業といった、本人のライフステージに必要なことを見極めよう。

■ **展開する事例に注意**
　総合問題では、事例を重ね、場面転換してゆく問題があるので混乱しないように。

■ **基本に忠実に**
　支援の基本、コミュニケーションの基本が出題される。

Bさんの今後の生活に関する次の記述のうち、**最も適切なもの**を1つ選びなさい。

1 自力歩行ができる。

2 自走式標準型車いすを自分で操作して、一人で外出することができる。

3 自発呼吸が困難になり、人工呼吸器が必要な生活になる。

4 電動車いすを自分で操作することが可能になる。

5 指を使った細かい作業が可能になる。

問題 351-2

Bさんは、入院当初は落ち込んでいたが、徐々に表情が明るくなり、U病院でのリハビリテーションにも積極的に取り組むようになった。現在はVリハビリテーション病院に転院して、退院後の生活に向けて身体障害者手帳を取得し、準備を進めている。Bさんは、以前のようなアパートでの一人暮らしはすぐには難しいと考え、障害者支援施設への入所を考えている。

障害者支援施設に入所するために、Bさんがこの時期に行う手続きとして、**最も適切なもの**を1つ選びなさい。

1 居宅サービス計画を作成するために、介護支援専門員(ケアマネジャー)に相談する。

2 要介護認定を受けるために、市町村の窓口に申請する。

3 施設サービス計画を作成するために、介護支援専門員(ケアマネジャー)に相談する。

4 サービス等利用計画を作成するために、相談支援専門員に相談する。

5 障害支援区分の認定を受けるために、市町村の窓口に申請する。

問題 351-3

その後、Bさんは希望どおり障害者支援施設に入所した。入所した施設では、C介護福祉職がBさんの担当になった。C介護福祉職は、Bさんから、「日常生活で、もっと自分でできることを増やし、いずれは地域で生活したい」と言われた。そこでC介護福祉職は、施設内の他職種と連携して支援を行う必要があると考えた。

C介護福祉職が連携する他職種とその業務内容に関する次の記述のうち、**最も適切なもの**を1つ選びなさい。

1 工作などの作業を行いながら身体機能の回復を図るために、看護師と連携する。

2 運動機能の維持・改善を図るために、理学療法士と連携する。

3 趣味活動を増やすことを目的に、管理栄養士と連携する。

4 活用できる地域のインフォーマルサービスを検討するために、義肢装具士と連携する。

5 栄養状態の面から健康増進を図るために、社会福祉士と連携する。

問題 351-1

●頸髄損傷の障害の理解　出題頻度★★★★　　　　　[第33回 問題123より出題]

解答と解説

✕ **1** 脊髄の損傷した位置より下に、運動機能や感覚機能等の麻痺や障害が起こります。頸髄損傷では下肢機能が障害され、歩行することはできません。

✕ **2** 第5頸髄損傷は、肩や肘など前腕の一部がかろうじて動かせるレベルです。自走式標準型車いすの操作などはできません。

✕ **3** 自発呼吸が困難になるのは、第1〜第3頸髄を損傷した場合です。

○ **4** 電動車いすは、スティックやトラックボールで操作できるため、第5頸髄損傷でも操作が可能です。

✕ **5** 細かな作業には、精密な指の動きや力の加減が必要であり、第5頸髄損傷では難しい作業です。

正解 4

問題 351-2

●障害者自立支援制度のしくみの理解　出題頻度★★★★　　　[第33回 問題124より出題]

解答と解説

✕ **1** 介護支援専門員が作成する居宅サービス計画書は、居宅で介護保険サービスを利用するために必要になります。

✕ **2** 障害者自立支援施設への入所は、障害者総合支援法のサービスです。要介護認定は介護保険サービスの利用に必要なものです。

✕ **3** 施設サービス計画は、介護保険の入所サービスを利用する場合に作成されます。

✕ **4** 障害者総合支援法のサービス利用に必要なサービス等利用計画は、実際にサービスを利用するにあたり、必要となります。Bさんは、まだ障害支援区分の認定を受けていないので、現状では作成できません。

○ **5** 病院でのリハビリ中で、障害者支援施設への入所希望を持つBさんにまず必要になるのは、市町村に申請をして、障害者支援区分の認定を受けることです。

正解 5

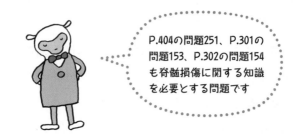

P.404の問題251、P.301の問題153、P.302の問題154も脊髄損傷に関する知識を必要とする問題です

●チームアプローチ　出題頻度★★★★　　　　　　　　[第33回 問題125より出題]

解答と解説

✕ 1　看護師は医師の指示のもと、療養上の世話や診療の補助を行う専門職です。

◯ 2　理学療法士は、治療体操などの運動や電気刺激、マッサージ、温熱などの物理的手段を使い、主として基本動作能力の回復を図る専門職です。

✕ 3　管理栄養士は専門的な知識を使い、健康の保持・増進のための栄養指導を行います。

✕ 4　義肢装具士は患者にからだに合った義肢や装具を作成し、からだへの適合を行います。

✕ 5　社会福祉士は相談援助の専門職で、面接での助言や個人と社会資源との調整を行います。

正解 2

合格のための要点整理　●リハビリテーションにかかわる専門職

作業療法士	日常生活の動作や手芸や木工などの作業、レクリエーションにより身体機能の回復を図り、日常生活や社会への復帰のサポートをする。
理学療法士	電気刺激や温熱などの物理的手段や治療体操、マッサージにより、起き上がり、立ち上がりなどの基本的運動能力回復のサポートをする。
言語聴覚士	言語訓練、嚥下訓練、検査などにより、音声機能、言語機能、聴覚障害の回復のためのサポートをする。
視能訓練士	視機能の検査や、斜視、弱視などの治療や矯正訓練を行う。
義肢装具士	個人に合わせた義肢や装具を製作し、マッチングを行う。
柔道整復師	骨折、脱臼、捻挫、打撲などの骨・関節の外傷に対して、「手技」により処置や整復を行う。
鍼灸師	「はり」や「きゅう」により、からだのツボを刺激し、病気の治療や予防を行う。

作業療法士

理学療法士

作業療法士は応用的動作に、理学療法士は基本的動作にアプローチするリハビリ職です

第37回

介護福祉士模擬試験問題

※解答・解説は583〜599ページにあります。

この模擬試験問題は、第31回・第32回の過去問題を組み合わせて作成しています。本試験前の総仕上げとして、チャレンジしてください。なお、問題によっては現在の最新情報にあわせて、一部改変しているものや本書のオリジナル問題もあります。

午前：試験時間（100分）

■人間と社会

人間の尊厳と自立［全2問］

問題 1

（第31回 問題1）

　Aさん（82歳、女性、要介護2）は、夫を7年前に看取り、その後は一人暮らしをしている。夜中にトイレに行った時に転倒し、大腿骨頸部を骨折（fracture）して3か月入院した。自宅に手すりをつけ、段差をなくす住宅改修をした後、退院した。何かにつかまれば、いすからの立ち上がりや歩行ができる。人と関わるのは苦手なため自宅での生活が中心である。遠方に一人息子が住んでおり、月に1度は様子を見に帰ってくる。週3回、訪問介護（ホームヘルプサービス）の買物代行や部屋の掃除などの生活援助を利用している。Aさんはできるだけ自分のことは自分で行い、このまま自宅での生活を継続したいと希望している。訪問介護員（ホームヘルパー）が訪問したときに、Aさんは一人暮らしを続けることが不安であると告げた。

　Aさんに対する訪問介護員（ホームヘルパー）の応答として、**最も適切なもの**を1つ選びなさい。

1　「訪問介護（ホームヘルプサービス）を毎日利用したらどうですか」
2　「一人暮らしは大変なので息子さんと同居したらどうですか」
3　「また転ぶかもしれないと思っているのですか」
4　「グループホームに入居することを考えたらどうですか」
5　「手すりをつけたし、段差もなくしたので転びませんよ」

問題 2
（第32回　問題2）

利用者の意思を代弁することを表す用語として、**最も適切なものを1つ選びなさい。**

1　インフォームドコンセント（informed consent）
2　ストレングス（strength）
3　パターナリズム（paternalism）
4　エンパワメント（empowerment）
5　アドボカシー（advocacy）

人間関係とコミュニケーション［全4問］

 問題 3
（第31回　問題3）

Bさん（90歳、男性）は、介護老人福祉施設に入所することになった。一人暮らしが長かったBさんは、入所当日、人と会話することに戸惑っている様子で、自分から話そうとはしなかった。介護福祉職は、Bさんとコミュニケーションをとるとき、一方的な働きかけにならないように、あいづちを打ちながらBさんの発話を引き出すように心がけた。

このときの介護福祉職の対応の意図に当てはまるものとして、**最も適切なものを1つ選びなさい。**

1　双方向のやり取り
2　感覚機能低下への配慮
3　生活史の尊重
4　認知機能の改善
5　互いの自己開示

 問題 4
（第32回　問題4）

高齢者とのコミュニケーションにおける配慮として、**最も適切なものを1つ選びなさい。**

1　相手と視線が合わせられる位置で話す。
2　相手には座ってもらい、自分は立ったまま話す。
3　初対面のときから相手と密着した距離で話す。
4　相手の表情があまり見えない薄暗い場所で話す。
5　たくさんの人がいる、にぎやかな場所で話す。

問題 5

(オリジナル)

介護サービスは、ヒューマンサービスとして位置づけられている。介護サービスの特性として、**最も適切なもの**を1つ選びなさい。

1 永遠性
2 品質の固定制
3 無形性
4 可分性
5 存在性

問題 6

(オリジナル)

チームに関する記述のうち、**最も適切なもの**を1つ選びなさい。

1 チームとは、共通の目的や目標をもち、職務遂行のために協力し合う2人以上の集合体のことをいう。
2 チームメンバーの人数が多ければ多いほど、チームとしての成果は高くなる。
3 チームは、役割分担を明確にする必要はない。
4 チームにはリーダーがいるので、チームメンバーは意見を控える。
5 チームは個人主義なので、チームメンバー間でのフォローはしない。

社会の理解［全12問］

問題 7

(第31回　問題6)

「地域共生社会」が目指すものとして、**最も適切なもの**を1つ選びなさい。

1 育児・介護のダブルケアへの対応
2 すべての住民が支え合い、自分らしく活躍できる地域コミュニティの創出
3 高齢者分野の相談支援体制の強化
4 公的サービスに重点を置いた地域福祉の充実
5 専門職主体の地域包括支援体制の構築

問題 8

（第32回　問題6）

「働き方改革」の考え方に関する記述として、**適切なもの**を１つ選びなさい。

1　長時間労働は日本社会の特質で、時間外労働の限度の設定は困難である。

2　有給休暇の取得よりも、働くことが優先される。

3　働く人々のニーズに応じた、多様な働き方を選択できる社会の実現を図る。

4　正規雇用労働者と非正規雇用労働者の待遇の格差が存在することは、当然である。

5　「働き方改革」は、中小企業は対象でない。

(注) ここでいう「働き方改革」とは、「働き方改革を推進するための関係法律の整備に関する法律」に基づく諸施策の実施のことである。

問題 9

（第32回　問題7）

Bさん（80歳、女性、要介護１）は、身寄りがなく一人暮らしをしている。老齢基礎年金で暮らしてきたが、貯金が少なくなり、生活が苦しくなってきた。このため２万円の家賃支払いも困難になり、通所介護事業所のC生活相談員に、費用がかかる通所介護（デイサービス）の利用をやめたいと言ってきた。

C生活相談員の対応として、**最も適切なもの**を１つ選びなさい。

1　介護支援専門員（ケアマネジャー）に、通所介護（デイサービス）の利用中止を依頼する。

2　介護支援専門員（ケアマネジャー）に、サービス担当者会議で利用中止の検討を依頼する。

3　福祉事務所に相談するように助言する。

4　これまでどおりの利用を説得する。

5　無料で利用できる地域の通所型サービスを探す。

問題 10

（第32回　問題9）

介護保険制度の被保険者に関する次の記述のうち、**正しいもの**を１つ選びなさい。

1　加入は任意である。

2　第一号被保険者は、65歳以上の者である。

3　第二号被保険者は、20歳以上65歳未満の医療保険加入者である。

4　第一号被保険者の保険料は、都道府県が徴収する。

5　第二号被保険者の保険料は、国が徴収する。

問題 11

(第31回 問題11)

2018年（平成30年）に施行された介護保険制度の改正内容として、**正しいもの**を1つ選びなさい。

1 介護医療院の創設
2 定期巡回・随時対応型訪問介護看護の創設
3 在宅医療・介護連携推進事業の地域支援事業への位置づけ
4 地域包括支援センターへの認知症連携担当者の配置
5 法令遵守等の業務管理体制整備の義務づけ

問題 12

(第31回 問題13)

2016年（平成28年）の「障害者総合支援法」の改正内容として、**適切なもの**を1つ選びなさい。

1 放課後や休日に児童・生徒の活動を支援する放課後等デイサービスが創設された。
2 一人暮らしを希望する障害者に対して、地域生活を支援する自立生活援助が創設された。
3 障害者の1年間以上の雇用継続を義務づける就労定着支援が創設された。
4 保育所等を訪問して、障害児に発達支援を提供する保育所等訪問支援が創設された。
5 医療的ケアを必要とする障害児への支援として、医療型障害児入所施設が創設された。

(注)「障害者総合支援法」とは、「障害者の日常生活及び社会生活を総合的に支援するための法律」のことである。

問題 13

(第31回 問題15)

Eさん（75歳）はU事業所の訪問介護（ホームヘルプサービス）とV事業所の通所介護（デイサービス）を利用している。Eさんは通所介護（デイサービス）の職員の対応に不満があり、苦情を申し出たいがどうすればよいかとU事業所の訪問介護員（ホームヘルパー）に相談した。

訪問介護員（ホームヘルパー）の対応として、**最も適切なもの**を1つ選びなさい。

1 通所介護（デイサービス）の職員に注意しておくと伝える。
2 介護保険審査会に申し出るように助言する。
3 介護保険の事業所の苦情対応の仕組みを説明して、担当者に相談するように助言する。
4 しばらく様子を見てから、改めて相談に応じると伝える。
5 日常生活自立支援事業を契約して、苦情解決を援助してもらうように助言する。

問題 14
（第32回　問題13）

2018年度（平成30年度）に創設された共生型サービスの対象となるサービスとして、**正しいもの**を１つ選びなさい。

1　訪問看護
2　共同生活援助（グループホーム）
3　同行援護
4　通所介護（デイサービス）
5　通所リハビリテーション

 問題 15
（第31回　問題14）

障害者を支援する専門職の主たる業務に関する次の記述のうち、**最も適切なもの**を１つ選びなさい。

1　社会福祉士は、福祉関連法に定められた援護、措置の事務を行う。
2　精神保健福祉士は、心理検査を実施して精神面の判定を行う。
3　理学療法士は、手芸や工作の作業、家事の訓練を行う。
4　言語聴覚士は、聴覚検査や言語訓練、嚥下訓練を行う。
5　栄養士は、摂食の訓練や摂食のための自助具の作成を行う。

(注)「障害者総合支援法」とは、「障害者の日常生活及び社会生活を総合的に支援するための法律」のことである。

 問題 16
（第32回　問題14）

自閉症（autism）のEさん（22歳、男性、障害支援区分５）は、就労支援施設に通所している。こだわりが強く、毎月購入している雑誌を処分するとパニックになってしまう。

「障害者虐待防止法」の視点を踏まえて、Eさんの気持ちが安定するように、施設の介護福祉職がEさんにかける言葉として、**最も適切なもの**を１つ選びなさい。

1　「決まりですから捨てますよ」
2　「読みたい雑誌はとっておきましょう」
3　「古紙として再生利用しますからね」
4　「Eさんにこの雑誌をあげるわけにはいかないんですよ」
5　「次の新しい雑誌がきますよ」

(注)「障害者虐待防止法」とは、「障害者虐待の防止、障害者の養護者に対する支援等に関する法律」のことである。

問題 17

(第31回 問題10)

労働者災害補償保険制度に関する次の記述のうち、**正しいもの**を1つ選びなさい。

1 パートやアルバイトは、保険給付の対象である。
2 保険料は、雇用主と労働者がそれぞれ負担する。
3 通勤途上の事故は、保険給付の対象外である。
4 業務上の心理的負荷による精神障害は、保険給付の対象外である。
5 従業員がいない自営業者は、保険給付の対象である。

問題 18

(第32回 問題16)

生活保護法における補足性の原理の説明として、**適切なもの**を1つ選びなさい。

1 国の責任において保護を行う。
2 全ての国民に無差別平等な保護を行う。
3 健康で文化的な生活を維持できる保護を行う。
4 資産・能力等を活用した上で保護を行う。
5 個人または世帯の必要に応じて保護を行う。

■こころとからだのしくみ

こころとからだのしくみ　[全12問]

問題 19

(第32回 問題97)

マズロー（Maslow,A.）の欲求階層説の所属・愛情欲求に相当するものとして、**適切なもの**を1つ選びなさい。

1 生命を脅かされないこと
2 他者からの賞賛
3 自分の遺伝子の継続
4 好意がある他者との良好な関係
5 自分自身の向上

問題 20

(第31回 問題98)

臓器とその機能の組合せとして、**正しいもの**を1つ選びなさい。

1 肝臓 ──────── グリコーゲン（glycogen）の貯蔵
2 膀胱 ──────── 尿の濃縮
3 小脳 ──────── 呼吸中枢
4 副腎 ──────── インスリン（insulin）の分泌
5 心臓 ──────── ガス交換

問題 21
（第31回　問題99）

唾液腺と唾液に関する次の記述のうち、**正しいもの**を1つ選びなさい。

1　副交感神経は唾液分泌を抑制する。

2　唾液分泌は食事摂取時に限られる。

3　耳下腺の導管は口腔底（こうくうてい）に開口する。

4　唾液には抗菌作用がある。

5　舌下腺は小唾液腺である。

問題 22
（第32回　問題100）

口臭に関する次の記述のうち、**最も適切なもの**を1つ選びなさい。

1　歯がない場合に起こりやすい。

2　唾液量が多いと生じる。

3　ウイルス感染の原因となることがある。

4　食事量が増加した場合に起こりやすい。

5　他者との交流を避ける原因となることがある。

問題 23
（第32回　問題101）

高齢者の大腿骨頸部骨折（だいたいこつけいぶこっせつ）（femoral neck fracture）に関する次の記述のうち、**最も適切なもの**を1つ選びなさい。

1　転落によって生じることが最も多い。

2　骨折（fracture）の直後は無症状である。

3　リハビリテーションを早期に開始する。

4　保存的治療を行う。

5　予後は良好である。

問題 24
（第32回　問題102）

摂食・嚥下（えんげ）のプロセスに関する次の記述のうち、**最も適切なもの**を1つ選びなさい。

1　先行期は、唾液分泌が増加する。

2　準備期は、嚥下性無呼吸（えんげせいむこきゅう）がみられる。

3　口腔期（こうくうき）は、咽頭が閉鎖する。

4　咽頭期は、食塊を形成する。

5　食道期は、随意的な運動である。

問題 25

（第31回　問題102）

Dさん（75歳、女性）は、介護老人福祉施設に入所している。糖尿病（diabetes mellitus）があり、インスリン療法を受けている。2日前から風邪をひいて、食事量が普段の半分程度に減っていたが、医師の指示どおりインスリン注射を継続していた。介護福祉職が朝食をDさんに渡そうとしたところ、顔色が悪く、「胸がどきどきして、ふわふわする」と話し、額には汗が見られた。

考えられるDさんの状態として、**ただちに医療職に相談しなければならないもの**を1つ選びなさい。

1　発熱

2　脱水

3　低血糖

4　貧血

5　意識障害

問題 26

（第31回　問題104）

入浴介護に関する次の記述のうち、**適切なもの**を1つ選びなさい。

1　家庭内での不慮の事故死のうち、入浴関連はまれである。

2　心臓に疾患のある人には、全身浴を勧める。

3　浴槽からの立ち上がりは、ゆっくり行う。

4　食後すぐの入浴を勧める。

5　入浴後、水分摂取は控える。

問題 27

（第31回　問題105）

排便の仕組みに関する次の記述のうち、**適切なもの**を1つ選びなさい。

1　仰臥位は、排便しやすい姿勢である。

2　交感神経は、直腸の蠕動運動を促進させる。

3　食事をとると、便意はおさまる。

4　息を吐きながら腹圧を低下させると、排便は促される。

5　排便時には、外肛門括約筋を意識的に弛緩させる。

問題 **28**

（第32回 問題106）

抗ヒスタミン薬の睡眠への影響として、**適切なもの**を1つ選びなさい。

1 就寝後、短時間で覚醒する。

2 夜間に十分睡眠をとっても、日中に強い眠気がある。

3 睡眠中に足が痛がゆくなる。

4 睡眠中に無呼吸が生じる。

5 夢の中の行動が、そのまま現実の行動として現れる。

問題 **29**

（第32回 問題108）

死亡直前にみられる身体の変化として、**最も適切なもの**を1つ選びなさい。

1 関節の強直

2 角膜の混濁

3 皮膚の死斑<ruby>死斑<rt>しはん</rt></ruby>

4 下顎呼吸の出現

5 筋肉の硬直

問題 **30**

（第31回 問題108）

Eさん（75歳、男性）は、2年前に肺がん（lung cancer）と診断されて、抗がん剤治療を受けていたが、効果がなく1か月前に治療を中止した。その後、日常生活に支援が必要となり、訪問介護（ホームヘルプサービス）を利用することになった。訪問介護員（ホームヘルパー）は初回訪問を終えて帰ろうとした時に、いきなりEさんから、「もう来なくてもいい」と厳しい口調で言われた。また、「どうして私だけが、がん（cancer）にならなければならないのか」という言葉も聞かれた。

Eさんの心理状態について、キューブラー・ロス（Kübler-Ross, E.）が提唱した心理過程の段階として、**最も適切なもの**を1つ選びなさい。

1 否認

2 怒り

3 取り引き

4 抑うつ

5 受容

発達と老化の理解 ［全8問］

問題 31
（第31回　問題69）

乳幼児の標準的な心身の発達に関する次の記述のうち、**適切なもの**を1つ選びなさい。

1　生後3か月頃、指を使って積み木がつかめるようになる。
2　生後6か月頃、つかまり立ちができるようになる。
3　1歳頃、喃語（なんご）が現れ始める。
4　2歳頃、二語文を話すようになる。
5　3歳頃、愛着（アタッチメント（attachment））が形成され始める。

問題 32
（第32回　問題70）

高齢者の年齢規定に関する次の記述のうち、**正しいもの**を1つ選びなさい。

1　高年齢者等の雇用の安定等に関する法律では、高年齢者を75歳以上としている。
2　「高齢者虐待防止法」では、高齢者を65歳以上としている。
3　高齢者の医療の確保に関する法律では、後期高齢者を65歳以上としている。
4　道路交通法では、免許証の更新の特例がある高齢運転者を60歳以上としている。
5　老人福祉法では、高齢者を55歳以上としている。

(注)「高齢者虐待防止法」とは、「高齢者虐待の防止、高齢者の養護者に対する支援等に関する法律」のことである。

問題 33
（第32回　問題71）

加齢に伴う嚥下（えんげ）機能（きのう）の低下の原因に関する次の記述のうち、**正しいもの**を1つ選びなさい。

1　舌骨の位置の上昇
2　咽頭の位置の上昇
3　舌骨上筋の増大
4　喉頭挙上の不足
5　咳嗽反射（がいそうはんしゃ）の増強

問題 34
(第31回 問題72)

尿失禁に関する次の記述のうち、**正しいもの**を1つ選びなさい。

1 認知症（dementia）で尿を漏らすのを、腹圧性尿失禁という。
2 トイレまで我慢できずに尿を漏らすのを、切迫性尿失禁という。
3 重い物を持った時に尿を漏らすのを、混合性尿失禁という。
4 いろいろな原因が重なって尿を漏らすのを、溢流性尿失禁という。
5 前立腺肥大症（prostatic hypertrophy）で尿を漏らすのを、機能性尿失禁という。

問題 35
(第32回 問題73)

高齢者において、心不全（heart failure）が進行したときに現れる症状に関する次の記述のうち、**最も適切なもの**を1つ選びなさい。

1 安静にすることで速やかに息切れが治まる。
2 運動によって呼吸苦が軽減する。
3 チアノーゼ（cyanosis）が生じる。
4 呼吸苦は、座位より仰臥位（背臥位）の方が軽減する。
5 下肢に限局した浮腫が生じる。

問題 36
(第31回 問題74)

高齢者の疾患と治療に関する次の記述のうち、**最も適切なもの**を1つ選びなさい。

1 複数の慢性疾患を持つことは、まれである。
2 服用する薬剤の種類は、若年者より少ない。
3 服用する薬剤の種類が増えると、薬の副作用は出にくくなる。
4 高血圧症（hypertension）の治療目標は、若年者と同じにする。
5 薬剤の効果が強く出ることがある。

問題 37
(第31回 問題75)

高齢者の便秘に関する次の記述のうち、**適切なもの**を1つ選びなさい。

1 1日に1回、排便がない状態をいう。
2 病気が原因となることは、まれである。
3 腹筋の筋力低下は、原因となる。
4 薬剤が原因となることは、まれである。
5 下剤の服用を優先する。

糖尿病（diabetes mellitus）のある高齢者（要介護1）が転倒して、骨折（fracture）した。入院治療後に再び自宅療養を続けるための専門職の役割として、**正しいもの**を1つ選びなさい。

1 看護師は、糖尿病（diabetes mellitus）の薬の処方箋を交付する。
2 理学療法士は、糖尿病（diabetes mellitus）の食事メニューを考える。
3 管理栄養士は、自宅で料理ができるような作業訓練をする。
4 訪問介護員（ホームヘルパー）は、居宅サービス計画を立案する。
5 介護支援専門員（ケアマネジャー）は、訪問リハビリテーションの利用を提案する。

認知症の理解　[全10問]

介護老人保健施設に入所した認知症高齢者が、夜中に荷物を持って部屋から出てきて、介護福祉職に、「出口はどこか」と聞いてきた。介護福祉職の対応に関する次の記述のうち、**最も適切なもの**を1つ選びなさい。

1 「今日はここにお泊りになることになっています」と伝える。
2 「もうすぐご家族が迎えに来るので、お部屋で待っていましょう」と居室に誘う。
3 「トイレですよね」と手を取って案内する。
4 「どちらに行きたいのですか」と声をかけて並んで歩く。
5 「部屋に戻って寝ましょう」と荷物を持って腕を取る。

「認知症（dementia）」の行動・心理症状（BPSD）に関する次の記述のうち、**最も適切なもの**を1つ選びなさい。

1 トイレの水を流すことができない。
2 物事の計画を立てることができない。
3 言葉を発することができない。
4 親しい人がわからない。
5 昼夜逆転が生じる。

問題 41
(第32回　問題79)

高齢者のせん妄（delirium）の特徴として、**最も適切なものを1つ選びな**さい。

1 薬剤によって生じることがある。
2 症状の変動は少ない。
3 意識レベルは清明であることが多い。
4 徐々に悪化する場合が多い。
5 幻覚を伴うことは少ない。

問題 42
(第31回　問題80)

加齢による物忘れと比べたときの、認知症（dementia）による物忘れの特徴として、**最も適切なものを1つ選びなさい**。

1 見当識障害はない。
2 物忘れの自覚はない。
3 物忘れが進行しない。
4 日常生活に明らかな支障はない。
5 体験の一部分だけを思い出せない。

問題 43
(第32回　問題81)

認知症（dementia）の発症リスクを低減させる行動に関する次の記述のうち、**最も適切なものを1つ選びなさい**。

1 抗認知症薬を服用する。
2 睡眠時間を減らす。
3 集団での交流活動に参加する。
4 運動の機会を減らす。
5 飽和脂肪酸を多く含む食事を心がける。

問題 44
(第31回　問題82)

軽度認知障害（mild cognitive impairment）に関する次の記述のうち、**最も適切なものを1つ選びなさい**。

1 記憶力の低下の訴えがある。
2 日常生活に支障がある。
3 認知症（dementia）の一種である。
4 CDR（Clinical Dementia Rating）のスコアが2である。
5 全般的な認知機能が低下している。

問題 45
（第32回　問題83）

前頭側頭型認知症（frontotemporal dementia）の症状のある人への介護福祉職の対応として、**最も適切なもの**を1つ選びなさい。

1　周回がある場合は、GPS追跡機で居場所を確認する。

2　甘い食べ物へのこだわりに対しては、甘い物を制限する。

3　常同行動がある場合は、本人と周囲の人が納得できる生活習慣を確立する。

4　脱抑制がある場合は、抗認知症薬の服薬介護をする。

5　施設内で職員に暴力をふるったときは、警察に連絡する。

問題 46
（第31回　問題85）

重度の認知症高齢者の胃ろう栄養法に関する支援として、**最も適切なもの**を1つ選びなさい。

1　主治医が導入するかしないかを決定する。

2　家族が導入するかしないかを決定する。

3　本人の意向や価値観の把握に努め、本人にとっての最善を関係者で判断する。

4　成年後見人がいる場合、成年後見人が導入するかしないかを決定する。

5　看取り期には、介護福祉職の判断で胃ろう栄養法を中止する。

問題 47
（第32回　問題85）

認知症対応型共同生活介護（グループホーム）で生活している軽度のアルツハイマー型認知症（dementia of the Alzheimer's type）のDさんは、大腿骨の頸部を骨折（fracture）して入院することになった。

認知症対応型共同生活介護（グループホーム）の介護福祉職が果たす役割として、**最も適切なもの**を1つ選びなさい。

1　理学療法士に、リハビリテーションの指示をしても理解できないと伝える。

2　介護支援専門員（ケアマネジャー）に、地域ケア会議の開催を依頼する。

3　医師に、夜間は騒ぐ可能性があるので睡眠薬の処方を依頼する。

4　看護師に、日常生活の状況を伝える。

5　保佐人に、治療方法の決定を依頼する。

（第31回　問題86）

認知症（dementia）の母親を献身的に介護している息子が、母親に怒鳴られてたたきそうになった。それを見ていた介護福祉職の息子への対応に関する次の記述のうち、**最も適切なもの**を１つ選びなさい。

1 「孝行息子のあなたが手を上げるなんて…」と注意する。
2 「行政に通報します」と告げる。
3 「認知症（dementia）だから怒鳴るのは仕方がない」と慰める。
4 「地域にある認知症（dementia）の人と家族の会を紹介します」と伝える。
5 「懸命に介護をして疲れていませんか」と話を聴く。

障害の理解　［全10問］

（第31回　問題87）

ノーマライゼーション（normalization）の理念を８つの原理にまとめた人物として、**正しいもの**を１つ選びなさい。

1 ニィリエ（Nirje, B.）
2 バンク - ミケルセン（Bank-Mikkelsen, N.）
3 ヴォルフェンスベルガー（Wolfensberger, W.）
4 ロバーツ（Roberts, E.）
5 ソロモン（Solomon, B.）

（第32回　問題88）

「障害者差別解消法」に関する次の記述のうち、**適切なもの**を１つ選びなさい。

1 法の対象者は、身体障害者手帳を持っている人である。
2 合理的配慮とは、全ての障害者に同じ配慮をすることである。
3 共生社会の実現を目指している。
4 障害者は、合理的配慮の提供に努めなければならない。
5 障害者差別解消支援地域協議会は、民間事業者で組織される。

(注)「障害者差別解消法」とは、「障害を理由とする差別の解消の推進に関する法律」のことである。

問題 51

（第32回　問題89）

痙直型や不随意運動型（アテトーゼ型（athetosis））などの分類がある疾患として、**正しいものを1つ選びなさい。**

1　筋ジストロフィー（muscular dystrophy）

2　脊髄小脳変性症（spinocerebellar degeneration）

3　脳血管疾患（cerebrovascular disease）

4　脳性麻痺（cerebral palsy）

5　脊髄損傷（spinal cord injury）

 問題 52

（第31回　問題90）

統合失調症（schizophrenia）の特徴的な症状として、**最も適切なものを1つ選びなさい。**

1　妄想

2　躁うつ

3　強迫観念

4　振戦せん妄

5　見捨てられ不安

 問題 53

（第32回　問題92）

自閉症スペクトラム障害（autism spectrum disorder）の特性として、**最も適切なものを1つ選びなさい。**

1　読み書きの障害

2　社会性の障害

3　注意の障害

4　行為障害

5　運動障害

 問題 54

（第31回　問題93）

網膜色素変性症（retinitis pigmentosa）の初期の症状として、**最も適切なものを1つ選びなさい。**

1　硝子体出血

2　口内炎

3　眼圧上昇

4　夜盲

5　水晶体の白濁

問題 55
(第31回　問題94)

　上田敏による障害受容のステージ理論の5つの心理過程のうち、最初の段階として、**正しいもの**を1つ選びなさい。

1　受容期
2　否定期
3　ショック期
4　混乱期
5　解決への努力期

問題 56
(第31回　問題95)

　関節リウマチ（rheumatoid arthritis）の人の日常生活上の留意点として、**適切なもの**を1つ選びなさい。

1　いすは低いものを使う。
2　膝を曲げて寝る。
3　かばんの持ち手を手で握る。
4　ドアの取っ手は丸いものを使う。
5　身体を洗うときはループ付きタオルを使う。

問題 57
(第32回　問題96)

　制度化された地域の社会資源として、**最も適切なもの**を1つ選びなさい。

1　家族会が行う悩み相談
2　近隣の住民からの善意の声かけ
3　同居家族が行う身の回りの介護
4　コンビニエンスストアによる見守り
5　民生委員が行う相談・援助

問題 58
(第31回　問題96)

　右利きのCさん（73歳、男性）は脳梗塞（cerebral infarction）を発症して、回復期リハビリテーション病棟に入院中である。左片麻痺のため、歩行は困難である。他の患者とも交流せず、病室に閉じこもりがちであったため、多職種チームによるカンファレンス（conference）が開かれた。
　現時点のCさんへの対応として、**最も適切なもの**を1つ選びなさい。

1　利き手の交換
2　階段昇降訓練
3　義足の製作
4　プッシュアップ訓練
5　心理カウンセリング

■医療的ケア

問題 59

（第32回　問題110）

2011年（平成23年）の社会福祉士及び介護福祉士法の改正に基づいて、介護福祉士による実施が可能になった喀痰吸引等の制度に関する次の記述のうち、**正しいものを１つ**選びなさい。

1　喀痰吸引や経管栄養は、医行為から除外された。
2　喀痰吸引等を行うためには、実地研修を修了する必要がある。
3　介護福祉士は、病院で喀痰吸引を実施できる。
4　介護福祉士は、この制度の基本研修の講師ができる。
5　実施できる行為の一つとして、インスリン注射がある。

問題 60

（第31回　問題110）

喀痰吸引の実施が必要と判断された利用者に対して、喀痰吸引を行うことに関する次の記述のうち、**最も適切なものを１つ**選びなさい。

1　日中は、１時間おきに吸引を行う。
2　食後の吸引は避ける。
3　入浴時は、その前後に吸引を行う。
4　就寝後は吸引を控える。
5　仰臥位を２時間保ってから行う。

問題 61

（第32回　問題111）

Kさん（76歳）は、日頃から痰がからむことがあり、介護福祉士が喀痰吸引を行っている。鼻腔内吸引を実施したところ、吸引物に血液が少量混じっていた。Kさんは、「痰は取り切れたようだ」と言っており、呼吸は落ち着いている。

このときの介護福祉士の対応に関する次の記述のうち、**最も適切なもの**を１つ選びなさい。

1　出血していそうなところに吸引チューブをとどめる。
2　吸引圧を弱くして再度吸引をする。
3　血液の混じりがなくなるまで繰り返し吸引をする。
4　鼻腔と口腔の中を観察する。
5　鼻腔内を消毒する。

問題 62
(第32回 問題113)

経管栄養の実施時に、冷蔵庫に保管していた栄養剤を指示どおりの温度にせずにそのまま注入したときに起こる状態として、**最も可能性の高いもの**を1つ選びなさい。

1 呼吸困難
2 胃ろう周囲のびらん
3 下痢
4 褥瘡
（じょくそう）
5 低血糖

問題 63
(第31回 問題112)

胃ろうによる経管栄養の実施手順として、栄養剤を利用者のところに運んだ後の最初の行為として、**最も適切なもの**を1つ選びなさい。

1 体位の確認
2 物品の劣化状況の確認
3 栄養剤の指示内容の確認
4 本人であることの確認
5 経管栄養チューブの固定状況の確認

■介護

介護の基本　[全10問]

問題64
（第32回　問題17）

　Fさん（72歳、女性、要介護2）は、中等度の認知症（dementia）があり、自宅で夫と生活している。ある日、訪問介護員（ホームヘルパー）が訪問すると、夫が散乱したコーヒー豆を片づけていた。Fさんは、「わからなくなっちゃった」と言っていた。訪問介護員（ホームヘルパー）が夫に事情を聞くと、「今も日課でコーヒーを豆から挽いて入れてくれるんだが、最近は失敗することが多くなって、失敗すると自信を失ってしまうしね。でも、毎朝、『コーヒーを入れなくちゃ』と言うんだ」と寂しそうに話した。

　訪問介護員（ホームヘルパー）の夫への助言として、**最も適切なもの**を1つ選びなさい。

1　「そばにいて、Fさんと一緒にコーヒーを入れてはどうですか」
2　「Fさんと一緒に、喫茶店にコーヒーを飲みに行ってはどうですか」
3　「おいしいコーヒーを買ってきて二人で飲んではどうですか」
4　「私がFさんからコーヒーの入れ方を教えてもらいましょうか」
5　「新しいコーヒーメーカーを買ってはどうですか」

問題65
（第31回　問題18）

　社会福祉士及び介護福祉士法における介護福祉士の義務として、**適切なもの**を1つ選びなさい。

1　家族介護者の介護離職の防止
2　医学的管理
3　日常生活への適応のために必要な訓練
4　福祉サービス関係者等との連携
5　子育て支援

問題 66

(第31回　問題23)

介護福祉職の職務上の倫理に関する次の記述のうち、**適切なもの**を1つ選びなさい。

1　おむつ交換をスムーズに行うために、利用者の居室（個室）のドアを開けておいた。

2　訪問介護（ホームヘルプサービス）中に携帯電話が鳴ったので、電話で話しながら介護した。

3　ベッドから転落した利用者が「大丈夫」と言ったので、そのままベッドに寝かせた。

4　利用者から、入院している他の利用者の病状を聞かれたが話さなかった。

5　利用者が車いすから立ち上がらないように、腰ベルトをつけた。

問題 67

(第32回　問題20)

Hさん（80歳、女性、要介護1）は、アルツハイマー型認知症（dementia of the Alzheimer's type）である。20年前に夫が亡くなった後は、ずっと一人暮らしをしている。これまでの生活を続けていきたいので、訪問介護（ホームヘルプサービス）を利用することにした。

訪問介護員（ホームヘルパー）のHさんへの対応として、**最も適切なもの**を1つ選びなさい。

1　Hさんの意向を確認して、今までどおり畳で布団の使用を継続した。

2　入浴後、手ぬぐいで体を拭いていたが、バスタオルに変更した。

3　訪問介護員（ホームヘルパー）の判断で、食事の前にエプロンをつけた。

4　整理整頓のために、壁に立てかけてあった掃除機を押し入れに片づけた。

5　Hさんの気持ちを切り替えるために、家具の配置を換えた。

問題 68

(第31回　問題21)

定期巡回・随時対応型訪問介護看護に関する次の記述のうち、**最も適切なもの**を1つ選びなさい。

1　このサービスのオペレーターは、サービス提供責任者のことである。

2　利用者の状態の変化に応じて、随時訪問サービスを利用することができる。

3　介護・看護一体型では、訪問看護サービスを利用しても介護報酬は同一である。

4　日常生活上の緊急時の対応は行っていない。

5　要支援者、要介護者のどちらも利用できる。

問題 69
(第32回 問題22)

認知症対応型共同生活介護（グループホーム）での介護に関する次の記述のうち、**最も適切なもの**を１つ選びなさい。

1 テレビのニュースを見て、新しい出来事を覚えてもらう。
2 利用者それぞれの要求には応えられないので、同じ日課で過ごしてもらう。
3 利用者の、現在よりも過去の身体的・精神的状態の把握が優先される。
4 利用者の、なじみのある人や店との関係は継続していく。
5 環境に慣れるまでは、車いすでの移動を勧める。

問題 70
(第32回 問題24)

介護の実践における多職種連携に関する次の記述のうち、**最も適切なもの**を１つ選びなさい。

1 医師が多職種連携の中心となる介護実践のことである。
2 民生委員やボランティアは、多職種連携のチームから除かれる。
3 医療と介護の連携とは、利用者の体調不良時に医療機関を受診させることを指す。
4 要介護度の改善を優先して、多職種連携によるケアプランを作成する。
5 利用者のケアの方向性に関する情報を共有して、課題の解決に取り組む。

問題 71
(第31回 問題24)

施設の介護における安全の確保に関する次の記述のうち、**最も適切なもの**を１つ選びなさい。

1 職員に対して安全に関する研修を定期的に行う。
2 施設管理者の安全を第一に考える。
3 利用者の社会的な活動を制限する。
4 利用者に画一的なサービスを提供する。
5 安全対策は事故後に行う。

問題 72
(第32回 問題26)

高齢者介護施設で、MRSA（メチシリン耐性黄色ブドウ球菌）の保菌者が確認されたときの対応に関する次の記述のうち、**最も適切なもの**を１つ選びなさい。

1 入所者全員の保菌の有無を調べる。
2 接触感染予防策を実施する。
3 保菌者のレクリエーションへの参加を制限する。
4 保菌者は最初に入浴する。
5 通常用いられる消毒薬は無効である。

問題73
(第31回　問題26)

燃え尽き症候群（バーンアウト（burnout））の特徴として、**最も適切な** **もの**を1つ選びなさい。

1　首から肩、腕にかけて凝りや痛みが生じる。
2　人格・行動変化や失語がみられる。
3　無気力感、疲労感や無感動がみられる。
4　身体機能の低下がみられる。
5　日中に耐え難い眠気が生じる。

コミュニケーション技術　［全6問］

 問題74
(第32回　問題28)

意欲が低下した人とのコミュニケーションの基本として、**最も優先すべき** **もの**を1つ選びなさい。

1　考え方を変えるように促す。
2　早く元気を出すように励ます。
3　意欲が自然に回復するまで待つ。
4　意欲低下の背景を考える。
5　自己決定してもらうのは避ける。

 問題75
(第31回　問題29)

Hさん（75歳、男性）は、脳梗塞（cerebral infarction）を発症して入院し、後遺症として左片麻痺が残った。退院後、介護老人保健施設に入所し、在宅復帰を目指してリハビリテーションに取り組んでいる。ある日、HさんはJ介護福祉職に、「リハビリを頑張っているけれど、なかなかうまくいかない。このままで自宅に戻れるようになるのか…」と暗い表情で話しかけてきた。

このときの、Hさんに対するJ介護福祉職の共感的な応答として、**最も適** **切なもの**を1つ選びなさい。

1　「不安な気持ちに負けてはいけません」
2　「きっと自宅に戻れますよ」
3　「Hさんが不安に思う必要はありません」
4　「不安に思っているHさんがかわいそうです」
5　「リハビリがうまくいかなくて不安なのですね」

問題 76
（第32回　問題27）

直面化の技法に関する次の記述のうち、**最も適切なもの**を1つ選びなさい。

1 利用者の感情と行動の矛盾点を指摘する。
2 うなずきやあいづちを用いて、利用者の話を促す。
3 利用者が話した内容を、整理して伝える。
4 利用者が話した内容を、別の言葉を使って簡潔に返す。
5 「はい」や「いいえ」だけで答えられる質問をする。

問題 77
（第32回　問題29）

構音障害のある利用者とのコミュニケーションに関する次の記述のうち、**最も適切なもの**を1つ選びなさい。

1 閉じられた質問の活用を控える。
2 聞き取れないところは、再度言ってもらう。
3 はっきりと発音するように促す。
4 耳元で大きな声で話しかける。
5 筆談の活用を控える。

問題 78
（オリジナル）

介護福祉職が行う報告に関する次の記述のうち、**最も適切なもの**を1つ選びなさい。

1 行事などの長期にわたる業務は途中経過、進捗状況、結果を報告する。
2 利用者が歩行中にふらつくことがあったが、転倒することはなかったので報告しなかった。
3 すべての情報は、直属の上司に報告を行えばよい。
4 時系列に沿って、詳細に内容を報告した。
5 利用者の家族からの苦情は、解決してから上司に報告する。

問題 79
（第31回　問題33）

叙述体を用いて介護記録を作成するときの留意点として、**最も適切なもの**を1つ選びなさい。

1 情報を項目別に整理する。
2 問題のポイントを明確にする。
3 介護福祉職の解釈を記録する。
4 論点を明確にする。
5 利用者に起こったことをそのまま記録する。

生活支援技術［全26問］

問題 80

（第31回　問題35）

下記のマークが表しているものとして、**正しいもの**を１つ選びなさい。

1　肢体不自由のある人が運転する自動車

2　障害者が利用できる建物、施設

3　義肢や義足などで援助や配慮を必要としている人

4　オストメイトであること、オストメイトのための設備があるトイレ

5　障害者の就労支援に取り組んでいる企業

問題 81

（第32回　問題35）

一戸建ての住宅に暮らす利用者の地震対策に関する訪問介護員（ホームヘルパー）の助言として、**最も適切なもの**を１つ選びなさい。

1　家具には、キャスターをつける。

2　書棚の上部には、重い物を収納する。

3　食器棚は、ガラス扉を外す。

4　外への避難経路は、玄関の１方向とする。

5　非常時に持ち出す物は、リュックサックにまとめておく。

問題 82

（第31回　問題40）

入居施設で生活する利用者が車いすを使用して外出するときに、介護福祉職が計画、準備することとして、**最も優先すべきもの**を１つ選びなさい。

1　長時間の外出を企画する。

2　家族に同行を依頼する。

3　外出先の経路情報を集める。

4　折り畳み傘を用意する。

5　介助ベルトを用意する。

問題 83

（第31回 問題41）

選択肢1から5の順で、ベッドから車いすへ全介助で移乗するときの、利用者の動作と、介護福祉職の身体の使い方の組合せとして、**最も適切なもの**を1つ選びなさい。

1 上半身を起こす ——— 手首で持ち上げる

2 ベッドの端に座る —— 踵を浮かせて、低くかがむ

3 立ち上がる ———— 前腕で真上に引き上げる

4 車いすに移る ———— 重心を安定させて、車いすへ足先と身体を向ける

5 深く座り直す ——— 座り直す方向に向けて、上下の重心移動をする

 問題 84

（第32回 問題42）

立位をとり静止している利用者の重心線が、点Xから点Yに移動したときに考えられるふらつきとして、**適切なもの**を1つ選びなさい。

1 左前方へのふらつき

2 右前方へのふらつき

3 左後方へのふらつき

4 後方へのふらつき

5 右後方へのふらつき

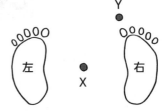

 問題 85

（第31回 問題39）

ベッド上で臥床したままの利用者に行う和式寝衣の交換の介護に関する次の記述のうち、**適切なもの**を1つ選びなさい。

1 袖を抜くときは手→肘→肩の順で行う。

2 脱いだ寝衣を広げ、その上に新しい寝衣を重ねて広げる。

3 利用者の脊柱と新しい寝衣の背縫いの部分を合わせる。

4 左前身頃の上に、右前身頃を重ねる。

5 腰紐は結び目が背中に回るように結ぶ。

 問題 86

（第32回 問題38）

次の記述のうち、高次脳機能障害（higher brain dysfunction）による着衣失行のある人に対する着衣の介護として、**最も適切なもの**を1つ選びなさい。

1 着替えができない理由を本人に確認する。

2 左右がわかるように衣類に印をつける。

3 着衣の前に全ての手順を口頭で指示する。

4 衣服を畳んで渡す。

5 着衣の方法を毎回変えるように勧める。

問題87
(第32回　問題40)

　介護老人保健施設の利用者の身じたくに関する専門職の役割として、**最も優先すべきもの**を１つ選びなさい。

1　介護支援専門員（ケアマネジャー）は、洗面時の関節可動域の制限を改善する。

2　支援相談員は、着脱に使用する福祉用具を選定する。

3　栄養士は、破損した義歯を修復する。

4　看護師は、糖尿病（diabetes mellitus）に伴う管理が必要な利用者の爪切りを行う。

5　理学療法士は、身体状況に合わせて衣類を作り直す。

問題88
(第31回　問題46)

　いすに座っている右片麻痺（みぎかたまひ）の利用者の食事介護時の留意点として、**最も適切なもの**を１つ選びなさい。

1　口の右側に食物を入れる。

2　利用者の左腕はテーブルの上にのせたままにしておく。

3　刻み食にする。

4　上唇にスプーンを運ぶ。

5　一口ごとに、飲み込みを確認する。

問題89
(第32回　問題44)

　Mさん（78歳、女性）は、体格指数（BMI）は18.7である。病気や食事制限はない。この１年間で体重が２kg減少し、「最近、歩くのが遅くなり、疲れやすくなった」と言っている。Mさんに普段の食生活を尋ねたところ、お茶漬けやうどんで済ますことが多いと答えた。

　介護福祉職が食事バランスガイドを用いて摂取を勧める区分として、**最も適切なもの**を１つ選びなさい。

1　主食

2　副菜

3　主菜

4　牛乳・乳製品

5　果物

問題 90

（第32回　問題46）

高齢者の食生活に関する助言として、**最も適切なもの**を１つ選びなさい。

1　骨粗鬆症（osteoporosis）の予防として、ビタミンD（vitamin D）の摂取を勧める。

2　高血圧症（hypertension）の予防として、果物の摂取を控える。

3　便秘の予防として、水分摂取を控える。

4　ドライマウス（dry mouth）の予防として、柔らかい食物を勧める。

5　逆流性食道炎（reflux esophagitis）の予防として、食後すぐに横になる。

問題 91

（第32回　問題48）

清拭の介護として、**最も適切なもの**を１つ選びなさい。

1　目のまわりは目尻から目頭に向かって拭く。

2　背部は患側を下にして拭く。

3　腹部は臍部から恥骨部に向かって拭く。

4　両下肢は末梢から中枢に向かって拭く。

5　皮膚についた水分は最後にまとめて拭く。

問題 92

（第32回　問題49）

利用者の状態に応じた入浴の介護として、**最も適切なもの**を１つ選びなさい。

1　血液透析を受けている人は、透析直後に入浴する。

2　胃ろうを造設している人は、入浴を控える。

3　心臓機能障害がある人は、半身浴にする。

4　酸素療法を行っている人は、鼻カニューレを外して入浴する。

5　回腸ストーマを造設している人は、食後１時間以内に入浴する。

問題 93

（第31回　問題52）

数日前から下痢を繰り返している在宅の高齢者について、訪問介護員（ホームヘルパー）が入手すべき次の情報のうち、**最も緊急度の高いもの**を１つ選びなさい。

1　意識の状態

2　食事の内容

3　下痢の回数

4　水分の摂取量

5　肛門部の皮膚の状態

問題 94
(第32回 問題51)

膀胱留置カテーテルを使用している利用者への介護福祉職の対応として、**最も適切なもの**を１つ選びなさい。

1 水分摂取を控えてもらう。
2 カテーテルが折れていないことを確認する。
3 採尿バッグは膀胱と同じ高さに置く。
4 尿漏れが見られたらカテーテルを抜去する。
5 尿量の確認は看護師に依頼する。

問題 95
(第32回 問題52)

解熱を目的にした坐薬（座薬）の挿入に関する次の記述のうち、**最も適切なもの**を１つ選びなさい。

1 挿入時は仰臥位（背臥位）で膝を伸ばす。
2 挿入時は腹式呼吸を促す。
3 坐薬（座薬）はとがっていない方から挿入する。
4 挿入後は坐薬（座薬）が排出されないことを確認する。
5 衣服を整えてから手袋を外す。

問題 96
(第31回 問題53)

調理環境を清潔に保つための方法として、**最も適切なもの**を１つ選びなさい。

1 布巾を使った後は、流水で洗う。
2 食器を洗ったスポンジは、軽く絞って洗剤の泡を残す。
3 魚や肉を切ったまな板の汚れは、熱湯で洗い流す。
4 金属製のスプーンの消毒は、塩素系漂白剤に１時間以上つけ置きする。
5 包丁は、刃と持ち手の境目の部分も洗浄して消毒する。

問題 97
(第31回 問題55)

利用者から洗濯を依頼された。以下に示す取扱い表示がある場合、乾燥の方法として、**適切なもの**を１つ選びなさい。

1 日当たりのよい場所でつり干しする。
2 日陰でつり干しする。
3 日当たりのよい場所で平干しする。
4 日陰で平干しする。
5 乾燥機を使って高温で乾燥する。

問題 98
（第32回　問題53）

肉入りのカレーを常温で保存し、翌日、加熱調理したときの食中毒の原因菌として、**最も注意しなければならないもの**を1つ選びなさい。

1　ウエルシュ菌
2　カンピロバクター
3　サルモネラ菌
4　腸炎ビブリオ
5　黄色ブドウ球菌

問題 99
（第32回　問題55）

Aさん（85歳、女性、要介護1）は、認知症（dementia）があり判断能力が不十分である。一人暮らしで、介護保険サービスを利用している。訪問介護員（ホームヘルパー）が訪問したときに、物品売買契約書を見つけた。Aさんは、「昨日、訪問販売の業者が来た」「契約書については覚えていない」と話した。

訪問介護員（ホームヘルパー）から連絡を受けたサービス提供責任者が、迅速にクーリング・オフの手続きを相談する相手として、**最も適切なもの**を1つ選びなさい。

1　行政書士
2　消費生活センター
3　家庭裁判所
4　保健所
5　相談支援事業所

問題 100
（第32回　問題56）

眠れないと訴える高齢者に介護福祉職が行う助言として、**最も適切なもの**を1つ選びなさい。

1　起床時に日光を浴びるように勧める。
2　日中、長い昼寝をするように勧める。
3　夕食後2時間以内に就寝するように勧める。
4　寝る前に緑茶を飲むように勧める。
5　決まった就床時刻を守るように勧める。

問題 101
(第32回 問題57)

施設における安眠を促すための環境に関する次の記述のうち、**最も適切な
もの**を1つ選びなさい。

1 湿度は20％以下に設定する。

2 寝衣は、体に密着した形のものを選ぶ。

3 冷暖房の風が、体に直接当たるようにする。

4 夜間の照明は、部屋全体がはっきり見える明るさにする。

5 介護福祉職同士の会話が響かないようにする。

問題 102
(第32回 問題59)

Bさん(83歳、女性)は、介護老人福祉施設に入所している。終末期で、「最
期はこの施設で迎えたい」という本人の希望があり、家族もそれを望んでい
る。昨日から死前喘鳴(しぜんぜんめい)が出現し、医師から、「あと数日でしょう」と言われた。

「呼吸が苦しそうだ」と言っている家族への介護として、**最も適切なもの**
を1つ選びなさい。

1 「自然な経過なので体位の工夫をして一緒に見守りましょう」

2 「Bさんに意識はないので心配いらないですよ」

3 「痰(たん)の吸引をすると楽になるので準備しますね」

4 「Bさんを励ましてください」

5 「すぐに救急車を呼びましょう」

問題 103
(第31回 問題59)

終末期で終日臥床(しゅうじつがしょう)している利用者への便秘予防の対応として、**最も適切な
もの**を1つ選びなさい。

1 水分摂取量を減らす。

2 腹部に冷罨法(れいあんぽう)を行う。

3 下剤を用いて直腸を定期的に刺激する。

4 座位姿勢を保持する機会を作る。

5 小腸に沿って腹部マッサージを行う。

問題 104

(第31回 問題60)

Fさん（80歳、女性）は、認知症（dementia）で高齢者施設に10年間入所していたが、死去した。夫（85歳）はFさんが入所中、毎日面会して、Fさんと共通の趣味である詩吟を楽しみ、時間を共に過ごしていた。

夫はFさんが亡くなって1週間後、施設にお礼に訪れて、「毎日通うのは大変だったが、今は話し相手もいなくなり寂しい。自分で料理をする気もなくなり眠れない」と涙を流しながら話をした。

Fさんの夫に対する介護福祉職の対応として、**最も適切なもの**を1つ選びなさい。

1 気遣いの言葉をかけて、話を聴く。
2 良眠できる方法を助言する。
3 外食を勧める。
4 趣味に打ち込むように勧める。
5 元気を出すように励ます。

問題 105

(オリジナル)

介護保険制度の特定福祉用具販売の対象として、**正しいもの**を1つ選びなさい。

1 特殊寝台
2 自動排泄処理装置
3 排泄予測支援機器
4 体位変換器
5 認知症老人徘徊感知機器

問題 106
（第32回　問題61）

介護過程の目的に関する次の記述のうち、**最も適切なもの**を１つ選びなさい。

1　利用者の価値観を変える。
2　利用者の療養上の世話をする。
3　利用者の経済的負担を軽減する。
4　利用者の望んでいる、よりよい生活を実現する。
5　利用者の生活習慣を改善する。

問題 107
（第31回　問題62）

利用者の情報収集における留意点として、**最も適切なもの**を１つ選びなさい。

1　生活歴は、介護福祉職の主観的判断を優先する。
2　生活機能は、他職種からの情報も活用する。
3　発言内容は、介護福祉職の解釈を加える。
4　経済状況は、近隣住民の情報から推測する。
5　心身機能は、利用者への聞き取りによって判断する。

 問題 108
（第32回　問題62）

介護計画の作成に関する次の記述のうち、**最も適切なもの**を１つ選びなさい。

1　抽出されたニーズを踏まえて目標を設定する。
2　内容が明確であれば支援方法の記載は省略する。
3　支援方法は「〜させる」と使役文で記載する。
4　利用者の正しい理解を促すために専門用語を用いる。
5　計画の見直しの時期は決めない。

 問題 109
（第31回　問題64）

介護計画を実施するときの留意点として、**最も適切なもの**を１つ選びなさい。

1　介護計画の遂行自体を目的にする。
2　実施内容は個々の介護福祉職に任せる。
3　介護福祉職の満足度を基に継続を判断する。
4　介護計画の変更内容の説明は省略する。
5　利用者の反応や変化を観察する。

次の事例を読んで、**問題110**、**問題111**について答えなさい。

[事例]　Cさん（75歳、男性、要介護1）は、脳梗塞（cerebral infarction）を発症した。2か月前から在宅復帰を目的として介護老人保健施設に入所している。次女は遠方から時々面会に来ているが、長女とは音信不通の状態が続いている。Cさんは現在、右片麻痺で歩行には杖を使用している。担当の理学療法士から、「レクリエーションには積極的に参加するなど意欲はあるが、歩行状態が思うように改善しないと悩んでいた」との報告があった。

その後、歩行訓練やレクリエーションに参加しなくなり、居室のベッドで寝て過ごすことが多くなった。また、時々尿失禁をするようになった。

Cさんは、「自宅に帰りたいのに、このまま車いすになったらどうしよう」と担当の介護福祉職に打ち明けた。

問題 110
（第32回　問題64）

Cさんの介護過程の展開に関する次の記述のうち、**最も適切なもの**を1つ選びなさい。

1　長女から入所前の情報を収集する。

2　現状を再アセスメントし、生活課題を抽出する。

3　自宅に戻った後の介護計画を立案する。

4　尿失禁に対応する介護計画の実施を優先する。

5　介護計画の最終的な評価は理学療法士が担当する。

問題 111
（第32回　問題65）

次の記述のうち、Cさんの短期目標として、**最も適切なもの**を1つ選びなさい。

1　車いすの使用方法を理解する。

2　居室のベッドで安静に過ごす。

3　次女との同居を実現する。

4　今まで以上に、意欲的に歩行訓練に取り組む。

5　居室を出てレクリエーションに参加する。

問題 112
（第31回 問題66）

　Ｊさん（71歳、男性）は20歳から造園業を営んでいた。２か月前に脚立から転落して、右大腿骨頸部骨折（femoral neck fracture）で入院した。骨折部位は順調に回復し、下肢機能訓練により杖歩行も可能であると診断されている。しかし、訓練への参加は消極的であり、入院中は車いすで過ごしていた。退院後は自宅で過ごしたいという希望から、下肢筋力に対する機能訓練で５日前に介護老人保健施設に入所した。入所後のＪさんは、日中のほとんどをベッド上でテレビを見て過ごしている。排泄に関する移乗を依頼する以外に職員に話しかけることはなく、食事をしていても他者との会話はみられない。Ｊさんの表情が穏やかなときに歩行訓練に参加を促すが、「ああ、うん…」と言うだけで訓練に参加していない。面会に来た妻によると、Ｊさんは、「施設で訓練しても歩けるようになるはずはない」と話していたということだった。また、妻は、「仕事が大好きで、仕事ができないことに相当落ち込んでいるようだ」と話した。
　Ｊさんに対する長期目標の方向性として、**最も適切なもの**を１つ選びなさい。

1　病院で機能訓練をすること
2　施設での生活に慣れること
3　造園業に再び携わること
4　話し相手を見つけること
5　新しい趣味を見つけること

問題 113
（第31回 問題68）

　Ｋさん（82歳、女性）は、身寄りがなく自宅で一人暮らしをしている。週１回利用している通所介護（デイサービス）で送迎を担当しているＬ介護福祉職は、Ｋさんから、「この間、いつもより膝の痛みが強くなって玄関で立てなくなった。ちょうど民生委員さんが来てくれて、一緒に受診して痛みは治まったの。医師から膝は痛むことがあるが生活に支障はないと言われたけど、いつまでこの家にいられるかしら」と打ち明けられた。その日の夕方、自宅へ送った時にＫさんは、「施設の生活はにぎやかで、さぞ楽しいでしょうね」と話して、涙ぐんだ。発言を受けて、その場で本人の同意を取り、翌日、事業所内のカンファレンス（conference）が行われた。
　Ｌ介護福祉職が話す内容として、**最も適切なもの**を１つ選びなさい。

1　膝の痛みがなくならない理由
2　身寄りがないこと
3　施設に入所するタイミング
4　玄関で活用できる福祉用具
5　在宅生活の継続への不安

■総合問題

総合問題1 （第32回　総合問題1　問題114・115・116）

次の事例を読んで、**問題114**から**問題116**までについて答えなさい。

[事例]　Lさん（78歳、女性）は一人暮らしをしている。「もったいない」が口癖で、物を大切にし、食べ物を残さないようにして生活している。

半年前、脳の細い血管が詰まっていることがわかり、入院して治療を受けた。左半身にしびれがあり、右膝の変形性関節症（osteoarthritis）で痛みもあったために、介護保険の申請をしたところ、要介護1になった。

家事はできるだけ自分でしたいという希望から、週に2回、訪問介護（ホームヘルプサービス）を利用して、掃除と調理を訪問介護員（ホームヘルパー）と一緒にしている。

問題 114　　Lさんが入院するきっかけになった脳の疾患として、**適切なもの**を1つ選びなさい。

1　ラクナ梗塞（lacunar infarction）
2　くも膜下出血（subarachnoid hemorrhage）
3　慢性硬膜下血腫（chronic subdural hematoma）
4　正常圧水頭症（normal pressure hydrocephalus）
5　高次脳機能障害（higher brain dysfunction）

問題 115　　ある日、Lさんと一緒に調理していた訪問介護員（ホームヘルパー）は、賞味期限が2日前に切れた缶詰を見つけた。

Lさんに対して訪問介護員（ホームヘルパー）がとる行動として、**最も適切なもの**を1つ選びなさい。

1　黙って処分する。
2　食べてはいけないと伝える。
3　食べやすいように、缶のふたを開けておく。
4　食べ方を相談する。
5　保存容器に移して保管するように勧める。

問題116 介護保険の申請をしてから半年がたち、更新申請の時期になった。この半年でＬさんは、訪問介護員（ホームヘルパー）が来ない日もいすに座って調理をするなど、回復してきている。更新申請の結果、Ｌさんは要支援１になった。

次のうち、Ｌさんの介護予防サービス・支援計画書を作成する者として、**適切なもの**を１つ選びなさい。

1 訪問介護事業所の訪問介護員（ホームヘルパー）
2 生活支援体制整備事業の生活支援コーディネーター
3 地域包括支援センターの主任介護支援専門員
4 訪問介護事業所のサービス提供責任者
5 生活介護のサービス管理責任者

総合問題2 （第31回　総合問題2　問題117・118・119）

次の事例を読んで、**問題117**から**問題119**までについて答えなさい。

[事例]　Ｇさん（84歳、女性）は、８年前に経済的な理由から養護老人ホームに入所した。

Ｇさんは、「自分のことは、自分でやりたい」といつも話しており、毎朝の体操が日課であった。施設のプログラムである健康体操にも他の利用者と楽しみながら毎週参加していた。

しかし、最近は、足がすくんだようになり、始めの一歩をうまく出せず、歩行に不安を抱えるようになった。

Ｇさんは、物忘れなどの症状が以前からみられていたこと、また他の症状もみられるようになったことから、医師の診察を受けたところ、レビー小体型認知症(dementia with Lewy bodies) と診断された。

Ｇさんは、居室の前にあるトイレに行くとき、転倒してけがをするのではないかと不安になっている。Ｇさんが入所している施設は、Ｎ県から介護保険サービス事業者の指定を受けている。この施設で生活を続けたいというＧさんの意向を受けて、本人を交えて施設職員と介護支援専門員（ケアマネジャー）が支援の内容を検討した。

問題117 Ｇさんが診察を受けるきっかけとなった他の症状とは、発症した認知症 (dementia) の特徴的な症状の一つである。

他の症状に該当するものとして、**最も適切なもの**を１つ選びなさい。

1 片麻痺
2 脱抑制
3 幻視
4 常同行動
5 感情失禁

問題 118 Gさんの移動に関する支援として、**最も適切なもの**を１つ選びなさい。

1 床にある目印をまたぐように声かけをする。
2 車いすで移動する。
3 居室にカーペットを敷く。
4 歩幅を小さくするように声かけをする。
5 四点杖（よんてんづえ）の使用を勧める。

問題 119 Gさんの意向を踏まえた介護保険サービスとして、**正しいもの**を１つ選びなさい。

1 看護小規模多機能型居宅介護
2 小規模多機能型居宅介護
3 短期入所療養介護
4 特定施設入居者生活介護
5 認知症対応型共同生活介護

総合問題3（第31回　総合問題3　問題120・121・122）

次の事例を読んで、**問題120**から**問題122**までについて答えなさい。

[事例] Hさん（26歳、女性）は、腰髄損傷（lumbar spinal cord injury）で両下肢麻痺（りょうかしまひ）の障害があり、車いすを使用してADL（Activities of Daily Living：日常生活動作）は自立している。銀行で働きながら一人暮らしをして、休日は、友人とスキューバダイビングを楽しんでいた。

Hさんは、こだわりや責任感が強く真面目で、悩みごとを打ち明けられない性格であった。

ある日、友人が表情の暗いHさんを心配して話を聞いてみると、「食事が喉を通らず、頭痛や思考力低下があり、寝つきは良いが、すぐに目が覚めて眠れず、仕事上のミスが続き仕事に行けない日がある」と話した。友人の勧めで専門医を受診した結果、Hさんはうつ病（depression）と診断された。

その後、治療を受けながら仕事を続けていたが、激しい動悸（どうき）、息苦しさ、めまいを伴うパニック発作が繰り返し起こり、仕事を休職して治療に専念することにした。

問題 120 Hさんの睡眠障害として、**正しいもの**を１つ選びなさい。

1 レストレスレッグス症候群（restless legs syndrome）
2 概日リズム睡眠障害（circadian rhythm sleep disorder）
3 レム睡眠行動障害（REM sleep behavior disorder）
4 環境因性睡眠障害
5 中途覚醒

問題 121 Hさんの食欲不振や睡眠障害は改善せず、日常生活に介護が必要になり居宅介護を利用し始めた。半年ほど経過した頃、「早く良くなりたい」と介護福祉職に話した。

介護福祉職が、Hさんのつらい思いを受容した上でかける言葉として、**最も適切なもの**を１つ選びなさい。

1 「早く良くなってくださいね」
2 「すぐに治りますよ」
3 「ゆっくり休むことも必要ですよ」
4 「治療、頑張ってくださいね」
5 「気分転換に旅行に行くといいですよ」

問題 122 Hさんは仕事を休職して治療に専念した結果、趣味のスキューバダイビングが楽しめるまでに回復した。介護福祉職に、「仕事に復帰しようと思っている」と話した。

介護福祉職が紹介するサービスとして、**最も適切なもの**を１つ選びなさい。

1 リワークプログラム
2 レスパイトサービス（respite service）
3 ピアカウンセリング（peer counseling）
4 セルフヘルプグループ（self-help group）
5 ガイドヘルプサービス

総合問題4（第32回　総合問題4　問題123・124・125）

次の事例を読んで、**問題123**から**問題125**までについて答えなさい。

[事例]　Dさん（59歳、女性）は、30年前に関節リウマチ（rheumatoid arthritis）を発症して、現在、障害者支援施設に入所している。

　　　　Dさんは、朝は手の動きが悪く痛みがあるが、午後、痛みが少ないときは関節を動かす運動を行っている。足の痛みで歩くのが難しく車いすを使用しているが、最近は手の痛みが強くなり、自分で操作することが難しい。また、食欲がなく、この1か月間で体重が2kg減っている。夜中に目が覚めてしまうこともある。

問題 123　Dさんの朝の症状の原因として、**最も可能性が高いもの**を1つ選びなさい。

1　睡眠不足
2　低栄養
3　平衡感覚の低下
4　筋力低下
5　関節の炎症

問題 124　使っていた車いすを自分で操作することが困難になったDさんが、「障害者総合支援法」で電動車いすを購入するときに利用できるものとして、**適切なもの**を1つ選びなさい。

1　介護給付費
2　補装具費
3　自立支援医療費
4　訓練等給付費
5　相談支援給付費

(注)「障害者総合支援法」とは、「障害者の日常生活及び社会生活を総合的に支援するための法律」のことである。

問題 125　Dさんは「ここ数日、朝だけでなく1日中、何もしないのに手足の痛みが強くなってきた」と訴えている。

　　　　日常生活で、Dさんが当面留意すべきこととして、**最も適切なもの**を1つ選びなさい。

1　前あきの衣類より、かぶりの衣類を選ぶ。
2　ベッドのマットレスは、柔らかいものを使用する。
3　関節を動かす運動を控える。
4　できるだけ低いいすを使う。
5　頸部が屈曲位になるように、高めの枕を使用する。

模擬試験問題　解答・解説

人間と社会

人間の尊厳と自立［全2問］

問題 1 ………正解 3

本人の不安な気持ちをサービスの利用回数で解決しようとしたり、家族の事情を知らずに無責任に同居を勧めたりするのは適切ではありません。自宅での生活を希望しているのに、グループホームの入居を勧めるのも適切ではありません。また、住居環境を整備することは転倒のリスクの軽減につながりますが、Ａさんの不安が解消されるわけではないので不適切です。まずはＡさんのこれまでの生活の情報（転倒して骨折したなど）をもとに、Ａさんの気持ちを確認し、本人の意思を尊重する対応をします。
（第31回　問題1）

問題 2 ………正解 5

インフォームドコンセントは説明に基づく同意。ストレングスは人間が持っているプラス面の強み。パターナリズムとは、本人の意思にかかわりなく、本人の利益のために本人に代わって意思決定をすること。エンパワメントは本来ある力を取りもどすこと。（第32回　問題2）

人間関係とコミュニケーション［全4問］

問題 3 ………正解 1

入所当日のため、Ｂさんと介護福祉職との信頼関係が構築されていません。信頼関係を構築するために、受容・共感・傾聴を実践し、Ｂさんとの双方向のやりとりが実践できるように対応します。
（第31回　問題3）

問題 4 ………正解 1

相手と視線を合わせることはコミュニケーションの基本です。相手が座り、自分が立ったまま話すことは、相手に威圧感を与えます。初対面のときには、密着距離を取ると警戒心を抱かれます。高齢者の場合、暗い場所では相手の表情が見えにくいので不適切です。また、高齢者の中には老人性難聴を抱えている人も多く、周囲に雑音がない場所で話すようにします。
（第32回　問題4）

問題 5 ………正解 3

介護サービスは提供前と提供後に、提供者側や利用者の手元に「形」として残りません。このことから介護サービスは、ヒューマンサービスのひとついえます。ヒューマンサービスの特徴は「無形性」「不可分性」「変動性」「消滅性」の4つです。「無形性」とは、サービスには形がない、目に見えない、触れることができないということです。　　　　　　　　（オリジナル）

問題 6 ………正解 1

チームの目標達成のために、チームメンバーはそれぞれの役割を明確にしながら職務を遂行します。そして、目標達成のために互いの意見を述べ、フォローし合います。　　（オリジナル）

社会の理解［全12問］

問題 7 ………正解 2

地域共生社会とは、地域において住民が世代や背景を超えてつながり、相互に役割を持ち、一

人ひとりが生活における楽しみや生きがいを見いだし、さまざまな困難を抱えた場合でも社会から孤立せず、安心してその人らしい生活をおくれる社会のことであり、その社会の構築を目指しています。 (第31回　問題6)

問題 8 ……… 正解 3

「働き方改革」は多様な働き方のできる社会を実現するために、すべての企業に対して、長時間労働の是正や、いかなる雇用形態であっても同様に公正な待遇の確保等の措置を講じることを目指しています。時間外労働の制限や有給休暇の付与などが定められました。
(第32回　問題6)

問題 9 ……… 正解 3

正解以外の選択肢も誤りであるとまではいえませんが、事例は経済的に生活が苦しくなり、生活困窮におちいっている人にとって適切な相談先を問うものです。生活困窮→生活保護というケースもありますので、行政の社会福祉相談機関である福祉事務所を紹介するのが適切です。
(第32回　問題7)

問題 10 ……… 正解 2

介護保険制度では、65歳以上の者を第一号被保険者、40歳以上65歳未満で医療保険加入者を第二号被保険者としています。40歳という年齢で区切られているのは、介護というものが身近に感じられるようになる年代だからといわれています。加入は強制であり、第一号被保険者の保険料は年金からの特別徴収、第二号被保険者の保険料は医療保険といっしょに徴収されます。 (第32回　問題9)

問題 11 ……… 正解 1

2018（平成30）年の法改正で創設された介護医療院は、それまで社会的入院が指摘されてい

た介護療養型医療施設の転換先のひとつとして創設されました。介護療養型医療の廃止は、6年の経過措置が設けられました。定期巡回・随時対応型訪問介護看護は2012（平成24）年、他は2015年（平成27）年に創設・実施されています。 (第31回　問題11)

問題 12 ……… 正解 2

2016（平成28）年の障害者総合支援法の改正は、①障害者の望む地域生活の支援、②障害児支援のニーズの多様化へのきめ細かな対応、③サービスの質の確保・向上に向けた環境整備という3つのポイントで行われました。自立生活援助は、障害支援施設等から一人暮らしへ移行を希望する知的障害者や精神障害者に対して、本人の意思を尊重しながら、地域生活を支援するサービスです。放課後等デイサービス、保育所等訪問支援、医療型障害児入所施設は、2012（平成24）年の児童福祉法の改正で創設されました。就労定着支援は障害のある人の就労上の問題解決に取り組んだり、社会的資源に対して必要な連絡や調整、アドバイスを行ったりするサービスです。 (第31回　問題13)

問題 13 ……… 正解 3

介護保険のサービスを提供する事業者は、苦情対応のしくみを整備することが運営基準で定められています。契約書の重要事項にも必ず記載されており、事業所内に内容を掲示することが義務づけられています。苦情の申し出に対する助言として適切です。 (第31回　問題15)

問題 14 ……… 正解 4

共生型サービスとは、介護保険サービスと障害福祉サービスが一体的に行われるサービスです。地域共生社会を目指し、創設されました。対象となるのは、ホームヘルプサービス（訪問介護）、ショートステイ（短期入所生活介護）、デイサービス（通所介護）です。
(第32回　問題13)

こころとからだのしくみ

こころとからだのしくみ　[全12問]

問題 15 ………正解 4

社会福祉士は、福祉に関する相談援助の専門職。精神保健福祉士は、精神面の判定は行いません。理学療法士は、温熱や電気刺激により基本的な身体機能の回復を支援します。栄養士は、栄養状態に配慮した食事の提供を行います。

(第31回　問題14)

問題 16 ………正解 2

Eさんが望まない雑誌の処分を直接的あるいは間接的に強要してしまう声かけや、Eさんの管理の不備を説明する対応は、Eさんの気持ちが安定することにはつながりません。障害を個別にとらえ、その人に合った対応をすることが大切です。　　　(第32回　問題14)

問題 17 ………正解 1

労働災害補償保険制度の保険給付の対象となる労働者は、労働基準法第9条において「事業又は事務所に使用される者で、賃金を支払われている者をいう」と定められています。パートタイマーやアルバイトの人も対象です。

(第31回　問題10)

問題 18 ………正解 4

補足性の原理とは、その利用し得る資産、能力その他あらゆるものを、その最低限度の生活の維持のために生活保護を活用するというものです。選択肢1は国家責任の原理、2は無差別平等の原理、3は最低生活処方の原理、5は必要即応の原理です。　　(第32回　問題16)

問題 19 ………正解 4

集団や社会に属し、望ましい関係でいたいというのが所属・愛情の欲求です。生命を脅かされないことは安全の欲求。他者からの賞賛は自己尊重の欲求。自分の遺伝子の継続は生理的欲求。自分自身の向上は自己実現の欲求です。

(第32回　問題97)

問題 20 ………正解 1

肝臓はブドウ糖の一部をグリコーゲンとして貯蔵し、必要なときにブドウ糖に変え、血液中に放出しています。尿の濃縮は腎臓で行われます。呼吸の中枢は延髄にあります。インスリンは、膵臓のランゲルハウス島で分泌されます。ガス交換を行うのは肺です。　　(第31回　問題98)

問題 21 ………正解 4

唾液は99％が水分ですが、他に抗菌、浄化、免疫などにかかわる成分を含んでいます。副交感神経が優位に働くと、唾液分泌を促進させます。食事時に限らず、唾液は分泌されています。耳下腺は、下顎のえらが張った部分のすぐ後ろ、耳の前下方にあります。舌下腺、顎下腺とあわせて3大唾液腺といいます。

(第31回　問題99)

問題 22 ………正解 5

口臭は次の3つに分類されます。①唾液が少なく、食べかすや歯垢などから発生する生理的口臭。②虫歯や歯周病、内臓や喉、鼻の病気など病気に由来する病的口臭。③ネギやニンニク、アルコールなどの食べ物が原因となる食品由来。口臭は対人関係にも影響し、心理的に人との交流を避けるようになることもあります。

(第32回　問題100)

問題 23 ……… 正解 3

大腿骨頸部骨折は、歩行の機能に影響を与えます。活動性が低下し、最悪の場合は寝たきりという状態にも陥りやすいものです。廃用症候群となり、心身の機能低下の悪循環が起こる危険性が高いので、少しでも早期にリハビリテーションをはじめる必要があります。転倒によって起こる頻度が高く、人工骨頭置換術の手術による治療が行われることが少なくありません。結果として、下肢筋力の低下、歩行能力の低下につながるので、予後も注意が必要です。

（第32回　問題101）

問題 24 ……… 正解 1

先行期は摂食の準備段階で、食べ物を認識し、唾液の分泌が増加します。準備期は食べ物を口腔に入れ、唾液とまぜ、食べやすい大きさの食塊をつくる段階です。口腔期は舌の運動により、食塊を咽頭へと運ぶ段階です。咽頭期は飲み込んだ食塊が、咽頭から食道へと運ばれる段階です。食道期は食道へと運ばれた食塊が、蠕動運動により胃へとおくられる段階です。

（第32回　問題102）

問題 25 ……… 正解 3

糖尿病でインスリン療法を受けており、2日前から食事量が低下し、「胸がどきどきして、ふわふわする」などの訴えがあり、額に汗がみられることから、低血糖を起こしている可能性が高く、ただちに医療職に相談する必要があります。

（第31回　問題102）

問題 26 ……… 正解 3

浴槽からの立ち上がりでは、起立性低血圧が起こりやすいため、ゆっくりと行います。家庭内の不慮の事故死では、「溺死、溺水」の順位が高く、入浴関連がまれではないことがわかります。心疾患の人は、負担を減らすために半身浴

が勧められます。食事直後は、胃に血流が集中するため入浴は避けるべきです。入浴後はからだの水分が減少しており、水分補給が必要です。

（第31回　問題104）

問題 27 ……… 正解 5

外肛門括約筋は、肛門の近くまで便が運ばれると自然にゆるみますが、意図的に締めることも可能です。これが便を我慢するという状態です。逆に意識してゆるめることで、排便はスムーズになります。排便しやすい体位は、前かがみの座位です。交感神経は蠕動運動を抑制します。食物が胃に入ることで、便意は促進されます。排便には、腹圧をかけることが必要です。

（第31回　問題105）

問題 28 ……… 正解 2

抗ヒスタミン薬は風邪薬やアレルギー疾患の薬、酔い止めなどが該当します。もともとヒスタミンはくしゃみ、鼻水、かゆみといったアレルギー反応と関連があるとともに、覚醒を促す物質でもあります。抗ヒスタミン薬はヒスタミン受容体に作用し、ヒスタミンをブロックする薬ですので眠気を催す作用があります。

（第32回　問題106）

問題 29 ……… 正解 4

死亡直前には全身に力が入らなくなり、筋肉が弛緩した状態になります。関節の動きもゆるやかになります。角膜の混濁や皮ふの死斑は、死亡直後にみられるからだの変化です。下顎呼吸とは、下顎を上下に動かすような呼吸です。呼吸困難の症状であり、死亡直前にみられます。

（第32回　問題108）

問題 30 ……… 正解 2

怒りとは、自分の死が決して否定できないものと理解し、なぜ自分が死ななければならないの

586

かという思い込みが怒りとなって、周囲へと向けられる段階です。「もう来なくていい」「どうして私だけが、がんにならなければならないのか」という言動は、この心理状態と一致します。否認は死を受け入れられず、否定する段階。取り引きは自分に不利な条件を提示することにより、死を遠ざけたり、逃れようとしたりする段階。抑うつは死から逃れられることができないと理解し、意欲が低下した段階。受容は死を受け入れ、死にゆく自分と前向きに向き合うことができるようになる段階です。

(第31回　問題108)

発達と老化の理解　[全8問]

問題 31 ………正解 4

指を使って物をつかめるのは、生後4〜5か月ごろ。つかまり立ちは9〜12か月ごろでできるようになります。喃語は生後6か月ごろにはあらわれ、二語文を話し始めるのは2歳前後です。養護者との間の愛着(アタッチメント)は、生後3歳ごろまでにおもに母親との関係を通じて形成されるといわれます。

(第31回　問題69)

問題 32 ………正解 2

高齢者虐待防止法では、高齢者を65歳以上と定義しています。老人福祉法の定義も同じです。高齢者等の雇用の安定等に関する法律では55歳以上。高齢者の医療の確保に関する法律では、65歳以上75歳未満を前期高齢者、75歳以上を後期高齢者としています。免許更新時の高齢者講習は、70歳以上の高齢者を対象としています。

(第32回　問題70)

問題 33 ………正解 4

加齢により喉頭の位置は下降し、嚥下時に喉頭挙上が不十分になり、嚥下機能の低下をもたらします。他にも加齢に伴う嚥下機能の低下に影響する事柄として、歯の欠損や唾液分泌の低下、咀嚼力の低下、口腔感覚の低下、筋力の低下、疾患や内服薬の影響などがあります。また、加齢により、舌骨の位置は下方に移動、舌骨上筋（がいそうはんしゃ）は萎縮し、咳嗽反射は低下し、嚥下機能の低下につながります。

(第32回　問題71)

問題 34 ………正解 2

認知症により、トイレの場所や排泄のための動作などがわからないで起こるのが機能性尿失禁。重い物を持つなどで腹部に力がかかったときに起こるのが腹圧性尿失禁。さまざまな原因が重なっているのが混合性尿失禁。前立腺肥大などで残尿があり、少量漏れてしまうのが溢流性尿失禁です。

(第31回　問題72)

問題 35 ………正解 3

チアノーゼとは、血液中の酸素が少なくなり、全身に行きわたらなくなることで生じます。心不全では、血液を四肢の末端までおくる力が低下し、酸素が行きわたらなくなることで生じます。安静にしても、すみやかに息切れはおさまりませんし、運動は呼吸苦につながる場合もあります。また、呼吸苦のときは座位をとり、上半身を前かがみにすると楽になります。心不全では、四肢や顔面に浮腫があらわれます。

(第32回　問題73)

問題 36 ………正解 5

高齢者の場合、複数の慢性疾患があることが珍しくはありません。若年者に比べて予備力・回復力の低下、複数疾患があるなどの理由で、服薬する薬剤の種類も多くなり、副作用の危険性も高まります。高血圧の治療目標も、若年者〜前期高齢者の130/80mmHgから、後期高齢者では140/90mmHgと高くなります。高齢者では薬が体内に蓄積しやすく、効果が強く出てしまうことがあります。

(第31回　問題74)

問題 37 ……… 正解 3

腹筋の筋力低下により、腹圧が十分かからず便秘になることがあります。便秘とは、本来体外に排出すべき糞便を十分かつ快適に排出できない状態を指します。病気そのものや薬剤が原因で便秘になることも少なくありません。下剤の服用もひとつの改善策ですが、自然排便ができるようにすることが優先されます。

(第31回　問題75)

問題 38 ……… 正解 5

処方箋の交付ができるのは医師のみです。食事メニューの作成は、管理栄養士の役割です。作業訓練を行うのは理学療法士の役割です。居宅介護サービス計画を立案するのは、介護支援専門員です。また、介護支援専門員は利用者の生活課題の解決のため、利用するサービスを提案します。

(第32回　問題76))

認知症の理解　[全10問]

問題 39 ……… 正解 4

荷物を持って「出口はどこか」と聞いてくる人に対して、その行動を否定したり、はぐらかしたりするような対応は、本人の気持ちを受け止め、安心してもらえる対応とはいえません。「どちらに行きたいのですか」と、出口を探している理由を尋ね、いっしょに歩くのがもっとも適切な対応です。　　(第31回　問題77)

問題 40 ……… 正解 5

昼夜逆転は見当識障害や理解力、判断力、記憶力の低下という中核症状に、環境や本人の性格、周囲の対応などが影響し出現する行動・心理症状（BPSD）です。トイレの水を流すことできなくなるのは失行、物事を計画立てることができないのは実行機能障害、言葉を発することができないのは失語、親しい人がわからないのは

見当識障害で、いずれも認知症の中核症状です。

(第32回　問題78)

問題 41 ……… 正解 1

せん妄の原因は心肺機能の低下、脱水や発熱などの体調の変化、薬剤の影響などが考えられます。意識が混濁し、幻覚や妄想、興奮などがあらわれます。1日のうちで症状のある・なしが変化し、特に夜間に多いのが特徴です。原因を解消することで改善しますが、自然に改善することも少なくありません。(第32回　問題79)

問題 42 ……… 正解 2

加齢による物忘れは本人もそのことを自覚しており、思い出すことも可能で、生活への影響も少ないものです。認知症の物忘れは本人に自覚がなく、物事の全体が欠落するので思い出すことができません。認知症の進行とともに物忘れも進行し、物事を覚えることができなくなっていきます。　　　　(第31回　問題80)

問題 43 ……… 正解 3

集団での交流活動などといった社会的活動は本人への刺激が大きく、心身の活性化につながります。結果として認知症の発症リスクを低減させるといえます。活動性を減らしたり、体調不良につながったりするような生活習慣は、認知症の発症リスクを上昇させる可能性があります。　　　　　　　　(第32回　問題81)

問題 44 ……… 正解 1

軽度認知障害とは、健常者と認知症の中間的レベル、いわゆる認知症の前段階のことです。この時期でははっきりとした認知症の症状はありませんが、本人や家族などの周囲から、漠然とした記憶力の低下の訴えがあるのが特徴です。

(第31回　問題82)

問題 45 ……… 正解 3

常同行動とは、同じ行動や発言を繰り返すという状態です。前頭側頭型認知症の特徴的な症状であり、制限をしても改善できることはなく、本人が納得することもありません。本人の行動が安全で周囲の迷惑とならないような対応や、新しい生活パターンを手に入れる支援が大切です。 (第32回 問題83)

問題 46 ……… 正解 3

重度の認知症であっても、胃ろうの導入には本人の意思が最大限尊重されるべきであり、家族や主治医の判断のみでなく、本人の意思を確認する工夫が必要です。成年後見人であっても、医療行為に関する同意権はありません。胃ろう栄養法の中止も同様に、介護職が判断すべきことではありません。 (第31回 問題85)

問題 47 ……… 正解 4

グループホームの職員は、Dさんの普段の生活についてもっとも把握し、理解しています。そのことを入院中に対応する看護師に伝えておくことは大切です。リハビリ開始や成年後見制度の利用、地域ケア会議の開催、医師への処方の依頼は、介護福祉職が判断すべきことではありません。 (第32回 問題85)

問題 48 ……… 正解 5

息子の行動に対する注意や非難は、本人の気持ちを受け止めている対応とはなっていません。家族の会を紹介することは意味のあることですが、最初の対応としては、献身的に介護をしている息子のことを認めたうえで、ねぎらいの言葉をかけることが適切です。

(第31回 問題86)

障害の理解 [全10問]

問題 49 ……… 正解 1

ノーマライゼーションはデンマークのバンク - ミケルセンが提唱し、スウェーデンのニィリエが8つの基本原理にまとめました。ヴォルフェンスベルガーはアメリカでノーマライゼーションを広め、ロバーツはアメリカの自立生活運動のきっかけをつくりました。ソロモンは、エンパワメントアプローチを提唱した人です。

(第31回 問題87)

問題 50 ……… 正解 3

障害者差別解消法は共生社会を実現するために、障害者の活動や社会参加を制約している社会的障壁の除去と、行政機関や民間事業者への合理的配慮を義務化しています。対象は障害者手帳の所持にかかわらず、日常生活や社会生活に相当の制限を受けている状態にある障害のある人とされています。合理的配慮とは、一人ひとりの障害特性にあわせた合理的かつ適切な配慮のことです。障害者差別解消支援地域協議会は、障害者にとって身近な地域で、さまざまな組織・団体が、地域の実情に応じた差別の解消を主体的に行うためのネットワークです。

(第32回 問題88)

問題 51 ……… 正解 4

痙直型やアテトーゼ型というのは、脳性麻痺の分類です。脳性麻痺とは、胎児期から生後4週までの間に、何らかの原因で脳が損傷を受け、その後、からだや手足が自由に動かせなくなる脳障害が後遺症です。損傷を受けた脳の部位により症状が異なり、ほかにも「失調型」という分類があります。 (第32回 問題89)

問題 52 ……… 正解 1

統合失調症では、症状がではじめた急性期にあ

らわれる幻覚、妄想、異常行動、思考の混乱といった症状を陽性症状といいます。一方、回復とともに出現する感情・意欲の減衰、無関心、集中力の低下、ひきこもりなどの症状を陰性症状といいます。躁うつのように躁状態とうつ状態を繰り返す症状はなく、強迫観念や振戦せん妄、見捨てられ不安も、統合失調症の症状ではありません。

(第31回　問題90)

問題 53 ……… 正解 2

自閉症スペクトラム障害とは、自閉症と共通する症状がみられる発達障害の総称です。具体的には、他の人との交流が苦手である社会性の障害、パターン化した行動、ある物事に対するこだわりなどがあげられます。読み書きの障害は学習障害のひとつ。注意の障害で代表的な発達障害は、注意欠陥多動性障害。行為障害は、小児から青年期にかけて発症する情緒障害のひとつ。運動障害は運動神経系の障害により、随意運動がうまくできない状態のことです。

(第32回　問題92)

問題 54 ……… 正解 4

網膜色素変性症は、視細胞と色素上皮細胞が広範囲に変性し、視覚障害を起こす疾患です。遺伝子変異が原因として考えられています。夜盲とは、周囲が暗くなると、物が見えなくなる現象です。網膜色素変性症の初期にみられる症状です。

(第31回　問題93)

問題 55 ……… 正解 3

障害の受容は、障害を受けた直後で大きなショックを受けている「ショック期」にはじまり、障害を否定して回復を期待する「否定期」、障害が回復しないことを理解し、障害に対する苦悩と怒りがこみ上げる「混乱期」、立ち直りはじめ、適応への努力をする「解決への努力期」、自分の持つ障害に対して前向きに考えられる「受容期」の5つのステージからなります。

(第31回　問題94)

問題 56 ……… 正解 5

関節リウマチでは、関節の痛みや腫れ、動きの制限による歩行や起立の困難といった症状があらわれます。30〜50歳の女性が発症することが多い疾患です。日常生活では、手指など痛みのある関節に負担を小さくする工夫が必要となります。低いイスの使用は 関節が深く曲がり、立ち上がりの負担も大きくなります。膝を曲げて寝るのも、膝への負担が増大します。かばんの持ち手を手で握るのは、指の関節を大きく曲げることであり、かばんの重さを指で支えるため、負担の大きい行為です。ドアの丸い取っ手は手首を曲げて持ってひねる動作が必要なので、関節への負担が大きいです。ループ付きタオルは肘や手首、肩などの関節を大きく曲げることなく、からだを洗えるので負担が小さいです。

(第31回　問題95)

問題 57 ……… 正解 5

制度化された社会資源をフォーマルサービス、それ以外の制度化されていないサービスをインフォーマルサービスといいます。家族会は当事者相互の活動。善意の声かけは、自発的な地域活動。同居家族の介護も制度化されていないものです。コンビニエンスストアよる見守りは、地域の支え合い活動です。民生委員は、民生委員法に基づく制度化された社会資源です。

(第32回　問題96)

問題 58 ……… 正解 5

リハビリテーション目的の入院をしているCさんですが、他の患者とも交流せず、自室に閉じこもりがちです。まずはなぜリハビリテーションに取り組まず、そのような行動を取っているのかを探り、前向きに今後の生活を考えるうえでの心理的カウンセリングが必要です。利き手の交換、階段昇降訓練、プッシュアップ訓練といった具体的な訓練や義足の作成は、Cさんが前向きかつ自主的に取り組める心理状態になったあとに進めるべきことです。

(第31回　問題96)

医療的ケア

医療的ケア　[全5問]

問題 59 ………正解 2

基本研修の修了と、所定の実地研修を修了する必要があります。喀痰吸引や経管栄養は、医行為から除外されたわけではありません。研修を修了した介護福祉士は登録を受け、事業所でも喀痰行為が実施できるようになります。基本研修の講師は、所定の研修を終えた医師、看護師です。インスリン注射は実施できません。

（第32回　問題110）

問題 60 ………正解 3

痰の吸引には痰を除去し、呼吸を楽にする目的があります。入浴前は入浴に備え、呼吸を楽にするためにも痰の吸引を行います。また、入浴時は体温の上昇で痰が増えることが予想されますので、入浴後にも行うことが基本です。

（第31回　問題110）

問題 61 ………正解 4

吸引物に血液が混じっていることから、鼻腔内を傷つけたことが予測できます。また、呼吸は落ち着いているので、緊急性は低いと考えられます。まずは目視できる範囲の確認を行い、医療職に状態を報告します。出血しそうなところにチューブをとどめると、傷口を広げる危険があります。Kさんも痰は取りきれたようだと言っているので、再度の吸引は不要です。繰り返し吸引を行うことは傷口を広げるだけでなく、本人の負担も大きくなる行為です。鼻腔内の消毒は医療行為にあたります。

（第32回　問題111）

問題 62 ………正解 3

冷蔵庫に保管したままの栄養剤は、指示された温度より冷たくなっています。この場合、腸管への刺激が強く、腸管の蠕動運動を亢進するの

で、下痢をする可能性がもっとも高くなります。呼吸困難や胃ろう周囲のびらん、褥瘡、低血糖などは栄養剤の温度が影響する症状ではありません。

（第32回　問題113）

問題 63 ………正解 4

胃ろうを実施する場合、最初に行うべきは本人であることを確認し、これから栄養剤を注入する旨を説明することです。物品の劣化や指示内容の確認は、栄養剤を運ぶ前に行うことです。体位の確認は、本人の確認、説明と同意のあと、チューブの固定の確認は体位の確認のあとに行います。

（第31回　問題112）

介護

介護の基本　[全10問]

問題 64 ……… 正解 1

Fさんは毎朝、夫にコーヒーを入れることを役割と認識しています。認知症により実行機能障害が進行し、失敗することが多くなったものの、役割を継続しようとする意思はあります。実行機能障害は、介護者ができないところを支援することにより、目的が達成できます。夫がFさんの意志に寄り添い、役割を実行できるように支援します。　　　　　　（第32回　問題17）

問題 65 ……… 正解 4

介護福祉士に求められる義務は、「誠実義務」「信用失墜行為の禁止」「秘密保持義務」「資質向上の責務」「連携」です。「連携」には、利用者の心身の状況に応じて、福祉サービスなどが総合的かつ適切に提供されるよう、福祉サービス関係者等との連携を保たなければならないと示されています。　　　　　　（第31回　問題18）

問題 66 ……… 正解 4

介護福祉職の倫理については、「日本介護福祉士会倫理綱領」に示されています。介護福祉職は、利用者のプライバシーの権利を擁護し、業務上知り得た個人情報について業務中か否かを問わず、秘密を保持（プライバシーの保護）します。利用者の情報を本人の同意なしに他者に話すことは、介護福祉士の倫理に反することです。　　　　　　（第31回　問題23）

問題 67 ……… 正解 1

Hさんの現在の暮らし方や考え方は、過去の経験や習慣などの延長線上にあります。畳で布団を使用していることが生活の支障になっていなければ、それを継続することがHさんらしい暮らし方の実現といえます。他の選択肢は、過去の経験や習慣を変更するものなので、Hさんらしい暮らしの実現とはいえません。

（第32回　問題20）

問題 68 ……… 正解 2

オペレーターは医師、看護師、准看護師、介護福祉士、社会福祉士または介護支援専門員に限られています。利用者からオペレーターが通報を受け、訪問が必要と判断した場合は訪問介護職員などに訪問を要請し、利用者の居宅を訪問します。介護・看護一体型では、訪問看護サービスを利用した場合の介護報酬は異なります。サービスの対象者は要介護1以上の認定を受けている者であり、日常生活上の緊急時対応を行っています。　　　　（第31回　問題21）

問題 69 ……… 正解 4

認知症対応型共同生活介護（グループホーム）は、認知症のある人に対して少人数を単位とした共同生活の中で、個別を尊重したケアを行っています。個々のニーズを尊重しながら、日常生活の中で「その人らしい生活」を実現します。利用者の過去の経験や生活習慣の継続を考えながら、利用者が持っている能力に応じたケアが提供されます。　　　　（第32回　問題22）

問題 70 ……… 正解 5

多職種連携とは、それぞれの専門職（民生委員やボランティア等も含む）が専門性を生かした視点で情報収集や課題分析を行い、利用者の支援方法や目標を共有し、利用者の生活の課題の解決に取り組むことです。多職種が連携して利用者を支援することにより、質の高いケアを提供できます。　　　　（第32回　問題24）

問題 71 ……… 正解 1

介護保険制度では、施設や事業所に対して事故発生防止のための指針の整備、事故防止検討委員会の設置、事故防止に関する職員の定期的な研修への参加などを規定しています。介護実践の場では、利用者の安全を第一に考え、事故を未然に防ぐことが重要です。そのため、利用者の個別性を把握し、個々に合ったサービスを提供することが安全の確保につながります。

（第31回　問題24）

問題 72 ……… 正解 2

MRSAはありふれた菌で、人の皮膚などによく付着しています。弱毒菌のため、抵抗力があれば重症化することはありません。このようなことから、入所者全員の保菌の有無を調べる必要はありません。また、レクリエーションの参加も可能です。ただし、予防や感染拡大抑制の対策を取る必要があります。施設内を消毒する、汚染されたと思われる物品は消毒する、うがい、手洗い、手指消毒などの対策を行います。

(第32回 問題26)

問題 73 ……… 正解 3

燃え尽き症候群とは、今まで精力的に仕事に打ち込んできた人が、突然燃え尽きてしまったように仕事への情熱や意欲を失ってしまう状態になることです。環境因子としては、長時間労働やノルマ、過重負荷、業務内容に対しての評価が低いことで、仕事にやりがいを見いだせなくなることなどがあげられます。

(第31回 問題26)

コミュニケーション技術 [全6問]

問題 74 ……… 正解 4

考え方を変えるよう促されることは、自分の考えを否定されるように感じてしまいます。励まされると負担感が増してしまいます。時間が解決するのを待つこともありますが、相手が話したいことを聴くことも必要です。どのような状態であれ、自己選択と自己決定の尊重は大切です。意欲低下の背景を考えることで、課題解決につながる可能性があります。

(第32回 問題28)

問題 75 ……… 正解 5

「負けてはいけません」「不安に思う必要はない」のようにHさんの気持ちを否定するような言葉や、「自宅に戻れます」などの安易な言葉はHさんの気持ちに寄り添っていません。また、「H

さんがかわいそう」という介護福祉職の勝手な思いを伝えることは不適切です。まずは不安な気持ちを受容し、寄り添う姿勢が適切です。

(第31回 問題29)

問題 76 ……… 正解 1

直面化とは、相手の行動やその行動がもたらす影響を指摘して、相手が自分の行動と向き合い、見直しをしていけるようにすることです。選択肢2は傾聴の技法、選択肢3は要約の技法、選択肢4は言い換えの技法、選択肢5は質問方法の「閉じられた質問」です。

(第32回 問題27)

問題 77 ……… 正解 2

構音障害の場合、脳の運動中枢や構音器官の問題によって話すことが難しくなるので、短い返答を促す「閉じられた質問」は有効です。言葉を出すことが難しいので、はっきりと発音することを促すのは不適切です。聴覚に障害はないので、大きな声で話す必要ありません。言葉の理解はできるので筆談も有効です。聞き取れないときは、ゆっくりと話をしてもらいましょう。

(第32回 問題29)

問題 78 ……… 正解 1

長期にわたる業務は、細かく報告することが適切です。ふらついて転倒まで至らなくても、ヒヤリ・ハットとして報告します。情報は上司だけでなく、チームで共有することが必要です。報告では、結論を先に述べましょう。苦情対応は初期対応が重要です。まず上司に報告しましょう。

(オリジナル)

問題 79 ……… 正解 5

叙述体とは、事実を時間の経過に沿ってありのままに記述する方法です。選択肢1・2は要約体、選択肢3・4は説明体です。

(第31回 問題33)

問題 80 ……… 正解 4

選択肢1は ✿「身体障害者標識（身体障害者マーク）」、選択肢2は ♿「障害者のための国際シンボルマーク」、選択肢3は ✛「ヘルプマーク」、選択肢5は ⬛「障碍者雇用支援マーク」の表示が正しいです。　　（第31回　問題35）

問題 81 ……… 正解 5

家具にキャスターをつけると、動いてしまうため危険です。重い物が上部にあると、地震で落下してきたときに危険ですし、バランスも悪くなります。食器棚をガラス扉にすると、割れたときに危険です。避難経路を玄関の一方向のみにすると、そこがふさがれたときに逃げられません。非常時に両手を使えるリュックサックに、荷物をまとめておくことが適切です。

（第32回　問題35）

問題 82 ……… 正解 3

長時間の外出の企画を立てるのは間違いではありませんが、「準備すること」という問いに対しての最優先事項ではありません。家族の同行はなくても、外出はできます。車いすを使用しているため、折りたたみ傘ではなくレインコートの用意が適切です。介助ベルトはあってもよいのですが、優先度は低いです。車いすを使用するため、外出先の経路の情報を知っておくことは非常に重要です。　（第31回　問題40）

問題 83 ……… 正解 4

上半身を起こすには、介助者の前腕を利用者の背中にあてて、肘を視点とした「てこの原理」で起こします。ベッドの端に足底をつけて座ります。立ち上がるには前かがみになることが必要で、深く座り直すときには前後の重心移動を行います。車いすに移るときに、足先とからだ

を車いすへ向けることが適切です。

（第31回　問題41）

問題 84 ……… 正解 2

両足を揃えて立っている状況で、重心が右前方に移っているのであれば、ふらつきの方向は右前方になります。　　　　（第32回　問題42）

問題 85 ……… 正解 3

袖を抜くときは肩口をゆるめて、肩→肘→手の順に抜きます。脱いだ衣類は巻き込んでからだの下に入れて、新しい寝衣はからだにかけます。右前身頃の上に左前身頃を重ねて、結び目が横になるように腰紐を結びます。利用者の脊柱と新しい寝衣の背縫いの部分を合わせることが適切です。　　　　　　（第31回　問題39）

問題 86 ……… 正解 2

高次脳機能障害は脳の障害なので、できない理由を確認することは本人にプレッシャーをかけてしまいます。また、口頭で指示をしても、それを実行できません。衣類をたたむと手順が増えてしまい、着衣の方法を毎回変えれば、新しいことを繰り返すことになるため、適切ではありません。目で見て確認ができるように、衣類に印をつけることが適切です。

（第32回　問題38）

問題 87 ……… 正解 4

関節可動域の改善は、理学療法士の役割です。着脱に使用する福祉用具の選定は、福祉用具専門相談員等が担います。義歯の修復は歯科技工士が行います。糖尿病の利用者の爪切りは医行為と解釈されるため、看護師が行うことが適切です。　　　　　　　　（第32回　問題40）

問題 88 ……… 正解 5

右片麻痺の利用者の右側に食べ物を入れると、ため込んでしまうので、左側に入れましょう。

また、健側の左腕を活用した食事介護が必要です。咀嚼（そしゃく）機能に問題がなければ、刻み食にする必要はありません。スプーンは下唇に触れるように運びます。一口ごとに飲み込みを確認することは、誤嚥や窒息を防ぐためにも適切と考えられます。 （第31回　問題46）

問題 **89** ……… 正解 **3**

Mさんは BMI18.7で、体重も２kg減少し、疲れやすくなったなどの発言があることから、低栄養のリスクが考えられます。そのため、たんぱく質を摂取する必要があり、主菜の摂取を勧めることが適切と考えられます。

（第32回　問題44）

問題 **90** ……… 正解 **1**

骨粗鬆症の予防に、カルシウムの吸収を助けるビタミンDの摂取は適切です。高血圧症の予防としては、ナトリウムを尿に排出するカリウムを含む果物を摂取することが必要です。便秘予防には、水分が必要です。やわらかいものを食べるのは、ドライマウスの予防策にはなりません。逆流性食道炎のある人が食後すぐに横になると、かえって逆流を起こしてしまいます。

（第32回　問題46）

問題 **91** ……… 正解 **4**

目を拭くときは、目頭から目尻にかけて拭きます。背部は健側を下にして拭いて、腹部はおへそを中心に「の」の字を描くように拭きます。両下肢を末梢から中枢に向かって拭くことが適切です。皮膚についた水分は体温を奪うため、こまめに拭きます。 （第32回　問題48）

問題 **92** ……… 正解 **3**

血液透析の直後は疲労が強いため、入浴することは適切ではありません。胃ろうを造設しても入浴は可能です。心臓機能障害のある人の場合、半身浴は負担がかからず適切です。酸素療法を行っている場合、鼻カニューレは外さずに入浴

します。回腸ストーマを造設している場合、便が水様に近いものになるので、食前か食後に時間が経過してから入浴します。

（第32回　問題49）

問題 **93** ……… 正解 **1**

食中毒の恐れもあるため、食事の内容を確認すること、また状態把握として下痢の回数を、脱水の観点から水分摂取量を、皮膚の炎症の恐れがあるので肛門部の皮膚状態をそれぞれ確認することが、情報としてすべて必要です。しかし、脱水状態で意識が消失することへのリスクが高いと考えられ、意識の状態確認の優先度が高いと考えられます。 （第31回　問題52）

問題 **94** ……… 正解 **2**

膀胱留置カテーテルを使用している利用者は尿路感染のリスクが高いので、水分は多めに摂取します。カテーテルが折れていると、尿が流れなくなるため、選択肢２が適切です。採尿バッグは膀胱よりも低く置いて、逆流を防ぎます。尿もれがみられたら医療職へ報告しますが、尿量の確認は介護福祉職の業務でもあります。

（第32回　問題51）

問題 **95** ……… 正解 **4**

仰臥位で坐薬を挿入するのは難しく、側臥位が適切です。腹式呼吸は腹部に力が入るため、坐薬が抜けてしまうので、適切ではありません。坐薬はとがっているほうから挿入し、挿入した後すぐに手袋を外します。挿入後に坐薬が排出されていないことを確認することが適切です。

（第32回　問題52）

問題 **96** ……… 正解 **5**

布巾は食べ物に触れる部分に接するため、薬剤で洗い、加熱消毒や次亜塩素酸ナトリウム消毒をすることが適切です。スポンジは泡をしっかりと取り、消毒するとよいでしょう。まな板は洗浄してから、熱湯で流すとよいでしょう。塩

素系漂白剤は金属を酸化させるので、スプーンの消毒には適しません。包丁の刃と持ち手の境目の部分も、洗浄・消毒することが正解です。

（第31回　問題53）

問題97 ……… 正解4

「日当たりのよい場所でつり干しする」は￼、「日陰でつり干しする」は￼、「日当たりのよい場所で平干しする」は￼、「乾燥機を使って高温で乾燥する」は￼（「タンブル乾燥処理ができる［排気温度上限80℃］」です。

（第31回　問題55）

問題98 ……… 正解1

シチューやカレーによる食中毒の原因となるのはウエルシュ菌で、加熱調理後は冷蔵庫で保存することが必要です。カンピロバクターの原因食品は鶏肉や飲料水で、加熱調理が必要です。サルモネラ菌の原因食品は加熱が不十分な食肉、生卵などです。腸炎ビブリオの原因食品は魚介類の生食、黄色ブドウ球菌の原因食品はおにぎりや洋菓子です。　　（第32回　問題53）

問題99 ……… 正解2

消費生活センターとは、消費者安全法により地方自治体によって設置された行政機関です。商品やサービスなど、消費生活全般に関する苦情や問い合わせなどの相談を行える窓口です。

（第32回　問題55）

問題100 ……… 正解1

概日リズムを整えたり、睡眠を促すメラトニンを分泌したりするためにも、起床時に日光を浴びるのが適切です。日中に長い昼寝をすると、夜に眠れなくなります。夕食から就寝までは、胃の消化・吸収が落ち着く3時間程度はあけましょう。緑茶はカフェインを含んでおり、眠りにくくなります。生活リズムも大切ですが、あ

まり就寝時刻にこだわりすぎるとかえって眠れません。　　　　　　　（第32回　問題56）

問題101 ……… 正解5

安眠のために、湿度は50〜60％を保ちましょう。からだに密着した寝衣はリラックスできず、冷暖房の風がからだに当たると冷えすぎや乾燥の原因になります。部屋が暗いことで睡眠を促すメラトニンが分泌されるので、部屋は明るすぎないようにしましょう。会話がうるさいと眠れないので、選択肢5が正解です。

（第32回　問題57）

問題102 ……… 正解1

死前喘鳴が出現し、あと数日で死を迎える状態です。体位などで工夫をして可能な限り苦痛を取り除き、寄り添う姿勢が必要です。「意識がないので心配ない」という言葉かけは、利用者を大切にしていません。呼吸が苦しそうなので、痰吸引も適切ではありません。「最期をこの施設で迎えたい」という希望があるBさんに、救急車を呼ぶことも励ますことも適切ではありません。　　　　　　　（第32回　問題59）

問題103 ……… 正解4

便秘予防として、水分摂取は必要です。腹部は冷罨法ではなく、温罨法をしましょう。下剤を使用することは、苦痛を与えるので適切ではありません。座位姿勢を取ることで排便を促すことができるため、無理のない範囲での予防対応として適切です。腹部のマッサージは結腸に沿って、「の」の字を描くようにマッサージをしましょう。　　　　（第31回　問題59）

問題104 ……… 正解1

この事例は、妻が他界して1週間しか経過していない状況です。良眠できるように助言する、外食を勧める、趣味に打ち込む、励ますなどの対応ではなく、まず夫のつらい気持ちや苦しい気持ちを受け止めるための姿勢が必要と考えら

れます。　　　　　　　（第31回　問題60）

問題 105 ……… 正解 3

選択肢3以外は、すべて福祉用具貸与の対象です。排泄予測支援機器は、2022（令和4）年4月から新しく対象となりました。この他に簡易浴槽、入浴補助用具、腰掛便座、自動排泄処理装置の交換可能部品（本体は福祉用具貸与対象）、移動用リフトの吊り具の部分があります。
（オリジナル）

介護過程　［全8問］

問題 106 ……… 正解 4

介護過程は個別ケアの実践、利用者の尊厳を保持するためのケアの実践、科学的根拠に基づいた介護実践です。介護過程を展開するときには、利用者の価値観や経済的状況、生活習慣に配慮します。そのことが利用者の自立支援につながり、利用者のよりよい人生、その人らしい生活、利用者の望む生活を実現します。
（第32回　問題61）

問題 107 ……… 正解 2

情報収集では、利用者のありのままの状況を把握します。介護福祉職の主観的判断や解釈を加えず、利用者の主観的情報だけでなく、他の専門職などからの客観的情報も収集します。
（第31回　問題62）

問題 108 ……… 正解 1

介護計画の作成における留意点として、利用者主体の表現をすること、利用者や家族がわかりやすいように個別的かつ具体的に支援方法・観察内容・評価の基準・期限などを記述することがあります。　　　　（第32回　問題62）

問題 109 ……… 正解 5

介護計画は利用者の生活課題が解決することを

目的として実施されます。介護福祉職によって実施内容が異ならないように、介護計画書に示されています。介護計画を実施しているときには、利用者の反応や変化をしっかりと観察します。この観察も参考に、利用者の満足度などをもとに今後の継続を判断します。
（第31回　問題64）

問題 110 ……… 正解 2

介護過程の展開は、利用者の生活課題の解決と自己実現を目指します。Cさんの2か月前の状況と現在の状況は異なっています。具体的に現在の状況は、意欲の低下や失禁などが見られるようになりました。2か月前の状況での生活課題と、現在の状況での生活課題は違うと考えられます。まずは再度アセスメントを実施し、現在の生活課題を抽出するのがもっとも適切です。　　　　　　　（第32回　問題64）

問題 111 ……… 正解 5

介護過程では、短期目標は実現しやすいものにします。Cさんは、2か月前は積極的にレクリエーションに参加する意欲がありました。現在は歩行訓練やレクリエーションに参加しなくなり、居室のベッドで寝て過ごすことが多くなり、自室での生活時間が増え、生活圏の縮小が見られます。まずは居室から出て、レクリエーションに参加することを目標とすることが適切です。　　　　　　　（第32回　問題65）

問題 112 ……… 正解 3

介護過程の長期目標は、最終的な課題が解決された状態を示します。Jさんには自宅で過ごしたいという希望があることから、施設での生活に慣れること、話し相手を見つけられることは長期目標とはなりません。Jさんがやる気を持てない原因が「仕事ができないこと」になっていることから、長期目標は「造園業に再び携わること」となります。　　（第31回　問題66）

問題 113 ……… 正解 5

Kさんは玄関で立てなくなったこと、医師から膝の痛みは出現することなどを説明され、これからどのように在宅生活を継続していけばよいのか、生活に不安や心細さを感じて涙ぐんだと考えられます。介護福祉職はKさんの不安な気持ちに寄り添い、Kさんが安心して暮らせるための支援を話し合います。（第31回　問題68）

総合問題

総合問題　[全12問]

総合問題 1

問題 114 ……… 正解 1

脳の細かい血管が詰まっているということから、ラクナ脳梗塞であることがわかります。この場合は、太い血管が詰まる脳梗塞に比べ、症状が軽い場合がほとんどです。Lさんも、左半身のしびれという比較的軽い症状ですんでいます。（第32回　問題114）

問題 115 ……… 正解 4

賞味期限が切れているからといって、Lさんの意向を確認せずに廃棄したり、ふたをあけておいたりする対応は適切ではありません。賞味期限は、「本来のおいしさを保証する期限」です。Lさんに説明し、食べ方を相談するのがもっとも適切です。（第32回　問題115）

問題 116 ……… 正解 3

Lさんは更新申請により、介護度1から要支援1へと改善しています。要支援者に対する利用計画は介護予防支援計画です。地域包括支援センターは指定介護予防支援事業者でもあり、相談先として適切です。（第32回　問題116）

総合問題 2

問題 117 ……… 正解 3

レビー小体型認知症の診断を受けたGさんの「足がすくんだようになり、はじめの一歩を出せず」という症状の他に考えられる症状は、実際にはないものが鮮明に見える「幻視」という症状です。片麻痺や感情失禁は脳血管障害や血管性認知症に、脱抑制や常同行動は前頭側頭型認知症に多い症状です。（第31回　問題117）

問題 118 ……… 正解 1

Gさんの歩行不安の症状は、すくみ足というパーキンソン症状のひとつです。この場合は床

にはしご状の目印をつけ、またぐように意識してもらうと足を出しやすくなります。安易な車いすの利用は、歩行の状況をさらに悪化させる危険があります。カーペットを敷くのはつまずく危険性が高く、歩幅を小さくしても足が出やすくなるわけではありません。重たい四点杖も、同様に危険です。　　　　（第31回　問題118）

問題 119 ⋯⋯⋯ 正解 4

Ｇさんの「この施設での生活を続けたい」という意向にもっとも沿うのは、養護老人ホームでも介護保険の指定を受け、入浴・排泄・食事の提供や必要な日常生活上の支援を提供する特定施設入居者生活介護です。

（第31回　問題119）

総合問題3

問題 120 ⋯⋯⋯ 正解 5

中途覚醒とは、一度眠りについても、すぐに目が覚めてしまい、その後なかなか眠りにつけないという睡眠障害です。Ｈさんの寝つきはよいが、すぐ目が覚めて眠れないという訴えと一致します。　　　　（第31回　問題120）

問題 121 ⋯⋯⋯ 正解 3

「早くよくなりたい」と不安や焦り、悲しみを訴えているＨさんの気持ちを受け止め、まずはゆっくりと休んでみればと提案する助言が適切です。「早く良くなって」「すぐに治る」「頑張って」などのような励ましや気休め、旅行のような急激な環境変化を勧めるような助言は不適切といえます。　　　　（第31回　問題121）

問題 122 ⋯⋯⋯ 正解 1

リワークプログラムとは、休職中の人を対象に職場復帰を想定して心身のコンディションを整えることを目的としたプログラムです。職場への復帰を希望するＨさんにとって、もっとも適したサービスといえます。

（第31回　問題122）

総合問題4

問題 123 ⋯⋯⋯ 正解 5

Ｄさんの朝は手の動きが悪く、痛みがあるという症状はいわゆる「朝のこわばり」というものです。関節の炎症を原因とする関節リウマチの代表的症状です。時間が経過するにつれて軽減していくのが特徴です。　（第32回　問題123）

問題 124 ⋯⋯⋯ 正解 2

障害者総合支援法を利用した補装具費にあたります。補装具費は、補装具（ここでは電動車いす）の購入や修理が必要と認めたときに支給されるものです。　　　　（第32回　問題124）

問題 125 ⋯⋯⋯ 正解 3

関節リウマチの人にとって、日常生活でも関節に負担のかからない適度な運動や関節を動かすことは必要です。しかし、手足の痛みが強いときは、特に関節への負担を避け、関節を動かすことを控える必要があります。

（第32回　問題125）

いかがでしたか？
合格を目指して
繰り返し学習して
くださいね

■著者紹介

秋草学園福祉教育専門学校
（あきくさがくえんふくしきょういくせんもんがっこう）

平成7年に学校法人秋草学園が開校した介護福祉士の養成校。
“長期的視野に立った介護スペシャリストのオリジナル総合教育”
をスローガンに、多くの介護人材を養成している。

介護福祉士テキスト作成委員会
（かいごふくしし　　　　　　さくせいいいんかい）

町田 晴美／齊藤 晋助／長島 隆行／髙橋 幸弘／野澤 和代
「もっとわかりやすくしたい」「もっと学習しやすい参考書を」をテーマに、
新しい介護福祉士国家試験対策テキストを作成するため、
現役講師により組織した委員会。執筆者は全員が介護現場の出身。

STAFF

本文デザイン＆組版●チャダル108／スタジオポルト
イラスト●すみもと ななみ／くぼ ゆきお／チャダル108
編集協力●パケット
編集担当●齋藤 友里（ナツメ出版企画）

ナツメ社Webサイト
https://www.natsume.co.jp
書籍の最新情報（正誤情報を含む）は
ナツメ社Webサイトをご覧ください。

本書に関するお問い合わせは、書名・発行日・該当ページを明記の上、下記のいずれかの方法にてお送りください。電話でのお問い合わせはお受けしておりません。
・ナツメ社webサイトの問い合わせフォーム
　https://www.natsume.co.jp/contact
・FAX（03-3291-1305）
・郵送（下記、ナツメ出版企画株式会社宛て）
なお、回答までに日にちをいただく場合があります。正誤のお問い合わせ以外の書籍内容に関する解説・受験指導は、一切行っておりません。あらかじめご了承ください。

2025年版 完全攻略！（ねんばん　かんぜんこうりゃく）
介護福祉士 過去問題集＋模試
（かいごふくしし　かこもんだいしゅう　もし）

2024年6月5日　初版発行

著　者	秋草学園福祉教育専門学校（あきくさがくえんふくしきょういくせんもんがっこう）	©Akikusa Gakuen Welfare Education Academy, 2024
	介護福祉士テキスト作成委員会（かいごふくしし　さくせいいいんかい）	©Kaigofukushishi Text Sakuseiiinkai, 2024
発行者	田村正隆	

発行所　株式会社ナツメ社
　　　　東京都千代田区神田神保町1-52 ナツメ社ビル1F（〒101-0051）
　　　　電話　03(3291)1257(代表)　　　FAX　03(3291)5761
　　　　振替　00130-1-58661

制　作　ナツメ出版企画株式会社
　　　　東京都千代田区神田神保町1-52 ナツメ社ビル3F（〒101-0051）
　　　　電話　03(3295)3921(代表)

印刷所　図書印刷株式会社

ISBN978-4-8163-7561-3　　　　　　　　　Printed in Japan